CAMBRIDGE GREEK AND LATIN CLASSICS

GENERAL EDITORS

P. E. EASTERLING
Regius Professor Emeritus of Greek, University of Cambridge

PHILIP HARDIE
Fellow, Trinity College, and Honorary Professor of Latin Emeritus, University of Cambridge

†NEIL HOPKINSON

RICHARD HUNTER
Regius Professor of Greek Emeritus, University of Cambridge

S. P. OAKLEY
Kennedy Professor of Latin, University of Cambridge

OLIVER THOMAS
Assistant Professor in Classics, University of Nottingham

CHRISTOPHER WHITTON
Professor of Latin Literature, University of Cambridge

FOUNDING EDITORS

P. E. EASTERLING

†E. J. KENNEY

HERODOTUS
HISTORIES
BOOK I

EDITED BY
CAROLYN DEWALD
Bard College, New York

AND

ROSARIA VIGNOLO MUNSON
Swarthmore College, Pennsylvania

Shaftesbury Road, Cambridge CB2 8EA, United Kingdom

One Liberty Plaza, 20th Floor, New York, NY 10006, USA

477 Williamstown Road, Port Melbourne, VIC 3207, Australia

314–321, 3rd Floor, Plot 3, Splendor Forum, Jasola District Centre, New Delhi – 110025, India

103 Penang Road, #05–06/07, Visioncrest Commercial, Singapore 238467

Cambridge University Press is part of Cambridge University Press & Assessment, a department of the University of Cambridge.

We share the University's mission to contribute to society through the pursuit of education, learning and research at the highest international levels of excellence.

www.cambridge.org
Information on this title: www.cambridge.org/9780521871730

DOI: 10.1017/9781139021081

© Cambridge University Press & Assessment 2022

This publication is in copyright. Subject to statutory exception and to the provisions of relevant collective licensing agreements, no reproduction of any part may take place without the written permission of Cambridge University Press & Assessment.

First published 2022

A catalogue record for this publication is available from the British Library

Library of Congress Cataloging-in-Publication data
NAMES: Herodotus, author. | Dewald, Carolyn, editor. | Munson, Rosaria Vignolo, editor.
TITLE: Histories : book I / Herodotus ; edited by Carolyn Dewald, Bard College, New York ; Rosaria Vignolo Munson, Swarthmore College, Pennsylvania.
OTHER TITLES: History. Book 1
DESCRIPTION: Cambridge ; New York, NY : Cambridge University Press, 2022. | SERIES: Cambridge Greek and Latin classics | Includes bibliographical references and index.
IDENTIFIERS: LCCN 2022011230 | ISBN 9780521871730 (hardback) | ISBN 9780521692700 (paperback) | ISBN 9781139021081 (ebook)
SUBJECTS: LCSH: Herodotus. History. Book 1. | Croesus, King of Lydia, active 560 B.C.-546 B.C. | Cyrus, the Great, King of Persia, -530 B.C. or 529 B.C. | Greece–History–Persian Wars, 500-449 B.C. | Iran–History–To 640. | Lydia (Kingdom)
CLASSIFICATION: LCC PA4002 .A31 2022 | DDC 938/.03–dc23/eng/20220511
LC record available at https://lccn.loc.gov/2022011230

ISBN   978-0-521-87173-0   Hardback
ISBN   978-0-521-69270-0   Paperback

Cambridge University Press & Assessment has no responsibility for the persistence or accuracy of URLs for external or third-party internet websites referred to in this publication and does not guarantee that any content on such websites is, or will remain, accurate or appropriate.

In memory of our teachers
Martin Ostwald (1922–2010) and Ronald S. Stroud (1933–2021)

CONTENTS

List of Maps	*page* viii
Preface	ix
List of Abbreviations	xi
Maps	xiv

Introduction	1
1 *Life of Herodotus*	1
2 *Form and Thought in Herodotus' Histories*	10
3 *Ethnographies*	33
A *Lydians and Phrygians*	33
B *Persians and Medes*	47
C *Ionians*	60
D *Mesopotamians*	72
E *Northeastern Peoples*	79
4 *Herodotean Greek*	84
5 *Text and Critical Apparatus*	88

ΗΡΟΔΟΤΟΥ ΙΣΤΟΡΙΩΝ Α ΚΛΕΙΩ	93
Outline of Book 1	176
Commentary	179
Works Cited	483
Indexes	515
1 *General*	515
2 *Greek Words and Phrases*	535

MAPS

1. Greece and the Aegean (Hornblower/Pelling Book VI, Map 3, xviii–xix, somewhat revised) — *page* xiv
2. Asia Minor (Hornblower/Pelling Book VI, Map 1, xvi, somewhat revised) — xvi
3. Sicily and south Italy (Hornblower/Pelling Book VI, Map 4, xxi, somewhat revised) — xvii
4. The Achaemenid Empire (Bowie VIII, Map 1, xii–xiii, somewhat revised) — xviii
5. Babylon (showing the two wall systems, some major buildings) (S. Dalley 2021) — xix

PREFACE

In the *Histories*, which could loosely be translated as 'Investigations' or 'Researches', Herodotus (henceforth H.) sets out to tell how the Persian Empire began, grew, and then met defeat in Greece in his parents' generation. Book 1 begins that story. It introduces both the world in which the Persian imperial war machine began to operate and then expanded, and also H.'s own procedures in undertaking the ambitious task he has set himself.

The commentary supplied here offers several different foci that together try to honor the multifaceted nature of the *Histories*: dialect, grammatical forms, syntax, and other properties of his language; literary interpretation and the qualities of H.'s prose; his value as a historian; his immense curiosity and the attention he devotes to the customs, beliefs, concrete realities, and myths of other cultures. When we translate a small portion of the text, we almost always do so to make the syntax clearer; readers are encouraged to find their own ways of changing H.'s Greek into lucid and attractive English. H. is an entertaining author; we read him in part for his gifts as a storyteller and his own delight in the story as it unfolds, and our comments attempt to acknowledge this quality too, pervasive in the narrative.

We have worked together on this project for almost two decades, and we have occurred more debts of gratitude than can be acknowledged here. Needing thanks for criticizing various parts of our work or supplying invaluable information are Emily Baragwanath, Sandra Blakely, David Branscome, Stanley Burstein, Paul Cartledge, Charles Chiasson, Robert Cioffi, John Dillery, Nancy Felson, Thomas Figueira, Michael Flower, Helene Foley, Jeffrey Henderson, Irene de Jong, Lisa Kallet, John Kroll, Jeremy Lefkowitz, Donald Mastronarde, Kurt Raaflaub, Jeffrey Rusten, Seth Schein, Michael Sharp, Rosalind Thomas, William Turpin, Stephanie West, Roger Whidden, Nigel Wilson, and Roger Woodard. Deborah Boedeker, Simon Hornblower, Rachel Kitzinger, Donald Lateiner, John Marincola, and Chris Pelling have in addition provided much wise counsel throughout. David Branscome's 2017 Florida State University graduate seminar gave useful feedback about the utility of the commentary to students. At Swarthmore College, the research efforts of William Beck, Marion Kudla, Isabel McClean, and Rebecca Posner-Hess have improved the project's accuracy; Deborah Sloman has provided wonderfully efficient material support. Crawford Greenewalt gave us enthusiastic and learned help at the beginning of the project, as did George

Cawkwell and Martin West, at a later stage. John Dillery, Simo Parpola, Robert Rollinger, Marc Van De Mieroop, and especially Amélie Kuhrt and Seth Richardson have explained many things about the Mesopotamian and Achaemenid worlds to us. In Britain, Elizabeth and Peter Garnsey, Richard Hunter, and Pat Easterling helped the project get seriously under way in the summer of 2007; we are grateful for Pat's mentoring in the project's initial stages. The staff at the McCabe Library at Swarthmore College and the Stevenson Library at Bard College (in particular, Carl Hoyt) have tirelessly made otherwise inaccessible reference materials available. Our colleagues and our students at Bard and Swarthmore have sustained our enthusiasm for this project; we particularly thank Swarthmore College, the Loeb Foundation and the American Council of Learned Societies for generous financial support. Chris Pelling and Simon Hornblower made possible a remarkable visit to Oxford for Michaelmas term 2013; we want enthusiastically to thank them, the Fellows of All Souls College, and the members of the Classics community in Oxford (in particular, the participants in the Michaelmas term Herodotus seminar), for an extraordinary hospitality that expanded our scholarly horizons. We are very grateful to Jane Burkowski; her expert copy-editing has saved us from many errors, inconsistencies, and infelicities. Finally, our thanks and deep gratitude also go to Pat Easterling, Richard Hunter, and Neil Hopkinson, for their editorial acuity and for their patience in bearing with us as we finished this long project. We are fortunate that Neil was able to suggest many needed corrections to our final draft, but we would have very much wished to put the finished book into his hands.

ABBREVIATIONS

I. ANCIENT AUTHORS AND WORKS

Abbreviations of ancient authors and works are those of the *OCD*[3].

II. TEXTS AND EDITIONS OF HERODOTUS

Asheri (in app. crit.)	D. Asheri 1988: *Erodoto, le Storie. Libro I: la Lidia e la Persia*, Milan.
Hude	C. Hude 1927: *Herodoti Historiae*, 2 vols., 3rd ed., Oxford.
Legrand	P.-E. Legrand 1932–54: *Hérodote: Histoires*, 11 vols., Paris.
Rosén	H. B. Rosén 1987–97: *Herodoti Historiae*, 2 vols., Stuttgart and Leipzig.
Stein	H. Stein 1881–1901: *Herodotos*, 5 vols., Berlin.
Wilson	N. G. Wilson 2015: *Herodoti Historiae*, 2 vols., Oxford.

III. OTHER ABBREVIATIONS

Asheri (in Comm.)	D. Asheri 2007: 'Book I', tr. B. Graziosi, in Murray and Moreno 2007: 1–218, tr. and rev. from Asheri 1988, Oxford; 'Book III', tr. M. Rossetti, in Murray and Moreno 2007: 379–527, tr. and rev. from Asheri 1990, Oxford.
Bowie	A. M. Bowie 2007: *Herodotus: Histories Book VII*, Cambridge.
CAH	*Cambridge Ancient History*
CG	E. van Emde Boas, A. Rijksbaron, L. Huitink, M. de Bakker 2019: *Cambridge grammar of classical Greek*, Cambridge.
Denniston	J. D. Denniston 1959: *The Greek particles*, 2nd ed., Oxford.
DF	M. Davies and P. J. Finglass (eds.) 2014: *Stesichorus: the poems*, Cambridge.
DK	H. Diels and W. Kranz (eds.) 1952: *Die Fragmente der Vorsokratiker*, 3 vols., 6th ed., Berlin.

LIST OF ABBREVIATIONS

FGrHist	F. Jacoby 1923–58: *Die Fragmente der griechischen Historiker*, 15 vols., Leiden.
Flower/Marincola	M. Flower and J. Marincola 2002: *Herodotus: Histories Book IX*, Cambridge.
GGM	C. Müller 1855: *Geographi Graeci minores*, vol. 1, Paris.
Goodwin	W. W. Goodwin 1889: *Syntax of the moods and tenses of the Greek verb*, London.
H.	Herodotus
Hornblower	S. Hornblower 2013: *Herodotus: Histories Book V*, Cambridge.
Hornblower/Pelling	S. Hornblower and C. Pelling 2017: *Herodotus: Histories Book VI*, Cambridge.
HW	W. W. How and J. Wells 1936: *A commentary on Herodotus*, 2 vols., 3rd ed., Oxford.
IACP	M. Hansen, T. H. Nielsen, et al. 2004: *An inventory of archaic and classical poleis*, Oxford.
IG	*Inscriptiones Graecae*, Berlin, 1873–.
KA	R. Kassel and C. Austin (eds.) 1983–2001: *Poetae comici Graeci*, 9 vols., Berlin.
Lenfant	D. Lenfant (ed.) 2004: *Ctésias de Cnide: la Perse, l'Inde, autres fragments*, Paris.
LP	E. Lobel and D. Page (eds.) 1955: *Poetarum Lesbiorum fragmenta*, Oxford.
LSJ	H. Liddell, R. Scott, and H. Jones 1996: *A Greek–English lexicon*, Oxford.
Macan	R. W. Macan 1908: *Herodotus: the seventh, eighth and ninth books*, 2 vols., London.
ML	R. Meiggs and D. Lewis (eds.) 1969: *A selection of Greek historical inscriptions to the end of the fifth century* BC, Oxford.
MW	R. Merkelbach and M. L. West 1967: *Fragmenta Hesiodea* Oxford.
OCD[3]	S. Hornblower and A. Spawforth 1996: *The Oxford classical dictionary*, 3rd ed., Oxford.
P. Oxy.	*Oxyrhynchus papyri*
PMG	D. L. Page 1962: *Poetae melici Graeci*, Oxford.
Powell	J. E. Powell 1938: *A lexicon to Herodotus*, Cambridge; repr. 1950, Hildesheim.
R.-E.	A. F. Pauly, G. Wissowa, and W. Kroll 1894–1980: *Real-Encyclopädie der classischen*

LIST OF ABBREVIATIONS

	Altertumswissenschaft, 66 vols. and 15 suppl., Stuttgart.
S	H. W. Smyth 1956: *Greek grammar*, rev. G. M. Messing, Cambridge, MA.
SEG	*Supplementum epigraphicum Graecum*, 1923–.
SGO	R. Merkelbach and J. Stauber (eds.) 1998: *Steinepigramme aus dem griechischen Osten*, vol. 1, Stuttgart and Leipzig.
SM	B. Snell and H. Maehler 1987–9: *Pindari carmina cum fragmentis*, 8th ed., Leipzig.
Tod	M. N. Tod 1946: *A selection of Greek historical inscriptions*, vol. 1, Oxford.
TrGF	R. Kannicht and B. Snell 2007: *Tragicorum Graecorum fragmenta*, vol. II: *Fragmenta adespota*, Göttingen.
Voigt	E.-M. Voigt (ed.) 1971: *Sappho et Alcaeus: fragmenta*, Amsterdam.
West	M. L. West (ed.) 1989–92: *Iambi et elegi Graeci ante Alexandrum cantati*, 2 vols., 2nd ed., Oxford.

Note: All dates are BCE unless otherwise noted. In the commentary, the conversion tables used for weights, measures, and distances are those found in Waterfield and Dewald 1998: 592–3.

MAPS

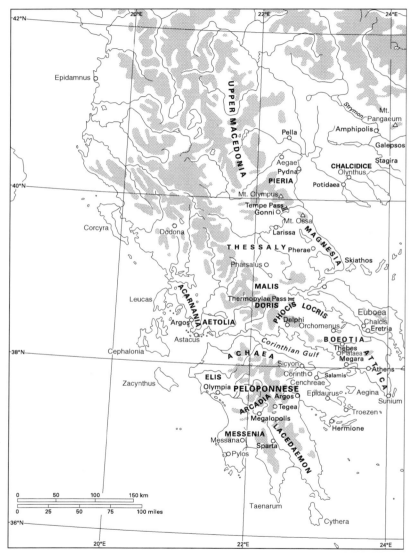

1 Greece and the Aegean (Hornblower/Pelling Book VI, Map 3, xviii–xix, somewhat revised)

MAPS

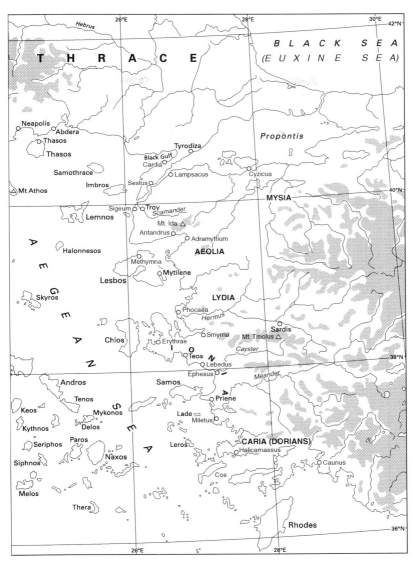

1 Continued

xvi MAPS

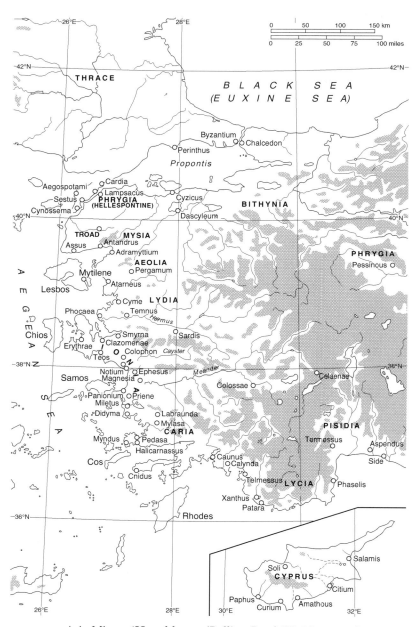

2 Asia Minor (Hornblower/Pelling Book VI, Map 1, xvi, somewhat revised)

MAPS

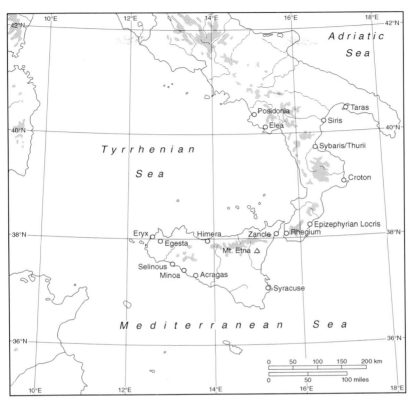

3 Sicily and south Italy (Hornblower/Pelling Book VI, Map 4, xxi, somewhat revised)

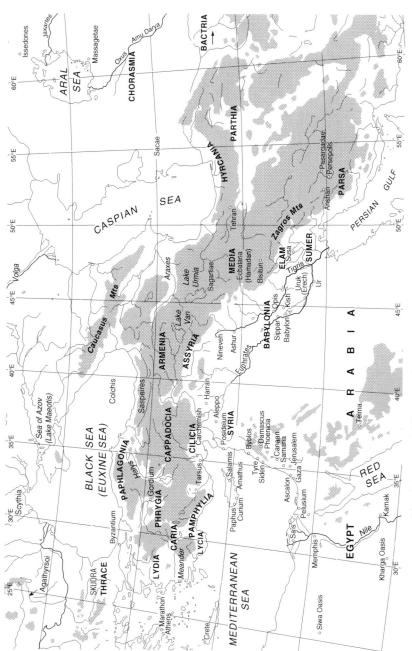

4 The Achaemenid Empire (Bowie VIII, Map 1, xii–xiii, somewhat revised)

MAPS   xix

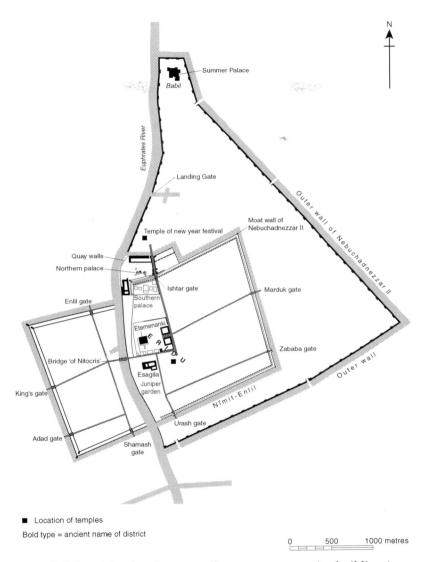

■ Location of temples
Bold type = ancient name of district

5 Babylon (showing the two wall systems, some major buildings)
(S. Dalley 2021)

INTRODUCTION

1 LIFE OF HERODOTUS

1 THE NATURE OF THE EVIDENCE

There are two sets of data about H.'s life, both of them problematic. The first consists in H.'s own references in his work. As an inquirer-narrator he is conspicuous in the *Histories*, often intervening to organize the narrative, to involve us in his research, to inform us of where he has learned something, to share his uncertainties, or to evaluate his characters' behavior (Form and Thought §§ 3–3.4.1, henceforth F.&T.). This insistent authorial voice, however, has very little to say that is properly autobiographical, with the exception of references to some foreign travels in the context of the display of his ἱστορίη (Life §§ 3–4; F.&T. § 3.4.2). For further information we must turn to occasional notices of later ancient authors, which are often unreliable, fragmentary, or obscure.

1.1 The Evidence of the First Sentence

H. was a native of Halicarnassus, on the Aegean coast of Asia Minor, and he became a citizen of Thurii in southern Italy later in his life. According to the extant manuscripts, the first sentence of the *Histories* announces that the work is 'the exposition of the research of Herodotus of Halicarnassus'. In a very early variant of the same passage, quoted by Aristotle, the author calls himself instead 'Herodotus of Thurii'. Most ancient sources confirm his connection with both places.[1]

---

[1] Duris of Samos is unique in apparently claiming both H. and his relative Panyassis for his own native city (*Suda* s.v. Πανύασις = *FGrHist* 76 F64, but the text is corrupt). Julian the Apostate calls him simply Θούριος λογοποιός (*Ep.* 52 Bidez). In Plut. *De malig.* 35 = *Mor.* 868A, although H. was considered Thurian by other people, he was really a Halicarnassian (cf. *De exil.* 13). Legrand 1932a: 13–14 thinks it more likely that the ancient reidentification occurred in the other direction, with Hellenistic Halicarnassus reclaiming the now-famous author. Two Hellenistic inscriptions celebrate H. and Panyassis as distinguished natives of Halicarnassus (*SGO* 01/12/01, 01/12/02). On H.'s adoption of Thurii, see the *Suda* s.v. Ἡρόδοτος, quoted in § 2 below; Strabo 14.2.16 mentions among other writers from Halicarnassus H. 'whom they later called Thurian on account of his having taken part in the colonization of Thurii' (ὃν ὕστερον Θούριον ἐκάλεσαν διὰ τὸ κοινωνῆσαι τῆς εἰς Θουρίους ἀποικίας); cf. Plin. *HN* 12.18, although the text is uncertain. The epithet 'Thurian' is also attributed to H. by the *Lindian Chronicle* 29 (*FGrHist* 532); Avienus *Or. Mar.* 49.

1.2 H.'s Birth Date

The foundation of Thurii in 444/3 provides one of the rare chronological linchpins of H.'s life. His arrival with the first or second wave of colonists is almost the last recorded event about him. Some ancient authors conjectured that he was then in his ἀκμή, i.e. about forty years old, thereby assigning his birth to c. 484.[2] H. would have been at most a child when Xerxes waged the campaign described in Books 7–9 of the *Histories*. Halicarnassus, like the other Greek cities on the coast of Asia Minor, was at the time subject to the Great King and fought on the Persian side against the mainland Greeks. The city contributed to the expedition five ships commanded by its queen, Artemisia, one of the most extraordinary characters in H's work.[3]

1.3 Halicarnassus and Thurii

The eastern and western cities that represent the beginning and end of H.'s life identify him as a Greek of the periphery, accustomed to contacts with different ethnic groups. **Thurii**, although its foundation was sponsored by Athens, was a Panhellenic colony of settlers that included Ionians, Dorians, and Achaeans from different parts of the Greek world (Diod. Sic. 12.11.3). It was built on the territory of Sybaris, a city founded in the eighth century by Troezenians and Achaeans. Before its destruction by Croton in 510, Sybaris had been famous for its connection to the East Greeks and for its inclusive interactions with non-Greek Italian natives.[4] **Halicarnassus**, H.'s birthplace, was a Greek city in Caria, the home of Dorians, Ionians, and Carians, as well as other local non-Greek populations. The dynasts whose family for three generations held the city under Persian rule had Carian names (Pisindelis) as well as Greek ones (Artemisia; Matthews 1974: 6). Persians and Lydians also lived in Caria, which was part of the Persian satrapy of Sardis; the Lydians had been close to the Carians at least since the time of Croesus, whose mother was Carian (1.92.3). The citizens of Halicarnassus, founded c. 900 by colonists from Troezen, considered themselves Dorian in H.'s time (7.99.3), but the Ionian element was strong as well; both Ionic and Doric dialects

---

[2] Aulus Gellius 15.23 quotes Pamphyla, a scholar of Neronian times, as saying that H. was 53 years old at the time of the outbreak of the Peloponnesian War (431). Dionysius of Halicarnassus places H.s' birth a little before τὰ Περσικά (meaning Xerxes' campaign); cf. Diod. Sic. 2.2, who says he was born in the reign of Xerxes (who became king in 486).
[3] H. calls her a 'wonder', 7.99.1; cf. also 8.68–9, 87–9, 93, 101–3.
[4] ML: no. 10; Ehrenberg 1948.

appear in the city's fifth-century inscriptions.[5] By then Halicarnassus had long ceased to be part of the federation of the Dorian cities in Anatolia centered around the sanctuary of Apollo at Triopium, in the territory of Cnidus. According to H., a religious violation led to its banishment by the other five members of the league (1.144); an underlying cause might well have been the perception that Halicarnassus was not Dorian enough or even, given the prominence of the Carian element, not sufficiently Greek.

As narrator of the *Histories*, H. appears comfortable with this mixed heritage. He is complimentary toward the Carians (1.171.3–4nn; 5.111–12), although not so much toward Halicarnassus itself (1.144.3n), and he is scornful of the East Greeks' claims to purity of blood. The intermingling of different ethnicities, he insists, was part of their history from the time of their first settlement in Asia (1.1.146.1–2).

2 THE BIOGRAPHICAL TRADITION

The fullest account of H.'s family background and the reasons why he left Halicarnassus are given in the Byzantine lexicon, the *Suda* (s.v. Ἡρόδοτος):

> Herodotus: Son of Lyxus and Dryo; of Halicarnassus, from a distinguished family; he had a brother Theodorus. He moved to Samos because of Lygdamis, who was the third tyrant of Halicarnassus after Artemisia: Pisindelis was the son of Artemisia, and Lygdamis the son of Pisindelis. In Samos he used the Ionian dialect and wrote a history in nine books, beginning with Cyrus the Persian and Candaules king of the Lydians. He went back to Halicarnassus and drove out the tyrant; but 'because in time he saw that he was the object of envy by the citizens', he went voluntarily to Thurii, which was colonized by the Athenians, and, after he died there, was buried in the market-place. But some say that he died in Pella. His books are named after the Muses.

2.1 H.'s Family

The non-Greek name of H.'s father suggests a tradition of Carian–Greek intermarriage in Halicarnassus.[6] Another possible family member with a

---

[5] ML: no. 32 = Fornara 1983: 70 = Tod 45; cf. also Tod 46. On the archaeological and epigraphic evidence for the early history of Halicarnassus, see Hornblower 1982: 14–18.

[6] The *Suda* (s.v. Πανύασις) cites an alternate tradition that gives not Dryo but Rhoio ('pomegranate') as the name of H.'s mother. Both are Greek names.

non-Greek name is Panyassis, an epic poet identified in the *Suda* as H.'s cousin or uncle, and the author of two works no longer extant: a *Heracleia* in 14 books and 9,000 epic hexameters and an *Ionica* of 7,000 verses, probably in elegiac couplets, about the mythical foundations of the Ionian cities. H. touches on some of this material in 1.146–7.

The connection with Panyassis, if true, suggests that H. came from a prominent family, as the *Suda* suggests, but that does not necessarily mean that he was a καλὸς κἀγαθός in the strict sense. In a unique autobiographical passage in the *Histories*, H. recounts that in Egypt the logographer Hecataeus once questioned the priests about ancient history, presenting them with his personal genealogy, going back to a god in the sixteenth generation. H. adds that later he himself interviewed the priests in the same temple, but he did not 'genealogize' himself (2.143). The irony of H.'s comment as narrator is obvious, but the personal relevance of the passage remains ambiguous; at any rate he did not expect to impress the Egyptians with such claims.[7]

2.2 Political Activity

The only available ancient report states that H.'s family was politically active against the last tyrant of Halicarnassus. In 480 Artemisia was queen-regent, ruling on behalf of her young son (νεηνίεω, 7.99.1), named Pisindelis in the *Suda*. Pisindelis must have become tyrant a few years later and could have had a son, Lygdamis, old enough to inherit the power c. 460. Halicarnassus was then probably already a member of the Delian League; the city is inscribed in the first Athenian Tribute List in 454/3. This means that Athens at first tolerated the native regime, perhaps after Lygdamis provided guarantees to govern constitutionally;[8] local political conflicts may well have accompanied an increasing Athenian influence in Halicarnassus.

In the entry Πανύασις the *Suda* says that Lygdamis killed Panyassis, while the entry Ἡρόδοτος reports that he caused H. to migrate to Samos. The Ἡρόδοτος entry also attributes to H. a primary role in the expulsion of Lygdamis (τὸν τύραννον ἐξελάσας); after the change of regime H. left Halicarnassus again 'because in time he saw that he was the object of

---

[7] Perhaps H. is implying that, unlike Hecataeus, he had no heroic Greek genealogy to give (Legrand 1932a: 8). Perhaps, though, H. is simply skeptical about gods as ancestors of ordinary human beings or thinks it was vulgar of Hecataeus to make such a boast.

[8] ML: no. 32 gives a *nomos* regulating property disputes passed by citizens of Halicarnassus, Salmacis (a Carian settlement), and Lygdamis.

envy (φθονούμενον) by the citizens'. In H.'s text the verb (φθόνεει, φθονέουσι, 7.236–7) can signify the suspicion with which political advisers to those in power regard one another; as an adjective, H. as narrator also applies it to an opinion of his own that his reading audience might think obnoxious (ἐπίφθονον, 7.139.1).[9]

2.3 Reliability of the Biographical Tradition

In the absence of real information, ancient scholars could have constructed H.'s biography on the basis of inferences from his writings. H.'s family kinship with Panyassis may have been invented in order to connect him to another prominent Halicarnassian, to epic poetry, and to the literary-historical tradition. H.'s opposition to Lygdamis in his home town might be a fiction inspired by the anti-despotic ideology that pervades the *Histories*. Even H.'s participation in the Panhellenic colony of Thurii has been ranked by some among the items that seem 'too good to be true'.[10]

On the other hand, ancient biographers of H. had more evidence at their disposal than we do. Some of the information reported by the *Suda* is not credible, including the implication that H. used Ionic Greek only in Samos; both traditions about his death and burial are questionable.[11] Were H.'s fellow citizens among those who resented his opinions? At 7.139 he predicts that he will annoy many audiences for declaring that in the Persian Wars Athens was the savior of Greece. His work as a whole is not an apology for Athens; it contains a mixture of praise and blame for a variety of Greek and non-Greek cities and individuals (F.&T. § 3.4.1). But in early Halicarnassus or even later in Thurii, where Athenian power was becoming unpopular, it is quite possible that H. was by some considered a pro-Athenian propagandist.[12]

---

[9] In the treatise usually called *On the Malice of Herodotus* (*De malignitate Herodoti*), Plutarch claims that H. enviously and deliberately tarnished the reputation of many Greeks and Greek states (nn23, 24 below; Marincola 1987, 1994; Pelling 2007; Marincola 2015; Dewald 2022).

[10] Fehling 1985: 80–1, 1989: 244 with n1; cf. Marincola 2001: 20–1.

[11] Stephanus of Byzantium quotes an epigram supposedly from H.'s tomb in Thurii; see Meinecke 1958: 315. The idiosyncratic tradition that H. died at Pella can be explained as a deduction from H.'s conspicuously apologetic account of the Macedonian king's medizing behavior at 5.17–21 (Badian 1994), or as part of a late fifth- and fourth-century representation of the Macedonian kings as patrons of the arts (Legrand 1932a: 18 and n3).

[12] Evans 1982: 4. Cf. § 4 and n20 below.

3 HERODOTUS ABROAD

Nothing more is known of the sojourn in Samos mentioned by the *Suda*, although H. is demonstrably well informed about the history, sites, and artifacts of the island.[13] The biographical tradition remains silent about the foreign travels that H. mentions (Asheri 2007: 6). He gives vivid descriptions of Sardis (1.93; 5.101) but probably never went to Persia, although he had access to Persians living in Asia Minor (Persians §§ 9–9.1). He did not see Median Ecbatana, which he describes in rather fanciful terms (1.98), but he visited the Black Sea region and Scythia (4.81.2), and he implies that he saw Babylon and traveled in Babylonia (1.183.3, 193.4). In the book on Egypt, where eyewitness reporting is most insistently on display, he says he traveled up the Nile to Elephantine (2.29), inspected sites and interviewed local guides or temple priests (e.g. 2.3.1, 112–13, 125; cf. 2.143). He also reports visits to Tyre in Phoenicia (2.44) and to Palestine (2.106.1).[14]

The evidence for H.'s life drawn from the *Histories* has been disputed almost as much as the biographical tradition. Drawing attention to the errors in H.'s descriptions, some scholars argue that he never went to the various sites that he states he has seen[15] and that his alleged collection of reports from local sources is nothing but fiction, either serving the purpose of advertising the narrator's expertise or simply conforming to a literary convention that his public would have understood and accepted.[16]

4 HERODOTUS IN GREECE

Within the Greek world, H. explicitly says that he went to Thasos (2.44), Dodona (2.55), Sparta (3.55.2), Zacynthus (4.195), Thebes (5.59), and

---

[13] 1.70; 2.182; 3.60, 123; 4.88, 152.4; 6.14.3; Mitchell 1975. For Irwin 2009, H.'s motives for devoting considerable attention to Samos are political, not biographical.

[14] Scholars have analyzed the text of the history in an attempt to reconstruct the relative chronology of these foreign travels (Jacoby 1956: 27–38 = 1913: 247–67). They are now generally assigned as a group to the period of H.'s life that preceded his move to Thurii. Legrand 1932a: 24–9 proposes Scythia, Syria and Babylon, Egypt, in this order, and argues that the last voyage must have begun after 449 on the basis of 3.12. On H.'s travels in Egypt, see Lloyd 1975: 61–76. For the special quality of his interventions as narrator in Book 2 on Egypt, see Marincola 1987.

[15] Armayor 1978, 1980; West 1985. The tradition of questioning H.'s credibility goes back to antiquity and continues in the Middle Ages and in the Renaissance, when the 'father of history' was dubbed the 'father of lies'. For this aspect of H.'s reception, see Momigliano 2013 [1966]; Evans 1968; Pritchett 1993; for his general reputation in antiquity, see Hornblower 2006.

[16] Fehling 1989. Cf. F.&T. nn5, 35, 36.

Thessaly (7.129.4), but his narrative also shows familiarity with Delphi and Athens; it is reasonable to assume that he visited many of the places he mentions in Greece. Metanarrative remarks stating that certain objects or monuments were still there ἐς ἐμέ, 'to my time', suggest autopsy.[17] Other passages seem to be addressed to specific audiences and may be evidence of H.'s location at the time of narration (S. West 2007: 27).[18]

Sophocles addressed an epigram to someone named Herodotus, perhaps the historian (Plut. *An seni* = *Mor.* 785B); a friendship between the two authors would be consistent with some striking correspondences between their works.[19] Some ancient scholars report that H. gave public readings at Athens from his history; in c. 445, according to Eusebius, the council awarded him a prize for this service. The third-century historian Diyllus apparently reported that on the decree of a certain Anytus the Athenians paid H. ten talents.[20] This sum is too high to be accurate, but it was common for savants and sophists of the age to be paid for public lectures. This practice may well explain certain oral features in the style of the *Histories*, the narrator's frequent acknowledgment that he is speaking to an audience, and the occasional implication that he has treated a certain topic before (3.80.1; 6.43.3).[21]

Thebes and Olympia are also cited as actual or potential settings for H.'s lectures, although there is no need to believe the legend that at Olympia Thucydides as a child was moved to tears upon hearing H. reciting the *Histories*.[22] Early in his work, Thucydides berates authors who tell mythical stories to entertain their audience in public competitions with little regard for truth (1.22.4), and identifies two details found in H. (at 6.57.5, 9.53.2) that he calls inaccurate (1.20.3), but he does not identify H. by name in either passage. Plutarch reports that the Thebans refused

---

[17] E.g. 1.50.3, 52, 66.4, 92.1, 93.3; 5.77.2; cf. F.&T. § 3.4.2.

[18] See e.g. 1.145n Αἰγαί (southern Italy); 4.99.4 (southern Italy and Athens). Cf. 1.98.5, 192.3; 2.7.

[19] Cf. especially 3.119 and Soph. *Ant.* 904–12; Murnaghan 1986; Dewald and Kitzinger 2006.

[20] Euseb. *Chron.* Ol. 83.3. Diyllus is cited by Plutarch (*De malig.* 26 = *Mor.* 862A–B). Cf. the monetary award of less than two talents received by Pindar for a dithyramb (Isoc. *Antid.* 166); Cleidemus was also compensated for his *Atthis* (Tert. *De anim.* 52).

[21] F.&T §§ 3–3.4.2. There is no information of other activity by which H. would have supported himself, although Evans 1982: 6–7 suggests that he might have engaged in trade on the basis of passages that reveal interest in and sympathy for this activity (e.g. 1.163.2, 194; 3.6; 4.152, 196), and where he calculates distances by the number of days of sailing (4.86).

[22] Marcellin. 54; Phot. cod. 60, 19b, 36–42; for Olympia, see also Lucian *Her.* 1–2.

to hire H. as a speaker and even prevented him from talking to the city's young men. This notice is again suspect because Plutarch, a Boeotian himself, is here criticizing H. for painting an unflattering portrayal of the Thebans.[23] It may, however, preserve the memory of real tensions accompanying the diffusion of H.'s work. The Persian Wars were still an emotionally charged topic in the mid-fifth century, when Greek cities accused each other of insufficient commitment to the earlier cause of freedom, or of betraying that cause later on.[24] H.'s narrative of the past, like his description of foreign peoples, contains numerous allusions to the here and now of narration, some of them implicitly questioning the customs, character, and behavior of the Greeks of his own time (F.&T. § 4.2.4, with n53).

5 DATING H.'S WORK

H.'s *Histories* very likely are a composite record of many past performances, composed, combined, and revised over a long period of time and probably shared piecemeal with different Greek audiences. The finished product may not have appeared all at once; from the evidence of the text we cannot determine a date of publication but only estimate points in time when H. was still at work.

The *Histories* end in the year 479, after the Persian defeat and withdrawal. The last event mentioned is the removal by the Greeks of the cables of Xerxes' bridge on the Hellespont, in order to dedicate them in Greek sanctuaries (9.121). This action symbolically puts an end to Persian aggression against mainland Greece and reestablishes a firm boundary between Asia and Europe. Beyond H.'s chronological range are the foundation of the Delian League under the leadership of Athens (478), its transformation into the Athenian Empire, and the break-up of the fragile coalition of the states that had fought against the Persians (c. 460). Relations among Greek states became increasingly hostile. The uneasy Thirty Years' Peace (446) lasted only fifteen years. The latest

---

[23] Plutarch *De malig.* 31 = *Mor.* 864D reports that Aristophanes the Boeotian, to whom he attributes this anecdote, said that it was their boorishness and hatred of learning (ἀγροικίαν αὐτῶν καὶ μισολογίαν) that caused the Theban magistrates to take this measure.

[24] Plutarch *De malig.* 35 = *Mor.* 868A retorts that H. had no business being so critical of medizing states since he, after all, was himself related to those Dorians 'who marched against Greece taking their harem with them', a reference to the Halicarnassians and their leader Artemisia.

event H. clearly mentions in passing belongs to 430;[25] we are therefore certain that he lived to see the outbreak of the Peloponnesian War (431). Whether he was still writing after the plague had claimed many Athenian lives, including that of Pericles (429), or after the Athenian capture of Pylos (425), or even after the end of the Archidamian War (421), largely depends on how we interpret different passages in the *Histories* where the narrative of the past suggests possible allusions to much later events and conditions. Like most scholars, we continue to think that the *Histories* as a complete whole probably became available to the public between 430 and 424, but a serious case has been made for a date as late as 415 or even post 404.[26]

5.1 The Evidence of Comedies and Tragedies

In Aristophanes' *Birds* (1124–64) a character describes the building of the walls of 'Cloudcuckooland' with Herodotean expressions and using terms that recall H.'s description of Babylon at 1.178.3–179; the passage has been taken as parody and evidence that the *Histories* had *just* been published in 415, the year of production of *Birds* (Fornara 1971a). All it shows, however, is that by that time parts of H.'s work were very likely well known and remembered at Athens.

Athenian audiences seem to have been familiar with at least some of the *Histories* in 424, when Aristophanes' *Acharnians* was produced. The Athenian ambassador's report of how he was wined and dined in Persia (68–93) has been taken as a parody of H.'s description of Persian banquets at 1.133. At lines 524–9 Dicaeopolis derides as trivial the causes of the Peloponnesian War:

> Some young men in their cups go to Megara and steal the whore Simaetha. And then the Megarians in turn counter-steal two of Aspasia's whores. And from there the beginning of the war broke out for all the Greeks, on account of three sluts.

The multiple abductions of women and the tit-for-tat motif recall the proem of the *Histories*, where H. relates the Persian explanation of the beginning of the East–West conflict (1.1–4). For his own satirical reasons, Aristophanes might be adopting from H.'s account the idea that the alleged causes of war are often ridiculous.

---

[25] 7.137; cf. Thucydides 2.67.
[26] See the discussion of H. 6.98.2; 7.235.2–3; 9.73.3 in Fornara 1971a; and 1981; cf. Cobet 1977; Irwin 2018.

6 H. OF THURII

A large portion of H.'s work on the *Histories* quite plausibly was done at Thurii. The narrator never mentions Thurii and does not refer to extensive travels in the West. But although Italy is secondary to the plot of the *logos*, it appears at least briefly in every book except 2 and 9. These passing references are signs of a familiarity the narrator does not need to advertise with a part of the world that he does not need to explain. H.'s reports or echoes of Sybarite and Crotoniate polemics (5.44–5; cf. 6.21), and his verification of how a Black Sea tradition dovetails with a tradition at Metapontum (4.15), suggest autopsy and direct contact with local sources.[27] At least on two occasions he is clearly addressing listeners for whom southern Italy is home (n18 above).

Athens sponsored the foundation of Thurii in 444 to enhance its influence in the area and its overall image as the leading city of Greece. But the project also constituted a utopian experiment in the building of a new state that was free, harmonious, and at the same time deliberately diverse. The founders invited the participation of Greek individuals from cities unfriendly to each other, as well as a number of intellectuals with widely different views of the world. If the soothsayer Lampon led the expedition, the progressive and religiously agnostic sophist Protagoras of Abdera was charged with writing laws. Hippodamus of Miletus, the architect of Piraeus and a political theorist, designed the grid-like urban plan.[28] It is not known when H. joined this company, how long he lived there, whether he ever returned to Greece, or when and where he died. But fellow citizens of Thurii may be an important implied audience of the *Histories*.

2 FORM AND THOUGHT IN HERODOTUS' *HISTORIES*

H. is an acute and unsentimental observer of human νόμοι (customs, laws, and cultural beliefs), and he writes an endlessly entertaining narrative. He is sometimes called the 'father of history' (Cic. *Leg.* 1.5). As a historian, he articulates three prominent objectives: he intends to preserve a record of past human accomplishment (1.0); although he recognizes the difficulties inherent in his project, he wants his account to be as accurate as possible (1.5.3, 95.1); finally, he intends to practice radical inclusivity about what he reports, because he does not know what details of the past

---

[27] Raviola 1986; Munson 2006.
[28] Diod. Sic. 12.10.7. For Hippodamus, see Arist. *Pol.* 1267b22.

2 FORM AND THOUGHT IN HERODOTUS' *HISTORIES*

his various readers, both in his own present and in his future, will think important (1.5.3–4).

1 SCOPE AND PURPOSE OF THE *HISTORIES*

Greek prose of various kinds existed before H. began writing. There was, however, 'no Herodotus before Herodotus'; since the time of the Greeks themselves he has been known as the first person within the Western canon to write a history. After H., it became conventional, at least as an ideal, that in a historical narrative, causal connections traced over time would provide the basic plot structure. These causal links would create a factual account of the activities of the human beings, both as individuals and in groups, whose cultures, unconscious assumptions, emotions, thoughts, decisions, and responses to each other shaped their various actions; the data included are selected as relevant by the writer. This list of requirements for the genre might look obvious, even banal, to modern readers, but it was not at all obvious when H. began to write.[1]

H. intends particularly to record achievements having to do with the αἰτίη, the cause, of the long conflict between Greeks and non-Greeks.[2] For contemporary readers this meant that he intended to write up and thus preserve in memory the great wars of the previous generation, when Greeks on both sides of the Aegean fought against the vast military resources of the Persian Empire, in the 490s in Ionia and at Marathon, and then during the invasion by Xerxes of mainland Greece a decade or so later. H., however, did not confine himself to these wars of the near past, but chose to begin his account of Greco-Persian conflict with the story of the Persian Empire, how it came into being and grew, establishing from a much earlier point the various factors that shaped Xerxes' decision to invade Greece in 481.[3]

---

[1] Momigliano (2013 [1966]: 31), author of the quotation above, points out that H. was not given credit for his achievement as a historian until the era of European exploration of the new world in the sixteenth century. See Fowler 2006 for H.'s prose predecessors; for his contemporaries, see Fowler 2013b [1996]. For H.'s place in the development of ancient historical rhetoric, see Marincola 1997; for an assessment of modern standards of historiography, see Appleby et al. 1994: 241–70, and for their relevance to the historiography of the ancient world, Veyne 1984; Morley 2004; Dewald 2007; Marincola 2011. The title of this essay alludes to the influential role in Herodotean interpretation of Immerwahr 1966.

[2] For discussion of the vocabulary of H.'s rich first sentence, see Comm., 1.0nn. There αἰτίη figures as both 'cause, reason' and 'charge of blame, guilt, responsibility' (Immerwahr 2013 [1956]).

[3] Van Wees 2002 surveys of the full breadth of H.'s interests in the past, beyond those that causally organize his narrative.

It is difficult to overstate the obstacles that confronted H. as he set out to organize his massive project. He lived in a largely oral culture, in which the past was remembered on a local scale, and in which each Greek community had its own way of governing itself, dating significant events, preserving cultural traditions, celebrating important moments of glory, and memorializing the individual actors who figured in them.[4] Since the wars with Persia had involved many different Greek cities, H. saw his work as necessarily Panhellenic; he needed to collect material from a wide variety of Greek sources, both written and oral.[5] He had to remain aware of the different sensibilities and contexts of his various audiences and to include in his account enough supporting detail so that the story as a whole would make sense to most Greeks who heard or read it.[6]

The challenge presented was compounded as he turned to the non-Greek side of the narrative. H. was originally from a city in western Anatolia that had been part of the Persian Empire, and he knew much more than his mainland Greek audiences did about the Persians, their ways of ruling, the variety of the peoples they controlled, and the immense extent and wealth of their empire.[7] Throughout his long narrative, it was necessary to negotiate the basic unfamiliarity of most of his Greek audiences with the geography of the larger Mediterranean world and with the many foreign (to Greeks, mostly exotic) peoples involved in the story of sixth-century Persian growth and conquest. Before the *Histories* come to their end, H. has introduced to his readers most of the human world known to the Greeks of his day: the parts of Europe, Africa, the Levant, and Anatolia reachable from the Mediterranean; eastern Asia Minor; the Middle East; and even some of the regions largely mysterious to the Greeks stretching north and east of the Black and Caspian Seas. In the course of doing so, he communicates his own understanding of the way human cultures work and also how geography and each culture's own history help explain

---

[4] For H.'s reliance on oral sources, see Murray 1987; Luraghi 2001b, 2006, 2013 [2005]; see Slings 2002 for his use of oral narrative strategies but also Rösler 2002 for the significance of the *Histories* as a written work.

[5] See n35 below for H.'s source citations; Boedeker 2002 and Marincola 2006 for his connections to the Panhellenic poetry of the Greek past; Marincola 2013 [2007] for his 'Odyssean' values; Yates 2019 for the ways individual Greek states remembered the Persian Wars.

[6] See Life §§ 3–4 for the evidence of H.'s own travels in the Greek world and abroad, including the likelihood that he gave oral readings for a considerable length of time before writing the *Histories*. See Thomas 2013 [2001] and Stadter 2006 for his interest in the cities of Greece; Munson 2006 for his interest in Italy; Friedman 2006 for the language of travel and H.'s identification with the travelers in the *Histories*. See Thomas 2000; Raaflaub 2002; Thomas 2006 for his connection with the larger intellectual currents of his own day.

[7] For H.'s Persians, see Persians §§ 8–9.1.

the interconnected actions of the many individuals and communities who move the plot line of the *Histories* forward.[8]

As narrator of the whole, H. repeatedly emphasizes that many voices and sensibilities form the fabric of the *Histories*, which makes it what narratologists call a polyphonic or heteroglossic text.[9] H. has woven many different *logoi* together and has added material of his own that often supplies point and larger context. He organizes his massive work so that at the end it provides multiple and even competing αἰτίαι, explanations, for why the Persians wanted to conquer Greece but did not succeed in their attempt.

1.1 Three Components of the Histories

H. uses three different kinds of material that, taken together, overcome problems of audience comprehension that this enormous canvas might otherwise present:

– a long and variegated narrative of events that traces the defeat of Croesus the Lydian to Cyrus the Persian, and thereafter the growth of Persian imperial power from c. 550 to the time of the Persian defeat in Greece in 479 (§ 2);
– extensive metanarrative comment made by H. himself as first-person author. He often comments on the sources of his information or exercises judgement about some aspect of it; he also intrudes overtly as editor, reminding his readers that he is responsible for the selection and arrangement of the material under narration; finally, he interjects spontaneous opinions of his own that add color and life to the ongoing narrative (§ 3);
– frequent insertions of a wide variety of background information that H. deems relevant or simply interesting, often of a historical, ethnographic, or geographic kind. Most often it consists of short parenthetical comments ('glosses'), but more substantial digressions also interrupt the chronologically organized narrative (§ 4).

---

[8] For brief historical surveys of the main foreign peoples encountered in Book 1, see the following introductory essays, below: Lydians, Persians, Ionians, Mesopotamians, Northeastern Peoples; for H.'s ethnographic interests, see Redfield 2013 [1985]; Munson 2001a; Rood 2006; Munson 2013a ii: 1–17; § 4.2.3 below.

[9] The complexity of multiple points of view and different voices is further increased when one adds the many voices and points of view expressed by the characters within the *Histories*; for the relevance of Mikhail Bakhtin's work to historiography, see Dewald 2002: 274–6. For the extent of H.'s entertainment of polyphony, and other Greek antecedents to H.'s inclusion of many different voices, see Pelling 2019: 16, 101–5.

2 STRUCTURE AND CONTENT OF THE NARRATIVE

The formal properties of the *Histories* can reveal a great deal about what H. thought important and how he wrote up his work as he did.[10] The overall structure provides a chronologically organized account of Persian imperial aggression; Book 1 serves as the introduction to its chronological format, its formal properties, and many of its major themes.

2.1 Narrative Organization

Five foreign rulers' reigns arranged in roughly chronological order create the *Histories*' largest and simplest narrative structure; the decisions and acts of Croesus, Cyrus, Cambyses, Darius, and Xerxes give rise to many conflicts, both among non-Greeks and between non-Greeks and Greeks (1.0). This focus intersects with another broad theme: throughout his narrative, H. explores an ongoing tension that exists between the driving ambitions of powerful men and the many (sometimes ironic or ambiguous) meanings of ἐλευθερίη, as it applies to the individual humans caught up in events.[11] Narrating the course of Persian imperial expansion, H. sets out different shapes that the quest for freedom takes, for both individuals and communities; Greeks and non-Greeks alike struggle with the paradox of where one's own freedom ends and one's desire to expand one's freedom by dominating others begins.[12]

The narrative proper begins by pointing to Croesus as the first non-Greek ruler committing ἄδικα ἔργα, unjust acts, as Croesus subjects the Greeks of Anatolia to conquest and tribute (1.5–6). Croesus' war on Cyrus is responsible for first drawing the attention of the Persians and their dynamic young ruler Cyrus to the conquest of western Anatolia; the Persian wars of conquest thereafter provide the narrative thread that ties the *Histories* as a whole together.

2.2 Book 1 as Introduction to the Rest of the Histories

In Book 1, H. introduces a literary technique that he will use in later books: frequent alternation among different kinds of narrative. A bald

---

[10] Immerwahr 1966.
[11] Lateiner 2013 [1984]: 204–11; Stadter 2013 [1992]; Dewald 2003; Raaflaub 2004: 58–165; Baragwanath 2008: 178–202; Munson 2018; Pelling 2019: 174–98, 232–6.
[12] Important passages include 1.96–100; 3.80–3, 139–49; 5.92–3; 7.5–19, 101–4, 134–7, 157–62; 8.143–4.

chronicle style can speed through numbers of years, but when a particular set of events becomes important, the pace slows to vividly imagined scenes, often replete with dialogue and high emotion.[13] As a new people enters the story, H. frequently pauses to give an ethnographic description of them or an account of their previous history that makes their salient characteristics apparent.[14]

Structurally, Book 1 falls into two parts, the story of the reign of Croesus the Lydian and then that of Cyrus, his Persian conqueror. It provides a broad survey of the mid-sixth-century rise of the Persian Empire and an introduction to some underlying topics that will emerge again and again as the *Histories* continue.[15] Both Croesus and Cyrus forget the fundamental uncertainty of human life and overestimate their ability to achieve their overambitious goals of conquest. Their decisions and actions affect the lives of many other individuals and communities and create unexpected results, leading to further consequences for both Greeks and non-Greeks. Entering into this complex mix of human elements is the inscrutable will of the gods, and the additional fact, emphasized at the end of Book 1, that a hardy, relatively simple warrior culture can triumph militarily over a richer, more complex, 'softer' one.[16]

---

[13] For the influence of Homeric epic on H., see Hornblower 1994: 65–7 with nn; Boedeker 2002; Rutherford 2012. Saïd 2002 and Griffin 2006 consider the thematic ties with Athenian tragedy; Boedeker 2011a gives a comprehensive survey of the ways narrative topics and treatments that in H.'s hands became part of historical narrative are also found in other Greek literary genres.

[14] See n8 above. De Jong's 2002 and 2013 [1999] narratological analyses of procedures show how H. maintains a sense of narrative coherence and temporal unity despite the many shifts in style and achronic and analeptic digressions that the *Histories* contain.

[15] Munson 2001a: 48–9 lists for the *Histories* as a whole 'the crossing of geographical boundaries for the purpose of conquest; the "rise and fall of the ruler", the expedition of a superpower against a tough and poor nation, the so-called primitive opponent; the "wise adviser" or "tragic warner" mostly unheeded by the recipient of the advice, who rushes to his ruin; the pattern of imperialism; the exile who seeks refuge at the king's court [and] . . . the king-inquirer, a figure of metahistorical significance who by analogy or opposition illuminates the purposes and methods of the *histor* of the *Histories* and his counterpart outside the text, H. himself'. See Raaflaub 2002: 168–74 for themes introduced in the Croesus story, with further bibliography on 168n61.

[16] For a fuller articulation of this theme, see Lydians § 6.5, Northeasterners § 5; Redfield 2013 [1985]: 281–91 and Pelling 2013 [1997]: 374–9. Cultures change over time: the Persians start hardy and simple but grow in ambivalent complexity as the *Histories* continue. Redfield adds (291): 'Herodotus calls upon the Greeks to be critical assimilators, to experience cultural change not as mere diffusion but as a thoughtful choice between options.'

In the narratives of Croesus and Cyrus in Book 1, many long-term consequences of human decisions and actions are not understood by their participants immediately but emerge only through the working of time. H. honors specifics, the particular factors that make the narrative of each different set of events idiosyncratic and meaningful on its own. But by organizing his hundreds of *logoi* about the past into a roughly linear set of temporally sequential narratives, he also allows thematic patterns, regularities, or tendencies like those mentioned above to repeat themselves.[17] On occasion he intervenes in his own authorial voice with an observation about the significance of some *logos* or event within a *logos* narrated in the *Histories*.

2.3 *Two Kinds of Narrative Structure in Book 1*

In the Croesus half of Book 1, after the story of his ancestor Gyges, the thoughts, feelings, and decisions of Croesus himself create the actions that drive the narrative forward. No other character will be as extensively and vividly depicted until the beginning of Book 7, where the personality of the young king Xerxes will be displayed in detail. The causal trajectory for the *Histories* as a whole emerges in 1.46, when Cyrus' defeat of Astyages the Mede (550) is one factor that makes Croesus decide to initiate pre-emptive hostilities against Cyrus. Croesus' assumptions, hopes, and expectations continue to drive the campaign narrative; he loses his kingdom, and his reign ends with his explicit accusation against Delphian Apollo, the Pythia's response, explaining to Croesus the causes for his defeat, and Croesus' acceptance of personal error (ἁμαρτάδα, 1.91.6).

The Cyrus half of Book 1 is constructed differently. Vivid presentations of plans, assumptions, and actions continue to be an important part of the narrative, but they no longer principally emanate from or concern a single person. What drives the plot along is a sequence of different people's motivations that lead to significant action: Deioces' ambition to become an autocratic ruler of the Medes initiates the story; Astyages' expectation that he can destroy his grandson continues the account of monarchical Median rule; the courtier Harpagus' determination not to be held responsible for the child's murder thwarts Astyages' plans; Spaco's desire for a child to bring up saves Cyrus. Finally, Harpagus' desire to take revenge on Astyages sets in motion the military actions that lead to Cyrus the Persian

---

[17] For the construction of individual stories in the *Histories*, see Gray 2002; Griffiths 2006. For the patterning of the whole, see Immerwahr 1966; Gould 1989; Lateiner 1989: 163–86; Pelling 2019.

becoming king and supplanting Astyages. All these form important parts of the first third of the Cyrus story: his miraculous rescue as a baby and his remarkable path toward kingship. The focus throughout is less on Cyrus himself than on a web of relationships and interactions set within a complex court environment and a still more complex Medo-Persian society.[18]

H. interrupts the Cyrus backstory at the point where young Cyrus has conquered his grandfather, in order to insert ten chapters of detailed ethnographic description of the Persians. Thereafter, the rest of Book 1 is structured as a series of campaigns that follow Cyrus' conquest of Lydia: those of Cyrus' Median generals Mazares and Harpagus in the West, and those of Cyrus himself in the East. At the end of Book 1, the Persian Empire has largely been constituted (the most important exception is the conquest of Egypt by Cyrus' son Cambyses, narrated in Book 3), but Cyrus himself has been defeated by Tomyris, the formidable Massagetan queen (1.214).[19]

2.4 *Character and Motivation as Causal Elements in the Narrative*

It is not usually possible to tell which explanations of the character or thought processes of the individuals within the narrative would have come as part of a source *logos*, and which would have been supplied by H. himself, perhaps to make the story clearer or more striking. In Book 1, individual motivation drives the plot throughout. The first account in the Croesus story concerns Croesus' ancestor Candaules, his queen, and Gyges, his favorite henchman; here almost a mini-drama is constructed, complete with a dramatic, dialogue-driven plot that makes clear the motivations of these three main characters. H. often returns to this narrative form in the rest of the *Histories*, when important moments of choice appear.[20] Very often a character in the story either carefully considers an

---

[18] Cyrus' independent, intelligent, and dynamic personality as a child is vividly described (1.114–16), traits shown as well in his initial engagements with Harpagus, the Persians and Astyages (1.123–7), and with Croesus (1.86.2–90). Terse and gnomic retorts of his to others occur at 1.141.2, 153.1; 9.122. His adult character as an almost invincible military leader receives little emphasis, however, except in the display of his ongoing desire for conquest (1.153, 155–7, 204–14).

[19] Many women appear in the *Histories*; Dewald 2013b [1981] lists 375 contexts in which they occur: as independent actors with agency, like Tomyris; as members of a family or community caught up in complex events; as priestesses or founders of religious cults; or as featured in ethnographic descriptions.

[20] See Lydians § 4.4.1 for fragments of a tragedy written on the Gyges story. Baragwanath 2008, Froehlich 2013, and Baragwanath 2015 consider character and personal motivations in H.; see Baragwanath 2008: 3–9, 55–121 for the degree to which H. often problematizes the ascription of motivation. Christ 2013

impending personal decision or gives advice to another (these latter figures are traditionally called 'wise advisers' in Herodotean scholarship); occasionally, as well, one character delivers a retrospective assessment to another about errors in judgement that have led to an unwelcome outcome of events.[21]

In depicting character, H. usually does not articulate a personal assessment of the individuals whose thoughts, emotions, and actions he describes; he prefers to show people in the process of deciding what to do in response to some situation, and then doing it. A striking exception to this generalization is the comment he makes quite late in Book 1 about Cyrus, as Cyrus is about to embark on his final campaign against the Massagetae: 'Many and great factors urged him on this course: first his birth, the fact that he thought he was something more than human, and second his good fortune in his wars, for wherever Cyrus directed his army's course, that people was helpless to escape him' (1.204.2). Even here, Cyrus' excessive ambition is not directly judged; instead, the nature of his thinking process is described. The reader is largely left to infer a tacit judgement on Cyrus from the way the campaign against the Massagetae proceeds.[22]

2.5 Values: Custom, Morality, and τὰ θεῖα (Divinity)

Much of the narrative in Book 1 reflects traditional Greek values, in particular the ideal of freedom lived within a civic context as the Greeks understand it.[23] Early in the story of Croesus, the Athenian savant Solon

---

[1994] assesses the degree to which the kings in H.'s narrative at points exercise the role of investigator undertaken by H. as narrator; Branscome 2013 extends the investigation to other characters.

[21] For 'wise advisers' see Bischoff (1932) and Lattimore (1939); Lattimore divides them into 'tragic warners' (in Book 1: 1.8, 27, 32, 59, 71, 207) and 'practical advisers' (in Book 1: 1.80, 88–9, 123, 155, 170, 207; we would add to this latter list Spaco's advice at 1.112). The retrospective assessments include 1.91.4, 129.3, 187.5; cf. Baragwanath 2013 for H.'s interest in narrating counterfactuals, alternative 'roads not taken' by the actors in events but thought about as real possibilities. Participial phrases like 'having in mind' (ἐν νόωι ἔχουσα, 1.10.2) often supply characters' motivations or thoughts. One of the accusations leveled against H. as a serious historian comes from his readiness to depict motives and even conversations that he would have had no way of knowing but probably thought plausible, given the conditions prevailing in the story.

[22] Both the Croesus story and the Cyrus story at the end illustrate the truth of the warning that Solon the Athenian gives, that no man can be judged happy until his life is over (1.32.5).

[23] For Herodotean ethics in general, see Fisher 2002 and De Bakker 2015. Raaflaub 2002: 164–86 sets out a number of contemporary Greek political values

gives a long speech that will resonate through the rest of the *Histories*, trying to explain to Croesus, a rich and powerful Lydian king, why his current wealth and prominence do not make him the happiest man of all. Solon emphasizes the uncertainty of human life and the resultant impossibility of assessing a given life's degree of happiness until that individual has died (1.30–2).[24] Both the stories that he adduces, about Tellus the Athenian and the Argives Cleobis and Biton, end with 'a good death' and consequent public recognition. As the *Histories* continue, H. too records many instances of valiant achievement; he acknowledges ἀρεταί, brave deeds or accomplishments (especially in war, 1.176.1), on the part of both Greeks and non-Greeks, as part of the ἔργα μεγάλα τε καὶ θωμαστά whose record he has set out to preserve in his *Histories* (1.0).[25]

Conversely, the stories of Croesus and Cyrus, whose plot lines shape Book 1 as a whole, feature the injustice of a powerful ruler's unchecked desire for territorial expansion; in the process they take away the freedom of others.[26] At least in the case of these two, it leads to overreaching and, ultimately, defeat in battle (1.83–6, 214). H. makes it explicit that Croesus does not understand until it is too late that Solon's earlier warnings had been important (1.86.4, 91). He has overvalued his own wealth and power (1.34.1) and has misunderstood the way the oracle at Delphi works, both of which errors ultimately help explain how he loses his kingdom to Cyrus (1.46, 73.1, 75.2).[27]

Many *logoi* implicitly reflect ethical principles and cultural norms, especially norms that actors in the narrative have ignored at their peril.[28]

---

implicitly underlying H.'s narrative. The freedom of the state and the freedom of the individual are not always congruent values in H. (§ 2.1 above).

[24] Solon is the most important of Lattimore's 'tragic warners' (n21 above); these warners frequently articulate one or more of their culture's νόμοι in giving their advice – advice that mostly goes unheeded by their primary audiences. He is also one of the five traditional 'Seven Sages of Greece' who make an appearance in H.'s Book 1 (1.20n Περίανδρον).

[25] Fisher 2002: 203n18.

[26] See 1.5.3, 73.1, 92.1, 130.3, 169.2, 190.2, 204.2, 212–14 for various articulations of expansionist aims on the part of Croesus or Cyrus. One of the ongoing paradoxes of H.'s narrative is that it is precisely in the context of unjust aggression that valiant deeds occur of the sort he wishes to memorialize. 'To be enslaved', δουλεύειν, is the last word of the *Histories*.

[27] Oracles, like other forms of divination in the *Histories*, require careful interpretation but often do not receive it (Harrison 2000: 122–57); cf. n30.

[28] The ethnographies in Book 1 contain succinct descriptions of non-Greek νόμοι, often indicating how a particular νόμος that looks odd to Greeks nevertheless makes sense within that culture (§ 4.2.3; Northeasterners § 5). For H.'s tendency to destabilize the boundaries between Greek and non-Greek values, see Pelling 2013 [1997].

Because Candaules does not respect his wife's traditional reluctance to be seen naked by other men, she engineers his death (1.8–12); because Astyages has been notorious for his cruelty (τὴν τούτου πικρότητα), Harpagus can persuade many Medes to support Cyrus the Persian rather than their Median king in battle (1.130.1, 123.2).

The gods are sometimes explicitly featured as enigmatic enforcers for such norms, imposing retribution (τίσις) on those who offend against their culture's values or basic ethical principles (1.13.2n, 91.1).[29] The inscrutable order of divinity, manifesting itself through portents, prophecies, dreams, and oracles, plays a prominent part in H.'s work, but very few individuals can use such precognitive messages from the divine to avert disaster.[30] Croesus himself is presented as a reasonably kindly and ethical individual, deeply respectful of the gods, but he fruitlessly tries to evade a dream foretelling his son's death (1.34–44); H. speculates that this death was ἐκ θεοῦ νέμεσις μεγάλη, a great instance of divine wrath, that

---

[29] Τίσις, or retribution for wrongdoing, seems mostly to consist in the fact that the erring individual's life ends badly. Geographically, gods also act on behalf of the protection of and respect for their own shrines (1.19, 159; 6.75.3; 9.65); in the later Persian invasion, the Greek gods apparently actively engage to stop Xerxes from encroaching on their Greek territory, in his aim of making the Persian Empire coterminous with the land the sun shines upon (7.8γ.2; 8.35–9; Mikalson 2002: 137–8). For the *Histories* as a whole, 3.38.2–4 makes it clear that respecting one's own culture's νόμοι is a basic ethical principle (cf. 7.152.2, where he opines that everyone, comparing their own troubles to those of others, would not, on reflection, make an exchange). Fisher 2002: 217, 221 describes the following ethical offenses found in the *Histories*: injustice, excessive revenge, greed and graspingness (πλεονεξίη), dishonoring aggression (ὕβρις), overvaluation of wealth and luxury, overconfidence/pride (μέγα φρονέειν), φθόνος or envy (on this latter quality affecting his own experience, see Life § 2.2). Conversely, H. honors the values of loyalty to family, guest friendship, and reciprocity (χάρις), truth-telling, justified revenge or retaliation (τίσις, τιμωρίη), keeping one's word, returning objects on trust, not swearing falsely by the gods. For H.'s treatment of Greek religious values, see Harrison 2000, 2004; Mikalson 2002, 2003; Hornblower 2013: 32–41; Hornblower/Pelling: 16–24; Pelling 2019: 146–62.

[30] On dreams and oracles: Sabacos the Ethiopian (2.139) successfully resists the sacrilegious advice of a dream he thinks was sent by the gods; the pharaoh Mycerinus (2.133) confounds an oracle by living both day and night to make the best of his time. For Greeks arguing with oracles, cf. 1.158–9 and 7.140–3. But in Book 8.77, H. states (about an oracle of Bacis that in his opinion correctly foretold the outcome of the Battle of Salamis), 'In regard to such things, I do not dare, myself, to speak in opposition concerning oracles, or to accept others doing so either.' He does, however, make it clear that human religious institutions are imperfect: dream interpreters can wrongly understand dreams, priestesses can be bribed, oracle-mongers can make up false oracles (1.120, 128.2; 5.63.1; 7.6.3; Harrison 2000: 140–57). Considerable controversy exists about how much of the theological underpinnings of H.'s text comes from his use of traditional Greek materials, and how much from his own sensibility (Gould 2013 [1994]).

fell upon Croesus, possibly because he thought he was the happiest of all human beings (1.34.1).[31] A curious feature of H.'s understanding of divinity emerges as the Pythia explains to Croesus after his defeat at Cyrus' hands that Apollo would have liked to have spared him, but that even though he was a god, he too was constrained by τὴν πεπρωμένην μοῖραν, 'fated destiny' (1.91.1).

In general, H. avoids discussing specific gods, their traditional stories, or their attributes. At the outset of Book 2, he proclaims as a general principle: 'In regard to τὰ θεῖα, I am not eager to reveal the sorts of narratives I have heard, apart from their names alone, thinking that all humans understand equally about them; what I do relate of them, I shall mention because I am forced to it by the *logos*' (2.3.2; cf. 2.52–3 for a thumbnail history of the names of the Greek gods). An expression of piety emerges on rare occasions; at 2.45.3, after a long discussion on the complex provenance of Heracles, he exclaims, 'For us, saying so much about these matters, may there be goodwill from both the gods and the heroes!'[32]

3 EXPLICIT AUTHORIAL INTERVENTIONS

In the first sentence (1.0), H. sets out the aim of his long narrative. It is to be the ἀπόδεξις – display, or publication, or even performance – of his ἱστορίη, research, or investigation. Unlike Thucydides, he does not offer an early explicit account of his procedures and values as a historian, but as the narrative account unrolls, it shows that one important way in which he intends to display his investigation and recording of the human past is by inserting many metanarrative comments, strong marks of his own authorial presence, as what the narratologists call an 'external narrator'. He enters the narrative not as an actor in events, but rather as a first-person

---

[31] Although Croesus respects the Greek gods and makes use of Greek oracles, he never seems to understand that the efficacy of the oracles should not be tested and that they cannot be bribed (Comm., 1.46.2n and 53–55nn).

[32] H.'s religious sensibility includes the idea of an overarching divine order (Mikalson 2002: 140–54). At 3.108.2 he describes τοῦ θείου ἡ προνοίη, ὥσπερ καὶ οἰκός ἐστι, ἐοῦσα σοφή, a divine providence whose wisdom guarantees that vulnerable animals produce large numbers of young, while the strong and brave, like the lioness, only bear one offspring; Xerxes' desire to have the territory controlled by Persia stretch over all lands bounded by the sky (7.8γ.1) is rebuked by his uncle as religiously imprudent (7.10ε.1). Later in Book 7 H. states argumentatively that the Athenians, μετά γε θεούς, 'after the divine, that is', were largely responsible for winning the war that Xerxes mounted against the Greeks (7.139.5). At 8.109, although he puts a pious speech in Themistocles' mouth, it ironically highlights Themistocles' thinking as deeply opportunistic. H. himself expresses skepticism or disbelief about stories of divine epiphanies (1.182.1n; Harrison 2000: 87–92).

directive and dependable voice, commenting both on the details of what he recounts and on its construction *as* a narrative as he goes along. This makes his long work a historical record and also a demonstration of how to think historically about the human past. Taken together, H.'s comments show that he has tried to make the ongoing narrative as accurate, clear, and comprehensible an account of his chosen segment of the past as possible, given the nature of the material that he has had to work with. His frequent authorial interventions simultaneously reveal and perform an engaging author inspired by his task.

3.1 *Source* logoi, *H.'s* logoi, *the* Histories *as a* logos

H. often reminds his readers that the text as a *logos* has itself been fashioned out of the many *logoi* he has taken from others, both Greeks and non-Greeks (e.g. 1.5.3, 23.1–24.8, 51.5, 75.3, 95.1, 214.5; 2.123.1). Speaking as its author, he refers to the *Histories* either as a *logos* or a sequence of *logoi* (1.5.3, 140.3; 2.38.2; 5.36.4; 7.213.3) but he does not clearly distinguish his *logos* from what he claims he has taken from others, nor does he often specify where a particular individual *logos* under narration in his own text begins or ends. In the commentary we generally refer to the larger account of which he is the author, or significant parts of it, as his narrative rather than as his *logos*.[33] He does not tell us when his source for a part of his narrative might have been a written rather than an oral *logos* but uses the convention of oral transmission (λέγεται) throughout.[34] He occasionally identifies his sources, often as local or epichoric ones: 'the Corinthians and Lesbians' (1.23–4), 'the Delphians' (1.20, 51–3), 'the Chaldeans' (1.183.1), etc.[35] The convention of learning about the past through hearing *logoi* is sustained throughout Book 1 (e.g. 1.22.2, 92.2, 105.3, 170.1, 183.3, 196.1, 207.6, 214.1); at 1.171.2 he mentions the limits to which he has been able to come in researching a given fact ἀκοῇ, by hearing. In sum, H. can think of the *logos* as a segment of narrative, and also as the overall series that these units together construct (for the metaphor of a journey or road, see § 3.3.2 below), but more generally too

---

[33] H. rarely makes clear, when referring to a *logos* as part of his account, whether it is a version found in one source or is itself a composite formed from a variety of different sources. He also uses the word *logos* to signify a speech act of some actor in the narrative, but on occasion to mean not their speech but their plan, notice, or intent – or even a more general underlying rationale or principle of rational organization (e.g. 1.134.2n κατὰ λόγον; Dewald 2015: 68–76).

[34] See n4 above.

[35] For H.'s source citations, see Jacoby 1956: 100–14 (esp. 103–4) = 1913 cols. 392–419 (esp. 398–9); Shrimpton and Gillis 1997: 229–65; more generally, Hornblower 2002.

as a propulsive force influencing the direction that the narrative needs to take. (Cf. 3.9.2 or 7.152.3, where he states that the fact that a given *logos* exists requires him to include it.)

3.2 H.'s Explicit Evaluation of Veracity

H. is committed to preserving a record of the human past. In principle he desires as much accuracy as possible (1.95.1nn), but he emphasizes that at least some of the *logoi* he recounts have been remembered and reported by their informants for reasons other than to give an honest report of what really happened.[36] He begins the *Histories* with a semi-humorous set of stories that make it clear that *logoi* claiming to be an account of the human past are not necessarily to be trusted, reporting several instances of abductions from the very distant (we would say 'mythic') past, told by Persians who are *logioi* ('experts', 'learned men') and Phoenicians. Both versions are blatantly self-interested, each designed to exonerate the speaker's particular ethnic group from blame for creating the hostility that in H.'s day prevails between Greeks and Easterners (1.1–5.2).

H. sometimes interjects a judgement on the validity of a given *logos* or a given detail within a *logos*, stating that he knows something for certain (1.5.3, 20, 51.4, 58, 131.1, 139, 140.1, 214 – sometimes without an explicit first-person pronoun, as at 1.14.2, 78.1, 171.3). Much more often he indicates that he *thinks* something is true (1.34.1, 51.3, 97.2, 119.7, 131.1, 145, 152.2, 172.1, 186.1, 196.1), that he does not know or cannot say something with certainty, ἀτρεκέως (1.57.1, 160.2, 172.1), that there are limits to what people have been able to tell him (1.47.2, 49, 171.2), or even that some part of what he has been told is most probably not accurate (1.51.3, 75.6, 182.1). A certain diffidence in asserting knowledge occurs when evaluative phrases like πρῶτος τῶν ἡμεῖς ἴδμεν, 'the first of those we know about' are used (1.6.2, 14.2, 23, 94.1, 142.1, 178.2, 193.2), or when he interlaces his narrative with adverbs like κως (1.95.2n) or κου (1.61.3, 98.4, 113.3, 114.2, 119.2, 209.2), 'conveying a feeling of uncertainty in the speaker'.[37]

3.2.1 Variant Versions and Indirect Discourse

Other expressions of the provisionality of what he has been able to find out from his sources are more subtle. H. often reports variant versions of

---

[36] For a full-length study of H.'s assessment of his source material and procedures as a historian, see Lateiner 1989.
[37] Denniston 490–1.

the same account, indicating that there are two or three different reports told by different informants, sometimes supplementing, sometimes contradicting each other; sometimes he tells them all, sometimes only the one he thinks most likely (1.20, 23, 27.2, 65.4, 70.2, 95.1, 122.3, 171.5, 214.4). These, along with his occasional sudden move into indirect discourse, especially in a vividly narrated scene (1.59.3, 86.3), remind the reader that H. as researcher and narrator insists that his investigations, serious as they are, necessarily start with *logoi* told to him by others.

3.2.2 Authorial Interpretation

H.'s ongoing interest in explaining causal backgrounds for why things have turned out as they did or why people acted as they did is not always a matter of explicit first-person voice; more than 180 times in Book 1, for instance, γάρ introduces an explanatory thought added by H. as the narrator. But he also engages in explicit extended arguments or overt speculation about what might have been the causes of a given event, the origins or habits of a given people, or the likelihood that something being reported was in fact the case (1.56–8, 131–40, 145–7, 171–3). These longer passages present his authorial voice as a dependable, thoughtful one, giving a fuller account than usual of his thinking as a researcher of the past; some of the individual first-person critical comments noted above play a part in them. A first-person vocabulary of control and argumentation is briefly used on occasion (σημαίνω: 1.5.3, 75.1; τεκμαίρομαι: 1.57.1–2); he sometimes comments that a speculation of his own or a detail under narration is plausible or reasonable (ὡς εἰκάσαι: 1.34.1; ὡς οἰκὸς ἦν: 1.45.3).[38]

3.3 Comments on Narrative Organization

Even more pervasive than H.'s first-person authorial interjections as a researcher who cares about the accuracy of his data are the signs in the text of his attention to the task of arranging in a complex but deliberate order the many *logoi* he has chosen to narrate. On the whole, his authorial interventions are dedicated to making his *Histories* as clear and understandable as possible for his readers, even those from another place or a time later than his own.[39] He explicitly organizes the *logoi* he has collected

---

[38] Darbo-Peschanski 1987; Dewald 1987; Lateiner 1989; Thomas 2000: 168–212; Dewald 2002. These explicit authorial arguments, like the digressions that are discussed in § 4, stem from H.'s own ἱστορίη (Fowler 2013b [1996]: 59).

[39] Comm., 1.5.4nn; Rösler 2002: 91–3.

into an overarching temporally and causally linked sequence of narrative units, in which one set of events leads at least roughly to the next.

3.3.1 Authorial First-Person Comments on Editorial Choices

Occasionally within a given *logos*, H. reminds us that he is in charge of choosing what to include and when to include it. As he states in his first sentence, a basic rationale for inclusion is the recognition of outstanding achievement: at 1.185.1 he states that he will describe the building projects that Queen Nitocris has left behind, one of which he categorizes at 1.185.3 as ἄξιον θώματος, 'worthy of wonder'. But he also can state that he is deliberately excluding from mention people or details of the plot that are apparently controversial, unworthy of mention, or relatively insignificant (1.14.4, 51.4, 177), or an element of the *logos* that, although true, he thinks will not be believed by his audience (1.193.4). He has given considerable thought to how the *logos* needs to proceed at any particular point: at 1.75.1 he remarks that he is delaying narrating the cause of Astyages' defeat by Cyrus, 'which I will indicate (σημανέω) in the *logoi* yet to come'; he then narrates the story at 1.107–30. Two declarations in Book 1 that he will later narrate details concerning 'Assyria' notoriously remain unfulfilled (1.106.2n ὡς . . . δηλώσω, 184).[10]

3.3.2 Introductions and Conclusions

H. frequently, if irregularly, employs introductory or concluding sentences to mark where he wants his readers to see one story or topic within the ongoing narrative as giving way to the next. Conclusions normally feature a μέν that anticipates the continuation of the story with a correlative continuative δέ. These metanarrative statements sometimes occur within a page or two of each other, sometimes many pages apart. Whether the change of topic at hand is a large or small one, signifying a complete change of subject matter or merely an appendix of sorts attached to the topic just concluded, such sentences mark transitions, help the reader to understand the ongoing construction of the narrative, and they at least tacitly include a recognition of H.'s agency in selecting the best choice from among what at 1.95.1 he calls the various possible 'routes of the *logoi*' (λόγων ὁδούς).

---

[10] A third unfulfilled claim occurs later in the *Histories* (7.213). At 7.93, H. explicitly refers back to his earlier description of the Carians (1.171.2) as happening ἐν τοῖσι πρώτοισι τῶν λόγων. See §§ 4.1–4.2 below for analeptic and proleptic background information in Book 1.

H. regards the *Histories* as a whole in terms of a metaphorical journey that he is on with his readers: 'I am not going to discuss whether these things happened in this or some other way, but rather indicating the one I myself know who first initiated unjust deeds against the Greeks, I will proceed forward into the rest of the *logos* (προβήσομαι ἐς τὸ πρόσω τοῦ λόγου), going through (ἐπεξιών) alike both small and large communities of humankind' (1.5.3).

Introductory and concluding sentences are signposts along this journey. In a more or less expressive or interpretive way, they point to the narrative they identify (hence their status as 'metanarrative'). In some introductions, like those at 1.5.3 and 1.95.1, H. points to what follows by revealing his presence as author. Concluding statements occasionally point backwards in a similarly self-referential form: 'And about Croesus' offerings let this much be said' (1.92.4).

Especially characteristic and quasi-formulaic in Herodotus are those introductions and conclusions that point backward or forward by means of a deictic. The topic of Croesus' ancestry is introduced at 1.7.1: 'In this way (οὕτω) the royal power, which belonged to the Heraclidae, passed on to the family of Croesus, called the Mermnadae.' The conclusion takes the same form (1.14.1): 'In this way (οὕτω) then the Mermnadae got the tyranny, taking it away from the Heraclidae.' Such statements cogently summarize the previous narrative (see notes *ad loc.*), but even more common are short and relatively inexpressive tags: 'This (ὧδε) is how Sardis fell' (1.84.1, prospective); 'Concerning the war of Alyattes against the Milesians and Thrasybulus this (ὧδε) is how it went' (1.22.4, retrospective).

Introductions and conclusions of a third type differ from the other two in form in that they do not explicitly point forward or backward but rather simply identify the content of the narrative. Like the two other forms of introductions and conclusions, they can be long or pithy. Such an introduction occurs at 1.92.1: 'There are many other offerings of Croesus in Greece, and not only those that have already been mentioned.' Similarly brief (if arguably more poignant) is the simple summary conclusion at the end of the narrative about Croesus and the Lydians: 'The Lydians now had become enslaved by the Persians' (1.94.7). Some of the introductions and conclusions that do not formally look backward and forward provide insight into H.'s view of history and his task as a historian. The lengthy introduction to the story of Arion and the dolphin at 1.23 and the conclusion at 1.130 to the massive analepsis about Cyrus' early years, for example, are among the most elaborate such statements in the *Histories*.

Regardless of their form, beginnings or ends of narrative units provide metanarrative spaces that can incorporate different types of reading

2 FORM AND THOUGHT IN HERODOTUS' *HISTORIES*

directions or 'glosses' (see § 4). They often say something about the narrative (e.g. identifying its source: 'This, then, is what Persians and Phoenicians say', 1.5.3; or evaluating its veracity, § 3.1), or they express an authorial opinion, judgement, or interpretation of its content (e.g. 1.14.4, 34.1, 177, 194.1).

3.4 H.'s Persona as Author

In addition to specific authorial opinions about the narrative's form and content, H. also interjects a variety of apparently spontaneous personal observations. This makes it all the more striking that, although he sometimes reminds his readers of his distance from the events under narration, he also withholds information about his personal temporal or spatial context.

3.4.1 H. as Responsive Observer

H.'s lively personal reaction to some detail in the *logos* is occasionally in evidence, providing much of the charm and apparent ingenuousness that made Plutarch doubt H.'s authorial integrity, in his treatise *De malignitate Herodoti* (Life § 2.2 with n9). At 1.5.3, and many times thereafter, H. notes if something is the first, or best, or largest of its kind. At 1.60.3, discussing Pisistratus' planned return to Athens, he calls the triumphal procession with a tall woman dressed up as Athena 'a most simple-minded affair, as I find'. At 1.147.2, he dismisses Ionian pretensions with a third-person imperative, 'all right then, *let* them be the "pure-bred" Ionians'; a number of such expressions of personal opinion occur in the descriptive parts of the Babylonian narrative (1.179.1, 186.1, 194.1, 196.1, 199.1). In both 1.139 and 199.4 he addresses his audience directly, in the second-person singular; at 1.119.7, he adds the element of explicit pathos to a horrible scene, when he speculates that after Harpagus gathered up the scraps of his son's body that remained after the rest had been eaten, 'he meant, I suppose, to collect it all and bury it'.[11] Such apparently spontaneous remarks create an impression of personal engagement that continues to color the narrative even when no explicit first-person comment by H. as author occurs.

---

[11] The translation is Denniston's 1960: 6, preceded by the comment, 'And what a marvellous stroke of art is the parenthesis ὡς ἐγὼ δοκέω, which transforms the omniscient historian into the spectator, horrified and ignorant of the issue.'

3.4.2 H.'s Relationship to Space and Time

Although the liveliness and apparent spontaneity of a number of his comments as narrator make him appear a very engaged and present author – one who has talked to people from many parts of Greece and from non-Greek lands as well – never in Book 1 does H. specify anything definite about his own experience, either in terms of having a particular ethnic, civic, or family identity or in terms of specific locations visited during his research.[42] He has chosen instead to remain an external, disembodied presence whose critical eye and editorial efforts have constructed the text in our hands.[43] It is a reasonable assumption that H. himself had seen at least the dedications of Croesus at Delphi (1.50–2) and many of the other objects he describes (e.g. 1.14.1, 24.8, 50.3, 69.4, 84.3, 92.1, 93.3, 181.4), but in Book 1 he never explicitly refers to his own presence somewhere as a viewer. His only first-person use of the verb ὁρῶ in Book 1 occurs when he comments that he has *not* seen the giant gold statue in Babylon that the Chaldeans told him about (1.183.3).[44]

Despite his passionate desire to record the human past and thus rescue its details from the process of becoming ἐξίτηλα, 'worn away' (1.0), H. does not make explicit his own temporal relationship to the past under narration. On several occasions he refers to physical objects that have existed ἐς ἐμέ, 'until my time', that stand as a mute testimony to past events he has been narrating (1.52, 66.4, 92.1, 93.3, 181.2).

His uses of the temporal adverb νῦν are more than twice as numerous as those of ἐς ἐμέ; as well as indicating survival over time, they often emphasize the fact of change: of a place with a changed name from that of times past (1.1.2, 98.3, 167.3, 173.2), objects that have changed place (1.50.3) or later came into being (1.69.4), customs or activities that have arisen in the meantime (1.65.4, 94.2, 167.2, 168, 185.2, 196.5), or people who have left their original location (1.57.1–3, 145, 146, 176.3) or used to have six cities in their confederacy, but now have five (1.144.1). These comments are a continuing if subtle reminder of H.'s stated desire

---

[42] For the uncertainty about whether in the first line of the *Histories* H. refers to himself as being from Thurii or Halicarnassus, see 1.0n and Life § 1.1.

[43] For the resulting establishment of his authorial voice as an 'expert's persona', see Dewald 2002: 268.

[44] Frequent mentions of ὄψις in Book 2 (Marincola 1987) compensate for but also make more striking its absence in Book 1. See further Life §§ 3–4 for his travels as mentioned in other books. H. often presents tangible objects that one can see as misleading or ambiguous for the viewer (Dewald 1993).

to set down and thus render permanent the otherwise always potentially mutable memory of past realities (1.5.3–4).[15]

4 NARRATIVE SUPPLEMENTATION: GLOSSES AND DIGRESSIONS

Neutral background information inserted throughout the narrative is an important part of the promised ἀπόδεξις of H.'s ἱστορίη (1.0), but it is often difficult to distinguish as an independent element of the text.[16] It comes in two forms: the brief gloss that is almost fully integrated into the narrative, and the more lengthy formal digression that explicitly and extensively interrupts the narrative flow.

4.1 Brief Informative Glosses

Many hundreds of times some element in the narrative is briefly identified or explained by an added phrase or sentence or two. These comments appear as achronic or present-oriented descriptions, usually either ethnographic or geographic in nature; as analepses, providing information from the past; or, somewhat more rarely, as prolepses, anticipating something yet to come.[17] Such brief explanatory glosses added by H. acting as anonymous narrator are, however, not always easy to distinguish from the *logoi* in which they occur.

– Sometimes as thumbnail sketches they supply relevant biographical information or historical background, as in the identification of Solon as a lawgiver from Athens absenting himself from his city so as not to have to change his laws (1.29.1–2), or of Lichas as one of Sparta's ἀγαθοεργοί, the five older, respected ἱππεῖς chosen annually to be sent on missions for the state (1.67.5).

---

[15] For a general assessment of H.'s use of time to organize the *Histories*, see Vannicelli 2001b; Cobet 2002; Rhodes 2003.

[16] See Munson 2001a: 32–44 and index for a more expansive definition of Herodotean glosses; Dewald 2002: 277–8 for the addition of parenthetical background information as a conventional part of the oral narrator's repertoire; Baragwanath and De Bakker 2012: 1–56 for H.'s overall use of traditional mythic material, with Dewald in Baragwanath and De Bakker for myths as providing points of reference for events and people in Book 1.

[17] See the comment at the end of the Gyges story (1.13.2), or the comment on the forthcoming disaster awaiting Croesus (1.34.1, 78.3). See De Jong 2002: 261 and 2013 [1999]: 257, 267–71 for a narratological account of analepsis and prolepsis in the *Histories*.

- Clauses introduced by γάρ frequently explain some aspect of the narrative (I. de Jong 1997). Early in Book 1, when Candaules' queen decides her husband must be killed, H. adds as ethnographic background information, 'for (γάρ) among the Lydians, and no doubt among the other non-Greek peoples, even for a man to be seen naked leads to great shame' (1.10.3; other examples early in the book occur at 1.7.2, 18.3, 28).
- Participial phrases and circumstantial and relative clauses often present geographical information or biographical details. E.g. 'When Mazares died, Harpagus took over as leader of the army, being himself ethnically a Mede, whom the king of the Medes Astyages had entertained at an unlawful banquet' (1.162.1).[48]

4.2 Major Digressions

These are much rarer than the brief glosses but are more prominent because they are presented as explicit, extensive interruptions of the narrative. They often occur in the present tense when conveying ethnographic information. Later in the *Histories* H. even expressly comments on them as an outstanding feature of his work; at 4.30 he interrupts his discussion of the way animals in Scythia respond to the cold in order to discuss the sterility of mules in Elis, although there the cold is not an issue. He adds a parenthetical explanatory comment: 'for indeed from the beginning for me the *logos* has sought out προσθήκας (additions)'.

H.'s substantial προσθῆκαι offer invaluable information about the fifth-century world in which he lived, and about how the Greeks themselves thought about that world. In Book 1 four different kinds of material supply the major digressions.

4.2.1 Historical Background: Analepsis and Prolepsis

H. can pause the narrative to insert an account of historical events that took place prior to the time under narration, sometimes also looking briefly ahead to what will happen afterward. Such insertions often supply

---

[48] The explicit cross-reference to another passage in the *Histories* at 1.162.1 is relatively rare; ἀνόμωι τραπέζηι cannot be easily translated. Forcing Harpagus unwittingly to eat his own child was 'without νόμος', i.e. unlawful, unconventional, but also deeply perverse and impious.

causal connections important for the narrative at hand, or information salient to a new topic that is beginning.[49]

4.2.2 Tourism

Although, as noted above, H. never expressly locates himself in Book 1 as an on-the-ground visitor to a particular site, the vividness of his descriptions often seems to imply that his personal ὄψις might have been involved. For example, at 1.50.3–51 he lists and describes some of Croesus' dedications sent to Delphi and their current placements (νῦν) in the sanctuary; at 1.92.1 he mentions other dedications at Thebes and Ephesus and in the temple of Athena Pronaia at Delphi, including disconcerting details about their provenance. At 1.178–87 he gives an extensive description of Babylon as a city: its extent, its walls and districts, the River Euphrates that runs through it, its most important temples and some of the religious practices in use there. He also describes the defensive waterworks undertaken by two previous queens, Semiramis and Nitocris, before launching into the account of Cyrus' conquest of Babylon.[50]

4.2.3 Ethnography and Geography

H. pauses the narrative many times to describe the lands and peoples whom Cyrus is about to conquer; these remind us that his ἱστορίη, investigation, has included a focus on the customs and habitats of foreign or foreign-seeming peoples.[51] Like the more touristic descriptions above, such material becomes the dominant narrative structure for some of Book 2 and then again in Book 4. Three sometimes alternating, sometimes mutually corroborating tendencies distinguish H.'s observations: an interest in describing non-Greek νόμοι or geographical features, often by comparison or analogy with those of other lands and cultures (Redfield 2013 [1985]); a more general attention to extremes of any kind (Bloomer 1993); curiosity about how different peoples can practice interlocking customs that,

---

[49] Both the Croesus and Cyrus stories begin with extensive analepses, which serve as introductions to the two main narratives of Book 1 (1.6–25, 95–106, 107–30). Other major historical digressions in Book 1 occur at 1.56–68, 73–4, 82–3, 142–51, 163–8, 171.2–173.

[50] Much controversy surrounds the question whether H. visited the city of Babylon (1.178.1n ἐοῦσα, 178.2nn, 183.3n ἐγὼ μέν).

[51] See n8 above for H.'s ethnographic interests; for his interest in geography, see Romm 1992: 32–41, 1998: 77–93; Thomas 2000: 75–101; Romm 2006. See n19 for his interest in women and family structures, both in the ethnographies and in the narrative of events.

however bizarre they look to a Greek sensibility, mostly work together to assure cultural security and continuity. Passages with an ethnographic focus in Book 1 include 1.93–4, 131–40, 142–53.2 and 171.2–173 (a mixture of history and ethnography), 192–200, 201–4.

4.2.4 The θῶμα of Arion Rescued by a Dolphin (1.24–5)

H.'s digressions generally supply information about a fifth-century Greek man's understanding of the world around him, but the story about Arion the musician from Lesbos represents a challenge to modern students of historiography. It does not obviously clarify the immediate context, Alyattes' war against the Milesians, so why has H. included it? Most obviously, by labeling the Arion story a θῶμα μέγιστον, a very great wonder (1.23), H. suggests that it is included as one of the ἔργα μεγάλα τε καὶ θωμαστά that he has promised to bring into his work (1.0).[52] But lacking an obvious connection to the surrounding account, the Arion story also challenges H.'s readers with the possibility of a larger thematic significance (1.23–4n).

Throughout the narrative of Book 1, H. breaks and reforms the narrative surface in a number of ways. *Logoi* told by a variety of informants succeed one another, often with quite different content, tone, and pacing; a given *logos* is interrupted with an authorial first-person observation or a digression, or the texture and momentum of the narrative suddenly slows to provide a polished individual scene, replete with dialogue and a vivid climax of its own. This helps convey H.'s persistent double-focused vision: the larger patterns formed within and by the whole narrative certainly matter, but the many individual stories are also important on their own terms – H. is an author who values vivid particularity as well as pattern. So strange experiences like that of the sixth-century dithyrambic singer are an important part of the fabric of the whole, even though Arion's story is an odd one and at first glance can be attached only tangentially and almost arbitrarily to the more significant developments taking place on the contemporary international political and military scene.

* * *

In the first half of the twentieth century, H. was often assumed to have written his *Histories* as a nostalgic look back to the days before his own, when Greek cities banded together to expel the foreign invader. In the

---

[52] See Munson 2001a: 232–65 for other ethnographic and historical items H. as narrator introduces as θώματα.

early twenty-first century, however, a different interpretation also seems germane. Although contemporary circumstances appear only rarely and obliquely in his text, it is worth noting that H. himself was living and writing his *Histories* as war between the Peloponnesians and the Athenians loomed and then broke out – a war that would last 27 years and would exhaust and demoralize all of Greece. His story of the Persian Empire and its war with the Greeks included a warning for his own time and place, in which the empire bent on subjugating other Greeks was now Athenian. H. thought that the world of τὰ ἀνθρωπήϊα was deeply and variously interesting and that the stories of people, both Greek and foreign, who had inhabited it in the past were by definition worth remembering and preserving. But the Greek politics of H.'s own day may help explain why his narrative often challenges us as readers to struggle with the darker ambiguities and ironies contained in the great themes that recur throughout his text, especially those concerning freedom and slavery, fate and the will of the gods, and above all, the values and intentions of the many individuals who populate his *Histories* and whose deeds create its plot line.[53]

3 ETHNOGRAPHIES

3A LYDIANS AND PHRYGIANS IN HERODOTUS

1 PHRYGIA

The collapse of the Hittite Empire toward the end of the twelfth century gave rise to the development of an independent Phrygian kingdom in central Anatolia. Its main city was Gordium, where excavations have uncovered splendid remains. By the eighth century, Phrygian control extended beyond the River Halys to include the center of the earlier Hittite state. Assyrian texts refer to Phrygia as Mushki or Mushku and mention that in 717 'King Mita of Mushki' ('Midas' to the Greeks) attempted to free himself from the obligation to pay tribute to Sargon II of Assyria (721–705) but was eventually forced to recognize Assyrian domination (1.14.2n Μίδην; Kuhrt 1995: 562; cf. Ivantchik 2008: 195n7). About 700 the Phrygian centers suffered a wave of destruction, associated by later Greek writers with the invasion of the Cimmerians (1.6.3n τὸ γὰρ Κιμμερίων). Phrygian sites were later rebuilt according to the old plan, but the Phrygian kingdom that

---

[53] See *Life* §§ 2.2, 4–6; Strasburger 2013 [1955]; Stadter 2013 [1992]; Moles 2002. Cf. *Life* § 5n26 for Irwin's considerably later dating of H.'s *Histories*. For H. as an ironic and ambiguous author see Rutherford 2018; Dewald 2022. A bleakness that mostly is implied through allusion, analogy, and irony in H. finds full expression in Thucydides.

survived (mentioned at H. 1.35.3) was a less cosmopolitan entity, increasingly under Lydian domination (Kuhrt 1995: 562–7).

2 LYDIA

Lydia lies southwest of Phrygia, east of Ionia, south of Mysia, and north of Caria. Lydia was in close contact with the Greek cities to the west at least from the beginning of the Iron Age. Lydia began developing as a world power at the time of the first Lydian king mentioned by Eastern documents, in the annals of Ashurbanipal: 'Guggu, king of the Luddi'. This is the Gyges, son of Dascylus, whom Greek sources identify as the founder of a new dynasty of Mermnad kings that replaced the Heraclidae at the time of Candaules (1.8–14; 8.1n τῶν αἰχμοφόρων). H. says that Gyges was king for 38 years, yielding the approximate dates 716–678 (1.14.4n δυῶν δέοντα τεσσεράκοντα); the Assyrian records indicate a somewhat later reign (c. 680–644).

These Assyrian records inform us that at some time between 668 and 665, when Lydia's turn came to be threatened by the Cimmerians, Gyges asked for help from Ashurbanipal of Assyria (Mesop. § 2.2; Kuhrt 1995: 568–9). In the Rassam Cylinder, Ashurbanipal recounts that Gyges with his help fended off Cimmerian raids, but eventually he stopped paying homage to Assyria; in 657–656 he even sent forces in support of the rebellious king of Egypt, Psammetichus. Ardys, the son of Gyges (1.15n, though his name does not appear in the Assyrian documents) renewed his act of submission to Ashurbanipal.

2.1 Dating Croesus' Defeat

The Nabonidus Chronicle (Persians § 7.2) may contain a brief reference to Croesus' defeat by the Persians. An entry for the year 547 says that Cyrus, king of Persia, crossed the Tigris below Arbail in the month of Nisanu (April) and went on in the following month to a country whose name can no longer be deciphered.[1]

2.2 Absence of Lydian Records

No local Lydian historical records have so far been discovered; only grave epitaphs, casual graffiti on pottery, dedicatory inscriptions, and images

---

[1] Some scholars question the identification of the corrupt name of the country with Lydia, dating the Lydo-Persian war to the span of years 545–540 (Briant 2002: 34; Cahill and Kroll 2005; Kuhrt 2007: 53n5; *contra*, Wallace 2016: 168).

or words on seals and coins remain. They provide little information but have demonstrated that the Lydians spoke an Anatolian Indo-European language.[2]

3 LYDIA: ARCHAEOLOGY

The city of Sardis was built on the northern side of Mount Tmolus, with a steep acropolis dominating the lower city, in the fertile Hermus valley. Another river flowed through the city, the Pactolus; by it lie about 1100 cut-rock graves; though most of them have been robbed, many Lydian artifacts have been recovered, including pottery and jewelry.[3]

Another necropolis (now called Bin Tepe, 'A Thousand Mounds') lies across the Hermus near the Gygaean Lake, about 5 miles (8 km) north of the city. It counts about ninety Phrygian-style tumuli of different sizes; one of them bears signs that some have interpreted as spelling the name 'Gugu' in the Lydian alphabet; it is c. 50 m (164 ft) high and 230 m (0.14 miles) in diameter. The largest of the tumuli, 1115 m (0.69 miles) in circumference, over 60 m high (c. 200 ft), and about 355 m (0.22 miles) in diameter, is most likely the funeral monument of Alyattes, described by H. (1.93.2–5) and possibly mentioned by Hipponax (§ 4.1).[4] In Sardis, evidence of early destruction from the eighth or seventh century may be attributed to a Cimmerian raid or to internal conflict.[5] The city was rebuilt sometime in the middle of the seventh century, and increasing amounts of Greek pottery from this time on confirm H.'s representation of a society that became especially close to the Greeks under Alyattes and Croesus.

3.1 Pactolus North

On the east bank of the Pactolus (an area called 'Pactolus North') was an ancient factory for processing electrum (a natural alloy of silver and gold washed down from the river) and separating its constituent metals. An altar to the Phrygian and Lydian goddess Cybele/Cybebe with lions crouching at the corners rose in the middle of the complex (Ramage and Craddock 2000: 74–7). The excavators believe that this site was one of the facilities where gold and silver coinage was produced at the time of

---

[2] Greenewalt 1992: 248; Payne and Wintjes 2016: 63–86.
[3] Russin and Hanfmann 1983; Ramage 1987: 6.
[4] Pedley 1968: 58–70, 123–9; Hanfmann 1972: 109, 118–20.
[5] Possibly between the factions of Candaules and Gyges (H. 1.13; Ramage, Goldstein, and Mierse 1983: 28).

Croesus; Lydian currency before this time was made of electrum (1.94.1n νόμισμα). Most of these coins feature on the obverse a lion, normally understood to represent the Lydian monarchy. Most scholars now favor an early sixth-century date for the first Lydian coins.[6]

3.2 Oldest External Evidence

Outside of Lydia, one piece of epigraphic evidence contemporary with Croesus may be the short and fragmentary dedicatory texts inscribed on column bases of the temple of Artemis at Ephesus (1.92.1n αἵ τε βόες; Hanfmann 1975: 89). The earliest indisputable material testimony referring to the life of Croesus is Greek: an Attic red-figure vase from Vulci, dated 500–490, attributed to the artist Myson (Louvre G 197), depicting Croesus' pyre.

4 PRINCIPAL GREEK LITERARY SOURCES

The Greeks supply most of the literary sources for the Lydians from the mythical age to the time of Croesus, the last Lydian king. Homer calls the Lydians 'Maeonians' and mentions them next to the Phrygians (*Il.* 3.401, 10.431, 18.291–2). They are splendidly equipped horsemen (*Il.* 4.141–5), who fight on the Trojan side and come from the area of Mt. Tmolus and the Gygaean Lake (*Il.* 2.864–6; cf. 5.43–4), by the Rivers Hyllus and Hermus (*Il.* 20.389–92). According to H. the Maeonians took the name of Lydians at the time of the Atyad dynasty in the distant past (1.7.3; §§ 6.1-3), but the change of name may actually have occurred at the beginning of the seventh century, with the transition from the (Maeonian) Heraclid kings, centered on Sardis north of the Hermus, to the Mermnadae, who were Lydian dynasts from the area south of the Hermus.[7]

4.1 Tyrant Gyges

Gyges was the first person in our extant sources to be called a 'tyrant', possibly a word of Lydian derivation equivalent to the Greek κύριος ('lord').[8] Both Gyges and the root τυραν- first appear in the verses of

---

[6] Le Rider 2001: 41–67. For the discovery in Sardis of a gold and a silver coin of the time of Croesus, see Cahill and Kroll 2005; Konuk 2012: 48–9.

[7] According to Talamo 1979: 65–78, the Atyad genealogy was elaborated by the (Lydian) Mermnadae when the latter replaced the (Maeonian) Heraclidae.

[8] For its origin either from 'Tyrrhenian' or from Tyrrha (perhaps the original seat of the Mermnadae), see Talamo 1979: 63.

his contemporary Archilochus of Paros (688–665), who declares (fr. 19 West), 'I do not care about gold-rich Gyges: | envy has never yet taken hold of me, nor do I admire | works of gods or lust for a great tyranny'. A generation later, Mimnermus of Smyrna composed the now lost *Smyrneis*, a narrative elegy that recounted how Smyrna once repelled Gyges' attack (1.14.4n ἔς ... Μίλητον καὶ ἐς Σμύρνην).[9] These references were probably exhortations to his contemporaries at the time of the subsequent Lydian attack by Alyattes (1.16.2n Σμύρνην; Ionians § 3.4).

One of the poems of the iambic poet Hipponax of Ephesus (fr. 42 West) gives directions for a journey west to the coast on the road to Smyrna, past 'the mound of Attales, the tomb of Gyges'. In another poem, Hipponax uses the term λυδίζουσα ('playing the Lydian') of a woman who is beating the speaker's genitals in an outhouse, inverting the more widespread Greek notion of 'Lydian' as a byword for luxurious refinement.

4.2 Lydian Luxury

Lydian ἁβροσύνη, 'luxury', was admired by lyric poets celebrating an elite ideology[10] and either mocked or deplored by more civic-minded poets. Xenophanes of Colophon, for example, disapproves of the detrimental effects of Lydian influence on his fellow citizens (fr. 3 West), 'Having learned useless luxuries (ἁβροσύνας) from the Lydians, | as long as they were without hateful tyranny, | they went to the agora wearing purple-dyed robes, | ... haughty, glorying in their beautifully coiffed hair, | moist with the fragrance of refined oils.'[11]

4.3 More Greek Opinions on Luxury

The image of a soft, luxurious Lydia endures in the fifth-century literature of the Greek *poleis* of the mainland. The Athenian comic poet Plato speaks of the wealth of nobles 'who recline on finery, on couches with ivory feet, with purple-dyed coverlets and red Sardis blankets' (fr. 230 KA). Croesus, however, is portrayed in glowing terms in epinician poetry, where wealth

---

[9] See also frr. 13, 13a, 14 West (*Smyrneis*); fr. 14 West (hortatory verses); Paus. 4.21.5, 9.29.4; Allen 1993: 23–6, 113–23.

[10] For appreciation of Lydian wealth and its trappings, see e.g. Alcm. frr. 1.67–8 PMG; Sappho frr. 16.19, 98a–b, 132, Alc. fr. 69 LP and Voigt; Pind. *Nem.* 8.15. For the distinction between elite and 'middling' lyric poets, see Morris 1996: 27; Kurke 1999: 26–8.

[11] Words of the ἁβρ- family are applied to Lydia also by Anac. fr. 136/481 PMG and, in the fifth century, Aesch. *Pers.* 41–2 and H. 1.71.4.

and luxury are still a mark of aristocratic excellence, at least when coupled with piety and generosity.[12]

4.4 Greek Prose Writers

For information about historical events, we have to turn to the sustained narratives about Lydia by two prose writers: H., our most important source, and his approximate contemporary Xanthus, who may have been a Lydian but wrote in Greek for a Greek audience. Only fragments survive of Xanthus' work (a *Lydiaka* in four books, *FGrHist* 765), in addition to fragments of the universal history by Nicolaus of Damascus, a first-century author who based himself on Xanthus for his Lydian sections, perhaps through the mediation of a Hellenistic source.[13] This extant material, full of fascinating details about the early Lydian kings, suggests that Xanthus drew on native traditions. His narrative often differs from that of H. and does not seem to have been used by him, in spite of Ephorus' judgement to the contrary (*FGrHist* 70 F180; Xanthus *FGrHist* 765 T5).

Historians of the ancient world have given special attention to Xanthus and Nicolaus, in their attempt to reconstruct (albeit speculatively and with disagreements) Lydian sociopolitical circumstances for which H. is unhelpful. These include, for example, the organization of the Lydian kingdom, the connections among different dynasties, and the political reasons for the shift in power from one to the other.[14] A particularly popular episode among Greek authors is that of the change of dynasty from the Heraclidae to the Mermnadae (1.12.2). Important variants of this story appear in Plato (*Resp.* 2.359c–360b) and Nicolaus/Xanthus (*FGrHist* 90 FF44–7). All three authors report that Gyges was a retainer of the Heraclid king whom he killed, thereby gaining the throne and marrying the king's wife (or betrothed); H. and Nicolaus/Xanthus agree that the oracle of Delphi ratified Gyges' kingship. Aside from these common features, the three versions are quite different from one another. H.'s narrative omits both the element of magic found in Plato and the complicated sociopolitical context given by Nicolaus/Xanthus.[15]

---

[12] Pind. *Pyth.* 1.94; Bacchyl. 3; Kurke 1992: 106–14.
[13] Nicolaus *FGrHist* 90 FF44–7, 63–5; cf. Alexander 1913. For the dating of Xanthus as an older contemporary of H., see Fowler 2013b [1996]: 50, and for Nicolaus' dependence on Xanthus, Paradiso 2015: 71n12.
[14] Talamo 1979; Lombardo 1980; Payne and Wintjes 2016: 24–30.
[15] Lombardo 1990: 207. Cf. Seel 1956: 215–33.

4.4.1 A Gyges Tragedy

A Gyges tragedy whose fragments have emerged in a papyrus of the late second or third century CE (1.8–14n)[16] may represent an independent version of some details in H.'s account but may instead be a Hellenistic dramatization of H. Plutarch preserves yet another version of the Gyges story, one where Candaules is killed not by Gyges himself but by a Carian supporter, Arselis of Mylasa (*Quaest. Graec.* 45 = *Mor.* 302A).

4.5 *Later Greek Sources on Lydia*

Numerous other Greek and Latin works give scattered details about independent Lydia. Xenophon's *Cyropaedia* contains a substantial account of Croesus' war and interactions with Cyrus (6.2.9–7.5). The theory of the Lydian colonization of Tyrrhenia (H. 1.94.3–5) is discussed by the first-century historians Dionysius of Halicarnassus (*Ant. Rom.* 1.27–8, drawing from Xanthus) and Strabo (5.2.1). Strabo also refers to the connection between Maeonians and Lydians and to the invasion of Phrygia, Lydia, and Ionia by the Cimmerians, with their capture of Sardis (cf. H. 1.15).[17]

5 CROESUS IN THE HISTORIES (560–546)

At the outset, H. announces two basic topics: hostilities between the East and the Greeks and the instability of human happiness. Croesus, whom H. chooses as his starting point, is fundamental to both (1.6.1n). By naming Croesus as the first who began unjust deeds against the Greeks (1.5.3), H. undermines the notion (conveyed by the Persian *logioi* in the proem and no doubt shared by many fifth-century Greeks) that the enmity between Eastern powers and the Greeks corresponds to an ancient, ancestral divide. On the contrary, for H. the conflict is a fairly recent historical phenomenon, resulting from the growth in Anatolia of Lydia, a centralized state encroaching on the Greek cities on the western coast. Croesus, who began the conflict, was also the first actual or potential ally of the Greeks of Europe (1.6.1). He was a king rather Hellenic in his ways, knowledgeable about the Greeks and attentively respectful toward Greek gods (Lombardo 1990: 200). When Cyrus the Persian conquers Croesus, everything changes.

---

[16] P. Oxy. 2382, published by Lobel 1950; *TrGF* 2.664; Page 1951.
[17] Strabo 13.4.5; 13.4.8. For a discussion of various literary sources on Lydia, see Payne and Wintjes 2016.

H.'s second topic, the instability of human happiness, is not unrelated to the first. Croesus built an empire and possessed fabulous wealth; Greek sanctuaries are replete with his gifts (1.6.2n φίλους), and a lucky Athenian guest would leave his house with boots, clothes, and mouth bulging with gold (6.125.4). Eventually Croesus lost everything, becoming a 'slave' of Cyrus (1.89.1), and his defeat marks the end of independent Lydia. Several Greek versions of his death are known (1.86–91n).

Croesus' defeat raises the question of the causes of human reversals. In particular, is the decline of successful states an inevitable cosmic process? H.'s narrative about Croesus suggests that the causes of failure are often closely related to human choices. Although H.'s Croesus resembles the pious and generous king of epinician poetry (§ 4.3), he is not an innocent victim of predestination or circumstances but, at multiple levels and for different reasons, responsible for what happens to him. Albeit more subtly than other historical agents in the *Histories*, Croesus embodies the pervasive connection between immoral or unwise action and subsequent failure (1.5.3, 91).

5.1 Connections to the Croesus Story

Other Lydian material is largely subordinated to Croesus' story. H.'s account of how Gyges brought the Mermnadae to power explores the dynastic roots of the guilt that will contribute to Croesus' downfall four generations later (1.13.2, 91.1–2). H.'s chronicle and dating of Croesus' Mermnad predecessors – Gyges (c. 716–678), Ardys (678–629), Sadyattes (629–617), Alyattes (617–560) – largely ignores their Eastern activities and makes short shrift of the Cimmerian invasions (1.16.1n);[18] its purpose is first and foremost to show the background of Croesus' policies regarding the Greeks of Asia and Delphi. Non-royal Lydian characters are almost entirely absent, and information concerning the Lydians as a collectivity mostly appears for the purpose of explaining the Croesus narrative.[19]

---

[18] Modern dates for the Mermnadae are differently assigned, on the basis of Eastern documents: Gyges (c. 680–644); Ardys (c. 644–625); Sadyattes (c. 625–610); Alyattes (c. 610–560); Croesus (560–540s). See Asheri on 1.7.1; Ivantchik 1993: 104–5, 2008: 194–5. For Mermnad military activity against the Asiatic Greeks before Croesus, see Ionians §§ 3.3–3.9.

[19] 1.10.3, 35.2, 74.5, 79.3, 155.4–157.2. Only three non-royal Lydian men appear in the Croesus narrative: 1.72.2 (Sandanis, 'wise adviser' of Croesus); 1.92.2 (Croesus' enemy and supporter of his half-brother Pantaleon); 1.153.3, 154 (Pactyes, the official to whom Cyrus entrusted the Lydian gold and who later held the Lydian rebellion). After consolidation of the Persian hold on Lydia H. mentions

3 ETHNOGRAPHIES

6 THE OTHER LYDIANS

In spite of its Croesus-centered selectivity, the Lydian account strives for some sort of theoretical completeness (Talamo 1985: 157). The survey of royalty extends in a very compressed form to the country's two earlier dynasties (1.7). H. reaches back to the age of the first kings, in his account of the Lydian colonization of Etruria/Tyrrhenia (1.94.3–7). In the present-tense sections of the ethnography, where he implicitly asks the question, 'What is remarkable about Lydia now?', H. as narrator appears to be checking obligatory rubrics of the genre – θώματα, customs, inventions – as if signaling that he is careful not to leave anything out (Jacoby 1956: 70 = 1913 col. 332). This material is more likely to derive from local Lydian tradition than are many parts of the largely Greek (prominently Delphic) narrative about Croesus. They illuminate H.'s broader vision of the society that Croesus both affects and represents.

6.1 Croesus' Non-Mermnad Predecessors

According to H., two royal dynasties, the Atyadae and the Heraclidae, preceded the Mermnadae. All literary sources agree with him on this point, with considerable variations in their respective genealogies and names of individual kings. Of the Heraclidae, H. says that they held power for 505 years; if a reference point is the advent of the Mermnadae to the throne with Gyges according to H.'s chronology (c. 716), H. envisioned Heraclid rule to have begun c. 1220. Before this he places the kings who 'descended from Lydus, the son of Atys, from whom the entire Lydian people, previously called Maeonian, took its name' (1.7.3).[20]

6.2 The Most Ancient Lydian Line

H. gives additional information about very ancient Lydia in later passages in the *Histories*. Lydus' father Atys had another son, named Tyrrhenus (1.94.3, 5), and was himself the son of Manes.[21] H. mentions a

---

two Lydian aristocrats close to the centers of power: Myrsus, son of Gyges (3.122.1; cf. 5.121) and Pythius, son of Atys (7.27–9, 38–9): Lombardo 1990: 179n18.

[20] The ethnic identities of the three dynasties and their mutual connections are impossible to ascertain historically; the recurrence of the name Atys (1.34.2; 7.27.1) suggests a connection of the Mermnadae with the Atyadae (Talamo 1979: 65–78).

[21] In Dion. Hal. (*Ant. Rom.* 1.27.1–2) Manes, in the form Masnes, is the son of Zeus and Ge, since in Anatolian mythology he is associated with the local hero

second son of Manes named Kotys, who was the father of Asies (4.45.3).[22] Fragmented as it is, this family tree provisionally illuminates H.'s notion of the Lydians as an ethnic community. The names of the first two generations (i.e. Manes in the first, Kotys and Atys in the second) derive from an Anatolian tradition that reflects a cultural connection between Phrygians and Lydians (Talamo 1979: 13–28). 'Atys' in particular is related to Attis, the mythical devotee of the Phrygian Great Mother (1.34.2n Ἄτυς). The third generation, the most crucial for a properly Lydian identity, includes three names: Lydus (1.7.3) and Tyrrhenus (1.94.3), both sons of Atys, as well as Asies, son of Kotys (4.45.3; cf. 1.171.6n Λυδόν for a Carian version of Lydus' brothers). While Lydus gives the Lydians their ethnic name, Tyrrhenus leads a group of Lydians to establish a settlement in the region that would subsequently be called Tyrrhenia,[23] and Asies, 'according to the Lydians', gave his name to the continent Asia.[24] Through their remotest ancestors, therefore, the Lydians are the original 'Asiatics' as well as the first colonists to the West.

6.3 The Heraclidae

The role of the Lydians as ethnic intermediaries is further enhanced by the identity of their second dynasty, the Heraclidae, as part of a broader mythopoeic phenomenon. The early Greeks sought to familiarize foreign surroundings by connecting native populations to the heroes of their own past.[25] In Lydia, Heracles seems to have become assimilated to various local divinities or heroes such as Sandon, Manes or Tylon;[26] some ver-

---

Tylon (or Tyllus), so that both Manes and Tylon are in turn identified with Heracles (Hanfmann 1958: 69–71).

[22] This implies that Atys was the brother of Kotys and Tyrrhenus the brother of Lydus, though we cannot be sure that H. had a unified genealogy in mind (Talamo 1979: 15).

[23] 1.94.7. H.'s theory about the Lydian colonization of Tyrrhenia/Etruria has received twenty-first-century publicity thanks to DNA analysis of Turkish and Etruscan cattle and people (Achilli et al. 2007).

[24] 4.45.3; in Greek sources the term 'Asia' initially designated a Lydian tribe, then Lydia, then (perhaps under Croesus) the whole of Asia Minor, and finally (after the Greeks' discovery of Upper Asia), the continent (Mazzarino 1947: 43–79).

[25] Heracles appears as mythical ancestor of the Scythians (4.8–10), of the Argeadae of Macedonia (8.137.1), and of Spartan rulers (6.52; 7.204 Vannicelli 2001a; 8.131). The Persians, for their part, are said at 7.61.3 to descend from Perses, the son of Perseus (great-grandfather of Heracles) and Andromeda (granddaughter of Belus). At 1.7.2, however, Heracles is the grandfather of Belus and would therefore (implicitly) be an ancestor, not a descendant, of Perseus.

[26] On Manes, see § 6.2. Tylon was regarded as the founder of the royal dynasty of the Tylonidae, related to the Heraclidae in our Greek sources (Hanfmann

sion of the tradition about Heraclid kings may have become established in Lydia by the eighth century.[27] Such traditions play a dual role in the *Histories*. In the first place Heracles, whom H. elsewhere dates to c. 1350 (2.145.4), becomes a reference point for organizing world events according to a unified (though in practice not always consistent) chronological system (Vannicelli 2001a). A second function is ideological: by giving credit to existing (and Hellenocentric) myths of common descent, H. bridges the gap between Greeks and non-Greeks, which had considerably widened by the fifth century.

H.'s list of the Heraclid ancestors of the Lydian kings does not merely Hellenize the Lydians, however; its names (Heracles, Alcaeus, Belus, Ninus, and Agron) connect them to a broader Asiatic world which they already represent by virtue of their connection to Lydus and Asies of the Atyad line. Agron, the first Heraclid king, is the only Lydian name, perhaps the eponym of the city of Agroeira.[28] Alcaeus is elsewhere a name for Heracles himself or his grandfather. The two central names of the list both look to Mesopotamia (1.7.2n Νίνου τοῦ Βήλου). Their placement after Heracles is not elsewhere part of Greek tradition, but it could reflect historical Lydian contacts with Mesopotamia in pre-Mermnad or Mermnad times.[29] H.'s Lydians are a people positioned in the middle, a 'non-other' with connections to different and mutually distant lands.

6.4 *Lydian Women*

In the most familiar form of the myth connecting Heracles to Lydia, in order to atone for one of his crimes (versions vary on this point), Heracles was sold and enslaved to the Lydian queen Omphale, who eventually bore him a child.[30] This queen was the daughter of Iardanus (the name of a river in Lydia) and, in one version, the widow of Tmolus (the moun-

---

1958: 71–2). On Tylon, see Pliny *NH* 25.14, quoting Xanthus (*FGrHist* 765 F3); Dion. Hal. *Ant. Rom.* 1.27.2. Nicolaus of Damascus mentions Heraclidae (*FGrHist* 90 FF44.8, 46) and Tylonidae (FF45, 47.5) as separate but allied families.

[27] Homer does not link the Maeonians to Heracles, but his mention of the river named Hyllus (*Il.* 20.392) may point to an early establishment of the Heracles legend in Lydia (Matthews 1974: 96–9; Talamo 1979: 38–9).

[28] Later known as Attaleia (Steph. Byz. s.v. Ἀττάλεια), the city was located on the River Lycus near its confluence with the Hyllus; cf. *Il.* 20.387; Paus. 1.35.8; Talamo 1979: 37, 56.

[29] Burkert 1995: 144–5; cf. Talamo 1979: 41–56.

[30] Our earliest sources on Heracles and Omphale are Pherec. *FGrHist* 3 F82; Ion of Chios (*TrGF* 19), author of a lost satyr play *Omphale* (Easterling 2007); Soph. *Trach.* 248–53, 274–8; Herodorus *FGrHist* 31 F33 (Gantz 1993: 439–40). Cf. 4.9 for H.'s report of Heracles' sexual adventures in Scythia.

tain near Sardis).³¹ H.'s version of the myth is somewhat different: in his account, the Heraclidae traced their descent from Heracles and 'a slave of (the daughter of) Iardanus' (1.7.4n ἐκ δούλης; two different translations are possible). Both Greek versions reflect a Greek rationalization of some local goddess of the type of Ishtar or Cybebe/Cybele, whose relation to male figures such as Attis, Sandon, or Tylon explains her dominant role vis-à-vis Heracles in the Greek myth.³²

Greek tradition erased these ritual connections and made Omphale into the representative of the luxurious, female-dominated and 'soft' East. In later versions, she even forces Heracles, the most masculine of Greek heroes, to spin wool and wear women's clothes.³³ H. does not mention Omphale by name, or Heracles' enslavement to her.³⁴

The wife of Candaules, a Lydian queen (revealed as powerful, like the mythic Omphale), is anonymous, like the enslaved woman of 1.7.4. Like the abducted women of 1.1–4, she is initially the victim of male aggression (1.8.1n τῆς ἑωυτοῦ γυναικός, 10.2n). The final set of Lydian women depicted in H. are the prostituted daughters in the ethnography (§ 6.8; 1.93.4).³⁵

6.5 Lydian Ethnography

Ancient representations of cultures are partly based on the more or less conscious opposition of 'hard' vs. 'soft': a luxurious culture is soft, while a less abundant, actively belligerent, and 'uncivilized' one is hard. Hard cultures tend to be considered as 'simple, harsh, and masculine', soft cultures as 'mercantile, complicated, or even feminine', as in the Greek stereotype of the Lydians.³⁶ H. might be obliquely making use of this stereotype, identifying the Persian subjection of Lydia as a major turning point in their own Persian trajectory as an increasingly wealthy and

---

³¹ Apollod. 2.6.3; cf. Diod. Sic. 4.31.5.
³² Cf. Hanfmann 1958: 84nn42, 44. H. mentions Cybebe at 5.102.
³³ The feminization of Heracles vis-à-vis Omphale is represented on a mid-fourth-century Lucanian *pelike*, on which a woman hands the hero a spindle (Louvre K 545). Cf. Prop. 3.11.17–20; Ath. 12.515d–f.
³⁴ A similar tradition only appears in Hellanicus *FGrHist* 4 F112, who reports that an enslaved woman owned by Omphale named Malis bore to Heracles a son named Acheles, the eponymous of a city in Lydia according to Steph. Byz. s.v. Ἀκέλη.
³⁵ The other women in H.'s account of Lydia are Croesus' baker, Croesus' wife (1.51.5), the concubine who bore a lion to the ancient king Meles (1.84.3), Croesus' Carian mother and Ionian stepmother (1.92.3), and Croesus' sister Aryenis (1.74.4), the only one named by H.
³⁶ Northeasterners § 5; Redfield 2013 [1985]: 281; Romm 1992: 47–81.

luxury-loving people. Croesus already embodies ἁβροσύνη, and his people are contrasted to their rugged Persian opponents who 'had nothing good or ἁβρόν before conquering the Lydians' (1.71.4; cf. 1.55.2).[37] On the other hand, one of the few passages in H.'s historical narrative that features the collectivity of the Lydians directly notes that at the time of the war with Persia 'there was no people in Asia more virile (ἀνδρηιότερον) or stronger than the Lydians: they fought on horses, carried long spears, and were good riders' (1.79.3). After they were conquered and attempted to rebel, however, H. reports that Croesus suggested to Cyrus that he impose on the Lydians a cultural change, so that they would never cause trouble again, becoming shopkeepers and musicians. In this way, Croesus said, they would soon become women instead of men (1.155.4). The aetiology H. sets out here dramatizes the enervating effects of a society's enslavement to a foreign power by combining two rather different objects of Greek contempt: Eastern luxurious softness and the unheroic life of retail traders.

6.6 Mercantile Activities

Mercantile activities, like luxury, were a Lydian specialty: 'a Lydian is a retail trader', according to a Greek proverb.[38] Unlike the Greeks, the Lydians were never a sea people (cf. H. 1.27), but they engaged in trade on land.[39] A κάπηλος may be a retail trader or an innkeeper, and it is likely that many Lydian merchants practiced both activities at once, if not in the city, in establishments scattered along the major trade routes.[10]

6.7 Lydia Is a Country of the Center

Lydia is a country of the center, partaking both of the Greek and of the non-Greek world, as the genealogies of their kings have already indicated (§ 6.2). In the Lydian ethnography (1.93–4), similarity with Greece is a major theme, as H. comes close to saying that Lydia is so normal it hardly warrants an ethnography at all (§ 6.10).[11] He singles out two exceptions, both connecting Lydia with more exotic settings. A single Lydian

---

[37] At 1.55.2 the oracle calls Croesus ποδαβρός, 'tender-footed'.
[38] Λυδὸς καπηλεύει, Zenobius (Radet 1893: 99n4).
[39] Cf. Xen. An. 1.5.3; Radet 1893: 155–7.
[10] Especially on the Royal Road, which in the Hermus valley led from Sardis to the River Halys (Radet 1893: 96–103); cf. H. 5.52.
[11] H. notices similarities between specific Lydian and Greek customs also at 1.35.2, 74.5; 7.74.1.

monument, he says, is comparable to the θώματα of Egypt and Babylon: the tomb of Alyattes (§ 3). Similarly, the Lydians have only one custom that is different from anything found in Greece: this is the institutionalized prostitution of unmarried women (1.93.4; cf., for Babylon, 1.196.5).

6.8 Social Classes

In the ethnography, H. talks about kings and about laborers, but no social classes in between. He is silent about the economic importance of Lydian precious metal resources, although the gold-carrying Pactolus qualifies as a θώμα (1.93.1).[42] His first two subdivisions of Lydian society are marginalized citizen groups among Greeks and non-Greeks alike.[43] Merchants (ἀγοραῖοι, 1.93.2) correspond to the κάπηλοι of 1.155.4 whose activity will turn men into women, but here they appear without luxurious trappings. Craftsmen (χειρώνακτες) pursue a sedentary 'banausic' profession, which the Greeks considered illiberal (ἀνελεύθερον).[44]

In reference to the third class, that of prostitutes, the verb (κατα)πορνεύομαι, connected to πέρνημι ('sell'), denotes the lowest form of sex traffic, typically pursued by enslaved populations in brothels or ἐργαστήρια, 'workshops'. In Greece, πόρναι, whom H. here calls 'working girls' (ἐνεργαζόμεναι παιδίσκαι, 1.93.2), stand as far as possible conceptually from the Greek image of a citizen's daughter or wife. But H. says that 'all the daughters of the Lydians' practice this occupation before marriage. He represents Lydian women as possessing the entrepreneurial spirit of independent *hetairai*: they take care of business, collect their dowries, and eventually give themselves in marriage (1.93.4). He does imply, however, that something is not quite right in the society as a whole. Those who are, in an almost literal sense, the pillars of an economy famous for its gold and aristocratic refinements turn out to be humble artisans and merchants or, to an even greater extent, their daughters, engaging in prostitution.

6.9 Early Lydians as Inventors

The Lydians were 'the first we know of' to coin gold and silver, an accomplishment which, as we learn from other sources, different groups of

---

[42] Cf. 5.101.2 for a description of the Pactolus flowing through the city.
[43] 2.165-7; cf. Soph. *Aj.* 1121.
[44] Arist. *Pol.* 1277b1-7, 1290b39-1291b30, 1328b37-1329a2, 1331a30-b3; Xen. *Oec.* 6.4-8; *Lac.* 1.3; Austin and Vidal-Naquet 1980: 11-18.

Greeks attempted to claim as their own.[15] The Lydians were also the first to become retail traders (κάπηλοι, 1.94.1), and they claim that they have invented various games, which the Greeks also now play (1.94.2). All these innovations (ἐξευρ- occurs five times in this passage) are attributed to the community, not the kings, and connote an intellectual resourcefulness, σοφίη, in which Greeks supposedly excel (1.60.3).

6.10 Are the Lydians Like the Greeks?

Seen as a whole, the three chapters of the Lydian appendix (1.92–4) pursue the idea of similarity and difference with the Greeks by outlining in reverse order, through description and embedded historical narrative, a telescoped evolution of the Lydian people – from the ancient struggles for survival of a small and courageous nation, to their resourceful inventions and economic development through banausic and 'feminine' trades, to the growth of their monarchy in wealth and power. In this overall representation, the Lydians suggestively resemble Greeks, not Hellenized barbarians. In the first section of the Lydian appendix (1.92), Croesus is dominant, and the people are ethnographically absent, just as they are politically irrelevant in the historical narrative about Croesus. In the chapter on Alyattes' tomb, they place their banausic activities in the service of the king. However, H. depicts the early Lydians, founding colonies and inventive and entrepreneurial in spirit, as resembling the Greeks in their way of life. This perhaps explains the affinities that H. thinks still exist between the two peoples.

3B PERSIANS AND MEDES IN HERODOTUS

1 THE MEDES

According to H. (1.95.2–106), the Medes were the first people to rebel from the Assyrian domination. They initially lived in villages, subdivided into several tribes, but they soon constituted themselves as a unified state under a monarch, Deioces (1.95.2–101), c. 700–647. His descendants expanded their dominion. Phraortes conquered the Persians and other

---

[15] Xenophanes fr. 4 West credits the Lydians with the invention of coinage. Pollux, who preserves this fragment (*Onom.* 9.83), mentions several other traditions that attribute the invention of coinage to Pheidon of Argos, Demodice, daughter of Agamemnon of Cyme (and wife of the Phrygian king Midas), the Athenians Erichthonius and Lycus, or the Naxian Aglosthenes. Strabo cites Ephorus as attributing the first mint to Pheidon of Argos in Aegina (8.3.33, 6.16 = *FGrHist* 70 F115). For other sources, see Radet 1893: 163–5.

populations of Asia, dying in an unsuccessful attack against the Assyrians of Nineveh (1.102). Cyaxares, the most powerful Median king, expanded to the west to the River Halys (the border with the Lydian Empire) and eventually defeated the Scythians who had invaded Asia (1.103.1n; 104.2n οἱ μὲν Μῆδοι). In alliance with the Babylonians, in 612 he also destroyed Nineveh (1.106.2n τὴν . . . Νίνον; Mesop. § 2.3). Media's independence as a regional power ended when the next king, Astyages, was conquered by Cyrus and the Persians (1.128–30).

1.1 Near Eastern Evidence

Little of this account can be confirmed by Near Eastern evidence. There are three main sets of documentary sources for the Medes: Assyrian royal inscriptions, Esarhaddon's oracle requests, and the Babylonian Chronicle (Kuhrt 2007: 20–1). They confirm relatively little of H.'s account. The Assyrian annals of Sargon II testify to the association of the name Deioces ('Dayukku') with the Zagros region (Kuhrt 2007: 35n2).[1]

1.2 Median Names

H.'s name for the successor of Deioces, Phraortes (c. 647–625), also seems to be authentically Median. In the important Persian inscription of Darius at Behistun/Bisitun (§ 7.3 below) the name recurs as Fravartish, identifying a later Median rebel who claimed to be the descendant of Cyaxares. There is more evidence for H.'s last two Median kings, Cyaxares (625–585) and Astyages (585–550). The Babylonian Fall of Nineveh Chronicle records that between 614 and 612 Babylonians and Medes waged campaigns against the Assyrians that culminated in the destruction of Nineveh by the Median king Cyaxares (Umakishtar) and the king of Babylon (1.106.2n τὴν . . . Νίνον; Mesop. § 2.3). This roughly confirms H.'s account at 1.103.3 and 106.2, although H. does not mention the participation of the Babylonians, and his account of a complicating Scythian

---

[1] Helm 1981: 86; Diakonoff 1985: 83, 90–1; Brown 1988: 76. H. attributes 53 years of reign to Deioces (1.102.1). He assigns 22 years to Phraortes (1.102.2), 40 to Cyaxares – apparently including 28 years of Scythian domination (1.106.3) – and 35 to Astyages (1.130.1), a total of 150 years of Median rule. If that number is added to 550 as the date for the fall of Astyages in the Nabonidus Chronicle, 700–647 become the dates for Deioces' reign. However, at 1.130.1 H. says that the sum total of the years of these kings' reigns was 128 'aside from the period of Scythian domination' of Media, which lasted 28 years (1.106.1). If these 28 years are added to the total of 128, the result is 156, not 150. H.'s chronology of the Median kings remains uncertain.

invasion (1.103.3–106) does not make sense in this time frame and is not substantiated by Eastern documents (Kuhrt 2007: 22n4, 38n9; Asheri on 1.95–106, 103.3–106.2 for the chronological problems created by H.'s account of the Scythian invasion).

In the entry for the year corresponding to 550, the Nabonidus Chronicle (§ 7.2) reports that the Median king Astyages (Ishtumegu) was defeated by Cyrus of Persia after the Median army rebelled against him, and that he was taken prisoner. This entry dovetails with what we learn from H. (1.127–8), although the chronicle represents Astyages as the aggressor and mentions subsequent looting of the capital Ecbatana by the Persians (Kuhrt 2007: 50–1).

1.3 What Was Media?

It appears from Babylonian documents that Cyaxares and Astyages could have been leaders of a Median coalition, or even perhaps a Median state, and that Ecbatana was a Median capital. Modern scholarship, however, has put in doubt the historicity of the Greek account of a Median Empire as an heir to Assyrian power and the antecedent of the Persian Achaemenid Empire (Kuhrt 1995: 654).[2] Assyrian documents in the eighth and seventh centuries rather represent the Medes as one of the many fragmented peoples living in the Zagros Mountains, led by several different local chieftains. Ecbatana (1.98.3n Ἀγβάτανα) may lie under the modern city of Hamadan.[3]

2 THE FIRST PERSIAN KINGDOM

The evidence for the early Persians is similarly scanty.[1] Like the Medes, to whom they were culturally close, the Persians were an Indo-Iranian people who migrated from central Asia into Iran, probably about 1000. While the Medes settled in the northwestern part of the Zagros Mountains, Assyrian annals from the ninth century on appear to situate Persians and 'Persia'

---

[2] Lanfranchi et al. 2003; Sancisi-Weerdenburg 1988 argues that there was a movement toward unification in Media, but that movement depended on tribute and trade relations with Assyria and stopped after the collapse of Assyria at the end of the seventh century. Cf. Wiesehöfer 2003; Tuplin 2004.

[3] Seventh-century sites in Media suggest a decline in the latter years of Cyaxares, who supposedly reigned until 585 (Liverani 2003: 3–4; Radner 2003; Rollinger 2003).

[1] The question of the roots of pre-Achaemenid Persia is explored by Briant 1984: 71–118, somewhat differently in 2002: 13–28.

in different regions at different times, both in the northern and in the southern part of this mountain range.[5]

2.1 Fars and Elam

In the seventh century Persians occupied the region now called Fars, in southwestern Iran, a district of the ancient kingdom of Elam. It was centered around the cities of Susa to the west (in the modern province of Khuzestan) and Anshan to the east. In this period Elam was subjected to Assyrian raids and Anshan was already a separate political entity, ruled by a local Persian dynasty. Elam recovered and continued to exist in the post-Assyrian period (after the fall of Nineveh in 612), exercising a powerful influence on the ethnogenesis of the Persians. Elam controlled Susa, the Persian capital that appears most prominently in H., possibly as late as in the sixth century. Although unrecognized by Greek sources, who considered the Persians as initially subject to the Medes,[6] a neo-Elamite heritage doubtless helped create the new Persian state and its elaborate imperial bureaucracy (Kuhrt 1995: 653). Elamite long remained the principal administrative language of the later Persian Empire.[7]

2.2 Cyrus I

An Elamite cylinder seal from the reign of Darius I bears the inscription 'Cyrus the Anshanite, son of Teispes' (Kuhrt 2007: 54–5). This Cyrus I was the father of Cambyses I, who in c. 559 was succeeded by his son, Cyrus II – i.e. Cyrus the Great – who defeated Ishtumegu/Astyages the Mede in 550 (1.128).[8]

3 CYRUS II 'THE GREAT'

According to the tradition H. chooses to follow (1.95.1), Cyrus' mother was the daughter of the king of Media, while his father, Cambyses, was

---

[5] Rollinger 1999. An inscription of Ashurbanipal mentions a Kurash, king of Parsumash, who in 640 sent an embassy and a son as hostage to the king of Assyria (Kuhrt 2007: 53–4).

[6] See especially H. 1.102.1n ἐπὶ τοὺς Πέρσας; cf. Ctesias F8d* 1 Lenfant.

[7] For the gradual Elamite acculturation of the Persians, see Henkelman 2008: 1–63.

[8] Cyrus II gives the names of his predecessors on the throne of Anshan on the Cyrus Cylinder (Kuhrt 2007: 71). In the Nabonidus Chronicle too, he is named 'king of Anshan' (§ 7.2; Kuhrt 2007: 50; cf. 56).

3 ETHNOGRAPHIES

simply a Persian from a good family (1.107), the son of an earlier Cyrus (1.111.5).[9] H.'s genealogy of Cyrus on his father's side is only roughly corroborated by the Near Eastern documents, since the documents show that Cyrus' father, grandfather, and great-grandfather were kings and that Cyrus himself was a king before conquering and therefore succeeding the Median king Astyages (Kuhrt 2007: 47–8). H. instead records that Cyrus' first known ancestor was Achaemenes (3.75.1), but the Achaemenidae figure as a noble clan rather than a royal dynasty.[10] In any case, Cyrus II created the huge multiethnic state that is often called the Achaemenid Empire. Its organization and success are not fully explained by the available Near Eastern evidence. Certainly the old-fashioned idea (largely based on H. and other Greek sources) of the Persians as a rustic, backward people right up to the time when Cyrus II made them into the rulers of Asia appears very unlikely.

4 CYRUS' MEDIAN INHERITANCE

As soon as H. formulates the question 'Who was Cyrus?' (1.95.1), he immediately goes back in order to account for the institutional origins of the Persian kingship as a Median phenomenon. According to H.'s narrative, the first Median king Deioces (§§ 1–1.1) created *ex nihilo* the basic structures of a centralized monarchy: a privileged royal space (the capital fortress of Ecbatana), court protocol, and law-enforcement procedures (1.98.1–101) – all features that will largely become the trappings of

---

[9] In Xen. *Cyr.* 1.2.1, Cyrus is royal on both sides, since his mother is the daughter of the king of the Medes, as in H., and his father is 'king of Persia'. Ctesias F8d* 3 Lenfant goes entirely in the opposite direction, making Cyrus the low-born son of a bandit and a female goatherd from the most marginal Persian tribe, the Mardoi. See Lydians § 6.3n25 for H.'s (conflicting) mythic accounts of distant Persian ancestors.

[10] H. says that the Persian kings came from the 'phratry' of the Achaemenidae of the tribe of the Pasargadae (1.125.3). Achaemenes, however, is first attested in inscriptions of the time of Darius. These include especially the Behistun/Bisitun Inscription (§ 7.3), where Darius surveys his genealogy, and two inscriptions from Pasargadae that describe Cyrus as king and an Achaemenid (Kuhrt 2007: 177). Cyrus' descent from Achaemenes may thus be an unhistorical tradition started by the third Persian emperor, Darius, for the purpose of linking his family to that of Cyrus and legitimizing his claim to the throne (Vannicelli 2017: 317–19). The Persians whom H. calls 'Achaemenidae' include a nameless group surrounding Cambyses (3.65.6) as well as a number of individual Persian notables: Hystaspes, the son of Arsames and father of Darius (1.209.2); Pharnaspes (3.2.2); Sataspes (4.43.1); Megabates (5.32); Tigranes (7.62.1); and Artachaees (7.117.1). See Briant 2002: 92, 110–11.

Persian royalty later on.[11] As a child, Cyrus plays at being king according to the institutions of Median monarchy (1.114.2). As an adult contesting the rule of Astyages, he gains the allegiance of many Medes (1.123.2, 124.3, 127.3). His eventual belief 'that he was in a certain sense beyond the human' (1.204.2) internalizes the Median Deioces' intent to 'seem (to others) to be of a different nature' (ἑτεροῖός σφι δοκέοι εἶναι, 1.99.2).

4.1 Medo-Persian Imperialism

According to H., the Persians learned imperial aspirations and ways of governing from the Medes. In the *Histories* Cyrus' father, Cambyses, is not only of non-royal blood but also, as Astyages is careful to verify, a man 'of peaceful disposition' (1.107.2). As a public term, ἡσυχίη denotes a lack of the political and military activity typical of ambitious individuals or states. In H.'s account, it is rather by emulating his Median predecessors that Cyrus lays the foundations of the Achaemenid policy of continuous expansion.[12] Moreover, Cyrus' generals, Harpagus and Mazares, are Medes (1.156.2–77), and Medes appear to hold high positions in the Persian military establishment later on.[13] Before Cyrus' last campaign, the queen of the Massagetae complains that Cyrus will never 'stay at peace' (δι' ἡσυχίης εἶναι), and she addresses him as 'King of the Medes' (1.206.1n). H. and other Greek authors, when they speak of the Persians or the Persian king as a conquering power, often call them 'Medes' or 'the Mede'.[14]

---

[11] Numerous elements in H.'s Median narrative reappear later in the *Histories* or in other Greek sources as part of a Persian context. Proper names of Medes return as names of Persians (Artembares, 1.114.3). The king of Media is called 'King', without the article (1.99.1, 1.119.7), as later the Persian king will be. Eunuchs are in charge of various functions (1.117.5), as they will be at the Persian court; the king has the control of roads (1.123.3), and public officials are called the King's Eye (1.114.2; cf. 1.100.2, 112.2; Aesch. *Pers.* 980; Ar. *Ach.* 92; Xen. *Cyr.* 8.2.10–11; Plut. *Artax.* 98).

[12] Just as Phraortes 'went from one people to the other' (1.102.2), so 'no people (Cyrus) marched against could escape him' (1.204.2); cf. 1.103.2. For the Achaemenid policy of universal rule, see 7.8.α.1 and γ.1, confirmed by inscriptions (Flower 2006: 377, citing the inscription on Mt. Elvand (DE, in Brosius 2000: 42), where Darius calls himself 'king of the earth far and wide'. Cf. Kuhrt 2007: 301, 304n1).

[13] Datis, Darius' general in the Marathon campaign (6.94–101, 118–19) was a Mede.

[14] Cf. especially the ambiguity at 1.163.3 and 185.1. For the Greek habit of calling the Persians 'Medes' in certain contexts, see Graf 1984: 20–4; cf. Tuplin 1994: 236–8.

5 THE PERSIAN EMPIRE AND THE GREEKS

From the beginning of their empire in the middle of the sixth century to its end about two centuries later, most of the Persian kings engaged with the Greeks. Cyrus II the Great (550–530) conquered the Greek cities on the coast of Asia Minor and made them tributary to him. His son Cambyses (530–522) treated them as subjects and brought them along in his expedition to conquer Egypt (2.1.1). Darius I (521–486) and his son Xerxes (486–464) unsuccessfully tried to conquer the Greeks of the mainland in the Persian Wars, the ultimate object of H.'s investigation.

After the Persian defeat (and beyond the range of H.'s *Histories*), Artaxerxes I (465–424) made peace with the Greeks and ceded the coastal Greek cities of Asia Minor to the control of Athens. His later successor Darius II, in his attempt to regain these cities, helped the Spartans win the Peloponnesian War against Athens (404).

Subsequently the Spartans tried to interfere in the succession of Darius II by supporting the claim of his younger son, Cyrus. When the latter's older brother, Artaxerxes II, gained the throne instead, the Spartan king Agesilaus made a campaign against him in Persian territory. The next two kings, Artaxerxes III and IV, had to confront the emerging Greek power of Philip II of Macedon. The last Persian king, Darius III, died in 330, defeated repeatedly by Philip's son Alexander ('the Great'), who conquered the whole of what had been the Achaemenid Empire (334–327).

6 PRINCIPAL GREEK LITERARY SOURCES

The frequency with which the Persians and Greeks engaged as enemies or in negotiations ensured that Greek authors would have a great deal to say about Persian history and culture. Aeschylus was present at the Battle of Salamis and, eight years later (472), dramatized the event from a fictitious Persian point of view in his historical tragedy, the *Persians*. The spectacular importance of the Persian Wars for the Greeks may well have provided a decisive impulse to the development of Greek historiography, although very little remains of *Persika* roughly contemporary with the work of H.[15]

Thucydides gives some information about Persian relations with the Greeks during the Peloponnesian War, until 411. In the next generation, Ctesias of Cnidus, a Greek doctor in the retinue of Artaxerxes II, wrote a *Persika* that has survived in fragments, especially through Diodorus of Sicily (first century) and an epitome by the Byzantine scholar Photius

---

[15] Drews 1973; Fowler 2013b [1996].

(ninth century CE). Ctesias' work begins with fanciful accounts of the earlier Assyrian and Median empires and proceeds to give a history of Persia down to the author's own times with emphasis on court intrigues. When Ctesias covers historical material already treated by H., he seems bent on contradicting his predecessor at every turn and proves seriously unreliable. But he may partially draw on local traditions and oral reports and, for the more recent period, on his direct experience of political events and life at court.[16] Ctesias' court-centered approach was pursued about half a century later by Deinon of Colophon and Heracleides of Ephesus, of whose *Persika* only some fragments survive.[17]

Roughly contemporary with Ctesias, Xenophon – in the *Hellenica*, the *Anabasis*, and the *Agesilaus* – displays considerable knowledge of, and even participation in, political events involving Persia at the end of the fifth century and beginning of the fourth. His *Cyropaedia*, by contrast, is a cross between a fictionalized historical biography and a treatise on government featuring Cyrus the Great as an ideal ruler in contrast with present-day Persian decadence. Though it contains traces of local Persian traditions, the work reveals an overwhelmingly Greek perspective and the influence of Greek philosophical, especially Socratic, ideas.[18]

6.1 Later Greek Accounts

The Greek historical tradition about Persia continues with the historians of Alexander, now mostly lost, and those who derive from them, especially Arrian and Curtius. Later prose writers (Diodorus, Strabo, Aelian, Athenaeus) often rehash extant fifth- and fourth-century accounts, but also rely on sources we no longer have; Plutarch's *Life of Artaxerxes* uses Deinon extensively.[19]

7 NEAR EASTERN SOURCES

In the fifth century at least, Greco-Persian relations must have been more important to the Greeks than to the Persians. A true 'Persian version' is lacking, and not simply concerning what the Persians thought about the Persian Wars, but more broadly about what non-royal Persians thought

---

[16] For Ctesias, see especially the Introduction to the edition by Lenfant 2004.
[17] Lenfant 2009; Stevenson 1997.
[18] Sancisi-Weerdenburg 1985 and 1987b; Tatum 1989; Gera 1993, esp. 13–22.
[19] For an exhaustive catalogue including other Greek sources on Persia, see Lenfant 2011.

about themselves or what other Eastern peoples thought about them.[20] This gap is due to the nature of the Near Eastern evidence as well as its scarcity (Kuhrt 2007: 6–15, esp. 14).[21]

7.1 The Hebrew Bible as Source

The Achaemenid Persians appear several times in the Hebrew Bible. The Book of Esther gives an Orientalist representation of fourth-century Achaemenid decadence analogous to that of Ctesias and other Greek sources. Ezra (1–6) provides an exalted portrayal of Cyrus, whose conquest of Babylon put an end to the Babylonian captivity of the Jews, and it praises Darius for his confirmation of his predecessor's policy; both Ezra and Nehemiah depict the Jews of Jerusalem under Persian rule (Kuhrt 2007: 10).[22]

7.2 Babylonian Sources

Among Babylonian cuneiform texts, fundamental are especially the Nabonidus Chronicle and the Cyrus Cylinder. The Nabonidus Chronicle, which is part of the Babylonian Chronicle, is a year-by-year record of the reign of the last king of Babylon (556–539). It looks at Persian history from a Babylonian perspective (Kuhrt 2007: 50–3).[23] It records Cyrus' defeat of the Median king Astyages in 550 (§ 1.2) and his conquest of Babylon in 539 (Mesop. § 2.5). The Cyrus Cylinder includes forty-nine lines of Akkadian cuneiform writing on a cylinder of clay in the tradition followed by Babylonian kings especially for foundation texts. After an introductory passage, Cyrus himself in the first person claims that he peacefully took control of Babylon at the behest and with the approval of the main Babylonian divinity, Marduk (Kuhrt 2007: 70–2).[24]

---

[20] For an imagined Persian perspective on the war with Greece, see Robert Graves' (1946) ironical poem 'The Persian Version', including the lines: 'Truth-loving Persians do not dwell upon | The trivial skirmish fought near Marathon'.
[21] We have relied on translations, discussions, and notes of Kuhrt 2007; see also Brosius 2000.
[22] Both the date of composition of Ezra and the authenticity of the Persian documents it cites are debated (Coggins 1976: 5–9).
[23] Brosius 2000: 8–9. On Nabonidus, see 1.74.3n Λαβύνητος; Beaulieu 1989.
[24] Kuhrt 1983, 1988: 63–6; Brosius 2000: 10–11. Another propaganda text is the Persian Verse Account of Nabonidus, which vilifies the last king of Babylon and exalts Cyrus; it was probably authored by priests of Marduk in Babylon (Kuhrt 2007: 75). For H.'s narrative of the conquest of Babylon, see 1.188–91nn.

7.3 Behistun/Bisitun Inscription and Other Persian Written Sources

Most Persian inscriptions are from the time of Darius or later.[25] The monumental inscription of Bisitun (also called Behistun) was carved on the side of the Zagros Mountains in Media, around an impressive bas-relief of the king triumphing over his enemies (Kuhrt 2007: 141–58).[26] The inscription is in Elamite, Akkadian, and Old Persian and describes how Darius came to power after murdering an impostor and subduing various revolts, with the help of the god Auramazda (related to the Avestan god Ahura Mazda, 1.131–132n). It represents the only Persian narrative text we have, covering some of the events H. recounts in Book 3.

Among several other monuments and inscriptions celebrating the Persian king, especially important are the sculpted royal rock tombs at Naqsh-i Rustam (near Persepolis). That of Darius bears two inscriptions that proclaim his dominion over many lands, his prowess in war, his justice, and the favor bestowed upon him by Auramazda (Kuhrt 2007: 502–5).[27]

The Persepolis Fortification and Treasury Texts record matters of public administration and provide information about the state postal organization (Kuhrt 2007: 11–12). They are clay tablets, written predominantly in Elamite (509–494). Several names of individuals mentioned in the tablets (Artystone, Arsames, Artaphernes, etc.) recur in H. Some Aramaic texts on leather, parchment, or papyrus, mostly from Egypt, have also survived (e.g. Kuhrt 2007: 12–13).

7.4 Persian Archaeology

Especially important for reconstructing royal Achaemenid ideology are the archaeological remains of the various imperial capitals of Susa, Pasargadae (the city built by Cyrus, where his tomb is situated), and Persepolis (built first by Darius and continued by Xerxes). The bas-reliefs on the buildings represent the king fighting animals, the king enthroned and surmounted by the winged disk, and audience scenes with gift-bearers, servants, and court officials (Kuhrt 2007: 469–575).[28] All the successors except for the last king, Darius III, built at these royal centers.

---

[25] For the pre-Achaemenid seal of Cyrus I, see above § 2.2.

[26] DB in Kent 1953 gives the text; Schmitt 1991 is a newer edition. A description and brief bibliography of relevant modern scholarship by Asheri and the translation of Brosius 2000: 25–40 is found in Murray and Moreno 2007: 528–37.

[27] Brosius 2000: 42–3, 64–5.

[28] Also reproduced in Wiesehöfer 2001: 7–28; Briant 2002: 165–203; Allen 2005a: 59–85.

8 PERSIAN HISTORY AND CULTURE IN H.

Greek sources alone provide a sustained historical narrative of events and for a non-royal representation of the Persians as a people. Historians of ancient Persia, especially recent ones, often deplore the biased representation this has produced. Since the Persian Wars, they notice, a Greek/'barbarian' antithesis dominated Greek thought 'and stood for an ideology in which Greek freedom was contrasted with Asian despotism and decadence . . . The Persian Wars became an event of world-historical importance, shaping European historical tradition and Europe's view of Persia, and indeed of the Middle East.'[29] H., however, represents something of an exception among Greek authors because of his efforts to report many points of view and his physical proximity, early in life, to the 'enemy'.[30] H. probably did not visit Persia or know the Persian language, but as a Greek of Asia he shows throughout his work that he had available non-Greek sources who could clarify for him who the Persians were and where they stood ideologically.[31]

8.1 Persian Kings in the Histories

The story of Croesus the Lydian begins Book 1. Thereafter the *Histories* are structured around the reigns of four Persian kings. The second part of Book I contains an account of Cyrus II's birth, his advancement to power, and the creation of the Persian Empire (1.95.1, 130.3, 204.2n). For Cyrus' royal successors as well, Cambyses, Darius, and Xerxes, H. gives individualized portrayals unparalleled in other Greek literary sources and not otherwise provided by Persian documents and artistic representations. Though H. does not get everything right,[32] he undoubtedly provides authentic information; some of his biases and inaccuracies are perhaps rooted not so much in misconceived Greek notions as in the traditions and political discourse of fifth-century Persians.

---

[29] Brosius 2006: 2–3. Cf. Briant 2002: 7. For a classicist's view of the difficulties confronting modern historians of Achaemenid Persia and their frustration with Greek literary sources, see Harrison 2011.
[30] Cf. Sancisi-Weerdenburg 1983: 21, 23 and 24, where she cites Momigliano 1979: 142 on the 'brilliance and generosity' that separate H. from later historians on Persia; see also Sancisi-Weerdenburg 2002: 583.
[31] Some Persians, at least, could speak Greek (9.16); see §§ 9–9.1 with n41 below.
[32] See e.g. the critique of H.'s portrayal of Xerxes (and the use that modern historians made of it) by Sancisi-Weerdenburg 2002, esp. 582–3.

8.2 Persian Character: Ethnography

The Persian kings and their close representatives are prominent in H.'s historical narrative, but he also focuses on the Persians in general, their national character and their opinions. The Persians as a collectivity dominate the proem and the Persian ethnography (1.1–5 and 131–40). The Persians' sense of propriety, their belief that they are the best culture in the world (1.134.2), and their opinions on a variety of subjects are fully on display.

H. depicts the Persians as changing with their history. Before Cyrus conquered the luxurious Lydian Empire of Croesus in Asia Minor, the Persians were only notable for all the things they did *not* have: they wore nothing but leather, they got little to eat and drank no wine.[33] This view may be historically incorrect (§ 3) and, indeed, when Persians in H. speak about themselves in the present tense, they do not mention that they had just recently been the poor and hardy opponents of a wealthier culture. Although they are warriors, they also have an 'ideology of prosperity';[34] they consume plenty of good food, drink large quantities of wine, and say that the Greeks get up still hungry after dinner because their cuisine is boring (1.133.2–3). Along with feasting, Persians value freedom, but they articulate it as a national autonomy, not an individual one (1.126.5–6; 3.82.5).

H. indicates that Persian society includes different social classes,[35] but the overwhelming impression from the *Histories* is of a relatively homogeneous group. They are magnificent people with magnificent names (1.139), who value courage in battle and teach their sons only three things: archery, riding, and telling the truth (1.136.1–2). They think that lying is the worst possible behavior and, next to that, being in debt, because it leads to lying (1.138). In this, they are like Cyrus (who despises the Greeks as liars, 1.153.1), or Prexaspes (who dies in the act of telling the truth, 3.75.2). In the inscriptions at Behistun/Bisitun and Naqsh-i Rustam, which represent manifestoes of Persian royal ideology (§ 7.3), Darius' depiction of himself as sworn enemy of the Lie (*drauga*) appears in the specific context of his military defeat of disloyal and rebellious

---

[33] 1.71.2–3 (voice of Sandanis the Lydian), 71.4 (voice of H. as narrator): they had nothing good or luxurious (ἁβρόν); 89.2 (voice of Croesus): they were violent and without possessions (ἀχρήματοι). For the Greek depiction of Persian gender relations, see Sancisi-Weerdenburg 2013 [1983]; Boedeker 2011b.

[34] Herrenschmidt 1980: 89, a term applied to the historical Persians.

[35] Rich and poor prepare birthday banquets according to their means (1.133.1); people of different status greet each other differently in the street (1.134.1). Cf. the hierarchy of tribes and clans at 1.125.3, 134.2; Briant 1990: 71–91.

officials (Kuhrt 2007: 143n15, 504).³⁶ H., however, attributes to the term a broader meaning and depicts Darius as making a convoluted defense of the political necessity of lying (1.138.1n; 3.72.4–5).

The Persians honor Cyrus because he has made them wealthy and dominant, and because the values that he represents are also their values. They see themselves as a multinational power, heirs to the Median Empire;³⁷ they love quantity in every sphere (and in this they resemble their later kings).³⁸ They borrow customs and consumer goods from abroad, pederasty from the Greeks, beautiful clothes from the Medes, breastplates from Egypt.³⁹ These are the same Persians who, in the Preface of the *Histories*, have appropriated heroic Greek sagas, which they manipulate as expertly as if they were their own stories.⁴⁰

9 PERSIAN (HIGH) SOCIETY

Some of H.'s sources, de-emphasizing Cyrus' royal heritage on his father's side, seem to have been noble Persians who admired Cyrus but viewed him not as a superior being, but as one of their own, and who perhaps even held a conception of royalty different from what had become orthodox in their own times. Starting in Book 3, H.'s account subtly but insistently communicates the idea that the Persian monarchy after Cyrus diverged from the values that H. himself represents as genuinely Persian. This is not simply an early manifestation of the Orientalist Greek tradition about the decadence of the Persian Empire (Sancisi-Weerdenburg 1987b).

9.1 Disaffected Persians

It is likely that H.'s work contains hints of a Persian polemic that was alive at the time when H. was writing. H.'s Persian narrative after Cyrus, especially in the sections that cover the end of Cambyses' reign and the beginning of that of Darius, features a number of aristocrats who ultimately

---

[36] DB §§ 10, 54–5, 63–4; DNb § 8b in Kent 1953: 140; Brosius 2000: 64–5.
[37] See the analogy with the Medes' system of governance drawn at 1.134.3.
[38] For the Persian kings' tendency in the *Histories* to think in quantitative terms see Konstan 1987: 59–70.
[39] 1.135; Otanes receives a royal gift of Median clothing every year (3.84.1).
[40] 1.1–4. The Persians' adoption of Greek sagas is confirmed by Ctesias on the Trojan War (F1b (22) Lenfant). On the absence of local Persian heroic traditions, see Cook 1985: 200. On Xerxes' use of Greek traditions for political reasons, see e.g. H. 7.150.2 (cf. 7.61.2–3 and 7.11.4, 43). Some scholars maintain that the attribution to Persians of versions of Greek myths at 1.1–5 is entirely H.'s invention; see esp. Fehling 1989: 50–9.

remain loyal to the monarchy as their ancestral custom (3.82.5), but who are disenchanted with what it has become. These include Prexaspes, the constitutional debaters, Intaphrenes, and finally (from a Greek source), the discouraged noble Persian at the banquet of Attaginus.[41] In the mid-fifth century, about the time of H.'s research, their descendants would have expressed similar discontent – it is men like these who call 'Cyrus father, Cambyses despot, and Darius shopkeeper' (3.89.3). The reference point of many aristocratic Persians is, consistently, Cyrus, who won them their freedom as a people (3.82.5, 160.1).

With Cyrus, in a surprising move, H. has in fact chosen to conclude the *Histories*. Cyrus is brought back from the dead, as it were, in a flashback where he advises his people not to covet fertile territories, because rugged countries produce tough men who are free, while soft countries produce soft men who become enslaved to others (9.122.3). These words are inconsistent with Cyrus' own career as a conqueror and the 'ideology of prosperity' he encouraged according to H.'s earlier narrative (1.126; Dewald 2013a [1997]: 387–95). To Achaemenid historians it tends to confirm once again the biased moralism of the Greek sources (Kuhrt 1988: 60). The passage makes sense, however, if we regard it as a fragment of a broader and dynamic conversation between mid-fifth-century Persian elites and their Greek neighbors, especially in Asia Minor, about what it means to be Persian. H.'s record of this conversation begins in Book 1 with the story of Cyrus.

3C IONIANS IN HERODOTUS

1 THE MEANINGS OF IONIAN

In H. the term 'Ionian' is sometimes ambiguous; it can refer to three different groups of Greeks (Tozzi 1978: 227–30). Generally speaking, 'Ionian' denotes one of the three major ethnic subdivisions of the Hellenic nation whose members, like those of the two other groups (Aeolians and Dorians), were in H.'s time located in various regions of mainland Greece, the islands, Asia, and the western colonies (1.56.2, 143.2–3). The Athenians themselves, as H. makes clear, are of Ionian stock (1.56–8nn; Solon fr. 4a West). In H.'s definition, Ionians are in general descended from Athenians but include all those who celebrate the Apaturia (1.147.2n).

---

[41] 3.75, 80–3, 118–19; 9.16.2–5. For Persians in H., see Flower 2006; Bowie 2007: 1–12; Munson 2013b [2009]; Rollinger et al. 2011. For his Persian sources, see Wells 1907; Lewis 1985; Munson 2013b, 2018.

1.1 First Definition

In its narrowest sense (e.g. at 1.6.2, 145.1), the term denotes only those Ionians who occupied the coast of Asia Minor (the central stretch) and the adjacent islands. These include especially 12 cities who shared membership in the sanctuary of Poseidon Helikonios at a site meaningfully called the Panionium.[1] Of these cities, Miletus and Phocaea respectively marked the southern and northern borders of the region called Ionia; between these two, starting from the south, were Myous, Priene, Ephesus, Colophon, Lebedus, Teos, Clazomenae, and Erythrae; finally, the island states of Samos (more or less facing Miletus) and Chios (more or less facing Erythrae) were also part of the federation.[2] Myous and Lebedus only receive passing mentions in the *Histories*; Samos and Chios become especially important in subsequent books; Miletus, Phocaea, Teos, Ephesus, Colophon, Priene, Clazomenae, and Erythrae are all more or less important players in Book 1 and beyond.

1.2 Second Definition

Occasionally H. uses 'Ionians' and 'Ionia' to refer to all the Greeks of Asia, including the Dorians to the south of Ionia proper and the Aeolians to the north. The reason for this is that among the Greeks of Asia the Ionians were the most prominent, even attracting some of the other cities into their own sphere, like Aeolian Phocaea and Smyrna, and Dorian Halicarnassus.[3] Sometimes H. is simply silent about the specific activities of the Asiatic Aeolians and Dorians (§ 4.1 below). It is clear, however, that when he mentions, for example, the subjection of 'Ionia' by Croesus or the Persians (1.92.1, 169.1), he is referring to all the Greek cities on the Anatolian coast;[4] this is the sense in which we use 'Ionians' in the title of this introductory section, although hereafter the more specific identifying terms will be used.

---

[1] 1.141.4n συνελέγοντο, 143.3n οὐδ' ἐδεήθησαν, 148.1nn.

[2] On textual, epigraphic, and archaeological evidence for all the cities mentioned in this section, see *IACP*.

[3] Phocaea lies in Aeolian territory, and its original Aeolian identity is suggested by both archaeological and textual evidence; cf. Strabo 14.1.3 (citing Pherecydes) and Paus. 7.3.10 (Huxley 1966: 25–7). For Smyrna see §§ 2.2, 3.4. For Halicarnassus, see Life §§ 1.1–2.3.

[4] At 1.152.2 'Ionians' means both Ionians and Aeolians (cf. 1.152.1), although not Dorians.

1.3 Third Definition

Finally, in H.'s time the term 'Ionians' would normally signify the allies of Athens, members of what we call the Delian League (founded in 478) or, after its treasury was moved from Delos, the Athenian League. These included the Greek cities of Asia as well as almost all the Aegean islands. H. does not use the term in this way, but he mentions that most mainland Greeks of Ionian stock did not like to identify themselves as Ionians (1.143.3nn). When hearing of the Ionians (i.e. the Asiatic Greeks) who had been part of the Persian Empire, however, H.'s audience might well be thinking of the Greek cities that were in his day part of the Athenian Empire.

2 EARLY IONIA, DOWN TO THE EIGHTH CENTURY

Although Greeks may have been living in Asia already in the Bronze Age, the most substantial migrations occurred after the end of the thirteenth century, at the time of the collapse of the Mycenaean world.[5] The almost simultaneous end of the Hittite Empire in 1200 created in Anatolia a power vacuum that allowed the Greeks to settle and prosper on the promontories of the coast and nearby islands. Very little is left archaeologically from this time (or indeed for the entire archaic and classical periods), but in Miletus and Smyrna sub-Mycenaean remains date to the eleventh century.[6] For an early history of the area one must rely mainly on the fragments of seventh- and sixth-century native poets and philosophers, on traditions handed down by fifth-century prose writers, and on later authors such as Aristotle, Strabo, and Pausanias, who used fifth-century authors now lost to us. Herodotus is the most important source of what is known about the Greeks of Asia in the seventh and sixth centuries.

2.1 Foundation Stories

The Aeolians are likely to have settled in Asia first, then the Ionians, and finally the Dorians (Strabo 13.1.3; cf. Lycoph. 1374–7). The extant traditions about the foundation of individual cities are not very useful for reconstructing the history of those early times, but accounts endorsed by H. and others, that the newcomers both skirmished and blended with the native populations, make sense;[7] their settlement and assimilation was,

---

[5] As the ancient tradition recognized by placing the 'Dorian invasion' and the subsequent migration from Greece after the Trojan War (1.145n ὅτε ἐν Πελοποννήσωι).

[6] Emlyn-Jones 1980: 14. On Ionian foundation myths, see Mac Sweeney 2013.

[7] For contacts with the Carians, see 1.146.2–3nn; Huxley 1966: 34, 49–50.

however, more gradual and disorganized than the later Greeks liked to acknowledge. The notion of an Ionian migration sponsored by Athens, for example, is an Athenian charter myth developed especially in the fifth century, when the Athenians justified their entitlement to manage the Ionian subject-allies in their naval empire (1.146.2n; § 6.3).[8]

2.2 The Eighth Century

For the eighth century, scattered testimony mainly handed down by late sources paints a picture of internal unrest within individual cities as well as of mutual quarrels over territorial issues, trade primacy, or the control of the Panionium (Huxley 1966: 34, 49). Probably toward the end of the eighth century the Ionian Colophonians took over Smyrna from the Aeolians; Strabo too (14.1.4) tells the story, quoting a fragment of Mimnermus (1.150.1n). Smyrna then became Ionian, although it seems not to have been accepted into the Panionian federation in the classical period (1.143.3n οὐδ' ἐδεήθησαν).

2.3 Lelantine War

Around 700 some of the Ionian cities, at least, took part in the so-called Lelantine War. This conflict had begun as a local territorial quarrel between the Euboean cities of Chalcis and Eretria but came to involve a number of Greek states. The Ionians aligned with either Eretria or Chalcis, depending on ties previously formed with either state. Miletus took the side of Eretria, while Samos allied with Chalcis (5.99).[9] Geographical proximity seems to have produced rivalries between cities on the coast and their closest islands. In the early seventh century Chios was at war with Erythrae and received help from Miletus. About a century later, H. says, Chios returned the favor by supporting Miletus, then under Lydian attack (1.18.3n).

2.4 Trade

In spite of στάσις and war, the eighth-century Greek cities of Asia attained relative prosperity through trade. Ionian trade had two aspects: besides directly exporting and importing goods, the Ionian cities served as clearing

---

[8] For continuous narratives, see esp. Strabo 14.1.3 (citing Pherecydes) and Paus. 7.2.1–7.5.1.
[9] On the Lelantine War, see Thuc. 1.13.3; Huxley 1966: 51; Murray 1980: 76–7.

houses for the commercial activities of other people in Asia and Europe. The Aeolians (especially their main city of Cyme) traded with Phrygia and Heraclid Lydia (Huxley 1966: 52). Phocaea and to a lesser extent Samos opened up commercial routes in the West (1.163.1nn; 4.152). Miletus enjoyed close relations with Sybaris in Magna Graecia (6.21.1); Milesian imports to Sybaris apparently included the luxurious woolen cloth for which the city was famous.[10]

3 SEVENTH AND SIXTH CENTURIES

For the purpose of trade, the Milesians were the most active Greek founders of colonies. Their first foundations on the Propontis and the southern coast of the Black Sea may date to 756, but their colonizing activity in the same region and the Hellespont continued to the middle of the sixth century. Thanks to their colonies the Milesians were able to change the name of the Black Sea from 'Inhospitable' (ἄξεινος) to 'Hospitable' (εὔξεινος).[11] Certainly by the mid-sixth century Olbia had been established by Miletus on the northwestern coast of the Black Sea (4.18; Gorman 2001: 47–85, 243–58); there H. must have learned a great deal of what he tells us about the Scythians. Apollo of Didyma, from the great sanctuary of the Branchidae, supported Miletus' colonizing ventures (1.46.2n ἐς Βραγχίδας; Huxley 1966: 69).

3.1 Abdera

Not all Ionian colonies were immediately successful. The original Abderites from Clazomenae (c. 650; *IACP* § 640) were soon expelled by the Thracians. Rebuilt more than a century later by Teans fleeing the Persian conquest of Ionia (§ 4.2 and 1.168nn), the new Abdera was the birthplace of the philosopher Democritus and the sophist Protagoras (Life § 6).

3.2 Egypt

From the middle of the seventh century, the Ionians were active in Egypt, where Psammetichus (664–610) granted his Ionian and Carian

---

[10] Sybaris was an Achaean and Troezenian colony, which had been founded c. 720 and was destroyed in 510 (Life § 1.3). Wool cloth from Miletus: Timae. *FGrHist* 566 F50 (Ath. 12.519b).
[11] Gorman 2001: 63, referencing Pseudo-Scymnus *GGM* 225 ll. 734–7.

mercenaries some land at Bubastis (2.152–4).[12] Amasis (570–526) only allowed the Greeks to settle at Naucratis, on the Canopian branch of the Nile. The Asiatic Greeks shared a common Egyptian sanctuary, except for the Milesians, Samians, and Aeginetans (2.178–9).

3.3 Relations of the Asiatic Greeks with Non-Greeks

In the seventh century, with the rest of Asia Minor, the East Greeks had to endure the raids of Cimmerians (1.6.3n τὸ γὰρ Κιμμερίων).[13] The Mermnadae (c. 680–547/6) seem to have been more eager than their Heraclid predecessors to gain control of the ports on the Anatolian coast;[14] each of the first four Mermnadae marched against the Ionians, until Croesus made all of Ionia part of his empire (1.14.4–22, 26–8). Details concerning particular cities follow (§§ 3.4–3.9).

3.4

Among the most important Ionian centers, SMYRNA, which had been taken from the Aeolians by the Ionians of Colophon (§ 2.2), has the shortest history. It was first attacked by Gyges (1.14.4) and then again by Alyattes c. 600 (1.16.2n Σμύρνην; Lydians § 4.1 for the testimony of Mimnermus); Alyattes destroyed Smyrna. West of Smyrna, on the south shore of the same gulf, CLAZOMENAE was able to defeat Alyattes' assault (1.16.2) but like the rest of Ionia was conquered by Cyrus in the 540s.

3.5

COLOPHON was taken early, by Gyges (1.14.4).[15] The Colophonian poet and philosopher Xenophanes linked the city's luxurious 'Lydian' atmosphere to the advent of 'tyranny' (Lydians § 4.2).

3.6

At the time of the first Mermnadae, EPHESUS seems to have been preoccupied with the threat of Cimmerian raids; the native poet Callinus

---

[12] Diod. Sic. 1.67; cf. 2.159.3 (after victory over the Syrians, the pharaoh Necho sends his battle dress to the Milesian Branchidae, dedicating it to Apollo).
[13] An inscription from Priene dating from 283–282 places the Cimmerian leader Lygdamis at Mycale c. 650 (Mac Sweeney 2013: 180). On the Ionian cities against Cimmerian invasions, see § 3.6 below; Northeasterners § 2.
[14] For the dates of the Mermnad kings, see 1.16.1n Σαδυάττης; Lydians § 5.1.
[15] Alyattes intervened by treachery and eliminated the Colophonian cavalry (Huxley 1966: 78; Polyaen. 7.2).

mentions Cimmerian invasions.[16] Either then or at the time of Ephesus' clashes with neighboring MAGNESIA on the Meander (1.161n Μαγνησίην), Callinus urges the young men of his city to battle.[17] The cultural influence of Lydia seems to have been strong in Ephesus, as fragments of Hipponax suggest (Lydians § 4.1).

3.7

Ephesus was close to Lydia politically and not at first a target of Mermnad hostility. Alyattes gave one of his daughters in marriage to the city's ruler Melas, who was then succeeded by their son Pindarus. When Alyattes died, Pindarus supported the son of Alyattes and an Ionian mother against Croesus, whose mother was Carian (1.92.3).[18] Croesus marched against Ephesus;[19] once in control of the city, he demanded Pindarus' expulsion but made rich dedications to the Artemisium of Ephesus from the wealth confiscated from a supporter of his half-brother whom he had tortured (1.92.2–3nn).

3.8

PRIENE was first captured by the second Mermnad king, Ardys (1.15). The city was the birthplace of Bias, one of the 'Seven Sages of Greece' (1.20n Περίανδρον), who according to one source (Diog. Laert. 1.5.83) warded off an attack by Alyattes. H. represents Bias (or perhaps Pittacus of Mytilene) in cordial conversation with the Lydian king even though, as the sage himself puts it, the latter had 'enslaved' the Greeks of Asia (1.27.4). Later in the *Histories* Bias appears again, this time advising the Ionians all to move to Sardinia rather than become enslaved to Cyrus (1.170.1–2nn). This meeting took place at the sanctuary of the Panionium, which was administered by the Prieneans because it was in their territory.

3.9

While pursuing trade and founding colonies, MILETUS successfully withstood attacks from all the Mermnadae before Croesus (1.14.4, 15, 17–18). By the middle of the seventh century the city had apparently recovered

---

[16] Callinus frr. 3, 5 West.
[17] Callinus fr. 1 West. Magnesia was devastated by the Cimmerians (Strabo 14.1.40, citing Archilochus fr. 20 West) and rebuilt afterward.
[18] Aelian *VH* 3.26; Nicolaus of Damascus *FGrHist* 90 F65.
[19] 1.26.2n; Aelian *VH* 3.26; Polyaenus 6.50.

from a brutal period of civic conflict that, according to H., lasted for two generations; what followed was an oligarchic government of landowners that brought a high level of prosperity (5.28–9). While under siege by Alyattes, Miletus was ruled by Thrasybulus, a tyrant who perhaps rose to power because of the Lydian threat.[20] Alyattes could not capture the city and so made an agreement of guest friendship and military alliance c. 605 (1.22.4n).

4 CYRUS AND THE EAST GREEKS

After defeating Croesus (c. 546), Cyrus conquered by force the Greeks of Asia who had been tributaries of Lydia, since they had not agreed to support him (1.141). His general Mazares first enslaved Priene and devastated Magnesia (1.161nn), then another general, Harpagus, proceeded to subject the other Ionian cities in addition to the Carians, Caunians, and Lycians (1.162–76). Cyrus left the Milesians alone, however, making with them a 'sworn treaty' on the same terms as they had had with 'the Lydian king' (1.141.4n ἐπ' οἶσί περ ὁ Λυδός; 1.143.1; Bauslaugh 1991).

4.1 Aeolians and Dorians

H. is almost silent about the dealings of the Mermnadae with the Asiatic Greeks other than the Ionians. Without naming any Aeolian or Dorian city in particular, he says that Croesus 'attacked Ionians and Aeolians separately' (1.26.3), and he lists Ionians, Aeolians, and Dorians among the many peoples conquered (1.28). In his report of Cyrus' campaign, the Aeolians are often mentioned with the Ionians (1.141.1–3, 152.1, 171.1). The Aeolian cities are surveyed in the inserted 'Ionian ethnography', but none of them receives special mention in the historical narrative of Book 1, with the exception of CYME, because of the Cymaeans' dubious role in the affair of the extradition of the Lydian rebel Pactyes (1.157–60; see also 1.149.1n Κύμη). The Dorians of Asia are an afterthought, with a survey of their cities incidentally inserted within the ethnography (1.144.1–3nn). In the section on Harpagus' campaign of conquest in southern Anatolia (1.171–7), H. has a great deal to say about Carians, Caunians, and Lycians, but only singles out Dorian CNIDUS for attention (1.174.2–6nn). For H.'s treatment of and presumed connections to HALICARNASSUS, see 1.144.3nn; Life §§ 1.1–2.3.

---

[20] Gorman 2001: 101–21. Sources other than H. represent the civic infighting at Miletus as particularly brutal (Ath. 12.523f–524b).

4.2 Effect of the Persian Conquest

The arrival of the Persians in the 540s to replace the philhellene Lydian kings as their neighbors and masters was a shocking event for the Asiatic Greeks. Xenophanes of Colophon speaks of men drinking wine and eating chickpeas by the fire, and asking each other, 'How old were you when the Mede came?' (DK 21 B22 πηλίκος ἦσθ', ὅθ' ὁ Μῆδος ἀφίκετο;). Like many others, Xenophanes left Ionia permanently (1.167.3n Ὑέλη; Gerber 1997: 129). H.'s narrative of the Ionian phase of Harpagus' campaign is mainly devoted to two cities whose inhabitants migrated en masse, Phocaea and Teos (1.163–8).

4.3 Economic Consequences

Both H. and Thucydides maintain that the Ionians remained prosperous under Cyrus.[21] Archaeology, however, indicates a certain decline in their trade beginning in the second half of the sixth century. This was no doubt partly due to the reshuffling of trade routes that occurred after Persia took control of Egypt and the Thracian coast. To a greater extent than Croesus, the Persian kings interfered in the internal government of the Greek cities by supporting local tyrants favorable to them. These and other factors help to explain the outbreak of the Ionian Revolt in the reign of Darius, which H. describes in his own way in Books 5 and 6 (§ 6). The leader of the revolt is Miletus, a city which had supposedly enjoyed the alliance and friendship both of the Lydian kings and Cyrus (§§ 3.9, 4), but whose independence from Persian interference seems to have diminished considerably under Darius (Bauslaugh 1991: 89–90). When the revolt fails, Miletus suffers most; the Persians destroy the city and enslave its inhabitants (6.18–19). The other Ionians, Aeolians, and Dorians fall back under Persian rule, until they are freed from it by the Greeks of the mainland after the failure of Xerxes' campaign (§§ 6.2–3 below).

5 THE IONIAN ENLIGHTENMENT

H. calls Miletus 'the ornament of Ionia' (τῆς Ἰωνίης ... πρόσχημα, 5.28). From the time of Croesus it became the center of an intellectual tradition that spread in East Greece and beyond, lasting through the sixth century.[22] Three sixth-century Milesian thinkers marking the beginning

---

[21] See H.'s comment about the εὐδαιμονίη of Miletus (and Naxos) at 5.28. Cf. Thuc. 1.16; Tozzi 1978: 116–18.
[22] For full discussions see Huxley 1966: 93–108; Emlyn-Jones 1980: 97–163.

of western philosophy – Thales, Anaximander, and Anaximenes – are best known today for their speculations on first principles, or what the world is ultimately made of (their answers were, respectively, water, the ἄπειρον, and air: Kirk et al. 1983: 85, 101, 143–62). Such theories point to a broader interest in all aspects of the phenomenological world.[23] In the *Histories* Thales predicts an eclipse (1.74.2nn), engineers waterworks for Croesus (1.75.3), and promotes pan-Ionian unity when Persia threatens many Ionian cities, though not his own (1.170.3). Versatile intellectuals like these debated the causes of the Nile flood, mapped the world, and questioned the poetic and religious assumptions of earlier Greeks.

5.1 Xenophanes and Hecataeus

The concerns of the Milesian philosophers to some extent overlap with those of Xenophanes of Colophon, who was both a political observer (§ 3.5) and a thinker who found the Greek representations of the divine untrue and ridiculous (DK 21 B11, 14–16). The natural philosophers prepared the way for the logographers; the *Periegesis* of Hecataeus of Miletus (c. 500) described the customs and histories of different people, perhaps because by then the Persians and their multiethnic empire had acquired new relevance for the Ionians; he revised Anaximander's map. Like Thales, he appears in the *Histories* practicing his vocation abroad (2.143) and as a political sage in Ionia (5.36.2; 6.137). These thinkers and their peers founded the intellectual tradition from which H. emerged as a researcher and narrator.[24]

6 THE ROLE OF THE IONIANS IN THE *HISTORIES*

H. was an Ionian himself, in the most expansive sense of the word (§ 1.2) and was steeped in Ionian thought, but his view of the Ionians in a political context is ambivalent. Their presence spans his entire work from beginning to end, in a fragmented but chronologically continuous narrative

---

[23] For Milesian poetry, there have only survived two names and a few fragments. Arctinus of Miletus was a poet of the Epic Cycle probably from the seventh century. Phocylides may have been a poet who wrote wisdom poetry in epic and elegiac verse, flourishing according to the *Suda* in the middle of the sixth century (West 1978b; Mesop. § 3n2).

[24] H. too represents the new scientific and philosophical trends of his times (Thomas 2000; Raaflaub 2002), but 'Ionian thought' generally refers to the sixth-century thinkers.

that mirrors the marginality of the Greeks of Asia and, at the same time, points out their significant long-range involvement in events bigger than themselves. The Ionians stand at the beginning of the *Histories* because they are the victims of the first known Eastern aggressions against Greeks (1.5.3, 1.6.2–3). After Croesus conquers them c. 555 (1.26), they virtually disappear until the end of the Croesus story, where H. refers again briefly to 'the first subjection of Ionia' (1.92.1). They are largely absent again from the narrative until they are conquered by Cyrus, in a second subjection in the late 540s that H. calls 'enslavement' (1.169.2). The Ionians appear again in Books 5 and 6, in the reign of Darius, in the narrative of the Ionian Revolt (499–494). The revolt fails, and H. records a third subjection, at the same time reminding us of the previous two (6.32). This obsessive counting cannot but bring to mind a fourth subjection, one that lies beyond the chronological range of the *Histories* and is not explicitly mentioned in our text: at the time of its narration the Ionians were tributaries of Athens.[25] Herodotus' history of the Ionians is first and foremost a narrative about being conquered.

6.1 The Ionian Revolt

The Ionian Revolt occurred when several Ionian cities deposed their Persian-supported tyrants and formally seceded from Persia (5.35–8). These were significant events, arguably foreshadowing later and more successful wars of the mainland Greeks,[26] but H. portrays the Ionian Revolt instead as a botched-up preliminary of the Persian Wars.[27] In both cases a partial and fragile coalition of Greek city states follows the initiative of their most dynamic member (Miletus/Athens) and fights for their own autonomy. In the case of the Ionians, however, H. represents their leadership as bad, their motives dishonorable, their strategic decisions misguided, and the commitment of the rank and file to the cause uneven (Murray 1988: 475). As at the time of the resistance against Cyrus in Book 1, these East Greeks are capable of bouts of heroism and endurance,[28]

---

[25] The Ionian subjects of Athens include islands of the Aegean that were never part of a Persian satrapy. See §§ 1–1.3 for the fluidity of the term 'Ionian' in H.

[26] H.'s narrative of the Ionian Revolt leaves important questions about its causes and its course unanswered (Murray 1988; Osborne 1996: 322–5; Cawkwell 2005: 61–86; Munson 2007).

[27] On the parallels between the Battle of Lade and that of Salamis, see Tozzi 1978: 43–4.

[28] 1.169.1; cf. 5.109.3, 112.1; 6.10–11, 15.

but they are also divided,[29] and therefore weak, disorganized, and lacking the will to endure hardship in the attainment of freedom (6.12). The coalition disintegrates, and Miletus, unlike Athens later, leads the other Ionians to an even more severe subjugation to Persia (6.32). The notion and vocabulary of freedom, in fact, play almost no role in H.'s narrative of the Ionian Revolt. Instead, he presents this war of liberation as an evil and the beginning of other evils.[30]

6.2 Aftermath of the Revolt

Given the participation of two mainland states, the Ionian Revolt helps to trigger Darius' and Xerxes' retaliation and leads to the Persian Wars, in which the Ionians themselves, as subjects of Persia, fight on the Persian side.[31] On account of their uncomfortable geographical situation and their endemic inability to provide for their own defense, they need the oversight or support of a larger power, if not in the East, then in Greece; they continue to be a problem even after the victory of the mainland Greeks and their own definitive liberation from Persia.

6.3 A Road Not Taken

At the end of the *Histories*, H. reports the meeting of the victorious mainland Greeks to discuss what to do about Ionia. On that occasion a radical solution is proposed: evacuate Ionia, leaving the region to the barbarians, and resettle the Ionians in Greece (9.106.3). This passage is a deliberate if implicit back-reference to the narrative of the Ionians' experience with Cyrus in Book 1, where the Phocaeans and the Teans who leave their cities are the only ones to avoid enslavement (1.164–9), and where Bias of Priene urges all the Ionians to do the same (1.170.2). The resettlement of the Ionians is presented as the *conditio sine qua non* of their freedom.[32] But in 479 too resettlement proves not politically feasible. The Athenians step in to veto the proposal, making clear that the Ionians are their affair.

---

[29] They speak different languages (1.142.3); they have diverse ethnic origins (146–7); they follow different policies (1.18.3, 143.1, 169); they receive and disregard the advice to unite politically (1.170; 5.36).

[30] 5.28, 38.2, 97.3; 6.3. Herodotus calls war in general an evil (8.3.1), but when defense or liberation is at stake, he normally emphasizes the valor of those who resist oppression (e.g. 1.95.2).

[31] 7.93–5.

[32] Cf. the resettlement of the Samian oligarchs (6.22–4) and the migration of Byzantines and Chalcedonians after Lade (6.33.2).

Although H. does not explicitly say so, both he and his fifth-century audiences know that Athens' efforts from then on to protect the Ionians from their Eastern neighbors will give rise to a fifth-century empire that will subjugate them once again, providing the cause of future wars among the Greeks.

3D MESOPOTAMIANS IN HERODOTUS

1 BABYLONIA AS 'ASSYRIAN'

H.'s information about Assyrian and Babylonian history in Book 1 occurs mostly in the context of Cyrus' Median background (1.95–106) and his Babylonian campaign (1.177–200). The most conspicuous peculiarity of H.'s Mesopotamia is his failure to recognize that long before Babylon's annexation to the Persian Empire at the time of Cyrus in the early 530s, Assyria in the north and Babylonia in the south had become two distinct geographical regions of the land 'between the rivers'. Perhaps because in previous centuries Babylon had been under Assyrian control, H. considers Babylon always to have been a city of Assyria. Of the long stretch of Mesopotamian history before the Neo-Assyrian Empire, H. and other Greek sources supply next to nothing of historical value; relations of Greece to Assyria are attested at the documentary level only after the eighth century (§§ 3–3.1).

2 PROSPECTUS

The abbreviated chronological account of Mesopotamian history given here (§§ 2.1–2.5) depends heavily on the scholarship of A. Kuhrt (in particular Kuhrt 1995 and 2007). A brief survey of the long span of earlier Mesopotamian history (largely unknown to the Greeks of H.'s time) is followed by four sections emphasizing the parts of the Neo-Assyrian and Neo-Babylonian empires that most nearly concern H.'s narrative (§§ 2.2–2.5).

2.1 Early Mesopotamia

In the fourth millennium, at least thirty independent city states existed in southern Mesopotamia, but no reliable written records exist until the twenty-third century. 'Sumer' was the name given to this region, and the people and their culture in consequence are often called Sumerian. In c. 2334 the Sumerian cities were conquered by the northern city of Akkad, creating a new politically centralized entity called Sumer and

Akkad. Sargon of Akkad (c. 2334–2279) established the Akkadian Empire (c. 2334–2193), installing bureaucracies and imposing taxes, with a standardized system of weights and measures. After c. 2200 the Akkadian Empire gradually collapsed.

In roughly the first third of the second millennium, individual city states fought for hegemony. In the north, Ashur became the capital city of the small state of Assyria and a major trading center. In the south, through a series of rapid military conquests Hammurabi the Amorite (1792–1750) extended his rule over both southern and northern Mesopotamia, making Babylon on the Euphrates his capital. From Hammurabi's time Babylon, protected by its patron deity Marduk, was regarded as a vital religious and cultural center of Mesopotamia. The Kassite kings who followed him (c. 1475–1115) sponsored a great deal of building reconstruction, great Akkadian literature, and artistic creativity in Babylonia, now firmly defined as a territorial entity. In c. 1155 Elamites invaded Babylonia from the east and sacked Babylon.

Ashur on the Tigris was the original center of a growing Assyrian kingdom from the fourteenth to the eleventh century, thanks to a series of militarily successful kings. Tukulti-Ninurta (1244–1208) razed the walls of Babylon and took its king into captivity; he is possibly one of the historical characters behind the Nimrod of Genesis 10 as well as the Ninus who, according to Greek legend, founded Nineveh (1.102.2n Νίνον; § 3.1), although Nineveh as a city had actually been settled since the fifth millennium. Assyria's dominance gradually shrank to the four cities of Ashur, Nineveh, Arbela, and Kilizi.

2.2 *The Neo-Assyrian Empire (934–609)*

A series of Assyrian rulers first reasserted imperial control over upper Mesopotamia (934–745) and then from c. 744–630 expanded their kingdom even beyond Mesopotamia itself. In the 300-year period of Neo-Assyrian dominance, strong Assyrian rulers waged war against the Aramaeans and campaigned in the northern regions, the foothills of the Zagros Mountain Range in the east, and the Levant in the west. For most of that time Assyria controlled Babylon, sometimes by direct kingship and sometimes by indirect means.

The Neo-Assyrian Empire acquired its greatest measure of stability between 745 and 705, although it was always troubled at its core by persistent dynastic struggles. Provincial control was established over the many ethnic groups of the Zagros, including the Medes, and Assyrian dominion extended as well to the coast of Lebanon and Syria. In the west, Sargon II of Assyria (721–705) secured the submission of the king of Phrygia, 'Mita of Mushki' (Lydians § 1); he apparently died fighting in Anatolia against the Cimmerians (Kuhrt 1995: 499).

Sargon's son and successor Sennacherib (705–681) made the ancient and important Assyrian city Nineveh his capital. He defeated a revolt in Babylon and had the city sacked and flooded, but his son Esarhaddon (681–669) had Babylon rebuilt. Esarhaddon's successor, the great Ashurbanipal (c. 668–627), made it an imperial project to sponsor art and culture; he built a famous library of cuneiform texts at Nineveh. He was the king to whom Gyges of Lydia appealed for help when threatened by the Cimmerians (Lydians § 2).

2.3 *The Fall of Nineveh (612)*

Babylonia regained its independence c. 626, with the beginning of a new Chaldean dynasty under Nabopolassar, who initiated a series of raids that threatened the Assyrian heartland (1.181.5n ὡς λέγουσι οἱ Χαλδαῖοι). The Median army appears in the Eastern sources for the first time; in 614 it attacked Nineveh and captured Tarbisu and Ashur (Kuhrt 2007: 30); the 'great army of the Scythians' that H. claims interrupted the Median campaign is not found in the Eastern evidence (1.104.2n οἱ μὲν Μῆδοι). After that campaign, Cyaxares king of the Medes and Nabopolassar of Babylon made a treaty and led a joint action against Nineveh, which fell in 612 (1.106.2n τήν . . . Νίνον; Persians § 1.2; Kuhrt 2007: 31, Year 14). In 609, the remaining parts of Assyria fell to a combined attack of Babylonians and Medes, and the Babylonians inherited the spoils of the Assyrian Empire, beginning a period of Babylonian domination of the region.

2.4 *The Neo-Babylonian Empire (c. 626–539)*

Nabopolassar's son and successor Nebuchadnezzar II (605–562) repeatedly marched to the Levant, driving out the forces of the pharaoh Necho and consolidating his hold on the region. During one of these campaigns he took the city of Jerusalem and deported a portion of the population of Judah to Babylon (c. 587, the second wave of the 'Babylonian captivity' known, in a dramatic depiction of its violence, by students of the Bible: Jer. 52). In the last part of his reign Nebuchadnezzar devoted special effort to rebuilding Babylon, battered by previous Assyrian devastation.

2.5 *The Last Neo-Babylonian King*

Nabonidus, whom H. calls Labynetus (1.74.3n Λαβύνητος), usurped the Babylonian throne in 556. He was unrelated to the Babylonian royal family, but his mother was apparently a member of the Babylonian court

(1.188.1n τοῦ πατρός). It is not clear when or how hostilities started between Cyrus and the Babylonians, since the cuneiform documents only record the final confrontation. The most objective account of the Persian victory is provided by the Nabonidus Chronicle (Persians § 7.2):

> In the month of Tashritu (27th September–26th October 539), when Cyrus did battle at Opis on the [bank of] the Tigris against the army of Akkad [i.e. Babylonia], the people of Akkad retreated. He carried off the plunder (and) slaughtered the people. On the fourteenth day (10th October) Sippar was captured without battle. Nabonidus fled. On the sixteenth day (12th October) Ug/Gubaru, governor of Gutium, and the army of Cyrus without a battle entered Babylon. Nabonidus was captured while trying to leave; the cult at the Esagila and other temples continued without interruption. On the third day of the next month Cyrus himself entered Babylon.
>
> (Kuhrt 2007: 51)

Two other cuneiform documents reflecting the conqueror's point of view do not mention the Battle of Opis; they represent the capture of Babylon as largely non-violent and brought about by the unpopularity of the Babylonian king (Kuhrt 2007: 70–80). Cyrus took the title of king and cast himself as chosen by Marduk to restore the god's temples and cult that had been impiously neglected by Nabonidus. The Hebrew Scriptures similarly attribute to Cyrus the rebuilding of the temple of Jerusalem and the return of the Jews from their exile in Babylon (2 Chron. 36:22–3; Ezra 1:1–8, 3:7, 4:3,5; Isaiah 44:28, 45:1,13, etc.).

3 GREEK ACCOUNTS OF ASSYRIAN OR BABYLONIAN HISTORY

The Neo-Assyrian Empire (§ 2.2) was known to the Greeks; its power was thought to have been inherited by the Medes, who in turn were succeeded and surpassed by the Persians.[1] H. radically modifies this basic chronological schema by choosing to begin with the lineage of Croesus the Lydian (1.6–91), whose reign spans the change from Medes to Persians. H.'s narrative transition from Croesus to Cyrus the Persian could accommodate a history of the Median kingdom as part of Cyrus' early identity, but not as easily a much longer, more complex Assyrian past. Possibly for this reason, H. presents no full treatment of Assyrian history, despite the fact that the Greeks interpreted the splendors and destruction of Nineveh

---

[1] For the fortunes of this tradition in Greco-Roman and Jewish literature, see Wiesehöfer 2003. For modern scholarly reservations regarding a 'Median Empire', see Persians § 1.3.

(612) very much in the terms familiar to H. of excessive growth and precipitous fall.[2]

H.'s audience may have expected a survey of Assyrian history, such as Hellanicus (perhaps briefly) and later Ctesias (fantastically and at length) included in their respective *Persika*.[3] On two separate occasions H. seems to state his intention to discuss Assyrian matters (1.106.2, 184).[4] An isolated reference to Sennacherib in 2.141.2, although chronologically imprecise, records the name of the ruler and preserves the memory of a Neo-Assyrian Egyptian campaign; Sardanapallus 'king of Nineveh', perhaps a Greek corruption of Ashurbanipal (c. 668–627), is also mentioned in the *Histories* (2.150.3).

3.1 Ninus of Nineveh

The first Assyrian individual mentioned in the *Histories* is also the oldest in the Greek tradition about Assyria. According to H., the Heraclid dynasty of Lydia began with Agron son of Ninus and grandson of Belus (1.7.2). Ninus is the eponymous ruler of Nineveh and its founder, according to Ctesias (F1b (4) Lenfant). H. places Ninus at the beginning of the Assyrian Empire, by H.'s dating, c. 1220 (1.95.2n ἐπ' ἔτεα), i.e. in a remote age; a king of the stamp of Tukulti-Ninurta (1244–1208; § 2.1) would be a plausible historical counterpart. Ninus belongs to the Age of Heroes because his father Belus is a god, Bel-Marduk or 'Lord Marduk', the main divinity of Babylon, whom H. calls Zeus Belus (1.181.2).

3.2 Herodotus' 'Assyria'

As already noted, for H. 'Assyria' is one entity that comprises two parts: one centered on Nineveh, the city of Ninus on the River Tigris, politically more important and ruling over many subject peoples; the other, 510 km (317 miles) south and a little east of Nineveh, centered around Babylon, the city of Belus, on the Euphrates. Hence in H.'s reconstruction

---

[2] Cf. especially the sixth-century Milesian gnomic poem or poet, Phocylides fr. 8 West 1978a: πόλις ἐν σκοπέλωι κατὰ κόσμον | οἰκεῦσα σμικρὴ κρέσσων Νίνου ἀφραινούσης ('a small city on a rock but well-ordered is better than foolish Nineveh'). For Phocylides, see Ionians § 5n23.

[3] Hellanicus *FGrHist* 4 FF59, 61–3. The first four books of Ctesias' *Persika* (a total of 23 books) were dedicated to Assyrian history and sometimes treated as a separate work with the title *Assyriaka*; they were summarized by Diodorus 2.1–28 (F1b Lenfant). See Drews 1973: 104–10; Lenfant 2004: XL–LIV.

[4] Aristotle *Hist. an.* 601b may mention H.'s Assyrians, but the text is uncertain. For different theories, see Drews 1970 and 1973: 92–6; Zawadski 1984.

the 'Assyrian Empire' does not fall all at once: the Medes conquer the northern part (which falls to the Persians when Cyrus conquers Media in 550), while Cyrus later directly subjugates the south, in conquering Babylon (539).

3.3 Importance of the Medes

The centrality of the Medes as antecedents of the Persian monarchy in H.'s narrative results in his emphasizing Median–Assyrian relations. H. places the rebellion of the Medes from Assyrian domination at the end of the eighth century, marking the beginning of the end of the Assyrian domination of Asia (1.95.2). This is much too early in historical terms, since at the time the Assyrians had control over the Medes and others. Modern historians generally regard the fall of Nineveh in 612 and the rapid loss of Assyrian power thereafter as a sudden turn of events, not predictable from what is known of the political situation at the time of Ashurbanipal (Kuhrt 1995: 540–6). H. does not recognize the role of the Babylonians in the fall of Nineveh, nor does he ever record any instance of hostility or any other type of interaction between what he regards as the two major cities of Assyria. The first Neo-Babylonian king, Nabopolassar, seems to have presented himself as heir of the Neo-Assyrian rulers (Dalley 2003: 176–7), which may help explain H.'s identification of Babylon as 'Assyrian'.

3.4 Labynetus and Two Queens

From the Neo-Babylonian period (§§ 2.4–2.5) H. only mentions two rulers. One is Labynetus, the last Neo-Babylonian king; he was an ally of Croesus at the time of his war against Persia (1.77.2) and the king against whom Cyrus waged his successful Babylonian campaign. H.'s statement that this Labynetus (Greek name for Nabonidus) inherited the kingdom of the Assyrians from his father is historically inaccurate (1.188.1n). H. also incorrectly names his mother Nitocris (1.185.1n) and attributes to her as queen the waterworks of Babylon that were actually constructed by Nebuchadnezzar II, Nabonidus' predecessor and the most powerful of the Neo-Babylonian kings. The other Mesopotamian female monarch H. mentions suggests folk memories of the earlier Neo-Assyrian kingdom; in the larger Greek tradition Semiramis becomes analogous to Ninus, vaguely connected to the memory of earlier Assyrian kings but also to myths from the dawn of time (1.184n Σεμίραμις). According to Ctesias, Semiramis was the wife and successor of Ninus, the builder of Nineveh, and she herself founded Babylon (F1b (3–5), (7–9) Lenfant).

4 ASSYRO-BABYLONIAN ETHNOGRAPHY

H. normally avoids explicit evaluations of the worth of other peoples' customs; his outlook on foreign cultures is based on the principle that 'Custom is king of all' (3.38.4). But the qualitative classification of Babylonian customs, unique in the *Histories*, provides a useful look into some of the ethnographer's ideals of social justice and the limit of his relativism in those cases in which H. thinks custom is equivalent to abuse.

In H., Cyrus' conquest of Babylon represents the defeat of a city so big and complicated that its citizens were ultimately unable to protect themselves (1.191.5–6). The entire region of Babylonia became a possession of the king of Persia, valuable as a source of revenue for its new master; in 1.192 H. comments that Babylonian land provided a full third of the year's allotment of food for the king and his military forces, and that Tritantaechmes, the Persian governor of the province of Babylonia, was the most powerful of the Persian king's satraps (1.192.2). H. depicts its astounding agricultural productivity not as 'natural' but rather (like the city's wondrous architecture) the result of human effort and intelligence (1.193). The ingenuity of ordinary people is demonstrated in the round leather Armenian boats that transport merchandise down the Euphrates, a process that H. calls 'the greatest wonder after the city itself' (1.194.1n). This theme is developed as H. moves on to Assyro-Babylonian communities of modest size (1.196.1). Their organization is depicted as quite different from that of the capital city of Babylon, or from the autocratic law and order achieved by the Mede Deioces (1.96.2). In H.'s description of their 'second most beautiful custom' (1.197), we are told that the Assyrians of the villages do not use doctors when they are ill but are carried into the town square to consult passersby; the public's participation is mandatory. (It is not clear what Mesopotamian reality this reflects; cf. 1.197n οὐ γάρ ... ἰητροῖσι.)

A public gathering place is also the basis of H.'s 'most beautiful' Babylonian custom: their earlier practice of assigning wives by means of an auction in which rich men paid for attractive wives and the money went as dowry to poor men willing to marry the less prepossessing women (1.196). According to H. this practice ensured the universal distribution of legal marriage; in Greece by implicit contrast, families whose daughters stood to inherit wealth tended to compound their privilege, practicing endogamy so as to preserve their estates. In the Babylonian village, exogamy prevailed, because the men could come to the auction for brides from other villages. The bride-mart H. describes, however, had no roots in actual Babylonian practice, but seems to be a Greek utopian fantasy (1.196.1n ἐς ἕν χωρίον, 196.3n καὶ οὕτως).

H. states that this sensible practice has been discontinued; the Babylonians, impoverished after the Persian conquest, have resorted instead to prostituting their daughters (1.196.5); customs can change, he thinks, and not always for the better. There is, however, a curious ambiguity in his depiction of Babylonian sexual customs. H. explicitly describes as ὁ αἴσχιστος τῶν νόμων of the Babylonians the fact that all women once in their lifetime come to the sanctuary of Mylitta to fulfill their duty to the goddess, which consists in having intercourse with a stranger, for money that goes to the goddess' temple (1.199.1nn). When the initial obligation to the goddess is met, the woman departs to her home, and 'from this point on you cannot give any amount of money so great that you will get her'. H. leaves us wanting more than he tells us, both about how these two observations about Babylonian women fit together and, more generally, about the nature of his Babylonian information.

3E NORTHEASTERN PEOPLES IN HERODOTUS: CIMMERIANS, SCYTHIANS, MASSAGETAE

1 ON THE MOVE

The Cimmerians, Scythians, and Massagetae appear in H.'s Book 1 as peoples from the margins of the Greek world; they interact with the Lydians, Medes, or Persians, i.e. the ethnic groups depicted by H. as living nearer to the Greeks and more like Greeks in their ways of life. For H. the Massagetae are the most remote, located beyond the Caspian Sea (1.201n οἰκημένον). In H.'s underlying chronological framework, the Massagetae provide the initial impulse for a domino effect of migrations lasting from prehistoric times to the seventh century. The distant Massagetae, at war with the Scythians living on the Eurasian steppe (4.11.1), long ago forced the Scythians west and south. The Scythians, crossing the Araxes River (in this context often identified as the modern Volga), came to the region north of the Black Sea previously occupied by the Cimmerians and settled it as 'Scythia', in turn pushing the Cimmerians south into Asia Minor (1.6.3n τὸ γὰρ Κιμμερίων).

2 CIMMERIANS

For Homer, the Cimmerians are a people living in misty perpetual darkness on the Cimmerian Bosphorus (Minns 1965: 436; *Od.* 11.14); later Greek literary sources, including H., place them originally in the north Pontic region.[1] H. mentions what is for him evidence that the Cimmerians once

---

[1] Assyrian and Babylonian texts located the Cimmerians south of the Caucasus and just north of the Iron Age kingdom of Urartu (Ivantchik 1993; Wendelken 2000:192).

lived in what became Scythia: the tombs of the Royal Cimmerians, who chose to die in their land rather than yield to the Scythian invaders, and the name 'Cimmerian' applied to various features of the Pontic area, especially the 'Cimmerian Bosphorus', i.e. the Kerch Strait connecting the Black Sea to Lake Maeotis (the modern Sea of Azov). H. claims that the Cimmerians took a coastal route east and south around the Black Sea, fleeing the Scythians; on their way they established a settlement on its southern shore, where the Greeks later founded the city of Sinope. Subsequently the Cimmerians moved on into Asia Minor, while the pursuing Scythians, mistaking the route, turned south only along the west coast of the Caspian Sea, and invaded Media instead (4.11–12).[2]

These various movements ended in the eighth and seventh centuries. In Asia Minor, the Cimmerians devastated Phrygia c. 700, and went on to threaten Gyges' Lydia (Lydians § 2), in the process coming into direct contact with the Greeks and raiding their cities on the coast. A single hexameter line of the contemporary Greek poet Callinus of Ephesus is preserved by Strabo (fr. 5 West), who says it came from an elegiac poem describing the capture of Sardis, 'now the army of the Cimmerians, doers of violent deeds, is on the move'. Callinus also urges his fellow citizens to prepare for war, perhaps against the same enemy (fr. 1 West).[3] According to H. (1.15–16), the Cimmerians took Sardis, except for its acropolis, during the reign of Ardys (c. 644–625), until finally Alyattes (610–560) drove them out.[4] H. never tells us what happened to them, but we know that they were defeated at about the same time.[5] He does not identify the Cimmerians as a distinct ethnic group in his own time.

3 SCYTHIANS

Assyrian records confirm the presence of Ishkuza (Scythians) in the Middle East since the time of Esarhaddon (681–668). In H., but unconfirmed by Eastern sources, an army of the Scythians invaded Media and compelled Cyaxares (c. 625–585) to interrupt his siege of Nineveh (1.103.3), bringing on 28 years of Scythian domination (1.104.2n οἱ μὲν Μῆδοι, 106.1n; 4.1.2). H. mentions two further important events: Cyaxares

---

[2] The Scythian route goes through the Russian city of Derbent (Dagestan).
[3] Much later Callimachus refers to the raid on the temple of Artemis at Ephesus by 'a host of Cimmerians who milk mares, in number like the sand' (*Hymn* 3.251–8).
[4] For dates assigned to the Lydian kings, see 1.16.1n and Lydians § 5.1. West 2002: 440 and n10 is skeptical of the whole Greek account of 'Cimmerian' incursions as H. and others describe them.
[5] Sulimirski and Taylor 1991: 559; Ivantchik 1993: 124, texts 48, 50.

eventually managed to expel the Scythians from Media by defeating them with a ruse; he also captured Nineveh (1.106.2–3).[6] In H.'s account the Scythians extended their march toward Egypt, but the Egyptian king Psammetichus I (c. 664–610) stopped them in Syria with gifts and pleas (1.105.1n). In their retreat, they plundered the temple of Aphrodite at Ascalon (1.105.2n οὐρανίης Ἀφροδίτης). By the end of Cyaxares' reign the Scythians seem to have returned to their own land, leaving behind a memory of violence, raids, and fiscal oppression (1.106.1nn).[7]

The Cimmerians had been early short-term raiders and are explicitly excluded by H. from the charge of imperial conquest (1.6.3), but the Scythians enter Book 1 as bow-wielding equestrian nomads capable of great cruelty (1.73.5), dominating Asia over a long period of time and imposing tribute (1.106.1; cf. 1.6.2n ἐς φόρου ἀπαγωγήν).[8] According to H., the Scythians' invasion of Asia attracted retribution at both the divine and human level. When they plundered the temple of Aphrodite at Ascalon (1.105), the goddess punished them with the 'female disease' for themselves and their descendants; about a century later, Darius marched against the Scythians on the grounds that 'they had begun the injustice' by invading the country of the Medes (4.1, 4). H. depicts the Scythians in Book 4 whose land Darius invaded as differing in one important respect from their ancestors in Book 1. They were still belligerent and ferocious, practicing human sacrifice, collecting scalps, drinking from the gilded skulls of their enemies (4.62.3–65), but they had left their expansionist impulses behind and now practiced their famous mobility and skills as a warrior culture entirely within their own vast territory. H. emphasizes that their pastoralism allowed them to follow a clever defensive strategy (4.46.2): luring invaders deep into the steppes, they avoided direct confrontation.[9] In Book 4 pastoralism becomes almost the antithesis

---

[6] H. does not mention the Babylonians' cooperation with the Medes in the conquest of Nineveh (612); for the chronological difficulties that arise in aligning H.'s account of a 28-year Scythian domination of Media with the Eastern evidence, see Persians § 1.2.

[7] 4.1–4 describes how they regained power in Scythia after their long absence.

[8] By 'Scythians' H. usually means the mobile pastoralists in the eastern part of the region he calls Scythia (4.20.1, 22.3, 55–8), although he mentions farming Scythians (4.17–18). He also applies the ethnonym to the population of the whole of Scythia (4.81.1) or even more broadly, as when he comments that the Persians call the Scythians Sacae (7.64.2; West 2002: 440). For the historical reality of the Scythian invasion of Asia, see Ivantchik 1999.

[9] They were ready to fight if necessary, however, in defense of their freedom (4.46, 127). H. devotes his attention in Book 4 to the 'nomad Scythians', those between the Panticapes and Gerrhus rivers, and to the 'Royal Scythians', east of the Gerrhus (4.19–20).

of Persian imperialism, acquisitiveness, and attachment to possessions. Because the Scythians (like the Greeks in Books 7–9) face the aggression and confound the efforts of a vastly superior Persian power, they are endowed with an almost paradigmatic nobility. François Hartog has argued that H.'s 'nomad Scythians' represent for Greeks the ultimate 'other', yet they are also a mirror in which the Greeks would have recognized themselves (Hartog 2013 [1979]: 264–5, 1988: 56).

4 MASSAGETAE

In Book 1, the role of non-imperialist and hardy freedom fighters belongs not to the Scythians but to the Massagetae, whom Cyrus tries unsuccessfully to conquer, losing his life in the attempt (1.214.3). Like the Scythians and even, relatively speaking, the Greeks, the Massagetae represent the Persians' more simple and hardy opponents; they confirm the observation that 'there are in the *Histories* no conquests of hard peoples by soft peoples', although hard peoples 'can be temporarily fuddled by the arts of complex cultures'.[10] When placed in a defensive position, Scythians, Massagetae, and mainland Greeks remain unconquered and mark the limits of Persian militaristic expansionism. Tomyris the Massagetan queen makes explicit her contempt for Cyrus' desire to expand his rule to include her country (1.206.1–2).

4.1 Massagetae as Pastoralists, Like the Scythians?

The Massagetae had been neighbors of the Scythians; H. comments that some identify them as Scythians, but he explicitly distinguishes the two peoples (1.201, 216.1). H. does not call the Massagetae pastoralist nomads, but they live in carts (1.216.1); Tomyris' proposal to Cyrus that she and her people withdraw at a distance of three days from the Araxes to await Persian attack suggests nomadic mobility (1.206.2). For the more probable location of the Massagetae east of the Caspian Sea, see 1.202.3n.

5 REMOTE PEOPLES IN THE HISTORIES

In H.'s mental map, which roughly situates more complex societies in the center and hardier, more exotic ones on the margins, the Massagetae are

---

[10] Redfield 2013 [1985]: 285; for 'soft' and 'hard' cultures, see Lydians § 6.5; for 'primitive' *Gegner*, see Cobet 1971: 111. The 'primitivism' of the Scythians (and others) is more a matter of Greek representation and our modern assumptions than of historical fact (Rolle 1989).

in some ways similar to the Scythians, but they also have traits that correspond to those of other distant peoples. Just as the River Ister of Scythia is symmetrical and opposite to the Nile (2.33–4),[11] so the Massagetae and the tribes near the Araxes and in the Caucasus region which H. describes (1.202–3) are in several respects analogous to Libyan tribes in the south, many of them nomadic, or even to Indian populations located farther than themselves on the eastern edge of the known Greek world. In a structural reading of H.'s ethnographic descriptions, Rosellini and Saïd 2013 [1978] have traced the terms of an imaginary 'grid' or cultural framework, according to which the sexual, alimentary, and religious customs H. attributes to the nations of the margins are made to diverge in a consistent way from the Greek norms of, e.g. monogamous marriage and the consumption of cooked and cultivated cereal or, in the context of sacrifice, roasted meat. In matters of food, the most radical divergences from the Greek norm range from a diet of uncultivated plants to the opposite pole of ὠμοφαγία, the eating of raw flesh. The Caucasians live off products of the wild forest, while the peoples in the Araxes region eat either tree roots and fruits, on the islands, or raw fish, in the marshes (1.202–3). The Massagetae are pastoralists so that, besides the fish from the Araxes (1.202.3n), they eat cooked meat and do so in the context of sacrifice, like the Greeks; but they also sacrifice and eat elderly humans, with strict ritual rules (1.216.2–3).[12] In the sphere of sexual customs, the most basic degree of culture is represented by 'intercourse in the open, like cattle'. This expression describes the practice of the people of Caucasus (1.203.2), but also of certain Indians (3.101.1) and Libyans (4.180.5). The Massagetae are monogamous (like the Greeks), but a man can have intercourse with any woman he wants provided that he signals his presence by hanging his quiver in front of her wagon (1.216.1). A less elaborate version of the same custom, with a stick planted in the ground instead of the quiver, is found on the other side of the world among the nomadic Nasamones of Libya, who are polygamous (4.172.2). H.'s schema is anything but rigid and leaves room for almost innumerable variations, but the structuralist approach allows us to discern the criteria organizing his description of difference, showing how a culture's individual ethnographic traits are parts

[11] Hartog 1988: 15–19; Redfield 2013 [1985]: 278–81.
[12] The carnivores at the edges also sometimes follow cannibalistic practices; the most extreme version is that of the unique Androphagoi, a wild people of the extreme north (4.106). Among non-carnivores, the Boudini eat lice (4.109.1). On the extreme east, H. will describe Indians living in the marshes of the Indus River who similarly eat raw fish, other Indians who are vegetarian (3.100), and still another tribe, the Padaeans, who like the Massagetae have a regulated form of cannibalism (3.99).

of a distinctive cultural code and have meaning in relation to each other. In this broader context, the culture of the Massagetae acquires specificity and logic.[13] By presenting a range and variety of such cultures, H.'s description of the Massagetae, the inhabitants of the Araxes, and those of the Caucasus at the end of Book 1 almost serves as a primer for the study of the various peoples that will occupy his attention in Books 3 and 4.

Ancient ethnographic discourse goes back to Homer and Hesiod and continues in poetry and in prose works that have come down to us only in fragmentary form. In these texts remote people tend to be represented either as savage and backward brutes or as simple but joyful cultures, blessed with Golden Age abundance and a natural righteousness.[14] H.'s approach for the most part avoids mythical extremes, but it bears traces of this tradition.[15] Milk-drinking tribes, exempt from the hard work of tilling the land (1.216.4), enjoy the resources that their environment spontaneously offers them – metals, fish, or fruits of the earth (1.215.2, 202, 216.3), and they replace the luxuries of advanced societies with pleasures and devices of their own that work just as well (1.202.2, 203.2). These Golden Age features are combined with a mostly non-judgemental report of practices such as cannibalism or conjugal promiscuity. H.'s explicit or, more frequently, implicit evaluation of these and other foreign customs is rooted in two general criteria. The first is that a society's broad consensus regarding a particular custom demands the respect of outside observers. In other words, νόμος is king of all (3.38.4). Secondly, however, basic ideas of justice fall into a cross-cultural category whose standards are universally shared.

4 HERODOTEAN GREEK: DIALECT

H. wrote in a form of the Ionic dialect, using inflectional endings and many uncontracted forms similar to those found in Homer and other archaic Greek poetry. The MSS we have are inconsistent in matters of spelling and contraction; they display a wide variety of forms (Ionic, but also Attic and sometimes even Doric variants). Some earlier scholars believed that H.'s original manuscript contained a 'pure' Ionic dialect that was later corrupted, first by scribes who Atticized many forms, and later by those who sought to reintroduce what they thought were the more correct Ionic versions. But the variety of the readings found in the manuscripts, and the fact that a single manuscript can have different

---

[13] Romm 1992: 45–81; Rosellini and Saïd 2013 [1978]: 242–4.
[14] Sometimes a combination of the two, as in the case of the pastoral Cyclopes but cannibalistic Polyphemus of *Od.* 9.
[15] The Androphagoi, at 4.106 are an obvious theoretical limiting case.

4 HERODOTEAN GREEK: DIALECT

forms of the same word, point to the likelihood that H.'s original manuscript probably took shape at a time before systematization of language and orthography existed.[1]

Here is a list of major morphological differences between Ionic and Attic, with examples identified as they occur in Book 1.

GENERAL

1. *Psilosis.* By H.'s time Ionic had lost initial aspiration, but modern texts of the *Histories* continue to print initial rough breathing marks as they appear in the Attic dialect. Prepositions, whether independent or in verb prefixes, do not have an aspirated final consonant: 1.1.1 ἀπικομένους = Att. ἀφικομένους; 1.12.1 ἐμετίετο = Att. μεθίετο. Aspiration is preserved only in compounds that were no longer perceived as such: 1.65.5 ἔφοροι.
2. *Elision and crasis.* Elision is comparatively rare in Ionic and inconsistently found in H.'s MSS: δ' ἄν (1.2.1), δὲ ἄν (1.32.8). For forms of αὐτός in crasis, see *CG* 24.29 (1.8.1 ἑωυτοῦ).

CONSONANTS

1. κ occurs for π of conjunctions, pronouns, and adverbs: κως (1.5.3), ὅκως (1.8.2), κοτε (1.37.2), κοῖος (1.37.3), κηι (1.76.1) = Att. πως, ὅπως, ποτε, ποῖος, πηι.
2. -σσ- instead of the Attic -ττ-: 1.1 θαλάσσης = Att. θαλάττης.
3. Aspirated consonants in Attic are sometimes unaspirated in Ionic: ἐκδεκόμενος (1.7.4), where Attic would have ἐκδεχόμενος.
4. Aspirated and unaspirated consonants can change places: 1.62.4 ἐνθαῦτα = Att. ἐνταῦθα.

VOWELS AND DIPHTHONGS

1. *Etacism.* η is found where Attic has long α, even after ε, ι, and ρ: 1.8.1 πρηγμάτων = Att. πραγμάτων.
2. Before λ, μ, ν, and ρ, Attic ε occurs in Ionic as ει, ο as ου: 1.20 ξεῖνος = Att. ξένος; 1.4.1 μοῦνος = Att. μόνος ('compensatory lengthening', *CG* 25.11). ε can also appear where Attic has ει: 1.0 ἀπόδεξις = Att. ἀπόδειξις; 1.26.3 μέζονας = Att. μείζονας.

---

[1] We are indebted to earlier commentators on H.'s dialect, especially Flower/Marincola: 44–8 and Bowie: 22–7; Bowie discusses in detail the difficulties confronting editors in deciding among spelling variants found in the extant MSS.

3. In some forms, short α is found where Attic has ε: 1.51.1 μεγάθεϊ = Att. μεγέθεϊ.
4. ω appears where the diphthongs αυ and ου occur in Attic: 1.0 θωμαστά = Att. θαυμαστά; 1.2.3 ὧν = Att. οὖν.
5. Contraction: εα, εε, εει, εη, εως, and οο are left uncontracted: 1.5.3 ἄστεα = Att. ἄστη; 1.11.4 ἀληθέως = Att. ἀληθῶς. See below under *Verbs*.
6. Where Attic has ει Ionic often has ηι: 1.4.4 οἰκηιοῦνται = Att. οἰκειοῦνται; 1.5.4 ἀνθρωπηίην = Att. ἀνθρωπείαν; 1.11.2 βασιληίην = Att. βασιλείαν; 1.46.2 μαντηίων = Att. μαντείων.

NOUNS AND ADJECTIVES

1. First declension
   a. acc. s. of masc. nouns, -ην: Γύγην (1.8.1), or -εα: Γύγεα (1.10.1).
   b. gen. s. of masc. nouns, -εω: 1.6.1 Ἀλυάττεω = Att. Ἀλυάττου.
   c. gen. pl., -έων: 1.1.1, 95.1 Περσέων = Att. Περσῶν; 1.96.3 πολιητέων = Att. πολιτῶν.
   d. dat. pl. of fem. nouns and certain adjectives, -ῃσι: 1.1 ναυτιλίῃσι μακρῇσι = Att. ναυτιλίαις μακραῖς; 1.4 ἄλλῃσι = Att. ἄλλαις.
2. Second declension
   a. dat. pl., -οισι: 1.0 ἀλλήλοισι = Att. ἀλλήλοις.
   b. νόος is uncontracted: 1.10.2 νόωι = Att. νῶι.
   c. second decl. φύλακος (1.84.2, 89.3) is sometimes used instead of 3rd decl. φύλαξ (1.41.2).
3. Third declension
   a. Nouns/adjectives in -εύς have the gen. s. in -έος: 1.0 Ἁλικαρνησσέος = Att. Ἁλικαρνασσέως; 1.1.3 βασιλέος = Att. βασιλέως.
   b. Nouns in -ις: 1.30.4 πόλιος = Att. πόλεως; 1.105.2 πόλι = Att. πόλει; 1.142.4 πόλιες = Att. πόλεις; 1.6.3 πολίων = Att. πόλεων; 1.151.3 πόλισι = Att. πόλεσι(ν); 1.94.6 πόλιας = Att. πόλεις.
   c. For declension of other third-declension nouns such as νηῦς (Att. ναῦς), etc., see *CG* 25.20–5.

PRONOUNS

1. Personal pronouns
   a. gen. s. (Att. ἐμοῦ) either does not contract (ἐμέο) or is made into a diphthong (ἐμεῦ); similarly, σέο or σεῦ (Att. σοῦ). In this text we print ἐμέο and σέο.
   b. gen. and acc. pl. do not contract: ἡμέων, ὑμέας, σφέων.
   c. οἱ is found for the 3 s. dat. in all genders (1.8.1, 1.1.3, 1.3.1) = Att. αὐτῶι, αὐτῆι, ἑαυτῶι, ἑαυτῆι.

4 HERODOTEAN GREEK: DIALECT

d. μιν is found for 3 s. acc. (1.9.1) = Att. αὐτόν, αὐτήν, αὐτό, ἑαυτόν, ἑαυτήν.
e. Like Homer, H. sometimes uses τοι for σοι (1.9.1).
f. The 3 pl. of the personal pronoun is sometimes σφεῖς, σφέων (1.73.5), σφέας (1.4.1). The enclitic dat. form σφι is non-reflexive (1.3, 23) = Att. αὐτοῖς/αὐταῖς, while σφίσι is reflexive (1.4.4, 97.2) = Att. ἑαυτοῖς/ἑαυταῖς.

2. Interrogative, indefinite, and indefinite-relative pronouns
   a. gen. s. τέο or τεῦ (1.19.2) = Att. τοῦ/τίνος; dat. s. τέωι (1.11.4) = Att. τῶι/ τίνι. The gen. pl. is τέων (Att. τίνων) and the dat. pl. τέοισι (1.37.2) = Att. τίσι. The indefinite pronouns follow the same pattern.
   b. 1.7.3 ὅτεο = Att. οὗτινος; 1.47.1, 138.1, 197 ἅσσα = Att. ἅτινα; 1.86.2 ὅτεωι = Att. ᾧτινι.

3. Relative pronouns
   a. In the oblique cases, the relative pronouns have the same form as the definite article: 1.1.1 τό = Att. ὅ; 1.5.3 τόν = Att. ὅν; 1.11.2 τά = Att. ἅ; 1.11.4 τοῖσι = Att. οἷς; 1.1.4, 1.6.2 τῶν = Att. ὧν.
   b. After prepositions ἐν, ἐκ, ἐς, πρός, and σύν, relative pronouns are followed by the consonantal forms of the article (τά, τοῖσι, etc.), except where ἐν, ἐξ, ἐς occur in expressions of time, e.g. ἐν ὧι (1.164.2), ἐς ὅ, ἐξ οὗ.

VERBS

1. Some verbs have variant forms in Ionic, e.g.: 1.1.1 ἀπαγινέω = Att. ἀπάγω; 1.3.2, 11.1 γίνομαι = Att. γίγνομαι; 1.5.2 μίσγομαι = Att. μείγνυμι; 1.7.3 ἐπιτράπω = Att. ἐπιτρέπω; 1.51.2 ἐπικίρνημι = Att. ἐπικεράννυμι.

2. Augments
   a. Sometimes the temporal augment is omitted: 1.9.1 ἀμείβετο = Att. ἠμείβετο; 1.80.3 παραίνεσε = Att. παρῄνεσε; 1.19.1 ἄφθη = Att. ἤφθη.
   b. The augment sometimes precedes a preposition in compound verbs: 1.12.1 ἐμετίετο = Att. μεθίετο.
   c. H. sometimes omits the syllabic augment: 1.11.1, 11.4 ὥρα = Att. ἑώρα (S 431); 1.46.1 κατῆστο = Att. ἐκάθητο.

3. Personal endings
   Some 3 pl. middle-passive endings have vocalization of ν into α: -αται (= Att. -νται) and -ατο (= Att. -ντο);
   a. pres. and impf. of -μι verbs: 1.14.1 ἀνακέαται = Att. ἀνάκεινται; 1.133.1 προτιθέαται = Att. προτίθενται; 1.167.1 ἐκέατο = Att. ἔκειντο.
   b. pf. and plpf. passive of some vowel-stem -ω verbs: 1.125.3 ἀρτέαται = Att. ἤρτηνται; 1.136.1 ἠγέαται = Att. ἤγηνται; if the tense-stem

ends in a long vowel, that vowel is shortened: 1.83.1 ὁρμέατο = Att. ὥρμηντο.
c. opt. forms: 1.3.2 βουλοίατο = Att. βούλοιντο; 1.70.2 ἀπελοίατο = Att. ἀπέλοιντο.
d. pf. and plpf. of consonant stems: 140.2 κεχωρίδαται = Att. κεχωρισμένοι εἰσί; 1.27.1 κατεστράφατο = Att. κατεστραμμένοι ἦσαν; 1.80.3 διετετάχατο = Att. διατεταγμένοι ἦσαν.
4. Contractions
a. The MSS of H. usually avoid the contraction of -ε- with a following vowel: καλεομένης (1.1); δοκέει (1.58.1); 1.16.2 ἐών = Att. ὤν; 6.3 ἐόν = Att. ὄν.
b. ε + ο sometimes contract to -ευ-: 1.13.1 ἐποιεῦντο = Att. ἐποιοῦντο.
c. In the 2 s. middle-passive, although intervocalic -σ- in the ending -σαι drops out, the remaining vowels do not contract: 1.8.2 θεήσεαι = Att. θεάσηι/ει; 1.9.1 φοβέο = Att. φοβοῦ; 1.11.2 βούλεαι = Att. βούληι/ει; 1.27.4 φαίνεαι = Att. φαίνηι/ει.
d. -άω verbs sometimes occur as -έω verbs: ὁρέων (1.68.4), ὁρέω (1.111.3). See also 1.10.1 ἐθηεῖτο = Att. ἐθεᾶτο.
5. In athematic verbs the following Ionic forms occur:
a. In the present active, ἵημι and τίθημι may be conjugated like thematic verbs in -έω: 1.6.1 ἐξιεῖ/ἐξίει = Att. ἐξίησι; 1.20 προστιθεῖσι = Att. προστιθέασι. δίδωμι may resemble a verb in -όω (1.107.2 διδοῖ = Att. δίδωσι). ἵστημι may resemble a verb in -αω (2.143.2).
b. As in many languages, forms of the verb 'to be' (εἰμί, and also its compounds) are highly irregular: 207.2 εἶς = Att. εἶ (1.121 περίεις = Att. περίει); 1.97.3 εἰμέν = Att. ἐσμέν; 1.66.2 ἔασιν = Att. εἰσίν; 1.187.5 ἔας = Att. ἦσθα.
c. The 1 s., 3 s., and 3 pl. imperfect of εἶμι are ἤια, ἤιε, ἤισαν (= Att. ἤια, ἤιει, ἤισαν/ἤιεσαν).

The reader may consult *CG* 25.5–45 for a fuller survey of Ionic morphology and noun, pronoun, and verb paradigms found in 'Ionic literary prose'.

5 TEXT AND CRITICAL APPARATUS

In the preparation of our text and critical apparatus, we have received invaluable information and advice from Stephanie West, Pat Easterling, and Nigel Wilson.[1]

---

[1] See also Asheri 1988: lxxxi–lxxxv; S. West 2007; Wilson 2015: v–xiii.

5 TEXT AND CRITICAL APPARATUS

The establishment of H.'s text mainly relies on three orders of evidence: medieval manuscripts (about sixty codices, the oldest dating to the tenth century), papyrus fragments, and quotations from ancient authors.

For the relevant MSS we use Wilson's sigla, as follows:

A	Laurentianus plut. 70.3 (early tenth century)
D	Vaticanus gr. 2369 (tenth century)
R	Vaticanus gr. 123 (fourteenth century)
S	Cantabrigiensis, Collegii Emmanuelensis 30 (fourteenth century)
U	Vaticanus Urbinas gr. 88 (fourteenth century)
V	Vindobonensis hist. gr. 85 (fourteenth century)
X	Vaticanus gr. 122
r	consensus RSUVX
d	consensus Dr

cited more rarely:

B	Angelicanus gr. 83 (eleventh century)
b	eiusdem pars recentior
C	Laurentianus, Conventi Soppressi 207 (eleventh century)
c	eiusdem pars recentior
E	excerpta in cod. Parisino suppl. gr. 134 (thirteenth century)
K	Cantabrigiensis Bibl. Universitatis Nn. II 34
M	Estensis gr. 221
Nor	Norimbergensis Cent. V App. 10
P	Parisinus gr. 1633 (fourteenth century)
p	Parisinus gr. 1635
Q	Parisinus gr. 1405
T	Laurentianus plut. 70.6 (fourteenth century)
Y	Vaticanus Palatinus gr. 176

Among the extant MSS, scholars have recognized two distinct families, more or less deriving from a common lost ancestor: the Florentine and the Roman families, each named after the city in whose library their best specimen is stored. A, in the Biblioteca Medicea Laurenziana in Florence, represents, along with B, the Florentine family. This is in general considered the best manuscript of H., especially for Book 1. The second (Roman) line of descent is shared by the manuscripts under the siglum d; it is split between its best specimen D (in the Vatican Library), and the manuscripts grouped under siglum r. Several passages of Book 1 are omitted or have been lost from d, as the critical apparatus records. Other MSS, most importantly C and P, conflate the two traditions.

About a hundred Herodotean papyri have been identified so far, but as of 2020 only about half that number have been published;[2] a few of them date to the first century BCE, while the vast majority come from the first three centuries of our era, that is to say, they are almost all many hundreds of years older than the earliest medieval MSS and seem to predate the split of the MSS into two principal families. They testify, however, to the existence of different recensions already in antiquity.[3] Many of the papyri come from Book 1 and may well represent selections from notable novelistic episodes rather than remnants from complete editions of the book.[4]

Quotations from ancient authors occasionally help to corroborate, correct, or question particular readings from the manuscript tradition, although they need to be treated with caution as possibly the result of faulty memory. Among these the most spectacular (but also, by the same token, untypical) is Aristotle's quotation of H.'s first sentence with the variant 'Herodotus of Thurii' (see notes *ad loc.* and critical apparatus; Life §§ 1.2–2, 6). Other ancient authors occasionally inject confusion into an already complicated text, as when at 1.57.3 Diodorus of Sicily (*Ant. Rom.* 1.39.3) changes Κρηστωνιῆται (inhabitants of a Thessalian town) into Κροτωνιᾶται (inhabitants of an Etruscan town in central Italy).

In comparison with other ancient texts, the manuscripts of H.'s *Histories* are relatively consistent internally, but there are some significant divergences in the textual tradition. Efforts of later scholars to come as close as possible to what H. originally wrote started in the Renaissance, especially with the *editio princeps* printed by Aldus Manutius (Venice 1502), identified in the critical apparatus as Aldina.

Our text and apparatus is directed to non-specialists. We have generally not reported orthographical and dialect variants, limiting ourselves to textual discrepancies that might affect the meaning of a passage; we have been helped immensely in this project by Robert Cioffi. In the text, we have generally chosen a conservative course, staying as close as possible to readings found in the best MSS. The forms of the Ionic dialect presented are most often those of Legrand, but we have sometimes preferred the punctuation of Hude or Wilson. We have greatly profited from Wilson's recent Oxford edition and have included in the critical apparatus a number of emendations by him or other critics that he reports. We have also

---

[2] See vol. xlviii of the Oxyrhynchus papyri (Chambers 1981: 22–73; West 2011b) and the Leuven Database of Ancient Books.
[3] Asheri 1988: lxxxiii, with bibliography, citing especially Hemmerdinger 1981, ch. 17; Pack 1965: 45.
[4] S. West 2007: 31.

consulted the editions of Book 1 by Hude, Legrand, Asheri, and (more rarely) Rosén:

C. Hude 1908–27[3]: *Herodoti Historiae*, 2 vols., Oxford.
P.-E. Legrand 1932–54: *Hérodote: Histoires*, 11 vols., Paris.
D. Asheri 1988: *Erodoto, la Lidia e la Persia: Libro I delle Storie*, Milan.
H. B. Rosén 1987–97: *Herodoti Historiae*, 2 vols., Stuttgart, Leipzig.
N. G. Wilson 2015: *Herodoti Historiae*, 2 vols., Oxford.

Our goal has been to encourage students of Greek to give some attention to the critical apparatus and the problems that confront textual critics: to accept or reject one verb tense or lexical variant rather than another, to distinguish between H.'s own words and extra-textual glosses that may have been inserted, or to detect lacunae, interpolations, or scribal errors of many different kinds.

ΗΡΟΔΟΤΟΥ ΙΣΤΟΡΙΩΝ Α
ΚΛΕΙΩ

ΚΛΕΙΩ

Ἡροδότου Ἁλικαρνησσέος ἱστορίης ἀπόδεξις ἥδε, ὡς μήτε τὰ γενόμενα ἐξ ἀνθρώπων τῶι χρόνωι ἐξίτηλα γένηται, μήτε ἔργα μεγάλα τε καὶ θωμαστά, τὰ μὲν Ἕλλησι, τὰ δὲ βαρβάροισι ἀποδεχθέντα, ἀκλεᾶ γένηται, τά τε ἄλλα καὶ δι' ἣν αἰτίην ἐπολέμησαν ἀλλήλοισι.

Περσέων μέν νυν οἱ λόγιοι Φοίνικας αἰτίους φασὶ γενέσθαι τῆς διαφορῆς· τούτους γὰρ ἀπὸ τῆς Ἐρυθρῆς καλεομένης θαλάσσης ἀπικομένους ἐπὶ τήνδε τὴν θάλασσαν καὶ οἰκήσαντας τοῦτον τὸν χῶρον τὸν καὶ νῦν οἰκέουσι, αὐτίκα ναυτιλίηισι μακρῆισι ἐπιθέσθαι, ἀπαγινέοντας δὲ φορτία Αἰγύπτιά τε καὶ Ἀσσύρια τῆι τε ἄλληι [χώρηι] ἐσαπικνέεσθαι καὶ δὴ καὶ ἐς Ἄργος· τὸ δὲ Ἄργος τοῦτον τὸν χρόνον προεῖχε ἅπασι τῶν ἐν τῆι νῦν Ἑλλάδι καλεομένηι χώρηι. ἀπικομένους δὲ τοὺς Φοίνικας ἐς δὴ τὸ Ἄργος τοῦτο διατίθεσθαι τὸν φόρτον. πέμπτηι δὲ ἢ ἕκτηι ἡμέρηι ἀπ' ἧς ἀπίκοντο, ἐξεμπολημένων σφι σχεδὸν πάντων, ἐλθεῖν ἐπὶ τὴν θάλασσαν γυναῖκας ἄλλας τε πολλὰς καὶ δὴ καὶ τοῦ βασιλέος θυγατέρα· τὸ δέ οἱ οὔνομα εἶναι, κατὰ τὠυτὸ τὸ καὶ Ἕλληνες λέγουσι, Ἰοῦν τὴν Ἰνάχου. ταύτας στάσας κατὰ πρύμνην τῆς νεὸς ὠνέεσθαι τῶν φορτίων τῶν σφι ἦν θυμὸς μάλιστα, καὶ τοὺς Φοίνικας διακελευσαμένους ὁρμῆσαι ἐπ' αὐτάς. τὰς μὲν δὴ πλέονας τῶν γυναικῶν ἀποφυγεῖν, τὴν δὲ Ἰοῦν σὺν ἄλληισι ἁρπασθῆναι· ἐσβαλομένους δὲ ἐς τὴν νέα οἴχεσθαι ἀποπλέοντας ἐπ' Αἰγύπτου.

Οὕτω μὲν Ἰοῦν ἐς Αἴγυπτον ἀπικέσθαι λέγουσι Πέρσαι, οὐκ ὡς Ἕλληνες, καὶ τῶν ἀδικημάτων πρῶτον τοῦτο ἄρξαι· μετὰ δὲ ταῦτα Ἑλλήνων τινάς (οὐ γὰρ ἔχουσι τοὔνομα ἀπηγήσασθαι) φασὶ τῆς Φοινίκης ἐς Τύρον προσσχόντας ἁρπάσαι τοῦ βασιλέος τὴν θυγατέρα Εὐρώπην. εἴησαν δ' ἂν οὗτοι Κρῆτες. ταῦτα μὲν δὴ ἴσα πρὸς ἴσα σφι γενέσθαι· μετὰ δὲ ταῦτα Ἕλληνας αἰτίους τῆς δευτέρης ἀδικίης γενέσθαι. καταπλώσαντας γὰρ μακρῆι νηῒ ἐς Αἶάν τε τὴν Κολχίδα καὶ ἐπὶ Φᾶσιν ποταμόν, ἐνθεῦτεν, διαπρηξαμένους καὶ τἆλλα τῶν εἵνεκεν ἀπίκατο, ἁρπάσαι τοῦ βασιλέος τὴν θυγατέρα Μηδείην. πέμψαντα δὲ τὸν Κόλχων βασιλέα ἐς τὴν Ἑλλάδα κήρυκα αἰτέειν τε δίκας τῆς ἁρπαγῆς καὶ ἀπαιτέειν τὴν θυγατέρα· τοὺς δὲ ὑποκρίνασθαι ὡς οὐδὲ ἐκεῖνοι Ἰοῦς τῆς Ἀργείης ἔδοσάν σφι δίκας τῆς ἁρπαγῆς· οὐδὲ ὦν αὐτοὶ δώσειν ἐκείνοισι.

[0] Ἁλικαρνησσέος A: -νασῆος r: Θουρίου Arist. *Rhet.* 1409a27–8, Plut. *De exilio* 13 = *Mor.* 604F   τά τε ἄλλα καὶ <δὴ καὶ> Maas   **1.1** [χώρηι] del. Q. Schäfer   **1.2** τῶν <ἄλλων πολίων τῶν> Powell

3 Δευτέρηι δὲ λέγουσι γενεῆι μετὰ ταῦτα Ἀλέξανδρον τὸν Πριάμου ἀκηκοότα ταῦτα ἐθελῆσαί οἱ ἐκ τῆς Ἑλλάδος δι' ἁρπαγῆς γενέσθαι γυναῖκα, ἐπιστάμενον πάντως ὅτι οὐ δώσει δίκας· οὐδὲ γὰρ ἐκείνους 2 διδόναι. οὕτω δὴ ἁρπάσαντος αὐτοῦ Ἑλένην, τοῖσι Ἕλλησι δόξαι πρῶτον πέμψαντας ἀγγέλους ἀπαιτέειν τε Ἑλένην καὶ δίκας τῆς ἁρπαγῆς αἰτέειν. τοὺς δὲ προϊσχομένων ταῦτα προφέρειν σφι Μηδείης τὴν ἁρπαγήν, ὡς οὐ δόντες αὐτοὶ δίκας οὐδὲ ἐκδόντες ἀπαιτεόντων βουλοίατό σφι παρ' ἄλλων δίκας γίνεσθαι.

4 Μέχρι μὲν ὦν τούτου ἁρπαγὰς μούνας εἶναι παρ' ἀλλήλων, τὸ δὲ ἀπὸ τούτου Ἕλληνας δὴ μεγάλως αἰτίους γενέσθαι· προτέρους γὰρ ἄρξαι 2 στρατεύεσθαι ἐς τὴν Ἀσίην ἢ σφέας ἐς τὴν Εὐρώπην. τὸ μέν νυν ἁρπάζειν γυναῖκας ἀνδρῶν ἀδίκων νομίζειν ἔργον εἶναι, τὸ δὲ ἁρπασθεισέων σπουδὴν ποιήσασθαι τιμωρέειν ἀνοήτων, τὸ δὲ μηδεμίαν ὤρην ἔχειν ἁρπασθεισέων σωφρόνων· δῆλα γὰρ δὴ ὅτι, εἰ μὴ αὐταὶ ἐβούλοντο, 3 οὐκ ἂν ἡρπάζοντο. σφέας μὲν δὴ τοὺς ἐκ τῆς Ἀσίης λέγουσι Πέρσαι ἁρπαζομένων τῶν γυναικῶν λόγον οὐδένα ποιήσασθαι, Ἕλληνας δὲ Λακεδαιμονίης εἵνεκεν γυναικὸς στόλον μέγαν συναγεῖραι καὶ ἔπειτα 4 ἐλθόντας ἐς τὴν Ἀσίην τὴν Πριάμου δύναμιν κατελεῖν. ἀπὸ τούτου αἰεὶ ἡγήσασθαι τὸ Ἑλληνικὸν σφίσι εἶναι πολέμιον. τὴν γὰρ Ἀσίην καὶ τὰ ἐνοικέοντα ἔθνεα βάρβαρα οἰκηιοῦνται οἱ Πέρσαι, τὴν δὲ Εὐρώπην καὶ τὸ Ἑλληνικὸν ἥγηνται κεχωρίσθαι.

5 Οὕτω μὲν Πέρσαι λέγουσι γενέσθαι, καὶ διὰ τὴν Ἰλίου ἅλωσιν εὑρίσκουσι σφίσι ἐοῦσαν τὴν ἀρχὴν τῆς ἔχθρης τῆς ἐς τοὺς Ἕλληνας. 2 περὶ δὲ τῆς Ἰοῦς οὐκ ὁμολογέουσι Πέρσηισι οὕτω Φοίνικες· οὐ γὰρ ἁρπαγῆι σφέας χρησαμένους λέγουσι ἀγαγεῖν αὐτὴν ἐς Αἴγυπτον, ἀλλ' ὡς ἐν τῶι Ἄργεϊ ἐμίσγετο τῶι ναυκλήρωι τῆς νεός· ἐπεὶ δὲ ἔμαθε ἔγκυος ἐοῦσα, αἰδεομένη τοὺς τοκέας, οὕτω δὴ ἐθελοντὴν αὐτὴν τοῖσι Φοίνιξι 3 συνεκπλῶσαι, ὡς ἂν μὴ κατάδηλος γένηται. ταῦτα μέν νυν Πέρσαι τε καὶ Φοίνικες λέγουσι. ἐγὼ δὲ περὶ μὲν τούτων οὐκ ἔρχομαι ἐρέων ὡς οὕτως ἢ ἄλλως κως ταῦτα ἐγένετο, τὸν δὲ οἶδα αὐτὸς πρῶτον ὑπάρξαντα ἀδίκων ἔργων ἐς τοὺς Ἕλληνας, τοῦτον σημήνας προβήσομαι ἐς τὸ πρόσω τοῦ 4 λόγου, ὁμοίως σμικρὰ καὶ μεγάλα ἄστεα ἀνθρώπων ἐπεξιών. τὰ γὰρ τὸ πάλαι μεγάλα ἦν, τὰ πολλὰ αὐτῶν σμικρὰ γέγονε· τὰ δὲ ἐπ' ἐμέο ἦν μεγάλα πρότερον ἦν σμικρά. τὴν ἀνθρωπηίην ὦν ἐπιστάμενος εὐδαιμονίην οὐδαμὰ ἐν τὠυτῶι μένουσαν, ἐπιμνήσομαι ἀμφοτέρων ὁμοίως.

3.1 οὐδὲ Schäfer: οὔτε codd.   4.4 βάρβαρα del. Stein   5.3 σμικρὰ edd.: μικρὰ codd.

Κροῖσος ἦν Λυδὸς μὲν γένος, παῖς δὲ Ἀλυάττεω, τύραννος δὲ ἐθνέων **6** τῶν ἐντὸς Ἅλυος ποταμοῦ, ὃς ῥέων ἀπὸ μεσαμβρίης μεταξὺ Σύρίων <τε> καὶ Παφλαγόνων ἐξίει πρὸς βορέην ἄνεμον ἐς τὸν Εὔξεινον καλεόμενον πόντον. οὗτος ὁ Κροῖσος βαρβάρων πρῶτος τῶν ἡμεῖς ἴδμεν 2 τοὺς μὲν κατεστρέψατο Ἑλλήνων ἐς φόρου ἀπαγωγήν, τοὺς δὲ φίλους προσεποιήσατο. κατεστρέψατο μὲν Ἴωνάς τε καὶ Αἰολέας καὶ Δωριέας τοὺς ἐν τῆι Ἀσίηι, φίλους δὲ προσεποιήσατο Λακεδαιμονίους. πρὸ δὲ 3 τῆς Κροίσου ἀρχῆς πάντες Ἕλληνες ἦσαν ἐλεύθεροι. τὸ γὰρ Κιμμερίων στράτευμα τὸ ἐπὶ τὴν Ἰωνίην ἀπικόμενον, Κροίσου ἐὸν πρεσβύτερον, οὐ καταστροφὴ ἐγένετο τῶν πολίων, ἀλλ' ἐξ ἐπιδρομῆς ἁρπαγή.

Ἡ δὲ ἡγεμονίη οὕτω περιῆλθε, ἐοῦσα Ἡρακλειδέων, ἐς τὸ γένος τὸ **7** Κροίσου καλεομένους δὲ Μερμνάδας. ἦν Κανδαύλης, τὸν οἱ Ἕλληνες 2 Μυρσίλον ὀνομάζουσι, τύραννος Σαρδίων, ἀπόγονος δὲ Ἀλκαίου τοῦ Ἡρακλέος. Ἄγρων μὲν γὰρ ὁ Νίνου τοῦ Βήλου τοῦ Ἀλκαίου πρῶτος Ἡρακλειδέων βασιλεὺς ἐγένετο Σαρδίων, Κανδαύλης δὲ ὁ Μύρσου ὕστατος. οἱ δὲ πρότερον Ἄγρωνος βασιλεύσαντες ταύτης τῆς χώρης 3 ἦσαν ἀπόγονοι Λυδοῦ τοῦ Ἄτυος, ἀπ' ὅτεο ὁ δῆμος Λύδιος ἐκλήθη ὁ πᾶς οὗτος, πρότερον Μηίων καλεόμενος. παρὰ τούτων Ἡρακλεῖδαι 4 ἐπιτραφθέντες ἔσχον τὴν ἀρχὴν ἐκ θεοπροπίου, ἐκ δούλης τε τῆς Ἰαρδάνου γεγονότες καὶ Ἡρακλέος, ἄρξαντες ἐπὶ δύο τε καὶ εἴκοσι γενεὰς ἀνδρῶν, ἔτεα πέντε τε καὶ πεντακόσια, παῖς παρὰ πατρὸς ἐκδεκόμενος τὴν ἀρχήν, μέχρι Κανδαύλεω τοῦ Μύρσου.

Οὗτος δὴ ὦν ὁ Κανδαύλης ἠράσθη τῆς ἑωυτοῦ γυναικός, ἐρασθεὶς δὲ **8** ἐνόμιζέ οἱ εἶναι γυναῖκα πολλὸν πασέων καλλίστην. ὥστε δὲ ταῦτα νομίζων, ἦν γάρ οἱ τῶν αἰχμοφόρων Γύγης ὁ Δασκύλου ἀρεσκόμενος μάλιστα, τούτωι τῶι Γύγηι καὶ τὰ σπουδαιέστερα τῶν πρηγμάτων ὑπερετίθετο ὁ Κανδαύλης καὶ δὴ καὶ τὸ εἶδος τῆς γυναικὸς ὑπερεπαινέων. χρόνου δὲ οὐ 2 πολλοῦ διελθόντος, χρῆν γὰρ Κανδαύληι γενέσθαι κακῶς, ἔλεγε πρὸς τὸν Γύγην τοιάδε· Γύγη, οὐ γάρ σε δοκέω πείθεσθαί μοι λέγοντι περὶ τοῦ εἴδεος τῆς γυναικός (ὦτα γὰρ τυγχάνει ἀνθρώποισι ἐόντα ἀπιστότερα ὀφθαλμῶν), ποίεε ὅκως ἐκείνην θεήσεαι γυμνήν. ὁ δὲ μέγα ἀμβώσας εἶπε· 3 Δέσποτα, τίνα λέγεις λόγον οὐκ ὑγιέα, κελεύων με δέσποιναν τὴν ἐμὴν θεήσασθαι γυμνήν; ἅμα δὲ κιθῶνι ἐκδυομένωι συνεκδύεται καὶ τὴν αἰδῶ γυνή. πάλαι δὲ τὰ καλὰ ἀνθρώποισι ἐξεύρηται, ἐκ τῶν μανθάνειν δεῖ· 4 ἐν τοῖσι ἓν τόδε ἐστί, σκοπέειν τινὰ τὰ ἑωυτοῦ. ἐγὼ δὲ πείθομαι ἐκείνην εἶναι πασέων γυναικῶν καλλίστην, καί σεο δέομαι μὴ δέεσθαι ἀνόμων.

6.1 Συρίων Bredow: Σύρων codd. test.   <τε> Dion. Hal. *Comp.* 4.26   **7.4** ἄρξαντες <μὲν> A   δύο τε P. Oxy. 3372, A: om. d   **8.1** ὑπερεπαίνεε Van Herwerden

9 Ὁ μὲν δὴ λέγων τοιαῦτα ἀπεμάχετο, ἀρρωδέων μή τί οἱ ἐξ αὐτῶν γένηται κακόν. ὁ δ' ἀμείβετο τοῖσδε· Θάρσεε, Γύγη, καὶ μὴ φοβέο μήτε ἐμέ, ὥς σεο πειρώμενος λέγω λόγον τόνδε, μήτε γυναῖκα τὴν ἐμήν, μή τί τοι ἐξ αὐτῆς γένηται βλάβος· ἀρχὴν γὰρ ἐγὼ μηχανήσομαι οὕτω ὥστε 2 μηδὲ μαθεῖν μιν ὀφθεῖσαν ὑπὸ σέο. ἐγὼ γάρ σε ἐς τὸ οἴκημα ἐν τῶι κοιμώμεθα ὄπισθε τῆς ἀνοιγομένης θύρης στήσω· μετὰ δ' ἐμὲ ἐσελθόντα παρέσται καὶ ἡ γυνὴ ἡ ἐμὴ ἐς κοῖτον. κεῖται δὲ ἀγχοῦ τῆς ἐσόδου θρόνος· ἐπὶ τοῦτον τῶν ἱματίων κατὰ ἓν ἕκαστον ἐκδύνουσα θήσει καὶ 3 κατ' ἡσυχίην πολλὴν παρέξει τοι θεήσασθαι. ἐπεὰν δὲ ἀπὸ τοῦ θρόνου στείχηι ἐπὶ τὴν εὐνὴν κατὰ νώτου τε αὐτῆς γένηι, σοὶ μελέτω τὸ ἐνθεῦτεν ὅκως μή σε ὄψεται ἰόντα διὰ θυρέων.

10 Ὁ μὲν δή, ὡς οὐκ ἐδύνατο διαφυγεῖν, ἦν ἕτοιμος· ὁ δὲ Κανδαύλης, ἐπεὶ ἐδόκεε ὥρη τῆς κοίτης εἶναι, ἤγαγε τὸν Γύγεα ἐς τὸ οἴκημα, καὶ μετὰ ταῦτα αὐτίκα παρῆν καὶ ἡ γυνή· ἐσελθοῦσαν δὲ καὶ τιθεῖσαν τὰ εἵματα 2 ἐθηεῖτο ὁ Γύγης. ὡς δὲ κατὰ νώτου ἐγένετο ἰούσης τῆς γυναικὸς ἐς τὴν κοίτην, ὑπεκδὺς ἐχώρεε ἔξω. καὶ ἡ γυνὴ ἐπορᾶι μιν ἐξιόντα. μαθοῦσα δὲ τὸ ποιηθὲν ἐκ τοῦ ἀνδρὸς οὔτε ἀνέβωσε αἰσχυνθεῖσα οὔτε ἔδοξε μαθεῖν, 3 ἐν νόωι ἔχουσα τείσασθαι τὸν Κανδαύλεα· παρὰ γὰρ τοῖσι Λυδοῖσι, σχεδὸν δὲ καὶ παρὰ τοῖσι ἄλλοισι βαρβάροισι, καὶ ἄνδρα ὀφθῆναι γυμνὸν ἐς αἰσχύνην μεγάλην φέρει.

11 Τότε μὲν δὴ οὕτως οὐδὲν δηλώσασα ἡσυχίην εἶχε· ὡς δὲ ἡμέρη τάχιστα ἐγεγόνεε, τῶν οἰκετέων τοὺς μάλιστα ὥρα πιστοὺς ἐόντας ἑωυτῆι ἑτοίμους ποιησαμένη ἐκάλεε τὸν Γύγεα. ὁ δὲ οὐδὲν δοκέων αὐτὴν τῶν πρηχθέντων ἐπίστασθαι ἦλθε καλεόμενος· ἐώθεε γὰρ καὶ 2 πρόσθε, ὅκως ἡ βασίλεια καλέοι, φοιτᾶν. ὡς δὲ ὁ Γύγης ἀπίκετο, ἔλεγε ἡ γυνὴ τάδε· Νῦν τοι δυῶν ὁδῶν παρεουσέων, Γύγη, δίδωμι αἵρεσιν, ὁκοτέρην βούλεαι τραπέσθαι· ἢ γὰρ Κανδαύλεα ἀποκτείνας ἐμέ τε καὶ τὴν βασιληίην ἔχε τὴν Λυδῶν, ἢ αὐτόν σε αὐτίκα οὕτω ἀποθνήισκειν δεῖ, ὡς ἂν μὴ πάντα πειθόμενος Κανδαύληι τοῦ λοιποῦ ἴδηις τὰ μή σε 3 δεῖ. ἀλλ' ἤτοι κεῖνόν γε τὸν ταῦτα βουλεύσαντα δεῖ ἀπόλλυσθαι ἢ σὲ τὸν ἐμὲ γυμνὴν θηησάμενον καὶ ποιήσαντα οὐ νομιζόμενα. ὁ δὲ Γύγης τέως μὲν ἀπεθώμαζε τὰ λεγόμενα, μετὰ δὲ ἱκέτευε μή μιν ἀναγκαίηι ἐνδέειν 4 διακρῖναι τοιαύτην αἵρεσιν. οὐκ ὦν δὴ ἔπειθε, ἀλλ' ὥρα ἀναγκαίην ἀληθέως προκειμένην ἢ τὸν δεσπότεα ἀπολλύναι ἢ αὐτὸν ὑπ' ἄλλων ἀπόλλυσθαι· αἱρέεται αὐτὸς περιεῖναι. ἐπειρώτα δὴ λέγων τάδε· Ἐπεί με ἀναγκάζεις δεσπότεα τὸν ἐμὸν κτείνειν οὐκ ἐθέλοντα, φέρε ἀκούσω, τέωι

9.2 ἐσελθόντα <αὐτίκα> P. Oxy. 2095   11.2 δυῶν ὁδῶν Hude: δυοῖν ὁδοῖν codd.
11.4 ὥρα <γὰρ> Cobet

καὶ τρόπωι ἐπιχειρήσομεν αὐτῶι. ἡ δὲ ὑπολαβοῦσα ἔφη· Ἐκ τοῦ αὐτοῦ 5
μὲν χωρίου ἡ ὁρμὴ ἔσται ὅθεν περ καὶ ἐκεῖνος ἐμὲ ἐπεδέξατο γυμνήν,
ὑπνωμένωι δὲ ἡ ἐπιχείρησις ἔσται.

Ὡς δὲ ἤρτυσαν τὴν ἐπιβουλήν, νυκτὸς γενομένης (οὐ γὰρ ἐμετίετο ὁ 12
Γύγης, οὐδέ οἱ ἦν ἀπαλλαγὴ οὐδεμία, ἀλλ᾽ ἔδεε ἢ αὐτὸν ἀπολωλέναι ἢ
Κανδαύλεα) εἵπετο ἐς τὸν θάλαμον τῆι γυναικί. καί μιν ἐκείνη ἐγχειρίδιον
δοῦσα κατακρύπτει ὑπὸ τὴν αὐτὴν θύρην. καὶ μετὰ ταῦτα ἀναπαυομένου 2
Κανδαύλεω ὑπεκδύς τε καὶ ἀποκτείνας αὐτὸν ἔσχε καὶ τὴν γυναῖκα καὶ
τὴν βασιληίην Γύγης· τοῦ καὶ Ἀρχίλοχος ὁ Πάριος, κατὰ τὸν αὐτὸν
χρόνον γενόμενος, ἐν ἰάμβωι τριμέτρωι ἐπεμνήσθη.

Ἔσχε δὲ τὴν βασιληίην καὶ ἐκρατύνθη ἐκ τοῦ ἐν Δελφοῖσι χρηστηρίου. 13
ὡς γὰρ δὴ οἱ Λυδοὶ δεινὸν ἐποιεῦντο τὸ Κανδαύλεω πάθος καὶ ἐν
ὅπλοισι ἦσαν, συνέβησαν ἐς τὠυτὸ οἵ τε τοῦ Γύγεω στασιῶται καὶ οἱ
λοιποὶ Λυδοί, ἢν μὲν τὸ χρηστήριον ἀνέληι μιν βασιλέα εἶναι Λυδῶν, τὸν
δὲ βασιλεύειν, ἢν δὲ μή, ἀποδοῦναι ὀπίσω ἐς Ἡρακλείδας τὴν ἀρχήν.
ἀνεῖλέ τε δὴ τὸ χρηστήριον καὶ ἐβασίλευσε οὕτω Γύγης. τοσόνδε μέντοι 2
εἶπε ἡ Πυθίη, ὡς Ἡρακλείδηισι τίσις ἥξει ἐς τὸν πέμπτον ἀπόγονον
Γύγεω. τούτου τοῦ ἔπεος Λυδοί τε καὶ οἱ βασιλέες αὐτῶν λόγον οὐδένα
ἐποιεῦντο, πρὶν δὴ ἐπετελέσθη.

Τὴν μὲν δὴ τυραννίδα οὕτω ἔσχον οἱ Μερμνάδαι τοὺς Ἡρακλείδας 14
ἀπελόμενοι, Γύγης δὲ τυραννεύσας ἀπέπεμψε ἀναθήματα ἐς Δελφοὺς οὐκ
ὀλίγα, ἀλλ᾽ ὅσα μὲν ἀργύρου ἀναθήματα, ἔστι οἱ πλεῖστα ἐν Δελφοῖσι,
πάρεξ δὲ τοῦ ἀργύρου χρυσὸν ἄπλετον ἀνέθηκε ἄλλον τε καὶ τοῦ μάλιστα
μνήμην ἄξιον ἔχειν ἐστί, κρητῆρές οἱ ἀριθμὸν ἓξ χρύσεοι ἀνακέαται.
ἑστᾶσι δὲ οὗτοι ἐν τῶι Κορινθίων θησαυρῶι σταθμὸν ἔχοντες τριήκοντα 2
τάλαντα· ἀληθέϊ δὲ λόγωι χρεωμένωι οὐ Κορινθίων τοῦ δημοσίου ἐστὶ
ὁ θησαυρός, ἀλλὰ Κυψέλου τοῦ Ἠετίωνος. οὗτος δὲ ὁ Γύγης πρῶτος
βαρβάρων τῶν ἡμεῖς ἴδμεν ἐς Δελφοὺς ἀνέθηκε ἀναθήματα μετὰ Μίδην
τὸν Γορδίεω, Φρυγίης βασιλέα. ἀνέθηκε γὰρ δὴ καὶ Μίδης τὸν βασιλήιον 3
θρόνον ἐς τὸν προκατίζων ἐδίκαζε, ἐόντα ἀξιοθέητον· κεῖται δὲ ὁ θρόνος
οὗτος ἔνθα περ οἱ τοῦ Γύγεω κρητῆρες. ὁ δὲ χρυσὸς οὗτος καὶ ὁ
ἄργυρος, τὸν ὁ Γύγης ἀνέθηκε, ὑπὸ Δελφῶν καλέεται Γυγάδας ἐπὶ τοῦ
ἀναθέντος ἐπωνυμίην. ἐσέβαλε μέν νυν στρατιὴν καὶ οὗτος, ἐπείτε ἦρξε, 4
ἔς τε Μίλητον καὶ ἐς Σμύρνην, καὶ Κολοφῶνος τὸ ἄστυ εἷλε. ἀλλ᾽ οὐδὲν
γὰρ μέγα ἀπ᾽ αὐτοῦ ἄλλο ἔργον ἐγένετο βασιλεύσαντος δυῶν δέοντα
τεσσεράκοντα ἔτεα, τοῦτον μὲν παρήσομεν τοσαῦτα ἐπιμνησθέντες.

12.2 τοῦ καὶ Ἀρχίλοχος . . . ἐπεμνήσθη del. Wesseling

15 Ἄρδυος δὲ τοῦ Γύγεω μετὰ Γύγην βασιλεύσαντος μνήμην ποιήσομαι. οὗτος δὲ Πριηνέας τε εἷλε ἐς Μίλητόν τε ἐσέβαλε· ἐπὶ τούτου τε τυραννεύοντος Σαρδίων Κιμμέριοι ἐξ ἠθέων ὑπὸ Σκυθέων τῶν νομάδων ἐξαναστάντες ἀπίκοντο ἐς τὴν Ἀσίην καὶ Σάρδις πλὴν τῆς ἀκροπόλιος εἷλον.

16 Ἄρδυος δὲ βασιλεύσαντος ἑνὸς δέοντα πεντήκοντα ἔτεα ἐξεδέξατο Σαδυάττης ὁ Ἄρδυος, καὶ ἐβασίλευσε ἔτεα δυώδεκα, Σαδυάττεω δὲ
2 Ἀλυάττης. οὗτος δὲ Κυαξάρηι τε τῶι Δηιόκεω ἀπογόνωι ἐπολέμησε καὶ Μήδοισι, Κιμμερίους τε ἐκ τῆς Ἀσίης ἐξήλασε, Σμύρνην τε τὴν ἀπὸ Κολοφῶνος κτισθεῖσαν εἷλε, ἐς Κλαζομενάς τε ἐσέβαλε. ἀπὸ μέν νυν τούτων οὐκ ὡς ἤθελε ἀπήλλαξε, ἀλλὰ προσπταίσας μεγάλως. ἄλλα δὲ ἔργα ἀπεδέξατο ἐὼν ἐν τῆι ἀρχῆι ἀξιαπηγητότατα τάδε.

17 Ἐπολέμησε Μιλησίοισι, παραδεξάμενος τὸν πόλεμον παρὰ τοῦ πατρός. ἐπελαύνων γὰρ ἐπολιόρκεε τὴν Μίλητον τρόπωι τοιῶιδε. ὅκως μὲν εἴη ἐν τῆι γῆι καρπὸς ἁδρός, τηνικαῦτα ἐσέβαλλε τὴν στρατιήν· ἐστρατεύετο δὲ ὑπὸ συρίγγων τε καὶ πηκτίδων καὶ αὐλοῦ γυναικηίου
2 τε καὶ ἀνδρηίου. ὡς δὲ ἐς τὴν Μιλησίην ἀπίκοιτο, οἰκήματα μὲν τὰ ἐπὶ τῶν ἀγρῶν οὔτε κατέβαλλε οὔτε ἐνεπίμπρη οὔτε θύρας ἀπέσπα, ἔα δὲ κατὰ χώρην ἑστάναι· ὁ δὲ τά τε δένδρεα καὶ τὸν καρπὸν τὸν ἐν τῆι γῆι
3 ὅκως διαφθείρειε, ἀπαλλάσσετο ὀπίσω. τῆς γὰρ θαλάσσης οἱ Μιλήσιοι ἐπεκράτεον, ὥστε ἐπέδρης μὴ εἶναι ἔργον τῆι στρατιῆι. τὰς δὲ οἰκίας οὐ κατέβαλλε ὁ Λυδὸς τῶνδε εἵνεκα, ὅκως ἔχοιεν ἐνθεῦτεν ὁρμώμενοι τὴν γῆν σπείρειν τε καὶ ἐργάζεσθαι οἱ Μιλήσιοι, αὐτὸς δὲ ἐκείνων ἐργαζομένων ἔχοι τι καὶ σίνεσθαι ἐσβάλλων.

18 Ταῦτα ποιέων ἐπολέμεε ἔτεα ἕνδεκα, ἐν τοῖσι τρώματα μεγάλα διφάσια Μιλησίων ἐγένετο ἔν τε Λιμενηίωι χώρης τῆς σφετέρης μαχεσαμένων καὶ
2 ἐν Μαιάνδρου πεδίωι. τὰ μέν νυν ἓξ ἔτεα τῶν ἕνδεκα Σαδυάττης ὁ Ἄρδυος ἔτι Λυδῶν ἦρχε ὁ καὶ ἐσβάλλων τηνικαῦτα ἐς τὴν Μιλησίην τὴν στρατιήν· [Σαδυάττης] οὗτος γὰρ καὶ ὁ τὸν πόλεμον ἦν συνάψας· τὰ δὲ πέντε τῶν ἐτέων τὰ ἑπόμενα τοῖσι ἓξ Ἀλυάττης ὁ Σαδυάττεω ἐπολέμεε, ὃς παραδεξάμενος, ὡς καὶ πρότερόν μοι δεδήλωται, παρὰ τοῦ πατρὸς
3 τὸν πόλεμον προσεῖχε ἐντεταμένως. τοῖσι δὲ Μιλησίοισι οὐδαμοὶ Ἰώνων τὸν πόλεμον τοῦτον συνεπελάφρυνον ὅτι μὴ Χῖοι μοῦνοι. οὗτοι δὲ τὸ ὅμοιον ἀνταποδιδόντες ἐτιμώρεον· καὶ γὰρ δὴ πρότερον οἱ Μιλήσιοι τοῖσι Χίοισι τὸν πρὸς Ἐρυθραίους πόλεμον συνδιήνεικαν.

19 Τῶι δὲ δυωδεκάτωι ἔτεϊ ληίου ἐμπιπραμένου ὑπὸ τῆς στρατιῆς συνηνείχθη τι τοιόνδε γενέσθαι πρῆγμα· ὡς ἄφθη τάχιστα τὸ λήιον,

18.2 [Σαδυάττης] del. Bekker

ἀνέμωι βιώμενον ἅψατο νηοῦ Ἀθηναίης ἐπίκλησιν Ἀσσησίης, ἁφθεὶς δὲ ὁ νηὸς κατεκαύθη. καὶ τὸ παραυτίκα μὲν λόγος οὐδεὶς ἐγένετο, μετὰ δὲ 2 τῆς στρατιῆς ἀπικομένης ἐς Σάρδις ἐνόσησε ὁ Ἀλυάττης. μακροτέρης δέ οἱ γινομένης τῆς νούσου, πέμπει ἐς Δελφοὺς θεοπρόπους, εἴτε δὴ συμβουλεύσαντός τεο, εἴτε καὶ αὐτῶι ἔδοξε πέμψαντα τὸν θεὸν ἐπειρέσθαι περὶ τῆς νούσου. τοῖσι δὲ ἡ Πυθίη ἀπικομένοισι ἐς Δελφοὺς οὐκ ἔφη 3 χρήσειν, πρὶν ἢ τὸν νηὸν τῆς Ἀθηναίης ἀνορθώσωσι, τὸν ἐνέπρησαν χώρης τῆς Μιλησίης ἐν Ἀσσησῶι.

Δελφῶν οἶδα ἐγὼ οὕτω ἀκούσας γενέσθαι· Μιλήσιοι δὲ τάδε 20 προστιθεῖσι τούτοισι, Περίανδρον τὸν Κυψέλου ἐόντα Θρασυβούλωι τῶι τότε Μιλήτου τυραννεύοντι ξεῖνον ἐς τὰ μάλιστα, πυθόμενον τὸ χρηστήριον τὸ τῶι Ἀλυάττηι γενόμενον, πέμψαντα ἄγγελον κατειπεῖν, ὅκως ἄν τι προειδὼς πρὸς τὸ παρεὸν βουλεύηται. Μιλήσιοι μέν νυν οὕτω λέγουσι γενέσθαι.

Ἀλυάττης δέ, ὥς οἱ ταῦτα ἐξηγγέλθη, αὐτίκα ἔπεμπε κήρυκα ἐς 21 Μίλητον βουλόμενος σπονδὰς ποιήσασθαι Θρασυβούλωι τε καὶ Μιλησίοισι χρόνον ὅσον ἂν τὸν νηὸν οἰκοδομέηι. ὁ μὲν δὴ ἀπόστολος ἐς τὴν Μίλητον ἦν, Θρασύβουλος δὲ σαφέως προπεπυσμένος πάντα λόγον καὶ εἰδὼς τὰ Ἀλυάττης μέλλοι ποιήσειν, μηχανᾶται τοιάδε· ὅσος ἦν ἐν 2 τῶι ἄστεϊ σῖτος καὶ ἑωυτοῦ καὶ ἰδιωτικός, τοῦτον πάντα συγκομίσας ἐς τὴν ἀγορὴν προεῖπε Μιλησίοισι, ἐπεὰν αὐτὸς σημήνηι, τότε πίνειν τε πάντας καὶ κώμωι χρᾶσθαι ἐς ἀλλήλους.

Ταῦτα δὲ ἐποίεέ τε καὶ προηγόρευε Θρασύβουλος τῶνδε εἵνεκεν, ὅκως 22 ἂν δὴ ὁ κῆρυξ ὁ Σαρδιηνὸς ἰδών τε σωρὸν μέγαν σίτου κεχυμένον καὶ τοὺς ἀνθρώπους ἐν εὐπαθείηισι ἐόντας ἀγγείληι Ἀλυάττηι. τὰ δὴ καὶ 2 ἐγένετο· ὡς γὰρ δὴ ἰδών τε ἐκεῖνα ὁ κῆρυξ καὶ εἴπας πρὸς Θρασύβουλον τοῦ Λυδοῦ τὰς ἐντολὰς ἀπῆλθε ἐς τὰς Σάρδις, ὡς ἐγὼ πυνθάνομαι, δι' οὐδὲν ἄλλο ἐγένετο ἡ διαλλαγή. ἐλπίζων γὰρ ὁ Ἀλυάττης σιτοδείην τε 3 εἶναι ἰσχυρὴν ἐν τῆι Μιλήτωι καὶ τὸν λεὼν τετρῦσθαι ἐς τὸ ἔσχατον κακοῦ, ἤκουε τοῦ κήρυκος νοστήσαντος ἐκ τῆς Μιλήτου τοὺς ἐναντίους λόγους ἢ ὡς αὐτὸς κατεδόκεε. μετὰ δὲ ἥ τε διαλλαγή σφι ἐγένετο ἐπ' 4 ὧι τε ξείνους ἀλλήλοισι εἶναι καὶ συμμάχους, καὶ δύο τε ἀντὶ ἑνὸς νηοὺς τῆι Ἀθηναίηι οἰκοδόμησε ὁ Ἀλυάττης ἐν τῆι Ἀσσησῶι, αὐτός τε ἐκ τῆς νούσου ἀνέστη. κατὰ μὲν τὸν πρὸς Μιλησίους τε καὶ Θρασύβουλον πόλεμον Ἀλυάττηι ὧδε ἔσχε.

Περίανδρος δὲ ἦν Κυψέλου παῖς, οὗτος ὁ τῶι Θρασυβούλωι τὸ 23 χρηστήριον μηνύσας. ἐτυράννευε δὲ ὁ Περίανδρος Κορίνθου· τῶι δὴ λέγουσι Κορίνθιοι (ὁμολογέουσι δέ σφι Λέσβιοι) ἐν τῶι βίωι θῶμα μέγιστον παραστῆναι, Ἀρίονα τὸν Μηθυμναῖον ἐπὶ δελφῖνος ἐξενειχθέντα ἐπὶ Ταίναρον, ἐόντα κιθαρῳδὸν τῶν τότε ἐόντων οὐδενὸς δεύτερον, καὶ διθύραμβον πρῶτον ἀνθρώπων τῶν ἡμεῖς ἴδμεν ποιήσαντά τε καὶ ὀνομάσαντα καὶ διδάξαντα ἐν Κορίνθωι.

24 Τοῦτον τὸν Ἀρίονα λέγουσι, τὸν πολλὸν τοῦ χρόνου διατρίβοντα παρὰ Περιάνδρωι, ἐπιθυμῆσαι πλῶσαι ἐς Ἰταλίην τε καὶ Σικελίην, ἐργασάμενον 2 δὲ χρήματα μεγάλα θελῆσαι ὀπίσω ἐς Κόρινθον ἀπικέσθαι. ὁρμᾶσθαι μέν νυν ἐκ Τάραντος, πιστεύοντα δὲ οὐδαμοῖσι μᾶλλον ἢ Κορινθίοισι μισθώσασθαι πλοῖον ἀνδρῶν Κορινθίων· τοὺς δὲ ἐν τῶι πελάγεϊ ἐπιβουλεύειν τὸν Ἀρίονα ἐκβαλόντας ἔχειν τὰ χρήματα· τὸν δὲ συνέντα τοῦτο λίσσεσθαι, χρήματα μέν σφι προϊέντα, ψυχὴν δὲ παραιτεόμενον. 3 οὐκ ὦν δὴ πείθειν αὐτὸν τούτοισι, ἀλλὰ κελεύειν τοὺς πορθμέας ἢ αὐτὸν διαχρᾶσθαί μιν, ὡς ἂν ταφῆς ἐν γῆι τύχηι, ἢ ἐκπηδᾶν ἐς τὴν θάλασσαν 4 τὴν ταχίστην. ἀπειληθέντα δὲ τὸν Ἀρίονα ἐς ἀπορίην παραιτήσασθαι, ἐπειδή σφι οὕτω δοκέοι, περιιδεῖν αὐτὸν ἐν τῆι σκευῆι πάσηι στάντα ἐν 5 τοῖσι ἑδωλίοισι ἀεῖσαι· ἀείσας δὲ ὑπεδέκετο ἑωυτὸν κατεργάσεσθαι. καὶ τοῖσι ἐσελθεῖν γὰρ ἡδονὴν εἰ μέλλοιεν ἀκούσεσθαι τοῦ ἀρίστου ἀνθρώπων ἀοιδοῦ, ἀναχωρῆσαι ἐκ τῆς πρύμνης ἐς μέσην νέα. τὸν δὲ ἐνδύντα τε πᾶσαν τὴν σκευὴν καὶ λαβόντα τὴν κιθάρην, στάντα ἐν τοῖσι ἑδωλίοισι διεξελθεῖν νόμον τὸν ὄρθιον, τελευτῶντος δὲ τοῦ νόμου ῥῖψαί μιν ἐς τὴν 6 θάλασσαν ἑωυτὸν ὡς εἶχε σὺν τῆι σκευῆι πάσηι. καὶ τοὺς μὲν ἀποπλέειν ἐς Κόρινθον, τὸν δὲ δελφῖνα λέγουσι ὑπολαβόντα ἐξενεῖκαι ἐπὶ Ταίναρον. ἀποβάντα δὲ αὐτὸν χωρέειν ἐς Κόρινθον σὺν τῆι σκευῆι καὶ ἀπικόμενον 7 ἀπηγέεσθαι πᾶν τὸ γεγονός. Περίανδρον δὲ ὑπὸ ἀπιστίης Ἀρίονα μὲν ἐν φυλακῆι ἔχειν οὐδαμῆι μετιέντα, ἀνακῶς δὲ ἔχειν τῶν πορθμέων· ὡς δὲ ἄρα παρεῖναι αὐτούς, κληθέντας ἱστορέεσθαι εἴ τι λέγοιεν περὶ Ἀρίονος. φαμένων δὲ ἐκείνων ὡς εἴη τε σῶς περὶ Ἰταλίην καί μιν εὖ πρήσσοντα λίποιεν ἐν Τάραντι, ἐπιφανῆναί σφι τὸν Ἀρίονα ὥσπερ ἔχων ἐξεπήδησε· 8 καὶ τοὺς ἐκπλαγέντας οὐκ ἔχειν ἔτι ἐλεγχομένους ἀρνέεσθαι. ταῦτα μέν νυν Κορίνθιοί τε καὶ Λέσβιοι λέγουσι, καὶ Ἀρίονός ἐστι ἀνάθημα χάλκεον οὐ μέγα ἐπὶ Ταινάρωι, ἐπὶ δελφῖνος ἐπεὼν ἄνθρωπος.

25 Ἀλυάττης δὲ ὁ Λυδὸς τὸν πρὸς Μιλησίους πόλεμον διενείκας μετέπειτα 2 τελευτᾶι, βασιλεύσας ἔτεα ἑπτὰ καὶ πεντήκοντα. ἀνέθηκε δὲ ἐκφυγών τὴν νοῦσον δεύτερος οὗτος τῆς οἰκίης ταύτης ἐς Δελφοὺς κρητῆρά τε ἀργύρεον μέγαν καὶ ὑποκρητηρίδιον σιδήρεον κολλητόν, θέης ἄξιον διὰ πάντων τῶν ἐν Δελφοῖσι ἀναθημάτων, Γλαύκου τοῦ Χίου ποίημα, ὃς μοῦνος δὴ πάντων ἀνθρώπων σιδήρου κόλλησιν ἐξεῦρε.

24.5 τελευτῶντα Richards

Τελευτήσαντος δὲ Ἀλυάττεω ἐξεδέξατο τὴν βασιληίην Κροῖσος ὁ **26**
Ἀλυάττεω, ἐτέων ἐὼν ἡλικίην πέντε καὶ τριήκοντα, ὃς δὴ Ἑλλήνων
πρώτοισι ἐπεθήκατο Ἐφεσίοισι. ἔνθα δὴ οἱ Ἐφέσιοι πολιορκεόμενοι ὑπ' **2**
αὐτοῦ ἀνέθεσαν τὴν πόλιν τῆι Ἀρτέμιδι, ἐξάψαντες ἐκ τοῦ νηοῦ σχοινίον
ἐς τὸ τεῖχος. ἔστι δὲ μεταξὺ τῆς τε παλαιῆς πόλιος, ἣ τότε ἐπολιορκέετο,
καὶ τοῦ νηοῦ ἑπτὰ στάδιοι. πρώτοισι μὲν δὴ τούτοισι ἐπεχείρησε ὁ **3**
Κροῖσος, μετὰ δὲ ἐν μέρεϊ ἑκάστοισι Ἰώνων τε καὶ Αἰολέων, ἄλλοισι
ἄλλας αἰτίας ἐπιφέρων, τῶν μὲν ἐδύνατο μέζονας παρευρίσκειν, μέζονα
ἐπαιτιώμενος, τοῖσι δὲ αὐτῶν καὶ φλαῦρα ἐπιφέρων.

Ὡς δὲ ἄρα οἱ ἐν τῆι Ἀσίηι Ἕλληνες κατεστράφατο ἐς φόρου ἀπαγωγήν, **27**
τὸ ἐνθεῦτεν ἐπενόεε νέας ποιησάμενος ἐπιχειρέειν τοῖσι νησιώτηισι.
ἐόντων δέ οἱ πάντων ἑτοίμων ἐς τὴν ναυπηγίην, οἱ μὲν Βίαντα λέγουσι **2**
τὸν Πριηνέα ἀπικόμενον ἐς Σάρδις, οἱ δὲ Πιττακὸν τὸν Μυτιληναῖον,
εἰρομένου Κροίσου εἴ τι εἴη νεώτερον περὶ τὴν Ἑλλάδα, εἰπόντα τάδε
καταπαῦσαι τὴν ναυπηγίην· Ὦ βασιλεῦ, νησιῶται ἵππον συνωνέονται **3**
μυρίην, ἐς Σάρδις τε καὶ ἐπὶ σὲ ἐν νόωι ἔχοντες στρατεύεσθαι. Κροῖσον
δέ, ἐλπίσαντα λέγειν ἐκεῖνον ἀληθέα, εἰπεῖν· Αἲ γὰρ τοῦτο θεοὶ ποιήσειαν
ἐπὶ νόον νησιώτηισι, ἐλθεῖν ἐπὶ Λυδῶν παῖδας σὺν ἵπποισι. τὸν δὲ **4**
ὑπολαβόντα φάναι· Ὦ βασιλεῦ, προθύμως μοι φαίνεαι εὔξασθαι νησιώτας
ἱππευομένους λαβεῖν ἐν ἠπείρωι, οἰκότα ἐλπίζων· νησιώτας δὲ τί δοκέεις
εὔχεσθαι ἄλλο ἤ, ἐπείτε τάχιστα ἐπύθοντό σε μέλλοντα ἐπὶ σφίσι
ναυπηγέεσθαι νέας, λαβεῖν ἀρώμενοι Λυδοὺς ἐν θαλάσσηι, ἵνα ὑπὲρ τῶν
ἐν τῆι ἠπείρωι οἰκημένων Ἑλλήνων τείσωνταί σε, τοὺς σὺ δουλώσας
ἔχεις; κάρτα τε ἡσθῆναι Κροῖσον τῶι ἐπιλόγωι καί οἱ, προσφυέως γὰρ **5**
δόξαι λέγειν, πειθόμενον παύσασθαι τῆς ναυπηγίης. καὶ οὕτω τοῖσι τὰς
νήσους οἰκημένοισι Ἴωσι ξεινίην συνεθήκατο.

Χρόνου δὲ ἐπιγινομένου καὶ κατεστραμμένων σχεδὸν πάντων τῶν **28**
ἐντὸς Ἅλυος ποταμοῦ οἰκημένων· πλὴν γὰρ Κιλίκων καὶ Λυκίων τοὺς
ἄλλους πάντας ὑπ' ἑωυτῶι εἶχε καταστρεψάμενος ὁ Κροῖσος· εἰσὶ δὲ
οἵδε· Λυδοί, Φρύγες, Μυσοί, Μαριανδυνοί, Χάλυβες, Παφλαγόνες, Θρήικες
οἱ Θυνοί τε καὶ Βιθυνοί, Κᾶρες, Ἴωνες, Δωριέες, Αἰολέες, Πάμφυλοι·

κατεστραμμένων δὲ τούτων καὶ προσεπικτωμένου Κροίσου Λυδοῖσι, **29**
ἀπικνέονται ἐς Σάρδις ἀκμαζούσας πλούτωι ἄλλοι τε οἱ πάντες ἐκ τῆς
Ἑλλάδος σοφισταί, οἳ τοῦτον τὸν χρόνον ἐτύγχανον ἐόντες, ὡς ἕκαστος
αὐτῶν ἀπικνέοιτο, καὶ δὴ καὶ Σόλων ἀνὴρ Ἀθηναῖος, ὃς Ἀθηναίοισι

26.3 φλαῦρα Schäfer: φαῦλα codd.   **27.3** νόωι Krüger: νῶι codd.   **28** εἰσὶ ...
Πάμφυλοι del. Stein   **29.1** καὶ ... Λυδοῖσι del. Stein   οἵ τε ἄλλοι πάντες Powell

νόμους κελεύσασι ποιήσας άπεδήμησε έτεα δέκα, κατά θεωρίης πρόφασιν
2 έκπλώσας, ίνα δή μή τινα τών νόμων άναγκασθήι λύσαι τών έθετο. αύτοί γάρ ούκ οίοί τε ήσαν αύτό ποιήσαι Αθηναίοι· όρκίοισι γάρ μεγάλοισι κατείχοντο δέκα έτεα χρήσεσθαι νόμοισι τούς άν σφι Σόλων θήται.
30 Αύτών δή ών τούτων καί τής θεωρίης έκδημήσας ό Σόλων είνεκεν ές Αίγυπτον άπίκετο παρά Άμασιν καί δή καί ές Σάρδις παρά Κροίσον. άπικόμενος δέ έξεινίζετο έν τοίσι βασιληίοισι ύπό τού Κροίσου· μετά δέ, ήμέρηι τρίτηι ή τετάρτηι, κελεύσαντος Κροίσου τόν Σόλωνα θεράποντες περιήγον κατά τούς θησαυρούς καί έπεδείκνυσαν πάντα έόντα μεγάλα
2 τε καί όλβια. θεησάμενον δέ μιν τά πάντα καί σκεψάμενον, ώς οί κατά καιρόν ήν, είρετο ό Κροίσος τάδε· Ξείνε Άθηναίε, παρ' ήμέας γάρ περί σέο λόγος άπίκται πολλός καί σοφίης είνεκεν τής σής καί πλάνης, ώς φιλοσοφέων γήν πολλήν θεωρίης είνεκεν έπελήλυθας· νύν ών ίμερος
3 έπειρέσθαι μοι έπήλθέ σε εί τινα ήδη πάντων είδες όλβιώτατον. ό μέν έλπίζων είναι άνθρώπων όλβιώτατος ταύτα έπειρώτα, Σόλων δέ ούδέν ύποθωπεύσας, άλλά τώι έόντι χρησάμενος, λέγει· Ώ βασιλεύ, Τέλλον
4 Αθηναίον. άποθωμάσας δέ Κροίσος τό λεχθέν είρετο έπιστρεφέως· Κοίηι δή κρίνεις Τέλλον είναι όλβιώτατον; ό δέ είπε· Τέλλωι τούτο μέν τής πόλιος εύ ήκούσης παίδες ήσαν καλοί τε κάγαθοί, καί σφι είδε άπασι τέκνα έκγενόμενα καί πάντα παραμείναντα τούτο δέ τού βίου εύ ήκοντι, ώς τά παρ' ήμίν, τελευτή τού βίου λαμπροτάτη έπεγένετο·
5 γενομένης γάρ Αθηναίοισι μάχης πρός τούς άστυγείτονας έν Έλευσίνι βοηθήσας καί τροπήν ποιήσας τών πολεμίων άπέθανε κάλλιστα, καί μιν Αθηναίοι δημοσίηι τε έθαψαν αύτού τήι περ έπεσε καί έτίμησαν μεγάλως.
31 Ώς δέ τά κατά τόν Τέλλον προετρέψατο ό Σόλων τόν Κροίσον είπας πολλά τε καί όλβια, έπειρώτα τίνα δεύτερον μετ' έκείνον ίδοι, δοκέων
2 πάγχυ δευτερεία γών οίσεσθαι. ό δέ είπε· Κλέοβίν τε καί Βίτωνα. τούτοισι γάρ έούσι γένος Αργείοισι βίος τε άρκέων ύπήν καί πρός τούτωι ρώμη σώματος τοιήδε· άεθλοφόροι τε άμφότεροι όμοίως ήσαν, καί δή καί λέγεται όδε ό λόγος· έούσης όρτής τήι Ήρηι τοίσι Αργείοισι έδεε πάντως τήν μητέρα αύτών ζεύγεϊ κομισθήναι ές τό ίρόν, οί δέ σφι βόες έκ τού άγρού ού παρεγίνοντο έν ώρηι· έκκληιόμενοι δέ τήι ώρηι οί νεηνίαι ύποδύντες αύτοί ύπό τήν ζεύγλην είλκον τήν άμαξαν, έπί τής άμάξης δέ σφι ώχέετο ή μήτηρ, σταδίους δέ πέντε καί τεσσεράκοντα
3 διακομίσαντες άπίκοντο ές τό ίρόν. ταύτα δέ σφι ποιήσασι καί όφθείσι ύπό τής πανηγύριος τελευτή τού βίου άρίστη έπεγένετο, διέδεξέ τε

30.1 ές <τε> Αίγυπτον Powell   30.2 είνεκεν del. Stein

ἐν τούτοισι ὁ θεὸς ὡς ἄμεινον εἴη ἀνθρώπωι τεθνάναι μᾶλλον ἢ ζώειν. Ἀργεῖοι μὲν γὰρ περιστάντες ἐμακάριζον τῶν νεηνιέων τὴν ῥώμην, αἱ δὲ Ἀργεῖαι τὴν μητέρα αὐτῶν, οἵων τέκνων ἐκύρησε. ἡ δὲ μήτηρ περιχαρὴς 4 ἐοῦσα τῶι τε ἔργωι καὶ τῆι φήμηι, στᾶσα ἀντίον τοῦ ἀγάλματος εὔχετο Κλεόβι τε καὶ Βίτωνι τοῖσι ἑωυτῆς τέκνοισι, οἵ μιν ἐτίμησαν μεγάλως, τὴν θεὸν δοῦναι τὸ ἀνθρώπωι τυχεῖν ἄριστόν ἐστι. μετὰ ταύτην δὲ τὴν 5 εὐχὴν ὡς ἔθυσάν τε καὶ εὐωχήθησαν, κατακοιμηθέντες ἐν αὐτῶι τῶι ἱρῶι οἱ νεηνίαι οὐκέτι ἀνέστησαν, ἀλλ' ἐν τέλεϊ τούτωι ἔσχοντο. Ἀργεῖοι δέ σφεων εἰκόνας ποιησάμενοι ἀνέθεσαν ἐς Δελφοὺς ὡς ἀνδρῶν ἀρίστων γενομένων.

Σόλων μὲν δὴ εὐδαιμονίης δευτερεῖα ἔνεμε τούτοισι, Κροῖσος δὲ 32 σπερχθεὶς εἶπε· Ὦ ξεῖνε Ἀθηναῖε, ἡ δ' ἡμετέρη εὐδαιμονίη οὕτω τοι ἀπέρριπται ἐς τὸ μηδέν, ὥστε οὐδὲ ἰδιωτέων ἀνδρῶν ἀξίους ἡμέας ἐποίησας; ὁ δὲ εἶπε· Ὦ Κροῖσε, ἐπιστάμενόν με τὸ θεῖον πᾶν ἐὸν φθονερόν τε καὶ ταραχῶδες ἐπειρωτᾶις ἀνθρωπηίων πρηγμάτων πέρι. ἐν γὰρ 2 τῶι μακρῶι χρόνωι πολλὰ μὲν ἔστι ἰδεῖν τὰ μή τις ἐθέλει, πολλὰ δὲ καὶ παθεῖν. ἐς γὰρ ἑβδομήκοντα ἔτεα οὖρον τῆς ζόης ἀνθρώπωι προτίθημι. οὗτοι ἐόντες ἐνιαυτοὶ ἑβδομήκοντα παρέχονται ἡμέρας διηκοσίας καὶ 3 πεντακισχιλίας καὶ δισμυρίας, ἐμβολίμου μηνὸς μὴ γινομένου· εἰ δὲ δὴ ἐθελήσει τοὔτερον τῶν ἐτέων μηνὶ μακρότερον γίνεσθαι, ἵνα δὴ αἱ ὧραι συμβαίνωσι παραγινόμεναι ἐς τὸ δέον, μῆνες μὲν παρὰ τὰ ἑβδομήκοντα ἔτεα οἱ ἐμβόλιμοι γίνονται τριήκοντα πέντε, ἡμέραι δὲ ἐκ τῶν μηνῶν τούτων χίλιαι πεντήκοντα. τουτέων τῶν ἁπασέων ἡμερέων 4 τῶν ἐς τὰ ἑβδομήκοντα ἔτεα, ἐουσέων πεντήκοντα καὶ διηκοσιέων καὶ ἑξακισχιλιέων καὶ δισμυριέων, ἡ ἑτέρη αὐτέων τῆι ἑτέρηι ἡμέρηι τὸ παράπαν οὐδὲν ὅμοιον προσάγει πρῆγμα. οὕτω ὦν, ὦ Κροῖσε, πᾶν ἐστι ἄνθρωπος συμφορή. ἐμοὶ δὲ σὺ καὶ πλουτέειν μέγα φαίνεαι καὶ βασιλεὺς 5 πολλῶν εἶναι ἀνθρώπων· ἐκεῖνο δὲ τὸ εἰρεό με οὔ κώ σε ἐγὼ λέγω, πρὶν τελευτήσαντα καλῶς τὸν αἰῶνα πύθωμαι. οὐ γάρ τι ὁ μέγα πλούσιος μᾶλλον τοῦ ἐπ' ἡμέρην ἔχοντος ὀλβιώτερός ἐστι, εἰ μή οἱ τύχη ἐπίσποιτο πάντα καλὰ ἔχοντα εὖ τελευτῆσαι τὸν βίον. πολλοὶ μὲν γὰρ ζάπλουτοι ἀνθρώπων ἄνολβοί εἰσι, πολλοὶ δὲ μετρίως ἔχοντες βίου εὐτυχέες. ὁ μὲν 6 δὴ μέγα πλούσιος, ἄνολβος δέ, δυοῖσι προέχει τοῦ εὐτυχέος μοῦνον, οὗτος δὲ τοῦ πλουσίου καὶ ἀνόλβου πολλοῖσι· ὁ μὲν ἐπιθυμίην ἐκτελέσαι καὶ ἄτην μεγάλην προσπεσοῦσαν ἐνεῖκαι δυνατώτερος, ὁ δὲ τοῖσδε προέχει ἐκείνου· ἄτην μὲν καὶ ἐπιθυμίην οὐκ ὁμοίως δυνατὸς ἐκείνωι

32.4 πᾶν Ad: πᾶς A manu recentiore: πᾶσα Blaydes

ἐνεῖκαι, ταῦτα δὲ ἡ εὐτυχίη οἱ ἀπερύκει, ἄπηρος δέ ἐστι, ἄνουσος,
7 ἀπαθὴς κακῶν, εὔπαις, εὐειδής. εἰ δὲ πρὸς τούτοισι ἔτι τελευτήσει τὸν
βίον εὖ, οὗτος ἐκεῖνος τὸν σὺ ζητέεις, ⟨ὁ⟩ ὄλβιος κεκλῆσθαι ἄξιός ἐστι·
8 πρὶν δ' ἂν τελευτήσηι, ἐπισχεῖν μηδὲ καλέειν κω ὄλβιον, ἀλλ' εὐτυχέα. τὰ
πάντα μέν νυν ταῦτα συλλαβεῖν ἄνθρωπον ἐόντα ἀδύνατόν ἐστι, ὥσπερ
χώρη οὐδεμία καταρκέει πάντα ἑωυτῆι παρέχουσα, ἀλλὰ ἄλλο μὲν ἔχει,
ἑτέρου δὲ ἐπιδέεται· ἣ δὲ ἂν τὰ πλεῖστα ἔχηι, αὕτη ἀρίστη. ὣς δὲ καὶ
ἀνθρώπου σῶμα ἓν οὐδὲν αὔταρκές ἐστι· τὸ μὲν γὰρ ἔχει, ἄλλου δὲ ἐνδεές
9 ἐστι. ὃς δ' ἂν αὐτῶν πλεῖστα ἔχων διατελέηι καὶ ἔπειτα τελευτήσηι
εὐχαρίστως τὸν βίον, οὗτος παρ' ἐμοὶ τὸ οὔνομα τοῦτο, ὦ βασιλεῦ,
δίκαιός ἐστι φέρεσθαι. σκοπέειν δὲ χρὴ παντὸς χρήματος τὴν τελευτὴν
κῆι ἀποβήσεται· πολλοῖσι γὰρ δὴ ὑποδέξας ὄλβον ὁ θεὸς προρρίζους
ἀνέτρεψε.

33 Ταῦτα λέγων τῶι Κροίσωι οὔ κως οὔτε ἐχαρίζετο, οὔτε λόγου μιν
ποιησάμενος οὐδενὸς ἀποπέμπεται, κάρτα δόξας ἀμαθέα εἶναι, ὃς τὰ
παρεόντα ἀγαθὰ μετεὶς τὴν τελευτὴν παντὸς χρήματος ὁρᾶν ἐκέλευε.

34 Μετὰ δὲ Σόλωνα οἰχόμενον ἔλαβε ἐκ θεοῦ νέμεσις μεγάλη Κροῖσον,
ὡς εἰκάσαι, ὅτι ἐνόμισε ἑωυτὸν εἶναι ἀνθρώπων ἁπάντων ὀλβιώτατον.
αὐτίκα δέ οἱ εὔδοντι ἐπέστη ὄνειρος, ὅς οἱ τὴν ἀληθείην ἔφαινε τῶν
2 μελλόντων γενέσθαι κακῶν κατὰ τὸν παῖδα. ἦσαν δὲ τῶι Κροίσωι δύο
παῖδες, τῶν οὕτερος μὲν διέφθαρτο, ἦν γὰρ δὴ κωφός, ὁ δὲ ἕτερος τῶν
ἡλίκων μακρῶι τὰ πάντα πρῶτος· οὔνομα δέ οἱ ἦν Ἄτυς. τοῦτον δὴ ὦν
τὸν Ἄτυν σημαίνει τῶι Κροίσωι ὁ ὄνειρος ὡς ἀπολέει μιν αἰχμῆι σιδηρέηι
3 βληθέντα. ὁ δὲ ἐπείτε ἐξηγέρθη καὶ ἑωυτῶι λόγον ἔδωκε, καταρρωδήσας
τὸν ὄνειρον ἄγεται μὲν τῶι παιδὶ γυναῖκα, ἐωθότα δὲ στρατηγέειν μιν
τῶν Λυδῶν οὐδαμῆι ἔτι ἐπὶ τοιοῦτο πρῆγμα ἐξέπεμπε, ἀκόντια δὲ καὶ
δοράτια καὶ τὰ τοιαῦτα πάντα τοῖσι χρέωνται ἐς πόλεμον ἄνθρωποι,
ἐκ τῶν ἀνδρεώνων ἐκκομίσας ἐς τοὺς θαλάμους συνένησε, μή τί οἱ
κρεμάμενον τῶι παιδὶ ἐμπέσηι.

35 Ἔχοντος δέ οἱ ἐν χερσὶ τοῦ παιδὸς τὸν γάμον ἀπικνέεται ἐς τὰς
Σάρδις ἀνὴρ συμφορῆι ἐχόμενος καὶ οὐ καθαρὸς χεῖρας, ἐὼν Φρὺξ μὲν
γενεῆι, γένεος δὲ τοῦ βασιληίου. παρελθὼν δὲ οὗτος ἐς τὰ Κροίσου οἰκία
κατὰ νόμους τοὺς ἐπιχωρίους καθαρσίου ἐδέετο κυρῆσαι, Κροῖσος δέ
2 μιν ἐκάθηρε. ἔστι δὲ παραπλησίη ἡ κάθαρσις τοῖσι Λυδοῖσι καὶ τοῖσι
Ἕλλησι. ἐπείτε δὲ τὰ νομιζόμενα ἐποίησε ὁ Κροῖσος, ἐπυνθάνετο ὁκόθεν

32.7 ⟨ὁ⟩ Stein   32.8 ἔστι, ⟨ἀλλ'⟩ Powell   33 εἶπαι Wilson   35.1 ἔχοντι
δέ οἱ Richards: οἱ del. Legrand   κυρῆσαι A: ἐπικυρῆσαι d

τε καὶ τίς εἴη, λέγων τάδε· Ὤνθρωπε, τίς τε ἐὼν καὶ κόθεν τῆς Φρυγίης 3
ἥκων ἐπίστιός μοι ἐγένεο; τίνα τε ἀνδρῶν ἢ γυναικῶν ἐφόνευσας; ὁ δὲ
ἀμείβετο· Ὤ βασιλεῦ, Γορδίεω μὲν τοῦ Μίδεω εἰμὶ παῖς, ὀνομάζομαι δὲ
Ἄδρηστος, φονεύσας δὲ ἀδελφεὸν ἐμεωυτοῦ ἀέκων πάρειμι ἐξεληλαμένος
τε ὑπὸ τοῦ πατρὸς καὶ ἐστερημένος πάντων. Κροῖσος δέ μιν ἀμείβετο 4
τοῖσδε· Ἀνδρῶν τε φίλων τυγχάνεις ἔκγονος ἐὼν καὶ ἐλήλυθας ἐς φίλους,
ἔνθα ἀμηχανήσεις χρήματος οὐδενὸς μένων ἐν ἡμετέρου, συμφορήν τε
ταύτην ὡς κουφότατα φέρων κερδανέεις πλεῖστον.
  Ὁ μὲν δὴ δίαιταν εἶχε ἐν Κροίσου, ἐν δὲ τῶι αὐτῶι χρόνωι τούτωι 36
ἐν τῶι Μυσίωι Ὀλύμπωι ὑὸς χρῆμα γίνεται μέγα· ὁρμώμενος δὲ οὗτος
ἐκ τοῦ ὄρεος τούτου τὰ τῶν Μυσῶν ἔργα διαφθείρεσκε, πολλάκις δὲ
οἱ Μυσοὶ ἐπ' αὐτὸν ἐξελθόντες ποιέεσκον μὲν κακὸν οὐδέν, ἔπασχον δὲ
πρὸς αὐτοῦ. τέλος δὲ ἀπικόμενοι παρὰ τὸν Κροῖσον τῶν Μυσῶν ἄγγελοι 2
ἔλεγον τάδε· Ὤ βασιλεῦ, ὑὸς χρῆμα μέγιστον ἀνεφάνη ἡμῖν ἐν τῇ χώρῃ,
ὃς τὰ ἔργα διαφθείρει. τοῦτον προθυμεόμενοι ἑλεῖν οὐ δυνάμεθα. νῦν ὦν
προσδεόμεθά σεο τὸν παῖδα καὶ λογάδας νεηνίας καὶ κύνας συμπέμψαι
ἡμῖν, ὥς ἄν μιν ἐξέλωμεν ἐκ τῆς χώρης. οἱ μὲν δὴ τούτων ἐδέοντο, Κροῖσος 3
δὲ μνημονεύων τοῦ ὀνείρου τὰ ἔπεα ἔλεγέ σφι τάδε· Παιδὸς μὲν πέρι τοῦ
ἐμοῦ μὴ μνησθῆτε ἔτι· οὐ γὰρ ἂν ὑμῖν συμπέμψαιμι· νεόγαμός τε γάρ
ἐστι καὶ ταῦτά οἱ νῦν μέλει. Λυδῶν μέντοι λογάδας καὶ τὸ κυνηγέσιον
πᾶν συμπέμψω καὶ διακελεύσομαι τοῖσι ἰοῦσι εἶναι ὡς προθυμοτάτοισι
συνεξελεῖν ὑμῖν τὸ θηρίον ἐκ τῆς χώρης.
  Ταῦτα ἀμείψατο. ἀποχρεωμένων δὲ τούτοισι τῶν Μυσῶν ἐπεσέρχεται 37
ὁ τοῦ Κροίσου παῖς ἀκηκοὼς τῶν ἐδέοντο οἱ Μυσοί. οὐ φαμένου δὲ
τοῦ Κροίσου τόν γε παῖδά σφι συμπέμψειν λέγει πρὸς αὐτὸν ὁ νεηνίης
τάδε· Ὤ πάτερ, τὰ κάλλιστα πρότερόν κοτε καὶ γενναιότατα ἡμῖν ἦν ἔς 2
τε πολέμους καὶ ἐς ἄγρας φοιτῶντας εὐδοκιμέειν. νῦν δὲ ἀμφοτέρων με
τούτων ἀποκληίσας ἔχεις, οὔτε τινὰ δειλίην μοι παριδὼν οὔτε ἀθυμίην.
νῦν τε τέοισί με χρὴ ὄμμασι ἔς τε ἀγορὴν καὶ ἐξ ἀγορῆς φοιτῶντα
φαίνεσθαι; κοῖος μέν τις τοῖσι πολιήτῃσι δόξω εἶναι, κοῖος δέ τις τῇ 3
νεογάμῳ γυναικί; κοίῳ δὲ ἐκείνη δόξει ἀνδρὶ συνοικέειν; ἐμὲ ὦν σὺ
ἢ μέθες ἰέναι ἐπὶ τὴν θήρην, ἢ λόγῳ ἀνάπεισον ὅκως μοι ἀμείνω ἐστὶ
ταῦτα οὕτω ποιεύμενα.
  Ἀμείβεται Κροῖσος τοῖσδε· Ὤ παῖ, οὔτε δειλίην οὔτε ἄλλο οὐδὲν ἄχαρι 38
παριδών τοι ποιέω ταῦτα, ἀλλά μοι ὄψις ὀνείρου ἐν τῷ ὕπνῳ ἐπιστᾶσα
ἔφη σε ὀλιγοχρόνιον ἔσεσθαι, ὑπὸ γὰρ αἰχμῆς σιδηρέης ἀπολέεσθαι.

35.4 συμφορήν τε A: συμ. δὲ d

2 πρὸς ὦν τὴν ὄψιν ταύτην τόν τε γάμον τοι τοῦτον ἔσπευσα καὶ ἐπὶ τὰ παραλαμβανόμενα οὐκ ἀποπέμπω, φυλακὴν ἔχων, εἴ κως δυναίμην ἐπὶ τῆς ἐμῆς σε ζόης διακλέψαι. εἷς γάρ μοι μοῦνος τυγχάνεις ἐὼν παῖς· τὸν γὰρ δὴ ἕτερον, διεφθαρμένον τὴν ἀκοήν, οὐκ εἶναί μοι λογίζομαι.

39 Ἀμείβεται ὁ νεηνίης τοῖσδε· Συγγνώμη μέν, ὦ πάτερ τοι, ἰδόντι γε ὄψιν τοιαύτην, περὶ ἐμὲ φυλακὴν ἔχειν· τὸ δὲ οὐ μανθάνεις, ἀλλὰ λέληθέ 2 σε τὸ ὄνειρον, ἐμέ τοι δίκαιόν ἐστι φράζειν. φής τοι τὸ ὄνειρον ὑπὸ αἰχμῆς σιδηρέης φάναι ἐμὲ τελευτήσειν· ὑὸς δὲ κοῖαι μέν εἰσι χεῖρες, κοίη δὲ αἰχμὴ σιδηρέη, τὴν σὺ φοβέαι; εἰ μὲν γὰρ ὑπὸ ὀδόντος τοι εἶπε τελευτήσειν με ἢ ἄλλου τεῦ ὅ τι τούτωι ἔοικε, χρῆν δή σε ποιέειν τὰ ποιέεις· νῦν δὲ ὑπὸ αἰχμῆς. ἐπείτε ὦν οὐ πρὸς ἄνδρας ἡμῖν γίνεται ἡ μάχη, μέθες με.

40 Ἀμείβεται Κροῖσος· Ὦ παῖ, ἔστι τῆι με νικᾶις γνώμην ἀποφαίνων περὶ τοῦ ἐνυπνίου· ὡς ὦν νενικημένος ὑπὸ σέο μεταγινώσκω μετίημί τέ σε ἰέναι ἐπὶ τὴν ἄγρην.

41 Εἴπας δὲ ταῦτα ὁ Κροῖσος μεταπέμπεται τὸν Φρύγα Ἄδρηστον, ἀπικομένωι δέ οἱ λέγει τάδε· Ἄδρηστε, ἐγώ σε συμφορῆι πεπληγμένον ἀχάρι, τήν τοι οὐκ ὀνειδίζω, ἐκάθηρα καὶ οἰκίοισι ὑποδεξάμενος ἔχω 2 παρέχων πᾶσαν δαπάνην· νῦν ὦν, ὀφείλεις γὰρ ἐμέο προποιήσαντος χρηστὰ ἐς σὲ χρηστοῖσί με ἀμείβεσθαι, φύλακα παιδός σε τοῦ ἐμοῦ χρηίζω γενέσθαι ἐς ἄγρην ὁρμωμένου, μή τινες κατ' ὁδὸν κλῶπες κακοῦργοι ἐπὶ 3 δηλήσι φανέωσι ὑμῖν. πρὸς δὲ τούτωι καὶ σέ τοι χρεόν ἐστι ἰέναι ἔνθα ἀπολαμπρυνέαι τοῖσι ἔργοισι· πατρώιόν τε γάρ τοί ἐστι καὶ προσέτι ῥώμη ὑπάρχει.

42 Ἀμείβεται ὁ Ἄδρηστος· Ὦ βασιλεῦ, ἄλλως μὲν ἔγωγε ἂν οὐκ ἤια ἐς ἄεθλον τοιόνδε· οὔτε γὰρ συμφορῆι τοιῆιδε κεχρημένον οἰκός ἐστι ἐς ὁμήλικας εὖ πρήσσοντας ἰέναι, οὔτε τὸ βούλεσθαι πάρα, πολλαχῆι τε 2 ἂν ἶσχον ἐμεωυτόν. νῦν δέ, ἐπείτε σὺ σπεύδεις καὶ δεῖ τοι χαρίζεσθαι (ὀφείλω γάρ σε ἀμείβεσθαι χρηστοῖσι), ποιέειν εἰμὶ ἕτοιμος ταῦτα, παῖδά τε σόν, τὸν διακελεύεαι φυλάσσειν, ἀπήμονα τοῦ φυλάσσοντος εἵνεκεν προσδόκα τοι ἀπονοστήσειν.

43 Τοιούτοισι ἐπείτε οὗτος ἀμείψατο Κροῖσον, ἤισαν μετὰ ταῦτα ἐξηρτυμένοι λογάσι τε νεηνίηισι καὶ κυσί. ἀπικόμενοι δὲ ἐς τὸν Ὄλυμπον τὸ ὄρος ἐζήτεον τὸ θηρίον, εὑρόντες δὲ καὶ περιστάντες αὐτὸ κύκλωι 2 ἐσηκόντιζον. ἔνθα δὴ ὁ ξεῖνος, οὗτος δὴ ὁ καθαρθεὶς τὸν φόνον, καλεόμενος δὲ Ἄδρηστος, ἀκοντίζων τὸν ὗν τοῦ μὲν ἁμαρτάνει, τυγχάνει δὲ τοῦ 3 Κροίσου παιδός. ὁ μὲν δὴ βληθεὶς τῆι αἰχμῆι ἐξέπλησε τοῦ ὀνείρου τὴν

38.2 τὴν ἀκοήν del. Reiz: τῆι ἀκοῆι S   41.1 ἀχάριτι Bekker

φήμην, έθεε δέ τις άγγελέων τῶι Κροίσωι τὸ γεγονός, ἀπικόμενος δὲ ἐς τὰς Σάρδις τήν τε μάχην καὶ τὸν τοῦ παιδὸς μόρον ἐσήμηνέ οἱ.

Ὁ δὲ Κροῖσος τῶι θανάτωι τοῦ παιδὸς συντεταραγμένος μᾶλλόν τι 44 ἐδεινολογέετο ὅτι μιν ἀπέκτεινε τὸν αὐτὸς φόνου ἐκάθηρε. περιημεκτέων 2 δὲ τῆι συμφορῆι δεινῶς ἐκάλεε μὲν Δία καθάρσιον, μαρτυρόμενος τὰ ὑπὸ τοῦ ξείνου πεπονθὼς εἴη, ἐκάλεε δὲ ἐπίστιόν τε καὶ ἑταιρήιον, τὸν αὐτὸν τοῦτον ὀνομάζων θεόν, τὸν μὲν ἐπίστιον καλέων, διότι δὴ οἰκίοισι ὑποδεξάμενος τὸν ξεῖνον φονέα τοῦ παιδὸς ἐλάνθανε βόσκων, τὸν δὲ ἑταιρήιον, ὡς φύλακον συμπέμψας αὐτὸν εὑρήκοι πολεμιώτατον.

Παρῆσαν δὲ μετὰ τοῦτο οἱ Λυδοὶ φέροντες τὸν νεκρόν, ὄπισθε δὲ 45 εἵπετό οἱ ὁ φονεύς. στὰς δὲ οὗτος πρὸ τοῦ νεκροῦ παρεδίδου ἑωυτὸν Κροίσωι προτείνων τὰς χεῖρας, ἐπικατασφάξαι μιν κελεύων τῶι νεκρῶι, λέγων τήν τε προτέρην ἑωυτοῦ συμφορήν, καὶ ὡς ἐπ' ἐκείνηι τὸν καθήραντα ἀπολωλεκὼς εἴη, οὐδέ οἱ εἴη βιώσιμον. Κροῖσος δὲ τούτων 2 ἀκούσας τόν τε Ἄδρηστον κατοικτίρει, καίπερ ἐὼν ἐν κακῶι οἰκηίωι τοσούτωι, καὶ λέγει πρὸς αὐτόν· Ἔχω, ὦ ξεῖνε, παρὰ σέο πᾶσαν τὴν δίκην, ἐπειδὴ σεωυτοῦ καταδικάζεις θάνατον. εἶς δὲ οὐ σύ μοι τοῦδε τοῦ κακοῦ αἴτιος, εἰ μὴ ὅσον ἀέκων ἐξεργάσαο, ἀλλὰ θεῶν κού τις, ὅς μοι καὶ πάλαι προεσήμαινε τὰ μέλλοντα ἔσεσθαι. Κροῖσος μέν νυν 3 ἔθαψε, ὡς οἰκὸς ἦν, τὸν ἑωυτοῦ παῖδα· Ἄδρηστος δὲ ὁ Γορδίεω τοῦ Μίδεω, οὗτος δὴ ὁ φονεὺς μὲν τοῦ ἑωυτοῦ ἀδελφεοῦ γενόμενος, φονεὺς δὲ τοῦ καθήραντος, ἐπείτε ἡσυχίη τῶν ἀνθρώπων ἐγένετο περὶ τὸ σῆμα, συγγινωσκόμενος ἀνθρώπων εἶναι τῶν αὐτὸς ᾔδεε βαρυσυμφορώτατος, ἐπικατασφάζει τῶι τύμβωι ἑωυτόν.

Κροῖσος δὲ ἐπὶ δύο ἔτεα ἐν πένθεϊ μεγάλωι κατῆστο τοῦ παιδὸς 46 ἐστερημένος· μετὰ δὲ ἡ Ἀστυάγεος τοῦ Κυαξάρεω ἡγεμονίη καταιρεθεῖσα ὑπὸ Κύρου τοῦ Καμβύσεω καὶ τὰ τῶν Περσέων πρήγματα αὐξανόμενα πένθεος μὲν Κροῖσον ἀπέπαυσε, ἐνέβησε δὲ ἐς φροντίδα, εἴ κως δύναιτο, πρὶν μεγάλους γενέσθαι τοὺς Πέρσας, καταλαβεῖν αὐτῶν αὐξανομένην τὴν δύναμιν. μετὰ ὦν τὴν διάνοιαν ταύτην αὐτίκα ἀπεπειρᾶτο τῶν μαντηίων 2 τῶν τε ἐν Ἕλλησι καὶ τοῦ ἐν Λιβύηι, διαπέμψας ἄλλους ἄλληι, τοὺς μὲν ἐς Δελφοὺς ἰέναι, τοὺς δὲ ἐς Ἄβας τὰς Φωκέων, τοὺς δὲ ἐς Δωδώνην· οἱ δέ τινες ἐπέμποντο παρά τε Ἀμφιάρεων καὶ παρὰ Τροφώνιον, οἱ δὲ τῆς Μιλησίης ἐς Βραγχίδας· ταῦτα μέν νυν τὰ Ἑλληνικὰ μαντήια 3 ἐς τὰ ἀπέπεμψε μαντευσόμενος Κροῖσος· Λιβύης δὲ παρὰ Ἄμμωνα ἀπέστειλε ἄλλους χρησομένους. διέπεμπε δὲ πειρώμενος τῶν μαντηίων

44.2 ἐκάλεε δὲ <Δία> Powell   45.3 τοῦ <υἱοῦ τοῦ> καθήραντος Krüger

ὅ τι φρονέοιεν, ὡς εἰ φρονέοντα τὴν ἀληθείην εὑρεθείη, ἐπείρηταί σφεα δεύτερα πέμπων εἰ ἐπιχειρέοι ἐπὶ Πέρσας στρατεύεσθαι.

47 Ἐντειλάμενος δὲ τοῖσι Λυδοῖσι τάδε ἀπέπεμπε ἐς τὴν διάπειραν τῶν χρηστηρίων, ἀπ' ἧς ἂν ἡμέρης ὁρμηθέωσι ἐκ Σαρδίων, ἀπὸ ταύτης ἡμερολογέοντας τὸν λοιπὸν χρόνον ἑκατοστῆι ἡμέρηι χρᾶσθαι τοῖσι χρηστηρίοισι, ἐπειρωτῶντας ὅ τι ποιέων τυγχάνοι ὁ Λυδῶν βασιλεὺς Κροῖσος ὁ Ἀλυάττεω· ἅσσα δ' ἂν ἕκαστα τῶν χρηστηρίων θεσπίσηι, 2 συγγραψαμένους ἀναφέρειν παρ' ἑωυτόν. ὅ τι μέν νυν τὰ λοιπὰ τῶν χρηστηρίων ἐθέσπισε, οὐ λέγεται πρὸς οὐδαμῶν· ἐν δὲ Δελφοῖσι, ὡς ἐσῆλθον τάχιστα ἐς τὸ μέγαρον οἱ Λυδοὶ χρησόμενοι τῶι θεῶι καὶ ἐπειρώτων τὸ ἐντεταλμένον, ἡ Πυθίη ἐν ἑξαμέτρωι τόνωι λέγει τάδε·

3   Οἶδα δ' ἐγὼ ψάμμου τ' ἀριθμὸν καὶ μέτρα θαλάσσης,
    καὶ κωφοῦ συνίημι καὶ οὐ φωνεῦντος ἀκούω.
    ὀδμή μ' ἐς φρένας ἦλθε κραταιρίνοιο χελώνης
    ἑψομένης ἐν χαλκῶι ἅμ' ἀρνείοισι κρέεσσιν,
    ἧι χαλκὸς μὲν ὑπέστρωται, χαλκὸν δ' ἐπίεσται.

48 Ταῦτα οἱ Λυδοὶ θεσπισάσης τῆς Πυθίης συγγραψάμενοι οἴχοντο ἀπιόντες ἐς τὰς Σάρδις. ὡς δὲ καὶ ὧλλοι οἱ περιπεμφθέντες παρῆσαν φέροντες τοὺς χρησμούς, ἐνθαῦτα ὁ Κροῖσος ἕκαστα ἀναπτύσσων ἐπώρα τῶν συγγραμμάτων. τῶν μὲν δὴ οὐδὲν προσίετό μιν· ὁ δὲ ὡς τὸ ἐκ Δελφῶν ἤκουσε, αὐτίκα προσεύχετό τε καὶ προσεδέξατο, νομίσας μοῦνον 2 εἶναι μαντήιον τὸ ἐν Δελφοῖσι, ὅτι οἱ ἐξευρήκεε τὰ αὐτὸς ἐποίησε. ἐπείτε γὰρ δὴ διέπεμψε παρὰ τὰ χρηστήρια τοὺς θεοπρόπους, φυλάξας τὴν κυρίην τῶν ἡμερέων ἐμηχανᾶτο τοιάδε· ἐπινοήσας τὰ ἦν ἀμήχανον ἐξευρεῖν τε καὶ ἐπιφράσασθαι, χελώνην καὶ ἄρνα κατακόψας ὁμοῦ ἥψεε αὐτὸς ἐν λέβητι χαλκέωι χάλκεον ἐπίθημα ἐπιθείς.

49 Τὰ μὲν δὴ ἐκ Δελφῶν οὕτω τῶι Κροίσωι ἐχρήσθη· κατὰ δὲ τὴν Ἀμφιάρεω τοῦ μαντηίου ὑπόκρισιν οὐκ ἔχω εἰπεῖν ὅ τι τοῖσι Λυδοῖσι ἔχρησε ποιήσασι περὶ τὸ ἱρὸν τὰ νομιζόμενα (οὐ γὰρ ὧν οὐδὲ τοῦτο λέγεται) ἄλλο γε ἢ ὅτι καὶ τοῦτον ἐνόμισε μαντήιον ἀψευδὲς ἐκτῆσθαι.

50 Μετὰ δὲ ταῦτα θυσίηισι μεγάληισι τὸν ἐν Δελφοῖσι θεὸν ἱλάσκετο· κτήνεά τε γὰρ τὰ θύσιμα πάντα τρισχίλια ἔθυσε, κλίνας τε ἐπιχρύσους καὶ ἐπαργύρους καὶ φιάλας χρυσέας καὶ εἵματα πορφύρεα καὶ κιθῶνας νήσας πυρὴν μεγάλην κατέκαιε, ἐλπίζων τὸν θεὸν μᾶλλόν τι τούτοισι ἀνακτήσεσθαι· Λυδοῖσί τε πᾶσι προεῖπε θύειν πάντα τινὰ αὐτῶν τοῦτο 2 ὅ τι ἔχοι ἕκαστος. ὡς δὲ ἐκ τῆς θυσίης ἐγένετο, καταχεάμενος χρυσὸν ἄπλετον ἡμιπλίνθια ἐξ αὐτοῦ ἐξήλαυνε, ἐπὶ μὲν τὰ μακρότερα ποιέων

ἑξαπάλαστα, ἐπὶ δὲ τὰ βραχύτερα τριπάλαστα, ὕψος δὲ παλαιστιαῖα, ἀριθμὸν δὲ ἑπτακαίδεκα καὶ ἑκατόν, καὶ τούτων ἀπέφθου χρυσοῦ τέσσερα, τρίτον ἡμιτάλαντον ἕκαστον ἕλκοντα, τὰ δὲ ἄλλα ἡμιπλίνθια λευκοῦ χρυσοῦ, σταθμὸν διτάλαντα. ἐποιέετο δὲ καὶ λέοντος εἰκόνα 3 χρυσοῦ ἀπέφθου, ἕλκουσαν σταθμὸν τάλαντα δέκα· οὗτος ὁ λέων, ἐπείτε κατεκαίετο ὁ ἐν Δελφοῖσι νηός, κατέπεσε ἀπὸ τῶν ἡμιπλινθίων (ἐπὶ γὰρ τούτοισι ἵδρυτο) καὶ νῦν κεῖται ἐν τῶι Κορινθίων θησαυρῶι, ἕλκων σταθμὸν ἕβδομον ἡμιτάλαντον· ἀπετάκη γὰρ αὐτοῦ τέταρτον ἡμιτάλαντον.

Ἐπιτελέσας δὲ ὁ Κροῖσος ταῦτα ἀπέπεμπε ἐς Δελφοὺς καὶ τάδε ἄλλα 51 ἅμα τοῖσι· κρητῆρας δύο μεγάθεϊ μεγάλους, χρύσεον καὶ ἀργύρεον, τῶν ὁ μὲν χρύσεος ἔκειτο ἐπὶ δεξιὰ ἐσιόντι ἐς τὸν νηόν, ὁ δὲ ἀργύρεος ἐπ᾽ ἀριστερά. μετεκινήθησαν δὲ καὶ οὗτοι ὑπὸ τὸν νηὸν κατακαέντα, καὶ ὁ 2 μὲν χρύσεος κεῖται ἐν τῶι Κλαζομενίων θησαυρῶι, ἕλκων σταθμὸν εἴνατον ἡμιτάλαντον καὶ ἔτι δυώδεκα μνέας, ὁ δὲ ἀργύρεος ἐπὶ τοῦ προνηΐου τῆς γωνίης, χωρέων ἀμφορέας ἑξακοσίους· ἐπικίρναται γὰρ ὑπὸ Δελφῶν Θεοφανίοισι. φασὶ δέ μιν Δελφοὶ Θεοδώρου τοῦ Σαμίου ἔργον εἶναι, καὶ 3 ἐγὼ δοκέω· οὐ γὰρ τὸ συντυχὸν φαίνεταί μοι ἔργον εἶναι. καὶ πίθους τε ἀργυρέους τέσσερας ἀπέπεμψε, οἳ ἐν τῶι Κορινθίων θησαυρῶι ἑστᾶσι, καὶ περιρραντήρια δύο ἀνέθηκε, χρύσεόν τε καὶ ἀργύρεον, τῶν τῶι χρυσέωι ἐπιγέγραπται Λακεδαιμονίων φαμένων εἶναι ἀνάθημα, οὐκ ὀρθῶς λέγοντες· ἔστι γὰρ καὶ τοῦτο Κροίσου, ἐπέγραψε δὲ τῶν τις 4 Δελφῶν Λακεδαιμονίοισι βουλόμενος χαρίζεσθαι, τοῦ ἐπιστάμενος τὸ οὔνομα οὐκ ἐπιμνήσομαι.ἀλλ᾽ ὁ μὲν παῖς, δι᾽ οὗ τῆς χειρὸς ῥέει τὸ ὕδωρ, Λακεδαιμονίων ἐστί, οὐ μέντοι τῶν γε περιρραντηρίων οὐδέτερον. ἄλλα 5 τε ἀναθήματα οὐκ ἐπίσημα πολλὰ ἀπέπεμψε ἅμα τούτοισι ὁ Κροῖσος καὶ χεύματα ἀργύρεα κυκλοτερέα, καὶ δὴ καὶ γυναικὸς εἴδωλον χρύσεον τρίπηχυ, τὸ Δελφοὶ τῆς ἀρτοκόπου τῆς Κροίσου εἰκόνα λέγουσι εἶναι. πρὸς δὲ καὶ τῆς ἑωυτοῦ γυναικὸς τὰ ἀπὸ τῆς δειρῆς ἀνέθηκε ὁ Κροῖσος καὶ τὰς ζώνας.

Ταῦτα μὲν ἐς Δελφοὺς ἀπέπεμψε· τῶι δὲ Ἀμφιάρεωι, πυθόμενος αὐτοῦ 52 τήν τε ἀρετὴν καὶ τὴν πάθην, ἀνέθηκε σάκος τε χρύσεον πᾶν ὁμοίως καὶ αἰχμὴν στερεὴν πᾶσαν χρυσέην, τὸ ξυστὸν τῆισι λόγχηισι ἐὸν ὁμοίως χρύσεον· τὰ ἔτι καὶ ἀμφότερα ἐς ἐμὲ ἦν κείμενα ἐν Θήβηισι, καὶ Θηβέων ἐν τῶι νηῶι τοῦ Ἰσμηνίου Ἀπόλλωνος.

50.2 τρίτον ἡμιτάλαντον Pollux *Onom.* 9.54: τρία ἡμιτάλαντα codd.
51.3 φάμενον ... λέγον Madvig: φασὶ μὲν ὦν ... <ἐκείνων> Jackson

53 Τοῖσι δὲ ἄγειν μέλλουσι τῶν Λυδῶν ταῦτα τὰ δῶρα ἐς τὰ ἱρὰ ἐνετέλλετο ὁ Κροῖσος ἐπειρωτᾶν τὰ χρηστήρια εἰ στρατεύηται ἐπὶ Πέρσας Κροῖσος 2 καὶ εἴ τινα στρατὸν ἀνδρῶν προσθέοιτο φίλον. ὡς δὲ ἀπικόμενοι ἐς τὰ ἀπεπέμφθησαν οἱ Λυδοὶ ἀνέθεσαν τὰ ἀναθήματα, ἐχρέωντο τοῖσι χρηστηρίοισι λέγοντες· Κροῖσος ὁ Λυδῶν τε καὶ ἄλλων ἐθνέων βασιλεύς, νομίσας τάδε μαντήια εἶναι μοῦνα ἐν ἀνθρώποισι, ὑμῖν τε ἄξια δῶρα ἔδωκε τῶν ἐξευρημάτων, καὶ νῦν ὑμέας ἐπειρωτᾶι εἰ στρατεύηται ἐπὶ 3 Πέρσας καὶ εἴ τινα στρατὸν ἀνδρῶν προσθέοιτο σύμμαχον. οἱ μὲν ταῦτα ἐπειρώτων, τῶν δὲ μαντηίων ἀμφοτέρων ἐς τὠυτὸ αἱ γνῶμαι συνέδραμον, προλέγουσαι Κροίσωι, ἢν στρατεύηται ἐπὶ Πέρσας, μεγάλην ἀρχήν μιν καταλύσειν· τοὺς δὲ Ἑλλήνων δυνατωτάτους συνεβούλευόν οἱ ἐξευρόντα φίλους προσθέσθαι.

54 Ἐπείτε δὲ ἀνενειχθέντα τὰ θεοπρόπια ἐπύθετο ὁ Κροῖσος, ὑπερήσθη τε τοῖσι χρηστηρίοισι, πάγχυ τε ἐλπίσας καταλύσειν τὴν Κύρου βασιληίην πέμψας αὖτις ἐς Πυθὼ Δελφοὺς δωρέεται, πυθόμενος αὐτῶν τὸ πλῆθος, 2 κατ' ἄνδρα δύο στατῆρσι ἕκαστον χρυσοῦ. Δελφοὶ δὲ ἀντὶ τούτων ἔδοσαν Κροίσωι καὶ Λυδοῖσι προμαντηίην καὶ ἀτελείην καὶ προεδρίην καὶ ἐξεῖναι τῶι βουλομένωι αὐτῶν γίνεσθαι Δελφὸν ἐς τὸν αἰεὶ χρόνον.

55 Δωρησάμενος δὲ τοὺς Δελφοὺς ὁ Κροῖσος ἐχρηστηριάζετο τὸ τρίτον. ἐπείτε γὰρ δὴ παρέλαβε τοῦ μαντηίου ἀληθείην, ἐνεφορέετο αὐτοῦ. ἐπειρώτα δὲ τάδε χρηστηριαζόμενος, εἴ οἱ πολυχρόνιος ἔσται ἡ 2 μουναρχίη. ἡ δὲ Πυθίη οἱ χρᾶι τάδε·

Ἀλλ' ὅταν ἡμίονος βασιλεὺς Μήδοισι γένηται,
καὶ τότε, Λυδὲ ποδαβρέ, πολυψήφιδα παρ' Ἕρμον
φεύγειν μηδὲ μένειν, μηδ' αἰδεῖσθαι κακὸς εἶναι.

56 Τούτοισι ἐλθοῦσι τοῖσι ἔπεσι ὁ Κροῖσος πολλόν τι μάλιστα πάντων ἥσθη, ἐλπίζων ἡμίονον οὐδαμὰ ἀντ' ἀνδρὸς βασιλεύσειν Μήδων, οὐδ' ὧν αὐτὸς οὐδ' οἱ ἐξ αὐτοῦ παύσεσθαί κοτε τῆς ἀρχῆς. μετὰ δὲ ταῦτα ἐφρόντιζε ἱστορέων τοὺς ἂν Ἑλλήνων δυνατωτάτους ἐόντας προσκτήσαιτο φίλους. 2 ἱστορέων δὲ εὕρισκε Λακεδαιμονίους τε καὶ Ἀθηναίους προέχοντας, τοὺς μὲν τοῦ Δωρικοῦ γένεος, τοὺς δὲ τοῦ Ἰωνικοῦ. ταῦτα γὰρ ἦν τὰ προκεκριμένα, ἐόντα τὸ ἀρχαῖον τὸ μὲν Πελασγικόν, τὸ δὲ Ἑλληνικὸν 3 ἔθνος. καὶ τὸ μὲν οὐδαμῆι κω ἐξεχώρησε, τὸ δὲ πολυπλάνητον κάρτα. ἐπὶ μὲν γὰρ Δευκαλίωνος βασιλέος οἴκεε γῆν τὴν Φθιῶτιν, ἐπὶ δὲ Δώρου τοῦ Ἕλληνος τὴν ὑπὸ τὴν Ὄσσαν τε καὶ τὸν Ὄλυμπον χώρην, καλεομένην δὲ Ἱστιαιῶτιν. ἐκ δὲ τῆς Ἱστιαιώτιδος ὡς ἐξανέστη ὑπὸ Καδμείων, οἴκεε ἐν Πίνδωι, Μακεδνὸν καλεόμενον. ἐνθεῦτεν δὲ αὖτις ἐς τὴν Δρυοπίδα μετέβη, καὶ ἐκ τῆς Δρυοπίδος οὕτως ἐς Πελοπόννησον ἐλθὸν Δωρικὸν ἐκλήθη.

Ἥντινα δὲ γλῶσσαν ἵεσαν οἱ Πελασγοί, οὐκ ἔχω ἀτρεκέως εἰπεῖν· εἰ δὲ 57 χρεόν ἐστι τεκμαιρόμενον λέγειν τοῖσι νῦν ἔτι ἐοῦσι Πελασγῶν τῶν ὑπὲρ Τυρσηνῶν Κρηστῶνα πόλιν οἰκεόντων, οἳ ὅμουροί κοτε ἦσαν τοῖσι νῦν Δωριεῦσι καλεομένοισι (οἴκεον δὲ τηνικαῦτα γῆν τὴν νῦν Θεσσαλιῶτιν καλεομένην), καὶ τῶν Πλακίην τε καὶ Σκυλάκην Πελασγῶν οἰκισάντων ἐν 2 Ἑλλησπόντωι, οἳ σύνοικοι ἐγένοντο Ἀθηναίοισι, καὶ ὅσα ἄλλα Πελασγικὰ ἐόντα πολίσματα τὸ οὔνομα μετέβαλε, εἰ τούτοισι τεκμαιρόμενον δεῖ λέγειν, ἦσαν οἱ Πελασγοὶ βάρβαρον γλῶσσαν ἱέντες. εἰ τοίνυν ἦν καὶ 3 πᾶν τοιοῦτο τὸ Πελασγικόν, τὸ Ἀττικὸν ἔθνος, ἐὸν Πελασγικόν, ἅμα τῆι μεταβολῆι τῆι ἐς Ἕλληνας καὶ τὴν γλῶσσαν μετέμαθε. καὶ γὰρ δὴ οὔτε οἱ Κρηστωνιῆται οὐδαμοῖσι τῶν νῦν σφεας περιοικεόντων εἰσὶ ὁμόγλωσσοι οὔτε οἱ Πλακιηνοί, σφίσι δὲ ὁμόγλωσσοι, δηλοῦσί τε ὅτι τὸν ἠνείκαντο γλώσσης χαρακτῆρα μεταβαίνοντες ἐς ταῦτα τὰ χωρία, τοῦτον ἔχουσι ἐν φυλακῆι.

Τὸ δὲ Ἑλληνικὸν γλώσσηι μέν, ἐπείτε ἐγένετο, αἰεί κοτε τῆι αὐτῆι 58 διαχρᾶται, ὡς ἐμοὶ καταφαίνεται εἶναι. ἀποσχισθὲν μέντοι ἀπὸ τοῦ Πελασγικοῦ ἐὸν ἀσθενές, ἀπὸ σμικροῦ τεο τὴν ἀρχὴν ὁρμώμενον αὔξηται ἐς πλῆθος [τῶν ἐθνέων] πολλόν, ⟨Πελασγῶν⟩ μάλιστα προσκεχωρηκότων αὐτῶι καὶ ἄλλων ἐθνέων βαρβάρων συχνῶν· πρὸς δὴ ὦν ἔμοιγε δοκέει οὐδὲ τὸ Πελασγικὸν ἔθνος, ἐὸν βάρβαρον, οὐδαμὰ μεγάλως αὐξηθῆναι.

Τούτων δὴ ὦν τῶν ἐθνέων τὸ μὲν Ἀττικὸν κατεχόμενόν τε καὶ 59 διεσπασμένον ἐπυνθάνετο ὁ Κροῖσος ὑπὸ Πεισιστράτου τοῦ Ἱπποκράτεος τοῦτον τὸν χρόνον τυραννεύοντος Ἀθηναίων. Ἱπποκράτεϊ γὰρ ἐόντι ἰδιώτηι καὶ θεωρέοντι τὰ Ὀλύμπια τέρας ἐγένετο μέγα· θύσαντος γὰρ αὐτοῦ τὰ ἱρὰ οἱ λέβητες ἐπεστεῶτες καὶ κρεῶν τε ἐόντες ἔμπλεοι καὶ ὕδατος ἄνευ πυρὸς ἔζεσαν καὶ ὑπερέβαλον. Χίλων δὲ ὁ Λακεδαιμόνιος 2 παρατυχὼν καὶ θεησάμενος τὸ τέρας συνεβούλευε Ἱπποκράτεϊ πρῶτα μὲν γυναῖκα μὴ ἄγεσθαι τεκνοποιὸν ἐς τὰ οἰκία, εἰ δὲ τυγχάνει ἔχων, δεύτερα τὴν γυναῖκα ἐκπέμπειν, καὶ εἴ τίς οἱ τυγχάνει ἐὼν παῖς, τοῦτον ἀπείπασθαι. οὐκ ὦν ταῦτα παραινέσαντος Χίλωνος πείθεσθαι θέλειν 3 τὸν Ἱπποκράτεα· γενέσθαι οἱ μετὰ ταῦτα τὸν Πεισίστρατον τοῦτον, ὃς στασιαζόντων τῶν παράλων καὶ τῶν ἐκ τοῦ πεδίου Ἀθηναίων,

57.1 Κρηστῶνα AcP: Κρητῶνα b: Κρότωνα Legrand   **57.2** οἰκισάντων Wesseling: οἰκησάντων codd.   **57.3** Κροτωνιῆται Jacoby: Κροτωνιᾶται Dion. Hal. *Ant. Rom.* 1.29.3: Κρητωνιῆται Rosén   **58** [τῶν ἐθνέων] del. Matthiae: πολλόν, ⟨Πελασγῶν⟩ Wilson: πολλόν codd.: πολλόν Dobre: πολλῶν <Πελασγῶν> Sauppe: ⟨Πελασγῶν⟩ πολλῶν Legrand   πρὸς <ὃ> δὴ Krüger   **59.3** γενέσθαι <δὲ> Richards   <τοῦ> Schäfer

καὶ τῶν μὲν προεστεῶτος Μεγακλέος τοῦ Ἀλκμέωνος, τῶν δὲ ἐκ τοῦ πεδίου Λυκούργου ⟨τοῦ⟩ Ἀριστολαΐδεω, καταφρονήσας τὴν τυραννίδα ἤγειρε τρίτην στάσιν, συλλέξας δὲ στασιώτας καὶ τῶι λόγωι τῶν
4 ὑπερακρίων προστὰς μηχανᾶται τοιάδε· τρωματίσας ἑωυτόν τε καὶ ἡμιόνους ἤλασε ἐς τὴν ἀγορὴν τὸ ζεῦγος ὡς ἐκπεφευγὼς τοὺς ἐχθρούς, οἵ μιν ἐλαύνοντα ἐς ἀγρὸν ἠθέλησαν ἀπολέσαι δῆθεν, ἐδέετό τε τοῦ δήμου φυλακῆς τινος πρὸς αὐτοῦ κυρῆσαι, πρότερον εὐδοκιμήσας ἐν τῆι πρὸς Μεγαρέας γενομένηι στρατηγίηι, Νίσαιάν τε ἑλὼν καὶ ἄλλα
5 ἀποδεξάμενος μεγάλα ἔργα. ὁ δὲ δῆμος ὁ τῶν Ἀθηναίων ἐξαπατηθεὶς ἔδωκέ οἱ τῶν ἀστῶν καταλέξασθαι ἄνδρας τούτους οἳ δορυφόροι μὲν οὐκ ἐγένοντο Πεισιστράτου, κορυνηφόροι δέ· ξύλων γὰρ κορύνας ἔχοντες
6 εἵποντό οἱ ὄπισθε. συνεπαναστάντες δὲ οὗτοι ἅμα Πεισιστράτωι ἔσχον τὴν ἀκρόπολιν. ἔνθα δὴ ὁ Πεισίστρατος ἦρχε Ἀθηναίων, οὔτε τιμὰς τὰς ἐούσας συνταράξας οὔτε θέσμια μεταλλάξας, ἐπί τε τοῖσι κατεστεῶσι ἔνεμε τὴν πόλιν κοσμέων καλῶς τε καὶ εὖ.
60 Μετὰ δὲ οὐ πολλὸν χρόνον τὠυτὸ φρονήσαντες οἵ τε τοῦ Μεγακλέος στασιῶται καὶ οἱ τοῦ Λυκούργου ἐξελαύνουσί μιν. οὕτω μὲν Πεισίστρατος ἔσχε τὸ πρῶτον Ἀθήνας καὶ τὴν τυραννίδα οὔ κω κάρτα ἐρριζωμένην ἔχων ἀπέβαλε, οἱ δὲ ἐξελάσαντες Πεισίστρατον αὖτις ἐκ νέης
2 ἐπ' ἀλλήλοισι ἐστασίασαν. περιελαυνόμενος δὲ τῆι στάσι ὁ Μεγακλῆς ἐπεκηρυκεύετο Πεισιστράτωι, εἰ βούλοιτό οἱ τὴν θυγατέρα ἔχειν γυναῖκα
3 ἐπὶ τῆι τυραννίδι. ἐνδεξαμένου δὲ τὸν λόγον καὶ ὁμολογήσαντος ἐπὶ τούτοισι Πεισιστράτου, μηχανῶνται δὴ ἐπὶ τῆι κατόδωι πρῆγμα εὐηθέστατον, ὡς ἐγὼ εὑρίσκω, μακρῶι (ἐπεί γε ἀπεκρίθη ἐκ παλαιτέρου τοῦ βαρβάρου ἔθνεος τὸ Ἑλληνικὸν ἐὸν καὶ δεξιώτερον καὶ εὐηθείης ἠλιθίου ἀπηλλαγμένον μᾶλλον), εἰ καὶ τότε γε οὗτοι ἐν Ἀθηναίοισι τοῖσι
4 πρώτοισι λεγομένοισι εἶναι Ἑλλήνων σοφίην μηχανῶνται τοιάδε. ἐν τῶι δήμωι τῶι Παιανιέϊ ἦν γυνή, τῆι οὔνομα ἦν Φύη, μέγαθος ἀπὸ τεσσέρων πήχεων ἀπολείπουσα τρεῖς δακτύλους καὶ ἄλλως εὐειδής. ταύτην τὴν γυναῖκα σκευάσαντες πανοπλίηι, ἐς ἅρμα ἐσβιβάσαντες καὶ προδέξαντες σχῆμα οἷόν τι ἔμελλε εὐπρεπέστατον φανέεσθαι ἔχουσα, ἤλαυνον ἐς τὸ ἄστυ, προδρόμους κήρυκας προπέμψαντες, οἳ τὰ ἐντεταλμένα ἠγόρευον
5 ἀπικόμενοι ἐς τὸ ἄστυ, λέγοντες τοιάδε· Ὦ Ἀθηναῖοι, δέκεσθε ἀγαθῶι νόωι Πεισίστρατον, τὸν αὐτὴ ἡ Ἀθηναίη τιμήσασα ἀνθρώπων μάλιστα

59.5 καταλέξασθαι Legrand: καταλέξας codd. ἄνδρας τριηκοσίους Naber; cf. Polyaenus 1.21.3   60.3 τοῦ ... Ἑλληνικὸν UX: τὸ βάρβαρον ἔθνος τοῦ Ἑλληνικοῦ A

κατάγει ἐς τὴν ἑωυτῆς ἀκρόπολιν. οἱ μὲν δὴ ταῦτα διαφοιτῶντες ἔλεγον, αὐτίκα δὲ ἔς τε τοὺς δήμους φάτις ἀπίκετο ὡς Ἀθηναίη Πεισίστρατον κατάγει, καὶ <οἱ> ἐν τῶι ἄστεϊ πειθόμενοι τὴν γυναῖκα εἶναι αὐτὴν τὴν θεὸν προσεύχοντό τε τὴν ἄνθρωπον καὶ ἐδέκοντο Πεισίστρατον. Ἀπολαβὼν δὲ τὴν τυραννίδα τρόπωι τῶι εἰρημένωι ὁ Πεισίστρατος **61** κατὰ τὴν ὁμολογίην τὴν πρὸς Μεγακλέα γενομένην γαμέει τοῦ Μεγακλέος τὴν θυγατέρα. οἷα δὲ παίδων τέ οἱ ὑπαρχόντων νεηνιέων καὶ λεγομένων ἐναγέων εἶναι τῶν Ἀλκμεωνιδέων, οὐ βουλόμενός οἱ γενέσθαι ἐκ τῆς νεογάμου γυναικὸς τέκνα ἐμίσγετό οἱ οὐ κατὰ νόμον. τὰ μέν νυν πρῶτα **2** ἔκρυπτε ταῦτα ἡ γυνή, μετὰ δέ, εἴτε ἱστορεούσηι εἴτε καὶ οὔ, φράζει τῆι ἑωυτῆς μητρί, ἡ δὲ τῶι ἀνδρί. τὸν δὲ δεινόν τι ἔσχε ἀτιμάζεσθαι πρὸς Πεισιστράτου. ὀργῆι δὲ ὡς εἶχε καταλλάσσετο τὴν ἔχθρην τοῖσι στασιώτηισι. μαθὼν δὲ ὁ Πεισίστρατος τὰ ποιεύμενα ἐπ᾽ ἑωυτῶι ἀπαλλάσσετο ἐκ τῆς χώρης τὸ παράπαν, ἀπικόμενος δὲ ἐς Ἐρέτριαν ἐβουλεύετο ἅμα τοῖσι παισί. Ἱππίεω δὲ γνώμηι νικήσαντος ἀνακτᾶσθαι **3** ὀπίσω τὴν τυραννίδα, ἐνθαῦτα ἤγειρον δωτίνας ἐκ τῶν πολίων αἵτινές σφι προαιδέατό κού τι. πολλῶν δὲ μεγάλα παρασχόντων χρήματα Θηβαῖοι ὑπερεβάλοντο τῆι δόσι τῶν χρημάτων. μετὰ δέ, οὐ πολλῶι **4** λόγωι εἰπεῖν, χρόνος διέφυ καὶ πάντα σφι ἐξήρτυτο ἐς τὴν κάτοδον. καὶ γὰρ Ἀργεῖοι μισθωτοὶ ἀπίκοντο ἐκ Πελοποννήσου, καὶ Νάξιός σφι ἀνὴρ ἀπιγμένος ἐθελοντής, τῶι οὔνομα ἦν Λύγδαμις, προθυμίην πλείστην παρείχετο, κομίσας καὶ χρήματα καὶ ἄνδρας.

Ἐξ Ἐρετρίης δὲ ὁρμηθέντες διὰ ἑνδεκάτου ἔτεος ἀπίκοντο ὀπίσω. **62** καὶ πρῶτον τῆς Ἀττικῆς ἴσχουσι Μαραθῶνα. ἐν δὲ τούτωι τῶι χώρωι σφι στρατοπεδευομένοισι οἵ τε ἐκ τοῦ ἄστεος στασιῶται ἀπίκοντο, ἄλλοι τε ἐκ τῶν δήμων προσέρρεον, τοῖσι ἡ τυραννὶς πρὸ ἐλευθερίης ἦν ἀσπαστότερον. οὗτοι μὲν δὴ συνηλίζοντο· Ἀθηναίων δὲ οἱ ἐκ τοῦ **2** ἄστεος, ἕως μὲν Πεισίστρατος τὰ χρήματα ἤγειρε, καὶ μεταῦτις ὡς ἔσχε Μαραθῶνα, λόγον οὐδένα εἶχον, ἐπείτε δὲ ἐπύθοντο ἐκ τοῦ Μαραθῶνος αὐτὸν πορεύεσθαι ἐπὶ τὸ ἄστυ, οὕτω δὴ βοηθέουσι ἐπ᾽ αὐτόν. καὶ οὗτοί **3** τε πανστρατιῆι ἤισαν ἐπὶ τοὺς κατιόντας καὶ οἱ ἀμφὶ Πεισίστρατον, ὡς ὁρμηθέντες ἐκ Μαραθῶνος ἤισαν ἐπὶ τὸ ἄστυ, ἐς τὠυτὸ συνιόντες ἀπικνέονται ἐπὶ Παλληνίδος Ἀθηναίης ἱρὸν καὶ ἀντία ἔθεντο τὰ ὅπλα. ἐνθαῦτα θείηι πομπῆι χρεώμενος παρίσταται Πεισιστράτωι Ἀμφίλυτος **4** ὁ Ἀκαρνὰν χρησμολόγος ἀνήρ, ὅς οἱ προσιὼν χρᾶι ἐν ἑξαμέτρωι τόνωι τάδε λέγων·

60.5 <οἱ> c, Hude   **61.3** προαιδέατο edd.: -η(ι)δέατο codd.   **62.1** τοῖσι Krüger: οἶσι codd.   **62.3** ὡς del. Powell   ἐς <τε> Powell

Ἔρριπται δ' ὁ βόλος, τὸ δὲ δίκτυον ἐκπεπέτασται,
θύννοι δ' οἰμήσουσι σεληναίης διὰ νυκτός.

63 Ὁ μὲν δή οἱ ἐνθεάζων χρᾶι τάδε, Πεισίστρατος δὲ συλλαβὼν τὸ χρηστήριον καὶ φὰς δέκεσθαι τὸ χρησθὲν ἐπῆγε τὴν στρατιήν. Ἀθηναῖοι δὲ οἱ ἐκ τοῦ ἄστεος πρὸς ἄριστον τετραμμένοι ἦσαν δὴ τηνικαῦτα καὶ μετὰ τὸ ἄριστον μετεξέτεροι αὐτῶν οἱ μὲν πρὸς κύβους, οἱ δὲ πρὸς ὕπνον. οἱ δὲ ἀμφὶ Πεισίστρατον ἐσπεσόντες τοὺς Ἀθηναίους τρέπουσι.
2 φευγόντων δὲ τούτων βουλὴν ἐνθαῦτα σοφωτάτην Πεισίστρατος ἐπιτεχνᾶται, ὅκως μήτε ἁλισθεῖεν ἔτι οἱ Ἀθηναῖοι διεσκεδασμένοι τε εἶεν· ἀναβιβάσας τοὺς παῖδας ἐπὶ ἵππους προέπεμπε, οἱ δὲ καταλαμβάνοντες τοὺς φεύγοντας ἔλεγον τὰ ἐντεταλμένα ὑπὸ Πεισιστράτου, θαρσέειν τε κελεύοντες καὶ ἀπιέναι ἕκαστον ἐπὶ τὰ ἑωυτοῦ.

64 Πειθομένων δὲ τῶν Ἀθηναίων, οὕτω δὴ Πεισίστρατος τὸ τρίτον σχὼν Ἀθήνας ἐρρίζωσε τὴν τυραννίδα ἐπικούροισί τε πολλοῖσι καὶ χρημάτων συνόδοισι, τῶν μὲν αὐτόθεν, τῶν δὲ ἀπὸ Στρυμόνος ποταμοῦ συνιόντων, ὁμήρους τε τῶν παραμεινάντων Ἀθηναίων καὶ μὴ αὐτίκα
2 φυγόντων παῖδας λαβὼν καὶ καταστήσας ἐς Νάξον (καὶ γὰρ ταύτην ὁ Πεισίστρατος κατεστρέψατο πολέμωι καὶ ἐπέτρεψε Λυγδάμι), πρός τε ἔτι τούτοισι τὴν νῆσον Δῆλον καθήρας ἐκ τῶν λογίων, καθήρας δὲ ὧδε· ἐπ' ὅσον ἔποψις τοῦ ἱροῦ εἶχε, ἐκ τούτου τοῦ χώρου παντὸς ἐξορύξας
3 τοὺς νεκροὺς μετεφόρεε ἐς ἄλλον χῶρον τῆς Δήλου. καὶ Πεισίστρατος μὲν ἐτυράννευε Ἀθηνέων, Ἀθηναίων δὲ οἱ μὲν ἐν τῆι μάχηι ἐπεπτώκεσαν, οἱ δὲ αὐτῶν μετ' Ἀλκμεωνιδέων ἔφευγον ἐκ τῆς οἰκηίης.

65 Τοὺς μέν νυν Ἀθηναίους τοιαῦτα τὸν χρόνον τοῦτον ἐπυνθάνετο ὁ Κροῖσος κατέχοντα, τοὺς δὲ Λακεδαιμονίους ἐκ κακῶν τε μεγάλων πεφευγότας καὶ ἐόντας ἤδη τῶι πολέμωι κατυπερτέρους Τεγεητέων. ἐπὶ γὰρ Λέοντος βασιλεύοντος καὶ Ἡγησικλέος ἐν Σπάρτηι τοὺς ἄλλους πολέμους εὐτυχέοντες
2 οἱ Λακεδαιμόνιοι πρὸς Τεγεήτας μούνους προσέπταιον. τὸ δὲ ἔτι πρότερον τούτων καὶ κακονομώτατοι ἦσαν σχεδὸν πάντων Ἑλλήνων κατά τε σφέας αὐτοὺς καὶ ξείνοισι ἀπρόσμικτοι. μετέβαλον δὲ ὧδε ἐς εὐνομίην· Λυκούργου τῶν Σπαρτιητέων δοκίμου ἀνδρὸς ἐλθόντος ἐς Δελφοὺς ἐπὶ τὸ χρηστήριον, ὡς ἐσήιε ἐς τὸ μέγαρον, ἰθὺς ἡ Πυθίη λέγει τάδε·

3 Ἥκεις, ὦ Λυκόοργε, ἐμὸν ποτὶ πίονα νηὸν
Ζηνὶ φίλος καὶ πᾶσιν Ὀλύμπια δώματ' ἔχουσι.
δίζω ἤ σε θεὸν μαντεύσομαι ἢ ἄνθρωπον·
ἀλλ' ἔτι καὶ μᾶλλον θεὸν ἔλπομαι, ὦ Λυκόοργε.

64.3 Ἀλκμεωνιδέων X, Wesseling: Ἀλκμεωνιδέω AU

οἱ μὲν δή τινες πρὸς τούτοισι λέγουσι καὶ φράσαι αὐτῶι τὴν Πυθίην 4
τὸν νῦν κατεστεῶτα κόσμον Σπαρτιήτηισι· ὡς δ' αὐτοὶ Λακεδαιμόνιοι
λέγουσι, Λυκοῦργον ἐπιτροπεύσαντα Λεωβώτεω, ἀδελφιδέου μὲν ἑωυτοῦ,
βασιλεύοντος δὲ Σπαρτιητέων, ἐκ Κρήτης ἀγαγέσθαι ταῦτα. ὡς γὰρ 5
ἐπετρόπευσε τάχιστα, μετέστησε τὰ νόμιμα πάντα καὶ ἐφύλαξε ταῦτα μὴ
παραβαίνειν. μετὰ δὲ τὰ ἐς πόλεμον ἔχοντα, ἐνωμοτίας καὶ τριηκάδας καὶ
συσσίτια, πρός τε τούτοισι τοὺς ἐφόρους καὶ γέροντας ἔστησε Λυκοῦργος.
 Οὕτω μὲν μεταβαλόντες εὐνομήθησαν, τῶι δὲ Λυκούργωι τελευτήσαντι 66
ἱρὸν εἱσάμενοι σέβονται μεγάλως. οἷα δὲ ἔν τε χώρηι ἀγαθῆι καὶ πλήθεϊ
οὐκ ὀλίγωι ἀνδρῶν, ἀνά τε ἔδραμον αὐτίκα καὶ εὐθενήθησαν. καὶ δὴ
σφι οὐκέτι ἀπέχρα ἡσυχίην ἄγειν, ἀλλὰ καταφρονήσαντες Ἀρκάδων
κρέσσονες εἶναι ἐχρηστηριάζοντο ἐν Δελφοῖσι ἐπὶ πάσηι τῆι Ἀρκάδων
χώρηι. ἡ δὲ Πυθίη σφι χρᾶι τάδε· 2

   Ἀρκαδίην μ' αἰτεῖς; μέγα μ' αἰτεῖς· οὔ τοι δώσω.
   πολλοὶ ἐν Ἀρκαδίηι βαλανηφάγοι ἄνδρες ἔασιν,
   οἵ σ' ἀποκωλύσουσιν. ἐγὼ δέ τοι οὔτι μεγαίρω·
   δώσω τοι Τεγέην ποσσίκροτον ὀρχήσασθαι
   καὶ καλὸν πεδίον σχοίνωι διαμετρήσασθαι.

ταῦτα ὡς ἀπενειχθέντα ἤκουσαν οἱ Λακεδαιμόνιοι, Ἀρκάδων μὲν τῶν 3
ἄλλων ἀπείχοντο, οἱ δὲ πέδας φερόμενοι ἐπὶ Τεγεήτας ἐστρατεύοντο,
χρησμῶι κιβδήλωι πίσυνοι, ὡς δὴ ἐξανδραποδιεύμενοι τοὺς Τεγεήτας.
ἑσσωθέντες δὲ τῆι συμβολῆι, ὅσοι αὐτῶν ἐζωγρήθησαν, πέδας τε ἔχοντες 4
τὰς ἐφέροντο αὐτοὶ καὶ σχοίνωι διαμετρησάμενοι τὸ πεδίον τὸ Τεγεητέων
ἐργάζοντο. αἱ δὲ πέδαι αὗται ἐν τῆισι ἐδεδέατο ἔτι καὶ ἐς ἐμὲ ἦσαν σόαι
ἐν Τεγέηι, περὶ τὸν νηὸν τῆς Ἀλέης Ἀθηναίης κρεμάμεναι.
 Κατὰ μὲν δὴ τὸν πρότερον πόλεμον συνεχέως ἀεὶ κακῶς ἀέθλεον 67
πρὸς τοὺς Τεγεήτας, κατὰ δὲ τὸν κατὰ Κροῖσον χρόνον καὶ τὴν
Ἀναξανδρίδεώ τε καὶ Ἀρίστωνος βασιληίην ἐν Λακεδαίμονι ἤδη οἱ
Σπαρτιῆται κατυπέρτεροι τῶι πολέμωι ἐγεγόνεσαν, τρόπωι τοιῶιδε
γενόμενοι. ἐπειδὴ αἰεὶ τῶι πολέμωι ἑσσοῦντο ὑπὸ Τεγεητέων, πέμψαντες 2
θεοπρόπους ἐς Δελφοὺς ἐπειρώτων τίνα ἂν θεῶν ἱλασάμενοι κατύπερθε
τῶι πολέμωι Τεγεητέων γενοίατο. ἡ δὲ Πυθίη σφι ἔχρησε τὰ Ὀρέστεω τοῦ
Ἀγαμέμνονος ὀστέα ἐπαγαγομένους. ὡς δὲ ἀνευρεῖν οὐκ οἷοί τε ἐγίνοντο 3
τὴν θήκην τοῦ Ὀρέστεω, ἔπεμπον αὖτις τὴν ἐς θεὸν ἐπειρησομένους τὸν
χῶρον ἐν τῶι κέοιτο Ὀρέστης. εἰρωτῶσι δὲ ταῦτα τοῖσι θεοπρόποισι
λέγει ἡ Πυθίη τάδε·

67.3 τὴν ἐς θεὸν codd. pl.: ἐς τὸν θεὸν Q

4 Ἔστι τις Ἀρκαδίης Τεγέη λευρῶι ἐνὶ χώρωι,
ἔνθ' ἄνεμοι πνείουσι δύω κρατερῆς ὑπ' ἀνάγκης,
καὶ τύπος ἀντίτυπος, καὶ πῆμ' ἐπὶ πήματι κεῖται.
ἔνθ' Ἀγαμεμνονίδην κατέχει φυσίζοος αἶα·
τὸν σὺ κομισσάμενος Τεγέης ἐπιτάρροθος ἔσσηι.

5 ὡς δὲ καὶ ταῦτα ἤκουσαν οἱ Λακεδαιμόνιοι, ἀπεῖχον τῆς ἐξευρέσιος οὐδὲν ἔλασσον, πάντα διζήμενοι, ἐς οὗ δὴ Λίχης τῶν ἀγαθοεργῶν καλεομένων Σπαρτιητέων ἀνεῦρε. οἱ δὲ ἀγαθοεργοί εἰσι τῶν ἀστῶν, ἐξιόντες ἐκ τῶν ἱππέων αἰεὶ οἱ πρεσβύτατοι, πέντε ἔτεος ἑκάστου· τοὺς δεῖ τοῦτον τὸν ἐνιαυτόν, τὸν ἂν ἐξίωσι ἐκ τῶν ἱππέων, Σπαρτιητέων τῶι κοινῶι διαπεμπομένους μὴ ἐλινύειν ἄλλους ἄλληι.

68 Τούτων ὦν τῶν ἀνδρῶν Λίχης ἀνεῦρε ἐν Τεγέηι καὶ συντυχίηι χρησάμενος καὶ σοφίηι. ἐούσης γὰρ τοῦτον τὸν χρόνον ἐπιμιξίης πρὸς τοὺς Τεγεήτας ἐλθὼν ἐς χαλκήιον ἐθηεῖτο σίδηρον ἐξελαυνόμενον καὶ ἐν
2 θώματι ἦν ὁρέων τὸ ποιεύμενον· μαθὼν δέ μιν ὁ χαλκεὺς ἀποθωμάζοντα εἶπε παυσάμενος τοῦ ἔργου· Ἦ κου ἄν, ὦ ξεῖνε Λάκων, εἴ περ εἶδες τό περ ἐγώ, κάρτα ἂν ἐθώμαζες, ὅκου νῦν οὕτω τυγχάνεις θῶμα ποιεύμενος
3 τὴν ἐργασίην τοῦ σιδήρου. ἐγὼ γὰρ ἐν τῆιδε θέλων [ἐν] τῆι αὐλῆι φρέαρ ποιήσασθαι, ὀρύσσων ἐπέτυχον σορῶι ἑπταπήχεϊ· ὑπὸ δὲ ἀπιστίης μὴ μὲν γενέσθαι μηδαμὰ μέζονας ἀνθρώπους τῶν νῦν ἄνοιξα αὐτὴν καὶ εἶδον τὸν νεκρὸν μήκεϊ ἴσον ἐόντα τῆι σορῶι. μετρήσας δὲ συνέχωσα ὀπίσω. ὁ μὲν δή οἱ ἔλεγε τά περ ὀπώπεε, ὁ δὲ ἐννώσας τὰ λεγόμενα συνεβάλλετο τὸν Ὀρέστην κατὰ τὸ θεοπρόπιον τοῦτον εἶναι, τῆιδε συμβαλλόμενος·
4 τοῦ χαλκέος δύο ὁρέων φύσας τοὺς ἀνέμους εὕρισκε ἐόντας, τὸν δὲ ἄκμονα καὶ τὴν σφῦραν τόν τε τύπον καὶ τὸν ἀντίτυπον, τὸν δὲ ἐξελαυνόμενον σίδηρον τὸ πῆμα ἐπὶ πήματι κείμενον, κατὰ τοιόνδε τι εἰκάζων, ὡς
5 ἐπὶ κακῶι ἀνθρώπου σίδηρος ἀνεύρηται. συμβαλόμενος δὲ ταῦτα καὶ ἀπελθὼν ἐς Σπάρτην ἔφραζε Λακεδαιμονίοισι πᾶν τὸ πρῆγμα. οἱ δὲ ἐκ λόγου πλαστοῦ ἐπενείκαντές οἱ αἰτίην ἐδίωξαν. ὁ δὲ ἀπικόμενος ἐς Τεγέην καὶ φράζων τὴν ἑωυτοῦ συμφορὴν πρὸς τὸν χαλκέα ἐμισθοῦτο παρ' οὐκ
6 ἐκδιδόντος τὴν αὐλήν. χρόνωι δὲ ὡς ἀνέγνωσε, ἐνοικίσθη, ἀνορύξας δὲ τὸν τάφον καὶ τὰ ὀστέα συλλέξας οἴχετο φέρων ἐς Σπάρτην. καὶ ἀπὸ τούτου τοῦ χρόνου, ὅκως πειρώιατο ἀλλήλων, πολλῶι κατυπέρτεροι τῶι πολέμωι ἐγίνοντο οἱ Λακεδαιμόνιοι· ἤδη δέ σφι καὶ ἡ πολλὴ τῆς Πελοποννήσου ἦν κατεστραμμένη.

69 Ταῦτα δὴ ὦν πάντα πυνθανόμενος ὁ Κροῖσος ἔπεμπε ἐς Σπάρτην ἀγγέλους δῶρά τε φέροντας καὶ δεησομένους συμμαχίης, ἐντειλάμενός τε

67.5 ἐξιόντων Stein: ἀστῶν <οἱ> ἐξιόντες Blaydes   68.3 [ἐν] del. Aldina
68.6 πειρώιατο Schweighäuser: ἐπειρώατο codd.

τὰ λέγειν χρῆν. οἱ δὲ ἐλθόντες ἔλεγον· Ἔπεμψε ἡμέας Κροῖσος ὁ Λυδῶν τε 2 καὶ ἄλλων ἐθνέων βασιλεύς, λέγων τάδε· Ὦ Λακεδαιμόνιοι, χρήσαντος τοῦ θεοῦ τὸν Ἕλληνα φίλον προσθέσθαι, ὑμέας γὰρ πυνθάνομαι προεστάναι τῆς Ἑλλάδος, ὑμέας ὦν κατὰ τὸ χρηστήριον προσκαλέομαι φίλος τε θέλων γενέσθαι καὶ σύμμαχος ἄνευ τε δόλου καὶ ἀπάτης. Κροῖσος μὲν 3 δὴ ταῦτα δι' ἀγγέλων ἐπεκηρυκεύετο, Λακεδαιμόνιοι δὲ ἀκηκοότες καὶ αὐτοὶ τὸ θεοπρόπιον τὸ Κροίσωι γενόμενον ἥσθησάν τε τῆι ἀπίξι τῶν Λυδῶν καὶ ἐποιήσαντο ὅρκια ξεινίης πέρι καὶ συμμαχίης· καὶ γάρ τινες αὐτοὺς εὐεργεσίαι εἶχον ἐκ Κροίσου πρότερον ἔτι γεγονυῖαι. πέμψαντες 4 γὰρ οἱ Λακεδαιμόνιοι ἐς Σάρδις χρυσὸν ὠνέοντο, ἐς ἄγαλμα βουλόμενοι χρήσασθαι τοῦτο τὸ νῦν τῆς Λακωνικῆς ἐν Θόρνακι ἵδρυται Ἀπόλλωνος, Κροῖσος δέ σφι ὠνεομένοισι ἔδωκε δωτίνην.

Τούτων τε ὦν εἵνεκεν οἱ Λακεδαιμόνιοι τὴν συμμαχίην ἐδέξαντο, καὶ 70 ὅτι ἐκ πάντων σφέας προκρίνας Ἑλλήνων αἱρέετο φίλους. καὶ τοῦτο μὲν αὐτοὶ ἦσαν ἕτοιμοι ἐπαγγείλαντι, τοῦτο δὲ ποιησάμενοι κρητῆρα χάλκεον ζωιδίων τε ἔξωθεν πλήσαντες περὶ τὸ χεῖλος καὶ μεγάθεϊ τριηκοσίους ἀμφορέας χωρέοντα ἦγον, δῶρον βουλόμενοι ἀντιδοῦναι Κροίσωι. οὗτος 2 ὁ κρητὴρ οὐκ ἀπίκετο ἐς Σάρδις δι' αἰτίας διφασίας λεγομένας τάσδε· οἱ μὲν Λακεδαιμόνιοι λέγουσι ὡς, ἐπείτε ἀγόμενος ἐς τὰς Σάρδις ὁ κρητὴρ ἐγίνετο κατὰ τὴν Σαμίην, πυθόμενοι Σάμιοι ἀπελοίατο αὐτὸν νηυσὶ μακρῆισι ἐπιπλώσαντες· αὐτοὶ δὲ Σάμιοι λέγουσι ὡς, ἐπείτε ὑστέρησαν οἱ 3 ἄγοντες τῶν Λακεδαιμονίων τὸν κρητῆρα, ἐπυνθάνοντο δὲ Σάρδις τε καὶ Κροῖσον ἡλωκέναι, ἀπέδοντο τὸν κρητῆρα ἐν Σάμωι, ἰδιώτας δὲ ἄνδρας πριαμένους ἀναθεῖναί μιν ἐς τὸ Ἥραιον· τάχα δὲ ἂν καὶ οἱ ἀποδόμενοι λέγοιεν, ἀπικόμενοι ἐς Σπάρτην, ὡς ἀπαιρεθείησαν ὑπὸ Σαμίων.

Κατὰ μέν νυν τὸν κρητῆρα οὕτως ἔσχε, Κροῖσος δὲ ἁμαρτὼν τοῦ 71 χρησμοῦ ἐποιέετο στρατηίην ἐς Καππαδοκίην, ἐλπίσας καταιρήσειν Κῦρόν τε καὶ τὴν Περσέων δύναμιν. παρασκευαζομένου δὲ Κροίσου 2 στρατεύεσθαι ἐπὶ Πέρσας, τῶν τις Λυδῶν νομιζόμενος καὶ πρόσθε εἶναι σοφός, ἀπὸ δὲ ταύτης τῆς γνώμης καὶ τὸ κάρτα οὔνομα ἐν Λυδοῖσι ἔχων, συνεβούλευσε Κροίσωι τάδε (οὔνομά οἱ ἦν Σάνδανις)· Ὦ βασιλεῦ, ἐπ' ἄνδρας τοιούτους στρατεύεσθαι παρασκευάζεαι, οἳ σκυτίνας μὲν ἀναξυρίδας, σκυτίνην δὲ τὴν ἄλλην ἐσθῆτα φορέουσι, σιτέονται δὲ οὐκ ὅσα ἐθέλουσι, ἀλλ' ὅσα ἔχουσι, χώρην ἔχοντες τρηχέαν. πρὸς δὲ οὐκ οἴνωι 3 διαχρέωνται, ἀλλὰ ὑδροποτέουσι, οὐ σῦκα δὲ ἔχουσι τρώγειν, οὐκ ἄλλο ἀγαθὸν οὐδέν. τοῦτο μὲν δή, εἰ νικήσεις, τί σφεας ἀπαιρήσεαι, τοῖσί γε μὴ ἔστι μηδέν; τοῦτο δέ, ἢν νικηθῆις, μάθε ὅσα ἀγαθὰ ἀποβαλέεις. γευσάμενοι

69.3 ἀπίξι edd.: ἀφίξει codd., Asheri   70.1 ἕτοιμοι <βοηθεῖν> Powell   71.2 οὔνομά ... Σάνδανις om. M, del. Jacoby: post ἔχων traiecit Wilson   71.3 οὐ del. Merkelbach

4 γὰρ τῶν ἡμετέρων ἀγαθῶν περιέξονται οὐδὲ ἀπωστοὶ ἔσονται. ἐγὼ μέν νυν θεοῖσι ἔχω χάριν, οἳ οὐκ ἐπὶ νόον ποιεῦσι Πέρσῃσι στρατεύεσθαι ἐπὶ Λυδούς. ταῦτα λέγων οὐκ ἔπειθε τὸν Κροῖσον. Πέρσῃσι γάρ, πρὶν Λυδοὺς καταστρέψασθαι, ἦν οὔτε ἁβρὸν οὔτε ἀγαθὸν οὐδέν.

72 Οἱ δὲ Καππαδόκαι ὑπὸ Ἑλλήνων Σύριοι ὀνομάζονται· ἦσαν δὲ οἱ Σύριοι οὗτοι τὸ μὲν πρότερον ἢ Πέρσας ἄρξαι Μήδων κατήκοοι, τότε δὲ
2 Κύρου. ὁ γὰρ οὖρος ἦν τῆς τε Μηδικῆς ἀρχῆς καὶ τῆς Λυδικῆς ὁ Ἅλυς ποταμός, ὃς ῥέει ἐξ Ἀρμενίου ὄρεος διὰ Κιλίκων, μετὰ δὲ Ματιηνοὺς μὲν ἐν δεξιῇ ἔχει ῥέων, ἐκ δὲ τοῦ ἑτέρου Φρύγας, παραμειβόμενος δὲ τούτους καὶ ῥέων ἄνω πρὸς βορέην ἄνεμον ἔνθεν μὲν Συρίους Καππαδόκας
3 ἀπέργει, ἐξ εὐωνύμου δὲ Παφλαγόνας. οὕτως ὁ Ἅλυς ποταμὸς ἀποτάμνει σχεδὸν πάντα τῆς Ἀσίης τὰ κάτω ἐκ θαλάσσης τῆς ἀντίον Κύπρου ἐς τὸν Εὔξεινον πόντον· ἔστι δὲ αὐχὴν οὗτος τῆς χώρης ταύτης ἁπάσης· μῆκος ὁδοῦ εὐζώνωι ἀνδρὶ πέντε ἡμέραι ἀναισιμοῦνται.

73 Ἐστρατεύετο δὲ ὁ Κροῖσος ἐπὶ τὴν Καππαδοκίην τῶνδε εἵνεκα, καὶ γῆς ἱμέρωι προσκτήσασθαι πρὸς τὴν ἑωυτοῦ μοῖραν βουλόμενος, καὶ μάλιστα τῶι χρηστηρίωι πίσυνος ἐών, καὶ τείσασθαι θέλων ὑπὲρ
2 Ἀστυάγεος Κῦρον. Ἀστυάγεα γὰρ τὸν Κυαξάρεω, ἐόντα Κροίσου μὲν γαμβρόν, Μήδων δὲ βασιλέα, Κῦρος ὁ Καμβύσεω καταστρεψάμενος εἶχε,
3 γενόμενον γαμβρὸν Κροίσωι ὧδε. Σκυθέων τῶν νομάδων ἴλη ἀνδρῶν στασιάσασα ὑπεξῆλθε ἐς γῆν τὴν Μηδικήν· ἐτυράννευε δὲ τὸν χρόνον τοῦτον Μήδων Κυαξάρης ὁ Φραόρτεω τοῦ Δηιόκεω, ὃς τοὺς Σκύθας τούτους τὸ μὲν πρῶτον περιεῖπε εὖ ὡς ἐόντας ἱκέτας· ὥστε δὲ περὶ πολλοῦ ποιεύμενος αὐτούς, παῖδάς σφι παρέδωκε τὴν γλῶσσάν τε ἐκμαθεῖν καὶ
4 τὴν τέχνην τῶν τόξων. χρόνου δὲ γενομένου καὶ αἰεὶ φοιτώντων τῶν Σκυθέων ἐπ᾽ ἄγρην καὶ αἰεί τι φερόντων, καί κοτε συνήνεικε ἑλεῖν σφεας μηδέν· νοστήσαντας δὲ αὐτοὺς κεινῇσι χερσὶ ὁ Κυαξάρης (ἦν γάρ, ὡς
5 διέδεξε, ὀργὴν ἄκρος) τρηχέως κάρτα περιέσπε ἀεικείῃ. οἱ δὲ ταῦτα πρὸς Κυαξάρεω παθόντες, ὥστε ἀνάξια σφέων αὐτῶν πεπονθότες, ἐβούλευσαν τῶν παρὰ σφίσι διδασκομένων παίδων ἕνα κατακόψαι, σκευάσαντες δὲ αὐτὸν ὥσπερ ἐώθεσαν καὶ τὰ θηρία σκευάζειν, Κυαξάρῃ δοῦναι φέροντες ὡς ἄγρην δῆθεν, δόντες δὲ τὴν ταχίστην κομίζεσθαι παρὰ Ἀλυάττην
6 τὸν Σαδυάττεω ἐς Σάρδις. ταῦτα καὶ ἐγένετο· καὶ γὰρ Κυαξάρης καὶ οἱ παρεόντες δαιτυμόνες τῶν κρεῶν τούτων ἐπάσαντο, καὶ οἱ Σκύθαι ταῦτα ποιήσαντες Ἀλυάττεω ἱκέται ἐγένοντο.

74 Μετὰ δὲ ταῦτα, οὐ γὰρ δὴ ὁ Ἀλυάττης ἐξεδίδου τοὺς Σκύθας ἐξαιτέοντι Κυαξάρῃ, πόλεμος τοῖσι Λυδοῖσι καὶ τοῖσι Μήδοισι ἐγεγόνεε ἐπ᾽ ἔτεα

71.4 Πέρσῃσι ... οὐδέν del. Heilmann   73.4 <οὐκ> ἄκρος A

πέντε, ἐν τοῖσι πολλάκις μὲν οἱ Μῆδοι τοὺς Λυδοὺς ἐνίκησαν, πολλάκις δέ
οἱ Λυδοὶ τοὺς Μήδους· ἐν δὲ καὶ νυκτομαχίην τινὰ ἐποιήσαντο· διαφέρουσι 2
δέ σφι ἐπὶ ἴσης τὸν πόλεμον τῶι ἕκτωι ἔτεϊ συμβολῆς γενομένης συνήνεικε
ὥστε τῆς μάχης συνεστεώσης τὴν ἡμέρην ἐξαπίνης νύκτα γενέσθαι.
τὴν δὲ μεταλλαγὴν ταύτην τῆς ἡμέρης Θαλῆς ὁ Μιλήσιος τοῖσι Ἴωσι
προηγόρευσε ἔσεσθαι, οὖρον προθέμενος ἐνιαυτὸν τοῦτον ἐν τῶι δὴ καὶ
ἐγένετο ἡ μεταβολή. οἱ δὲ Λυδοί τε καὶ οἱ Μῆδοι ἐπείτε εἶδον νύκτα ἀντὶ 3
ἡμέρης γενομένην, τῆς μάχης τε ἐπαύσαντο καὶ μᾶλλόν τι ἔσπευσαν καὶ
ἀμφότεροι εἰρήνην ἑωυτοῖσι γενέσθαι. οἱ δὲ συμβιβάσαντες αὐτοὺς ἦσαν
οἵδε, Συέννεσίς τε ὁ Κίλιξ καὶ Λαβύνητος ὁ Βαβυλώνιος. οὗτοί σφι καὶ τὸ 4
ὅρκιον οἱ σπεύσαντες γενέσθαι ἦσαν, καὶ γάμων ἐπαλλαγὴν ἐποίησαν·
Ἀλυάττην γὰρ ἔγνωσαν δοῦναι τὴν θυγατέρα Ἀρύηνιν Ἀστυάγεϊ τῶι
Κυαξάρεω παιδί· ἄνευ γὰρ ἀναγκαίης ἰσχυρῆς συμβάσιες ἰσχυραὶ οὐκ
ἐθέλουσι συμμένειν. ὅρκια δὲ ποιέεται ταῦτα τὰ ἔθνεα τά πέρ τε Ἕλληνες, 5
καὶ πρὸς τούτοισι, ἐπεὰν τοὺς βραχίονας ἐπιτάμωνται ἐς τὴν ὁμοχροίην,
τὸ αἷμα ἀναλείχουσι ἀλλήλων.

Τοῦτον δὴ ὦν τὸν Ἀστυάγεα Κῦρος ἐόντα ἑωυτοῦ μητροπάτορα 75
καταστρεψάμενος ἔσχε δι' αἰτίην τὴν ἐγὼ ἐν τοῖσι ὀπίσω λόγοισι
σημανέω. τὰ Κροῖσος ἐπιμεμφόμενος τῶι Κύρωι ἔς τε τὰ χρηστήρια 2
ἔπεμπε εἰ στρατεύηται ἐπὶ Πέρσας, καὶ δὴ καί ἀπικομένου χρησμοῦ
κιβδήλου, ἐλπίσας πρὸς ἑωυτοῦ τὸν χρησμὸν εἶναι, ἐστρατεύετο ἐς τὴν
Περσέων μοῖραν. ὡς δὲ ἀπίκετο ἐπὶ τὸν Ἅλυν ποταμὸν ὁ Κροῖσος, τὸ 3
ἐνθεῦτεν, ὡς μὲν ἐγὼ λέγω, κατὰ τὰς ἐούσας γεφύρας διεβίβασε τὸν
στρατόν, ὡς δὲ ὁ πολλὸς λόγος Ἑλλήνων, Θαλῆς οἱ ὁ Μιλήσιος διεβίβασε.
ἀπορέοντος γὰρ Κροίσου ὅκως οἱ διαβήσεται τὸν ποταμὸν ὁ στρατός 4
(οὐ γὰρ δὴ εἶναί κω τοῦτον τὸν χρόνον τὰς γεφύρας ταύτας), λέγεται
παρεόντα τὸν Θαλῆν ἐν τῶι στρατοπέδωι ποιῆσαι αὐτῶι τὸν ποταμὸν
ἐξ ἀριστερῆς χειρὸς ῥέοντα τοῦ στρατοῦ καὶ ἐκ δεξιῆς ῥέειν, ποιῆσαι δὲ
ὧδε. ἄνωθεν τοῦ στρατοπέδου ἀρξάμενον διώρυχα βαθέαν ὀρύσσειν, 5
ἄγοντα μηνοειδέα, ὅκως ἂν τὸ στρατόπεδον ἱδρυμένον κατὰ νώτου
λάβοι, ταύτηι κατὰ τὴν διώρυχα ἐκτραπόμενος ἐκ τῶν ἀρχαίων ῥεέθρων,
καὶ αὖτις, παραμειβόμενος τὸ στρατόπεδον, ἐς τὰ ἀρχαῖα ἐσβάλλοι, ὥστε,
ἐπείτε καὶ ἐσχίσθη τάχιστα ὁ ποταμός, ἀμφοτέρηι διαβατὸς ἐγένετο. οἱ 6
δὲ καὶ τὸ παράπαν λέγουσι καὶ τὸ ἀρχαῖον ῥέεθρον ἀποξηρανθῆναι·
ἀλλὰ τοῦτο μὲν οὐ προσίεμαι· κῶς γὰρ ὀπίσω πορευόμενοι διέβησαν
⟨ἂν⟩ αὐτόν;

75.6 ⟨ἂν⟩ Schäfer

76 Κροῖσος δὲ ἐπείτε διαβὰς σὺν τῶι στρατῶι ἀπίκετο τῆς Καππαδοκίης ἐς τὴν Πτερίην καλεομένην (ἡ δὲ Πτερίη ἐστὶ τῆς χώρης ταύτης τὸ ἰσχυρότατον, κατὰ Σινώπην πόλιν τὴν ἐν Εὐξείνωι πόντωι μάλιστά κηι κειμένη), ἐνθαῦτα ἐστρατοπεδεύετο φθείρων τῶν Συρίων τοὺς κλήρους. 2 καὶ εἷλε μὲν τῶν Πτερίων τὴν πόλιν καὶ ἠνδραποδίσατο, εἷλε δὲ τὰς περιοικίδας αὐτῆς πάσας, Συρίους τε οὐδὲν ἐόντας αἰτίους ἀναστάτους ἐποίησε. Κῦρος δὲ ἀγείρας τὸν ἑωυτοῦ στρατὸν καὶ παραλαβὼν τοὺς 3 μεταξὺ οἰκέοντας πάντας ἠντιοῦτο Κροίσωι. πρὶν δὲ ἐξελαύνειν ὁρμῆσαι τὸν στρατόν, πέμψας κήρυκας ἐς τοὺς Ἴωνας ἐπειρᾶτό σφεας ἀπὸ Κροίσου ἀπιστάναι. Ἴωνες μέν νυν οὐκ ἐπείθοντο. Κῦρος δὲ ὡς ἀπίκετο καὶ ἀντεστρατοπεδεύσατο Κροίσωι, ἐνθαῦτα ἐν τῆι Πτερίηι χώρηι 4 ἐπειρῶντο κατὰ τὸ ἰσχυρὸν ἀλλήλων. μάχης δὲ καρτερῆς γενομένης καὶ πεσόντων ἀμφοτέρων πολλῶν, τέλος οὐδέτεροι νικήσαντες διέστησαν νυκτὸς ἐπελθούσης. καὶ τὰ μὲν στρατόπεδα ἀμφότερα οὕτως ἠγωνίσατο.

77 Κροῖσος δὲ μεμφθεὶς κατὰ τὸ πλῆθος τὸ ἑωυτοῦ στράτευμα (ἦν γὰρ οἱ ὁ συμβαλὼν στρατὸς πολλὸν ἐλάσσων ἢ ὁ Κύρου) τοῦτο μεμφθείς, ὡς τῆι ὑστεραίηι οὐκ ἐπειρᾶτο ἐπιὼν ὁ Κῦρος, ἀπήλαυνε ἐς τὰς Σάρδις, 2 ἐν νόωι ἔχων παρακαλέσας μὲν Αἰγυπτίους κατὰ τὸ ὅρκιον (ἐποιήσατο γὰρ καὶ πρὸς Ἄμασιν βασιλεύοντα Αἰγύπτου συμμαχίην πρότερον ἤ περ πρὸς Λακεδαιμονίους), μεταπεμψάμενος δὲ καὶ Βαβυλωνίους (καὶ γὰρ πρὸς τούτους αὐτῶι ἐπεποίητο συμμαχίη, ἐτυράννευε δὲ τὸν χρόνον 3 τοῦτον τῶν Βαβυλωνίων Λαβύνητος), ἐπαγγείλας δὲ καὶ Λακεδαιμονίοισι παρεῖναι ἐς χρόνον ῥητόν, ἁλίσας τε δὴ τούτους καὶ τὴν ἑωυτοῦ συλλέξας στρατιὴν ἐνένωτο τὸν χειμῶνα παρεὶς ἅμα τῶι ἦρι στρατεύειν ἐπὶ τοὺς 4 Πέρσας. καὶ ὁ μὲν ταῦτα φρονέων, ὡς ἀπίκετο ἐς τὰς Σάρδις, ἔπεμπε κήρυκας κατὰ τὰς συμμαχίας προερέοντας ἐς πέμπτον μῆνα συλλέγεσθαι ἐς Σάρδις· τὸν δὲ παρεόντα καὶ μαχεσάμενον στρατὸν Πέρσηισι, ὅς ἦν αὐτοῦ ξεινικός, πάντα ἀπεὶς διεσκέδασε, οὐδαμὰ ἐλπίσας μή κοτε ἄρα ἀγωνισάμενος οὕτω παραπλησίως Κῦρος ἐλάσηι ἐπὶ Σάρδις.

78 Ταῦτα ἐπιλεγομένωι Κροίσωι τὸ προάστειον πᾶν ὀφίων ἐνεπλήσθη. φανέντων δὲ αὐτῶν οἱ ἵπποι μετιέντες τὰς νομὰς νέμεσθαι, φοιτῶντες κατήσθιον. ἰδόντι δὲ τοῦτο Κροίσωι, ὥσπερ καὶ ἦν, ἔδοξε τέρας 2 εἶναι. αὐτίκα δὲ ἔπεμπε θεοπρόπους ἐς τῶν ἐξηγητέων Τελμησσέων. ἀπικομένοισι δὲ τοῖσι θεοπρόποισι καὶ μαθοῦσι πρὸς Τελμησσέων τὸ θέλει σημαίνειν τὸ τέρας, οὐκ ἐξεγένετο Κροίσωι ἀπαγγεῖλαι· πρὶν γὰρ 3 ἢ ὀπίσω σφέας ἀναπλῶσαι ἐς τὰς Σάρδις ἥλω ὁ Κροῖσος. Τελμησσέες

77.4 ὅς codd.: ὅσος Pingel

μέντοι τάδε ἔγνωσαν, στρατὸν ἀλλόθροον προσδόκιμον εἶναι Κροίσωι ἐπὶ τὴν χώρην, ἀπικόμενον δὲ τοῦτον καταστρέψεσθαι τοὺς ἐπιχωρίους, λέγοντες ὄφιν εἶναι γῆς παῖδα, ἵππον δὲ πολέμιόν τε καὶ ἐπήλυδα. Τελμησσέες μέν νυν ταῦτα ὑπεκρίναντο Κροίσωι ἤδη ἡλωκότι, οὐδέν κω εἰδότες τῶν ἦν περὶ Σάρδις τε καὶ αὐτὸν Κροῖσον.

Κῦρος δὲ αὐτίκα ἀπελαύνοντος Κροίσου μετὰ τὴν μάχην τὴν **79** γενομένην ἐν τῆι Πτερίηι, μαθὼν ὡς ἀπελάσας μέλλοι Κροῖσος διασκεδᾶν τὸν στρατόν, βουλευόμενος εὕρισκε πρῆγμά οἱ εἶναι ἐλαύνειν ὡς δύναιτο τάχιστα ἐπὶ τὰς Σάρδις, πρὶν ἢ τὸ δεύτερον ἁλισθῆναι τῶν Λυδῶν τὴν δύναμιν. ὡς δέ οἱ ταῦτα ἔδοξε, καὶ ἐποίεε· κατὰ τάχος ἐλάσας τὸν στρατὸν **2** ἐς τὴν Λυδίην αὐτὸς ἄγγελος Κροίσωι ἐληλύθεε. ἐνθαῦτα Κροῖσος ἐς ἀπορίην πολλὴν ἀπιγμένος, ὥς οἱ παρὰ δόξαν ἔσχε τὰ πρήγματα ἢ ὡς αὐτὸς κατεδόκεε, ὅμως τοὺς Λυδοὺς ἐξῆγε ἐς μάχην. ἦν δὲ τοῦτον τὸν **3** χρόνον ἔθνος οὐδὲν ἐν τῆι Ἀσίηι οὔτε ἀνδρηιότερον οὔτε ἀλκιμώτερον τοῦ Λυδίου. ἡ δὲ μάχη σφέων ἦν ἀπ' ἵππων, δόρατά τε ἐφόρεον μεγάλα καὶ αὐτοὶ ἦσαν ἱππεύεσθαι ἀγαθοί.

Ἐς τὸ πεδίον δὲ συνελθόντων τοῦτο τὸ πρὸ τοῦ ἄστεός ἐστι τοῦ **80** Σαρδιηνοῦ, ἐὸν μέγα τε καὶ ψιλόν (διὰ δὲ αὐτοῦ ποταμοὶ ῥέοντες καὶ ἄλλοι καὶ Ὕλλος συρρηγνῦσι ἐς τὸν μέγιστον, καλεόμενον δὲ Ἕρμον, ὃς ἐξ ὄρεος ἱροῦ μητρὸς Δινδυμήνης ῥέων ἐκδιδοῖ ἐς θάλασσαν κατὰ Φωκαίην πόλιν), ἐνθαῦτα ὁ Κῦρος ὡς εἶδε τοὺς Λυδοὺς ἐς μάχην τασσομένους, **2** καταρρωδήσας τὴν ἵππον ἐποίησε Ἁρπάγου ὑποθεμένου ἀνδρὸς Μήδου τοιόνδε· ὅσαι τῶι στρατῶι τῶι ἑωυτοῦ εἵποντο σιτοφόροι τε καὶ σκευοφόροι κάμηλοι, ταύτας πάσας ἁλίσας καὶ ἀπελὼν τὰ ἄχθεα ἄνδρας ἐπ' αὐτὰς ἀνέβησε ἱππάδα στολὴν ἐνεσταλμένους, σκευάσας δὲ αὐτοὺς προσέταξε τῆς ἄλλης στρατιῆς προϊέναι πρὸς τὴν Κροίσου ἵππον, τῆι δὲ καμήλωι ἕπεσθαι τὸν πεζὸν στρατὸν ἐκέλευε, ὄπισθε δὲ τοῦ πεζοῦ ἐπέταξε τὴν πᾶσαν ἵππον. ὡς δέ οἱ πάντες διετετάχατο, παραίνεσε **3** τῶν μὲν ἄλλων Λυδῶν μὴ φειδομένους κτείνειν πάντα τὸν ἐμποδὼν γινόμενον, Κροῖσον δὲ αὐτὸν μὴ κτείνειν, μηδὲ ἢν συλλαμβανόμενος ἀμύνηται. ταῦτα μὲν παραίνεσε, τὰς δὲ καμήλους ἔταξε ἀντία τῆς ἵππου **4** τῶνδε εἵνεκεν· κάμηλον ἵππος φοβέεται καὶ οὐκ ἀνέχεται οὔτε τὴν ἰδέην αὐτῆς ὁρέων οὔτε τὴν ὀδμὴν ὀσφραινόμενος. αὐτοῦ δὴ ὦν τούτου εἵνεκεν ἐσεσόφιστο, ἵνα τῶι Κροίσωι ἄχρηστον ἦι τὸ ἱππικόν, τῶι δή τι καὶ ἐπεῖχε ἐλλάμψεσθαι ὁ Λυδός. ὡς δὲ καὶ συνήισαν ἐς τὴν μάχην, ἐνθαῦτα **5**

79.1 πρὶν ... δύναμιν A: ὅκως πρὶν ἢ τὸ δεύτερον ἁλισθῆναι τὴν τῶν Λυδῶν δύναμιν αὐτὸς ἐπικαταλάβοι d

ὡς ὤσφραντο τάχιστα τῶν καμήλων οἱ ἵπποι καὶ εἶδον αὐτάς, ὀπίσω
6 ἀνέστρεφον, διέφθαρτό τε τῶι Κροίσωι ἡ ἐλπίς. οὐ μέντοι οἵ γε Λυδοὶ
τὸ ἐνθεῦτεν δειλοὶ ἦσαν, ἀλλ᾽ ὡς ἔμαθον τὸ γινόμενον, ἀποθορόντες
ἀπὸ τῶν ἵππων πεζοὶ τοῖσι Πέρσηισι συνέβαλλον. χρόνωι δὲ πεσόντων
ἀμφοτέρων πολλῶν ἐτράποντο οἱ Λυδοί, κατειληθέντες δὲ ἐς τὸ τεῖχος
ἐπολιορκέοντο ὑπὸ τῶν Περσέων.
81 Τοῖσι μὲν δὴ κατεστήκεε πολιορκίη, Κροῖσος δὲ δοκέων οἱ χρόνον ἐπὶ
μακρὸν ἔσεσθαι τὴν πολιορκίην ἔπεμπε ἐκ τοῦ τείχεος ἄλλους ἀγγέλους
ἐς τὰς συμμαχίας. οἱ μὲν γὰρ πρότερον διεπέμποντο ἐς πέμπτον μῆνα
προερέοντες συλλέγεσθαι ἐς Σάρδις, τούτους δὲ ἐξέπεμπε τὴν ταχίστην
δέεσθαι βοηθέειν ὡς πολιορκεομένου Κροίσου.
82 Ἔς τε δὴ ὦν τὰς ἄλλας ἔπεμπε συμμαχίας καὶ δὴ καὶ ἐς Λακεδαίμονα.
τοῖσι δὲ καὶ αὐτοῖσι τοῖσι Σπαρτιήτηισι κατ᾽ αὐτὸν τοῦτον τὸν χρόνον
συνεπεπτώκεε ἔρις ἐοῦσα πρὸς Ἀργείους περὶ χώρου καλεομένου Θυρέης.
2 τὰς γὰρ Θυρέας ταύτας ἐούσας τῆς Ἀργολίδος μοίρης ἀποταμόμενοι
ἔσχον οἱ Λακεδαιμόνιοι. ἦν δὲ καὶ ἡ μέχρι Μαλέων ἡ πρὸς ἑσπέρην
Ἀργείων, ἥ τε ἐν τῆι ἠπείρωι χώρη καὶ ἡ Κυθηρίη νῆσος καὶ αἱ λοιπαὶ
3 τῶν νήσων. βοηθησάντων δὲ Ἀργείων τῆι σφετέρηι ἀποταμνομένηι,
ἐνθαῦτα συνέβησαν ἐς λόγους συνελθόντες ὥστε τριηκοσίους ἑκατέρων
μαχέσασθαι, ὁκότεροι δ᾽ ἂν περιγένωνται, τούτων εἶναι τὸν χῶρον·
τὸ δὲ πλῆθος τοῦ στρατοῦ ἀπαλλάσσεσθαι ἑκάτερον ἐς τὴν ἑωυτοῦ
μηδὲ παραμένειν ἀγωνιζομένων, τῶνδε εἵνεκεν ἵνα μὴ παρεόντων
τῶν στρατοπέδων, ὁρῶντες οἱ ἕτεροι ἑσσουμένους τοὺς σφετέρους
4 ἐπαμύνοιεν. συνθέμενοι ταῦτα ἀπαλλάσσοντο, λογάδες δὲ ἑκατέρων
ὑπολειφθέντες συνέβαλον. μαχομένων δέ σφεων καὶ γινομένων ἰσοπαλέων
ὑπελείποντο ἐξ ἀνδρῶν ἑξακοσίων τρεῖς, Ἀργείων μὲν Ἀλκήνωρ τε καὶ
Χρομίος, Λακεδαιμονίων δὲ Ὀθρυάδης· ὑπελείφθησαν δὲ οὗτοι νυκτὸς
5 ἐπελθούσης. οἱ μὲν δὴ δύο τῶν Ἀργείων ὡς νενικηκότες ἔθεον ἐς τὸ
Ἄργος, ὁ δὲ τῶν Λακεδαιμονίων Ὀθρυάδης σκυλεύσας τοὺς Ἀργείων
νεκροὺς καὶ προσφορήσας τὰ ὅπλα πρὸς τὸ ἑωυτοῦ στρατόπεδον ἐν τῆι
6 τάξι εἶχε ἑωυτόν. ἡμέρηι δὲ δευτέρηι παρῆσαν πυνθανόμενοι ἀμφότεροι.
τέως μὲν δὴ αὐτοὶ ἑκάτεροι ἔφασαν νικᾶν, λέγοντες οἱ μὲν ὡς ἑωυτῶν
πλέονες περιγεγόνασι, οἱ δὲ τοὺς μὲν ἀποφαίνοντες πεφευγότας, τὸν δὲ
7 σφέτερον παραμείναντα καὶ σκυλεύσαντα τοὺς ἐκείνων νεκρούς. τέλος
δὲ ἐκ τῆς ἔριδος συμπεσόντες ἐμάχοντο· πεσόντων δὲ καὶ ἀμφοτέρων

81 et 82.1 συμμαχίδας Wilson   82.1 τοῖσι om. d: τοῖσι Σπαρτιήτηισι del. Cobet

πολλῶν ἐνίκων Λακεδαιμόνιοι. Ἀργεῖοι μέν νυν ἀπὸ τούτου τοῦ χρόνου κατακειράμενοι τὰς κεφαλάς, πρότερον ἐπάναγκες κομῶντες, ἐποιήσαντο νόμον τε καὶ κατάρην μὴ πρότερον θρέψειν κόμην Ἀργείων μηδένα μηδὲ τὰς γυναῖκάς σφι χρυσοφορήσειν, πρὶν Θυρέας ἀνασώσωνται. Λακεδαιμόνιοι δὲ τὰ ἐναντία τούτων ἔθεντο νόμον· οὐ γὰρ κομῶντες πρὸ 8 τούτου ἀπὸ τούτου κομᾶν. τὸν δὲ ἕνα λέγουσι τὸν περιλειφθέντα τῶν τριηκοσίων, Ὀθρυάδην, αἰσχυνόμενον ἀπονοστέειν ἐς Σπάρτην τῶν οἱ συλλοχιτέων διεφθαρμένων, αὐτοῦ μιν ἐν τῇσι Θυρέῃσι καταχρήσασθαι ἑωυτόν.

Τοιούτων δὲ τοῖσι Σπαρτιήτῃσι ἐνεστεώτων πρηγμάτων ἧκε ὁ 83 Σαρδιηνὸς κῆρυξ δεόμενος Κροίσωι βοηθέειν πολιορκεομένωι. οἱ δὲ ὅμως, ἐπείτε ἐπύθοντο τοῦ κήρυκος, ὁρμέατο βοηθέειν. καί σφι ἤδη παρεσκευασμένοισι καὶ νεῶν ἐουσέων ἑτοίμων ἦλθε ἄλλη ἀγγελίη ὡς ἡλώκοι τὸ τεῖχος τῶν Λυδῶν καὶ ἔχοιτο Κροῖσος ζωγρηθείς. οὕτω δὴ οὗτοι μὲν συμφορὴν ποιησάμενοι μεγάλην ἐπέπαυντο.

Σάρδιες δὲ ἥλωσαν ὧδε· ἐπειδὴ τεσσερεσκαιδεκάτη ἐγένετο ἡμέρη 84 πολιορκεομένωι Κροίσωι, Κῦρος τῇ στρατιῇ τῇ ἑωυτοῦ διαπέμψας ἱππέας προεῖπε τῷ πρώτωι ἐπιβάντι τοῦ τείχεος δῶρα δώσειν. μετὰ 2 δὲ τοῦτο πειρησαμένης τῆς στρατιῆς, ὡς οὐ προεχώρεε, ἐνθαῦτα τῶν ἄλλων πεπαυμένων ἀνὴρ Μάρδος ἐπειρᾶτο προσβαίνων, τῷ οὔνομα ἦν Ὑροιάδης, κατὰ τοῦτο τῆς ἀκροπόλιος τῇ οὐδεὶς ἐτέτακτο φύλακος· οὐ γὰρ ἦν δεινὸν κατὰ τοῦτο μὴ ἁλῷ κοτε. ἀπότομός τε γάρ ἐστι ταύτῃ ἡ 3 ἀκρόπολις καὶ ἄμαχος. τῇ οὐδὲ Μήλης ὁ πρότερον βασιλεύσας Σαρδίων μούνῃ οὐ περιήνεικε τὸν λέοντα τόν οἱ ἡ παλλακὴ ἔτεκε, Τελμησσέων δικασάντων ὡς περιενειχθέντος τοῦ λέοντος τὸ τεῖχος ἔσονται Σάρδιες ἀνάλωτοι. ὁ δὲ Μήλης κατὰ τὸ ἄλλο τεῖχος περιενείκας, τῇ ἦν ἐπίμαχον [τὸ χωρίον] τῆς ἀκροπόλιος, κατηλόγησε τοῦτο ὡς ἐὸν ἄμαχόν τε καὶ ἀπότομον· ἔστι δὲ πρὸς τοῦ Τμώλου τετραμμένον τῆς πόλιος. ὁ ὦν δὴ 4 Ὑροιάδης οὗτος ὁ Μάρδος ἰδὼν τῇ προτεραίῃ τῶν τινα Λυδῶν κατὰ τοῦτο τῆς ἀκροπόλιος καταβάντα ἐπὶ κυνέην ἄνωθεν κατακυλισθεῖσαν καὶ ἀνελόμενον ἐφράσθη καὶ ἐς θυμὸν ἐβάλετο. τότε δὲ δὴ αὐτός τε 5 ἀνεβεβήκεε καὶ κατ' αὐτὸν ἄλλοι Περσέων ἀνέβαινον· προσβάντων δὲ συχνῶν οὕτω δὴ Σάρδιές τε ἡλώκεσαν καὶ πᾶν τὸ ἄστυ ἐπορθέετο.

Κατ' αὐτὸν δὲ Κροῖσον τάδε ἐγίνετο. ἦν οἱ παῖς, τοῦ καὶ πρότερον 85 ἐπεμνήσθην, τὰ μὲν ἄλλα ἐπιεικής, ἄφωνος δέ. ἐν τῇ ὦν παρελθούσῃ εὐεστοῖ ὁ Κροῖσος τὸ πᾶν ἐς αὐτὸν ἐπεποιήκεε ἄλλα τε ἐπιφραζόμενος

84.3 πρότερον A: πρότερος d   βασιλεύσας Powell: βασιλεὺς codd.   δικασάντων AX: δικασόντων d: διδαξάντων Reiske   [τὸ χωρίον] del. Krüger: τῆς ἀκροπόλιος del. Wilson   τοῦτο Reiske: τούτου codd.   <τὸ> πρὸς Blaydes   τὸν Τμῶλον Reiske

2 καὶ δὴ καὶ ἐς Δελφοὺς περὶ αὐτοῦ ἐπεπόμφεε χρησομένους. ἡ δὲ Πυθίη οἱ εἶπε τάδε·

> Λυδὲ γένος, πολλῶν βασιλεῦ, μέγα νήπιε Κροῖσε,
> μὴ βούλευ πολύευκτον ἰὴν ἀνὰ δώματ' ἀκούειν
> παιδὸς φθεγγομένου. τὸ δέ σοι πολὺ λώιον ἀμφὶς
> ἔμμεναι· αὐδήσει γὰρ ἐν ἤματι πρῶτον ἀνόλβωι.

3 ἁλισκομένου δὴ τοῦ τείχεος, ἤιε γὰρ τῶν τις Περσέων ἀλλογνώσας Κροῖσον ὡς ἀποκτενέων, Κροῖσος μέν νυν ὁρέων ἐπιόντα ὑπὸ τῆς παρεούσης 4 συμφορῆς παρημελήκεε, οὐδέ τί οἱ διέφερε πληγέντι ἀποθανεῖν· ὁ δὲ παῖς οὗτος ὁ ἄφωνος ὡς εἶδε ἐπιόντα τὸν Πέρσην, ὑπὸ δέους τε καὶ κακοῦ ἔρρηξε φωνήν, εἶπε δέ· Ὤνθρωπε, μὴ κτεῖνε Κροῖσον. οὗτος μὲν δὴ τοῦτο πρῶτον ἐφθέγξατο, μετὰ δὲ τοῦτο ἤδη ἐφώνεε τὸν πάντα χρόνον τῆς ζόης.

86 Οἱ δὲ Πέρσαι τάς τε δὴ Σάρδις ἔσχον καὶ αὐτὸν Κροῖσον ἐζώγρησαν, ἄρξαντα ἔτεα τεσσερεσκαίδεκα καὶ τεσσερεσκαίδεκα ἡμέρας πολιορκηθέντα, κατὰ τὸ χρηστήριόν τε καταπαύσαντα τὴν ἑωυτοῦ μεγάλην ἀρχήν. λαβόντες δὲ αὐτὸν οἱ Πέρσαι ἤγαγον παρὰ Κῦρον. 2 ὁ δὲ συννήσας πυρὴν μεγάλην ἀνεβίβασε ἐπ' αὐτὴν τὸν Κροῖσόν τε ἐν πέδηισι δεδεμένον καὶ δὶς ἑπτὰ Λυδῶν παρ' αὐτὸν παῖδας, ἐν νόωι ἔχων εἴτε δὴ ἀκροθίνια ταῦτα καταγιεῖν θεῶν ὅτεωι δή, εἴτε καὶ εὐχὴν ἐπιτελέσαι θέλων, εἴτε καὶ πυθόμενος τὸν Κροῖσον εἶναι θεοσεβέα τοῦδε εἵνεκεν ἀνεβίβασε ἐπὶ τὴν πυρήν, βουλόμενος εἰδέναι εἴ τίς μιν δαιμόνων 3 ῥύσεται τοῦ μὴ ζώοντα κατακαυθῆναι. τὸν μὲν δὴ ποιέειν ταῦτα, τῶι δὲ Κροίσωι ἑστεῶτι ἐπὶ τῆς πυρῆς ἐσελθεῖν, καίπερ ἐν κακῶι ἐόντι τοσούτωι, τὸ τοῦ Σόλωνος, ὥς οἱ εἴη σὺν θεῶι εἰρημένον, τὸ μηδένα εἶναι τῶν ζωόντων ὄλβιον. ὡς δὲ ἄρα μιν προσστῆναι τοῦτο, ἀνενεικάμενόν 4 τε καὶ ἀναστενάξαντα ἐκ πολλῆς ἡσυχίης ἐς τρὶς ὀνομάσαι "Σόλων". καὶ τὸν Κῦρον ἀκούσαντα κελεῦσαι τοὺς ἑρμηνέας ἐπειρέσθαι τὸν Κροῖσον τίνα τοῦτον ἐπικαλέοιτο, καὶ τοὺς προσελθόντας ἐπειρωτᾶν. Κροῖσον δὲ τέως μὲν σιγὴν ἔχειν εἰρωτώμενον, μετὰ δέ, ὡς ἠναγκάζετο, εἰπεῖν· Τὸν ἂν ἐγὼ πᾶσι τυράννοισι προετίμησα μεγάλων χρημάτων ἐς λόγους ἐλθεῖν. 5 ὡς δέ σφι ἄσημα ἔφραζε, πάλιν ἐπειρώτων τὰ λεγόμενα. λιπαρεόντων δὲ αὐτῶν καὶ ὄχλον παρεχόντων, ἔλεγε δὴ ὡς ἦλθε ἀρχὴν ὁ Σόλων ἐὼν Ἀθηναῖος, καὶ θεησάμενος πάντα τὸν ἑωυτοῦ ὄλβον ἀποφλαυρίσειε οἷα δὴ εἴπας, ὥς τε αὐτῶι πάντα ἀποβεβήκοι τῆι περ ἐκεῖνος εἶπε, οὐδέν τι μᾶλλον ἐς ἑωυτὸν λέγων ἢ <οὐκ> ἐς ἅπαν τὸ ἀνθρώπινον καὶ μάλιστα

86.3 προσστῆναι Schweighäuser: προστῆναι codd.   ἡσυχίης Α: λειποψυχίης d
86.4 τέως ΑΧ: ἕως d   86.5 <οὐκ> Stein

τοὺς παρὰ σφίσι αὐτοῖσι ὀλβίους δοκέοντας εἶναι. τὸν μὲν Κροῖσον ταῦτα ἀπηγέεσθαι, τῆς δὲ πυρῆς ἤδη ἀμμένης καίεσθαι τὰ περιέσχατα. καὶ τὸν Κῦρον ἀκούσαντα τῶν ἑρμηνέων τὰ Κροῖσος εἶπε, μεταγνόντα τε 6 καὶ ἐννώσαντα ὅτι καὶ αὐτὸς ἄνθρωπος ἐὼν ἄλλον ἄνθρωπον, γενόμενον ἑωυτοῦ εὐδαιμονίηι οὐκ ἐλάσσω, ζώοντα πυρὶ διδοίη, πρός τε τούτοισι δείσαντα τὴν τίσιν καὶ ἐπιλεξάμενον ὡς οὐδὲν εἴη τῶν ἐν ἀνθρώποισι ἀσφαλέως ἔχον, κελεύειν σβεννύναι τὴν ταχίστην τὸ καιόμενον πῦρ καὶ καταβιβάζειν Κροῖσόν τε καὶ τοὺς μετὰ Κροίσου· καὶ τοὺς πειρωμένους οὐ δύνασθαι ἔτι τοῦ πυρὸς ἐπικρατῆσαι.

Ἐνθαῦτα λέγεται ὑπὸ Λυδῶν Κροῖσον μαθόντα τὴν Κύρου 87 μετάγνωσιν, ὡς ὥρα πάντα μὲν ἄνδρα σβεννύντα τὸ πῦρ, δυναμένους δὲ οὐκέτι καταλαβεῖν, ἐπιβώσασθαι τὸν Ἀπόλλωνα ἐπικαλεόμενον, εἴ τί οἱ κεχαρισμένον ἐξ αὐτοῦ ἐδωρήθη, παραστῆναι καὶ ῥύσασθαί μιν ἐκ τοῦ παρεόντος κακοῦ. τὸν μὲν δακρύοντα ἐπικαλέεσθαι τὸν θεόν, 2 ἐκ δὲ αἰθρίης τε καὶ νηνεμίης συνδραμεῖν ἐξαπίνης νέφεα καὶ χειμῶνά τε καταρραγῆναι καὶ ὗσαι ὕδατι λαβροτάτωι, κατασβεσθῆναί τε τὴν πυρήν. οὕτω δὴ μαθόντα τὸν Κῦρον ὡς εἴη ὁ Κροῖσος καὶ θεοφιλὴς καὶ ἀνὴρ ἀγαθός, καταβιβάσαντα αὐτὸν ἀπὸ τῆς πυρῆς εἰρέσθαι τάδε· Κροῖσε, τίς σε ἀνθρώπων ἀνέγνωσε ἐπὶ γῆν τὴν ἐμὴν στρατευσάμενον 3 πολέμιον ἀντὶ φίλου ἐμοὶ καταστῆναι; ὁ δὲ εἶπε· Ὦ βασιλεῦ, ἐγὼ ταῦτα ἔπρηξα τῆι σῆι μὲν εὐδαιμονίηι, τῆι ἐμεωυτοῦ δὲ κακοδαιμονίηι· αἴτιος δὲ τούτων ἐγένετο ὁ Ἑλλήνων θεὸς ἐπάρας ἐμὲ στρατεύεσθαι. οὐδεὶς γὰρ 4 οὕτω ἀνόητός ἐστι ὅστις πόλεμον πρὸ εἰρήνης αἱρέεται· ἐν μὲν γὰρ τῆι οἱ παῖδες τοὺς πατέρας θάπτουσι, ἐν δὲ τῶι οἱ πατέρες τοὺς παῖδας. ἀλλὰ ταῦτα δαίμονί κου φίλον ἦν οὕτω γενέσθαι.

Ὁ μὲν ταῦτα ἔλεγε, Κῦρος δὲ αὐτὸν λύσας κατεῖσέ τε ἐγγὺς ἑωυτοῦ 88 καὶ κάρτα ἐν πολλῆι προμηθίηι εἶχε, ἀπεθώμαζέ τε ὁρέων καὶ αὐτὸς καὶ οἱ περὶ ἐκεῖνον ἐόντες πάντες· ὁ δὲ συννοίηι ἐχόμενος ἥσυχος ἦν. μετὰ δὲ ἐπιστραφείς τε καὶ ἰδόμενος τοὺς Πέρσας τὸ τῶν Λυδῶν ἄστυ 2 κεραΐζοντας εἶπε· Ὦ βασιλεῦ, κότερον λέγειν πρός σε τὰ νοέων τυγχάνω ἢ σιγᾶν ἐν τῶι παρεόντι χρή; Κῦρος δέ μιν θαρσέοντα ἐκέλευε λέγειν ὅ τι βούλοιτο. ὁ δὲ αὐτὸν εἰρώτα λέγων· Οὗτος ὁ πολλὸς ὅμιλος τί 3 ταῦτα πολλῆι σπουδῆι ἐργάζεται; ὁ δὲ εἶπε· Πόλιν τε τὴν σὴν διαρπάζει καὶ χρήματα τὰ σὰ διαφορέει. Κροῖσος δὲ ἀμείβετο· Οὔτε πόλιν τὴν ἐμὴν οὔτε χρήματα τὰ ἐμὰ διαρπάζει· οὐδὲν γὰρ ἐμοὶ ἔτι τούτων μέτα· ἀλλὰ φέρουσί τε καὶ ἄγουσι τὰ σά.

87.4 δαίμονι d: δαίμοσι A

89 Κύρωι δὲ ἐπιμελὲς ἐγένετο τὰ Κροῖσος εἶπε, μεταστησάμενος δὲ τοὺς ἄλλους εἴρετο Κροῖσον ὅ τι οἱ ἐνορώιη ἐν τοῖσι ποιευμένοισι. ὁ δὲ εἶπε· Ἐπείτε με θεοὶ ἔδωκαν δοῦλόν σοι, δικαιῶ, εἴ τι ἐνορέω πλέον, σημαίνειν 2 σοί. Πέρσαι, φύσιν ἐόντες ὑβρισταί, εἰσὶ ἀχρήματοι· ἢν ὦν σὺ τούτους περιίδηις διαρπάσαντας καὶ κατασχόντας χρήματα μεγάλα, τάδε τοι ἐξ αὐτῶν ἐπίδοξα γενέσθαι· ὃς ἂν αὐτῶν πλεῖστα κατάσχηι, τοῦτον προσδέκεσθαί τοι ἐπαναστησόμενον. νῦν ὦν ποίησον ὧδε, εἴ τοι ἀρέσκει 3 τὰ ἐγὼ λέγω. κάτισον τῶν δορυφόρων ἐπὶ πάσηισι τῆισι πύληισι φυλάκους, οἳ λεγόντων πρὸς τοὺς ἐκφέροντας τὰ χρήματα ἀπαιρεόμενοι ὥς σφεα ἀναγκαίως ἔχει δεκατευθῆναι τῶι Διί. καὶ σύ τέ σφι οὐκ ἀπεχθήσεαι βίηι ἀπαιρεόμενος τὰ χρήματα, καὶ ἐκεῖνοι συγγνόντες ποιέειν σε δίκαια ἑκόντες προήσουσι.

90 Ταῦτα ἀκούων ὁ Κῦρος ὑπερήδετο, ὥς οἱ ἐδόκεε εὖ ὑποτίθεσθαι· αἰνέσας δὲ πολλὰ καὶ ἐντειλάμενος τοῖσι δορυφόροισι τὰ Κροῖσος ὑπεθήκατο ἐπιτελέειν, εἶπε πρὸς Κροῖσον τάδε· Κροῖσε, ἀναρτημένου σέο ἀνδρὸς βασιλέος χρηστὰ ἔργα καὶ ἔπεα ποιέειν, αἰτέο δόσιν ἥντινα 2 βούλεαί τοι γενέσθαι παραυτίκα. ὁ δὲ εἶπε· Ὦ δέσποτα, ἐάσας με χαριέαι μάλιστα τὸν θεὸν τῶν Ἑλλήνων, τὸν ἐγὼ ἐτίμησα θεῶν μάλιστα, ἐπειρέσθαι, πέμψαντα τάσδε τὰς πέδας, εἰ ἐξαπατᾶν τοὺς εὖ ποιεῦντας νόμος ἐστί οἱ. Κῦρος δὲ εἴρετο ὅ τι οἱ τοῦτο ἐπηγορέων παραιτέοιτο. 3 Κροῖσος δέ οἱ ἐπαλιλλόγησε πᾶσαν τὴν ἑωυτοῦ διάνοιαν καὶ τῶν χρηστηρίων τὰς ὑποκρίσιας καὶ μάλιστα τὰ ἀναθήματα καὶ ὡς ἐπαρθεὶς τῶι μαντηίωι ἐστρατεύσατο ἐπὶ Πέρσας. λέγων δὲ ταῦτα κατέβαινε αὖτις παραιτεόμενος ἐπεῖναί οἱ τῶι θεῶι τοῦτο ὀνειδίσαι. Κῦρος δὲ γελάσας εἶπε· Καὶ τούτου τεύξεαι παρ' ἐμέο, Κροῖσε, καὶ ἄλλου παντὸς τοῦ ἂν 4 ἑκάστοτε δέηι. ὡς δὲ ταῦτα ἤκουσε ὁ Κροῖσος, πέμπων τῶν Λυδῶν ἐς Δελφοὺς ἐνετέλλετο τιθέντας τὰς πέδας ἐπὶ τοῦ νηοῦ τὸν οὐδὸν εἰρωτᾶν εἰ οὔ τι ἐπαισχύνεται τοῖσι μαντηίοισι ἐπάρας Κροῖσον στρατεύεσθαι ἐπὶ Πέρσας ὡς καταπαύσοντα τὴν Κύρου δύναμιν, ἀπ' ἧς οἱ ἀκροθίνια τοιαῦτα γενέσθαι, δεικνύντας τὰς πέδας· ταῦτά τε ἐπειρωτᾶν καὶ εἰ ἀχαρίστοισι νόμος εἶναι τοῖσι Ἑλληνικοῖσι θεοῖσι.

91 Ἀπικομένοισι δὲ τοῖσι Λυδοῖσι καὶ λέγουσι τὰ ἐντεταλμένα τὴν Πυθίην λέγεται εἰπεῖν τάδε· τὴν πεπρωμένην μοῖραν ἀδύνατά ἐστι ἀποφυγεῖν καὶ θεῶι. Κροῖσος δὲ πέμπτου γονέος ἁμαρτάδα ἐξέπλησε, ὃς ἐὼν δορυφόρος Ἡρακλειδέων δόλωι γυναικηίωι ἐπισπόμενος ἐφόνευσε τὸν δεσπότεα καὶ 2 ἔσχε τὴν ἐκείνου τιμήν οὐδέν οἱ προσήκουσαν. προθυμεομένου δὲ Λοξίεω

90.1 <διὰ> χρηστὰ ἔργα Richards ἔπεα <εὖ> ποιέειν Wilson post Richards
90.3 ἐπαλιλλόγησε Pollux 2.120: ἐπανηλόγησε Ad

ὅκως ἂν κατὰ τοὺς παῖδας τοῦ Κροίσου γένοιτο τὸ Σαρδίων πάθος καὶ μὴ κατ' αὐτὸν Κροῖσον, οὐκ οἷός τε ἐγένετο παραγαγεῖν Μοίρας. ὅσον δὲ ἐνέδωκαν αὗται, ἤνυσέ τε καὶ ἐχαρίσατό οἱ· τρία γὰρ ἔτεα 3 ἐπανεβάλετο τὴν Σαρδίων ἅλωσιν, καὶ τοῦτο ἐπιστάσθω Κροῖσος ὡς ὕστερον τοῖσι ἔτεσι τούτοισι ἁλοὺς τῆς πεπρωμένης. δεύτερα δὲ τούτων καιομένωι αὐτῶι ἐπήρκεσε. κατὰ δὲ τὸ μαντήιον τὸ γενόμενον οὐκ 4 ὀρθῶς Κροῖσος μέμφεται· προηγόρευε γάρ οἱ Λοξίης, ἢν στρατεύηται ἐπὶ Πέρσας, μεγάλην ἀρχὴν αὐτὸν καταλύσειν. τὸν δὲ πρὸς ταῦτα χρῆν, εὖ μέλλοντα βουλεύεσθαι, ἐπειρέσθαι πέμψαντα κότερα τὴν ἑωυτοῦ ἢ τὴν Κύρου λέγοι ἀρχήν. οὐ συλλαβὼν δὲ τὸ ῥηθὲν οὐδ' ἐπανειρόμενος ἑωυτὸν αἴτιον ἀποφαινέτω. [ὧι] καὶ τὸ τελευταῖον χρηστηριαζομένωι [εἶπε] τὰ 5 εἶπε Λοξίης περὶ ἡμιόνου, οὐδὲ τοῦτο συνέλαβε. ἦν γὰρ δὴ ὁ Κῦρος οὗτος ἡμίονος· ἐκ γὰρ δυῶν οὐκ ὁμοεθνέων ἐγεγόνεε, μητρὸς ἀμείνονος, πατρὸς δὲ ὑποδεεστέρου· ἡ μὲν γὰρ ἦν Μηδὶς καὶ Ἀστυάγεος θυγάτηρ 6 τοῦ Μήδων βασιλέος, ὁ δὲ Πέρσης τε ἦν καὶ ἀρχόμενος ὑπ' ἐκείνοισι καὶ ἔνερθε ἐὼν τοῖσι ἅπασι δεσποίνηι τῆι ἑωυτοῦ συνοίκεε. ταῦτα μὲν ἡ Πυθίη ὑπεκρίνατο τοῖσι Λυδοῖσι, οἱ δὲ ἀνήνεικαν ἐς Σάρδις καὶ ἀπήγγειλαν Κροίσωι. ὁ δὲ ἀκούσας συνέγνω ἑωυτοῦ εἶναι τὴν ἁμαρτάδα καὶ οὐ τοῦ θεοῦ.

Κατὰ μὲν δὴ τὴν Κροίσου τε ἀρχὴν καὶ Ἰωνίης τὴν πρώτην καταστροφὴν 92 ἔσχε οὕτω. Κροίσωι δὲ ἔστι καὶ ἄλλα ἀναθήματα ἐν τῆι Ἑλλάδι πολλὰ καὶ οὐ τὰ εἰρημένα μοῦνα· ἐν μὲν γὰρ Θήβηισι τῆισι Βοιωτῶν τρίπους χρύσεος, τὸν ἀνέθηκε τῶι Ἀπόλλωνι τῶι Ἰσμηνίωι, ἐν δὲ Ἐφέσωι αἵ τε βόες αἱ χρύσεαι καὶ τῶν κιόνων αἱ πολλαί, ἐν δὲ Προνηίης τῆς ἐν Δελφοῖσι ἀσπὶς χρυσέη μεγάλη. ταῦτα μὲν καὶ ἔτι ἐς ἐμὲ ἦν περιεόντα, τὰ δ' ἐξαπόλωλε [τὰ] τῶν ἀναθημάτων· τὰ δ' ἐν Βραγχίδηισι τῆισι Μιλησίων 2 ἀναθήματα Κροίσωι, ὡς ἐγὼ πυνθάνομαι, ἴσα τε σταθμὸν καὶ ὅμοια τοῖσι ἐν Δελφοῖσι. τὰ μέν νυν ἔς τε Δελφοὺς καὶ ἐς τοῦ Ἀμφιάρεω ἀνέθηκε οἰκήιά τε ἐόντα καὶ τῶν πατρωίων χρημάτων ἀπαρχήν, τὰ δὲ ἄλλα ἀναθήματα ἐξ ἀνδρὸς ἐγένετο οὐσίης ἐχθροῦ, ὅς οἱ πρὶν ἢ βασιλεῦσαι ἀντιστασιώτης κατεστήκεε συσπεύδων Πανταλέοντι γενέσθαι τὴν Λυδῶν ἀρχήν. ὁ δὲ 3 Πανταλέων ἦν Ἀλυάττεω μὲν παῖς, Κροίσου δὲ ἀδελφεὸς οὐκ ὁμομήτριος· Κροῖσος μὲν γὰρ ἐκ Καείρης ἦν γυναικὸς Ἀλυάττηι, Πανταλέων δὲ ἐξ Ἰάδος. ἐπείτε δὲ δόντος τοῦ πατρὸς ἐκράτησε τῆς ἀρχῆς ὁ Κροῖσος, τὸν 4

91.3 ἤνυσέ τε Schäfer: ἠνύσατο codd.   91.5 [ὧι] del. Krüger [εἶπε] del. Legrand: τὰ εἶπε om. SV: ἔπειτε εἶπε Pingel συνέλαβε Aldina: -έβαλε(ν) Ar: -έβαλλε D <μὲν> ἀμείνονος Van Herwerden   92.1–4 Κροίσωι . . . εἰρήσθω ABC: om. d
92.1 [τὰ] del. Reiske   92.2 σταθμὸν <ἦν> καὶ Legrand

ἄνθρωπον τὸν ἀντιπρήσσοντα ἐπὶ κνάφου ἕλκων διέφθειρε, τὴν δὲ οὐσίην αὐτοῦ ἔτι πρότερον κατιρώσας τότε τρόπωι τῶι εἰρημένωι ἀνέθηκε ἐς τὰ εἴρηται. καὶ περὶ μὲν ἀναθημάτων τοσαῦτα εἰρήσθω.

93 Θώματα δὲ γῇ ⟨ἡ⟩ Λυδίη ἐς συγγραφὴν οὐ μάλα ἔχει, οἷά τε καὶ ἄλλη 2 χώρη, πάρεξ τοῦ ἐκ τοῦ Τμώλου καταφερομένου ψήγματος. ἓν δὲ ἔργον πολλὸν μέγιστον παρέχεται χωρὶς τῶν τε Αἰγυπτίων ἔργων καὶ τῶν Βαβυλωνίων· ἔστι αὐτόθι Ἀλυάττεω τοῦ Κροίσου πατρὸς σῆμα, τοῦ ἡ κρηπὶς μέν ἐστι λίθων μεγάλων, τὸ δὲ ἄλλο σῆμα χῶμα γῆς. ἐξεργάσαντο δέ μιν οἱ ἀγοραῖοι ἄνθρωποι καὶ οἱ χειρώνακτες καὶ αἱ ἐνεργαζόμεναι 3 παιδίσκαι. οὖροι δὲ πέντε ἐόντες ἔτι καὶ ἐς ἐμὲ ἦσαν ἐπὶ τοῦ σήματος ἄνω, καί σφι γράμματα ἐνεκεκόλαπτο τὰ ἕκαστοι ἐξεργάσαντο· καὶ 4 ἐφαίνετο μετρεόμενον τὸ τῶν παιδισκέων ἔργον ἐὸν μέγιστον. τοῦ γὰρ δὴ Λυδῶν δήμου αἱ θυγατέρες πορνεύονται πᾶσαι, συλλέγουσαι σφίσι φερνάς, ἐς ὃ ἂν συνοικήσωσι τοῦτο ποιεῦσαι· ἐκδιδοῦσι δὲ αὐταὶ ἑωυτάς. 5 ἡ μὲν δὴ περίοδος τοῦ σήματός εἰσι στάδιοι ἓξ καὶ δύο πλέθρα, τὸ δὲ εὖρός ἐστι πλέθρα τρία καὶ δέκα· λίμνη δὲ ἔχεται τοῦ σήματος μεγάλη, τὴν λέγουσι Λυδοὶ ἀείναον εἶναι· καλέεται δὲ αὕτη Γυγαίη. τοῦτο μὲν δὴ τοιοῦτό ἐστι.

94 Λυδοὶ δὲ νόμοισι μὲν παραπλησίοισι χρέωνται καὶ Ἕλληνες, χωρὶς ἢ ὅτι τὰ θήλεα τέκνα καταπορνεύουσι. πρῶτοι δὲ ἀνθρώπων τῶν ἡμεῖς ἴδμεν νόμισμα χρυσοῦ καὶ ἀργύρου κοψάμενοι ἐχρήσαντο, πρῶτοι δὲ 2 καὶ κάπηλοι ἐγένοντο. φασὶ δὲ αὐτοὶ Λυδοὶ καὶ τὰς παιγνίας τὰς νῦν σφίσι τε καὶ Ἕλλησι κατεστεώσας ἑωυτῶν ἐξεύρημα γενέσθαι. ἅμα δὲ ταύτας τε ἐξευρεθῆναι παρὰ σφίσι λέγουσι καὶ Τυρσηνίην ἀποικίσαι, 3 ὧδε περὶ αὐτῶν λέγοντες. ἐπὶ Ἄτυος τοῦ Μάνεω βασιλέος σιτοδείην ἰσχυρὴν ἀνὰ τὴν Λυδίην πᾶσαν γενέσθαι· καὶ τοὺς Λυδοὺς τέως μὲν διάγειν λιπαρέοντας, μετὰ δέ, ὡς οὐ παύεσθαι, ἄκεα δίζησθαι, ἄλλον δὲ ἄλλο ἐπιμηχανᾶσθαι αὐτῶν. ἐξευρεθῆναι δὴ ὦν τότε καὶ τῶν κύβων καὶ τῶν ἀστραγάλων καὶ τῆς σφαίρης καὶ τῶν ἀλλέων πασέων παιγνιέων τὰ εἴδεα, πλὴν πεσσῶν· τούτων γὰρ ὦν τὴν ἐξεύρεσιν οὐκ οἰκηιοῦνται 4 Λυδοί. ποιέειν δὲ ὧδε πρὸς τὸν λιμὸν ἐξευρόντας· τὴν μὲν ἑτέρην τῶν ἡμερέων παίζειν πᾶσαν, ἵνα δὴ μὴ ζητέοιεν σιτία, τὴν δὲ ἑτέρην σιτέεσθαι παυομένους τῶν παιγνιέων. τοιούτωι τρόπωι διάγειν ἐπ᾽ ἔτεα δυῶν 5 δέοντα εἴκοσι. ἐπείτε δὲ οὐκ ἀνιέναι τὸ κακόν, ἀλλ᾽ ἔτι ἐπὶ μᾶλλον βιάζεσθαι, οὕτω δὴ τὸν βασιλέα αὐτῶν δύο μοίρας διελόντα Λυδῶν

93.1 ⟨ἡ⟩ Schäfer   **93.2–94.1** ἓν . . . καταπορνεύουσι ABC: om. D   **94.3** τέως CP, Cobet: ἕως AB

πάντων κληρῶσαι τὴν μὲν ἐπὶ μονῆι, τὴν δ' ἐπὶ ἐξόδωι ἐκ τῆς χώρης, καὶ ἐπὶ μὲν τῆι μένειν αὐτοῦ λαγχανούσηι τῶν μοιρέων ἑωυτὸν τὸν βασιλέα προστάσσειν, ἐπὶ δὲ τῆι ἀπαλλασσομένηι τὸν ἑωυτοῦ παῖδα, τῶι οὔνομα εἶναι Τυρσηνόν. λαχόντας δὲ αὐτῶν τοὺς ἑτέρους ἐξιέναι ἐκ 6 τῆς χώρης [καὶ] καταβῆναι ἐς Σμύρνην καὶ μηχανήσασθαι πλοῖα, ἐς τὰ ἐσθεμένους τὰ πάντα, ὅσα σφι ἦν χρηστὰ ἐπίπλοα, ἀποπλέειν κατὰ βίου τε καὶ γῆς ζήτησιν, ἐς ὃ ἔθνεα πολλὰ παραμειψαμένους ἀπικέσθαι ἐς Ὀμβρικούς, ἔνθα σφέας ἐνιδρύσασθαι πόλιας καὶ οἰκέειν τὸ μέχρι τοῦδε. ἀντὶ δὲ Λυδῶν μετονομασθῆναι αὐτοὺς ἐπὶ τοῦ βασιλέος τοῦ παιδός, ὅς 7 σφεας ἀνήγαγε· ἐπὶ τούτου τὴν ἐπωνυμίην ποιευμένους ὀνομασθῆναι Τυρσηνούς. Λυδοὶ μὲν δὴ ὑπὸ Πέρσηισι ἐδεδούλωντο.

Ἐπιδίζηται δὲ δὴ τὸ ἐνθεῦτεν ἡμῖν ὁ λόγος τόν τε Κῦρον ὅστις ἐὼν 95 τὴν Κροίσου ἀρχὴν κατεῖλε, καὶ τοὺς Πέρσας ὅτεωι τρόπωι ἡγήσαντο τῆς Ἀσίης. ὡς ὦν Περσέων μετεξέτεροι λέγουσι οἱ μὴ βουλόμενοι σεμνοῦν τὰ περὶ Κῦρον, ἀλλὰ τὸν ἐόντα λέγειν λόγον, κατὰ ταῦτα γράψω, ἐπιστάμενος περὶ Κύρου καὶ τριφασίας ἄλλας λόγων ὁδοὺς φῆναι. Ἀσσυρίων ἀρχόντων τῆς ἄνω Ἀσίης ἐπ' ἔτεα εἴκοσι καὶ πεντακόσια, 2 πρῶτοι ἀπ' αὐτῶν Μῆδοι ἤρξαντο ἀπίστασθαι· καί κως οὗτοι περὶ τῆς ἐλευθερίης μαχεσάμενοι τοῖσι Ἀσσυρίοισι ἐγένοντο ἄνδρες ἀγαθοὶ καὶ ἀπωσάμενοι τὴν δουλοσύνην ἐλευθερώθησαν. μετὰ δὲ τούτους καὶ τὰ ἄλλα ἔθνεα ἐποίεε τὠυτὸ τοῖσι Μήδοισι.

Ἐόντων δὲ αὐτονόμων πάντων ἀνὰ τὴν ἤπειρον ὧδε αὖτις ἐς 96 τυραννίδα περιῆλθον. ἀνὴρ ἐν τοῖσι Μήδοισι ἐγένετο σοφὸς τῶι οὔνομα ἦν Δηιόκης, παῖς δὲ ἦν Φραόρτεω. οὗτος ὁ Δηιόκης ἐρασθεὶς τυραννίδος 2 ἐποίεε τοιάδε· κατοικημένων τῶν Μήδων κατὰ κώμας, ἐν τῆι ἑωυτοῦ ἐὼν καὶ πρότερον δόκιμος καὶ μᾶλλόν τι καὶ προθυμότερον δικαιοσύνην ἐπιθέμενος ἤσκεε· καὶ ταῦτα μέντοι ἐούσης ἀνομίης πολλῆς ἀνὰ πᾶσαν τὴν Μηδικὴν ἐποίεε, ἐπιστάμενος ὅτι τῶι δικαίωι τὸ ἄδικον πολέμιόν ἐστι. οἱ δ' ἐκ τῆς αὐτῆς κώμης Μῆδοι ὁρῶντες αὐτοῦ τοὺς τρόπους δικαστήν μιν ἑωυτῶν αἱρέοντο. ὁ δὲ δή, οἷα μνώμενος ἀρχήν, ἰθύς τε καὶ δίκαιος ἦν. ποιέων τε ταῦτα ἔπαινον εἶχε οὐκ ὀλίγον πρὸς τῶν πολιητέων, 3 οὕτω ὥστε πυνθανόμενοι οἱ ἐν τῆισι ἄλληισι κώμηισι ὡς Δηιόκης εἴη

94.6 χώρης [καὶ] om. C, del. edd. 95.2–96.1 Ἀσσυρίων ... περιῆλθον ABC: om. d
96.1 τυραννίδα Stein: τυραννίδας codd. 96.2–99.1 ἐρασθεὶς ... μηδένα ABC: διὰ ὦν τὴν ἑωυτοῦ εὐνομίην ἐβασίλευσε (-ευε r) Μήδων. ποιεῦσι δὲ ταῦτα οἱ Μῆδοι· οἰκοδομέουσί τε οἰκοδομήματα μεγάλα, καὶ δορυφόρους αὐτῶι ἐπιτρέπουσι ἐκ πάντων Μήδων καταλέξασθαι πρὸς τὸ μὴ ἐσιέναι παρὰ βασιλέα μηδένα συγχωρεῖν d

ἀνὴρ μοῦνος κατὰ τὸ ὀρθὸν δικάζων, πρότερον περιπίπτοντες ἀδίκοισι γνώμησι, τότε, ἐπείτε ἤκουσαν, ἄσμενοι ἐφοίτων παρὰ τὸν Δηιόκην καὶ αὐτοὶ δικασόμενοι, τέλος δὲ οὐδενὶ ἄλλωι ἐπετρέποντο.

97 Πλέονος δὲ αἰεὶ γινομένου τοῦ ἐπιφοιτῶντος, οἷα πυνθανομένων τὰς δίκας ἀποβαίνειν κατὰ τὸ ἐόν, γνοὺς ὁ Δηιόκης ἐς ἑωυτὸν πᾶν ἀνακείμενον οὔτε κατίζειν ἔτι ἤθελε ἔνθα περ πρότερον προκατίζων ἐδίκαζε οὔτ᾽ ἔφη δικᾶν ἔτι· οὐ γὰρ οἱ λυσιτελέειν τῶν ἑωυτοῦ ἐξημεληκότα τοῖσι 2 πέλας δι᾽ ἡμέρης δικάζειν. ἐούσης ὦν ἁρπαγῆς καὶ ἀνομίης ἔτι πολλῶι μᾶλλον ἀνὰ τὰς κώμας ἢ πρότερον ἦν, συνελέχθησαν οἱ Μῆδοι ἐς τὠυτὸ καὶ ἐδίδοσαν σφίσι λόγον, λέγοντες περὶ τῶν κατηκόντων (ὡς δ᾽ ἐγὼ 3 δοκέω, μάλιστα ἔλεγον οἱ τοῦ Δηιόκεω φίλοι)· Οὐ γὰρ δὴ τρόπωι τῶι παρεόντι χρεώμενοι δυνατοί εἶμεν οἰκέειν τὴν χώρην, φέρε στήσωμεν ἡμέων αὐτῶν βασιλέα· καὶ οὕτω ἥ τε χώρη εὐνομήσεται καὶ αὐτοὶ πρὸς ἔργα τρεψόμεθα οὐδὲ ὑπ᾽ ἀνομίης ἀνάστατοι ἐσόμεθα.

98 Ταῦτά κηι λέγοντες πείθουσι ἑωυτοὺς βασιλεύεσθαι. αὐτίκα δὲ προβαλλομένων ὅντινα στήσωνται βασιλέα, ὁ Δηιόκης ἦν πολλὸς ὑπὸ παντὸς ἀνδρὸς καὶ προβαλλόμενος καὶ αἰνεόμενος, ἐς ὃ τοῦτον καταινέουσι 2 βασιλέα σφίσι εἶναι. ὁ δ᾽ ἐκέλευε αὐτοὺς οἰκία τε ἑωυτῶι ἄξια τῆς βασιληίης οἰκοδομῆσαι καὶ κρατῦναι αὐτὸν δορυφόροισι. ποιεῦσι δὴ ταῦτα οἱ Μῆδοι· οἰκοδομέουσί τε γὰρ αὐτῶι οἰκία μεγάλα τε καὶ ἰσχυρά, ἵνα αὐτὸς ἔφρασε τῆς χώρης, καὶ δορυφόρους αὐτῶι ἐπιτρέπουσι ἐκ πάντων 3 Μήδων καταλέξασθαι. ὁ δέ ὡς ἔσχε τὴν ἀρχήν, τοὺς Μήδους ἠνάγκασε ἓν πόλισμα ποιήσασθαι καὶ τοῦτο περιστέλλοντας τῶν ἄλλων ἧσσον ἐπιμέλεσθαι. πειθομένων δὲ καὶ ταῦτα τῶν Μήδων οἰκοδομέει τείχεα μεγάλα τε καὶ καρτερά, ταῦτα τὰ νῦν Ἀγβάτανα κέκληται, ἕτερον ἑτέρωι 4 κύκλωι ἐνεστεῶτα. μεμηχάνηται δὲ οὕτω τοῦτο τὸ τεῖχος ὥστε ὁ ἕτερος τοῦ ἑτέρου κύκλος τοῖσι προμαχεῶσι μούνοισί ἐστι ὑψηλότερος. τὸ μὲν κού τι καὶ τὸ χωρίον συμμαχέει κολωνὸς ἐὼν ὥστε τοιοῦτο εἶναι, τὸ δὲ 5 καὶ μᾶλλόν τι ἐπετηδεύθη. κύκλων ⟨δ'⟩ ἐόντων τῶν συναπάντων ἑπτά, ἐν δὴ τῶι τελευταίωι τὰ βασιλήια ἔνεστι καὶ οἱ θησαυροί. τὸ δ᾽ αὐτῶν μέγιστόν ἐστι τεῖχος κατὰ τὸν Ἀθηνέων κύκλον μάλιστά κηι τὸ μέγαθος. τοῦ μὲν δὴ πρώτου κύκλου οἱ προμαχεῶνές εἰσι λευκοί, τοῦ δὲ δευτέρου μέλανες, τρίτου δὲ κύκλου φοινίκεοι, τετάρτου δὲ κυάνεοι, πέμπτου δὲ 6 σανδαράκινοι. οὕτω πάντων τῶν κύκλων οἱ προμαχεῶνες ἠνθισμένοι εἰσὶ φαρμάκοισι· δύο δὲ οἱ τελευταῖοί εἰσι ὁ μὲν καταργυρωμένους, ὁ δὲ κατακεχρυσωμένους ἔχων τοὺς προμαχεῶνας.

96.3 ἐπετρέποντο Legrand: ἐπετράποντο codd.   98.5 ⟨δ'⟩ Krüger   98.6 οὕτω τῶν πέντε Stein: τῶν πέντε ὦν τῶν Legrand: οὕτω τούτων τῶν Wilson

Ταῦτα μὲν δὴ ὁ Δηιόκης ἑωυτῶι τε ἐτείχεε καὶ περὶ τὰ ἑωυτοῦ οἰκία, **99** τὸν δὲ ἄλλον δῆμον πέριξ ἐκέλευε τὸ τεῖχος οἰκέειν. οἰκοδομηθέντων δὲ πάντων κόσμον τόνδε Δηιόκης πρῶτός ἐστι ὁ καταστησάμενος, μήτε ἐσιέναι παρὰ βασιλέα μηδένα, δι' ἀγγέλων δὲ πάντα χρᾶσθαι, ὁρᾶσθαί τε βασιλέα ὑπὸ μηδενός, πρός τε τούτοισι ἔτι γελᾶν τε καὶ πτύειν ἀντίον καὶ ἅπασι εἶναι τοῦτό γε αἰσχρόν. ταῦτα δὲ περὶ ἑωυτὸν ἐσέμνυνε τῶνδε 2 εἵνεκεν, ὅκως ἂν μὴ ὁρῶντες οἱ ὁμήλικες, ἐόντες σύντροφοί τε ἐκείνωι καὶ οἰκίης οὐ φλαυροτέρης οὐδὲ ἐς ἀνδραγαθίην λειπόμενοι, λυπεοίατο καὶ ἐπιβουλεύοιεν, ἀλλ' ἑτεροῖός σφι δοκέοι εἶναι μὴ ὁρῶσι.

Ἐπείτε δὲ ταῦτα διεκόσμησε καὶ ἐκράτυνε ἑωυτὸν τῆι τυραννίδι, ἦν **100** τὸ δίκαιον φυλάσσων χαλεπός. καὶ τάς τε δίκας γράφοντες ἔσω παρ' ἐκεῖνον ἐσπέμπεσκον, καὶ ἐκεῖνος διακρίνων τὰς ἐσφερομένας ἐκπέμπεσκε. ταῦτα μὲν κατὰ τὰς δίκας ἐποίεε, τάδε δὲ ἄλλα ἐκεκοσμέατό οἱ· εἴ τινα 2 πυνθάνοιτο ὑβρίζοντα, τοῦτον ὅκως μεταπέμψαιτο, κατ' ἀξίην ἑκάστου ἀδικήματος ἐδικαίου, καί οἱ κατάσκοποί τε καὶ κατήκοοι ἦσαν ἀνὰ πᾶσαν τὴν χώρην τῆς ἦρχε.

Δηιόκης μέν νυν τὸ Μηδικὸν ἔθνος συνέστρεψε μοῦνον καὶ τούτου **101** ἦρξε. ἔστι δὲ Μήδων τοσάδε γένεα· Βοῦσαι, Παρητακηνοί, Στρούχατες, Ἀριζαντοί, Βούδιοι, Μάγοι. γένεα μὲν δὴ Μήδων ἐστὶ τοσάδε.

Δηιόκεω δὲ παῖς γίνεται Φραόρτης, ὃς τελευτήσαντος Δηιόκεω, **102** βασιλεύσαντος τρία καὶ πεντήκοντα ἔτεα, παρεδέξατο τὴν ἀρχήν. παραδεξάμενος δὲ οὐκ ἀπεχρᾶτο μούνων Μήδων ἄρχειν, ἀλλὰ στρατευσάμενος ἐπὶ τοὺς Πέρσας πρώτοισί τε τούτοισι ἐπεθήκατο καὶ πρώτους Μήδων ὑπηκόους ἐποίησε. μετὰ δὲ ἔχων δύο ταῦτα ἔθνεα 2 καὶ ἀμφότερα ἰσχυρά, κατεστρέφετο τὴν Ἀσίην ἀπ' ἄλλου ἐπ' ἄλλο ἰὼν ἔθνος, ἐς ὃ στρατευσάμενος ἐπὶ τοὺς Ἀσσυρίους καὶ Ἀσσυρίων τούτους οἳ Νίνον εἶχον καὶ ἦρχον πρότερον πάντων, τότε δὲ ἦσαν μεμουνωμένοι μὲν συμμάχων ἅτε ἀπεστεώτων, ἄλλως μέντοι ἑωυτῶν εὖ ἥκοντες, ἐπὶ τούτους δὴ στρατευσάμενος ὁ Φραόρτης αὐτός τε διεφθάρη, ἄρξας δύο τε καὶ εἴκοσι ἔτεα, καὶ ὁ στρατὸς αὐτοῦ ὁ πολλός.

Φραόρτεω δὲ τελευτήσαντος ἐξεδέξατο Κυαξάρης ὁ Φραόρτεω τοῦ **103** Δηιόκεω παῖς. οὗτος λέγεται πολλὸν ἔτι γενέσθαι ἀλκιμώτερος τῶν προγόνων· καὶ πρῶτός τε ἐλόχισε κατὰ τέλεα τοὺς ἐν τῆι Ἀσίηι καὶ πρῶτος διέταξε χωρὶς ἑκάστους εἶναι, τούς τε αἰχμοφόρους καὶ τοὺς

99.1 ἀντίον πτύειν A καὶ ἅπασι εἶναι τοῦτό γε αἰσχρόν codd.: obelis notavit Wilson: πτύειν καὶ ἅπασι εἶναι ἀντίον τούτου αἰσχρόν Van Herwerden: πρὸς . . . αἰσχρόν del. Powell   **99.2–100.2** ἀλλ' . . . ἦρχε A: om. d

τοξοφόρους καὶ τοὺς ἱππέας· πρὸ τοῦ δὲ ἀναμὶξ ἦν πάντα ὁμοίως
2 ἀναπεφυρμένα. οὗτος ὁ τοῖσι Λυδοῖσί ἐστι μαχεσάμενος ὅτε νὺξ ἡ ἡμέρη
ἐγένετό σφι μαχομένοισι, καὶ ὁ τὴν Ἅλυος ποταμοῦ ἄνω Ἀσίην πᾶσαν
συστήσας ἑωυτῶι. συλλέξας δὲ τοὺς ὑπ' ἑωυτῶι ἀρχομένους πάντας
ἐστρατεύετο ἐπὶ τὴν Νίνον, τιμωρέων τε τῶι πατρὶ καὶ τὴν πόλιν
3 ταύτην θέλων ἐξελεῖν. καί οἱ, ὡς συμβαλὼν ἐνίκησε τοὺς Ἀσσυρίους,
περικατημένωι τὴν Νίνον ἐπῆλθε Σκυθέων στρατὸς μέγας, ἦγε δὲ αὐτοὺς
βασιλεὺς ὁ Σκυθέων Μαδύης Προτοθύεω παῖς· οἳ ἐσέβαλον μὲν ἐς τὴν
Ἀσίην Κιμμερίους ἐκβαλόντες ἐκ τῆς Εὐρώπης, τούτοισι δὲ ἐπισπόμενοι
φεύγουσι οὕτω ἐς τὴν Μηδικὴν χώρην ἀπίκοντο.
104 Ἔστι δὲ ἀπὸ τῆς λίμνης τῆς Μαιήτιδος ἐπὶ Φᾶσιν ποταμὸν καὶ
ἐς Κόλχους τριήκοντα ἡμερέων εὐζώνωι ὁδός, ἐκ δὲ τῆς Κολχίδος οὐ
πολλὸν ὑπερβῆναι ἐς τὴν Μηδικήν, ἀλλ' ἓν τὸ διὰ μέσου ἔθνος αὐτῶν
2 ἐστι, Σάσπειρες, τοῦτο δὲ παραμειβομένοισι εἶναι ἐν τῆι Μηδικῆι. οὐ
μέντοι οἵ γε Σκύθαι ταύτηι ἐσέβαλον, ἀλλὰ τὴν κατύπερθε ὁδὸν πολλῶι
μακροτέρην ἐκτραπόμενοι, ἐν δεξιῆι ἔχοντες τὸ Καυκάσιον ὄρος. ἐνθαῦτα
οἱ μὲν Μῆδοι συμβαλόντες τοῖσι Σκύθηισι καὶ ἑσσωθέντες τῆι μάχηι τῆς
ἀρχῆς κατελύθησαν, οἱ δὲ Σκύθαι τὴν Ἀσίην πᾶσαν ἐπέσχον.
105 Ἐνθεῦτεν δὲ ἤισαν ἐπ' Αἴγυπτον. καὶ ἐπείτε ἐγένοντο ἐν τῆι
Παλαιστίνηι Συρίηι, Ψαμμήτιχός σφεας Αἰγύπτου βασιλεὺς ἀντιάσας
2 δώροισί τε καὶ λιτῆισι ἀποτρέπει τὸ προσωτέρω μὴ πορεύεσθαι. οἱ
δὲ ἐπείτε ἀναχωρέοντες ὀπίσω ἐγίνοντο τῆς Συρίης ἐν Ἀσκάλωνι πόλι,
τῶν πλεόνων Σκυθέων παρεξελθόντων ἀσινέων ὀλίγοι τινὲς αὐτῶν
3 ὑπολειφθέντες ἐσύλησαν τῆς οὐρανίης Ἀφροδίτης τὸ ἱρόν. ἔστι δὲ τοῦτο
τὸ ἱρόν, ὡς ἐγὼ πυνθανόμενος εὑρίσκω, πάντων ἀρχαιότατον ἱρῶν, ὅσα
ταύτης τῆς θεοῦ· καὶ γὰρ τὸ ἐν Κύπρωι ἱρὸν ἐνθεῦτεν ἐγένετο, ὡς αὐτοὶ
Κύπριοι λέγουσι, καὶ τὸ ἐν Κυθήροισι Φοίνικές εἰσι οἱ ἱδρυσάμενοι ἐκ
4 ταύτης τῆς Συρίης ἐόντες. τοῖσι δὲ τῶν Σκυθέων συλήσασι τὸ ἱρὸν τὸ
ἐν Ἀσκάλωνι καὶ τοῖσι τούτων αἰεὶ ἐκγόνοισι ἐνέσκηψε ἡ θεὸς θήλεαν
νοῦσον· ὥστε ἅμα λέγουσί τε οἱ Σκύθαι διὰ τοῦτό σφεας νοσέειν, καὶ
ὁρᾶν πάρεστι τοῖσι ἀπικνεομένοισι ἐς τὴν Σκυθικὴν χώρην ὡς διακέαται
τοὺς καλέουσι ἐνάρεας οἱ Σκύθαι.
106 Ἐπὶ μέν νυν ὀκτὼ καὶ εἴκοσι ἔτεα ἦρχον τῆς Ἀσίης οἱ Σκύθαι, καὶ τὰ
πάντα σφι ὑπό τε ὕβριος καὶ ὀλιγωρίης ἀνάστατα ἦν. χωρὶς μὲν γὰρ

103.2–106.2 συλλέξας ... μοίρης ABC: om. D   105.4 ἡ θεὸς P. Oxy. 18 et 1244,
cf. Longinus *Subl.* 28: ὁ θεὸς codd.   πάρεστι τοῖσι ἀπικνεομένοισι Pingel: πάρεστι
αὐτοῖσι τοῖσι ἀπικνεομένοισι Legrand: παρ' ἑωυτοῖσι τοὺς ἀπικνεομένους codd., P. Oxy.
18 et 1244

φόρον ἔπρησσον παρ' ἑκάστων τὸ ἑκάστοισι ἐπέβαλλον, χωρὶς δὲ τοῦ φόρου ἥρπαζον περιελαύνοντες τοῦτο ὅ τι ἔχοιεν ἕκαστοι. καὶ τούτων 2 μὲν τοὺς πλέονας Κυαξάρης τε καὶ Μῆδοι ξεινίσαντες καὶ καταμεθύσαντες κατεφόνευσαν, καὶ οὕτω ἀνεσώσαντο τὴν ἀρχὴν Μῆδοι καὶ ἐπεκράτεον τῶν περ καὶ πρότερον, καὶ τήν τε Νίνον εἷλον (ὡς δὲ εἷλον, ἐν ἑτέροισι λόγοισι δηλώσω) καὶ τοὺς Ἀσσυρίους ὑποχειρίους ἐποιήσαντο πλὴν τῆς Βαβυλωνίης μοίρης. μετὰ δὲ ταῦτα Κυαξάρης μέν, βασιλεύσας 3 τεσσεράκοντα ἔτεα σὺν τοῖσι Σκύθαι ἦρξαν, τελευτᾷ.

Ἐκδέκεται δὲ Ἀστυάγης ὁ Κυαξάρεω παῖς τὴν βασιληίην. καί οἱ 107 ἐγένετο θυγάτηρ τῇ οὔνομα ἔθετο Μανδάνην, τὴν ἐδόκεε Ἀστυάγης ἐν τῷ ὕπνῳ οὐρῆσαι τοσοῦτον ὥστε πλῆσαι μὲν τὴν ἑωυτοῦ πόλιν, ἐπικατακλύσαι δὲ καὶ τὴν Ἀσίην πᾶσαν. ὑπερθέμενος δὲ τῶν μάγων τοῖσι ὀνειροπόλοισι τὸ ἐνύπνιον, ἐφοβήθη παρ' αὐτῶν αὐτὰ ἕκαστα μαθών. μετὰ δὲ τὴν Μανδάνην ταύτην ἐοῦσαν ἤδη ἀνδρὸς ὡραίην Μήδων μέν 2 τῶν ἑωυτοῦ ἀξίων οὐδενὶ διδοῖ γυναῖκα, δεδοικὼς τὴν ὄψιν, ὁ δὲ Πέρσῃ διδοῖ τῷ οὔνομα ἦν Καμβύσης, τὸν εὕρισκε οἰκίης μὲν ἐόντα ἀγαθῆς, τρόπου δὲ ἡσυχίου, πολλῷ ἔνερθε ἄγων αὐτὸν μέσου ἀνδρὸς Μήδου.

Συνοικεούσης δὲ τῷ Καμβύσῃ τῆς Μανδάνης ὁ Ἀστυάγης τῷ 108 πρώτῳ ἔτεϊ εἶδε ἄλλην ὄψιν· ἐδόκεέ οἱ ἐκ τῶν αἰδοίων τῆς θυγατρὸς ταύτης φῦναι ἄμπελον, τὴν δὲ ἄμπελον ἐπισχεῖν τὴν Ἀσίην πᾶσαν. ἰδὼν δὲ τοῦτο καὶ ὑπερθέμενος τοῖσι ὀνειροπόλοισι μετεπέμψατο ἐκ 2 τῶν Περσέων τὴν θυγατέρα ἐπίτοκα ἐοῦσαν, ἀπικομένην δὲ ἐφύλασσε βουλόμενος τὸ γεννώμενον ἐξ αὐτῆς διαφθεῖραι· ἐκ γάρ οἱ τῆς ὄψιος τῶν μάγων οἱ ὀνειροπόλοι ἐσήμαινον ὅτι μέλλοι ὁ τῆς θυγατρὸς αὐτοῦ γόνος βασιλεύσειν ἀντὶ ἐκείνου. ταῦτα δὴ ὦν φυλασσόμενος ὁ Ἀστυάγης, ὡς 3 ἐγένετο ὁ Κῦρος, καλέσας Ἅρπαγον, ἄνδρα οἰκήιον καὶ πιστότατόν τε Μήδων καὶ πάντων ἐπίτροπον τῶν ἑωυτοῦ, ἔλεγέ οἱ τοιάδε· Ἅρπαγε, 4 πρῆγμα τὸ ἄν τοι προσθέω, μηδαμῶς παραχρήσῃ, μηδὲ ἐμέ τε παραβάλῃ καὶ ἄλλους ἑλόμενος ἐξ ὑστέρης σοὶ αὐτῷ περιπέσῃς. λάβε τὸν Μανδάνη ἔτεκε παῖδα, φέρων δὲ ἐς σεωυτοῦ ἀπόκτεινον· μετὰ δὲ θάψον τρόπῳ ὅτεῳ αὐτὸς βούλεαι. ὁ δὲ ἀμείβεται· Ὦ βασιλεῦ, οὔτε 5 ἄλλοτέ κω παρεῖδες ἀνδρὶ τῷδε ἄχαρι οὐδέν, φυλασσόμεθα δὲ ἐς σὲ καὶ ἐς τὸν μετέπειτα χρόνον μηδὲν ἐξαμαρτεῖν. ἀλλ' εἴ τοι φίλον τοῦτο οὕτω γίνεσθαι, χρὴ δὴ τό γε ἐμὸν ὑπηρετέεσθαι ἐπιτηδέως.

Τούτοισι ἀμειψάμενος ὁ Ἅρπαγος, ὥς οἱ παρεδόθη τὸ παιδίον 109 κεκοσμημένον τὴν ἐπὶ θανάτῳ, ἤιε κλαίων ἐς τὰ οἰκία· παρελθὼν δὲ

108.1 ἐδόκεε <δέ> A

2 ἔφραζε τῆι ἑωυτοῦ γυναικὶ τὸν πάντα Ἀστυάγεος ῥηθέντα λόγον. ἡ δὲ πρὸς αὐτὸν λέγει· Νῦν ὦν τί σοὶ ἐν νόωι ἐστὶ ποιέειν; ὁ δὲ ἀμείβεται· Οὐ τῆι ἐνετέλλετο Ἀστυάγης, οὐδ' εἰ παραφρονήσει τε καὶ μανέεται κάκιον ἢ νῦν μαίνεται, οὔ οἱ ἔγωγε προσθήσομαι τῆι γνώμηι οὐδὲ ἐς
3 φόνον τοιοῦτον ὑπηρετήσω. πολλῶν δὲ εἵνεκα οὐ φονεύσω μιν, καὶ ὅτι αὐτῶι μοι συγγενής ἐστι ὁ παῖς, καὶ ὅτι Ἀστυάγης μέν ἐστι γέρων
4 καὶ ἄπαις ἔρσενος γόνου· εἰ δ' ἐθελήσει τούτου τελευτήσαντος ἐς τὴν θυγατέρα ταύτην ἀναβῆναι ἡ τυραννίς, τῆς νῦν τὸν υἱὸν κτείνει δι' ἐμέο, ἄλλο τι ἢ λείπεται τὸ ἐνθεῦτεν ἐμοὶ κινδύνων ὁ μέγιστος; ἀλλὰ τοῦ μὲν ἀσφαλέος εἵνεκα ἐμοὶ δεῖ τοῦτον τελευτᾶν τὸν παῖδα, δεῖ μέντοι τῶν τινα Ἀστυάγεος αὐτοῦ φονέα γενέσθαι καὶ μὴ τῶν ἐμῶν.

110 Ταῦτα εἶπε καὶ αὐτίκα ἄγγελον ἔπεμπε ἐπὶ τῶν βουκόλων τῶν Ἀστυάγεος τὸν ἠπίστατο νομάς τε ἐπιτηδεοτάτας νέμοντα καὶ ὄρεα θηριωδέστατα, τῶι οὔνομα ἦν Μιτραδάτης. συνοίκεε δὲ ἑωυτοῦ συνδούληι, οὔνομα δὲ τῆι γυναικὶ ἦν τῆι συνοίκεε Κυνὼ κατὰ τὴν Ἑλλήνων γλῶσσαν, κατὰ δὲ τὴν Μηδικὴν Σπακώ· τὴν γὰρ κύνα καλέουσι σπάκα Μῆδοι.
2 αἱ δὲ ὑπώρεαί εἰσι τῶν ὀρέων, ἔνθα τὰς νομὰς τῶν βοῶν εἶχε οὗτος δὴ ὁ βουκόλος, πρὸς βορέω τε ἀνέμου τῶν Ἀγβατάνων καὶ πρὸς τοῦ πόντου τοῦ Εὐξείνου. ταύτηι μὲν γὰρ ἡ Μηδικὴ χώρη πρὸς Σασπείρων ὀρεινή ἐστι κάρτα καὶ ὑψηλή τε καὶ ἴδηισι συνηρεφής, ἡ δὲ ἄλλη Μηδικὴ
3 χώρη ἐστὶ πᾶσα ἄπεδος. ἐπεὶ ὦν ὁ βουκόλος σπουδῆι πολλῆι καλεόμενος ἀπίκετο, ἔλεγε ὁ Ἅρπαγος τάδε· Κελεύει σε Ἀστυάγης τὸ παιδίον τοῦτο λαβόντα θεῖναι ἐς τὸ ἐρημότατον τῶν ὀρέων, ὅκως ἂν τάχιστα διαφθαρείη. καὶ τάδε τοι ἐκέλευσε εἰπεῖν, ἢν μὴ ἀποκτείνηις αὐτό, ἀλλά τεωι τρόπωι περιποιήσηις, ὀλέθρωι τῶι κακίστωι σε διαχρήσεσθαι· ἐπορᾶν δὲ ἐκκείμενον τέταγμαι ἐγώ.

111 Ταῦτα ἀκούσας ὁ βουκόλος καὶ ἀναλαβὼν τὸ παιδίον ἤιε τὴν αὐτὴν ὀπίσω ὁδὸν καὶ ἀπικνέεται ἐς τὴν ἔπαυλιν. τῶι δ' ἄρα καὶ αὐτῶι ἡ γυνή ἐπίτεξ ἐοῦσα πᾶσαν ἡμέρην, τότε κως κατὰ δαίμονα τίκτει οἰχομένου τοῦ βουκόλου ἐς πόλιν. ἦσαν δὲ ἐν φροντίδι ἀμφότεροι ἀλλήλων πέρι, ὁ μὲν τοῦ τόκου τῆς γυναικὸς ἀρρωδέων, ἡ δὲ γυνὴ ὅ τι οὐκ ἐωθὼς
2 ὁ Ἅρπαγος μεταπέμψαιτο αὐτῆς τὸν ἄνδρα. ἐπείτε δὲ ἀπονοστήσας ἐπέστη, οἷα ἐξ ἀέλπτου ἰδοῦσα ἡ γυνὴ εἴρετο προτέρη ὅ τι μιν οὕτω προθύμως Ἅρπαγος μετεπέμψατο. ὁ δὲ εἶπε· Ὦ γύναι, εἶδόν τε ἐς πόλιν ἐλθὼν καὶ ἤκουσα τὸ μήτε ἰδεῖν ὤφελον μήτε κοτὲ γενέσθαι ἐς δεσπότας

110.2 καὶ ὑψηλή ... ἄπεδος om. DRSV   111.1 τότε κως A: τὸ τέκος d

τοὺς ἡμετέρους. οἶκος μὲν πᾶς Ἁρπάγου κλαυθμῶι κατείχετο· ἐγὼ δὲ ἐκπλαγεὶς ἤια ἔσω. ὡς δὲ τάχιστα ἐσῆλθον, ὁρέω παιδίον προκείμενον 3 ἀσπαῖρόν τε καὶ κραυγανόμενον, κεκοσμημένον χρυσῶι τε καὶ ἐσθῆτι ποικίληι. Ἅρπαγος δὲ ὡς εἶδέ με, ἐκέλευε τὴν ταχίστην ἀναλαβόντα τὸ παιδίον οἴχεσθαι φέροντα καὶ θεῖναι ἔνθα θηριωδέστατον εἴη τῶν ὀρέων, φὰς Ἀστυάγεα εἶναι τὸν ταῦτα ἐπιθέμενόν μοι, πόλλ' ἀπειλήσας εἰ μὴ σφεα ποιήσαιμι. καὶ ἐγὼ ἀναλαβὼν ἔφερον, δοκέων τῶν τινος οἰκετέων 4 εἶναι· οὐ γὰρ ἄν κοτε κατέδοξα ἔνθεν γε ἦν. ἐθάμβεον δὲ ὁρέων χρυσῶι τε καὶ εἵμασι κεκοσμημένον, πρὸς δὲ καὶ κλαυθμὸν κατεστεῶτα ἐμφανέα ἐν Ἁρπάγου. καὶ πρόκατε δὴ κατ' ὁδὸν πυνθάνομαι τὸν πάντα λόγον 5 θεράποντος, ὅς ἐμὲ προπέμπων ἔξω πόλιος ἐνεχείρισε τὸ βρέφος, ὡς ἄρα Μανδάνης τε εἴη παῖς τῆς Ἀστυάγεος θυγατρὸς καὶ Καμβύσεω τοῦ Κύρου, καί μιν Ἀστυάγης ἐντέλλεται ἀποκτεῖναι· νῦν τε ὅδε ἐστί.

Ἅμα δὲ ταῦτα ἔλεγε ὁ βουκόλος καὶ ἐκκαλύψας ἀπεδείκνυε. ἡ δὲ ὡς 112 εἶδε τὸ παιδίον μέγα τε καὶ εὐειδὲς ἐόν, δακρύσασα καὶ λαβομένη τῶν γουνάτων τοῦ ἀνδρὸς ἐχρήιζε μηδεμιῆι τέχνηι ἐκθεῖναί μιν. ὁ δὲ οὐκ ἔφη οἷός τε εἶναι ἄλλως αὐτὰ ποιέειν· ἐπιφοιτήσειν γὰρ κατασκόπους ἐξ Ἁρπάγου ἐποψομένους, ἀπολέεσθαί τε κάκιστα ἢν μὴ σφεα ποιήσηι. ὡς 2 δὲ οὐκ ἔπειθε ἄρα τὸν ἄνδρα, δεύτερα λέγει ἡ γυνὴ τάδε· Ἐπεὶ τοίνυν οὐ δύναμαί σε πείθειν μὴ ἐκθεῖναι, σὺ δὲ ὧδε ποίησον, εἰ δὴ πᾶσά γε ἀνάγκη ὀφθῆναι ἐκκείμενον· τέτοκα γὰρ καὶ ἐγώ, τέτοκα δὲ τεθνεός· τοῦτο μὲν 3 φέρων πρόθες, τὸν δὲ τῆς Ἀστυάγεος θυγατρὸς παῖδα ὡς ἐξ ἡμέων ἐόντα τρέφωμεν. καὶ οὕτω οὔτε σὺ ἁλώσεαι ἀδικέων τοὺς δεσπότας, οὔτε ἡμῖν κακῶς βεβουλευμένα ἔσται. ὅ τε γὰρ τεθνεὼς βασιληίης ταφῆς κυρήσει καὶ ὁ περιεὼν οὐκ ἀπολέει τὴν ψυχήν.

Κάρτα τε ἔδοξε τῶι βουκόλωι πρὸς τὰ παρεόντα εὖ λέγειν ἡ γυνή, 113 καὶ αὐτίκα ἐποίεε ταῦτα· τὸν μὲν ἔφερε θανατώσων παῖδα, τοῦτον μὲν παραδιδοῖ τῆι ἑωυτοῦ γυναικί, τὸν δὲ ἑωυτοῦ ἐόντα νεκρὸν λαβὼν ἔθηκε ἐς τὸ ἄγγος ἐν τῶι ἔφερε τὸν ἕτερον· κοσμήσας δὲ τῶι κόσμωι παντὶ τοῦ 2 ἑτέρου παιδός, φέρων ἐς τὸ ἐρημότατον τῶν ὀρέων τιθεῖ. ὡς δὲ τρίτη ἡμέρη τῶι παιδίωι ἐκκειμένωι ἐγένετο, ἤιε ἐς πόλιν ὁ βουκόλος, τῶν τινα προβοσκῶν φύλακον αὐτοῦ καταλιπών, ἐλθὼν δὲ ἐς τοῦ Ἁρπάγου ἀποδεικνύναι ἔφη ἕτοιμος εἶναι τοῦ παιδίου τὸν νέκυν. πέμψας δὲ ὁ 3 Ἅρπαγος τῶν ἑωυτοῦ δορυφόρων τοὺς πιστοτάτους εἶδέ τε διὰ τούτων καὶ ἔθαψε τοῦ βουκόλου τὸ παιδίον. καὶ τὸ μὲν ἐτέθαπτο, τὸν δὲ ὕστερον τούτων Κῦρον ὀνομασθέντα παραλαβοῦσα ἔτρεφε ἡ γυνὴ τοῦ βουκόλου, οὔνομα ἄλλο κού τι καὶ οὐ Κῦρον θεμένη.

114 Καὶ ὅτε δὴ ἦν δεκαέτης ὁ παῖς, πρῆγμα ἐς αὐτὸν τοιόνδε γενόμενον ἐξέφηνέ μιν. ἔπαιζε ἐν τῆι κώμηι ταύτηι ἐν τῆι ἦσαν καὶ αἱ βουκολίαι αὗται, ἔπαιζε δὲ μετ' ἄλλων ἡλίκων ἐν ὁδῶι. καὶ οἱ παῖδες παίζοντες εἵλοντο ἑωυτῶν βασιλέα εἶναι τοῦτον δὴ τὸν τοῦ βουκόλου ἐπίκλησιν παῖδα. 2 ὁ δὲ αὐτῶν διέταξε τοὺς μὲν οἰκίας οἰκοδομέειν, τοὺς δὲ δορυφόρους εἶναι, τὸν δέ κού τινα αὐτῶν ὀφθαλμὸν βασιλέος εἶναι, τῶι δέ τινι τὰς 3 ἀγγελίας ἐσφέρειν ἐδίδου γέρας, ὡς ἑκάστωι ἔργον προστάσσων. εἷς δὴ τούτων τῶν παίδων συμπαίζων, ἐὼν Ἀρτεμβάρεος παῖς, ἀνδρὸς δοκίμου ἐν Μήδοισι, οὐ γὰρ δὴ ἐποίησε τὸ προσταχθὲν ἐκ τοῦ Κύρου, ἐκέλευε αὐτὸν τοὺς ἄλλους παῖδας διαλαβεῖν, πειθομένων δὲ τῶν παίδων 4 ὁ Κῦρος τὸν παῖδα τρηχέως κάρτα περιέσπε μαστιγέων. ὁ δέ ἐπείτε μετείθη τάχιστα, ὥς γε δὴ ἀνάξια ἑωυτοῦ παθών, μᾶλλόν τι περιημέκτεε, κατελθὼν δὲ ἐς πόλιν πρὸς τὸν πατέρα ἀποικτίζετο τῶν ὑπὸ Κύρου ἤντησε, λέγων δὲ οὐ Κύρου (οὐ γάρ κω ἦν τοῦτο τοὔνομα), ἀλλὰ 5 πρὸς τοῦ βουκόλου τοῦ Ἀστυάγεος παιδός. ὁ δὲ Ἀρτεμβάρης ὀργῆι ὡς εἶχε ἐλθὼν παρὰ τὸν Ἀστυάγεα καὶ ἅμα ἀγόμενος τὸν παῖδα ἀνάρσια πρήγματα ἔφη πεπονθέναι, λέγων· Ὦ βασιλεῦ, ὑπὸ τοῦ σοῦ δούλου, βουκόλου δὲ παιδός ὧδε περιυβρίσμεθα, δεικνὺς τοῦ παιδὸς τοὺς ὤμους.

115 Ἀκούσας δὲ καὶ ἰδὼν Ἀστυάγης, θέλων τιμωρῆσαι τῶι παιδὶ τιμῆς τῆς Ἀρτεμβάρεος εἵνεκα, μετεπέμπετο τόν τε βουκόλον καὶ τὸν παῖδα· ἐπείτε 2 δὲ παρῆσαν ἀμφότεροι, βλέψας πρὸς τὸν Κῦρον ὁ Ἀστυάγη ἔφη· Σὺ δὴ ἐὼν τοῦδε τοιούτου ἐόντος παῖς ἐτόλμησας τὸν τοῦδε παῖδα ἐόντος πρώτου παρ' ἐμοὶ ἀεικείηι τοιῆιδε περισπεῖν; ὁ δὲ ἀμείβετο ὧδε· Ὦ δέσποτα, ἐγὼ ταῦτα τοῦτον ἐποίησα σὺν δίκηι· οἱ γάρ με ἐκ τῆς κώμης παῖδες, τῶν καὶ ὅδε ἦν, παίζοντες σφέων αὐτῶν ἐστήσαντο βασιλέα· 3 ἐδόκεον γάρ σφι εἶναι ἐς τοῦτο ἐπιτηδεότατος. οἱ μέν νυν ἄλλοι παῖδες τὰ ἐπιτασσόμενα ἐπετέλεον, οὗτος δὲ ἀνηκούστεέ τε καὶ λόγον εἶχε οὐδένα, ἐς ὃ ἔλαβε τὴν δίκην. εἰ ὦν δὴ τούτου εἵνεκεν ἄξιός τεο κακοῦ εἰμι, ὅδε τοι πάρειμι.

116 Ταῦτα λέγοντος τοῦ παιδὸς τὸν Ἀστυάγεα ἐσήιε ἀνάγνωσις αὐτοῦ, καὶ οἱ ὅ τε χαρακτὴρ τοῦ προσώπου προσφέρεσθαι ἐδόκεε ἐς ἑωυτὸν καὶ ἡ ὑπόκρισις ἐλευθεριωτέρη εἶναι, ὅ τε χρόνος τῆς ἐκθέσιος τῆι ἡλικίηι τοῦ 2 παιδὸς ἐδόκεε συμβαίνειν. ἐκπλαγεὶς δὲ τούτοισι ἐπὶ χρόνον ἄφθογγος ἦν· μόγις δὲ δή κοτε ἀνενειχθεὶς εἶπε, θέλων ἐκπέμψαι τὸν Ἀρτεμβάρεα, ἵνα τὸν βουκόλον μοῦνον λαβὼν βασανίσηι· Ἀρτέμβαρες, ἐγὼ ταῦτα

114.1 αὗται del. Legrand   114.4 μετείθη A: ἐμετείθη DU: ἐμετείχθη RX: ἐμαστίχθη X^{sl}S   116.1 ἑωυτὸν d: αὐτοὺς P. Monac. 2.40, P. Oxy. 3374, A

ποιήσω ὥστε σὲ καὶ τὸν παῖδα τὸν σὸν μηδὲν ἐπιμέμφεσθαι. τὸν μὲν δὴ 3
Ἀρτεμβάρεα πέμπει, τὸν δὲ Κῦρον ἦγον ἔσω οἱ θεράποντες κελεύσαντος
τοῦ Ἀστυάγεος. ἐπεὶ δὲ ὑπελέλειπτο ὁ βουκόλος μοῦνος μουνόθεν, τάδε
αὐτὸν εἴρετο ὁ Ἀστυάγης, κόθεν λάβοι τὸν παῖδα καὶ τίς εἴη ὁ παραδούς.
ὁ δὲ ἐξ ἑωυτοῦ τε ἔφη γεγονέναι καὶ τὴν τεκοῦσαν αὐτὸν ἔτι εἶναι 4
παρ' ἑωυτῶι. Ἀστυάγης δέ μιν οὐκ εὖ βουλεύεσθαι ἔφη ἐπιθυμέοντα
ἐς ἀνάγκας μεγάλας ἀπικνέεσθαι, ἅμα τε λέγων ταῦτα ἐσήμαινε τοῖσι
δορυφόροισι λαμβάνειν αὐτόν. ὁ δὲ ἀγόμενος ἐς τὰς ἀνάγκας οὕτω δὴ 5
ἔφαινε τὸν ἐόντα λόγον. ἀρχόμενος δὲ ἀπ' ἀρχῆς διεξήιε τῆι ἀληθείηι
χρεώμενος καὶ κατέβαινε ἐς λιτάς τε καὶ συγγνώμην ἑωυτῶι κελεύων
ἔχειν αὐτόν.
Ἀστυάγης δὲ τοῦ μὲν βουκόλου τὴν ἀληθείην ἐκφήναντος λόγον ἤδη 117
καὶ ἐλάσσω ἐποιέετο, Ἁρπάγωι δὲ καὶ μεγάλως μεμφόμενος καλέειν
αὐτὸν τοὺς δορυφόρους ἐκέλευε. ὡς δέ οἱ παρῆν ὁ Ἅρπαγος, εἴρετό μιν 2
ὁ Ἀστυάγης· Ἅρπαγε, τέωι δὴ μόρωι τὸν παῖδα κατεχρήσαο τόν τοι
παρέδωκα ἐκ θυγατρὸς γεγονότα τῆς ἐμῆς; ὁ δὲ Ἅρπαγος ὡς εἶδε τὸν
βουκόλον ἔνδον ἐόντα, οὐ τρέπεται ἐπὶ ψευδέα ὁδόν, ἵνα μὴ ἐλεγχόμενος
ἁλίσκηται, ἀλλὰ λέγει τάδε· Ὦ βασιλεῦ, ἐπείτε παρέλαβον τὸ παιδίον, 3
ἐβούλευον σκοπέων ὅκως σοί τε ποιήσω κατὰ νόον καὶ ἐγὼ πρὸς σὲ
γινόμενος ἀναμάρτητος μήτε θυγατρὶ τῆι σῆι μήτε αὐτῶι σοὶ εἴην αὐθέντης.
ποιέω δὲ ὧδε· καλέσας τὸν βουκόλον τόνδε παραδίδωμι τὸ παιδίον, φὰς 4
σέ γε εἶναι τὸν κελεύοντα ἀποκτεῖναι αὐτό. καὶ λέγων τοῦτό γε οὐκ
ἐψευδόμην· σὺ γὰρ ἐνετέλλεο οὕτω. παραδίδωμι μέντοι τῶιδε κατὰ τάδε,
ἐντειλάμενος θεῖναί μιν ἐς ἔρημον ὄρος καὶ παραμένοντα φυλάσσειν ἄχρι
οὗ τελευτήσηι, ἀπειλήσας παντοῖα τῶιδε ἢν μὴ τάδε ἐπιτελέα ποιήσηι.
ἐπείτε δὲ ποιήσαντος τούτου τὰ κελευόμενα ἐτελεύτησε τὸ παιδίον, 5
πέμψας τῶν εὐνούχων τοὺς πιστοτάτους καὶ εἶδον δι' ἐκείνων καὶ ἔθαψά
μιν. οὕτως ἔσχε, ὦ βασιλεῦ, περὶ τοῦ πρήγματος τούτου, καὶ τοιούτωι
μόρωι ἐχρήσατο ὁ παῖς.
Ἅρπαγος μὲν δὴ τὸν ἰθὺν ἔφαινε λόγον, Ἀστυάγης δὲ κρύπτων τόν οἱ 118
ἐνεῖχε χόλον διὰ τὸ γεγονός, πρῶτα μέν, κατά περ ἤκουσε αὐτὸς πρὸς
τοῦ βουκόλου τὸ πρῆγμα, πάλιν ἀπηγέετο τῶι Ἁρπάγωι, μετὰ δέ, ὥς
οἱ ἐπαλιλλόγητο, κατέβαινε λέγων ὡς περίεστί τε ὁ παῖς καὶ τὸ γεγονός
ἔχει καλῶς. Τῶι τε γὰρ πεποιημένωι, ἔφη λέγων, ἐς τὸν παῖδα τοῦτον 2
ἔκαμνον μεγάλως καὶ θυγατρὶ τῆι ἐμῆι διαβεβλημένος οὐκ ἐν ἐλαφρῶι
ἐποιεύμην. ὡς ὦν τῆς τύχης εὖ μετεστεώσης τοῦτο μὲν τὸν σεωυτοῦ

116.3 μουνόθεν τάδε A: μουνωθέντα τάδε CP: μουνωθέντα δὲ d   117.4 φὰς σέ γε
Eltz: φὰς σέ τε codd.

ΗΡΟΔΟΤΟΥ

παῖδα ἀπόπεμψον παρὰ τὸν παῖδα τὸν νεήλυδα, τοῦτο δέ (σῶστρα γὰρ τοῦ παιδὸς μέλλω θύειν τοῖσι θεῶν τιμὴ αὕτη πρόσκειται) πάρισθί μοι ἐπὶ δεῖπνον.

119 Ἅρπαγος μὲν ὡς ἤκουσε ταῦτα, προσκυνήσας καὶ μεγάλα ποιησάμενος ὅτι τε ἡ ἁμαρτάς οἱ ἐς δέον ἐγεγόνεε καὶ ὅτι ἐπὶ τύχῃσι χρηστῇσι ἐπὶ 2 δεῖπνον ἐκέκλητο, ἤιε ἐς τὰ οἰκία. ἐσελθὼν δὲ τὴν ταχίστην, ἦν γάρ οἱ παῖς εἷς μοῦνος, [ἔτη] τρία καὶ δέκα κου μάλιστα ἔτεα γεγονώς, τοῦτον ἐκπέμπει, ἰέναι τε κελεύων ἐς Ἀστυάγεος καὶ ποιέειν ὅ τι ἂν ἐκεῖνος κελεύῃ. 3 αὐτὸς δὲ περιχαρὴς ἐὼν φράζει τῇι γυναικὶ τὰ συγκυρήσαντα. Ἀστυάγης δέ, ὥς οἱ ἀπίκετο ὁ Ἁρπάγου παῖς, σφάξας αὐτὸν καὶ κατὰ μέλεα διελὼν τὰ μὲν ὤπτησε, τὰ δὲ ἥψησε τῶν κρεῶν, εὔτυκα δὲ ποιησάμενος εἶχε 4 ἕτοιμα. ἐπείτε δὲ τῆς ὥρης γινομένης τοῦ δείπνου παρῆσαν οἵ τε ἄλλοι δαιτυμόνες καὶ ὁ Ἅρπαγος, τοῖσι μὲν ἄλλοισι καὶ αὐτῶι Ἀστυάγεϊ παρετιθέατο τράπεζαι ἐπίπλεαι μηλέων κρεῶν, Ἁρπάγωι δὲ τοῦ παιδὸς τοῦ ἑωυτοῦ, πλὴν κεφαλῆς τε καὶ ἄκρων χειρῶν τε καὶ ποδῶν, τἆλλα 5 πάντα· ταῦτα δὲ χωρὶς ἔκειτο ἐπὶ κανέωι κατακεκαλυμμένα. ὡς δὲ τῶι Ἁρπάγωι ἐδόκεε ἅλις ἔχειν τῆς βορῆς, Ἀστυάγης εἴρετό μιν εἰ ἡσθείη τι τῇι θοίνηι. φαμένου δὲ Ἁρπάγου καὶ κάρτα ἡσθῆναι παρέφερον τοῖσι προσέκειτο τὴν κεφαλὴν τοῦ παιδὸς κατακεκαλυμμένην καὶ τὰς χεῖρας καὶ τοὺς πόδας, Ἅρπαγον δὲ ἐκέλευον προσστάντες ἀποκαλύπτειν τε καὶ 6 λαβεῖν τὸ βούλεται αὐτῶν. πειθόμενος δὲ ὁ Ἅρπαγος καὶ ἀποκαλύπτων ὁρᾶι τοῦ παιδὸς τὰ λείμματα· ἰδὼν δὲ οὔτε ἐξεπλάγη ἐντός τε ἑωυτοῦ γίνεται. εἴρετο δὲ αὐτὸν ὁ Ἀστυάγης εἰ γινώσκοι ὅτεο θηρίου κρέα 7 βεβρώκοι. ὁ δὲ καὶ γινώσκειν ἔφη καὶ ἀρεστὸν εἶναι πᾶν τὸ ἂν βασιλεὺς ἔρδῃ. τούτοισι δὲ ἀμειψάμενος καὶ ἀναλαβὼν τὰ λοιπὰ τῶν κρεῶν ἤιε ἐς τὰ οἰκία. ἐνθεῦτεν δὲ ἔμελλε, ὡς ἐγὼ δοκέω, ἁλίσας θάψειν τὰ πάντα.

120 Ἁρπάγωι μὲν Ἀστυάγης δίκην ταύτην ἐπέθηκε. Κύρου δὲ πέρι βουλεύων ἐκάλεε τοὺς αὐτοὺς τῶν μάγων οἳ τὸ ἐνύπνιόν οἱ ταύτῃ ἔκριναν. ἀπικομένους δὲ εἴρετο ὁ Ἀστυάγης τῇ ἔκριναν οἱ τὴν ὄψιν. οἱ δὲ κατὰ ταὐτὰ εἶπαν, λέγοντες ὡς βασιλεῦσαι χρῆν τὸν παῖδα, εἰ 2 ἐπέζωσε καὶ μὴ ἀπέθανε πρότερον. ὁ δὲ ἀμείβεται αὐτοὺς τοῖσδε· Ἔστι τε ὁ παῖς καὶ περίεστι, καί μιν ἐπ' ἀγροῦ διαιτώμενον οἱ ἐκ τῆς κώμης παῖδες ἐστήσαντο βασιλέα. ὁ δὲ πάντα ὅσα περ οἱ ἀληθέϊ λόγωι βασιλέες ἐτελέωσε ποιήσας· καὶ γὰρ δορυφόρους καὶ θυρωροὺς καὶ ἀγγελιηφόρους 3 καὶ τὰ λοιπὰ πάντα διατάξας ἦρχε. καὶ νῦν ἐς τί ὑμῖν ταῦτα φαίνεται

119.2 [ἔτη] ante τρία del. Legrand: ἔτη τρία καὶ δέκα κου μάλιστα ἔτεα γεγονώς A: ἔτεα ante γεγονώς om. d: ἔτεα τρία καὶ δέκα κου μάλιστα γεγονώς Hude   119.3 εὔτυκα A: εὔτυκτα d   119.5 προσστάντες Schweighäuser: προστάντες codd.

φέρειν; εἶπαν οἱ μάγοι· Εἰ μὲν περίεστί τε καὶ ἐβασίλευσε ὁ παῖς μὴ ἐκ προνοίης τινός, θάρσεέ τε τούτου εἵνεκα καὶ θυμὸν ἔχε ἀγαθόν· οὐ γὰρ ἔτι τὸ δεύτερον ἄρξει. παρὰ σμικρὰ γὰρ καὶ τῶν λογίων ἡμῖν ἔνια κεχώρηκε, καί τά γε τῶν ὀνειράτων ἐχόμενα τελέως ἐς ἀσθενὲς ἔρχεται. ἀμείβεται 4 ὁ Ἀστυάγης τοῖσδε· Καὶ αὐτός, ὦ μάγοι, ταύτηι πλεῖστος γνώμην εἰμί, βασιλέος ὀνομασθέντος τοῦ παιδὸς ἐξήκειν τε τὸν ὄνειρον καί μοι τὸν παῖδα τοῦτον εἶναι δεινὸν ἔτι οὐδέν. ὅμως γε μέντοι συμβουλεύσατέ μοι εὖ περισκεψάμενοι, τὰ μέλλει ἀσφαλέστατα εἶναι οἴκωι τε τῶι ἐμῶι καὶ ὑμῖν. εἶπαν πρὸς ταῦτα οἱ μάγοι· Ὦ βασιλεῦ, καὶ αὐτοῖσι ἡμῖν περὶ 5 πολλοῦ ἐστι κατορθοῦσθαι ἀρχὴν τὴν σήν. κείνως μὲν γὰρ ἀλλοτριοῦται ἐς τὸν παῖδα τοῦτον περιιοῦσα ἐόντα Πέρσην, καὶ ἡμεῖς ἐόντες Μῆδοι δουλούμεθά τε καὶ λόγου οὐδενὸς γινόμεθα πρὸς Περσέων, ἐόντες ξεῖνοι· σέο δ' ἐνεστεῶτος βασιλέος, ἐόντος πολιήτεω, καὶ ἄρχομεν τὸ μέρος καὶ τιμὰς πρὸς σέο μεγάλας ἔχομεν. οὕτω ὦν πάντως ἡμῖν σέο τε καὶ τῆς 6 σῆς ἀρχῆς προοπτέον ἐστί. καὶ νῦν εἰ φοβερόν τι ἐνωρῶμεν, πᾶν ἂν σοὶ προεφράζομεν. νῦν δὲ ἀποσκήψαντος τοῦ ἐνυπνίου ἐς φλαῦρον αὐτοί τε θαρσέομεν καὶ σοὶ ἕτερα τοιαῦτα παρακελευόμεθα. τὸν δὲ παῖδα τοῦτον ἐξ ὀφθαλμῶν ἀπόπεμψαι ἐς Πέρσας τε καὶ τοὺς γειναμένους.

Ἀκούσας ταῦτα ὁ Ἀστυάγης ἐχάρη τε καὶ καλέσας τὸν Κῦρον ἔλεγέ 121 οἱ τάδε· Ὦ παῖ, σὲ γὰρ ἐγὼ δι' ὄψιν ὀνείρου οὐ τελέην ἠδίκεον, τῆι σεωυτοῦ δὲ μοίρηι περίεις· νῦν ὦν ἴθι χαίρων ἐς Πέρσας, πομποὺς δὲ ἐγὼ ἅμα πέμψω. ἐλθὼν δὲ ἐκεῖ πατέρα τε καὶ μητέρα εὑρήσεις οὐ κατὰ Μιτραδάτην τε τὸν βουκόλον καὶ τὴν γυναῖκα αὐτοῦ.

Ταῦτα εἴπας ὁ Ἀστυάγης ἀποπέμπει τὸν Κῦρον. νοστήσαντα δέ 122 μιν ἐς τοῦ Καμβύσεω τὰ οἰκία ἐδέξαντο οἱ γεινάμενοι, καὶ δεξάμενοι ὡς ἐπύθοντο, μεγάλως ἀσπάζοντο οἷα δὴ ἐπιστάμενοι αὐτίκα τότε τελευτῆσαι, ἱστόρεόν τε ὅτεωι τρόπωι περιγένοιτο. ὁ δέ σφι ἔλεγε, 2 φὰς πρὸ τοῦ μὲν οὐκ εἰδέναι ἀλλὰ ἡμαρτηκέναι πλεῖστον, κατ' ὁδὸν δὲ πυθέσθαι πᾶσαν τὴν ἑωυτοῦ πάθην. ἐπίστασθαι μὲν γὰρ ὡς βουκόλου τοῦ Ἀστυάγεος εἴη παῖς, ἀπὸ δὲ τῆς κεῖθεν ὁδοῦ τὸν πάντα λόγον τῶν πομπῶν πυθέσθαι. τραφῆναι δὲ ἔλεγε ὑπὸ τῆς τοῦ βουκόλου γυναικός, 3 ἠιέ τε ταύτην αἰνέων διὰ παντός, ἦν τέ οἱ ἐν τῶι λόγωι τὰ πάντα ἡ Κυνώ. οἱ δὲ τοκέες παραλαβόντες τὸ οὔνομα τοῦτο, ἵνα θειοτέρως δοκέηι τοῖσι Πέρσηισι περιεῖναί σφι ὁ παῖς, κατέβαλον φάτιν ὡς ἐκκείμενον Κῦρον κύων ἐξέθρεψε. ἐνθεῦτεν μὲν ἡ φάτις αὕτη κεχώρηκε.

120.4 ὅμως γε μέντοι Eltz: ὅμως μέν γέ τοι codd.   120.5 κείνως . . . ἀλλοτριοῦται codd.: ἢν . . . ἀλλοτριῶται Powell   120.6 ἐνωρῶμεν Lhardy: ἑωρῶμεν codd. φλαῦρον d: φαῦλον A   122.1 ἐπύθοντο <τίς ἦν> Van Herwerden

123 Κύρωι δὲ ἀνδρουμένωι καὶ ἐόντι τῶν ἡλίκων ἀνδρηιοτάτωι καὶ προσφιλεστάτωι προσέκειτο ὁ Ἅρπαγος δῶρα πέμπων, τείσασθαι Ἀστυάγεα ἐπιθυμέων. ἀπ' ἑωυτοῦ γὰρ ἐόντος ἰδιώτεω οὐκ ἐνώρα τιμωρίην ἐσομένην ἐς Ἀστυάγεα, Κῦρον δὲ ὁρέων ἐπιτρεφόμενον ἐποιέετο 2 σύμμαχον, τὰς πάθας τὰς Κύρου τῆισι ἑωυτοῦ ὁμοιούμενος. πρὸ δ' ἔτι τούτου τάδε οἱ κατέργαστο· ἐόντος τοῦ Ἀστυάγεος πικροῦ ἐς τοὺς Μήδους, συμμίσγων ἑνὶ ἑκάστωι ὁ Ἅρπαγος τῶν πρώτων Μήδων ἀνέπειθε ὡς χρὴ Κῦρον προστησαμένους Ἀστυάγεα παῦσαι τῆς 3 βασιληίης. κατεργασμένου δέ οἱ τούτου καὶ ἐόντος ἑτοίμου, οὕτω δὴ τῶι Κύρωι διαιτωμένωι ἐν Πέρσηισι βουλόμενος ὁ Ἅρπαγος δηλῶσαι τὴν ἑωυτοῦ γνώμην ἄλλως μὲν οὐδαμῶς εἶχε ἄτε τῶν ὁδῶν φυλασσομένων, 4 ὁ δὲ ἐπιτεχνᾶται τοιόνδε. λαγὸν μηχανησάμενος καὶ ἀνασχίσας τούτου τὴν γαστέρα καὶ οὐδὲν ἀποτίλας, ὡς δὲ εἶχε, οὕτω ἐσέθηκε βυβλίον, γράψας τά οἱ ἐδόκεε· ἀπορράψας δὲ τοῦ λαγοῦ τὴν γαστέρα καὶ δίκτυα δοὺς ἅτε θηρευτῆι τῶν οἰκετέων τῶι πιστοτάτωι, ἀπέστελλε ἐς τοὺς Πέρσας, ἐντειλάμενός οἱ ἀπὸ γλώσσης διδόντα τὸν λαγὸν Κύρωι ἐπειπεῖν αὐτοχειρίηι μιν διελεῖν καὶ μηδένα οἱ ταῦτα ποιεῦντι παρεῖναι.

124 Ταῦτά τε δὴ ὦν ἐπιτελέα ἐγίνετο καὶ ὁ Κῦρος παραλαβὼν τὸν λαγὸν ἀνέσχισε· εὑρὼν δὲ ἐν αὐτῶι τὸ βυβλίον ἐνεὸν λαβὼν ἐπελέγετο. τὰ δὲ γράμματα ἔλεγε τάδε· Ὦ παῖ Καμβύσεω, σὲ γὰρ θεοὶ ἐπορῶσι, οὐ γὰρ ἄν κοτε ἐς τοσοῦτο τύχης ἀπίκεο, σύ νυν Ἀστυάγεα τὸν σεωυτοῦ 2 φονέα τεῖσαι. κατὰ μὲν γὰρ τὴν τούτου προθυμίην τέθνηκας, τὸ δὲ κατὰ θεούς τε καὶ ἐμὲ περίεις. τά σε καὶ πάλαι δοκέω πάντα ἐκμεμαθηκέναι σέο τε αὐτοῦ πέρι ὡς ἐπρήχθη καὶ οἷα ἐγὼ ὑπὸ Ἀστυάγεος πέπονθα, ὅτι σε οὐκ ἀπέκτεινα, ἀλλὰ ἔδωκα τῶι βουκόλωι. σύ νυν, ἢν βούληι ἐμοὶ πείθεσθαι, τῆς περ Ἀστυάγης ἄρχει χώρης, ταύτης ἁπάσης ἄρξεις. 3 Πέρσας γὰρ ἀναπείσας ἀπίστασθαι στρατηλάτεε ἐπὶ Μήδους. καὶ ἤν τε ἐγὼ ὑπὸ Ἀστυάγεος ἀποδεχθέω στρατηγὸς ἀντία σέο, ἔστι τοι τὰ σὺ βούλεαι, ἤν τε τῶν τις δοκίμων ἄλλος Μήδων. πρῶτοι γὰρ οὗτοι ἀποστάντες ἀπ' ἐκείνου καὶ γενόμενοι πρὸς σέο Ἀστυάγεα καταιρέειν πειρήσονται. ὡς ὦν ἑτοίμου τοῦ γε ἐνθάδε ἐόντος, ποίεε ταῦτα καὶ ποίεε κατὰ τάχος.

125 Ἀκούσας ταῦτα ὁ Κῦρος ἐφρόντιζε ὅτεωι τρόπωι σοφωτάτωι Πέρσας ἀναπείσει ἀπίστασθαι, φροντίζων δὲ εὕρισκέ τε ταῦτα καιριώτατα 2 εἶναι καὶ ἐποίεε δὴ ταῦτα. γράψας ἐς βυβλίον τὰ ἐβούλετο, ἁλίην τῶν Περσέων ἐποιήσατο, μετὰ δὲ ἀναπτύξας τὸ βυβλίον καὶ ἐπιλεγόμενος

125.1 ταῦτα ... ταῦτα A: ταῦτα ... τάδε d

ἔφη Ἀστυάγεά μιν στρατηγὸν Περσέων ἀποδεικνύναι. Νῦν τε, ἔφη λέγων, ὦ Πέρσαι, προαγορεύω ὑμῖν παρεῖναι ἕκαστον ἔχοντα δρέπανον. Κῦρος μὲν ταῦτα προηγόρευσε. ἔστι δὲ Περσέων συχνὰ γένεα, καὶ τὰ 3 μὲν αὐτῶν ὁ Κῦρος συνάλισε καὶ ἀνέπεισε ἀπίστασθαι ἀπὸ Μήδων· ἔστι δὲ τάδε, ἐξ ὧν ὦλλοι πάντες ἀρτέαται Πέρσαι· Πασαργάδαι, Μαράφιοι, Μάσπιοι· τούτων Πασαργάδαι εἰσὶ ἄριστοι, ἐν τοῖσι καὶ Ἀχαιμενίδαι εἰσὶ φρήτρη, ἔνθεν οἱ βασιλέες οἱ Περσεῖδαι γεγόνασι. ἄλλοι δὲ Πέρσαι εἰσὶ 4 οἵδε· Πανθιαλαῖοι, Δηρουσιαῖοι, Γερμάνιοι· οὗτοι μὲν πάντες ἀροτῆρές εἰσι, οἱ δὲ ἄλλοι νομάδες, Δάοι, Μάρδοι, Δροπικοί, Σαγάρτιοι.

Ὡς δὲ παρῆσαν ἅπαντες ἔχοντες τὸ προειρημένον, ἐνθαῦτα ὁ Κῦρος **126** (ἦν γάρ τις χῶρος τῆς Περσικῆς ἀκανθώδης ὅσον τε ἐπὶ ὀκτωκαίδεκα σταδίους ἢ εἴκοσι πάντηι) τοῦτόν σφι τὸν χῶρον προεῖπε ἐξημερῶσαι ἐν ἡμέρηι. ἐπιτελεσάντων δὲ τῶν Περσέων τὸν προκείμενον ἄεθλον, δεύτερά 2 σφι προεῖπε ἐς τὴν ὑστεραίην παρεῖναι λελουμένους. ἐν δὲ τούτωι τά τε αἰπόλια καὶ τὰς ποίμνας καὶ τὰ βουκόλια ὁ Κῦρος πάντα τοῦ πατρὸς συναλίσας ἐς τὠυτὸ ἔθυε καὶ παρεσκεύαζε ὡς δεξόμενος τὸν Περσέων στρατόν, πρὸς δὲ οἴνωι τε καὶ σιτίοισι ὡς ἐπιτηδεοτάτοισι. ἀπικομένους 3 δὲ τῆι ὑστεραίηι τοὺς Πέρσας κατακλίνας ἐς λειμῶνα εὐώχεε. ἐπείτε δὲ ἀπὸ δείπνου ἦσαν, εἴρετό σφεας ὁ Κῦρος κότερα τὰ τῆι προτεραίηι εἶχον ἢ τὰ παρεόντα σφι εἴη αἱρετώτερα. οἱ δὲ ἔφασαν πολλὸν εἶναι 4 αὐτῶν τὸ μέσον· τὴν μὲν γὰρ προτέρην ἡμέρην πάντα σφι κακὰ ἔχειν, τὴν δὲ τότε παρεοῦσαν πάντα ἀγαθά. παραλαβὼν δὲ τοῦτο τὸ ἔπος ὁ Κῦρος παρεγύμνου τὸν πάντα λόγον λέγων· Ἄνδρες Πέρσαι, οὕτως 5 ὑμῖν ἔχει· βουλομένοισι μὲν ἐμέο πείθεσθαι ἔστι τάδε τε καὶ ἄλλα μυρία ἀγαθά, οὐδένα πόνον δουλοπρεπέα ἔχουσι· μὴ βουλομένοισι δὲ ἐμέο πείθεσθαι εἰσὶ ὑμῖν πόνοι τῶι χθιζῶι παραπλήσιοι ἀνάριθμητοι. νῦν 6 ὦν ἐμέο πειθόμενοι γίνεσθε ἐλεύθεροι. αὐτός τε γὰρ δοκέω θείηι τύχηι γεγονὼς τάδε ἐς χεῖρας ἄγεσθαι καὶ ὑμέας ἥγημαι ἄνδρας Μήδων εἶναι οὐ φαυλοτέρους οὔτε τἆλλα οὔτε τὰ πολέμια. ὡς ὦν ἐχόντων ὧδε ἀπίστασθε ἀπ' Ἀστυάγεος τὴν ταχίστην.

Πέρσαι μέν νυν προστάτεω ἐπιλαβόμενοι ἄσμενοι ἐλευθεροῦντο, καὶ **127** πάλαι δεινὸν ποιεύμενοι ὑπὸ Μήδων ἄρχεσθαι. Ἀστυάγης δὲ ὡς ἐπύθετο Κῦρον ταῦτα πρήσσοντα, πέμψας ἄγγελον ἐκάλεε αὐτόν. ὁ δὲ Κῦρος 2 ἐκέλευε τὸν ἄγγελον ἀπαγγέλλειν ὅτι πρότερον ἥξοι παρ' ἐκεῖνον ἢ Ἀστυάγης αὐτὸς βουλήσεται. ἀκούσας δὲ ταῦτα ὁ Ἀστυάγης Μήδους τε ὥπλισε πάντας καὶ στρατηγὸν αὐτῶν ὥστε θεοβλαβὴς ἐὼν Ἅρπαγον

127.2 ἥξοι AD: ἥξει r

3 ἀπέδεξε, λήθην ποιεύμενος τά μιν ἐόργεε. ὡς δὲ οἱ Μῆδοι στρατευσάμενοι τοῖσι Πέρσῃσι συνέμισγον, οἱ μέν τινες αὐτῶν ἐμάχοντο, ὅσοι μὴ τοῦ λόγου μετέσχον, οἱ δὲ αὐτομόλεον πρὸς τοὺς Πέρσας, οἱ δὲ πλεῖστοι ἐθελοκάκεόν τε καὶ ἔφευγον.

128 Διαλυθέντος δὲ τοῦ Μηδικοῦ στρατεύματος αἰσχρῶς, ὡς ἐπύθετο τάχιστα ὁ Ἀστυάγης, ἔφη ἀπειλέων τῶι Κύρωι· Ἀλλ' οὐδ' ὣς Κῦρός γε
2 χαιρήσει. τοσαῦτα εἴπας πρῶτον μὲν τῶν μάγων τοὺς ὀνειροπόλους, οἵ μιν ἀνέγνωσαν μετεῖναι τὸν Κῦρον, τούτους ἀνεσκολόπισε, μετὰ δὲ ὥπλισε τοὺς ὑπολειφθέντας ἐν τῶι ἄστεϊ τῶν Μήδων, νέους τε καὶ
3 πρεσβύτας ἄνδρας. ἐξαγαγὼν δὲ τούτους καὶ συμβαλὼν τοῖσι Πέρσῃσι ἑσσώθη, καὶ αὐτός τε Ἀστυάγης ἐζωγρήθη καὶ τοὺς ἐξήγαγε τῶν Μήδων ἀπέβαλε.

129 Ἐόντι δὲ αἰχμαλώτωι τῶι Ἀστυάγεϊ προσστὰς ὁ Ἅρπαγος κατέχαιρέ τε καὶ κατεκερτόμεε, καὶ ἄλλα λέγων ἐς αὐτὸν θυμαλγέα ἔπεα καὶ δὴ καὶ εἴρετό μιν πρὸς τὸ ἑωυτοῦ δεῖπνον, τό μιν ἐκεῖνος σαρξὶ τοῦ παιδὸς
2 ἐθοίνησε, ὅ τι εἴη ἡ ἐκείνου δουλοσύνη ἀντὶ τῆς βασιληίης. ὁ δέ μιν προσιδὼν ἀντείρετο εἰ ἑωυτοῦ ποιέεται τὸ Κύρου ἔργον. Ἅρπαγος δὲ
3 ἔφη, αὐτὸς γὰρ γράψαι, τὸ πρῆγμα ἑωυτοῦ δὴ δικαίως εἶναι. Ἀστυάγης δέ μιν ἀπέφαινε τῶι λόγωι σκαιότατόν τε καὶ ἀδικώτατον ἐόντα πάντων ἀνθρώπων, σκαιότατον μέν γε, εἰ παρεὸν αὐτῶι βασιλέα γενέσθαι, εἰ δὴ δι' ἑωυτοῦ γε ἐπρήχθη τὰ παρεόντα, ἄλλωι περιέθηκε τὸ κράτος,
4 ἀδικώτατον δέ, ὅτι τοῦ δείπνου εἵνεκεν Μήδους κατεδούλωσε· εἰ γὰρ δὴ δεῖν πάντως περιθεῖναι ἄλλωι τέωι τὴν βασιληίην καὶ μὴ αὐτὸν ἔχειν, δικαιότερον εἶναι Μήδων τέωι περιβαλεῖν τοῦτο τὸ ἀγαθὸν ἢ Περσέων· νῦν δὲ Μήδους μὲν ἀναιτίους τούτου ἐόντας δούλους ἀντὶ δεσποτέων γεγονέναι, Πέρσας δὲ δούλους ἐόντας τὸ πρὶν Μήδων νῦν γεγονέναι δεσπότας.

130 Ἀστυάγης μέν νυν βασιλεύσας ἐπ' ἔτεα πέντε καὶ τριήκοντα οὕτω τῆς βασιληίης κατεπαύσθη, Μῆδοι δὲ ὑπέκυψαν Πέρσῃσι διὰ τὴν τούτου πικρότητα, ἄρξαντες τῆς ἄνω Ἅλυος ποταμοῦ Ἀσίης ἐπ' ἔτεα τριήκοντα
2 καὶ ἑκατὸν δυῶν δέοντα, παρὲξ ἢ ὅσον οἱ Σκύθαι ἦρχον. ὑστέρωι μέντοι χρόνωι μετεμέλησέ τέ σφι ταῦτα ποιήσασι καὶ ἀπέστησαν ἀπὸ Δαρείου· ἀποστάντες δὲ ὀπίσω κατεστράφησαν μάχηι νικηθέντες. τότε δὲ ἐπὶ Ἀστυάγεος οἱ Πέρσαι τε καὶ ὁ Κῦρος ἐπαναστάντες τοῖσι Μήδοισι
3 ἦρχον τὸ ἀπὸ τούτου τῆς Ἀσίης. Ἀστυάγεα δὲ Κῦρος κακὸν οὐδὲν ἄλλο ποιήσας εἶχε παρ' ἑωυτῶι, ἐς ὃ ἐτελεύτησε. οὕτω δὴ Κῦρος γενόμενός

129.1 προσστὰς Schweighäuser: προστ- codd.

τε και τραφείς έβασίλευσε και Κροΐσον ύστερον τούτων άρξαντα αδικίης κατεστρέψατο, ώς εϊρηταί μοι πρότερον. τούτον δε καταστρεψάμενος ούτω πάσης της Άσίης ήρξε.

Πέρσας δε οίδα νόμοισι τοιοισίδε χρεωμένους, αγάλματα μεν και νηούς **131** και βωμούς ούκ εν νόμωι ποιευμένους ιδρύεσθαι, αλλά και τοίσι ποιεύσι μωρίην έπιφέρουσι, ώς μεν έμοί δοκέειν, ότι ούκ άνθρωποφυέας ένόμισαν τους θεούς κατά περ οί Έλληνες είναι. οί δε νομίζουσι Διί μεν επί τά **2** υψηλότατα των όρέων άναβαίνοντες θυσίας έρδειν, τον κύκλον πάντα του ουρανού Δία καλέοντες. θύουσι δε ήλίωι τε και σελήνηι και γήι και πυρί και ύδατι και άνέμοισι. τούτοισι μεν δη θύουσι μούνοισι άρχήθεν, **3** έπιμεμαθήκασι δε και τήι Ούρανίηι θύειν, παρά τε Ασσυρίων μαθόντες και Αραβίων. καλέουσι δε Ασσύριοι την Αφροδίτην Μύλιττα, Αράβιοι δε Άλιλάτ, Πέρσαι δε Μίτραν.

Θυσίη δε τοΐσι Πέρσηισι περί τους είρημένους θεούς ήδε κατέστηκε. **132** ούτε βωμούς ποιεύνται ούτε πυρ άνακαίουσι μέλλοντες θύειν· ού σπονδήι χρέωνται, ούκί αύλώι, ού στέμμασι, ούκί ούλήισι. των δε ώς έκάστωι θύειν θέληι, ές χώρον καθαρόν άγαγών το κτήνος καλέει τον θεόν έστεφανωμένος τον τιήρην μυρσίνηι μάλιστα. έωυτώι μεν δη τώι **2** θύοντι ιδίηι μούνωι ού οί έγγίνεται άράσθαι αγαθά, ό δε τοίσι πάσί τε Πέρσηισι κατεύχεται εύ γίνεσθαι και τώι βασιλέϊ· έν γάρ δη τοΐσι άπασι Πέρσηισι και αυτός γίνεται. έπεάν δε διαμιστύλας κατά μέρεα το ίρήιον έψήσηι τά κρέα, ύποπάσας ποίην ώς άπαλωτάτην, μάλιστα δε το τρίφυλλον, επί ταύτης έθηκε ών πάντα ⟨τά⟩ κρέα. διαθέντος δε αύτού **3** μάγος άνήρ παρεστεώς έπαείδει θεογονίην, οϊην δη έκείνοι λέγουσι είναι την έπαοιδήν· άνευ γάρ δη μάγου ού σφι νόμος έστί θυσίας ποιέεσθαι. έπισχών δε όλίγον χρόνον αποφέρεται ό θύσας τά κρέα και χράται ό τι μιν λόγος αίρέει.

Ήμέρην δε άπασέων μάλιστα έκείνην τιμάν νομίζουσι τήι έκαστος **133** έγένετο. έν ταύτηι δε πλέω δαίτα των άλλέων δικαιούσι προτίθεσθαι· έν τήι οί εύδαίμονες αύτών βουν και ίππον και κάμηλον και όνον προτιθέαται όλους οπτούς έν καμίνοισι, οί δε πένητες αύτών τά λεπτά των προβάτων προτιθέαται. σίτοισι δε όλίγοισι χρέωνται, έπιφορήμασι **2** δε πολλοΐσι και ούκ άλέσι· και διά τούτό φασι Πέρσαι τους Έλληνας σιτεομένους πεινώντας παύεσθαι, ότι σφι άπό δείπνου παραφορέεται

131.3–132.3 έπιμεμαθήκασι . . . αίρέει A: om. d   **132.2** μέρεα codd.: μέλεα Korais   ⟨τά⟩ Valckenaer   **132.3** θεογονίην οϊην δη codd.: οία δή· θεογονίην Jackson   **133.1–2** έν ταύτηι ... παύεσθαι A: om. d

οὐδὲν λόγου ἄξιον, εἰ δέ τι παραφέροιτο, ἐσθίοντας ἂν οὐ παύεσθαι.
3 οἴνωι δὲ κάρτα προσκέαται. καί σφι οὐκ ἐμέσαι ἔξεστι, οὐκὶ οὐρῆσαι ἀντίον ἄλλου. ταῦτα μέν νυν οὕτω φυλάσσεται. μεθυσκόμενοι δὲ ἐώθασι
4 βουλεύεσθαι τὰ σπουδαιέστατα τῶν πρηγμάτων· τὸ δ' ἂν ἅδηι σφι βουλευομένοισι, τοῦτο τῆι ὑστεραίηι νήφουσι προτιθεῖ ὁ στέγαρχος, ἐν τοῦ ἂν ἐόντες βουλεύωνται. καὶ ἢν μὲν ἅδηι καὶ νήφουσι, χρέωνται αὐτῶι, ἢν δὲ μὴ ἅδηι, μετιεῖσι. τὰ δ' ἂν νήφοντες προβουλεύσωνται, μεθυσκόμενοι ἐπιδιαγινώσκουσι.

134 Ἐντυγχάνοντες δ' ἀλλήλοισι ἐν τῆισι ὁδοῖσι, τῶιδε ἄν τις διαγνοίη εἰ ὅμοιοί εἰσι οἱ συντυγχάνοντες· ἀντὶ γὰρ τοῦ προσαγορεύειν ἀλλήλους φιλέουσι τοῖσι στόμασι. ἢν δὲ ἦι οὕτερος ὑποδεέστερος ὀλίγωι, τὰς παρειὰς φιλέονται. ἢν δὲ πολλῶι ἦι οὕτερος ἀγεννέστερος, προσπίπτων
2 προσκυνέει τὸν ἕτερον. τιμῶσι δὲ ἐκ πάντων τοὺς ἄγχιστα ἑωυτῶν οἰκέοντας μετά γε ἑωυτούς, δεύτερα δὲ τοὺς δευτέρους, μετὰ δὲ κατὰ λόγον προβαίνοντες τιμῶσι· ἥκιστα δὲ τοὺς ἑωυτῶν ἑκαστάτω οἰκημένους ἐν τιμῆι ἄγονται, νομίζοντες ἑωυτοὺς εἶναι ἀνθρώπων μακρῶι τὰ πάντα ἀρίστους, τοὺς δὲ ἄλλους κατὰ <τὸν αὐτὸν> λόγον [τῶι λεγομένωι] τῆς ἀρετῆς ἀντέχεσθαι, τοὺς δὲ ἑκαστάτω οἰκέοντας ἀπὸ ἑωυτῶν κακίστους
3 εἶναι. ἐπὶ δὲ Μήδων ἀρχόντων καὶ ἦρχε τὰ ἔθνεα ἀλλήλων, συναπάντων μὲν Μῆδοι καὶ τῶν ἄγχιστα οἰκεόντων σφίσι, οὗτοι δὲ καὶ τῶν ὁμούρων, οἱ δὲ μάλα τῶν ἐχομένων. κατὰ τὸν αὐτὸν δὲ λόγον καὶ οἱ Πέρσαι τιμῶσι· προέβαινε γὰρ δὴ τὸ ἔθνος ἄρχον τε καὶ ἐπιτροπεῦον.

135 Ξεινικὰ δὲ νόμαια Πέρσαι προσίενται ἀνδρῶν μάλιστα. καὶ γὰρ δὴ τὴν Μηδικὴν ἐσθῆτα νομίσαντες τῆς ἑωυτῶν εἶναι καλλίω φορέουσι καὶ ἐς τοὺς πολέμους τοὺς Αἰγυπτίους θώρηκας. καὶ εὐπαθείας τε παντοδαπὰς πυνθανόμενοι ἐπιτηδεύουσι καὶ δὴ καὶ ἀπ' Ἑλλήνων μαθόντες παισὶ μίσγονται. γαμέουσι δὲ ἕκαστος αὐτῶν πολλὰς μὲν κουριδίας γυναῖκας, πολλῶι δ' ἔτι πλέονας παλλακὰς κτῶνται.

136 Ἀνδραγαθίη δὲ αὕτη ἀποδέδεκται, μετὰ τὸ μάχεσθαι εἶναι ἀγαθόν, ὃς ἂν πολλοὺς ἀποδέξηι παῖδας· τῶι δὲ τοὺς πλείστους ἀποδεικνύντι δῶρα ἐκπέμπει βασιλεὺς ἀνὰ πᾶν ἔτος. τὸ πολλὸν δ' ἡγέαται ἰσχυρὸν εἶναι.
2 παιδεύουσι δὲ τοὺς παῖδας ἀπὸ πενταέτεος ἀρξάμενοι μέχρι εἰκοσαέτεος τρία μοῦνα, ἱππεύειν καὶ τοξεύειν καὶ ἀληθίζεσθαι. πρὶν δὲ ἢ πενταέτης γένηται, οὐκ ἀπικνέεται ἐς ὄψιν τῶι πατρί, ἀλλὰ παρὰ τῆισι γυναιξὶ δίαιταν ἔχει. τοῦδε <δὲ> εἵνεκα τοῦτο οὕτω ποιέεται, ἵνα ἢν ἀποθάνηι τρεφόμενος, μηδεμίαν ἄσην τῶι πατρὶ προσβάληι.

133.3–135 μεθυσκόμενοι . . . θώρηκας A: om. d   134.2 <τὸν αὐτὸν> Stein: [τῶι λεγομένωι] del. Krüger   134.3 τὸ codd.: <πᾶν> τι Legrand   135–136.1 καὶ δὴ . . . εἶναι A: om. d   136.2 <δὲ> Schweighäuser

Αἰνέω μέν νυν τόνδε τὸν νόμον, αἰνέω δὲ καὶ τόνδε, τὸ μὴ μιῆς αἰτίης 137
εἴνεκα μήτε αὐτὸν τὸν βασιλέα μηδένα φονεύειν, μήτε τῶν ἄλλων Περσέων
μηδένα τῶν ἑωυτοῦ οἰκετέων ἐπὶ μιῆι αἰτίηι ἀνήκεστον πάθος ἔρδειν·
ἀλλὰ λογισάμενος ἢν εὑρίσκηι πλέω τε καὶ μέζω τὰ ἀδικήματα ἐόντα
τῶν ὑπουργημάτων, οὕτω τῶι θυμῶι χρᾶται. ἀποκτεῖναι δὲ οὐδένα 2
κω λέγουσι τὸν ἑωυτοῦ πατέρα οὐδὲ μητέρα, ἀλλὰ ὁκόσα ἤδη τοιαῦτα
ἐγένετο, πᾶσαν ἀνάγκην φασὶ ἀναζητεόμενα ταῦτα ἂν εὑρεθῆναι ἤτοι
ὑποβολιμαῖα ἐόντα ἢ μοιχίδια· οὐ γὰρ δή φασι οἰκὸς εἶναι τόν γε ἀληθέως
τοκέα ὑπὸ τοῦ ἑωυτοῦ παιδὸς ἀποθνήισκειν.
Ἄσσα δέ σφι ποιέειν οὐκ ἔξεστι, ταῦτα οὐδὲ λέγειν ἔξεστι. αἴσχιστον 138
δὲ αὐτοῖσι τὸ ψεύδεσθαι νενόμισται, δεύτερα δὲ τὸ ὀφείλειν χρέος, πολλῶν
μὲν καὶ ἄλλων εἴνεκα, μάλιστα δὲ ἀναγκαίην φασὶ εἶναι τὸν ὀφείλοντα
καί τι ψεῦδος λέγειν. ὃς ἂν δὲ τῶν ἀστῶν λέπρην ἢ λεύκην ἔχηι, ἐς
πόλιν οὗτος οὐ κατέρχεται οὐδὲ συμμίσγεται τοῖσι ἄλλοισι Πέρσηισι.
φασὶ δέ μιν ἐς τὸν ἥλιον ἁμαρτόντα τι ταῦτα ἔχειν. ξεῖνον δὲ πάντα τὸν 2
λαμβανόμενον ὑπὸ τούτων πολλοὶ ἐξελαύνουσι ἐκ τῆς χώρης, καὶ τὰς
λευκὰς περιστεράς, τὴν αὐτὴν αἰτίην ἐπιφέροντες. ἐς ποταμὸν δὲ οὔτε
ἐνουρέουσι οὔτε ἐμπτύουσι, οὐ χεῖρας ἐναπονίζονται οὐδὲ ἄλλον οὐδένα
περιορῶσι, ἀλλὰ σέβονται ποταμοὺς μάλιστα.
Καὶ τόδε ἄλλο σφι ὧδε συμπέπτωκε γίνεσθαι, τὸ Πέρσας μὲν αὐτοὺς 139
λέληθε, ἡμέας μέντοι οὔ· τὰ οὐνόματά σφι ἐόντα ὅμοια τοῖσι σώμασι καὶ
τῆι μεγαλοπρεπείηι τελευτῶσι πάντα ἐς τὠυτὸ γράμμα, τὸ Δωριέες μὲν
σὰν καλέουσι, Ἴωνες δὲ σίγμα. ἐς τοῦτο διζήμενος εὑρήσεις τελευτῶντα
τῶν Περσέων τὰ οὐνόματα, οὐ τὰ μέν, τὰ δὲ οὔ, ἀλλὰ πάντα ὁμοίως.
Ταῦτα μὲν ἀτρεκέως ἔχω περὶ αὐτῶν εἰδὼς εἰπεῖν. τάδε μέντοι 140
ὡς κρυπτόμενα λέγεται καὶ οὐ σαφηνέως περὶ τοῦ ἀποθανόντος, ὡς
οὐ πρότερον θάπτεται ἀνδρὸς Πέρσεω ὁ νέκυς πρὶν ἂν ὑπ' ὄρνιθος
ἢ κυνὸς ἑλκυσθῆι. μάγους μὲν γὰρ ἀτρεκέως οἶδα ταῦτα ποιεῦντας· 2
ἐμφανέως γὰρ δὴ ποιεῦσι. κατακηρώσαντες δὲ ὦν τὸν νέκυν Πέρσαι γῆι
κρύπτουσι. μάγοι δὲ κεχωρίδαται πολλὸν τῶν τε ἄλλων ἀνθρώπων καὶ
τῶν ἐν Αἰγύπτωι ἱρέων· οἱ μὲν γὰρ ἁγνεύουσι ἔμψυχον μηδὲν κτείνειν, 3
εἰ μὴ ὅσα θύουσι· οἱ δὲ δὴ μάγοι αὐτοχειρίηι πάντα πλὴν κυνὸς καὶ
ἀνθρώπου κτείνουσι, καὶ ἀγώνισμα μέγα τοῦτο ποιεῦνται, κτείνοντες

137.1–2 ἀλλὰ ... ἀποθνήισκειν A: om. d   138.1–2 πολλῶν ... ἐπιφέροντες A:
om. D   138.2 post περιστεράς lacunam stat. Stein   138.2–139 ἐς ... ἐς A: καὶ
τὸ ἐς ποταμὸν ἐνουρέειν ἢ πτύειν ἢ χεῖρας ἐναπονίζεσθαι (-ίπτεσθαι D) ἢ ἄλλο τι ποιέειν·
σέβονται δὲ ποταμοὺς πάντων μάλιστα. τὰ δὲ οὐνόματά τῶν Περσῶν πάντα τελευτῶσι(ν)
ἐς d   139–140.1 ἐς τοῦτο ... ὡς om. d   140.2–177 μάγους ... ἐπιμνήσομαι A:
ταῦτα μέν νυν οὕτω τελεῖται d

όμοίως μύρμηκάς τε καὶ ὄφις καὶ τἆλλα ἑρπετὰ καὶ πετεινά. καὶ ἀμφὶ μὲν τῶι νόμωι τούτωι ἐχέτω ὡς καὶ ἀρχὴν ἐνομίσθη· ἄνειμι δὲ ἐπὶ τὸν πρότερον λόγον.

141 Ἴωνες δὲ καὶ Αἰολέες, ὡς οἱ Λυδοὶ τάχιστα κατεστράφατο ὑπὸ Περσέων, ἔπεμπον ἀγγέλους ἐς Σάρδις παρὰ Κῦρον, ἐθέλοντες ἐπὶ τοῖσι αὐτοῖσι εἶναι τοῖσι καὶ Κροίσωι ἦσαν κατήκοοι. ὁ δὲ ἀκούσας αὐτῶν τὰ προϊσχοντο ἔλεξέ σφι λόγον, ἄνδρα φὰς αὐλητὴν ἰδόντα ἰχθῦς ἐν τῆι 2 θαλάσσηι αὐλέειν, δοκέοντά σφεας ἐξελεύσεσθαι ἐς γῆν. ὡς δὲ ψευσθῆναι τῆς ἐλπίδος, λαβεῖν ἀμφίβληστρον καὶ περιβαλεῖν τε πλῆθος πολλὸν τῶν ἰχθύων καὶ ἐξειρύσαι, ἰδόντα δὲ παλλομένους εἰπεῖν ἄρα αὐτὸν πρὸς τοὺς ἰχθῦς· Παύεσθέ μοι ὀρχεόμενοι, ἐπεὶ οὐδ᾽ ἐμέο αὐλέοντος ἠθέλετε 3 ἐκβαίνειν ὀρχεόμενοι. Κῦρος μὲν τοῦτον τὸν λόγον τοῖσι Ἴωσι καὶ τοῖσι Αἰολεῦσι τῶνδε εἵνεκα ἔλεξε, ὅτι δὴ οἱ Ἴωνες πρότερον αὐτοῦ Κύρου δεηθέντος δι᾽ ἀγγέλων· ἀπίστασθαί σφεας ἀπὸ Κροίσου οὐκ ἐπείθοντο, τότε δὲ κατεργασμένων τῶν πρηγμάτων ἦσαν ἕτοιμοι πείθεσθαι Κύρωι. 4 ὁ μὲν δὴ ὀργῆι ἐχόμενος ἔλεγέ σφι τάδε, Ἴωνες δὲ ὡς ἤκουσαν τούτων ἀνενειχθέντων ἐς τὰς πόλιας, τείχεά τε περιεβάλοντο ἕκαστοι καὶ συνελέγοντο ἐς Πανιώνιον οἱ ἄλλοι πλὴν Μιλησίων· πρὸς μούνους γὰρ τούτους ὅρκιον Κῦρος ἐποιήσατο ἐπ᾽ οἷσί περ ὁ Λυδός· τοῖσι δὲ λοιποῖσι Ἴωσι ἔδοξε κοινῶι λόγωι πέμπειν ἀγγέλους ἐς Σπάρτην δεησομένους σφίσι τιμωρέειν.

142 Οἱ δὲ Ἴωνες οὗτοι, τῶν καὶ τὸ Πανιώνιόν ἐστι, τοῦ μὲν οὐρανοῦ καὶ τῶν ὡρέων ἐν τῶι καλλίστωι ἐτύγχανον ἱδρυσάμενοι πόλιας πάντων 2 ἀνθρώπων τῶν ἡμεῖς ἴδμεν. οὔτε γὰρ τὰ ἄνω αὐτῆς χωρία τὠυτὸ ποιέει τῆι Ἰωνίηι οὔτε τὰ κάτω, [οὔτε τὰ πρὸς τὴν ἠῶ οὔτε τὰ πρὸς τὴν ἑσπέρην,] τὰ μὲν ὑπὸ τοῦ ψυχροῦ τε καὶ ὑγροῦ πιεζόμενα, τὰ δὲ ὑπὸ τοῦ 3 θερμοῦ τε καὶ αὐχμώδεος. γλῶσσαν δὲ οὐ τὴν αὐτὴν οὗτοι νενομίκασι, ἀλλὰ τρόπους τέσσερας παραγωγέων. Μίλητος μὲν αὐτῶν πρώτη κεῖται πόλις πρὸς μεσαμβρίην, μετὰ δὲ Μυοῦς τε καὶ Πριήνη· αὗται μὲν ἐν τῆι Καρίηι κατοίκηνται κατὰ ταὐτὰ διαλεγόμεναι σφίσι. αἵδε δὲ ἐν τῆι 4 Λυδίηι· Ἔφεσος, Κολοφών, Λέβεδος, Τέως, Κλαζομεναί, Φώκαια. αὗται δὲ αἱ πόλιες τῆισι πρότερον λεχθείσηισι ὁμολογέουσι κατὰ γλῶσσαν οὐδέν, σφίσι δὲ ὁμοφωνέουσι. ἔτι δὲ τρεῖς ὑπόλοιποι Ἰάδες πόλιες, τῶν αἱ δύο μὲν νήσους οἰκέαται, Σάμον τε καὶ Χίον, ἡ δὲ μία ἐν τῆι ἠπείρωι ἵδρυται, Ἐρυθραί. Χῖοι μέν νυν καὶ Ἐρυθραῖοι κατὰ τὠυτὸ διαλέγονται, Σάμιοι δὲ ἐπ᾽ ἑωυτῶν μοῦνοι. οὗτοι χαρακτῆρες γλώσσης τέσσερες γίνονται.

141.2 ὀρχεόμενοι del. Pingel: ἐκβαίνοντες ὀρχεέσθαι Richards   141.4 σφισι Naber: Ἴωσι codd.   142.2 [οὔτε ... ἑσπέρην] del. Stein

Τούτων δὴ ὦν τῶν Ἰώνων οἱ Μιλήσιοι μὲν ἦσαν ἐν σκέπηι τοῦ 143 φόβου, ὅρκιον ποιησάμενοι, τοῖσι δὲ αὐτῶν νησιώτηισι ἦν δεινὸν οὐδέν· οὔτε γὰρ Φοίνικες ἦσάν κω Περσέων κατήκοοι οὔτε αὐτοὶ οἱ Πέρσαι ναυβάται. ἀπεσχίσθησαν δὲ ἀπὸ τῶν ἄλλων Ἰώνων οὗτοι κατ' ἄλλο μὲν 2 οὐδέν, ἀσθενέος δὲ ἐόντος τοῦ παντὸς τότε Ἑλληνικοῦ γένεος, πολλῶι δὴ ἦν ἀσθενέστατον τῶν ἐθνέων τὸ Ἰωνικὸν καὶ λόγου ἐλαχίστου· ὅτι γὰρ μὴ Ἀθῆναι, ἦν οὐδὲν ἄλλο πόλισμα λόγιμον. οἱ μέν νυν ἄλλοι Ἴωνες καὶ 3 οἱ Ἀθηναῖοι ἔφυγον τὸ οὔνομα, οὐ βουλόμενοι Ἴωνες κεκλῆσθαι, ἀλλὰ καὶ νῦν φαίνονταί μοι οἱ πολλοὶ αὐτῶν ἐπαισχύνεσθαι τῶι οὐνόματι· αἱ δὲ δυώδεκα πόλιες αὗται τῶι τε οὐνόματι ἠγάλλοντο καὶ ἱρὸν ἱδρύσαντο ἐπὶ σφέων αὐτέων, τῶι οὔνομα ἔθεντο Πανιώνιον, ἐβουλεύσαντο δὲ αὐτοῦ μεταδοῦναι μηδαμοῖσι ἄλλοισι Ἰώνων (οὐδ' ἐδεήθησαν δὲ οὐδαμοὶ μετασχεῖν ὅτι μὴ Σμυρναῖοι),

κατά περ οἱ ἐκ τῆς πενταπόλιος νῦν χώρης Δωριέες, πρότερον δὲ 144 ἑξαπόλιος τῆς αὐτῆς ταύτης καλεομένης, φυλάσσονται ὦν μηδαμοὺς ἐσδέξασθαι τῶν προσοίκων Δωριέων ἐς τὸ Τριοπικὸν ἱρόν, ἀλλὰ καὶ σφέων αὐτῶν τοὺς περὶ τὸ ἱρὸν ἀνομήσαντας ἐξεκλήισαν τῆς μετοχῆς. ἐν 2 γὰρ τῶι ἀγῶνι τοῦ Τριοπίου Ἀπόλλωνος ἐτίθεσαν τὸ πάλαι τρίποδας χαλκέους τοῖσι νικῶσι, καὶ τούτους χρῆν τοὺς λαμβάνοντας ἐκ τοῦ ἱροῦ μὴ ἐκφέρειν ἀλλ' αὐτοῦ ἀνατιθέναι τῶι θεῶι. ἀνὴρ ὦν Ἁλικαρνησσεύς, 3 τῶι οὔνομα ἦν Ἀγασικλέης, νικήσας τὸν νόμον κατηλόγησε, φέρων δὲ πρὸς τὰ ἑωυτοῦ οἰκία προσεπασσάλευσε τὸν τρίποδα. διὰ ταύτην τὴν αἰτίην αἱ πέντε πόλιες, Λίνδος καὶ Ἰήλυσός τε καὶ Κάμειρος καὶ Κῶς τε καὶ Κνίδος, ἐξεκλήισαν τῆς μετοχῆς τὴν ἕκτην πόλιν Ἁλικαρνησσόν. τούτοισι μέν νυν οὗτοι ταύτην τὴν ζημίην ἐπέθηκαν.

Δυώδεκα δέ μοι δοκέουσι πόλιας ποιήσασθαι οἱ Ἴωνες καὶ οὐκ 145 ἐθελῆσαι πλέονας ἐσδέξασθαι τοῦδε εἵνεκα, ὅτι καὶ ὅτε ἐν Πελοποννήσωι οἴκεον δυώδεκα ἦν αὐτῶν μέρεα, κατά περ νῦν Ἀχαιῶν τῶν ἐξελασάντων Ἴωνας δυώδεκά ἐστι μέρεα, Πελλήνη μέν γε πρώτη πρὸς Σικυῶνος, μετὰ δὲ Αἴγειρα καὶ Αἰγαί, ἐν τῆι Κρᾶθις ποταμὸς ἀενναός ἐστι, ἀπ' ὅτεο ὁ ἐν Ἰταλίηι ποταμὸς τὸ οὔνομα ἔσχε, καὶ Βοῦρα καὶ Ἑλίκη, ἐς τὴν κατέφυγον Ἴωνες ὑπὸ Ἀχαιῶν μάχηι ἑσσωθέντες, καὶ Αἴγιον καὶ Ῥύπες καὶ Πατρέες καὶ Φαρέες καὶ Ὤλενος, ἐν τῶι Πεῖρος ποταμὸς μέγας ἐστί, καὶ Δύμη καὶ Τριταιέες, οἳ μοῦνοι τούτων μεσόγαιοι οἰκέουσι.

Ταῦτα δυώδεκα μέρεα νῦν Ἀχαιῶν ἐστι καὶ τότε γε Ἰώνων ἦν. τούτων 146 δὴ εἵνεκα καὶ οἱ Ἴωνες δυώδεκα πόλιας ἐποιήσαντο, ἐπεὶ ὥς γέ τι

143.2 δὴ Stein: δὲ codd.   143.3 ἔφευγον Cobet   144.1 ὧν codd.: αἰνῶς Stein
145 ἀπ' ὅτεο Schäfer: ἀπότου codd.   <οὐ> μέγας Powell

μᾶλλον οὗτοι Ἴωνές εἰσι τῶν ἄλλων Ἰώνων ἢ κάλλιόν τι γεγόνασι, μωρίη πολλὴ λέγειν, τῶν Ἄβαντες μὲν ἐξ Εὐβοίης εἰσὶ οὐκ ἐλαχίστη μοῖρα, τοῖσι Ἰωνίης μέτα οὐδὲ τοῦ οὐνόματος οὐδέν, Μινύαι δὲ Ὀρχομένιοί σφι ἀναμεμίχαται καὶ Καδμεῖοι καὶ Δρύοπες καὶ Φωκέες ἀποδάσμιοι καὶ Μολοσσοὶ καὶ Ἀρκάδες Πελασγοὶ καὶ Δωριέες Ἐπιδαύριοι, ἄλλα τε ἔθνεα
2 πολλὰ ἀναμεμίχαται. οἱ δὲ αὐτῶν ἀπὸ τοῦ πρυτανηίου τοῦ Ἀθηναίων ὁρμηθέντες καὶ νομίζοντες γενναιότατοι εἶναι Ἰώνων, οὗτοι δὲ οὐ γυναῖκας ἠγάγοντο ἐς τὴν ἀποικίην ἀλλὰ Καείρας ἔσχον, τῶν ἐφόνευσαν
3 τοὺς γονέας. διὰ τοῦτον δὲ τὸν φόνον αἱ γυναῖκες αὗται νόμον θέμεναι σφίσι αὐτῇσι ὅρκους ἐπήλασαν καὶ παρέδοσαν τῇσι θυγατράσι μή κοτε ὁμοσιτῆσαι τοῖσι ἀνδράσι μηδὲ οὐνόματι βῶσαι τὸν ἑωυτῆς ἄνδρα, τοῦδε εἵνεκα ὅτι ἐφόνευσαν σφέων τοὺς πατέρας καὶ ἄνδρας καὶ παῖδας καὶ ἔπειτε ταῦτα ποιήσαντες αὐτῇσι συνοίκεον. ταῦτα δὲ ἦν γινόμενα ἐν Μιλήτωι.

147 Βασιλέας δὲ ἐστήσαντο οἱ μὲν αὐτῶν Λυκίους ἀπὸ Γλαύκου τοῦ Ἱππολόχου γεγονότας, οἱ δὲ Καύκωνας Πυλίους ἀπὸ Κόδρου τοῦ Μελάνθου, οἱ δὲ καὶ συναμφοτέρους. ἀλλὰ γὰρ περιέχονται τοῦ οὐνόματος μᾶλλόν τι τῶν ἄλλων Ἰώνων, ἔστωσαν δὴ καὶ οἱ καθαρῶς γεγονότες
2 Ἴωνες. εἰσὶ δὲ πάντες Ἴωνες, ὅσοι ἀπ᾽ Ἀθηνέων γεγόνασι καὶ Ἀπατούρια ἄγουσι ὁρτήν. ἄγουσι δὲ πάντες πλὴν Ἐφεσίων καὶ Κολοφωνίων· οὗτοι γὰρ μοῦνοι Ἰώνων οὐκ ἄγουσι Ἀπατούρια, καὶ οὗτοι κατὰ φόνου τινὰ σκῆψιν.

148 Τὸ δὲ Πανιώνιόν ἐστι τῆς Μυκάλης χῶρος ἱρός, πρὸς ἄρκτον τετραμμένος, κοινῇ ἐξαραιρημένος ὑπὸ Ἰώνων Ποσειδέωνι Ἑλικωνίωι· ἡ δὲ Μυκάλη ἐστὶ τῆς ἠπείρου ἄκρη πρὸς ζέφυρον ἄνεμον κατήκουσα Σάμωι ‹καταντίον›, ἐς τὴν συλλεγόμενοι ἀπὸ τῶν πολίων Ἴωνες ἄγεσκον
2 ὁρτήν, τῇ ἔθεντο οὔνομα Πανιώνια. πεπόνθασι δὲ οὔτι μοῦναι αἱ Ἰώνων ὁρταὶ τοῦτο, ἀλλὰ καὶ Ἑλλήνων πάντων ὁμοίως πᾶσαι ἐς τὠυτὸ γράμμα τελευτῶσι, κατά περ τῶν Περσέων τὰ οὐνόματα.

149 Αὗται μὲν αἱ Ἰάδες πόλιές εἰσι, αἵδε δὲ ‹αἱ› Αἰολίδες· Κύμη ἡ Φρικωνὶς καλεομένη, Λήρισαι, Νέον Τεῖχος, Τῆμνος, Κίλλα, Νότιον, Αἰγιρόεσσα, Πιτάνη, Αἰγαῖαι, Μύρινα, Γρύνεια. αὗται ἕνδεκα Αἰολέων πόλιες αἱ ἀρχαῖαι· μία γάρ σφεων παρελύθη Σμύρνη ὑπὸ Ἰώνων· ἦσαν γὰρ καὶ
2 αὗται δυώδεκα αἱ ἐν τῇ ἠπείρωι. οὗτοι δὲ οἱ Αἰολέες χώρην μὲν ἔτυχον κτίσαντες ἀμείνω Ἰώνων, ὡρέων δὲ ἥκουσαν οὐκ ὁμοίως.

147.1 δὴ Herold: δὲ codd. κατήκουσα ‹καταντίον› Stein locum susp. Legrand, Wilson
148.1 Σάμωι ‹καταντίον› Legrand; ‹ἐς θάλασσαν›
148.2 πεπόνθασι . . . τὰ οὐνόματα del. Stein:
149.1 ‹αἱ› Nor

Σμύρνην δὲ ὧδε ἀπέβαλον Αἰολέες. Κολοφωνίους ἄνδρας στάσι 150 ἑσσωθέντας καὶ ἐκπεσόντας ἐκ τῆς πατρίδος ὑπεδέξαντο. μετὰ δὲ οἱ φυγάδες τῶν Κολοφωνίων φυλάξαντες τοὺς Σμυρναίους ὁρτὴν ἔξω τείχεος ποιευμένους Διονύσωι, τὰς πύλας ἀποκληίσαντες ἔσχον τὴν πόλιν. βοηθησάντων δὲ πάντων Αἰολέων ὁμολογίηι ἐχρήσαντο τά 2 ἔπιπλα ἀποδόντων τῶν Ἰώνων ἐκλιπεῖν Σμύρνην Αἰολέας. ποιησάντων δὲ ταῦτα Σμυρναίων ἐπιδιείλοντο σφέας αἱ ἕνδεκα πόλιες καὶ ἐποιήσαντο σφέων αὐτέων πολιήτας.

Αὗται μέν νυν αἱ ἠπειρώτιδες Αἰολίδες πόλιες, ἔξω τῶν ἐν τῆι Ἴδηι 151 οἰκημένων· κεχωρίδαται γὰρ αὗται. αἱ δὲ τὰς νήσους ἔχουσαι πέντε μὲν 2 πόλιες τὴν Λέσβον νέμονται (τὴν γὰρ ἕκτην ἐν τῆι Λέσβωι οἰκεομένην Ἄρισβαν ἠνδραπόδισαν Μηθυμναῖοι, ἐόντας ὁμαίμους), ἐν Τενέδωι δὲ μία οἰκέεται πόλις, καὶ ἐν τῆισι Ἑκατὸν νήσοισι καλεομένηισι ἄλλη μία. Λεσβίοισι μέν νυν καὶ Τενεδίοισι, κατὰ περ Ἰώνων τοῖσι τὰς νήσους 3 ἔχουσι, ἦν δεινὸν οὐδέν. τῆισι δὲ λοιπῆισι πόλισι ἔαδε κοινῆι Ἴωσι ἕπεσθαι τῆι ἂν οὗτοι ἐξηγέωνται.

Ὡς δὲ ἀπίκοντο ἐς τὴν Σπάρτην τῶν Ἰώνων καὶ Αἰολέων οἱ ἄγγελοι 152 (κατὰ γὰρ δὴ τάχος ἦν ταῦτα πρησσόμενα), εἵλοντο πρὸ πάντων λέγειν τὸν Φωκαιέα, τῶι οὔνομα ἦν Πύθερμος. ὁ δὲ πορφύρεόν τε εἷμα περιβαλόμενος, ὡς ἂν πυνθανόμενοι πλεῖστοι συνέλθοιεν Σπαρτιητέων, καὶ καταστὰς ἔλεγε πολλὰ τιμωρέειν ἑωυτοῖσι χρηίζων. Λακεδαιμόνιοι 2 δὲ οὔκως ἤκουον, ἀλλ' ἀπέδοξέ σφι μὴ τιμωρέειν Ἴωσι. οἱ μὲν δὴ ἀπαλλάσσοντο. Λακεδαιμόνιοι δὲ ἀπωσάμενοι τῶν Ἰώνων τοὺς ἀγγέλους ὅμως ἀπέστειλαν πεντηκοντέρωι ἄνδρας, ὡς μὲν ἐμοὶ δοκέει, κατασκόπους τῶν τε Κύρου πρηγμάτων καὶ Ἰωνίης. ἀπικόμενοι δὲ οὗτοι 3 ἐς Φώκαιαν ἔπεμπον ἐς Σάρδις σφέων αὐτῶν τὸν δοκιμώτατον, τῶι οὔνομα ἦν Λακρίνης, ἀπερέοντα Κύρωι Λακεδαιμονίων ῥῆσιν, γῆς τῆς Ἑλλάδος μηδεμίαν πόλιν σιναμωρέειν ὡς αὐτῶν οὐ περιοψομένων.

Ταῦτα εἰπόντος τοῦ κήρυκος λέγεται Κῦρον ἐπειρέσθαι τοὺς παρεόντας 153 οἱ Ἑλλήνων τίνες ἐόντες ἄνθρωποι Λακεδαιμόνιοι καὶ κόσοι πλῆθος ταῦτα ἑωυτῶι προαγορεύουσι. πυνθανόμενον δέ μιν εἰπεῖν πρὸς τὸν κήρυκα τὸν Σπαρτιήτην· Οὐκ ἔδεισά κω ἄνδρας τοιούτους, τοῖσί ἐστι χῶρος ἐν μέσηι τῆι πόλι ἀποδεδεγμένος ἐς τὸν συλλεγόμενοι ἀλλήλους ὀμνύντες

150.2 Σμυρναίων . . . σφέας codd.: Σμυρναίων del. Stein: Σμυρναίους . . . σφίσι Legrand   152.1 πυνθανόμενοι <ὅτι> Blaydes   152.2 οὔκως ἤκουον codd.: οὐκ ἐσήκουον Naber   152.3 ἀπερέοντα codd.: ἀγγελέοντα Stein   153.1 ὀμνύντες Bekker: ὀμοῦντες codd.

ἐξαπατῶσι. τοῖσι, ἢν ἐγὼ ὑγιαίνω, οὐ τὰ Ἰώνων πάθεα ἔσται ἔλλεσχα
2 ἀλλὰ τὰ οἰκήια. ταῦτα ἐς τοὺς πάντας Ἕλληνας ἀπέρριψε ὁ Κῦρος τὰ
ἔπεα, ὅτι ἀγορὰς στησάμενοι ὠνῆι τε καὶ πρήσι χρέωνται· αὐτοὶ γὰρ
οἱ Πέρσαι ἀγορῆισι οὐδὲν ἐώθασι χρᾶσθαι, οὐδέ σφι ἔστι τὸ παράπαν
3 ἀγορή. μετὰ ταῦτα ἐπιτρέψας τὰς μὲν Σάρδις Ταβάλωι ἀνδρὶ Πέρσηι,
τὸν δὲ χρυσὸν τόν τε Κροίσου καὶ τὸν τῶν ἄλλων Λυδῶν Πακτύηι ἀνδρὶ
Λυδῶι κομίζειν, ἀπήλαυνε αὐτὸς ἐς Ἀγβάτανα, Κροῖσόν τε ἅμα ἀγόμενος
4 καὶ τοὺς Ἴωνας ἐν οὐδενὶ λόγωι ποιησάμενος τὴν πρώτην εἶναι. ἥ τε
γὰρ Βαβυλὼν οἱ ἦν ἐμπόδιος καὶ τὸ Βάκτριον ἔθνος καὶ Σάκαι τε καὶ
Αἰγύπτιοι, ἐπ' οὓς ἐπεῖχέ τε στρατηλατέειν αὐτός, ἐπὶ δὲ Ἴωνας ἄλλον
πέμπειν στρατηγόν.

154   Ὡς δὲ ἀπήλασε ὁ Κῦρος ἐκ τῶν Σαρδίων, τοὺς Λυδοὺς ἀπέστησε ὁ
Πακτύης ἀπό τε Ταβάλου καὶ Κύρου. καταβὰς δὲ ἐπὶ θάλασσαν, ἅτε τὸν
χρυσὸν ἔχων πάντα τὸν ἐκ τῶν Σαρδίων, ἐπικούρους τε ἐμισθοῦτο καὶ
τοὺς ἐπιθαλασσίους ἀνθρώπους ἔπειθε σὺν ἑωυτῶι στρατεύεσθαι. ἐλάσας
δὲ ἐπὶ τὰς Σάρδις ἐπολιόρκεε Τάβαλον ἀπεργμένον ἐν τῆι ἀκροπόλι.

155   Πυθόμενος δὲ κατ' ὁδὸν ταῦτα ὁ Κῦρος εἶπε πρὸς Κροῖσον τάδε·
Κροῖσε, τί ἔσται τέλος τῶν γινομένων τούτων ἐμοί; οὐ παύσονται
Λυδοί, ὡς οἴκασι, πρήγματα παρέχοντες καὶ αὐτοὶ ἔχοντες. φροντίζω μὴ
ἄριστον ἦι ἐξανδραποδίσασθαί σφεας. ὁμοίως γάρ μοι νῦν γε φαίνομαι
πεποιηκέναι ὡς εἴ τις πατέρα ἀποκτείνας τῶν παίδων αὐτοῦ φείσαιτο.
2 ὣς δὲ καὶ ἐγὼ Λυδῶν τὸν μὲν πλέον τι ἢ πατέρα ἐόντα σὲ λαβὼν ἄγω,
αὐτοῖσι δὲ Λυδοῖσι τὴν πόλιν παρέδωκα, καὶ ἔπειτα θωμάζω εἴ μοι
ἀπεστᾶσι. ὁ μὲν δὴ τὰ περ ἐνόεε ἔλεγε, ὁ δ' ἀμείβετο τοῖσδε, δείσας μὴ
3 ἀναστάτους ποιήσηι τὰς Σάρδις· Ὦ βασιλεῦ, τὰ μὲν οἰκότα εἴρηκας,
σὺ μέντοι μὴ πάντα θυμῶι χρέο μηδὲ πόλιν ἀρχαίην ἐξαναστήσηις
ἀναμάρτητον ἐοῦσαν καὶ τῶν πρότερον καὶ τῶν νῦν ἑστεώτων. τὰ μὲν
γὰρ πρότερον ἐγώ τε ἔπρηξα καὶ ἐγὼ κεφαλῆι ἀναμάξας φέρω. τὰ δὲ νῦν
παρεόντα, Πακτύης γάρ ἐστι ὁ ἀδικέων, τῶι σὺ ἐπέτρεψας Σάρδις, οὗτος
4 δότω τοι δίκην. Λυδοῖσι δὲ συγγνώμην ἔχων τάδε αὐτοῖσι ἐπίταξον,
ὡς μήτε ἀποστέωσι μήτε δεινοί τοι ἔωσι· ἄπειπε μέν σφι πέμψας ὅπλα
ἀρήια μὴ ἐκτῆσθαι, κέλευε δέ σφεας κιθῶνάς τε ὑποδύνειν τοῖσι εἵμασι
καὶ κοθόρνους ὑποδέεσθαι, πρόειπε δ' αὐτοῖσι κιθαρίζειν τε καὶ ψάλλειν
καὶ καπηλεύειν παιδεύειν τοὺς παῖδας· καὶ ταχέως σφέας, ὦ βασιλεῦ,
γυναῖκας ἀντ' ἀνδρῶν ὄψεαι γεγονότας, ὥστε οὐδὲν δεινοί τοι ἔσονται
μὴ ἀποστέωσι.

153.2 στησάμενοι Stein: κτησάμενοι codd.   πρήσι Bekker: πρήσει codd.   153.3 τὴν πρώτην εἶναι obelis notavit Powell

Κροῖσος μὲν δὴ ταῦτά οἱ ὑπετίθετο, αἱρετώτερα ταῦτα εὑρίσκων 156
Λυδοῖσι ἢ ἀνδραποδισθέντας πρηθῆναί σφεας, ἐπιστάμενος ὅτι, ἢν μὴ
ἀξιόχρεον πρόφασιν προτείνηι, οὐκ ἀναπείσει μιν μεταβουλεύσασθαι,
ἀρρωδέων δὲ μὴ καὶ ὕστερόν κοτε οἱ Λυδοί, ἢν τὸ παρεὸν ὑπεκδράμωσι,
ἀποστάντες ἀπὸ τῶν Περσέων ἀπόλωνται. Κῦρος δὲ ἡσθεὶς τῆι 2
ὑποθήκηι καὶ ὑπεὶς τῆς ὀργῆς ἔφη οἱ πείθεσθαι. καλέσας δὲ Μαζάρεα
ἄνδρα Μῆδον, ταῦτά τέ οἱ ἐνετείλατο προειπεῖν Λυδοῖσι τὰ ὁ Κροῖσος
ὑπετίθετο, καὶ πρὸς ἐξανδραποδίσασθαι τοὺς ἄλλους πάντας οἳ μετὰ
Λυδῶν ἐπὶ Σάρδις ἐστρατεύσαντο, αὐτὸν δὲ Πακτύην πάντως ζώοντα
ἀγαγεῖν παρ' ἑωυτόν.
Ὁ μὲν δὴ ταῦτα ἐκ τῆς ὁδοῦ ἐντειλάμενος ἀπήλαυνε ἐς ἤθεα τὰ 157
Περσέων. Πακτύης δὲ πυθόμενος ἀγχοῦ εἶναι στρατὸν ἐπ' ἑωυτὸν ἰόντα,
δείσας οἴχετο φεύγων ἐς Κύμην. Μαζάρης δὲ ὁ Μῆδος ἐλάσας ἐπὶ τὰς 2
Σάρδις τοῦ Κύρου στρατοῦ μοῖραν ὅσην δή κοτε ἔχων, ὡς οὐκ εὗρε ἔτι
ἐόντας τοὺς ἀμφὶ Πακτύην ἐν Σάρδισι, πρῶτα μὲν τοὺς Λυδοὺς ἠνάγκασε
τὰς Κύρου ἐντολὰς ἐπιτελέειν· ἐκ τούτου δὲ κελευσμοσύνης Λυδοὶ τὴν
πᾶσαν δίαιταν τῆς ζόης μετέβαλον. Μαζάρης δὲ μετὰ τοῦτο ἔπεμπε ἐς 3
τὴν Κύμην ἀγγέλους ἐκδιδόναι κελεύων Πακτύην. οἱ δὲ Κυμαῖοι ἔγνωσαν
συμβουλῆς πέρι ἐς θεὸν ἀνοῖσαι τὸν ἐν Βραγχίδηισι. ἦν γὰρ αὐτόθι
μαντήιον ἐκ παλαιοῦ ἱδρυμένον, τῶι Ἴωνές τε πάντες καὶ Αἰολέες ἐώθεσαν
χρᾶσθαι. ὁ δὲ χῶρος οὗτός ἐστι τῆς Μιλησίης ὑπὲρ Πανόρμου λιμένος.
Πέμψαντες ὦν οἱ Κυμαῖοι ἐς τοὺς Βραγχίδας θεοπρόπους εἰρώτων 158
περὶ Πακτύην ὁκοῖόν τι ποιεῦντες θεοῖσι μέλλοιεν χαριεῖσθαι. ἐπειρωτῶσι
δέ σφι ταῦτα χρηστήριον ἐγένετο ἐκδιδόναι Πακτύην Πέρσηισι. ταῦτα
δὲ ὡς ἀπενειχθέντα ἤκουσαν οἱ Κυμαῖοι, ὁρμέατο ἐκδιδόναι. ὁρμημένου 2
δὲ ταύτηι τοῦ πλήθεος Ἀριστόδικος ὁ Ἡρακλείδεω ἀνὴρ τῶν ἀστῶν ἐὼν
δόκιμος ἔσχε μὴ ποιῆσαι ταῦτα Κυμαίους, ἀπιστέων τε τῶι χρησμῶι
καὶ δοκέων τοὺς θεοπρόπους οὐ λέγειν ἀληθέως, ἐς ὃ τὸ δεύτερον περὶ
Πακτύεω ἐπειρησόμενοι ἤισαν ἄλλοι θεοπρόποι, τῶν καὶ Ἀριστόδικος ἦν.
Ἀπικομένων δὲ ἐς Βραγχίδας, ἐχρηστηριάζετο ἐκ πάντων Ἀριστόδικος 159
ἐπειρωτέων τάδε· Ὦναξ, ἦλθε παρ' ἡμέας ἱκέτης Πακτύης ὁ Λυδὸς
φεύγων θάνατον βίαιον πρὸς Περσέων· οἱ δέ μιν ἐξαιτέονται προεῖναι
Κυμαίους κελεύοντες. ἡμεῖς δὲ δειμαίνοντες τὴν Περσέων δύναμιν τὸν 2
ἱκέτην ἐς τόδε οὐ τετολμήκαμεν ἐκδιδόναι, πρὶν ἂν τὸ ἀπὸ σέο ἡμῖν
δηλωθῆι ἀτρεκέως ὁκότερα ποιέωμεν. ὁ μὲν ταῦτα ἐπειρώτα, ὁ δ' αὖτις

157.3 ἀνοῖσαι Bredow: ἀνῶσαι codd.: ἀνῶισαι Aldina χρᾶσθαι Stein: χρεέσθαι codd.   158.2 ὁρμημένου Stein: ὁρμωμένου A: ὁρμεωμένου C: ὁρμεομένου P   ἤισαν Krüger: ἤιεσαν codd.

τὸν αὐτόν σφι χρησμὸν ἔφαινε κελεύων ἐκδιδόναι Πακτύην Πέρσηισι.
3 πρὸς ταῦτα ὁ Ἀριστόδικος ἐκ προνοίης ἐποίεε τάδε· περιιὼν τὸν νηὸν κύκλωι ἐξαίρεε τοὺς στρουθοὺς καὶ ἄλλα ὅσα ἦν νενεοσσευμένα ὀρνίθων γένεα ἐν τῶι νηῶι. ποιεῦντος δὲ αὐτοῦ ταῦτα λέγεται φωνὴν ἐκ τοῦ ἀδύτου γενέσθαι φέρουσαν μὲν πρὸς τὸν Ἀριστόδικον, λέγουσαν δὲ τάδε· Ἀνοσιώτατε ἀνθρώπων, τί τάδε τολμᾶις ποιέειν; τοὺς ἱκέτας μου ἐκ τοῦ
4 νηοῦ κεραΐζεις; Ἀριστόδικον δὲ οὐκ ἀπορήσαντα πρὸς ταῦτα εἰπεῖν· Ὦναξ, αὐτὸς μὲν οὕτω τοῖσι ἱκέτηισι βοηθέεις, Κυμαίους δὲ κελεύεις τὸν ἱκέτην ἐκδιδόναι; τὸν δὲ αὖτις ἀμείψασθαι τοῖσδε· Ναὶ κελεύω, ἵνα γε ἀσεβήσαντες θᾶσσον ἀπόλησθε, ὡς μὴ τὸ λοιπὸν περὶ ἱκετέων ἐκδόσιος ἔλθητε ἐπὶ τὸ χρηστήριον.
160 Ταῦτα ὡς ἀπενειχθέντα ἤκουσαν οἱ Κυμαῖοι, οὐ βουλόμενοι οὔτε ἐκδόντες ἀπολέσθαι οὔτε παρ' ἑωυτοῖσι ἔχοντες πολιορκέεσθαι ἐκπέμπουσι αὐτὸν
2 ἐς Μυτιλήνην. οἱ δὲ Μυτιληναῖοι ἐπιπέμποντος τοῦ Μαζάρεος ἀγγελίας ἐκδιδόναι τὸν Πακτύην παρεσκευάζοντο ἐπὶ μισθῶι ὅσωι δή. οὐ γὰρ
3 ἔχω τοῦτό γε εἰπεῖν ἀτρεκέως· οὐ γὰρ ἐτελεώθη. Κυμαῖοι γὰρ ὡς ἔμαθον ταῦτα πρησσόμενα ἐκ τῶν Μυτιληναίων, πέμψαντες πλοῖον ἐς Λέσβον ἐκκομίζουσι Πακτύην ἐς Χίον. ἐνθεῦτεν δὲ ἐξ ἱροῦ Ἀθηναίης πολιούχου
4 ἀποσπασθεὶς ὑπὸ Χίων ἐξεδόθη. ἐξέδοσαν δὲ οἱ Χῖοι ἐπὶ τῶι Ἀταρνέϊ μισθῶι· τοῦ δὲ Ἀταρνέος τούτου ἐστὶ χῶρος τῆς Μυσίης, Λέσβου ἀντίος. Πακτύην μέν νυν παραδεξάμενοι οἱ Πέρσαι εἶχον ἐν φυλακῆι, θέλοντες
5 Κύρωι ἀποδέξαι. ἦν δὲ χρόνος οὗτος οὐκ ὀλίγος γενόμενος, ὅτε Χίων οὐδεὶς ἐκ τοῦ Ἀταρνέος τούτου οὔτε οὐλὰς κριθέων πρόχυσιν ἐποιέετο θεῶν οὐδενὶ οὔτε πέμματα ἐπέσσετο καρποῦ τοῦ ἐνθεῦτεν, ἀπείχετό τε τῶν πάντων ἱρῶν τὰ πάντα ἐκ τῆς χώρης ταύτης γινόμενα.
161 Χῖοι μέν νυν Πακτύην ἐξέδοσαν, Μαζάρης δὲ μετὰ ταῦτα ἐστρατεύετο ἐπὶ τοὺς συμπολιορκήσαντας Τάβαλον, καὶ τοῦτο μὲν Πριηνέας ἐξηνδραποδίσατο, τοῦτο δὲ Μαιάνδρου πεδίον πᾶν ἐπέδραμε ληίην ποιεύμενος τῶι στρατῶι, Μαγνησίην τε ὡσαύτως. μετὰ δὲ ταῦτα αὐτίκα νούσωι τελευτᾶι.
162 Ἀποθανόντος δὲ τούτου Ἅρπαγος κατέβη διάδοχος τῆς στρατηγίης, γένος καὶ αὐτὸς ἐὼν Μῆδος, τὸν ὁ Μήδων βασιλεὺς Ἀστυάγης ἀνόμωι
2 τραπέζηι ἔδαισε, ὁ τῶι Κύρωι τὴν βασιληίην συγκατεργασάμενος. οὗτος ὡνὴρ τότε ὑπὸ Κύρου στρατηγὸς ἀποδεχθεὶς ὡς ἀπίκετο ἐς τὴν Ἰωνίην,

---

160.4 τοῦ δὲ Ἀταρνέος τούτου codd.: ὁ δὲ Ἀταρνεὺς οὗτος Krüger: locum obelis notavit Maas: lacunam post τούτου statuit Richards: <ὁ> χῶρός ἐστι Wilson dubitanter   160.5 οὗτος delere malebat Legrand

αἴρεε τὰς πόλιας χώμασι· ὅκως γὰρ τειχήρεας ποιήσειε, τὸ ἐνθεῦτεν χώματα χῶν πρὸς τὰ τείχεα ἐπόρθεε.
   Πρώτηι δὲ Φωκαίηι Ἰωνίης ἐπεχείρησε. οἱ δὲ Φωκαιέες οὗτοι ναυτιλίηισι 163 μακρῆισι πρῶτοι Ἑλλήνων ἐχρήσαντο, καὶ τόν τε Ἀδρίην καὶ τὴν Τυρσηνίην καὶ τὴν Ἰβηρίην καὶ τὸν Ταρτησσὸν οὗτοί εἰσι οἱ καταδέξαντες. ἐναυτίλλοντο δὲ οὐ στρογγύληισι νηυσὶ ἀλλὰ πεντηκοντέροισι. ἀπικόμενοι 2 δὲ ἐς τὸν Ταρτησσὸν προσφιλέες ἐγένοντο τῶι βασιλέϊ τῶν Ταρτησσίων, τῶι οὔνομα μὲν ἦν Ἀργανθώνιος, ἐτυράννευσε δὲ Ταρτησσοῦ ὀγδώκοντα ἔτεα, ἐβίωσε δὲ ⟨τὰ⟩ πάντα εἴκοσι καὶ ἑκατόν. τούτωι δὴ τῶι ἀνδρὶ 3 προσφιλέες οἱ Φωκαιέες οὕτω δή τι ἐγένοντο, ὡς τὰ μὲν πρῶτά σφεας ἐκλιπόντας Ἰωνίην ἐκέλευε τῆς ἑωυτοῦ χώρης οἰκῆσαι ὅκου βούλονται, μετὰ δέ, ὡς τοῦτό γε οὐκ ἔπειθε τοὺς Φωκαιέας, ὁ δὲ πυθόμενος τὸν Μῆδον παρ' αὐτῶν ὡς αὔξοιτο, ἐδίδου σφι χρήματα τεῖχος περιβαλέσθαι τὴν πόλιν. ἐδίδου δὲ ἀφειδέως· καὶ γὰρ καὶ ἡ περίοδος τοῦ τείχεος οὐκ 4 ὀλίγοι στάδιοί εἰσι, τοῦτο δὲ πᾶν λίθων μεγάλων καὶ εὖ συναρμοσμένων.
   Τὸ μὲν δὴ τεῖχος τοῖσι Φωκαιεῦσι τρόπωι τοιῶιδε ἐξεποιήθη, ὁ δὲ 164 Ἅρπαγος ὡς ἐπήλασε τὴν στρατιήν, ἐπολιόρκεε αὐτούς, προϊσχόμενος ἔπεα ὥς οἱ καταχρᾶι εἰ βούλονται Φωκαιέες προμαχεῶνα ἕνα μοῦνον τοῦ τείχεος ἐρεῖψαι καὶ οἴκημα ἓν κατιρῶσαι. οἱ δὲ Φωκαιέες περιημεκτέοντες 2 τῆι δουλοσύνηι ἔφασαν θέλειν βουλεύσασθαι ἡμέρην μίαν καὶ ἔπειτα ὑποκρινέεσθαι· ἐν ὧι δὲ βουλεύονται αὐτοί, ἀπαγαγεῖν ἐκεῖνον ἐκέλευον τὴν στρατιὴν ἀπὸ τοῦ τείχεος. ὁ δὲ Ἅρπαγος ἔφη εἰδέναι μὲν εὖ τὰ ἐκεῖνοι μέλλοιεν ποιέειν, ὅμως δέ σφι παριέναι βουλεύσασθαι. ἐν ὧι 3 ὦν ὁ Ἅρπαγος ἀπὸ τοῦ τείχεος ἀπήγαγε τὴν στρατιήν, οἱ Φωκαιέες ἐν τούτωι κατασπάσαντες τὰς πεντηκοντέρους, ἐσθέμενοι τέκνα καὶ γυναῖκας καὶ ἔπιπλα πάντα, πρὸς δὲ καὶ τὰ ἀγάλματα τὰ ἐκ τῶν ἱρῶν καὶ τὰ ἄλλα ἀναθήματα, χωρὶς ὅ τι χαλκὸς ἢ λίθος ἢ γραφὴ ἦν, τὰ δὲ ἄλλα πάντα ἐσθέντες καὶ αὐτοὶ ἐσβάντες ἔπλεον ἐπὶ Χίου· τὴν δὲ Φώκαιαν ἐρημωθεῖσαν ἀνδρῶν ἔσχον οἱ Πέρσαι.
   Οἱ δὲ Φωκαιέες, ἐπείτε σφι Χῖοι τὰς νήσους τὰς Οἰνούσσας καλεομένας 165 οὐκ ἐβούλοντο ὠνεομένοισι πωλέειν δειμαίνοντες μὴ αἱ μὲν ἐμπόριον γένωνται, ἡ δὲ αὐτῶν νῆσος ἀποκλησθῆι τούτου εἵνεκα, πρὸς ταῦτα οἱ Φωκαιέες ἐστέλλοντο ἐς Κύρνον. ἐν γὰρ τῆι Κύρνωι εἴκοσι ἔτεσι πρότερον τούτων ἐκ θεοπροπίου ἀνεστήσαντο πόλιν, τῆι οὔνομα ἦν Ἀλαλίη. Ἀργανθώνιος δὲ τηνικαῦτα ἤδη τετελευτήκεε. στελλόμενοι δὲ 2 ἐπὶ τὴν Κύρνον, πρῶτα καταπλεύσαντες ἐς τὴν Φώκαιαν κατεφόνευσαν

163.2 ⟨τὰ⟩ Hermann

τῶν Περσέων τὴν φυλακήν, ἣ ἐφρούρεε παραδεξαμένη παρὰ Ἁρπάγου τὴν πόλιν, μετὰ δέ, ὡς τοῦτό σφι ἐξέργαστο, ἐποιήσαντο ἰσχυρὰς
3 κατάρας τῶι ὑπολειπομένωι ἑωυτῶν τοῦ στόλου. πρὸς δὲ ταύτηισι καὶ μύδρον σιδήρεον κατεπόντωσαν καὶ ὤμοσαν μὴ πρὶν ἐς Φώκαιαν ἥξειν πρὶν ἢ τὸν μύδρον τοῦτον ἀναφανῆναι. στελλομένων δὲ αὐτῶν ἐπὶ τὴν Κύρνον ὑπερημίσεας τῶν ἀστῶν ἔλαβε πόθος τε καὶ οἶκτος τῆς πόλιος καὶ τῶν ἠθέων τῆς χώρης, ψευδόρκιοι δὲ γενόμενοι ἀπέπλεον ὀπίσω ἐς τὴν Φώκαιαν. οἳ δὲ αὐτῶν τὸ ὅρκιον ἐφύλασσον, ἀερθέντες ἐκ τῶν Οἰνουσσέων ἔπλεον.

166 Ἐπείτε δὲ ἐς τὴν Κύρνον ἀπίκοντο, οἴκεον κοινῆι μετὰ τῶν πρότερον ἀπικομένων ἐπ' ἔτεα πέντε καὶ ἱρὰ ἐνιδρύσαντο. καὶ ἦγον γὰρ δὴ καὶ ἔφερον τοὺς περιοίκους ἅπαντας, στρατεύονται ὦν ἐπ' αὐτοὺς κοινῶι λόγωι χρησάμενοι Τυρσηνοὶ καὶ Καρχηδόνιοι νηυσὶ ἑκάτεροι ἑξήκοντα.
2 οἱ δὲ Φωκαιέες πληρώσαντες καὶ αὐτοὶ τὰ πλοῖα, ἐόντα ἀριθμὸν ἑξήκοντα, ἀντίαζον ἐς τὸ Σαρδόνιον καλεόμενον πέλαγος. συμμισγόντων δὲ τῆι ναυμαχίηι Καδμείη τις νίκη τοῖσι Φωκαιεῦσι ἐγένετο. αἱ μὲν γὰρ τεσσεράκοντά σφι νέες διεφθάρησαν, αἱ δὲ εἴκοσι αἱ περιεοῦσαι ἦσαν
3 ἄχρηστοι· ἀπεστράφατο γὰρ τοὺς ἐμβόλους. καταπλώσαντες δὲ ἐς τὴν Ἀλαλίην ἀνέλαβον τὰ τέκνα καὶ τὰς γυναῖκας καὶ τὴν ἄλλην κτῆσιν ὅσην οἷαί τε ἐγίνοντο αἱ νέες σφι ἄγειν, καὶ ἔπειτα ἀπέντες τὴν Κύρνον ἔπλεον ἐς Ῥήγιον.

167 Τῶν δὲ διαφθαρεισέων νεῶν τοὺς ἄνδρας οἵ τε Καρχηδόνιοι καὶ οἱ Τυρσηνοὶ <...> ἔλαχόν τε αὐτῶν πολλῶι πλέους καὶ τούτους ἐξαγαγόντες κατέλευσαν. μετὰ δὲ Ἀγυλλαίοισι πάντα τὰ παριόντα τὸν χῶρον, ἐν τῶι οἱ Φωκαιέες καταλευσθέντες ἐκέατο, ἐγίνετο διάστροφα καὶ ἔμπηρα
2 καὶ ἀπόπληκτα, ὁμοίως πρόβατα καὶ ὑποζύγια καὶ ἄνθρωποι. οἱ δὲ Ἀγυλλαῖοι ἐς Δελφοὺς ἔπεμπον, βουλόμενοι ἀκέσασθαι τὴν ἁμαρτάδα. ἡ δὲ Πυθίη σφέας ἐκέλευσε ποιέειν τὰ καὶ νῦν οἱ Ἀγυλλαῖοι ἔτι ἐπιτελέουσι· καὶ γὰρ ἐναγίζουσί σφι μεγάλως καὶ ἀγῶνα γυμνικὸν καὶ ἱππικὸν
3 ἐπιστᾶσι. καὶ οὗτοι μὲν τῶν Φωκαιέων τοιούτωι μόρωι διεχρήσαντο, οἱ δὲ αὐτῶν ἐς τὸ Ῥήγιον καταφυγόντες ἐνθεῦτεν ὁρμώμενοι ἐκτήσαντο
4 πόλιν γῆς τῆς Οἰνωτρίης ταύτην ἥτις νῦν Ὑέλη καλέεται. ἔκτισαν δὲ ταύτην πρὸς ἀνδρὸς Ποσειδωνιήτεω μαθόντες ὡς τὸν Κύρνον σφι ἡ Πυθίη ἔχρησε κτίσαι ἥρων ἐόντα, ἀλλ' οὐ τὴν νῆσον. Φωκαίης μέν νυν πέρι τῆς ἐν Ἰωνίηι οὕτως ἔσχε.

165.3 ἀναφανῆναι Reiske: ἀναφῆναι codd.   167.1 lacunam statuit Reiske: <διέλαχον, τῶν δὲ Τυρσηνῶν οἱ Ἀγυλλαῖοι> coni. Stein   167.3 ἐκτήσαντο codd.: ἔκτισαν Schweighäuser

Παραπλήσια δὲ τούτοισι καὶ Τήιοι ἐποίησαν. ἐπείτε γάρ σφεων **168** εἷλε χώματι τὸ τεῖχος Ἅρπαγος, ἐσβάντες πάντες ἐς τὰ πλοῖα οἴχοντο πλέοντες ἐπὶ τῆς Θρηίκης καὶ ἐνθαῦτα ἔκτισαν πόλιν Ἄβδηρα, τὴν πρότερος τούτων Κλαζομένιος Τιμήσιος κτίσας οὐκ ἀπόνητο, ἀλλ' ὑπὸ Θρηίκων ἐξελασθεὶς τιμὰς νῦν ὑπὸ Τηίων τῶν ἐν Ἀβδήροισι ὡς ἥρως ἔχει.

Οὗτοι μέν νυν Ἰώνων μοῦνοι τὴν δουλοσύνην οὐκ ἀνεχόμενοι ἐξέλιπον **169** τὰς πατρίδας. οἱ δ' ἄλλοι Ἴωνες, πλὴν Μιλησίων, διὰ μάχης μὲν ἀπίκοντο Ἁρπάγωι κατά περ οἱ ἐκλιπόντες, καὶ ἄνδρες ἐγένοντο ἀγαθοὶ περὶ τῆς ἑωυτοῦ ἕκαστος μαχόμενοι· ἑσσωθέντες δὲ καὶ ἁλόντες ἔμενον κατὰ χώρην ἕκαστοι καὶ τὰ ἐπιτασσόμενα ἐπετέλεον. Μιλήσιοι δέ, ὡς καὶ **2** πρότερόν μοι εἴρηται, αὐτῶι Κύρωι ὅρκιον ποιησάμενοι ἡσυχίην ἦγον. οὕτω δὴ τὸ δεύτερον Ἰωνίη ἐδεδούλωτο. ὡς δὲ τοὺς ἐν τῆι ἠπείρωι Ἴωνας ἐχειρώσατο Ἅρπαγος, οἱ τὰς νήσους ἔχοντες Ἴωνες καταρρωδήσαντες ταῦτα σφέας αὐτοὺς ἔδοσαν Κύρωι.

Κεκακωμένων δὲ Ἰώνων καὶ συλλεγομένων οὐδὲν ἧσσον ἐς τὸ **170** Πανιώνιον, πυνθάνομαι γνώμην Βίαντα ἄνδρα Πριηνέα ἀποδέξασθαι Ἴωσι χρησιμωτάτην, τῆι εἰ ἐπείθοντο, παρεῖχε ἄν σφι εὐδαιμονέειν Ἑλλήνων μάλιστα· ὃς ἐκέλευε κοινῶι στόλωι Ἴωνας ἀερθέντας πλέειν ἐς Σαρδὼ καὶ **2** ἔπειτα πόλιν μίαν κτίζειν πάντων Ἰώνων, καὶ οὕτω ἀπαλλαχθέντας σφέας δουλοσύνης εὐδαιμονήσειν, νήσων τε ἁπασέων μεγίστην νεμομένους καὶ ἄρχοντας ἄλλων· μένουσι δέ σφι ἐν τῆι Ἰωνίηι οὐκ ἔφη ἐνορᾶν ἐλευθερίην ἔτι ἐσομένην. αὕτη μὲν Βίαντος τοῦ Πριηνέος γνώμη ἐπὶ διεφθαρμένοισι **3** Ἴωσι γενομένη. χρηστὴ δὲ καὶ πρὶν ἢ διαφθαρῆναι Ἰωνίην ⟨ἡ⟩ Θαλέω ἀνδρὸς Μιλησίου ἐγένετο, τὸ ἀνέκαθεν γένος ἐόντος Φοίνικος, ὃς ἐκέλευε ἐν βουλευτήριον Ἴωνας ἐκτῆσθαι, τὸ δὲ εἶναι ἐν Τέωι (Τέων γὰρ μέσον εἶναι Ἰωνίης), τὰς δὲ ἄλλας πόλιας οἰκεομένας μηδὲν ἧσσον νομίζεσθαι κατά περ εἰ δῆμοι εἶεν.

Οὗτοι μὲν δή σφι γνώμας τοιάσδε ἀπεδέξαντο. Ἅρπαγος δὲ **171** καταστρεψάμενος Ἰωνίην ἐποιέετο στρατηίην ἐπὶ Κᾶρας καὶ Καυνίους καὶ Λυκίους, ἅμα ἀγόμενος καὶ Ἴωνας καὶ Αἰολέας. εἰσὶ δὲ τούτων **2** Κᾶρες μὲν ἀπιγμένοι ἐς τὴν ἤπειρον ἐκ τῶν νήσων· τὸ γὰρ παλαιὸν ἐόντες Μίνω κατήκοοι καὶ καλεόμενοι Λέλεγες εἶχον τὰς νήσους, φόρον μὲν οὐδένα ὑποτελέοντες, ὅσον καὶ ἐγὼ δυνατός εἰμι ⟨ἐπὶ⟩ μακρότατον ἐξικέσθαι ἀκοῆι, οἱ δέ, ὅκως Μίνως δέοιτο, ἐπλήρουν οἱ τὰς νέας. ἅτε **3** δὴ Μίνω τε κατεστραμμένου γῆν πολλὴν καὶ εὐτυχέοντος τῶι πολέμωι

168 ἀπόνητο ABC: ἀπώνητο P   **170.3** ⟨ἡ⟩ Wilson   **171.1** οὗτοι Schäfer: οὕτω codd.   **171.2** ⟨ἐπὶ⟩ Werfer

τὸ Καρικὸν ἦν ἔθνος λογιμώτατον τῶν ἐθνέων ἁπάντων κατὰ τοῦτον
4 ἅμα τὸν χρόνον μακρῶι μάλιστα. καί σφι τριξὰ ἐξευρήματα ἐγένετο
τοῖσι οἱ Ἕλληνες ἐχρήσαντο· καὶ γὰρ ἐπὶ τὰ κράνεα λόφους ἐπιδέεσθαι
Κᾶρές εἰσι οἱ καταδέξαντες καὶ ἐπὶ τὰς ἀσπίδας τὰ σημήια ποιέεσθαι, καὶ
ὄχανα ἀσπίσι οὗτοί εἰσι οἱ ποιησάμενοι πρῶτοι· τέως δὲ ἄνευ ὀχάνων
ἐφόρεον τὰς ἀσπίδας πάντες οἵ περ ἐώθεσαν ἀσπίσι χρᾶσθαι, τελαμῶσι
σκυτίνοισι οἰηκίζοντες, περὶ τοῖσι αὐχέσι τε καὶ τοῖσι ἀριστεροῖσι ὤμοισι
5 περικείμενοι. μετὰ δὲ τοὺς Κᾶρας χρόνωι ὕστερον πολλῶι Δωριέες τε καὶ
Ἴωνες ἐξανέστησαν ἐκ τῶν νήσων, καὶ οὕτως ἐς τὴν ἤπειρον ἀπίκοντο.
κατὰ μὲν δὴ Κᾶρας οὕτω Κρῆτες λέγουσι γενέσθαι οὐ μέντοι αὐτοί γε
ὁμολογέουσι τούτοισι οἱ Κᾶρες, ἀλλὰ νομίζουσι αὐτοὶ ἑωυτοὺς εἶναι
αὐτόχθονας ἠπειρώτας καὶ τῶι οὐνόματι τῶι αὐτῶι αἰεὶ διαχρεωμένους
6 τῶι περ νῦν. ἀποδεικνῦσι δὲ ἐν Μυλάσοισι Διὸς Καρίου ἱρὸν ἀρχαῖον,
τοῦ Μυσοῖσι μὲν καὶ Λυδοῖσι μέτεστι ὡς κασιγνήτοισι ἐοῦσι τοῖσι Καρσί·
τὸν γὰρ Λυδὸν καὶ τὸν Μυσὸν λέγουσι εἶναι Καρὸς ἀδελφεούς· τούτοισι
μὲν δὴ μέτεστι, ὅσοι δὲ ἐόντες ἄλλου ἔθνεος ὁμόγλωσσοι τοῖσι Καρσὶ
ἐγένοντο, τούτοισι δὲ οὐ μέτα.
172 Οἱ δὲ Καύνιοι αὐτόχθονες δοκέειν ἐμοί εἰσι, αὐτοὶ μέντοι ἐκ Κρήτης
φασὶ εἶναι. προσκεχωρήκασι δὲ γλῶσσαν μὲν πρὸς τὸ Καρικὸν ἔθνος, ἢ
οἱ Κᾶρες πρὸς τὸ Καυνικόν (τοῦτο γὰρ οὐκ ἔχω ἀτρεκέως διακρῖναι),
νόμοισι δὲ χρέωνται κεχωρισμένοισι πολλὸν τῶν τε ἄλλων ἀνθρώπων καὶ
Καρῶν· τοῖσι γὰρ κάλλιστόν ἐστι κατ' ἡλικίην τε καὶ φιλότητα ἰλαδὸν
2 συγγίνεσθαι ἐς πόσιν, καὶ ἀνδράσι καὶ γυναιξὶ καὶ παισί. ἱδρυθέντων δέ
σφι ἱρῶν ξεινικῶν μετέπειτα, ὥς σφι ἀπέδοξε (ἔδοξε δὲ τοῖσι πατρίοισι
μοῦνον χρᾶσθαι θεοῖσι), ἐνδύντες τὰ ὅπλα ἅπαντες Καύνιοι ἡβηδόν,
τύπτοντες δόρασι τὸν ἠέρα μέχρι οὔρων τῶν Καλυνδικῶν εἵποντο καὶ
ἔφασαν ἐκβάλλειν τοὺς ξεινικοὺς θεούς.
173 Καὶ οὗτοι μὲν τρόποισι τοιούτοισι χρέωνται, οἱ δὲ Λύκιοι ἐκ Κρήτης
τὠρχαῖον γεγόνασι (τὴν γὰρ Κρήτην εἶχον τὸ παλαιὸν πᾶσαν βάρβαροι).
2 διενειχθέντων δὲ ἐν Κρήτηι περὶ τῆς βασιληίης τῶν Εὐρώπης παίδων
Σαρπηδόνος τε καὶ Μίνω, ὡς ἐπεκράτησε τῆι στάσι Μίνως, ἐξήλασε
αὐτόν τε Σαρπηδόνα καὶ τοὺς στασιώτας αὐτοῦ· οἱ δὲ ἀπωσθέντες
ἀπίκοντο τῆς Ἀσίης ἐς γῆν τὴν Μιλυάδα· τὴν γὰρ νῦν Λύκιοι νέμονται,
3 αὕτη τὸ παλαιὸν ἦν Μιλυάς, οἱ δὲ Μιλύαι τότε Σόλυμοι ἐκαλέοντο. τέως
μὲν δὴ αὐτῶν Σαρπηδὼν ἦρχε, οἱ δὲ ἐκαλέοντο τό πέρ τε ἠνείκαντο
οὔνομα καὶ νῦν ἔτι καλέονται ὑπὸ τῶν περιοίκων οἱ Λύκιοι, Τερμίλαι· ὡς
δὲ ἐξ Ἀθηνέων Λύκος ὁ Πανδίονος, ἐξελασθεὶς καὶ οὗτος ὑπὸ τοῦ ἀδελφεοῦ
Αἰγέος, ἀπίκετο ἐς τοὺς Τερμίλας παρὰ Σαρπηδόνα, οὕτω δὴ κατὰ τοῦ
4 Λύκου τὴν ἐπωνυμίην Λύκιοι ἀνὰ χρόνον ἐκλήθησαν. νόμοισι δὲ τὰ μὲν

Κρητικοῖσι, τὰ δὲ Καρικοῖσι χρέωνται. ἓν δὲ τόδε ἴδιον νενομίκασι καὶ οὐδαμοῖσι ἄλλοισι συμφέρονται ἀνθρώπων· καλέουσι ἀπὸ τῶν μητέρων ἑωυτοὺς καὶ οὐκὶ ἀπὸ τῶν πατέρων. εἰρομένου δὲ ἑτέρου τὸν πλησίον 5 τίς εἴη, καταλέξει ἑωυτὸν μητρόθεν καὶ τῆς μητρὸς ἀνανεμέεται τὰς μητέρας. καὶ ἢν μέν γε γυνὴ ἀστὴ δούλωι συνοικήσηι, γενναῖα τὰ τέκνα νενόμισται· ἢν δὲ ἀνὴρ ἀστός, καὶ ὁ πρῶτος αὐτῶν, γυναῖκα ξείνην ἢ παλλακὴν ἔχηι, ἄτιμα τὰ τέκνα γίνεται.

Οἱ μέν νυν Κᾶρες οὐδὲν λαμπρὸν ἔργον ἀποδεξάμενοι ἐδουλώθησαν ὑπὸ 174 Ἁρπάγου, οὔτε αὐτοὶ οἱ Κᾶρες ἀποδεξάμενοι οὐδὲν οὔτε ὅσοι Ἑλλήνων ταύτην τὴν χώρην οἰκέουσι. οἰκέουσι δὲ καὶ ἄλλοι καὶ Λακεδαιμονίων 2 ἄποικοι Κνίδιοι, τῆς χώρης τῆς σφετέρης τετραμμένης ἐς πόντον, τὸ δὴ Τριόπιον καλέεται, ἀργμένης δὲ ἐκ τῆς Χερσονήσου τῆς Βυβασσίης, ἐούσης τε πάσης τῆς Κνιδίης πλὴν ὀλίγης περιρρόου (τὰ μὲν γὰρ αὐτῆς 3 πρὸς βορέην ἄνεμον ὁ Κεραμεικὸς κόλπος ἀπέργει, τὰ δὲ πρὸς νότον ἡ κατὰ Σύμην τε καὶ Ῥόδον θάλασσα)· τὸ ὦν δὴ ὀλίγον τοῦτο, ἐὸν ὅσον τε ἐπὶ πέντε στάδια, ὤρυσσον οἱ Κνίδιοι ἐν ὅσωι Ἅρπαγος τὴν Ἰωνίην κατεστρέφετο, βουλόμενοι νῆσον τὴν χώρην ποιῆσαι. ἐντὸς δὲ πᾶσά σφι ἐγίνετο· τῆι γὰρ ἡ Κνιδίη χώρη ἐς τὴν ἤπειρον τελευτᾶι, ταύτηι ὁ ἰσθμός ἐστι τὸν ὤρυσσον. καὶ δὴ πολλῆι χειρὶ ἐργαζομένων τῶν Κνιδίων, μᾶλλον 4 γάρ τι καὶ θειότερον ἐφαίνοντο τιτρώσκεσθαι οἱ ἐργαζόμενοι τοῦ οἰκότος τά τε ἄλλα τοῦ σώματος καὶ μάλιστα τὰ περὶ τοὺς ὀφθαλμοὺς θραυομένης τῆς πέτρης, ἔπεμπον ἐς Δελφοὺς θεοπρόπους ἐπειρησομένους τὸ ἀντίξοον. ἡ δὲ Πυθίη σφι, ὡς αὐτοὶ Κνίδιοι λέγουσι, χρᾶι ἐν τριμέτρωι τόνωι τάδε· 5

Ἰσθμὸν δὲ μὴ πυργοῦτε μηδ᾽ ὀρύσσετε·
Ζεὺς γάρ κ᾽ ἔθηκε νῆσον, εἴ κ᾽ ἐβούλετο.

Κνίδιοι μὲν ταῦτα τῆς Πυθίης χρησάσης τοῦ τε ὀρύγματος ἐπαύσαντο καὶ 6 Ἁρπάγωι ἐπιόντι σὺν τῶι στρατῶι ἀμαχητὶ σφέας αὐτοὺς παρέδοσαν.

Ἦσαν δὲ Πηδασέες οἰκέοντες ὑπὲρ Ἁλικαρνησσοῦ μεσόγαιαν, τοῖσι 175 ὅκως τι μέλλοι ἀνεπιτήδεον ἔσεσθαι, αὐτοῖσί τε καὶ τοῖσι περιοίκοισι, ἡ ἱερείη τῆς Ἀθηναίης πώγωνα μέγαν ἴσχει· τρίς σφι τοῦτο ἐγένετο. οὗτοι τῶν περὶ Καρίην ἀνδρῶν μοῦνοί τε ἀντέσχον χρόνον Ἁρπάγωι καὶ πρήγματα παρέσχον πλεῖστα, ὄρος τειχίσαντες τῶι οὔνομά ἐστι Λίδη.

Πηδασέες μέν νυν χρόνωι ἐξαιρέθησαν. Λύκιοι δέ, ὡς ἐς τὸ Ξάνθιον 176 πεδίον ἤλασε ὁ Ἅρπαγος τὸν στρατόν, ἐπεξιόντες καὶ μαχόμενοι ὀλίγοι πρὸς πολλοὺς ἀρετὰς ἀπεδείκνυντο, ἑσσωθέντες δὲ καὶ κατειληθέντες ἐς τὸ ἄστυ συνήλισαν ἐς τὴν ἀκρόπολιν τάς τε γυναῖκας καὶ τὰ τέκνα

174.2 <οἵ> ante τῆς χώρης Bekker   ἀργμένης codd.: ἀρχομένης Powell   Βυβασσίης I.
Vossius edd.: Βυβλεσίης codd.   174.3 πᾶσα <ἂν> Blaydes

καὶ τὰ χρήματα καὶ τοὺς οἰκέτας καὶ ἔπειτα ὑπῆψαν τὴν ἀκρόπολιν
2 πᾶσαν ταύτην καίεσθαι. ταῦτα δὲ ποιήσαντες καὶ συνομόσαντες ὅρκους
3 δεινούς, ἐπεξελθόντες ἀπέθανον πάντες Ξάνθιοι μαχόμενοι. τῶν δὲ νῦν
Λυκίων φαμένων Ξανθίων εἶναι οἱ πολλοί, πλὴν ὀγδώκοντα ἱστιέων, εἰσὶ
ἐπήλυδες· αἱ δὲ ὀγδώκοντα ἱστίαι αὗται ἔτυχον τηνικαῦτα ἐκδημέουσαι
καὶ οὕτω περιεγένοντο. τὴν μὲν δὴ Ξάνθον οὕτως ἔσχε ὁ Ἅρπαγος,
παραπλησίως δὲ καὶ τὴν Καῦνον ἔσχε· καὶ γὰρ οἱ Καύνιοι τοὺς Λυκίους
ἐμιμήσαντο τὰ πλέω.
177 Τὰ μέν νυν κάτω τῆς Ἀσίης Ἅρπαγος ἀνάστατα ἐποίεε, τὰ δὲ ἄνω
αὐτῆς αὐτὸς Κῦρος, πᾶν ἔθνος καταστρεφόμενος καὶ οὐδὲν παριείς. τὰ
μέν νυν αὐτῶν πλέω παρήσομεν, τὰ δέ οἱ παρέσχε τε πόνον πλεῖστον
καὶ ἀξιαπηγητότατά ἐστι, τούτων ἐπιμνήσομαι.
178 Κῦρος ἐπείτε τὰ πάντα τῆς ἠπείρου ὑποχείρια ἐποιήσατο, Ἀσσυρίοισι
ἐπετίθετο. τῆς δὲ Ἀσσυρίης ἐστὶ μέν κου καὶ ἄλλα πολίσματα μεγάλα πολλά,
τὸ δὲ ὀνομαστότατον καὶ ἰσχυρότατον καὶ ἔνθα σφι Νίνου ἀναστάτου
γενομένης τὰ βασιλήια κατεστήκεε, ἦν Βαβυλών, ἐοῦσα τοιαύτη δή τις
2 πόλις. κεῖται ἐν πεδίωι μεγάλωι, μέγαθος ἐοῦσα μέτωπον ἕκαστον εἴκοσι
καὶ ἑκατὸν σταδίων, ἐούσης τετραγώνου· οὗτοι στάδιοι τῆς περιόδου
τῆς πόλιος γίνονται συνάπαντες ὀγδώκοντα καὶ τετρακόσιοι. τὸ μέν νυν
μέγαθος τοσοῦτόν ἐστι τοῦ ἄστεος τοῦ Βαβυλωνίου, ἐκεκόσμητο δὲ ὡς
3 οὐδὲν ἄλλο πόλισμα τῶν ἡμεῖς ἴδμεν. τάφρος μὲν πρῶτά μιν βαθέα τε
καὶ εὐρέα πλέη ὕδατος περιθέει, μετὰ δὲ τεῖχος πεντήκοντα μὲν πήχεων
βασιληίων ἐὸν τὸ εὖρος, ὕψος δὲ διηκοσίων πήχεων. ὁ δὲ βασιλήιος
πῆχυς τοῦ μετρίου ἐστὶ πήχεος μέζων τρισὶ δακτύλοισι.
179 Δεῖ δή με πρὸς τούτοισι ἔτι φράσαι ἵνα τε ἐκ τῆς τάφρου ἡ γῆ
ἀναισιμώθη καὶ τὸ τεῖχος ὅντινα τρόπον ἔργαστο. ὀρύσσοντες ἅμα
τὴν τάφρον ἐπλίνθευον τὴν γῆν τὴν ἐκ τοῦ ὀρύγματος ἐκφερομένην,
2 ἑλκύσαντες δὲ πλίνθους ἱκανὰς ὤπτησαν αὐτὰς ἐν καμίνοισι. μετὰ δέ
τέλματι χρεώμενοι ἀσφάλτωι θερμῆι καὶ διὰ τριήκοντα δόμων πλίνθου
ταρσοὺς καλάμων διαστοιβάζοντες, ἔδειμαν πρῶτα μὲν τῆς τάφρου τὰ
3 χείλεα, δεύτερα δὲ αὐτὸ τὸ τεῖχος τὸν αὐτὸν τρόπον. ἐπάνω δὲ τοῦ
τείχεος παρὰ τὰ ἔσχατα οἰκήματα μουνόκωλα ἔδειμαν, τετραμμένα ἐς
ἄλληλα· τὸ μέσον δὲ τῶν οἰκημάτων ἔλιπον τεθρίππωι περιέλασιν. πύλαι
δὲ ἐνεστᾶσι πέριξ τοῦ τείχεος ἑκατόν, χάλκεαι πᾶσαι, καὶ σταθμοί τε καὶ
4 ὑπέρθυρα ὡσαύτως. ἔστι δὲ ἄλλη πόλις ἀπέχουσα ὀκτὼ ἡμερέων ὁδὸν
ἀπὸ Βαβυλῶνος· Ἲς οὔνομα αὐτῆι. ἔνθα ἐστὶ ποταμὸς οὐ μέγας· Ἲς καὶ

176.2 Ξάνθιοι del. Cobet   178.3 <καὶ> πλέη AD

τῶι ποταμῶι τὸ οὔνομα. ἐσβάλλει δὲ οὗτος ἐς τὸν Εὐφρήτην ποταμὸν τὸ ῥέεθρον. οὗτος ὦν ὁ Ἴς ποταμὸς ἅμα τῶι ὕδατι θρόμβους ἀσφάλτου ἀναδιδοῖ πολλούς, ἔνθεν ἡ ἄσφαλτος ἐς τὸ ἐν Βαβυλῶνι τεῖχος ἐκομίσθη. Ἐτετείχιστο μέν νυν ἡ Βαβυλὼν τρόπωι τοιῶιδε, ἔστι δὲ δύο φάρσεα **180** τῆς πόλιος. τὸ γὰρ μέσον αὐτῆς ποταμὸς διέργει, τῶι οὔνομά ἐστι Εὐφρήτης, ῥέει δὲ ἐξ Ἀρμενίων, ἐὼν μέγας καὶ βαθὺς καὶ ταχύς· ἐξίει δὲ οὗτος ἐς τὴν Ἐρυθρὴν θάλασσαν. τὸ ὦν δὴ τεῖχος ἑκάτερον τοὺς 2 ἀγκῶνας ἐς τὸν ποταμὸν ἐλήλαται· τὸ δὲ ἀπὸ τούτου αἱ ἐπικαμπαὶ παρὰ χεῖλος ἑκάτερον τοῦ ποταμοῦ αἱμασιὴ πλίνθων ὀπτέων παρατείνει. τὸ δὲ 3 ἄστυ αὐτὸ ἐὸν πλῆρες οἰκιέων τριορόφων καὶ τετρορόφων κατατέτμηται τὰς ὁδοὺς ἰθέας, τάς τε ἄλλας καὶ τὰς ἐπικαρσίας τὰς ἐπὶ τὸν ποταμὸν ἐχούσας. κατὰ δὴ ὦν ἑκάστην ὁδὸν ἐν τῆι αἱμασιῆι τῆι παρὰ τὸν 4 ποταμὸν πυλίδες ἐπῆσαν, ὅσαι περ αἱ λαῦραι, τοσαῦται ἀριθμόν· ἦσαν δὲ καὶ αὗται χάλκεαι, φέρουσαι [καὶ αὐταὶ] ἐς αὐτὸν τὸν ποταμόν.

Τοῦτο μὲν δὴ τὸ τεῖχος θώρηξ ἐστί, ἕτερον δὲ ἔσωθεν τεῖχος περιθέει, **181** οὐ πολλῶι τεωι ἀσθενέστερον τοῦ ἑτέρου τείχεος, στεινότερον δέ. ἐν 2 δὲ φάρσεϊ ἑκατέρωι τῆς πόλιος ἐτετείχιστο ἐν μέσωι ἐν τῶι μὲν τὰ βασιλήια περιβόλωι [τε] μεγάλωι τε καὶ ἰσχυρῶι, ἐν δὲ τῶι ἑτέρωι Διὸς Βήλου ἱρὸν χαλκόπυλον, καὶ ἐς ἐμὲ ἔτι τοῦτο ἐόν, δύο σταδίων πάντηι, ἐὸν τετράγωνον. ἐν μέσωι δὲ τοῦ ἱροῦ πύργος στερεὸς οἰκοδόμηται, 3 σταδίου καὶ τὸ μῆκος καὶ τὸ εὖρος, καὶ ἐπὶ τούτωι τῶι πύργωι ἄλλος πύργος ἐπιβέβηκε, καὶ ἕτερος μάλα ἐπὶ τούτωι, μέχρις οὗ ὀκτὼ πύργων. ἀνάβασις δὲ ἐς αὐτοὺς ἔξωθεν κύκλωι περὶ πάντας τοὺς πύργους ἔχουσα 4 πεποίηται. μεσοῦντι δέ κου τῆς ἀναβάσιός ἐστι καταγωγή τε καὶ θῶκοι ἀμπαυστήριοι, ἐν τοῖσι κατίζοντες ἀμπαύονται οἱ ἀναβαίνοντες. ἐν δὲ 5 τῶι τελευταίωι πύργωι νηὸς ἔπεστι μέγας· ἐν δὲ τῶι νηῶι κλίνη μεγάλη κεῖται εὖ ἐστρωμένη καί οἱ τράπεζα παράκειται χρυσέη. ἄγαλμα δὲ οὐκ ἔνι οὐδὲν αὐτόθι ἐνιδρυμένον· οὐδὲ νύκτα οὐδεὶς ἐναυλίζεται ἀνθρώπων ὅτι μὴ γυνὴ μούνη τῶν ἐπιχωρίων, τὴν ἂν ὁ θεὸς ἕληται ἐκ πασέων, ὡς λέγουσι οἱ Χαλδαῖοι, ἐόντες ἱρέες τούτου τοῦ θεοῦ.

Φασὶ δὲ οἱ αὐτοὶ οὗτοι, ἐμοὶ μὲν οὐ πιστὰ λέγοντες, τὸν θεὸν αὐτὸν **182** φοιτᾶν τε ἐς τὸν νηὸν καὶ ἀναπαύεσθαι ἐπὶ τῆς κλίνης, κατά περ ἐν Θήβηισι τῆισι Αἰγυπτίηισι κατὰ τὸν αὐτὸν τρόπον, ὡς λέγουσι οἱ Αἰγύπτιοι (καὶ γὰρ δὴ ἐκεῖθι κοιμᾶται ἐν τῶι τοῦ Διὸς τοῦ Θηβαιέος 2

180.1 ἐξιεῖ Legrand   **180.3** ἰθέας Krüger: ἰθείας codd.   **180.4** [καὶ αὐταὶ] del. Stein   **181.2–183.3** ἐν δὲ ... πολλά A: om. d   μὲν Scaliger: ἦεν A   [τε] del. Bekker
182.1 ἀναπαύεσθαι codd.: ἀμπ- Aldina

γυνή, ἀμφότεραι δὲ αὗται λέγονται ἀνδρῶν οὐδαμῶν ἐς ὁμιλίην φοιτᾶν), καὶ κατά περ ἐν Πατάροισι τῆς Λυκίης ἡ πρόμαντις τοῦ θεοῦ, ἐπεὰν γένηται· οὐ γὰρ ὦν αἰεί ἐστι χρηστήριον αὐτόθι· ἐπεὰν δὲ γένηται, τότε ὦν συγκατακληίεται τὰς νύκτας ἔσω ἐν τῶι νηῶι.

183 Ἔστι δὲ τοῦ ἐν Βαβυλῶνι ἱροῦ καὶ ἄλλος κάτω νηός, ἔνθα ἄγαλμα μέγα τοῦ Διὸς ἔνι κατήμενον χρύσεον, καί οἱ τράπεζα μεγάλη παράκειται χρυσέη, καὶ τὸ βάθρον οἱ καὶ ὁ θρόνος χρύσεός ἐστι. καὶ ὡς ἔλεγον οἱ 2 Χαλδαῖοι, ταλάντων ὀκτακοσίων χρυσίου πεποίηται ταῦτα. ἔξω δὲ τοῦ νηοῦ βωμός ἐστι χρύσεος. ἔστι δὲ καὶ ἄλλος βωμός μέγας, ἐπ' οὗ θύεται τὰ τέλεα τῶν προβάτων· ἐπὶ γὰρ τοῦ χρυσέου βωμοῦ οὐκ ἔξεστι θύειν ὅτι μὴ γαλαθηνὰ μοῦνα. ἐπὶ δὲ τοῦ μέζονος βωμοῦ καὶ καταγίζουσι λιβανωτοῦ χίλια τάλαντα ἔτεος ἑκάστου οἱ Χαλδαῖοι τότε ἐπεὰν τὴν ὁρτὴν ἄγωσι τῶι θεῶι τούτωι. ἦν δὲ ἐν τῶι τεμένεϊ τούτωι ἔτι τὸν 3 χρόνον ἐκεῖνον καὶ ἀνδριὰς δυώδεκα πήχεων χρύσεος στερεός. ἐγὼ μέν μιν οὐκ εἶδον, τὰ δὲ λέγεται ὑπὸ Χαλδαίων, ταῦτα λέγω. τούτωι τῶι ἀνδριάντι Δαρεῖος μὲν ὁ Ὑστάσπεος ἐπιβουλεύσας οὐκ ἐτόλμησε λαβεῖν, Ξέρξης δὲ ὁ Δαρείου ἔλαβε καὶ τὸν ἱρέα ἀπέκτεινε ἀπαγορεύοντα μὴ κινέειν τὸν ἀνδριάντα. τὸ μὲν δὴ ἱρὸν τοῦτο οὕτω κεκόσμηται, ἔστι δὲ καὶ ἴδια ἀναθήματα πολλά.

184 Τῆς δὲ Βαβυλῶνος ταύτης πολλοὶ μέν κου καὶ ἄλλοι ἐγένοντο βασιλέες, τῶν ἐν τοῖσι Ἀσσυρίοισι λόγοισι μνήμην ποιήσομαι, οἵ τὰ τείχεά τε ἐπεκόσμησαν καὶ τὰ ἱρά, ἐν δὲ δὴ καὶ γυναῖκες δύο: ἡ μὲν πρότερον ἄρξασα, τῆς ὕστερον γενεῇσι πέντε πρότερον γενομένη, τῆι οὔνομα ἦν Σεμίραμις, αὕτη μὲν ἀπεδέξατο χώματα ἀνὰ τὸ πεδίον ἐόντα ἀξιοθέητα· πρότερον δὲ ἐώθεε ὁ ποταμὸς ἀνὰ τὸ πεδίον πᾶν πελαγίζειν.

185 Ἡ δὲ δὴ δεύτερον γενομένη ταύτης βασίλεια, τῆι οὔνομα ἦν Νίτωκρις, αὕτη δὲ συνετωτέρη γενομένη τῆς πρότερον ἀρξάσης τοῦτο μὲν μνημόσυνα ἐλίπετο τὰ ἐγὼ ἀπηγήσομαι, τοῦτο δὲ τὴν Μήδων ὁρῶσα ἀρχὴν μεγάλην τε καὶ οὐκ ἀτρεμίζουσαν, ⟨ἀλλ'⟩ ἄλλα τε ἀραιρημένα ἄστεα αὐτοῖσι, ἐν δὲ δὴ καὶ τὴν Νίνον, προεφυλάξατο ὅσα ἐδύνατο 2 μάλιστα. πρῶτα μὲν τὸν Εὐφρήτην ποταμὸν ἐόντα πρότερον ἰθύν, ὅς σφι διὰ τῆς πόλιος μέσης ῥέει, τοῦτον ἄνωθεν διώρυχας ὀρύξασα οὕτω δή τι ἐποίησε σκολιὸν ὥστε δὴ τρὶς ἐς τῶν τινα κωμέων τῶν ἐν τῆι Ἀσσυρίηι ἀπικνέεται ῥέων. τῆι δὲ κώμῃ οὔνομά ἐστι ἐς τὴν ἀπικνέεται ὁ Εὐφρήτης Ἀρδέρικκα. καὶ νῦν οἵ ἂν κομίζωνται ἀπὸ τῆσδε τῆς θαλάσσης ἐς Βαβυλῶνα, καταπλέοντες [ἐς] τὸν Εὐφρήτην ποταμὸν τρίς τε ἐς τὴν

183.2 ἐπ' οὗ Stein: ὅπου codd.   185.1 ⟨ἀλλ'⟩ Bekker   185.2 [ἐς] del. Schweighäuser

ΙΣΤΟΡΙΩΝ Α ΚΛΕΙΩ 163

αὐτὴν ταύτην κώμην παραγίνονται καὶ ἐν τρισὶ ἡμέρηισι. τοῦτο μὲν 3 δὴ τοιοῦτον ἐποίησε, χῶμα δὲ παρέχωσε παρ' ἑκάτερον τοῦ ποταμοῦ τὸ χεῖλος ἄξιον θώματος, μέγαθος καὶ ὕψος ὅσον τί ἐστί. κατύπερθε 4 δὲ πολλῶι Βαβυλῶνος ὤρυσσε ἔλυτρον λίμνηι, ὀλίγον τι παρατείνουσα ἀπὸ τοῦ ποταμοῦ, βάθος μὲν ἐς τὸ ὕδωρ αἰεὶ ὀρύσσουσα, εὖρος δὲ τὸ περίμετρον αὐτοῦ ποιεῦσα εἴκοσί τε καὶ τετρακοσίων σταδίων· τὸν δὲ ὀρυσσόμενον χοῦν ἐκ τούτου τοῦ ὀρύγματος ἀναισίμου παρὰ τὰ χείλεα τοῦ ποταμοῦ παραχέουσα. ἐπείτε δέ οἱ ὀρώρυκτο, λίθους ἀγαγομένη 5 κρηπῖδα κύκλωι περὶ αὐτὴν ἤλασε. ἐποίεε δὲ ἀμφότερα ταῦτα, τόν τε 6 ποταμὸν σκολιὸν καὶ τὸ ὄρυγμα πᾶν ἕλος, ὡς ὅ τε ποταμὸς βραδύτερος εἴη περὶ καμπὰς πολλὰς ἀγνύμενος, καὶ οἱ πλόοι ἔωσι σκολιοὶ ἐς τὴν Βαβυλῶνα, ἔκ τε τῶν πλόων ἐκδέκηται περίοδος τῆς λίμνης μακρή. κατὰ 7 τοῦτο δὲ ἐργάζετο τῆς χώρης τῆι αἵ τε ἐσβολαὶ ἦσαν καὶ τὰ σύντομα τῆς ἐκ Μήδων ὁδοῦ, ἵνα μὴ ἐπιμισγόμενοι οἱ Μῆδοι ἐκμανθάνοιεν αὐτῆς τὰ πρήγματα.

Ταῦτα μὲν δὴ ἐκ βάθεος περιεβάλετο, τοιήνδε δὲ ἐξ αὐτῶν παρενθήκην 186 ἐποιήσατο. τῆς πόλιος ἐούσης δύο φαρσέων, τοῦ δὲ ποταμοῦ μέσον ἔχοντος, ἐπὶ τῶν πρότερον βασιλέων, ὅκως τις ἐθέλοι ἐκ τοῦ ἑτέρου φάρσεος ἐς τοὔτερον διαβῆναι, χρῆν πλοίωι διαβαίνειν, καὶ ἦν, ὡς ἐγὼ δοκέω, ὀχληρὸν τοῦτο. αὕτη δὲ καὶ τοῦτο προεῖδε. ἐπείτε γὰρ ὤρυσσε τὸ ἔλυτρον τῆι λίμνηι, μνημόσυνον τόδε ἄλλο ἀπὸ τοῦ αὐτοῦ ἔργου ἐλίπετο. ἐτάμνετο λίθους περιμήκεας, ὡς δέ οἱ ἦσαν οἱ λίθοι ἕτοιμοι καὶ 2 τὸ χωρίον ὀρώρυκτο, ἐκτρέψασα τοῦ ποταμοῦ τὸ ῥέεθρον πᾶν ἐς τὸ ὤρυσσε χωρίον, ἐν ὧι ἐπίμπλατο τοῦτο, ἐν τούτωι ἀπεξηρασμένου τοῦ ἀρχαίου ῥεέθρου τοῦτο μὲν τὰ χείλεα τοῦ ποταμοῦ κατὰ τὴν πόλιν καὶ τὰς καταβάσιας τὰς ἐκ τῶν πυλίδων ἐς τὸν ποταμὸν φερούσας ἀνοικοδόμησε πλίνθοισι ὀπτῆισι κατὰ τὸν αὐτὸν λόγον τῶι τείχεϊ, τοῦτο δὲ κατὰ μέσην κου μάλιστα τὴν πόλιν τοῖσι λίθοισι τοὺς ὠρύξατο οἰκοδόμεε γέφυραν, δέουσα τοὺς λίθους σιδήρωι τε καὶ μολύβδωι. ἐπιτείνεσκε δὲ ἐπ' αὐτήν, ὅκως μὲν ἡμέρη γένοιτο, ξύλα τετράγωνα, ἐπ' 3 ὧν τὴν διάβασιν ἐποιεῦντο οἱ Βαβυλώνιοι· τὰς δὲ νύκτας τὰ ξύλα ταῦτα ἀπαιρέεσκον τοῦδε εἵνεκα, ἵνα μὴ διαφοιτῶντες τὰς νύκτας κλέπτοιεν παρ' ἀλλήλων. ὡς δὲ τό τε ὀρυχθὲν λίμνη πλήρης ἐγεγόνεε ὑπὸ τοῦ 4 ποταμοῦ καὶ τὰ περὶ τὴν γέφυραν ἐκεκόσμητο, τὸν Εὐφρήτην ποταμὸν

185.5 ὀρώρυκτο Bekker: ὤρυκτο codd.   186.2 ὤρυσσε codd.: ὤρυξε Krüger
186.3 ἀπαιρέεσκον d: ἀπαίρεσκον Α: ἀπαείρεσκον Abicht   τὰς νύκτας Ad: om. C

ἐς τὰ ἀρχαῖα ῥέεθρα ἐκ τῆς λίμνης ἐξήγαγε. καὶ οὕτω τὸ ὀρυχθὲν ἕλος γενόμενον ἐς δέον ἐδόκεε γεγονέναι καὶ τοῖσι πολιήτῃσι γέφυρα ἦν κατεσκευασμένη.

187 Ἡ δ' αὐτὴ αὕτη βασίλεια καὶ ἀπάτην τοιήνδε τινὰ ἐμηχανήσατο. ὑπὲρ τῶν μάλιστα λεωφόρων πυλέων τοῦ ἄστεος τάφον ἑωυτῇ κατεσκευάσατο μετέωρον ἐπιπολῆς αὐτέων τῶν πυλέων, ἐνεκόλαψε δὲ
2 ἐς τὸν τάφον γράμματα λέγοντα τάδε· Τῶν τις ἐμέο ὕστερον γινομένων Βαβυλῶνος βασιλέων ἢν σπανίσῃ χρημάτων, ἀνοίξας τὸν τάφον λαβέτω ὁκόσα βούλεται χρήματα· μὴ μέντοι γε μὴ σπανίσας γε ἄλλως ἀνοίξῃ·
3 οὐ γὰρ ἄμεινον. οὗτος ὁ τάφος ἦν ἀκίνητος μέχρις οὗ ἐς Δαρεῖον περιῆλθε ἡ βασιληίη. Δαρείῳ δὲ καὶ δεινὸν ἐδόκεε εἶναι τῇσι πύλῃσι ταύτῃσι μηδὲν χρᾶσθαι καὶ χρημάτων κειμένων καὶ αὐτῶν τῶν γραμμάτων
4 ἐπικαλεομένων μὴ οὐ λαβεῖν αὐτά. τῇσι δὲ πύλῃσι ταύτῃσι οὐδὲν ἐχρᾶτο τοῦδε εἵνεκα, ὅτι ὑπὲρ κεφαλῆς οἱ ἐγίνετο ὁ νεκρὸς διεξελαύνοντι.
5 ἀνοίξας δὲ τὸν τάφον εὗρε χρήματα μὲν οὔ, τὸν δὲ νεκρὸν καὶ γράμματα λέγοντα τάδε· Εἰ μὴ ἄπληστός τε ἔας χρημάτων καὶ αἰσχροκερδής, οὐκ ἂν νεκρῶν θήκας ἀνέῳγες. αὕτη μέν νυν ἡ βασίλεια τοιαύτη τις λέγεται γενέσθαι.

188 Ὁ δὲ δὴ Κῦρος ἐπὶ ταύτης τῆς γυναικὸς τὸν παῖδα ἐστρατεύετο, ἔχοντά τε τοῦ πατρὸς τοῦ ἑωυτοῦ τοὔνομα Λαβυνήτου καὶ τὴν Ἀσσυρίων ἀρχήν. στρατεύεται δὲ δὴ βασιλεὺς ὁ μέγας καὶ σιτίοισι εὖ ἐσκευασμένος ἐξ οἴκου καὶ προβάτοισι, καὶ δὴ καὶ ὕδωρ ἀπὸ τοῦ Χοάσπεω ποταμοῦ ἅμα ἄγεται τοῦ παρὰ Σοῦσα ῥέοντος, τοῦ μούνου
2 πίνει βασιλεὺς καὶ ἄλλου οὐδενὸς ποταμοῦ. τούτου δὲ τοῦ Χοάσπεω τοῦ ὕδατος ἀπεψημένου πολλαὶ κάρτα ἅμαξαι τετράκυκλοι ἡμιόνεαι κομίζουσαι ἐν ἀγγείοισι ἀργυρέοισι ἕπονται ὅκῃ ἂν ἐλαύνῃ ἑκάστοτε.

189 Ἐπείτε δὲ ὁ Κῦρος πορευόμενος ἐπὶ τὴν Βαβυλῶνα ἐγίνετο ἐπὶ Γύνδῃ ποταμῷ, τοῦ αἱ μὲν πηγαὶ ἐν Ματιηνοῖσι ὄρεσι, ῥέει δὲ διὰ Δαρδανέων, ἐκδιδοῖ δὲ ἐς ἕτερον ποταμὸν Τίγρην, ὁ δὲ παρὰ Ὦπιν πόλιν ῥέων ἐς τὴν Ἐρυθρὴν θάλασσαν ἐκδιδοῖ, τοῦτον δὴ τὸν Γύνδην ποταμὸν ὡς διαβαίνειν ἐπειρᾶτο ὁ Κῦρος ἐόντα νηυσιπέρητον, ἐνθαῦτά οἱ τῶν τις ἱρῶν ἵππων τῶν λευκῶν ὑπὸ ὕβριος ἐσβὰς ἐς τὸν ποταμὸν διαβαίνειν ἐπειρᾶτο, ὁ
2 δέ μιν συμψήσας ὑποβρύχιον οἰχώκεε φέρων. κάρτα τε δὴ ἐχαλέπαινε τῷ ποταμῷ ὁ Κῦρος τοῦτο ὑβρίσαντι καί οἱ ἐπηπείλησε οὕτω δή μιν

187.3 γραμμάτων Naber· χρημάτων codd.   187.5 ἀνέῳγες codd.: ἄνοιγες Bredow   188.1 ΛαβυνήτουWesseling: Λαβυνίτου codd.   δὴ A: om. d   ἐσκευασμένος D: -μένοις Γ: -μένοισι A   189.1 ὄρεσι codd.: εἰσι Hude ἀσθενέα ποιήσειν ὥστε τοῦ λοιποῦ καὶ γυναῖκάς μιν εὐπετέως τὸ γόνυ οὐ βρεχούσας διαβήσεσθαι. μετὰ δὲ τὴν ἀπειλὴν μετεὶς τὴν ἐπὶ Βαβυλῶνα 3 στράτευσιν διαίρεε τὴν στρατιὴν δίχα, διελὼν δὲ κατέτεινε σχοινοτενέας ὑποδέξας διώρυχας ὀγδώκοντα καὶ ἑκατὸν παρ' ἑκάτερον τὸ χεῖλος τοῦ Γύνδεω τετραμμένας πάντα τρόπον, διατάξας δὲ τὸν στρατὸν ὀρύσσειν ἐκέλευε. οἷα δὲ ὁμίλου πολλοῦ ἐργαζομένου ἤνετο μὲν τὸ ἔργον, ὅμως 4 μέντοι τὴν θερείην πᾶσαν αὐτοῦ ταύτηι διέτριψαν ἐργαζόμενοι.

Ὡς δὲ τὸν Γύνδην ποταμὸν ἐτείσατο Κῦρος ἐς τριηκοσίας καὶ ἑξήκοντα 190 διώρυχάς μιν διαλαβών, καὶ τὸ δεύτερον ἔαρ ὑπέλαμπε, οὕτω δὴ ἤλαυνε ἐπὶ τὴν Βαβυλῶνα. οἱ δὲ Βαβυλώνιοι ἐκστρατευσάμενοι ἔμενον αὐτόν. ἐπεὶ δὲ ἐγένετο ἐλαύνων ἀγχοῦ τῆς πόλιος, συνέβαλόν τε οἱ Βαβυλώνιοι καὶ ἑσσωθέντες τῆι μάχηι κατειλήθησαν ἐς τὸ ἄστυ. οἷα δὲ 2 ἐξεπιστάμενοι ἔτι πρότερον τὸν Κῦρον οὐκ ἀτρεμίζοντα, ἀλλ' ὁρῶντες αὐτὸν παντὶ ἔθνεϊ ὁμοίως ἐπιχειρέοντα, προεσάξαντο σιτία ἐτέων κάρτα πολλῶν. ἐνθαῦτα οὗτοι μὲν λόγον εἶχον τῆς πολιορκίης οὐδένα, Κῦρος δὲ ἀπορίηισι ἐνείχετο ἅτε χρόνου τε ἐγγινομένου συχνοῦ ἀνωτέρω τε οὐδὲν τῶν πρηγμάτων προκοπτομένων.

Εἴτε δὴ ὦν ἄλλος οἱ ἀπορέοντι ὑπεθήκατο, εἴτε καὶ αὐτὸς ἔμαθε τὸ 191 ποιητέον οἱ ἦν, ἐποίεε δὴ τοιόνδε· τάξας τὴν στρατιὴν ἅπασαν <ἑτέρους 2 μὲν> ἐξ ἐμβολῆς τοῦ ποταμοῦ, τῆι ἐς τὴν πόλιν ἐσβάλλει, καὶ ὄπισθε αὖτις τῆς πόλιος τάξας ἑτέρους, τῆι ἐξιεῖ ἐκ τῆς πόλιος ὁ ποταμός, προεῖπε τῶι στρατῶι, ὅταν διαβατὸν τὸ ῥέεθρον ἴδωνται γενόμενον, ἐσιέναι ταύτηι ἐς τὴν πόλιν. οὕτω τε δὴ τάξας καὶ κατὰ ταῦτα παραινέσας ἀπήλαυνε αὐτὸς σὺν τῶι ἀχρηίωι τοῦ στρατοῦ. ἀπικόμενος δὲ ἐπὶ τὴν λίμνην, τά 3 περ ἡ τῶν Βαβυλωνίων βασίλεια ἐποίησε κατά τε τὸν ποταμὸν καὶ κατὰ τὴν λίμνην, ἐποίεε καὶ ὁ Κῦρος ἕτερα τοιαῦτα· τὸν γὰρ ποταμὸν διώρυχι ἐσαγαγὼν ἐς τὴν λίμνην ἐοῦσαν ἕλος, τὸ ἀρχαῖον ῥέεθρον διαβατὸν εἶναι ἐποίησε ὑπονοστήσαντος τοῦ ποταμοῦ. γενομένου δὲ τούτου τοιούτου 4 οἱ Πέρσαι οἵ περ ἐτετάχατο ἐπ' αὐτῶι τούτωι κατὰ τὸ ῥέεθρον τοῦ Εὐφρήτεω ποταμοῦ ὑπονενοστηκότος ἀνδρὶ ὡς ἐς μέσον μηρὸν μάλιστά κηι, κατὰ τοῦτο ἐσήισαν ἐς τὴν Βαβυλῶνα. εἰ μέν νυν προεπύθοντο ἢ 5 ἔμαθον οἱ Βαβυλώνιοι τὸ ἐκ τοῦ Κύρου ποιεύμενον, οἱ δ' ἂν περιιδόντες τοὺς Πέρσας ἐσελθεῖν ἐς τὴν πόλιν διέφθειραν κάκιστα· κατακληίσαντες γὰρ ἂν πάσας τὰς ἐς τὸν ποταμὸν πυλίδας ἐχούσας καὶ αὐτοὶ ἐπὶ τὰς αἱμασιὰς ἀναβάντες τὰς παρὰ τὰ χείλεα τοῦ ποταμοῦ ἐληλαμένας,

191.2 <ἑτέρους μὲν > Legrand   191.3 ἐποίεε ... λίμνην AD: om. r   ὁ Κῦρος A: αὐτὸς D   191.5 οἱ δ' ἂν Palm: οὐ δ' ἂν AU[sl]: οὐ μὰν d

6 ἔλαβον ἄν σφεας ὡς ἐν κύρτηι. νῦν δὲ ἐξ ἀπροσδοκήτου σφι παρέστησαν οἱ Πέρσαι. ὑπὸ δὲ μεγάθεος τῆς πόλιος, ὡς λέγεται ὑπὸ τῶν ταύτηι οἰκημένων, τῶν περὶ τὰ ἔσχατα τῆς πόλιος ἑαλωκότων τοὺς τὸ μέσον οἰκέοντας τῶν Βαβυλωνίων οὐ μανθάνειν ἑαλωκότας, ἀλλὰ (τυχεῖν γὰρ σφι ἐοῦσαν ὁρτήν) χρεύειν τε τοῦτον τὸν χρόνον καὶ ἐν εὐπαθείηισι εἶναι, ἐς ὃ δὴ καὶ τὸ κάρτα ἐπύθοντο. καὶ Βαβυλὼν μὲν οὕτω τότε πρῶτον ἀραίρητο.

192 Τὴν δὲ δύναμιν τῶν Βαβυλωνίων πολλοῖσι μὲν καὶ ἄλλοισι δηλώσω ὅση τις ἐστί, ἐν δὲ δὴ καὶ τῶιδε. βασιλέϊ τῶι μεγάλωι ἐς τροφὴν αὐτοῦ τε καὶ τῆς στρατιῆς διαραίρηται, πάρεξ τοῦ φόρου, γῆ πᾶσα ὅσης ἄρχει. δυώδεκα ὦν μηνῶν ἐόντων ἐς τὸν ἐνιαυτόν τοὺς τέσσερας μῆνας τρέφει μιν ἡ Βαβυλωνίη χώρη, τοὺς δὲ ὀκτὼ τῶν μηνῶν ἡ λοιπὴ πᾶσα Ἀσίη.
2 οὕτω τριτημορίη ἡ Ἀσσυρίη χώρη τῆι δυνάμι τῆς ἄλλης Ἀσίης. καὶ ἡ ἀρχὴ τῆς χώρης ταύτης, τὴν οἱ Πέρσαι σατραπηίην καλέουσι, ἐστὶ ἁπασέων τῶν ἀρχέων πολλόν τι κρατίστη, ὅκου Τριτανταίχμηι τῶι Ἀρταβάζου ἐκ βασιλέος ἔχοντι τὸν νομὸν τοῦτον ἀργυρίου μὲν προσήιε
3 ἑκάστης ἡμέρης ἀρτάβη μεστή (ἡ δὲ ἀρτάβη μέτρον ἐὸν Περσικὸν χωρέει μεδίμνου Ἀττικοῦ πλέον χοίνιξι τρισὶ Ἀττικῆισι), ἵπποι δέ οἱ αὐτοῦ ἦσαν ἰδίηι, πάρεξ τῶν πολεμιστηρίων, οἱ μὲν ἀναβαίνοντες τὰς θηλέας ὀκτακόσιοι, αἱ δὲ βαινόμεναι ἑξακισχίλιαι καὶ μύριαι· ἀνέβαινε γὰρ
4 ἕκαστος τῶν ἐρσένων τούτων εἴκοσι ἵππους. κυνῶν δὲ Ἰνδικῶν τοσοῦτο δή τι πλῆθος ἐτρέφετο ὥστε τέσσερες τῶν ἐν τῶι πεδίωι κῶμαι μεγάλαι, τῶν ἄλλων ἐοῦσαι ἀτελέες, τοῖσι κυσὶ προσετετάχατο σιτία παρέχειν. τοιαῦτα μὲν τῶι ἄρχοντι τῆς Βαβυλῶνος ὑπῆρχε ἐόντα.

193 Ἡ δὲ γῆ τῶν Ἀσσυρίων ὕεται μὲν ὀλίγωι, καὶ τὸ ἐκτρέφον τὴν ῥίζαν τοῦ σίτου ἐστὶ τοῦτο· ἀρδόμενον μέντοι ἐκ τοῦ ποταμοῦ ἁδρύνεταί τε τὸ λήιον καὶ παραγίνεται ὁ σῖτος, οὐ κατά περ ἐν Αἰγύπτωι αὐτοῦ τοῦ ποταμοῦ ἀναβαίνοντος ἐς τὰς ἀρούρας, ἀλλὰ χερσί τε καὶ κηλωνηίοισι ἀρδόμενος.
2 ἡ γὰρ Βαβυλωνίη χώρη πᾶσα, κατά περ ἡ Αἰγυπτίη κατατέτμηται ἐς διώρυχας· καὶ ἡ μεγίστη τῶν διωρύχων ἐστὶ νηυσιπέρητος, πρὸς ἥλιον τετραμμένη τὸν χειμερινόν, ἐσέχει δὲ ἐς ἄλλον ποταμὸν ἐκ τοῦ Εὐφρήτεω, ἐς τὸν Τίγρην, παρ' ὃν Νίνος πόλις οἴκητο. ἔστι δὲ χωρέων αὕτη πασέων
3 μακρῶι ἀρίστη τῶν ἡμεῖς ἴδμεν Δήμητρος καρπὸν ἐκφέρειν. τὰ γὰρ δὴ ἄλλα δένδρεα οὐδὲ πειρᾶται ἀρχὴν φέρειν, οὔτε συκέην οὔτε ἄμπελον οὔτε ἐλαίην. τὸν δὲ τῆς Δήμητρος καρπὸν ὧδε ἀγαθὴ ἐκφέρειν ἐστὶ ὥστε

192.3 ἐὸν Περσικὸν χωρέει A: ἐστὶ Περσικὸν χωρέον d   193.2 ἐς ante διώρυχας del.
Krüger   post ἐκφέρειν lacunam stat. Stein

ἐπὶ διηκόσια μὲν τὸ παράπαν ἀποδιδοῖ, ἐπεὰν δὲ ἄριστα αὐτὴ ἑωυτῆς ἐνείκηι, ἐπὶ τριηκόσια ἐκφέρει. τὰ δὲ φύλλα αὐτόθι τῶν τε πυρῶν καὶ τῶν κριθέων τὸ πλάτος γίνεται τεσσέρων εὐπετέως δακτύλων. ἐκ δὲ κέγχρου 4 καὶ σησάμου ὅσον τι δένδρον μέγαθος γίνεται, ἐξεπιστάμενος μνήμην οὐ ποιήσομαι, εὖ εἰδὼς ὅτι τοῖσι μὴ ἀπιγμένοισι ἐς τὴν Βαβυλωνίην χώρην καὶ τὰ εἰρημένα καρπῶν ἐχόμενα ἐς ἀπιστίην πολλὴν ἀπῖκται. χρέωνται δὲ οὐδὲν ἐλαίωι, ἄλειφαρ ἐκ τῶν σησάμων ποιεῦντες. εἰσὶ δέ σφι φοίνικες πεφυκότες ἀνὰ πᾶν τὸ πεδίον, οἱ πλέονες αὐτῶν καρποφόροι, ἐκ τῶν καὶ σιτία καὶ οἶνον καὶ μέλι ποιεῦνται· τοὺς συκέων τρόπον θεραπεύουσι 5 τά τε ἄλλα καὶ φοινίκων τοὺς ἔρσενας Ἕλληνες καλέουσι, τούτων τὸν καρπὸν περιδέουσι τῆισι βαλανηφόροισι τῶν φοινίκων, ἵνα πεπαίνηι τέ σφι ὁ ψὴν τὴν βάλανον ἐσδύνων καὶ μὴ ἀπορρέηι ὁ καρπὸς τοῦ φοίνικος· ψῆνας γὰρ δὴ φέρουσι ἐν τῶι καρπῶι οἱ ἔρσενες, κατά περ δὴ οἱ ὄλονθοι.

Τὸ δὲ ἁπάντων θῶμα μέγιστόν μοί ἐστι τῶν ταύτηι μετά γε αὐτὴν **194** τὴν πόλιν, ἔρχομαι φράσων. τὰ πλοῖα αὐτοῖσί ἐστι τὰ κατὰ τὸν ποταμὸν πορευόμενα ἐς τὴν Βαβυλῶνα, ἐόντα κυκλοτερέα, πάντα σκύτινα. ἐπεὰν γὰρ ἐν τοῖσι Ἀρμενίοισι τοῖσι κατύπερθε Ἀσσυρίων οἰκημένοισι 2 νομέας ἰτέης ταμόμενοι ποιήσωνται, περιτείνουσι τούτοισι διφθέρας στεγαστρίδας ἔξωθεν ἐδάφεος τρόπον, οὔτε πρύμνην ἀποκρίνοντες οὔτε πρώιρην συνάγοντες, ἀλλ' ἀσπίδος τρόπον κυκλοτερέα ποιήσαντες καὶ καλάμης πλήσαντες πᾶν τὸ πλοῖον τοῦτο ἀπιεῖσι κατὰ τὸν ποταμὸν φέρεσθαι, φορτίων πλήσαντες. μάλιστα δὲ βίκους φοινικηίους κατάγουσι οἴνου πλέους. ἰθύνεται δὲ ὑπό τε δύο πλήκτρων καὶ δύο ἀνδρῶν ὀρθῶν 3 ἑστεώτων, καὶ ὁ μὲν ἔσω ἕλκει τὸ πλῆκτρον, ὁ δὲ ἔξω ὠθέει. ποιέεται δὲ καὶ κάρτα μεγάλα ταῦτα τὰ πλοῖα καὶ ἐλάσσω· τὰ δὲ μέγιστα αὐτῶν καὶ πεντακισχιλίων ταλάντων γόμον ἔχει. ἐν ἑκάστωι δὲ πλοίωι ὄνος ζωὸς ἔνεστι, ἐν δὲ τοῖσι μέζοσι πλέονες. ἐπεὰν ὦν ἀπίκωνται πλέοντες ἐς 4 τὴν Βαβυλῶνα καὶ διαθέωνται τὸν φόρτον, νομέας μὲν τοῦ πλοίου καὶ τὴν καλάμην πᾶσαν ἀπ' ὧν ἐκήρυξαν, τὰς δὲ διφθέρας ἐπισάξαντες ἐπὶ τοῦ ὄνους ἀπελαύνουσι ἐς τοὺς Ἀρμενίους. ἀνὰ τὸν ποταμὸν γὰρ δὴ οὐκ 5 οἷά τέ ἐστι πλέειν οὐδενὶ τρόπωι ὑπὸ τάχεος τοῦ ποταμοῦ· διὰ γὰρ ταῦτα καὶ οὐκ ἐκ ξύλων ποιεῦνται τὰ πλοῖα ἀλλ' ἐκ διφθερέων. ἐπεὰν δὲ τοὺς ὄνους ἐλαύνοντες ἀπίκωνται ὀπίσω ἐς τοὺς Ἀρμενίους, ἄλλα τρόπωι τῶι αὐτῶι ποιεῦνται πλοῖα.

193.4 <περὶ τὰ> καρπῶν Legrand   ἄλειφαρ Legrand: ἀλλ' codd.   **194.2** alterum τοῖσι A: om. d   **194.4** ἀπ' ὧν ἐκήρυξαν C: ἀπινεκήρυξαν AB: ἀπεκήρυξαν d

195 Τὰ μὲν δὴ πλοῖα αὐτοῖσί ἐστι τοιαῦτα, ἐσθῆτι δὲ τοιῆιδε χρέωνται· κιθῶνι ποδηνεκέϊ λινέωι, καὶ ἐπὶ τοῦτον ἄλλον εἰρίνεον κιθῶνα ἐπενδύνει καὶ χλανίδιον λευκὸν περιβαλλόμενος, ὑποδήματα ἔχων ἐπιχώρια, παραπλήσια τῆισι Βοιωτίηισι ἐμβάσι. κομῶντες δὲ τὰς κεφαλὰς μίτρηισι 2 ἀναδέονται μεμυρισμένοι πᾶν τὸ σῶμα. σφρηγῖδα δὲ ἕκαστος ἔχει καὶ σκῆπτρον χειροποίητον· ἐπ᾽ ἑκάστωι δὲ σκήπτρωι ἔπεστι πεποιημένον ἢ μῆλον ἢ ῥόδον ἢ κρίνον ἢ αἰετὸς ἢ ἄλλο τι· ἄνευ γὰρ ἐπισήμου οὔ σφι νόμος ἐστὶ ἔχειν σκῆπτρον. αὕτη μὲν δή σφι ἄρτησις περὶ τὸ σῶμά ἐστι, νόμοι δὲ αὐτοῖσι οἵδε κατεστᾶσι·

196 Ὁ μὲν σοφώτατος ὅδε κατὰ γνώμην τὴν ἡμετέρην, τῶι καὶ Ἰλλυριῶν Ἐνετοὺς πυνθάνομαι χρᾶσθαι. κατὰ κώμας ἑκάστας ἅπαξ τοῦ ἔτεος ἑκάστου ἐποιέετο τάδε. ὅσαι αἰεὶ παρθένοι γινοίατο γάμων ὡραῖαι, ταύτας ὅκως συναγάγοιεν πάσας, ἐς ἓν χωρίον ἐσάγεσκον ἁλέας, πέριξ 2 δὲ αὐτὰς ἵστατο ὅμιλος ἀνδρῶν. ἀνιστὰς δὲ κατὰ μίαν ἑκάστην κῆρυξ πωλέεσκε, πρῶτα μὲν τὴν εὐειδεστάτην ἐκ πασέων, μετὰ δέ, ὅκως αὕτη εὑροῦσα πολλὸν χρυσίον πρηθείη, ἄλλην ἀνεκήρυσσε ἣ μετ᾽ ἐκείνην ἔσκε εὐειδεστάτη. ἐπωλέοντο δὲ ἐπὶ συνοικήσι. ὅσοι μὲν δὴ ἔσκον εὐδαίμονες τῶν Βαβυλωνίων ἐπίγαμοι, ὑπερβάλλοντες ἀλλήλους ἐξωνέοντο τὰς καλλιστευούσας· ὅσοι δὲ τοῦ δήμου ἔσκον ἐπίγαμοι, οὗτοι δὲ εἴδεος μὲν οὐδὲν ἐδέοντο χρηστοῦ, οἱ δ᾽ ἂν χρήματά τε καὶ αἰσχίονας παρθένους 3 ἐλάμβανον. ὡς γὰρ δὴ διεξέλθοι ὁ κῆρυξ πωλέων τὰς εὐειδεστάτας τῶν παρθένων, ἀνίστη ἂν τὴν ἀμορφεστάτην ἢ εἴ τις αὐτέων ἔμπηρος ἦν, καὶ ταύτην ἀνεκήρυσσε, ὅστις θέλοι ἐλάχιστον χρυσίον λαβὼν συνοικέειν αὐτῆι, ἐς ὃ τῶι τὸ ἐλάχιστον ὑπισταμένωι προσέκειτο· τὸ δὲ δὴ χρυσίον ἐγίνετο ἀπὸ τῶν εὐειδέων παρθένων, καὶ οὕτως αἱ εὔμορφοι τὰς ἀμόρφους καὶ ἐμπήρους ἐξεδίδοσαν. ἐκδοῦναι δὲ τὴν ἑωυτοῦ θυγατέρα ὅτεωι βούλοιτο ἕκαστος οὐκ ἐξῆν οὐδὲ ἄνευ ἐγγυητέω ἀπαγαγέσθαι τὴν παρθένον πριάμενον, ἀλλ᾽ ἐγγυητὰς χρῆν καταστήσαντα ἦ μὲν 4 συνοικήσειν αὐτῆι, οὕτω ἀπάγεσθαι· εἰ δὲ μὴ συμφεροίατο, ἀποφέρειν τὸ χρυσίον ἔκειτο νόμος. ἐξῆν δὲ καὶ ἐξ ἄλλης ἐλθόντα κώμης τὸν βουλόμενον 5 ὠνέεσθαι. ὁ μὲν νυν κάλλιστος νόμος οὗτός σφι ἦν, οὐ μέντοι νῦν γε

195.1 <ἕκαστος> ἐπενδύνει Wilson   196.1 ὅσαι αἰεὶ Stein: ὡς ἂν αἱ codd.
196.2 ἂν codd.: αὖ coni. Legrand   196.3 διεξέλθοι P. Ross. Georg. 1.15: οἱ ἐξέλθοι codd.   λαβὼν d: βαλὼν A   δὲ δὴ Richards: δὲ ἂν codd.: δὴ ὧν coni. Legrand
δὲ αὖ coni. Hermann   ἐκδοῦναι... θυγατέρα A: om. d   ἀπαγαγέσθαι d: ἀπάγεσθαι A   ἀπάγεσθαι Gronovius: ἂν ἄγεσθαι A: ἀνάγεσθαι d: ἀγαγέσθαι Stein

διατελέει ἐών, ἄλλο δέ τι ἐξευρήκασι νεωστὶ γενέσθαι [ἵνα μὴ ἀδικοῖεν αὐτὰς μηδ' ἐς ἑτέραν πόλιν ἄγωνται]· ἐπείτε γὰρ ἁλόντες ἐκακώθησαν καὶ οἰκοφθορήθησαν, πᾶς τις τοῦ δήμου βίου σπανίζων καταπορνεύει τὰ θήλεα τέκνα.

Δεύτερος δὲ σοφίηι ὅδε ἄλλος σφι νόμος κατέστηκε. τοὺς κάμνοντας 197 ἐς τὴν ἀγορὴν ἐκφορέουσι· οὐ γὰρ δὴ χρέωνται ἰητροῖσι. προσιόντες ὦν πρὸς τὸν κάμνοντα συμβουλεύουσι περὶ τῆς νούσου, εἴ τις καὶ αὐτὸς τοιοῦτο ἔπαθε ὁκοῖον ἂν ἔχηι ὁ κάμνων ἢ ἄλλον εἶδε παθόντα· ταῦτα προσιόντες συμβουλεύουσι καὶ παραινέουσι ἅσσα αὐτὸς ποιήσας ἐξέφυγε ὁμοίην νοῦσον ἢ ἄλλον εἶδε ἐκφυγόντα. σιγῆι δὲ παρεξελθεῖν τὸν κάμνοντα οὔ σφι ἔξεστι, πρὶν ἂν ἐπείρηται ἥντινα νοῦσον ἔχει.

Ταφαὶ δέ σφι ἐν μέλιτι, θρῆνοι δὲ παραπλήσιοι τοῖσι ἐν Αἰγύπτωι. 198 ὁσάκις δ' ἂν μιχθῆι γυναικὶ τῆι ἑωυτοῦ ἀνὴρ Βαβυλώνιος, περὶ θυμίημα καταγιζόμενον ἵζει, ἑτέρωθι δὲ ἡ γυνὴ τὠυτὸ τοῦτο ποιέει. ὄρθρου δὲ γενομένου λοῦνται καὶ ἀμφότεροι· ἄγγεος γὰρ οὐδενὸς ἅψονται πρὶν ἂν λούσωνται. ταὐτὰ δὲ ταῦτα καὶ Ἀράβιοι ποιεῦσι.

Ὁ δὲ δὴ αἴσχιστος τῶν νόμων ἐστὶ τοῖσι Βαβυλωνίοισι ὅδε· δεῖ πᾶσαν 199 γυναῖκα ἐπιχωρίην ἱζομένην ἐς ἱρὸν Ἀφροδίτης ἅπαξ ἐν τῆι ζόηι μιχθῆναι ἀνδρὶ ξείνωι. πολλαὶ δὲ καὶ οὐκ ἀξιούμεναι ἀναμίσγεσθαι τῆισι ἄλληισι, οἷα πλούτωι ὑπερφρονέουσαι, ἐπὶ ζευγέων ἐν καμάρηισι ἐλάσασαι πρὸς τὸ ἱρὸν ἑστᾶσι, θεραπηίη δέ σφι ὄπισθε ἕπεται πολλή. αἱ δὲ πλέονες 2 ποιεῦσι ὧδε· ἐν τεμένεϊ Ἀφροδίτης κατέαται στέφανον περὶ τῆισι κεφαλῆισι ἔχουσαι θώμιγγος πολλαὶ γυναῖκες· αἱ μὲν γὰρ προσέρχονται, αἱ δὲ ἀπέρχονται. σχοινοτενέες δὲ διέξοδοι πάντα τρόπον ὁδῶν ἔχουσι διὰ τῶν γυναικῶν, δι' ὧν οἱ ξεῖνοι διεξιόντες ἐκλέγονται. ἔνθα ἐπεὰν 3 ἵζηται γυνή, οὐ πρότερον ἀπαλλάσσεται ἐς τὰ οἰκία ἤ τίς οἱ ξείνων ἀργύριον ἐμβαλὼν ἐς τὰ γούνατα μιχθῆι ἔξω τοῦ ἱροῦ. ἐμβαλόντα δὲ δεῖ εἰπεῖν τοσόνδε· Ἐπικαλέω τοι τὴν θεὸν Μύλιττα. Μύλιττα δὲ καλέουσι τὴν Ἀφροδίτην Ἀσσύριοι. τὸ δὲ ἀργύριον μέγαθός ἐστι ὅσον ὦν· οὐ 4 γὰρ μὴ ἀπώσηται· οὐ γὰρ οἱ θέμις ἐστί· γίνεται γὰρ ἱρὸν τοῦτο τὸ ἀργύριον· τῶι δὲ πρώτωι ἐμβαλόντι ἕπεται οὐδὲ ἀποδοκιμᾶι οὐδένα. ἐπεὰν δὲ μιχθῆι, ἀποσιωσαμένη τῆι θεῶι ἀπαλλάσσεται ἐς τὰ οἰκία, καὶ τὠπὸ τούτου οὐκ οὕτω μέγα τί οἱ δώσεις ὥς μιν λάμψεαι. ὅσαι 5 μέν νυν εἰδεός τε ἐπαμμέναι εἰσὶ καὶ μεγάθεος, ταχὺ ἀπαλλάσσονται,

196.5 [ἵνα ... ἄγωνται] del. Stein: post ἀπάγεσθαι (196.3) traiecit Richards   ἐς ἑτέραν πόλιν del. Rosén   197 ἔχηι P.S.I. 1170, r.: ἔχοι A   τὸν κάμνοντα P.S.I. 1170, A: om. r   199.2 ὁδῶν del. Schweighäuser: δι' ὧν Bekker   199.3 ἔξω codd.: ἔσω Legrand   199.4 ὡς codd.: ὧι Krüger

ὅσαι δὲ ἄμορφοι αὐτέων εἰσί, χρόνον πολλὸν προσμένουσι οὐ δυνάμεναι τὸν νόμον ἐκπλῆσαι· καὶ γὰρ τριέτεα καὶ τετραέτεα μετεξέτεραι χρόνον μένουσι. ἐνιαχῆι δὲ καὶ τῆς Κύπρου ἐστὶ παραπλήσιος τούτωι νόμος.

200 Νόμοι μὲν δὴ τοῖσι Βαβυλωνίοισι οὗτοι κατεστᾶσι. εἰσὶ δὲ αὐτῶν πατριαὶ τρεῖς αἳ οὐδὲν ἄλλο σιτέονται εἰ μὴ ἰχθῦς μοῦνον, τοὺς ἐπείτε ἂν θηρεύσαντες αὐήνωσι πρὸς ἥλιον, ποιεῦσι τάδε· ἐσβάλλουσι ἐς ὅλμον καὶ λεήναντες ὑπέροισι σῶσι διὰ σινδόνος· καὶ ὃς μὲν ἂν βούληται αὐτῶν ἅτε μᾶζαν μαξάμενος ἔδει, ὁ δὲ ἄρτου τρόπον ὀπτήσας.

201 Ὡς δὲ τῶι Κύρωι καὶ τοῦτο τὸ ἔθνος κατέργαστο, ἐπεθύμησε Μασσαγέτας ὑπ' ἑωυτῶι ποιήσασθαι. τὸ δὲ ἔθνος τοῦτο καὶ μέγα λέγεται εἶναι καὶ ἄλκιμον, οἰκημένον δὲ πρὸς ἠῶ τε καὶ ἡλίου ἀνατολάς, πέρην τοῦ Ἀράξεω ποταμοῦ, ἀντίον δὲ Ἰσσηδόνων ἀνδρῶν. εἰσὶ δὲ

202 οἵτινες καὶ Σκυθικὸν λέγουσι τοῦτο τὸ ἔθνος εἶναι. Ὁ δὲ Ἀράξης λέγεται καὶ μέζων καὶ ἐλάσσων εἶναι τοῦ Ἴστρου. νήσους δὲ ἐν αὐτῶι Λέσβωι μεγάθεα παραπλησίας συχνάς φασι εἶναι, ἐν δὲ αὐτῆισι ἀνθρώπους οἳ σιτέονται μὲν ῥίζας τὸ θέρος ὀρύσσοντες παντοίας, καρποὺς δὲ ἀπὸ δενδρέων ἐξευρημένους σφι ἐς φορβὴν κατατίθεσθαι ὡραίους καὶ τούτους

2 σιτέεσθαι τὴν χειμερινήν· ἄλλα δέ σφι ἐξευρῆσθαι δένδρεα καρποὺς τοιούσδε τινὰς φέροντα, τοὺς ἐπείτε ἂν ἐς τὠυτὸ συνέλθωσι κατὰ ἴλας καὶ πῦρ ἀνακαύσωνται κύκλωι περιιζομένους ἐπιβάλλειν ἐπὶ τὸ πῦρ, ὀσφραινομένους δὲ καταγιζομένου τοῦ καρποῦ τοῦ ἐπιβαλλομένου μεθύσκεσθαι τῆι ὀδμῆι κατά περ Ἕλληνας τῶι οἴνωι, πλέονος δὲ ἐπιβαλλομένου τοῦ καρποῦ μᾶλλον μεθύσκεσθαι, ἐς ὃ ἐς ὄρχησίν τε ἀνίστασθαι καὶ ἐς ἀοιδὴν ἀπικνέεσθαι. τούτων μὲν αὕτη λέγεται δίαιτα

3 εἶναι. ὁ δὲ Ἀράξης ποταμός ῥέει μὲν ἐκ Ματιηνῶν, ὅθεν περ ὁ Γύνδης, τὸν ἐς τὰς διώρυχας τὰς ἑξήκοντά τε καὶ τριηκοσίας διέλαβε ὁ Κῦρος, στόμασι δὲ ἐξερεύγεται τεσσεράκοντα, τῶν τὰ πάντα πλὴν ἑνὸς ἐς ἕλεά τε καὶ τενάγεα ἐκδιδοῖ, ἐν τοῖσι ἀνθρώπους κατοικῆσθαι λέγουσι ἰχθῦς

4 ὠμοὺς σιτεομένους, ἐσθῆτι δὲ νομίζοντας χρᾶσθαι φωκέων δέρμασι. τὸ δὲ ἓν τῶν στομάτων τοῦ Ἀράξεω ῥέει διὰ καθαροῦ ἐς τὴν Κασπίην θάλασσαν. ἡ δὲ Κασπίη θάλασσά ἐστι ἐπ' ἑωυτῆς, οὐ συμμίσγουσα τῆι ἑτέρηι θαλάσσηι. τὴν μὲν γὰρ Ἕλληνες ναυτίλλονται πᾶσα καὶ ἡ ἔξω ‹Ἡρακλέων› στηλέων θάλασσα ἡ Ἀτλαντὶς καλεομένη καὶ ἡ Ἐρυθρὴ μία ἐοῦσα τυγχάνει.

203 Ἡ δὲ Κασπίη ἐστὶ ἑτέρη ἐπ' ἑωυτῆς, ἐοῦσα μῆκος μὲν πλόου εἰρεσίηι χρεωμένωι πεντεκαίδεκα ἡμερέων, εὖρος δέ, τῆι εὐρυτάτη ἐστὶ αὐτὴ

---

200 ἔδει Diels: ἔχει codd.   202.4 ‹Ἡρακλέων› Stein

ἑωυτῆς, ὀκτὼ ἡμερέων. καὶ τὰ μὲν πρὸς τὴν ἑσπέρην φέροντα τῆς θαλάσσης ταύτης ὁ Καύκασις παρατείνει, ἐὸν ὀρέων καὶ πλήθεϊ μέγιστον καὶ μεγάθεϊ ὑψηλότατον. ἔθνεα δὲ ἀνθρώπων πολλὰ καὶ παντοῖα ἐν ἑωυτῶι ἔχει ὁ Καύκασις, τὰ πολλὰ πάντα ἀπ᾽ ὕλης ἀγρίης ζώοντα. ἐν 2 τοῖσι καὶ δένδρεα φύλλα τοιῆσδε ἰδέης παρεχόμενα εἶναι λέγεται, τὰ τρίβοντάς τε καὶ παραμίσγοντας ὕδωρ ζῶια ἑωυτοῖσι ἐς τὴν ἐσθῆτα ἐγγράφειν· τὰ δὲ ζῶια οὐκ ἐκπλύνεσθαι, ἀλλὰ συγκαταγηράσκειν τῶι ἄλλωι εἰρίωι κατά περ ἐνυφανθέντα ἀρχήν. μῖξιν δὲ τούτων τῶν ἀνθρώπων εἶναι ἐμφανέα κατά περ τοῖσι προβάτοισι.

Τὰ μὲν δὴ πρὸς ἑσπέρην τῆς θαλάσσης ταύτης τῆς Κασπίης καλεομένης **204** ὁ Καύκασις ἀπέργει, τὰ δὲ πρὸς ἠῶ τε καὶ ἥλιον ἀνατέλλοντα πεδίον ἐκδέκεται πλῆθος ἄπειρον ἐς ἄποψιν. τοῦ ὦν δὴ πεδίου ⟨τούτου⟩ τοῦ μεγάλου οὐκ ἐλαχίστην μοῖραν μετέχουσι οἱ Μασσαγέται, ἐπ᾽ οὓς ὁ Κῦρος ἔσχε προθυμίην στρατεύσασθαι. πολλά τε γάρ μιν καὶ μεγάλα 2 τὰ ἐπαείροντα καὶ ἐποτρύνοντα ἦν, πρῶτον μὲν ἡ γένεσις, τὸ δοκέειν πλέον τι εἶναι ἀνθρώπου, δεύτερα δὲ ἡ εὐτυχίη ἡ κατὰ τοὺς πολέμους γινομένη· ὅκηι γὰρ ἰθύσειε στρατεύεσθαι Κῦρος, ἀμήχανον ἦν ἐκεῖνο τὸ ἔθνος διαφυγεῖν.

Ἦν δὲ τοῦ ἀνδρὸς ἀποθανόντος γυνὴ τῶν Μασσαγετέων βασίλεια· **205** Τόμυρίς οἱ ἦν οὔνομα. ταύτην πέμπων ὁ Κῦρος ἐμνᾶτο, τῶι λόγωι θέλων γυναῖκα ἣν ἔχειν. ἡ δὲ Τόμυρις, συνιεῖσα οὐκ αὐτήν μιν μνώμενον ἀλλὰ τὴν Μασσαγετέων βασιληίην, ἀπείπατο τὴν πρόσοδον. Κῦρος δὲ μετὰ 2 τοῦτο, ὥς οἱ δόλωι οὐ προεχώρεε, ἐλάσας ἐπὶ τὸν Ἀράξεα ἐποιέετο ἐκ τοῦ ἐμφανέος ἐπὶ τοὺς Μασσαγέτας στρατηίην, γεφύρας τε ζευγνύων ἐπὶ τοῦ ποταμοῦ διάβασιν τῶι στρατῶι καὶ πύργους ἐπὶ πλοίων τῶν διαπορθμευόντων τὸν ποταμὸν οἰκοδομεόμενος.

Ἔχοντι δέ οἱ τοῦτον τὸν πόνον πέμψασα ἡ Τόμυρις κήρυκα ἔλεγε **206** τάδε· Ὦ βασιλεῦ Μήδων, παῦσαι σπεύδων τὰ σπεύδεις· οὐ γὰρ ἂν εἰδείης εἴ τοι ἐς καιρόν ἔσται ταῦτα τελεόμενα· παυσάμενος δὲ βασίλευε τῶν σεωυτοῦ καὶ ἡμέας ἀνέχεο ὁρέων ἄρχοντας τῶν περ ἄρχομεν. οὐκ 2 ὦν ἐθελήσεις ὑποθήκηισι τηισίδε χρᾶσθαι, ἀλλὰ πάντως μᾶλλον ἢ δι᾽ ἡσυχίης εἶναι· σὺ δὲ εἰ μεγάλως προθυμέαι Μασσαγετέων πειρηθῆναι, φέρε, μόχθον μὲν τὸν ἔχεις ζευγνὺς τὸν ποταμὸν ἄφες, σὺ δὲ ἡμέων ἀναχωρησάντων ἀπὸ τοῦ ποταμοῦ τριῶν ἡμερέων ὁδὸν διάβαινε ἐς τὴν ἡμετέρην. εἰ δ᾽ ἡμέας βούλεαι ἐσδέξασθαι μᾶλλον ἐς τὴν ὑμετέρην, σὺ 3 τὠυτὸ τοῦτο ποίεε. ταῦτα δὲ ἀκούσας ὁ Κῦρος συνεκάλεσε Περσέων

204.1 ⟨τούτου⟩ Herold   205.1 ἣν codd.: μιν Cobet   205.2 Ἀράξεα A: Ἀράξην r

τοὺς πρώτους, συναγείρας δὲ τούτους ἐς μέσον σφι προετίθεε τὸ πρῆγμα, συμβουλευόμενος ὁκότερα ποιῆι. τῶν δὲ κατὰ τὠυτὸ αἱ γνῶμαι συνεξέπιπτον κελευόντων ἐσδέκεσθαι Τόμυρίν τε καὶ τὸν στρατὸν αὐτῆς ἐς τὴν χώρην.

207 Παρεὼν δὲ καὶ μεμφόμενος τὴν γνώμην ταύτην Κροῖσος ὁ Λυδὸς ἀπεδείκνυτο ἐναντίην τῆι προκειμένηι γνώμηι, λέγων τάδε· Ὦ βασιλεῦ, εἶπον μὲν καὶ πρότερόν τοι ὅτι, ἐπεί με Ζεὺς ἔδωκέ τοι, τὸ ἂν ὁρέω σφάλμα ἐὸν οἴκωι τῶι σῶι, κατὰ δύναμιν ἀποτρέψειν. τὰ δέ μοι 2 παθήματα ἐόντα ἀχάριτα μαθήματα γέγονε. εἰ μὲν ἀθάνατος δοκέεις εἶναι καὶ στρατιῆς τοιαύτης ἄρχειν, οὐδὲν ἂν εἴη πρῆγμα γνώμας ἐμὲ σοὶ ἀποφαίνεσθαι· εἰ δ' ἔγνωκας ὅτι ἄνθρωπος καὶ σὺ εἶς καὶ ἑτέρων τοιῶνδε ἄρχεις, ἐκεῖνο πρῶτον μάθε ὡς κύκλος τῶν ἀνθρωπηίων ἐστὶ 3 πρηγμάτων, περιφερόμενος δὲ οὐκ ἐᾶι αἰεὶ τοὺς αὐτοὺς εὐτυχέειν. ἤδη ὦν ἔχω γνώμην περὶ τοῦ προκειμένου πρήγματος τὰ ἔμπαλιν ἢ οὗτοι. εἰ γὰρ ἐθελήσομεν ἐσδέξασθαι τοὺς πολεμίους ἐς τὴν χώρην, ὅδε τοι ἐν αὐτῶι κίνδυνος ἔνι· ἑσσωθεὶς μὲν προσαπολλύεις πᾶσαν τὴν ἀρχήν· δῆλα γὰρ δὴ ὅτι νικῶντες Μασσαγέται οὐ τὸ ὀπίσω φεύξονται ἀλλ' ἐπ' 4 ἀρχὰς τὰς σὰς ἐλῶσι. νικῶν δὲ οὐ νικᾶις τοσοῦτον ὅσον εἰ διαβὰς ἐς τὴν ἐκείνων νικῶν Μασσαγέτας ἕποιο φεύγουσι· τοῦτο γὰρ ἀντιθήσω ἐκείνωι, ὅτι νικήσας τοὺς ἀντιουμένους ἐλᾶις ἰθὺ τῆς ἀρχῆς τῆς Τομύριος. 5 χωρίς τε τοῦ ἀπηγημένου αἰσχρὸν καὶ οὐκ ἀνασχετὸν Κῦρόν γε τὸν Καμβύσεω γυναικὶ εἴξαντα ὑποχωρῆσαι τῆς χώρης. νῦν ὦν μοι δοκέει διαβάντας προελθεῖν ὅσον ἂν ἐκεῖνοι ὑπεξίωσι, ἐνθεῦτεν δὲ τάδε ποιεῦντας 6 πειρᾶσθαι ἐκείνων περιγενέσθαι. ὡς γὰρ ἐγὼ πυνθάνομαι, Μασσαγέται εἰσὶ ἀγαθῶν τε Περσικῶν ἄπειροι καὶ καλῶν μεγάλων ἀπαθέες. τούτοισι ὦν τοῖσι ἀνδράσι τῶν προβάτων ἀφειδέως πολλὰ κατακόψαντας καὶ σκευάσαντας προθεῖναι ἐν τῶι στρατοπέδωι τῶι ἡμετέρωι δαῖτα, πρὸς 7 δὲ καὶ κρητῆρας ἀφειδέως οἴνου ἀκρήτου καὶ σιτία παντοῖα· ποιήσαντας δὲ ταῦτα, ὑπολιπομένους τῆς στρατιῆς τὸ φλαυρότατον, τοὺς λοιποὺς αὖτις ἐξαναχωρέειν ἐπὶ τὸν ποταμόν. ἢν γὰρ ἐγὼ γνώμης μὴ ἁμάρτω, κεῖνοι ἰδόμενοι ἀγαθὰ πολλὰ τρέψονταί τε πρὸς αὐτὰ καὶ ἡμῖν τὸ ἐνθεῦτεν λείπεται ἀπόδεξις ἔργων μεγάλων.

208 Γνῶμαι μὲν αὗται συνέστασαν, Κῦρος δὲ μετεὶς τὴν προτέρην γνώμην, τὴν Κροίσου δὲ ἑλόμενος προηγόρευε Τομύρι ἐξαναχωρέειν ὡς αὐτοῦ

207.1 ὅτι del. Aldina   ἐὸν codd.: φέρον Powell   207.3 ἔχω γνώμην AD: ἐγὼ γνώμην ἔχω Γ   207.4 τοῦτο Dobree: τὠυτὸ codd.   207.5 ὑπεξίωσι Stein: διεξ- codd.

διαβησομένου ἐπ' ἐκείνην. ἡ μὲν δὴ ἐξανεχώρεε κατὰ ὑπέσχετο πρῶτα. Κῦρος δὲ Κροῖσον ἐς τὰς χεῖρας ἐσθεὶς τῶι ἑωυτοῦ παιδὶ Καμβύσηι, τῶι περ τὴν βασιληίην ἐδίδου, καὶ πολλὰ ἐντειλάμενός οἱ τιμᾶν τε αὐτὸν καὶ εὖ ποιέειν, ἢν ἡ διάβασις ἡ ἐπὶ Μασσαγέτας μὴ ὀρθωθῆι, ταῦτα ἐντειλάμενος καὶ ἀποστείλας τούτους ἐς Πέρσας αὐτὸς διέβαινε τὸν ποταμὸν καὶ ὁ στρατὸς αὐτοῦ.

Ἐπείτε δὲ ἐπεραιώθη τὸν Ἀράξεα, νυκτὸς ἐπελθούσης εἶδε ὄψιν εὕδων **209** ἐν τῶν Μασσαγετέων τῆι χώρηι τοιήνδε· ἐδόκεε ὁ Κῦρος ἐν τῶι ὕπνωι ὁρᾶν τῶν Ὑστάσπεος παίδων τὸν πρεσβύτατον ἔχοντα ἐπὶ τῶν ὤμων πτέρυγας καὶ τουτέων τῆι μὲν τὴν Ἀσίην, τῆι δὲ τὴν Εὐρώπην ἐπισκιάζειν. Ὑστάσπεϊ δὲ τῶι Ἀρσάμεος, ἐόντι ἀνδρὶ Ἀχαιμενίδηι, ἦν τῶν παίδων 2 Δαρεῖος πρεσβύτατος, ἐὼν τότε ἡλικίην ἐς εἴκοσί κου μάλιστα ἔτεα, καὶ οὗτος κατελέλειπτο ἐν Πέρσηισι· οὐ γὰρ εἶχέ κω ἡλικίην στρατεύεσθαι. ἐπεὶ ὦν δὴ ἐξηγέρθη ὁ Κῦρος, ἐδίδου λόγον ἑωυτῶι περὶ τῆς ὄψιος. ὡς 3 δέ οἱ ἐδόκεε μεγάλη εἶναι ἡ ὄψις, καλέσας Ὑστάσπεα καὶ ἀπολαβὼν μοῦνον εἶπε· "Ὕστασπες, παῖς σὸς ἐπιβουλεύων ἐμοί τε καὶ τῆι ἐμῆι ἀρχῆι ἥλωκε· ὡς δὲ ταῦτα ἀτρεκέως οἶδα, ἐγὼ σημανέω. ἐμέο θεοὶ κήδονται καί 4 μοι πάντα προδεικνύουσι τὰ ἐπιφερόμενα· ἤδη ὦν ἐν τῆι παροιχομένηι νυκτὶ εὕδων εἶδον τῶν σῶν παίδων τὸν πρεσβύτατον ἔχοντα ἐπὶ τῶν ὤμων πτέρυγας καὶ τουτέων τῆι μὲν τὴν Ἀσίην, τῆι δὲ τὴν Εὐρώπην ἐπισκιάζειν. οὐκ ὦν ἔστι μηχανὴ ἀπὸ τῆς ὄψιος ταύτης οὐδεμία τὸ μὴ 5 ἐκεῖνον ἐπιβουλεύειν ἐμοί. σὺ τοίνυν τὴν ταχίστην πορεύεο ὀπίσω ἐς Πέρσας καὶ ποίεε ὅκως, ἐπεὰν ἐγὼ τάδε καταστρεψάμενος ἔλθω ἐκεῖ, ὥς μοι καταστήσεις τὸν παῖδα ἐς ἔλεγχον."

Κῦρος μὲν δοκέων οἱ Δαρεῖον ἐπιβουλεύειν ἔλεγε τάδε· τῶι δὲ ὁ δαίμων **210** προέφαινε ὡς αὐτὸς μὲν τελευτήσειν αὐτοῦ ταύτηι μέλλοι, ἡ δὲ βασιληίη αὐτοῦ περιχωρέοι ἐς Δαρεῖον. ἀμείβεται δὴ ὦν ὁ Ὑστάσπης τοῖσδε· 2 "Ὦ βασιλεῦ, μὴ εἴη ἀνὴρ Πέρσης γεγονὼς ὅστις τοι ἐπιβουλεύει, εἰ δ' ἔστι, ἀπόλοιτο ὡς τάχιστα· ὃς ἀντὶ μὲν δούλων ἐποίησας ἐλευθέρους Πέρσας εἶναι, ἀντὶ δὲ ἄρχεσθαι ὑπ' ἄλλων ἄρχειν ἁπάντων. εἰ δέ τίς 3 τοι ὄψις ἀπαγγέλλει παῖδα τὸν ἐμὸν νεώτερα βουλεύειν περὶ σέο, ἐγώ τοι παραδίδωμι χρᾶσθαι αὐτῶι τοῦτο ὅ τι σὺ βούλεαι." Ὑστάσπης μὲν τούτοισι ἀμειψάμενος καὶ διαβὰς τὸν Ἀράξεα ἤιε ἐς Πέρσας φυλάξων Κύρωι τὸν παῖδα Δαρεῖον.

---

208 κατὰ C: καθὰ Ad   **209.**5 τὸ μὴ οὐ κεῖνον coni. Dobree   **210.**2 ἐπιβουλεύει P. Oxy. 2096, d: ἐπιβουλεύσει A: ἐπιβουλεύοι TU: ἐπιβουλεύσειε Krüger

211 Κῦρος δὲ προελθὼν ἀπὸ τοῦ Ἀράξεω ἡμέρης ὁδὸν ἐποίεε τὰς Κροίσου
2 ὑποθήκας. μετὰ δὲ ταῦτα Κύρου τε καὶ Περσέων τοῦ καθαροῦ στρατοῦ ἀπελάσαντος ὀπίσω ἐπὶ τὸν Ἀράξεα λειφθέντος δὲ τοῦ ἀχρηίου, ἐπελθοῦσα τῶν Μασσαγετέων τριτημορὶς τοῦ στρατοῦ τούς τε λειφθέντας τῆς Κύρου στρατιῆς ἐφόνευε ἀλεξομένους καὶ τὴν προκειμένην ἰδόντες δαῖτα, ὡς ἐχειρώσαντο τοὺς ἐναντίους, κλιθέντες ἐδαίνυντο, πληρωθέντες
3 δὲ φορβῆς καὶ οἴνου ηὗδον. οἱ δὲ Πέρσαι ἐπελθόντες πολλοὺς μέν σφεων ἐφόνευσαν, πολλῶι δ' ἔτι πλέονας ἐζώγρησαν, καὶ ἄλλους καὶ τὸν τῆς βασιλείης Τομύριος παῖδα, στρατηγέοντα Μασσαγετέων, τῶι οὔνομα ἦν Σπαργαπίσης.

212 Ἡ δέ, πυθομένη τά τε περὶ τὴν στρατιὴν γεγονότα καὶ τὰ περὶ τὸν
2 παῖδα, πέμπουσα κήρυκα παρὰ Κῦρον ἔλεγε τάδε· Ἄπληστε αἵματος Κῦρε, μηδὲν ἐπαρθῇς τῶι γεγονότι τῶιδε πρήγματι, εἰ ἀμπελίνωι καρπῶι, τῶι περ αὐτοὶ ἐμπιπλάμενοι μαίνεσθε οὕτως ὥστε κατιόντος τοῦ οἴνου ἐς τὸ σῶμα ἐπαναπλέειν ὑμῖν ἔπεα κακά, τοιούτωι φαρμάκωι δολώσας ἐκράτησας παιδὸς τοῦ ἐμοῦ, ἀλλ' οὐ μάχηι κατὰ τὸ καρτερόν.
3 νῦν ὦν ἐμέο εὖ παραινεούσης ὑπόλαβε τὸν λόγον· ἀποδούς μοι τὸν παῖδα ἄπιθι ἐκ τῆσδε τῆς χώρης ἀζήμιος, Μασσαγετέων τριτημορίδι τοῦ στρατοῦ κατυβρίσας. εἰ δὲ ταῦτα οὐ ποιήσεις, ἥλιον ἐπόμνυμί τοι τὸν Μασσαγετέων δεσπότην, ἦ μέν σε ἐγὼ καὶ ἄπληστον ἐόντα αἵματος κορέσω.

213 Κῦρος μὲν ἐπέων οὐδένα τούτων ἀνενειχθέντων ἐποιέετο λόγον. ὁ δὲ τῆς βασιλείης Τομύριος παῖς Σπαργαπίσης, ὥς μιν ὅ τε οἶνος ἀνῆκε καὶ ἔμαθε ἵνα ἦν κακοῦ, δεηθεὶς Κύρου ἐκ τῶν δεσμῶν λυθῆναι ἔτυχε, ὡς δὲ ἐλύθη τε τάχιστα καὶ τῶν χειρῶν ἐκράτησε, διεργάζεται ἑωυτόν.

214 Καὶ δὴ οὗτος μὲν τρόπωι τοιούτωι τελευτᾶι. Τόμυρις δέ, ὥς οἱ Κῦρος οὐκ ἐσήκουσε, συλλέξασα πᾶσαν τὴν ἑωυτῆς δύναμιν συνέβαλε Κύρωι. ταύτην τὴν μάχην, ὅσαι δὴ βαρβάρων ἀνδρῶν μάχαι ἐγένοντο, κρίνω ἰσχυροτάτην γενέσθαι. καὶ δὴ καὶ πυνθάνομαι οὕτω τοῦτο γενόμενον.
2 πρῶτα μὲν γὰρ λέγεται αὐτοὺς διαστάντας ἐς ἀλλήλους τοξεύειν, μετὰ δέ, ὥς σφι τὰ βέλεα ἐξετετόξευτο, συμπεσόντας τῇσι αἰχμῇσί τε καὶ τοῖσι ἐγχειριδίοισι συνέχεσθαι. χρόνον τε δὴ ἐπὶ πολλὸν συνεστάναι μαχομένους καὶ οὐδετέρους ἐθέλειν φεύγειν· τέλος δὲ οἱ Μασσαγέται
3 περιεγένοντο. ἥ τε δὴ πολλὴ τῆς Περσικῆς στρατιῆς αὐτοῦ ταύτηι διεφθάρη καὶ δὴ καὶ αὐτὸς Κῦρος τελευτᾶι, βασιλεύσας τὰ πάντα ἑνὸς
4 δέοντα τριήκοντα ἔτεα. ἀσκὸν δὲ πλήσασα αἵματος ἀνθρωπηίου Τόμυρις

211.2 <τοῦ> στρατοῦ Krüger

ἐδίζητο ἐν τοῖσι τεθνεῶσι τῶν Περσέων τὸν Κύρου νέκυν, ὡς δὲ εὗρε, ἐναπῆκε αὐτοῦ τὴν κεφαλὴν ἐς τὸν ἀσκόν· λυμαινομένη δὲ τῶι νεκρῶι ἐπέλεγε τάδε· Σὺ μὲν ἐμὲ ζώουσάν τε καὶ νικῶσάν σε μάχηι ἀπώλεσας 5 παῖδα τὸν ἐμὸν ἑλὼν δόλωι· σὲ δ' ἐγώ, κατά περ ἠπείλησα, αἵματος κορέσω. τὰ μὲν δὴ κατὰ τὴν Κύρου τελευτὴν τοῦ βίου πολλῶν λόγων λεγομένων ὅδε μοι ὁ πιθανώτατος εἴρηται.

Μασσαγέται δὲ ἐσθῆτά τε ὁμοίην τῆι Σκυθικῆι φορέουσι καὶ δίαιταν 215 ἔχουσι, ἱππόται δέ εἰσι καὶ ἄνιπποι (ἀμφοτέρων γὰρ μετέχουσι) καὶ τοξόται τε καὶ αἰχμοφόροι, σαγάρις νομίζοντες ἔχειν. χρυσῶι δὲ καὶ χαλκῶι τὰ πάντα χρέωνται· ὅσα μὲν γὰρ ἐς αἰχμὰς καὶ ἄρδις καὶ σαγάρις, χαλκῶι τὰ πάντα χρέωνται, ὅσα δὲ περὶ κεφαλὴν καὶ ζωστῆρας καὶ μασχαλιστῆρας, χρυσῶι κοσμέονται. ὡς δ' αὔτως τῶν ἵππων τὰ μὲν περὶ 2 τὰ στέρνα χαλκέους θώρηκας περιβάλλουσι, τὰ δὲ περὶ τοὺς χαλινοὺς καὶ στόμια καὶ φάλαρα χρυσῶι, σιδήρωι δὲ οὐδ' ἀργύρωι χρέωνται οὐδέν. οὐδὲ γὰρ οὐδέ σφι ἔστι ἐν τῆι χώρηι, ὁ δὲ χρυσὸς καὶ ὁ χαλκὸς ἄπλετος.

Νόμοισι δὲ χρέωνται τοιοισίδε· γυναῖκα μὲν γαμέει ἕκαστος, ταύτηισι 216 δὲ ἐπίκοινα χρέωνται· τὸ γὰρ Σκύθας φασὶ Ἕλληνες ποιέειν, οὐ Σκύθαι εἰσὶ οἱ ποιεῦντες ἀλλὰ Μασσαγέται. τῆς γὰρ ἐπιθυμήσηι γυναικὸς Μασσαγέτης ἀνήρ, τὸν φαρετρεῶνα ἀποκρεμάσας πρὸ τῆς ἁμάξης μίσγεται ἀδέως. οὖρος δὲ ἡλικίης σφι πρόκειται ἄλλος μὲν οὐδείς· ἐπεὰν 2 δὲ γέρων γένηται κάρτα, οἱ προσήκοντές οἱ πάντες συνελθόντες θύουσί μιν καὶ ἄλλα πρόβατα ἅμα αὐτῶι, ἑψήσαντες δὲ τὰ κρέα κατευωχέονται. ταῦτα μὲν τὰ ὀλβιώτατά σφι νενόμισται, τὸν δὲ νούσωι τελευτήσαντα οὐ 3 κατασιτέονται ἀλλὰ γῆι κρύπτουσι, συμφορὴν ποιεύμενοι ὅτι οὐκ ἵκετο ἐς τὸ τυθῆναι. σπείρουσι δὲ οὐδέν, ἀλλ' ἀπὸ κτηνέων ζώουσι καὶ ἰχθύων· οἱ δὲ ἄφθονοί σφι ἐκ τοῦ Ἀράξεω ποταμοῦ παραγίνονται. γαλακτοπόται 4 δέ εἰσι. θεῶν δὲ μοῦνον ἥλιον σέβονται, τῶι θύουσι ἵππους. νόος δὲ οὗτος τῆς θυσίης· τῶν θεῶν τῶι ταχίστωι πάντων τῶν θνητῶν τὸ τάχιστον δατέονται.

214.4 ἐναπῆκε d: ἐναπῆπτε A   215.2 οὐδέ codd.: οὐδείς Legrand   216.1 <ἄν> ἐπιθυμήσηι Van Herwerden   216.4 νόος Krüger: νόμος codd.

OUTLINE OF BOOK 1

The narrative sections as identified here are listed as headings in the commentary as well. The indented parentheses indicate pieces of substantial background material (F.&T. § 4). Sometimes such insertions occur within a narrative section, creating a form of 'ring composition' (an a–b–a arrangement, familiar to a Greek audience from its use in Homeric epic); sometimes they are placed toward the beginning or end of a given section and help mark the formal break between one section and the next.

1.0 First sentence. H. announces the general aim of his work.

1.1–5 Two versions of East–West conflict. H. begins with Persian and Phoenician versions of the mythic past and refuses to choose between them.

1.6–94 THE CROESUS NARRATIVE

1.6–25 History of the Lydian monarchy. Croesus' ancestor, Gyges, kills his king and marries the Lydian queen. His successors, Ardys, Sadyattes, and Alyattes, proceed on campaigns against neighboring peoples of coastal Asia Minor, including Greeks.

(**23–4** Story of Arion of Lesbos and his voyage on the dolphin's back.)

1.26–33 Croesus interviews Greek sages. Croesus attacks Ephesus and holds interviews with Bias/Pittacus and Solon.

1.34–45 Croesus, Atys, and Adrastus. Croesus' dream foretells the violent death of his son Atys.

1.46–68 Croesus decides to wage war against Persia. He investigates a variety of Greek oracles including that of Apollo at Delphi. Croesus takes Delphi's response as a sign that he will conquer Cyrus.

(**56–68** Brief history of Athens and Sparta, as potential allies of Croesus.)

1.69–85 Croesus takes Sparta as ally and campaigns against Cyrus the Persian, but Sardis falls and Croesus is taken captive.

(**73–4** Background explanation for one of the causes of Croesus' campaign: the origin of the Lydo-Median alliance.)

(**82–3** Brief account of Spartan war with Argos that keeps the Spartans from supporting Croesus in a timely fashion.)

1.86–91 Cyrus tries to burn Croesus on the pyre, but Croesus reports his version of Solon's earlier words to Cyrus and is taken down alive. Croesus

demands from Apollo at Delphi why he has been treated so badly by the god.
   (**92–4** Appendix: Croesus' religious dedications and a brief survey of Lydian land and customs.)

1.95–216 THE CYRUS NARRATIVE

1.95–106 The growth of Median power. The Median state under Deioces, and then under Phraortes and Cyaxares, conquers peoples of Asia. The Scythians dominate Asia for 28 years, but eventually Cyaxares expels them.

1.107–22 Astyages tries to kill Cyrus. Cyaxares' son, Astyages, decides to kill his daughter's child, but Harpagus fails to kill baby Cyrus and is punished with the involuntary cannibalism of his son by Astyages.

1.123–30 Harpagus helps Cyrus conquer Astyages. In revenge, Harpagus helps Cyrus make the Persians rise up in revolt, joined by many Medes. Cyrus becomes king.
   (**131–40** Ethnographic survey of the Persians as a people: their religious practices, their festivals, their social mores and tendency to adopt foreign customs.)

1.141–76 Campaign narratives. Cyrus rejects Ionian advances. Croesus advises Cyrus to unman the Lydians rather than to destroy them. Cyrus' Median subordinates, Mazares and then Harpagus, subdue Ionia, Caria, Caunia, and Lycia in Asia Minor. Dorian Cnidus' attempt to make the *polis* an island is described, as well as the beard-growing proclivities of the priestess of Pedasa. The resistance of Lydian Xanthus is praised.
   (**142–51** An ethnographic and historical survey of Ionians, Dorians, and Aeolians, emphasizing their disunity with each other and among the various Ionian cities.)
   (**163–8** Many Phocaeans refuse to succumb to Harpagus and after other adventures found Hyele (Elea) in Italy. The Teans follow suit, (re)founding Abdera.)
   (**171.2–173** The prehistory of Carians, Caunians, and Lycians is described, before their conquest by Cyrus' henchman Harpagus.)

1.177–200 Cyrus conquers Babylon. Cyrus himself conquers other Eastern peoples as well, but H. concentrates on his conquest of Babylon. The actual conquest occurs in 1.188–91.

(**178–87** An extensive description of Babylon as a city and the defensive waterworks undertaken by two previous queens, Semiramis and Nitocris.)

(**192–200** A geographic and ethnographic description of the resources of Babylonia (which H. calls Assyria).)

1.201–16 Cyrus' final campaign against the Massagetae. Cyrus, acting on the advice of Croesus, tricks the Massagetae with a table full of food and drink; the son of Queen Tomyris hangs himself in shame. Tomyris kills Cyrus.

(**202–204.1** Geographic and ethnographic survey of the region east of the Caspian Sea.)

(**215–16** Ethnography of the Massagetae.)

COMMENTARY

Herodotus' long first sentence (1.0) acts as a general introduction to the work. Like other ancient prose writers, he begins with his name as author, his city, and a brief indication of the subject matter. He announces his purpose as preserving the memory of great achievements of the past; in particular he intends to focus on hostilities between Greeks and non-Greeks. This general initial formulation allows him considerable flexibility to include other material as well. The sentence is composed of three parts: 1) a main clause which identifies the author and the nature of the work (ἱστορίης ἀπόδεξις); 2) a double clause of purpose (ὡς μήτε ... μήτε) that states the subject matter in the broadest terms; 3) a loosely connected member, in which τά τε ἄλλα casts the net widely, while αἰτίην, followed by a rel. clause, identifies the principal topic addressed in the work to come. Erbse 1956 gives a grammatical analysis; see also Krischer 1965; Hommel 1981.

ὁ Ἡροδότου Ἁλικαρνησσέος = Att. Ἁλικαρνασσέως (gen. s.) 'of H. the Halicarnassian'. Starting with his own name, the historian (unlike the epic poet) claims final responsibility and authority for his work. This is the first of numerous statements (from here on generally delivered in the authorial first person) where H. as narrator comments on the nature of his undertaking (Form and Thought § 3, henceforth F.&T.). Ἁλικαρνησσέος is the universal reading of the manuscript tradition, but Aristotle quotes the sentence at *Rh.* 3.1409a34 with the variant Θουρίου, and this has been accepted by a significant minority of modern critics or editors (notably Jacoby 1956: 7 = 1913 col. 205 and Legrand 1932b: 13). It would help our understanding of H.'s self-presentation to know which version he himself preferred; does he identify himself as a Dorian 'East Greek', or rather as a citizen of Thurii, a new Panhellenic foundation in southern Italy? Nowhere else in the *Histories* is either place identified as the native or adoptive city of H. (Life §§ 1.1, 6). **ἱστορίης ἀπόδεξις** = Att. ἀπόδειξις: a display of the material that has resulted from his research and also a demonstration of the process of investigation (comments on sources of information, levels of confidence in what he has heard, standards of judgement used, and so on). ἱστορία is not found meaning 'history' until the fourth century, in Arist. *Poet.* 1451b2, a passage that discusses the beginning of the *Histories*. H. is the first author we know of to apply the word (Ion. ἱστορίη) to the exploration of the human past. It occurs regularly in the fifth-century medical writers and means 'investigation/research' (e.g. Hippoc. *VM* 20.2; *De arte* 1.1). It can also have a juridical meaning, alluding to the activity of the ἵστωρ ('judge', not a word used by

179

H., but see *Il.* 18.501, 23.483), including the interrogation of witnesses and evaluation of evidence in adjudicating disputes between parties (1.on δι' ἦν αἰτίην; Nagy 1990: 255–61; Thomas 2000: 165–7; Bakker 2002, 2006; Fowler 2006: 29–33). **ἥδε** 'this', i.e. 'the following'. Narrative sections in H. can be of widely differing length and complexity; he often uses the deictic pronouns ὅδε or τοιόσδε (but also οὗτος, etc.) to mark the beginning of a new subject or section of narrative (F.&T. § 3.3.2). Here ἥδε is subject of the main clause and refers to the work as a whole; the practice of signposting the beginning and end of a narrative section with a deictic demonstrative pronoun is a hallmark of early, paratactic prose. Aristotle *Rh.* 3.1409a–b called H.'s way of constructing sentences the 'strung along' style (ἡ εἰρομένη λέξις). It proceeds mostly by additions, as opposed to the periodic or 'knit together' style (ἡ κατεστραμμένη λέξις) of later Greek prose. **τὰ γενόμενα ἐξ ἀνθρώπων:** H.'s broadest definition of the object of his attention. What originates from human action (events, customs, artifacts, buildings, etc.), as opposed to divine or natural phenomena, tends to become obliterated with the passage of time (ἐξίτηλα, from ἐξιέναι, gone away, extinct; cf. 5.39.2). Cf. 1.5.4n τὰ γὰρ ... σμικρά. **ἔργα μεγάλα τε καὶ θωμαστά:** ἔργα refers to remarkable achievements of any kind, whether monuments (1.93.2; 3.60) or activities and their results (1.4.2, 14.4; Immerwahr 1960). In contrast, Thucydides 1.10 plays down the importance of monuments. The markers θῶμα (= Att. θαῦμα) and its derivatives (θωμαστός, θωμάσιος, θωμάζω) will many times in the *Histories* demand that H.'s readers assess the significance of what he points to as worthy of wonder (F.&T. § 4.2.4n52). H. will single out both noteworthy human achievements and natural marvels, some of which he explicitly vouches for, but some of which he disbelieves (Barth 1968; Hartog 1988: 230–7; Payen 1997: 117–28; Munson 2001a: 232–65). **βαρβάροισι:** dat. of agent with aor. pass. part. (S 1488, 1490; *CG* 30.50). H. takes for granted a division of the world into Greeks and βάρβαροι, non-Greek speakers, but here without prejudice he promises to pay attention to both. His first four books predominantly focus on non-Greek peoples, and the narrative is often focalized through the eyes of the non-Greek actors in events; H. frequently inserts information that will make the resulting narrative comprehensible to a Greek audience (F.&T. § 4). **ἀποδεχθέντα** 'performed', or even 'displayed', echoes ἀπόδεξις above, suggesting a parallel between the remarkable achievements H. celebrates in his narrative and his own performance or demonstration of his authorial skills. **μήτε ... ἀκλεᾶ γένηται:** H. presents himself as an independent inquirer into the human past, not a Muse-inspired poet (2.116.1; Marincola 2006: 20–4). Here he signals his intention to connect also to Homeric epic, and especially the Iliadic tradition, whose task is to confer κλέος, heroic fame (*Il.* 9.189). Part of his job as a narrator is to decide what is worthy of inclusion, e.g. 7.224–8, on Thermopylae, or 9.72.2, on the Spartan Callicrates and the other ὀνομαστότατοι at Plataea. Cf. 1.51.4, where he avoids recounting the name of someone, possibly from disapproval of his actions (Lateiner 1989: 69; F.&T. § 3.3.1). τά τε ἄλλα ... ἀλλήλοισι 'both other matters and the cause for which they went to war with one another'. ἄλλος τε ... καί is one of H.'s habitual ways of marking a subject relevant to the immediate narrative while at the same time suggesting a broader or more complicated context (S 1273); this use of ἄλλος is called 'anticipatory'. In general, H. believes in the principle of radical inclusiveness, conveying the results of his research (1.5.4n ἐπιμνήσομαι); much of what we know about archaic and early classical Greece comes from the dazzling abundance of information that τά τε ἄλλα point to. It will involve history, ethnography, geography, and reflections on culture and politics drawn from many communities, both Greek and non-Greek. The grammatical status of the phrase here is ambiguous: τά ἄλλα can be read as an acc. of respect after ἀκλεᾶ (S 1601.c; *CG* 30.3.3, p. 306), but it could also be an acc. direct object of an implied ἱστορήσας, derived from ἱστορίης in the main clause. Or, it could be nom., standing in apposition to the subjects of γένηται. ἐπολέμησαν is an ingressive aor. (S 1924–5; *CG* 33.29). The point H. focuses on is that, in addition to celebration of the remarkable, he wants to understand and explain the wars between Greeks and non-Greeks, including especially the Ionian Revolt of 499 and its aftermath (Books 5 and 6) and the Persian invasion of Greece in 481–479 (Books 7 through 9). δι' ἥν αἰτίην 'the cause/reason for which'. The antecedent is incorporated into the rel. clause (S 2536; *CG* 50.15); here its resonances include both 'guilt' (of the accused) and 'grievance' (of the accuser). H.'s notion of cause is initially almost inseparable from that of culpability; the complex and interlocking web of reciprocal causality within the larger sphere of τὸ ἀνθρώπινον, 'the human' (1.86.5), is one of H.'s ongoing fundamental preoccupations (F.&T. §§ 1, 2.4, 2.5; Gould 1989: 42–7).

1–5 TWO VERSIONS OF EAST–WEST CONFLICT; H.'S STATEMENT OF INTENT

H. begins by seeking the cause of the East–West conflict in the remote and mostly mythic past (1.1–4), reporting what Persians and then Phoenicians say about how the Phoenicians abducted Io and the Greeks abducted first Europa and then Medea. The process culminates in the Trojan abduction of Helen that (according to the Persians) escalated this apparently private series of mutual misdeeds into war and the retaliatory destruction of Troy by the Greeks. At the end of the section (1.5.2–3), H. dismisses the whole issue and announces his own starting point: Croesus, king of Lydia (1.5.3).

The Persians who are λόγιοι, the first informants mentioned by H., claim to represent many non-Greek peoples, as they declare the significance of this set of reciprocal abductions (1.4.4n τὴν γὰρ Ἀσίην); their role here anticipates the imperial dominance that the Persians will have obtained by Darius' reign (3.88–117). There is nothing implausible in H. attributing to non-Greeks an acquaintance with Greek myth. His Persian sources even display the ability to exploit them: they manufacture rationalized versions of familiar stories in the manner of H.'s predecessor Hecataeus and also employ the methods of modern sophistic rhetoric (Pelliccia 1992; Węcowski 2004; Rood 2010); the gods of Greek myth have been removed. If H.'s Persian sources here are obliquely mocking the Greek tendency to regard heroic legends as embellished history, they are also using them to construct an elaborate pro-Persian apologia (Dewald 2009 [1999]: 119). In H.'s hands the Persian account as a whole suggests that contemporary attempts to extract history from very ancient stories are largely fruitless (cf. Thuc. 1.3–9): the material available is not suitable for his method of ἱστορίη (inquiry), and whatever historical data these *logoi* might have contained are largely ἐξίτηλα, missing through the passage of time.

Nevertheless, by first including and then dismissing them at the beginning of his narrative, H. indicates that even unreliable and distorted mythic traditions can have historiographic value (Dewald 2012). In this set of stories, for example, the themes of 'injustice' or transgression, retribution as a motive or pretext for action, the disconcerting centrality of women in history, the separation of continents, and the difficulty of distinguishing the important from the unimportant are programmatic for the *Histories* as a whole. Most importantly, the difference between the Persian and Phoenician versions of these long-ago events points to a fundamental Herodotean principle: no one's story, even of quasi-mythic events from the past, will prove to be a disinterested, impartial account.

1.1 Περσέων ... οἱ λόγιοι: H. presents the *Histories* throughout as a collection of embedded accounts that he himself has heard (1.171.2n ὅσον ... ἀκοῆι); the work resonates with multiple voices and points of view (F.&T. § 1n9). Explicit source citations like this one appear frequently but irregularly; scholars are divided on their value as indicators of H.'s actual habits as a researcher (F.&T. §§ 3.1–3.2.2). We do not know who these Persians are or whether H. talked directly to them, but they are portrayed as authoritative in manipulating Greek traditions so as to assert (φασί) a version of events reflecting well on themselves. λόγιος is an adjective ('learned, cultivated, clever'), not a noun indicating a professional status (Luraghi 2001b: 156–9). One might expect H. to apply it to himself, but he uses it only in reference to foreigners (2.3.1, 77.1; 4.46.1, twice as superlatives). Before H., Pindar mentions as λόγιοι those who chronicle the deeds of the departed dead and give them glory (*Pyth.* 1.94; *Nem.* 6.47). **μέν νυν** anticipates δέ in the introduction of the Phoenician version (1.5.2) and, even more forcefully, δέ in the programmatic statement of the narrator himself (1.5.3n ἐγώ δέ). Unaccented νυν is an enclitic connective particle (as in 'now then'), as opposed to νῦν, which indicates the temporal present of either the narrative context or H.'s own time. It can also mean something like 'actually' or 'in fact' (1.39.2). **Φοίνικας:** a people famous for mercantile and manufacturing skills, speaking a distinctive Semitic language but of otherwise unknown ethnicity. In the Hebrew Bible they are 'Canaanites', but there is no record of an ethnic designation they gave themselves; individuals from Phoenician-speaking communities seem generally to have identified themselves by family or city (Quinn 2017: 25–43). The name is Greek, from the word φοῖνιξ, perhaps with reference to the reddish-purple color of the highly valued dye the Phoenicians produced from the murex, a marine snail. Although H. does not devote an ethnography to the Phoenicians as he does to other foreign peoples, he mentions them (or their colonists in Libya, the Carthaginians) in every book except the last. He especially emphasizes their connections to the Greeks: they were ancestors of some Greeks (1.170.3; 4.147) and, through Cadmus and his family, founders of Thasos (2.44.4; 6.47) and Thebes, and bringers of culture to Greece, including writing (5.57–61) and the cult of Dionysus (2.49). H.'s Persians here identify them as initiators of the East–West quarrel who belong firmly to the Eastern side. For modern historians, the paucity of other evidence makes the scattered references in H. and other ancient authors an important source of information about the Phoenicians. 'It is supremely ironic that the very people responsible for transmitting the alphabet to the West should have left us so little in the way of a written legacy' (Markoe 2000: 11). **αἰτίους . . . τῆς διαφορῆς** 'responsible for the disagreement'. The repetition ties this Persian account to H.'s purposes in writing mentioned earlier (1.on δι' ἥν αἰτίην). Both the defensive *logos* of the Persians and the Phoenician correction at 1.5.2 are reported in the acc. and inf. of indirect discourse; H. is making sure we remember here that he claims only to be reporting what he has been told. **ἀπό τῆς Ἐρυθρῆς . . . τήνδε τὴν θάλασσαν:** the 'Red Sea' is H.'s name for the Persian Gulf (or, more broadly, the Indian Ocean); 'this sea' is the Mediterranean and reflects the point of view of H.

and his Greek audience (Malkin 2011: 4), not of the Persians who ostensibly are H.'s informants here. Throughout his narrative H. inserts his own glosses, parenthetical background information that will help readers better understand his account (F.&T. §§ 1.1, 4.1). Migration and resettlement represent one of H.'s recurring interests, as part of the human world's tendency to be in continuous change and therefore to need ἱστορίη. The Phoenicians' origin from the region of the Indian Ocean, although claimed by Greeks other than H. as well, is not accepted by modern scholars. τοῦτον τὸν χῶρον τὸν καὶ νῦν οἰκέουσι 'this territory which they inhabit even now', i.e. the coastal strip of the Levant, where archaeology shows that Phoenician culture emerged in the Late Bronze and succeeding Iron Age (c. 1550–900), giving rise to cities apparently independent from one another, notably Tyre, Sidon, Arwad, and Byblos. After some periods of Assyrian and then Babylonian domination in the seventh and sixth centuries, the Phoenicians were absorbed into the Persian Empire in the time of Cambyses (3.19; c. 530). They provided the most important contingent of the Persian fleet in Xerxes' invasion of Greece in 480 (7.44). ναυτιλίηισι μακρῆισι: the first Greeks to undertake 'long voyages', according to H., were the Phocaeans (1.163n). Phoenician exploration of the Western Mediterranean begins much earlier and goes back to the tenth century (Markoe 2000: 32–6). ἀπαγινέοντας δὲ φορτία Αἰγύπτιά τε καὶ Ἀσσύρια: Phoenician trade with Egypt is recorded in the *Odyssey* (14.285–8), where the merchandise carried by Phoenicians is termed ἀθύρματα, 'baubles' (15.416), including a gold and amber necklace (15.460). Homer also mentions luxury items specifically made by Phoenician hands: Sidonian robes (*Il.* 6.289–92), embroidery (14.418), and silver vessels (*Il.* 23.741–5; *Od.* 4.614–19). For the archaeological evidence, see Winter 1995: 249–53; Markoe 2000: 93–8. τῆι τε ἄλληι [χώρηι] ἐσαπικνέεσθαι καὶ δὴ καὶ ἐς Ἄργος (lit.) 'they used to arrive both elsewhere and especially at Argos'. The pres. inf. in indirect discourse here stands for an impf. indicative in the original direct discourse (S 2019; *CG* 51.26n1). ἄλλος is again anticipatory, as above in the first sentence (1.0), and at 1.1.3 γυναῖκας ἄλλας τε πολλὰς καὶ δὴ καί. On καὶ δὴ καί Denniston 255–6 comments: 'No writer uses it proportionately more than Herodotus.' It puts particular emphasis on what follows (*CG* 59.69–70).

1.2 προεῖχε ἅπασι τῶν 'surpassed the (cities) in all ways'. The shift into direct speech marks another gloss, i.e. parenthetical information inserted by H. as narrator; the indirect discourse will resume in the next sentence (διατίθεσθαι). **ἐν τῆι νῦν Ἑλλάδι καλεομένηι χώρηι:** according to H., in the Age of Heroes Hellas was called Pelasgia (2.56.1). Again H. marks that he is acutely aware of changed names of peoples and places, as part of the inexorable process of change over time (1.1.1, 1.5.4nn; F.&T. § 3.4.2). ἀπικομένους ... ἐς δὴ τὸ Ἄργος τοῦτο: δή with a demonstrative signposts the resumption of the story after the brief digression (Denniston 209).

1.3 πέμπτηι δὲ ἢ ἕκτηι ἡμέρηι ἀπ' ἧς ἀπίκοντο 'on the fifth or sixth day from that on which they came'. The ancient Greek system of numbering was inclusive, counting the point of origin as day one, i.e. in modern terms 'on the fourth or fifth day' (1.13.2n πέμπτον ἀπόγονον; *CG* 9.10). Pseudo-exactness about a very remote event is a part of H.'s narrative habits that was probably familiar to his audiences from many other orally delivered narratives; it adds vividness. Its near absurdity reminds readers that if he has source material here, it is very likely from a pre-existing oral storytelling tradition (F.&T. § 1nn4–6, 3.1; Luraghi 2013 [2005]). Cf. 1.19.2n εἴτε ... ἔδοξε. ἐξεμπολημένων σφι σχεδὸν πάντων 'when almost everything had been sold by them'. Indirect discourse resumes; σφι (= Att. αὐτοῖς) is a dat. of agent with the pf. pass. part. ἐλθεῖν ... Ἰοῦν τὴν Ἰνάχου: the version H. reports here is unique. According to the Greek version, Io was seduced by Zeus and forced by the jealousy of Hera to wander the world in the form of a cow, until she reached Egypt and gave birth to the god Epaphus (2.41.2). The story was already in Hes. (*Cat.* frr. 124, 126, 294, 296 MW), on which later mythographical accounts seem to be based (esp. Apollod. 2.1.3). Versions H.'s audiences might have known include Aesch. *Supp.* 40–57, 291–324, 531–89; *PV* 561–886; Bacchyl. 19. οἱ οὔνομα ... κατὰ τὠυτὸ τὸ ... λέγουσι = Att. αὐτῆι ὄνομα ... κατὰ ταὐτὸ ὃ ... λέγουσι 'her name was ... according to the same thing which the Greeks also say'. τὠυτό = τὸ αὐτό, with crasis.

1.4 τῆς νεός = Att. τῆς νεώς. ὠνέεσθαι: the pres. inf. is again equivalent to impf. indicative in direct discourse (cf. 1.1.1n τῆι τε ἄλληι). τῶν φορτίων '(some) of the merchandise'; partitive gen. (S 1341; *CG* 30.25). τῶν σφι ἦν θυμός 'for which there was desire on their part', objective gen. and dat. of the possessor with εἶναι (S 1331, 1476; *CG* 30.28, 30.41). διακελευσαμένους 'having encouraged one another', aor. mid. part. used reciprocally (S 1726; *CG* 35.3.24). ἁρπασθῆναι: Phoenicians are again said to abduct women at 2.54, this time from Egypt; cf. *Od.* 15.417–84. νέα = Att. ναῦν. ἐπ' Αἰγύπτου 'in the direction of Egypt' (S 1689.a; *CG* 31.8).

2.1 οὕτω μὲν Ἰοῦν ... οὐκ ὡς Ἕλληνες 'this is how the Persians say Io came to Egypt, not as the Greeks (say)'; H. omits telling the more standard Greek versions of these mythic stories. Variant versions of *logoi* will be mentioned or featured many times in the *Histories*. A sentence with μέν (μέν νυν, μέν δή) often closes a narrative section, summarizing its contents and anticipating a new introductory sentence announced by δέ (F.&T. § 3.3.2). **καὶ τῶν ἀδικημάτων πρῶτον τοῦτο ἄρξαι:** the Persian version disclaims responsibility for the enmity between Greeks and non-Greeks, initially blaming Phoenicians for beginning the process (1.1.1n αἰτίους) and later, more seriously, blaming Greeks (1.4.1–3). For H.'s interest in 'firsts and bests', see 1.5.3n πρῶτον. **οὐ γὰρ ἔχουσι τοὔνομα ἀπηγήσασθαι:** this parenthetical comment hints at another well-known Greek myth, in which the abductor of Europa was Zeus (in Hes. *Theog*. 463–91 Zeus is born in Crete). In *Il*. 14.321 Zeus lists Europa among his numerous lovers; the legend of her abduction to Crete occurs in Hes. *Cat*. fr. 141 MW. Elsewhere too H. notes where his sources are unable to give him information (F.&T. § 3.2). **προσσχόντας** 'putting into port'; aor. act. part. of προσέχω. **εἴησαν δ' ἂν οὗτοι** 'and these would be', potential opt. with ἄν, signifying mild assertion (S 1829.b; *CG* 34.13). It is hard not to read this gloss as deadpan humor. In Persian hands (as H. reports it), Zeus, the father of the gods, has been reduced to a bunch of unnamed Cretan abductors. **ταῦτα μὲν δή ... σφι γενέσθαι:** this is another summarizing conclusion (μὲν δή) followed by the introduction (δέ) of the next stage. According to the Persians, at this point the two sides (East and West) are even; ἴσα πρὸς ἴσα conveys that a wrong has been committed by each (cf. Soph. *Ant*. 142). The Greeks, however, start the cycle anew and become guilty of a new injustice when they take Medea from Colchis.

2.2 καταπλώσαντας γάρ ... τὴν Κολχίδα: the expedition of Jason and the Argonauts to get the Golden Fleece was a part of the early Epic Cycle (*Od*. 12.69–72; Pherec. *FGrHist* 3 F98–113; Pind. *Pyth*. 4; Fowler 2013a: 205–28). **μακρῆι νηΐ ἐς Αἶαν:** unlike the slower and rounder merchant-men ('round ships', 1.163.2n οὐ στρογγύληισι νηυσί; ὁλκάδες, 3.135.2, etc.), long ships were built for speed (Ἀργώ means 'swift'). In Homer they are single-banked, generally with a complement of 20 oars (*Il*. 1.309; *Od*. 1.280, 2.212) or 50 (*Il*. 2.719; *Od*. 8.34), the latter called 'pentekonters' in later times. A 20-oared ship would measure c. 15 m (50 ft) in length, a single-banked pentekonter c. 38 m (125 ft). The expression 'long ships and pentekonters' is used by Thucydides at 1.14.1 in reference to archaic navies. They were used for long-distance trade, transport, diplomatic missions, defense on the high seas, and piratical operations (Casson 1971: 43–74; Wallinga 1993: 33–41). Colchian Aea was the eponymous city of Aeëtes, the father of Medea. **διαπρηξαμένους ... ἀπίκατο** 'after dispatching the other business for which they had come'. The 'other business' would be the theft of the Golden Fleece; again one suspects humor, either by H., who is slyly mocking narratives based on unreliable remote traditions, or by his sources, who are deflating Greek heroic legends (Dewald 2006a). Throughout his *Histories* H. alludes to things he thinks not germane to his topic, some of which, unlike this one, might supply an item of historical information (1.on τά τε ἄλλα).

2.3 αἰτέειν ... τὴν θυγατέρα 'was exacting satisfaction for the abduction and demanding his daughter back'. The theme of retaliatory vengeance begins here, since the abductions so far (Io, Europa, Medea) have not been causally linked. Now either the Colchian king will receive compensation (δίκας) for the wrong he has suffered, or he or his side will use in turn the precedent to commit an equivalent wrong. This first appeal to reciprocal justice in the story parallels sophistic accounts of the transition between an earlier, 'uncivilized' society and the origin of law (Rood 2010: 58–61). 'Justice' and various justifications for avenging perceived wrongdoing occur throughout H.'s narrative (Darbo-Peschanski 1987: 43–8; Gould 1989: 82–5 and 1991; Braund 1998), although he often withholds his personal opinion, only recording, as here, the accounts of the parties involved (1.5.3n οὐκ ἔρχομαι ἐρέων). **οὐδὲ ὦν αὐτοὶ δώσειν ἐκείνοισι** 'they themselves (the Greeks), therefore, would not give compensation to them either'. ἐκείνοισι refers to the Colchians, whereas ἐκεῖνοι in the preceding line refers to the Phoenicians. The Greeks' refusal, on the grounds that the Phoenicians had not given them compensation for Io, ignores the fact that the abduction of Europa had evened the score. In the stage to come (1.3.2), their demand (repeated in chiasmus: ἀπαιτέειν τε Ἑλένην καὶ δίκας τῆς ἁρπαγῆς αἰτέειν) receives a similar answer from the Eastern side. On the phrase δίκας διδόναι in H., see Lateiner 1980. The detailed charges and counter-charges and pseudo-juridical cast of this passage seem to be echoed (mocked?) in Ar. *Ach.* 524–9, suggesting a *terminus ante quem* of 425 for this part of Book 1, at least, to be known in Athens (Life § 5.1).

3.1 δευτέρηι δὲ λέγουσι γενεῆι: H. dates the Trojan War to about 800 years before his time (c. 1250) at 2.145.4. In the Homeric tradition there is almost no cultural divide between Greeks (Achaeans) and people later called βάρβαροι; in this passage they are Trojans. By the fifth century, especially after the Persian Wars, the Greeks identify themselves as ethnically distinct (8.144), and the Trojan War becomes emblematic of an overarching East–West conflict that was putatively the origin of the early fifth-century hostilities (Aesch. *Pers.* 472; Hall 1989: 56–100; Boedeker 2001). What is new in H. is the forced integration of the Trojan saga into a broader series of hitherto unrelated Greek myths about abductions of women. The different countries involved turn out to be more closely connected than one would think; the first three women in the chain become cultural icons, two of them eponymous, of the countries to which they are brought. Io becomes the mother of an important Egyptian god and (according to the Greeks but not H. himself, 2.41) the goddess Isis; Europa and Medea give their names to a continent and a people respectively (4.45; 7.62; Hes. *Theog.* 1000 for Medea). Helen, the fourth woman, is emblematic in a different way: Aeschylus *Ag.* 687–8 puns on the similarity between ἑλεῖν and Ἑλένη, the cause of many deaths in the Trojan War. Moreover, the origins of the abductors and their victims, plus the locations where they all end up, sketch out the extent of the world that H. will focus on in the *Histories*: Argos in the Peloponnese, Egypt, the Levant, Crete, Thessaly, the Black Sea region, the Persian Gulf, the Bosphorus, Sparta. This abduction sequence thematically prepares for the last recorded act of Xerxes in the *Histories*, who makes an illicit attempt to appropriate for himself women who are not his own. His efforts, like those of Paris, will end in family and dynastic tragedy (Flower/Marincola on 9.108–13). **Ἀλέξανδρον:** in the *Iliad*, he is called Paris by both Trojans and Greeks (De Jong 1987), although the Greeks four times more frequently call him Alexander. He abducts Helen not from vengeance but because he thinks he can get away with it, given the pattern that has been set. **οἱ... γενέσθαι γυναῖκα** (lit.) 'that there be a wife for him'. οἱ = Att. ἑαυτῶι. **ἐπιστάμενον πάντως** 'being absolutely convinced'. ἐπίσταμαι can be synonymous with οἶδα, but it often signifies strength of conviction rather than knowledge *per se*. It may be applied, as here and 1.156, to a judgement about the future, or to a conviction concerning an abstract truth (1.5.4, 32.1, 96.2), or to a belief that may even turn out to be wrong (1.122.1). Cf. 1.5.4n ἐπιστάμενος. **οὐ δώσει δίκας· οὐδὲ γὰρ ἐκείνους διδόναι** 'he (Alexander) would not give compensation; for they (the Greeks) were not giving it either'. The repetition of the verbal pattern from 1.2.3 underlines the escalation of the argument.

3.2 τοῖσι Ἕλλησι δόξαι 'it seemed (good) to the Greeks', still in indirect discourse, since it remains the Persian version of events. **ἀπαιτέειν τε Ἑλένην ... παρ' ἄλλων δίκας γίνεσθαι** 'to demand Helen back as well as request compensation for the abduction. But they (the Trojans) ... brought up to them their abduction of Medea, namely that they (the Greeks) ... wanted compensation to occur for themselves from others, when they had not themselves given compensation or given back (Medea)'; opt. in indirect discourse in historical sequence (S 2599; *CG* 41.9). Verbal repetition continues to reproduce a lively exchange between Trojans and Greeks, albeit in indirect speech within indirect speech. **προϊσχομένων ταῦτα ... ἀπαιτεόντων** 'when they (the Greeks) put forward these arguments ... when they (the Eastern nations, represented in this case by the Colchians) kept asking'. Both are gen. absolute with implied subjects; the compression and grammatical harshness again reinforce the impression of vigorous disagreement.

4.1 μέχρι μὲν ὦν τούτου ἁρπαγὰς μούνας εἶναι ... αἰτίους γενέσθαι: this is the first real act of retaliation and a major turning point in the East–West relationship, according to the Persians: the Greeks bring the series of hostile acts to a whole different level by initiating military aggression (Gould 1989: 63–5). Changes in tense convey the sense of climax: the pres. inf. εἶναι corresponds to an impf. indicative in direct discourse, while the aor. infinitives γενέσθαι and ἄρξαι correspond to aor. indicatives, an action interrupting the previous state of affairs. The escalation from reciprocal abductions of women to outright war also provides the point in Ar. *Ach.* 524–9 (1.2.3n οὐδὲ ὦν). **τὸ ... ἀπὸ τούτου** 'after this'; the article frequently occurs with adverbial expressions (1.5.3 τὸ πάλαι). **ἐς τὴν Ἀσίην ... ἐς τὴν Εὐρώπην:** Asia and Europe as whole and distinct entities are mentioned for the first time in H., on the occasion of the first armed conflict. **σφέας:** i.e. Eastern peoples, including the Persians.

4.2 τὸ μὲν νυν ἁρπάζειν γυναῖκας ... νομίζειν 'now, then (the Persians say that) they believe that on the one hand the abduction of women ...'. τὸ ... ἁρπάζειν is an articular inf., like τὸ ... ποιήσασθαι and τὸ ... ἔχειν that follow (S 2025; *CG* 51.38). H. often allows his sources to speak their opinion, but he expects us, the readers, to make our own judgement about the quality of the reported information or belief. νομίζειν here represents the first appearance of a word connected to νόμος ('custom, law, convention'), a term that will play an important part in H.'s reported researches (1.8.4n ἀνόμων; F.&T. § 4.2.3). Whether H. intends to depict the Persian λόγιοι here as expressing a genuine conventional opinion of theirs or not, the self-serving nature of the whole Persian *logos* continues in evidence. One of the functions of this crucial beginning passage is to draw attention to possible biases of the 'knowledgeable sources' whose views will be represented in the *Histories*. In the Persian ethnography to come, H. depicts Persians as strongly opinionated on all sorts of subjects (1.131–40; Persians §§ 8.2–9.1). **ἀνδρῶν ἀδίκων ... ἔργον ... ἀνοήτων ... σωφρόνων** 'an act of unjust men ... witless men ... prudent men', subjective gen. (S 1328; *CG* 30.28). **τὸ δὲ μηδεμίαν ὤρην ἔχειν** 'to have no regard'. The articular inf. negated takes μή (S 2712; *CG* 51.42). ὤρην = Att. ὤραν. **δῆλα** 'it is clear'; the neuter plural can be used as predicate when the subject is a single idea or thought (S 1003). The imperfects in the conditional clause can refer to a pres. counterfactual or (as probably here) to a continued or habitual past counterfactual condition (S 2304; CG 49.10–11). The thought is a self-justifying gnomic generalization voiced by the Persians; Plutarch *De malig.* 11 = *Mor.* 856F deplores the sentiment and attributes it to H. himself. For maxims delivered by H. in his own voice, see 1.5.4n τὴν ἀνθρωπηίην . . . εὐδαιμονίην.

4.3 τοὺς ἐκ τῆς Ἀσίης is in apposition to σφέας. **λόγον οὐδένα ποιήσασθαι** 'took no notice'; this is the first use of an important Herodotean idiom. H. takes note when significant individuals fail to notice important elements of their situation (F.&T. §§ 2.4, 3.2.2; cf. 1.13.2, 19.2, 33, 213n). For the many meanings of *logos* in H., see F.&T. § 3.1 and n33. **Λακεδαιμονίης εἵνεκεν γυναικός:** 'for the sake of a woman' has become by H.'s time a Greek *topos* expressing the idea of a war waged for inadequate reasons (Aesch. *Ag.* 62, 447, 1455, etc.); cf. Ἑλένης μὲν ἀπωλόμεθ' εἵνεκα πολλοί (*Od.* 11.438). Here H. maintains his distance from the opinion (expressed as a Persian one), and in a more extended passage later (2.113–20) he puts forward a different interpretation of the Trojan War. There he reports and corroborates the Egyptian version of the saga: Helen never even arrived at Troy but was in Egypt the entire time that the Trojans and Achaeans were fighting for her sake. In Book 2 H. interprets the destruction of Troy as a demonstration that the divine harshly punishes serious ἀδικήματα (in this case, Paris' abduction of Helen, 2.120.5). That does not diminish the additional guilt incurred by the human instruments of divine vengeance; H. makes clear the weakness of Menelaus' moral position in the same narrative (2.119.2). **κατελεῖν** = Att. καθελεῖν, 'destroy', aor. inf. of καθαιρέω.

4.4 τὴν γὰρ Ἀσίην . . . οἱ Πέρσαι 'for Asia and the non-Greek peoples living there the Persians claim as their own'. A Persian speaker at the very end of the *Histories* makes a similar statement (Flower/Marincola on 9.116.3). After Xerxes' defeat in 479 the official Persian position, at least as stated by Persians in the *Histories*, no longer includes a desire to conquer mainland Greece. Left unclear is the status of the Greek cities of Asia (1.6.2n Ἴωνας); their liminal position will be one of the major themes of the later books. For the Greeks' definition of τὸ Ἑλληνικόν, see 8.144.2. **τὴν δὲ Εὐρώπην καὶ τὸ Ἑλληνικὸν . . . κεχωρίσθαι:** the separation of Asia from Europe (1.4.1n ἐς τὴν Ἀσίην) is already found in an epigram, probably from the fifth century and quoted by Diod. Sic. 11.62.3 as commemorating the Battle of the Eurymedon. The Persian argument here that the separation is a result of historical and political developments has something in common with H.'s later point (4.36–45) that the division of the earth into continents is a matter of convention rather than nature (Rood 2010: 44–5, 47). ἥγηνται 'they are entirely convinced'; the pf. (of ἡγέομαι) is intensive and has present implications (S 1945; CG 33.36).

5.1 οὕτω μέν ... ἐς τοὺς Ἕλληνας: as often in H., a deictic demonstrative begins the formal sentence summarizing and concluding the Persian version of the beginning of the enmity between Easterners and the Greeks (F.&T. § 3.3.2). ἐοῦσαν is a part. of indirect discourse with εὑρίσκουσι (S 2113.b; CG 52.10, 52.24).

5.2 περὶ δὲ τῆς Ἰοῦς ... οὕτω Φοίνικες: H. often reports variant versions of the *logoi* he claims to recount. Even if this first set has been invented as a dashing way to begin his *Histories*, the real variant versions to come are one of the features that makes H. a historian (Fowler 2013b [1996]: 68–72; F.&T. § 3.2.1). The Phoenician version of the Io story disagrees with the Persian account, but only about the part that makes Phoenicians culpable. Both Eastern versions put the blame on others, suggesting that even when informants are λόγιοι and claim to be narrating the distant past, H. thinks they are not likely to be impartial observers. This human tendency to bias is one of the things that can make true versions of past happenings become ἐξίτηλα (1.0). **ἔγκυος** 'pregnant' (f.); a two-termination compound adj., like κατάδηλος below. **ἐθελοντήν** 'willing(ly)'. The Phoenicians implicitly support the cynical Persian opinion about women's 'voluntary' abductions (1.4.2). **ὡς ἂν μὴ κατάδηλος γένηται:** H. occasionally uses redundant ἄν with a purpose clause (1.11.2, 24.3). It is common in Homer (using κε), the Attic poets, and Xenophon (Powell 389; S 2201.a; Goodwin 109, 400–1; CG 45.4).

5.3 ταῦτα μέν νυν ... λέγουσι: as at 1.5.1, a formal summing-up, here followed by H.'s announcement about what the narrative will do next. **ἐγὼ δέ:** H.'s first explicit first-person intervention immediately follows the Persian and Phoenician Eastern versions of the remote causes of the East–West conflict. He definitively separates his own judgement from those advanced in the *logoi* he has just told. He articulates his narrative program, suggesting something of the tone of the polemical first sentence of Hecataeus' *Genealogies*, *FGrHist* 1 F1: Ἑκαταῖος Μιλήσιος ὧδε μυθεῖται· τάδε γράφω, ὥς μοι δοκεῖ ἀληθέα εἶναι· οἱ γὰρ Ἑλλήνων λόγοι πολλοί τε καὶ γελοῖοι, ὡς ἐμοὶ φαίνονται, εἰσίν ('Hecataeus of Miletus recounts as follows; I write these things, as they seem to me to be true. For the stories of the Greeks, it seems to me, are many and ridiculous'). **οὐκ ἔρχομαι ἐρέων** 'I am not proceeding/intending to say', fut. part. expressing purpose; cf. 1.194.1 ἔρχομαι φράσων (S 2065; CG 52.41n1). H. declines to participate in a partisan controversy about facts that he believes cannot be either verified or falsified (on this principle see F.&T. § 3.2 and e.g. 2.23). He often applies verbs of saying (λέγω, φημί, σημαίνω) to his own authorial activity, and he refers to his own work as both a *logos* and a collection of many *logoi* (F.&T. § 3.1). He only rarely uses γράφω (1.95.1; 2.70.1, 2.123 twice; 7.214.3, etc.), often as 'register', 'put on record'. Oral transmission of knowledge continued to be normative in Greek culture long after writing was invented; H. sustains the convention, even as he expresses the goal of producing a fixed and durable record (1.0 μήτε ... ἀκλεᾶ γένηται). **ἄλλως κως** 'in some other way'. **τὸν δὲ οἶδα ... τοῦτον σημήνας** 'the one I myself know first initiated unjust deeds against the Greeks ... indicating this one'. τόν is a proleptic relative; its grammatical antecedent, τοῦτον, follows it (S 2541). H.'s authorial assertions of knowledge are rare and usually limited in scope (1.131.1n and F.&T. § 3.2); H. frequently does not specify how he knows what he knows, but his contract with his readers excludes explicit fictionalization on his part. The man H. holds responsible, unnamed here, is Croesus, the sixth-century king of Lydia; the beginning of the clash between East and West that interests H. is considerably more recent than the versions told by the Persians and Phoenicians. **πρῶτον:** H.'s search for the first person to pursue a given course of action takes up the traditional Greek predilection for identifying a πρῶτος εὑρετής, usually the inventor of a new art or technology (1.23, 25.2, 94.1, 171.3) or, as here, the earliest initiators of some undertaking (1.6.2n, 14.2, 163.1; Kleingünther 1933). This practice is connected to H.'s more general interest in remarkable outstanding achievement, ἔργα μεγάλα τε καὶ θωμαστά, mentioned in the first sentence (1.0), and also to his tendency to enumerate (1.25.2n δεύτερος). **ἀδίκων ἔργων:** cf. ἀδικημάτων πρῶτον τοῦτο ἄρξαι and αἰτίους τῆς δευτέρης ἀδικίης (1.2.1). The Easterners have weighed in blaming the Greeks, and now it is H.'s turn. For the first time he gives his own evaluation of imperialistic territorial aggression as unjust; he describes Croesus' aggressive moves against Greeks more precisely at 1.6.2. **σημήνας:** the verb occurs again in H.'s authorial first person at 1.75.1. In general it means to communicate, point out (make a sign, σῆμα) 'from a useful vantage point' (Nagy 1990: 165, citing 7.192.1), appropriate to H.'s forthcoming metaphor of narration as a journey. H. also uses σημαίνειν of commands from those in authority (1.21.2) or communications from the gods (1.34.2, 78.2, 108.2; cf. Heraclitus DK 22 B93). **προβήσομαι ἐς τὸ πρόσω τοῦ λόγου** 'I will proceed forward into the rest of the account'. H. can use the term λόγος metanarratively to refer to his own account (in the singular, probably meaning the whole work), conceived here as a territory through which he travels as narrator (ἐπεξιών); cf. 1.95.1n τριφασίας ἄλλας λόγων ὁδούς. It can also designate a specific story within the *Histories*, one with its own beginning, middle, and end (F.&T. §§ 3.1, 3.3.2). **ἄστεα ἀνθρώπων:** this deliberate nod to *Od.* 1.3, πολλῶν δ' ἀνθρώπων ἴδεν ἄστεα καὶ νόον ἔγνω, matches the Iliadic allusion in the first sentence (1.0n μήτε . . . ἀκλεᾶ; Marincola 2013). Like Odysseus, H. has a goal, but also considerable freedom in choosing how to get there, resulting in many apparent byways but always a return to the main road. ἄστεα here is used in a broad, even metaphorical sense, for human communities of all kinds.

5.4 τὰ γὰρ . . . γέγονε 'for those that were great long ago, most of them have become small, but the ones that were great in my time were earlier small'. The story of Croesus and the intersecting fates of Lydians and Persians in Book 1 illustrate H.'s concern to record transitory human realities, in the interest of understanding complex underlying causes as a fundamental justification for historical narrative. It is already hinted at in the purpose clause of H.'s first sentence, that past events should not become ἐξίτηλα (1.0). For the article in τὸ πάλαι, cf. 1.4.1n τὸ . . . ἀπὸ τούτου. **ἐπ' ἐμέο ἦν μεγάλα:** expressions of the type 'in my time' or 'up until my time' frequently occur in reference to monuments or other material remains of the past (1.52, 92.1, 93.2–3, 181.2; F.&T. § 3.4.2). Here and elsewhere, the use of the impf. tense ἦν with ἐπ' ἐμέο implicitly focalizes the statement through a reader in the future (Rösler 1991, 2002). In the future, cities that used to be great at the time of H.'s narration (and small before that) will have again become small, and vice versa, with both kinds of communities needing reminders about past realities. The statement as a whole alludes to the promise of commemoration made in the first sentence, which also implies the presence of audiences in H.'s own future. **τὴν ἀνθρωπηίην . . . εὐδαιμονίην οὐδαμὰ ἐν τὠυτῶι μένουσαν:** the end of Croesus' story will provide a spectacular illustration of this maxim (1.86). Present-tense gnomic observations delivered by H. are rare and have the force of warnings and predictions broadly applicable to the external audience as well as the actors whose doings are narrated in the *Histories*. At points like this H. resembles some of the speakers inside the narrative to come; like them he acts as a 'wise adviser' or warner figure (1.27.2n καταπαῦσαι). **ἐπιστάμενος** 'being convinced'; as at 1.3.1 above, not quite as strong as οἶδα. Applied here, as at 1.32.1 and 1.96.2, to a belief or conviction concerning an abstract truth. **ἐπιμνήσομαι ἀμφοτέρων ὁμοίως** 'I shall make mention of both alike'; here H. sums up his understanding of the very large task he has undertaken in researching and writing the *Histories* (F.&T. §§ 3.1–2; 1.85.1n παῖς).

6–94 CROESUS KING OF LYDIA

This first long narrative unit is in many ways paradigmatic for the *Histories* as a whole; H. uses the story of Croesus of Lydia to explore the intersection of two powerful themes: a personal destiny that can be inexorable, and the expectation that human beings often have, that they exert control over events. Croesus will lose his kingdom, as was destined (1.91.2), but also through his own efforts. The depiction of great Eastern tyrants and their reigns in the past that this story introduces contributes obliquely to a contemporary fifth-century Greek discussion about the nature and meaning of freedom, both for communities and individuals; it suggestively points as well to Athens' status as a would-be imperial and even tyrant state. In matters of politics and political governance, however, H. rarely makes an overt judgement of his own. He rather narrates *logoi* that may suggest to his audiences, both Athenians and others, thoughts useful for understanding both other times and places and their own situations. Thucydides 1.22 makes this essential feature of historiography explicit and the understanding gained an explicitly political one.

6–25 HISTORY OF THE LYDIAN MONARCHY

Before launching into the long story of Croesus (1.26–91), H. briefly identifies who Croesus was (1.6), describes the dynasties that preceded his (1.7–13), and then gives a brief account of Croesus' ancestors, from Gyges through Alyattes (1.14–25). Analepsis (flashback to the past) and genealogy prepare the reader to understand important aspects of the main narrative to come.

6.1 Κροῖσος: the entire chapter serves to identify Croesus, the fifth and last Lydian king from the Mermnad dynasty; 560–546 have long been assigned as the conventional dates for his reign, but see 1.86.1n ἄρξαντα and Lydians §§ 2.1, 5.1. Here the term τύραννος suggests Croesus' easternness and perhaps alludes to the violent beginnings of his dynasty's rule (1.14.1, τυραννίδα, τυραννεύσας); it also introduces the central theme of monarchical abuse of power in the *Histories*, since Croesus has already been identified as the first individual who committed injustice against the Greeks (1.5.3). The word τύραννος is perhaps of Lydian origin. As a Greek term it is first found in Archilochus (1.12.2; Lydians § 4.1); Xenophanes fr. 3 West seems to represent Lydian influence as a gateway to 'hateful tyranny' for his fellow citizens of Colophon (Lydians § 4.2). It often evokes the most unattractive aspects of one-man rule, including aggressive actions, despotism, and possible overreaching, but in H. it also has considerable overlap with βασιλεύς and βασιλεύειν (Ferrill 1978; Dewald 2003). ἐθνέων... ποταμοῦ: when Croesus was at the peak of his power, he ruled in Asia Minor 'on this side' (i.e. west) of the River Halys (cf. 1.72.2n ὁ Ἅλυς ποταμός). As often in the *Histories*, H. begins by briefly identifying the setting, supplementing the story with information about its background (F.&T § 4.1). Rivers and seas represent important boundaries in H., and he intends us to notice when they have been crossed for the purpose of aggression – as the abductors of women have done at 1.1–1.5.2 and as Croesus will do in crossing the Halys at 1.75.6n. The most important such crossing in the *Histories* is Xerxes' bridging of the Hellespont (7.33–57.1; Lateiner 1989: 126–35). ἐξίει = Att. ἐξίησι (Dialect § 5.a).

6.2 πρῶτος: 'firsts' are important (1.5.3n πρῶτον). Here the focus has shifted somewhat; the first conqueror of the Greeks of Asia (perpetrator of the ἄδικα ἔργα of 1.5.3) was also the first to befriend some of the European Greeks. This implicitly begins to undermine the schematic contrast of Greeks vs. βάρβαροι advanced by the Persians at 1.1–4. **τῶν ἡμεῖς ἴδμεν** 'of (those) whom we know'; the relative τῶν is attracted into the case of its unexpressed antecedent (S 2531; *CG* 50.13). The phrase is often found with πρῶτος or superlative adjectives; H. uses it for emphasis but also to signal his reluctance to claim definitive knowledge (e.g. 1.14.2, 23, 142.1, 193.2; F.&T. § 3.2). The first-person plural ἴδμεν (= Att. ἴσμεν) refers to a collective tradition or general knowledge shared by Greeks. **ἐς φόρου ἀπαγωγήν:** tribute represents a tangible sign of subjection (1.27.1n). φόρος comes up again at 3.89–97 as a central element in H.'s description of Darius' financial control over the many subject peoples in the Persian Empire. The term was politically resonant for H.'s audience in the middle and later years of the fifth century, when the Athenians were requiring tribute (φόρος) from many cities north and east of them and Athens itself, like Croesus here, was called a τύραννος (Strasburger 2013 [1955]: 317; Raaflaub 1987: 241; Stadter 2013 [1992]: 345–56; Raaflaub 2009). **Ἴωνάς τε καὶ Αἰολέας καὶ Δωριέας:** the three main ethnic subdivisions of the Greeks. Here H. is only talking about τοὺς ἐν τῆι Ἀσίηι, the Greeks who had begun to settle on the central (Ionian), northern (Aeolian), and southern (Dorian) coast of Asia Minor by as early as 1000; for H.'s survey of the various cities involved, see 1.142.2–151. After Croesus was defeated by Cyrus in the 540s, the East Greeks became tributaries of Persia and then, after the Greek victory in the Persian Wars, tributaries of Athens, a condition that formally only ended with the Athenian defeat in 404 at the hands of Sparta (Ionians §§ 1.3, 6.3). **φίλους δὲ ... Λακεδαιμονίους:** unlike the Persian kings who succeeded him, Croesus is a generous philhellenic *barbaros*, who appears in late archaic and early classical Greek art and literature (1.50–2, 69–70, 92.1 and Lydians §§ 3.2, 4.3). We later learn that he has an Ionian half-brother (1.92.3n; Lydians §§ 6.7, 6.10).

6.3 ἐλεύθεροι: the value of freedom from external domination (here represented by the tribute) is a fundamental theme of the *Histories* (1.27.4n τοὺς σὺ δουλώσας ἔχεις; F.&T. § 2.1). **τὸ γὰρ Κιμμερίων στράτευμα ... πολίων:** H. anticipates a possible objection, that the Cimmerians came earlier than Croesus as aggressors against the Greeks, and he answers it by distinguishing between raiders and conquerors; the Cimmerian ἁρπαγή is a less serious aggression than Croesus' permanent conquest. The Cimmerians are often identified as the 'Gomer' of the Bible (Genesis 10:2, Ezekiel 38:6) and the 'Gimirri' of the Assyrian annals of Sargon II (c. 721–705). At the end of the eighth century they seem to have invaded Asia Minor and created substantial havoc, pushed southward by the Scythians (1.15–16, 103.3n Κιμμερίους ἐκβαλόντες; Northeasterners § 2).

7.1 ἡ δὲ ἡγεμονίη ... Μερμνάδας 'in this way the royal power passed on to ... the Mermnadae'. H. frequently begins a new narrative segment with an analepsis, here one detailing the account of how Croesus' family became the rulers of Lydia, replacing the previous dynasty of the Heraclidae. The demonstrative οὕτω signals the introduction of a new topic supplying background information. The time shifts back almost two centuries, from Croesus (who lost his throne in the 540s) to the last Heraclid king, Candaules, ruler until c. 716 in H.'s schema, or c. 680 on the basis of the Assyrian annals (Lydians § 2). As soon as Candaules is introduced (1.7.2), however, H. moves further back still, identifying Candaules' early ancestors from Heracles to Agron, the first Heraclid king of Lydia, and then the dynasty that held power even before the Heraclidae (1.7.3). Genealogy can serve to link what we would call 'historical time' to ever earlier 'mythic times' that were considered historical by H.'s contemporaries, although H. himself remains ambiguous on this issue (3.122.2; Munson 2012). Early Greek efforts to establish a universally applicable chronology included the creation of imaginary linkages through myth (Vannicelli 2001a, 2001b). **τὸ γένος ... καλεομένους δὲ Μερμνάδας:** the participle's referent is γένος, but it is attracted into agreement with Μερμνάδας.

7.2 τὸν ... Μυρσίλον ὀνομάζουσι: H. occasionally corrects Greek usage regarding foreign proper names: cf. 4.48.2, 'the river which Scythians call Porata and the Greeks Pyretus'; 9.20, 'Masistius, whom the Greeks call Macistius'. In this case, however, 'Candaules' was probably a sacred title, and the name of this king was really Myrsilus, from Hittite 'Mursilis', just as Myrsus was that of his father. A Lesbian tyrant was also called Myrsilus (Alcaeus frr. 70, 129, 302 LP and Voigt); to H. the name may have sounded too Greek (Evans 1985). **τύραννος Σαρδίων** 'tyrant of Sardis'. Sardis (Ion. nom. pl. Σάρδιες) was the capital of Lydia, familiar to archaic and classical Greeks as a wealthy and refined city (1.29 and Lydians §§ 3, 4.1, 4.5). H. briefly describes its location at 5.101.1–2, at the point when the Athenians set fire to it in 498, toward the beginning of the Ionian Revolt. **τοῦ Ἡρακλέος** 'the son of Heracles'; according to 2.145.4, Heracles lived c. 1350. Heracles is a linchpin of H.'s general chronological system and the founder of several dynasties in Asia and Europe (Lydians § 6.3), with the result that the distinction drawn at the outset by the learned Persian between Greeks and non-Greeks (1.4.1–4) is here undermined almost immediately by H. himself. Elsewhere in the *Histories*, Heracles is identified as an Egyptian god (2.42–5) and claimed as ancestor of the Scythians (4.8–10) and of the Spartan royal house (6.52, 7.204, 8.131). H.'s chronology of long-ago times produces inconsistencies (for Heracles, see Fowler 2013b [1996]: 64–6). The Belus mentioned here as Heracles' grandson cannot be the same as the Belus of 7.61, since there he appears as grandfather of Andromeda, who married Perseus, Heracles' ancestor. **Νίνου τοῦ Βήλου:** by making Ninus and Belus descendants of Heracles, H. presents a common origin from Heracles for the dynasties of Lydia and 'upper Asia' (land east of the River Halys). The 505 years H. assigns to the Heraclid dynasty of Lydia approximately parallel the 520 years he gives to the Assyrian Empire (1.7.4, 95.2). In Greek tradition (Ctesias F1b (4) Lenfant), Ninus is the founder of the Assyrian Empire and the eponym of the seventh-century Assyrian capital Nineveh (1.102.2n Νίνον; Mesop. §§ 2.2, 3.1, 3.3). Belus recalls the name of the Semitic Bel or Baal, 'lord', and is connected with Babylon (1.181.2n Διὸς Βήλου; Lydians § 6.3; Mesop. § 3.1).

7.3 Λυδοῦ τοῦ Ἄτυος: H. moves his attention all the way back to the eponymous founder of Lydia; cf. how he will begin the long narrative about Cyrus' conquests in the second half of Book 1 with the much earlier Assyrians and Medes as well as with Cyrus' own dramatic childhood (1.95–106n). Atys is a real Lydian name, and it will appear again in the Croesus story proper (1.34–5). On the Atyad dynasty, see Lydians § 6.2. **ὅτεο** = Att. ὅτου = οὗτινος. **πρότερον Μηίων καλεόμενος:** H. repeats this information when he recounts the nature of the Lydians' weaponry and armor as part of the Persian army (7.74). The Maeonians are featured in Homer (Lydians § 4). Name changes are part of the transitory nature of all things human (1.1.2n ἐν τῆι νῦν Ἑλλάδι; 1.5.4n τὰ γὰρ ... γέγονε; F.&T. § 3.4.2).

7.4 παρὰ τούτων . . . τὴν ἀρχήν 'having had it turned over by these (previous rulers), the Heraclidae obtained the kingship'. Here what would be the indirect object in the dat. of the active ἐπιτράπω (= Att. ἐπιτρέπω) appears as the nom. subject (Ἡρακλεῖδαι) of the passive verb while the direct object (τὴν ἀρχήν), if the verb were active, remains in the acc. (S 1748; *CG* 35.13.17). **ἐκ θεοπροπίου** 'as a result of an oracle'. The phrase connotes an official response. Other terms H. uses for oracles or oracular responses include μαντήϊον and χρηστήριον (for which the origin of the response is almost always specified) and χρησμός, conceived as a written text, possibly in a collection (Lévy 1997). Rulers and states constantly seek legitimization of this sort; Delphi in particular, but other oracles as well, will appear as part of both intra- and inter-state politics in the *Histories*. Cf. 1.13.1–2nn. **ἐκ δούλης . . . τῆς Ἰαρδάνου:** two translations are possible, 'from a slave of Iardanus' and 'from a slave of the daughter of Iardanus', i.e. the property of Omphale, queen of Lydia. According to Hellanicus *FGrHist* 4 F112, this enslaved woman was named Malis and bore Heracles a child named Acheles. According to the main Greek tradition, Heracles himself was enslaved to Omphale (e.g. Soph. *Trach.* 248–53; Lydians § 6.4). **ἐπὶ δύο τε καὶ εἴκοσι γενεάς:** if this amounts to 505 years, as H. specifies, the average for each generation is then a fraction less than 23 years. This calculation differs from that at 2.142, where a century equals three generations. Such reckonings are highly artificial genealogical constructs. Every Lydian king was certainly not succeeded by his son; H. may here be articulating the principle of dynastic patrilineal succession rather than asserting a highly unlikely fact.

8–14 CANDAULES AND GYGES

By now H. has dismissed the series of female abductions, the stuff of Greek epic and drama (1.1–5), and he has established the principle of chronological structure through genealogy (1.6–7). He turns to the rule of the Mermnadae, Croesus' family. Once more, however, it is a sensational story focusing on the intersection of sex and politics, the contested possession of a woman, and the inevitability of τίσις (retribution). Initially, H. gives no indication about his sources for this story, which could be oral and Eastern, or poetic, religious, and Greek, or a mixture of these. The narrative splits into two structurally parallel dramatic sections (Candaules directs Gyges; the queen directs Gyges), neatly divided by Gyges' voyeuristic act (Long 1987: 9–38). Some analyses have likened this story to a tragic drama in five episodes with three actors. A fragment of a tragedy on the same subject has in fact emerged in a papyrus of the late second or third century CE (Page 1951; Lydians § 4.4.1).

The moral and emotional resonance of H.'s story is left ambiguous. One can (many do) read Gyges as a tragic character, 'faced with two equally grievous alternatives' (Saïd 2002: 133). On the other hand, some elements diminish both Candaules and Gyges in an ironic or semi-comic way. As Plutarch saw (*De malig.* 3 = *Mor.* 855C), cynicism about prominent men is a recurring feature of H.'s narrative; this is especially true of founding fathers (cf. 6.125). The various themes of this story are largely left to the reader to tease out; it is worth noticing that Candaules has not been focusing on the basic function of a royal wife, to produce a dynastic heir. For connections of the story of Gyges and Croesus to folkloric narrative, see Hansen 2002: 319–27.

8.1 οὗτος δὴ ὤν 'this Candaules, then'. δὴ ὤν is frequently found emphasizing a pronoun (Denniston 468–70). After the analepsis on Candaules' predecessors (1.7), H. resumes the account of how the last Heraclid king lost his power to the Mermnad Gyges (c. 680–644; 1.8–13). When H. slows down to produce a vivid scene, he includes the direct speech and/or colorful detail characteristic of traditional oral and Homeric storytelling (1.1.3n). **ἠράσθη . . . ἐρασθεὶς δέ** 'fell in love with . . . and, having fallen in love'; ἠράσθη is an inceptive aor. The repetition of a main verb in a subsequent clause as a participle is a feature found in early Greek prose and is characteristic of H.'s storytelling style; it adds dramatic impact to the unfolding episode (Slings 2002: 76). Candaules actually felt ἔρως for his own wife – not something to be taken for granted in a culture where marriage is contracted between families for the stability of the οἶκος and passion is considered a dangerous and disruptive force. Wolff 1934 points out the resonances between this story of a king's catastrophic disregard of a royal wife's prerogatives and the final account of Xerxes' sexual misjudgements at 9.108–13 (Flower/Marincola). ἔρως is a prominent characteristic of tyrants and would-be tyrants in H. (Wohl 2002: 220–3); H. uses it to describe a lust for power at 1.96.2; 3.53.4; 5.32. **τῆς ἑωυτοῦ γυναικός:** H. never names Candaules' wife, although she is directly responsible for establishing the Mermnad dynasty to come; it is not clear if her not being named is significant, as either a mark of disparagement or one of respect (Larson 2006). In the version of Nicolaus of Damascus *FGrHist* 90 F47.6–7 (Lydians § 4.4), the woman, named Tudo, is a Mysian princess whom the king (Sadyattes or Adyattes) is about to marry; Gyges falls in love with her and tries unsuccessfully to seduce her. **ὥστε δὲ ταῦτα νομίζων . . . ὑπερετίθετο ὁ Κανδαύλης** 'and as a result, thinking these things, . . . Candaules used to confide to this Gyges even the most serious of matters' (S 2274.a; *CG* 46.6). **ἦν γάρ οἱ . . . ἀρεσκόμενος μάλιστα** 'since for him from among the spear-bearers Gyges the son of

Daskylos was particularly favored'. Anticipatory γάρ explains what follows, i.e. τούτωι τῶι Γύγηι . . . ὑπερετίθετο (S 2811–12; *CG* 59.15; Denniston 72.IV.3.ix) and can be translated into English as 'since', or even 'now', 'in fact'. οἱ = Att. αὐτῶι. **τῶν αἰχμοφόρων:** partitive gen. (S 1434; *CG* 30.29). The rise of an ordinary man to power represents a recurrent pattern in H. (e.g. Pisistratus, 1.59; Deioces, 1.95.2–98.1; Amasis, 2.172). In Nicolaus of Damascus *FGrHist* 90 F47.1–4, Gyges is the scion of a noble and powerful family that had long feuded with the Heraclidae; he is called to court, charms the king, and becomes his δορυφόρος. In Pl. *Resp.* 2.359, he is a low-born shepherd (Lydians §§ 2, 4.1, 4.4, 4.4.1). See 1.93.5n λίμνη for a possible etymology of his name.

8.2 χρῆν γὰρ Κανδαύληι γενέσθαι κακῶς 'since things were bound to turn out badly for Candaules'. This anticipation of disaster precedes the narrative of Candaules' bizarre plan; it does not necessarily entail predestination of a transcendent sort but shows H. preparing his readers for the denouement of the story. An externally imposed obligation is generally expressed by δεῖ, while χρῆ tends to indicate internal or logical necessity, here the disastrous consequences of Candaules' behavior (Hohti 1975). **ὦτα γὰρ . . . ὀφθαλμῶν:** this is one of the three proverbial sayings uttered by the protagonists of this story (1.8.3–4). H. as researcher would probably agree that 'ears are less trustworthy than eyes' (2.29, 99), but he also thinks that both can mislead (1.51.3–5; Dewald 1993). Kings in the *Histories* often engage in and sometimes abuse experimentation and inquiry; in this respect they represent a foil for H. himself (Christ 2013 [1994]). **ποίεε ὅκως ἐκείνην θεήσεαι** 'make (sure) that you observe her closely'. θεάομαι is more deliberate and voyeuristic than ὁράω. The two verbs are part of a complex larger pattern of significant verbal repetitions (Long 1987: 9–38, esp. 30–2). ὅκως (= Att. ὅπως) introduces an object clause with fut. indicative dependent on a verb of effort (S 2211; *CG* 44.1).

8.3 ἀμβώσας 'crying out', Ion. aor. part. of ἀναβοάω. **οὐκ ὑγιέα** 'unsound, unhealthy'. The connection between strange or immoral behavior and mental illness will be explored in the stories of Cambyses (3.16–38) and Cleomenes (5.42.1; 6.84). Here, however, H. leaves unclear whether Candaules is mentally disturbed or making a simple error of judgement. **ἅμα δὲ . . . γυνή:** to Candaules' gnomic saying about ears and eyes, Gyges answers with this second generalization. **αἰδῶ** 'honor', both passively, 'respect given by others', and actively, 'restraint, internalized modesty', as the end of the story will show (Cairns 1996). This is the only occurrence of αἰδώς in H.

8.4 πάλαι ... τὰ ἑωυτοῦ: this is the third gnomic observation concerning the power of ancient custom, here specifically the need to mind one's own business.   **τὰ καλά** 'what is excellent'. Like Gyges here, H. sometimes reports customs that are καλοί when he moves into ethnographic description (1.196.5; 3.38.1). Traditional rules of behavior are man-made but must nevertheless be respected (1.11.3n; 3.38.4).   **σκοπέειν τινὰ τὰ ἑωυτοῦ** 'that one should look at what is one's own' (*CG* 38.37). This part of the maxim resonates with the theme of unjust imperial aggression raised at the outset of the Croesus narrative and again at its end (1.6.2, 92.1).   **σεο δέομαι μὴ δέεσθαι** 'I beg you not to request'. The repetition conveys Gyges' ambiguous position with Candaules, whose 'request' is in effect an order. The queen will be brutally clearer in her demands and will speak in terms not of δέεσθαι, but of δεῖ (1.11.2 twice) and ἀναγκαίηι ἐνδεέιν (1.11.3n; cf. 11.4).   **ἀνόμων:** both 'against custom' and 'unlawful', governed by δέεσθαι. The Gyges–Candaules episode establishes that moral transgressions in H. (called ἀδικήματα and ἄδικα ἔργα at 1.2.1, 1.5.3) prominently include not only behaviors against standards that are generally agreed upon for humans (οὐκ ὑγιέα) but also the violation of different societies' νόμοι or normative rules. The specific Lydian norm in question is articulated below (1.10.3n).

9.1 ἀρρωδέων μή τί οἱ ... γένηται: ἀρρωδέων = Att. ὀρρωδῶν, 'dreading'; cf. 1.34.3n καταρρωδήσας. After secondary tenses, the subjunctive presents the fear from the perspective of the subject, here Gyges (S 2221, 2226; *CG* 43.3n2).   **τοι** = Att. σοι; H.'s speakers use both forms (τοι, however, much more often than σοι: Powell 339–40; cf. Dialect § Intr.).   **ἀρχήν** 'first of all', adverbial.   **μηχανήσομαι** 'I shall contrive'. H. often creates a suspenseful two-stage narrative, first narrating the act of planning and then (sometimes more briefly) the results of the plan when put into practice. μηχανάομαι and μηχανή often refer to the schemes of the powerful (1.21.1, 48.2, 59.3, 60.3, 98.4, 187.1). This focus on perception and mental activity as the precursor to action also marks H. as a member of the mid-fifth-century generation of Greek intellectuals (Thomas 2000: 16–21); Thucydides will go on to focus on motivation even more pointedly, in a severely political context (Rood 1998).   **ὥστε μηδὲ μαθεῖν μιν ὀφθεῖσαν** 'with the result that she would not even know that she has been seen'. The natural result clause expresses an anticipated or possible consequence (S 2258; *CG* 46.7; Goodwin 584). The themes of seeing and unjust deeds are also connected in the more folkloric version of Plato (*Resp.* 2.359c–360b), where Gyges has a magic ring that makes him invisible, thus allowing him access to the queen.

9.2 ὄπισθε τῆς ἀνοιγομένης θύρης . . . τῶν ἱματίων . . . ἐκδύνουσα 'behind the opening door . . . taking off each of her garments one by one'. The pres. participles add details of suspenseful drama to the scene.

9.3 ἐπεὰν δὲ . . . γένηι 'when . . . you are behind her back'. ἐπεάν = Att. ἐπήν (ἐπεὶ ἄν).

10.1–2 τὸν Γύγεα = Att. τὸν Γύγην; both forms are found in MSS of H.; cf. 1.8.2 τὸν Γύγην (Dialect § Intr.; *CG* 25.16n1).   **ἐθηεῖτο . . . ἐχώρεε:** the imperfects set the conditions under which the queen's dramatic responses (or lack thereof: 1.10.2: ἐπορᾶι, οὔτε ἀνέβωσε) will take place (S 1899; *CG* 33.49, 51).

10.2 οὔτε ἀνέβωσε . . . οὔτε ἔδοξε μαθεῖν: H. comments on the woman's unexpected silence again at 1.11.1 (ἡσυχίην εἶχε); cf. Gyges' ineffectual cry at 1.8.3. The negatives here highlight for the reader the extent to which Candaules and Gyges are underestimating the queen's presence of mind, her amour propre, her self-control, and her steely determination to defend her own αἰδώς (1.8.3; Lydians § 6.4).   **τείσασθαι** 'to pay back'. Vengeance is an essential element in Herodotean reciprocity (Gould 1989: 42–7) and in the proem has already been advanced as supplying a motive for significant human actions (1.2.3n, although there, perhaps, tongue-in-cheek?). There are 64 instances of τίνω, τίσις, and compounds in H., as well as other terms connected with the notion of retaliatory vengeance: τιμωρίη and τιμωρέω; νέμεσις; αἰτίη; δίκη (F.&T. § 2.5n29).

10.3 παρὰ γὰρ τοῖσι Λυδοῖσι . . . φέρει 'for among the Lydians . . . for even a man to be seen naked leads to great shame'. H. switches to the ethnographic present to add this metanarrative gloss, reminding his readers of the more general Lydian cultural context that apparently still prevails at the time of narration. Even if one is just seen, ὀφθῆναι (let alone 'ogled', θεάσασθαι: 1.8.2n ποίεε), and even in the case of a man (let alone of a woman), nakedness is an occasion for shame among the Lydians. In H.'s Greece, men were used to exercising γυμνοί, naked. At the end of the Croesus story, other Lydian customs are described (1.93–4).

11.1 ἡσυχίην εἶχε 'she kept quiet'; cf. Candaules' earlier confident declaration that Gyges would be able to look at his wife κατ' ἡσυχίην, 'quietly, at leisure' (1.9.2).   **τῶν οἰκετέων . . . ἑωυτῆι ἑτοίμους ποιησαμένη** 'having made ready (those) of her servants whom she saw as being particularly faithful to her'.   **ἐώθεε** = Att. εἰώθει, plpf. of ἔθω 'he had been accustomed', a state achieved in the past and maintained (S 1952; *CG*

COMMENTARY: 11.2–11.5

33.40).   ὅκως 'whenever' with opt. in past general temporal clause (S 2409.b, 2414; *CG* 40.13, 47.10).

11.2 ὁκοτέρην βούλεαι 'whichever way you want (to turn)'.   **ἐμέ τε καὶ τὴν βασιληίην:** for echoes of possible Lydian political facts that H. does not report, see 1.12.2n, 1.13.1n.   **ὡς ἂν μὴ . . . ἴδηις τὰ μή σε δεῖ** 'so that you may not see what you must not'. For ἄν in a purpose clause, see 1.5.2n ὡς ἂν μὴ κατάδηλος γένηται. Here the discourse of Candaules' queen is delivered in the grand style. Its theme elaborates Gyges' maxim, 'that one should look at what is one's own' (1.8.4).

11.3 ποιήσαντα οὐ νομιζόμενα: women tend to articulate and enforce cultural norms in H. (1.112.2, 146, 187.5; 2.121γ, 135.6; 3.32; 5.51; 6.138). The queen's legalism is perfectly logical, if cold-blooded: she only gets to be seen naked by one man, *ergo* one of them has to die. For H.'s sense of the power of νόμος, cf. 1.8.4n ἀνόμων and 1.10.3n; see Dewald 2013b [1981]: 165–8 for its relevance to women.   **ἀναγκαίηι ἐνδέειν** 'to bind with necessity', i.e. 'compel'. ἀναγκ- words in H. are often applied to royal commands and harsh compulsion (Munson 2001b). Here ἀναγκαίη is exercised by the queen (also at 1.11.4, twice; cf. 1.8.4 σεο δέομαι μὴ δέεσθαι).

11.4 ὥρα = Att. ἑώρα.   **αἱρέεται αὐτὸς περιεῖναι:** the verb echoes the choice given him by the queen (αἵρεσιν, 1.11.2). In emphatic asyndeton, this sentence marks Gyges' change of status: he will not merely survive, but will become a famously prosperous τύραννος and the founder of a new dynasty; unlike his voyeuristic predecessor, he will produce royal heirs. This set of actions creates τίσις, retribution, to be visited much later on Gyges' distant descendant, Croesus, because of Gyges' choice (1.91.1).   **φέρε ἀκούσω** 'come, let me hear'; imperative followed by aor. hortatory subjunctive (Powell 372.II.4; S 1797.b; *CG* 38.27).

11.5 ἐκ τοῦ αὐτοῦ . . . χωρίου . . . ὅθεν περ καὶ ἐκεῖνος 'from the very same place from where he also . . .' For other cases of retaliatory symmetry (the so-called *lex talionis*), cf. the wound of Cambyses in the same place where he had struck Apis (3.64.3), or, more elaborately, the vengeance of Hermotimus the eunuch (8.106). Here, however, the queen is responding with deadly violence not to violence, but to an affront against her honor. H. does not expressly judge her, but cf. the Persian charge of disproportionate revenge leveled earlier against the Greeks (1.4.1) and his authorial comment on an excessive revenge taken by another queen, Pheretime (4.205).   **ὑπνωμένωι** 'in his sleep' (lit. 'against him sleeping'). The dat. is governed by ἐπι- in ἐπιχείρησις.

12.1 οὐ γὰρ ἐμετίετο 'since Gyges was not being released'; ἐμετίετο = Att. μεθίετο.   **ὑπὸ τὴν αὐτὴν θύρην:** for the retaliatory symmetry see 1.11.5n.

12.2 ἔσχε . . . Γύγης 'Gyges got both the woman and the crown'; the regicide is narrated briskly. In traditional stories, control over women is often a marker of royal power; cf. the description of Darius' multiple dynastic marriages (3.88.3): 'everything was filled with his δύναμις'. H. does not discuss the Lydian political context, but 1.13.1 makes it clear that the queen and/or Gyges already had powerful friends. Lydian dynastic politics are more prominent in the versions of Nicolaus of Damascus *FGrHist* 90 F47.9–14, where Gyges also kills his opponents, and Plut. *Quaest. Graec.* 45 = *Mor.* 301–2 (Lydians § 4.4).   **Ἀρχίλοχος ὁ Πάριος . . . ἐν ἰάμβωι τριμέτρωι:** the famous iambic and elegiac poet of the mid-seventh century, roughly contemporary with Gyges. Already in his poetry, as later in the Greek poetic *imaginaire*, 'Gyges' represented the whole class of τύραννοι, Eastern autocrats, men of fabulous wealth and power. Some editors regard the reference to Archilochus as a later interpolation, largely on the grounds that H. uses ἐν τριμέτρωι τόνωι for the iambic trimeter at 1.174.5. It is not clear, however, that a conventional vocabulary for meter had been fixed when H. wrote. Archilochus fr. 19 West is quoted in Lydians § 4.1.   **ἐπεμνήσθη** 'mentioned, acknowledged'; an important verb for H.'s conception of his own activity as an author, recording what needs to be remembered (1.5.4n ἐπιμνήσομαι).

13.1 ἔσχε δὲ τὴν βασιληίην: repeated emphasis from 1.11.2, 12.2.   **ἐκ τοῦ ἐν Δελφοῖσι χρηστηρίου:** the first of many appearances of the oracle at Delphi in the *Histories*. Although it is not made explicit here (cf. 1.20n), Delphi is one of H.'s sources of information about early history, both Greek and non-Greek; it began rising to prominence as a Panhellenic sanctuary in the second part of the eighth century. Thirteen Delphic oracles appear in Book 1, seven of them in verse (six in hexameters, one in trimeters: 1.174.5n).   **δεινὸν ἐποιεῦντο τὸ . . . πάθος** '(the Lydians) considered horrible the grievous end of Candaules'. For ἐποιεῦντο (mid.), see Powell 311.II.3; for πάθος, Powell 286.2.   **συνέβησαν ἐς τὠυτό** 'they came together to the same (opinion)'. Both the friends of Gyges and those of the Heraclid Candaules allow Delphi to decide the issue of their kingship. It begins to appear that H. is using a Delphic tradition to shape important parts of his Lydian narrative (1.20n). Nicolaus of Damascus/Xanthus describes the embassy in more detail (*FGrHist* 90 F47.10).   **ἢν μὲν . . . ἀνέληι μιν . . . τὸν δὲ βασιλεύειν, ἢν δὲ μή, ἀποδοῦναι** 'that if the oracle would respond that he be king . . . then let him rule, but if not . . . let him give back', fut. more vivid conditions within indirect discourse. For apodotic δέ, emphasizing the beginning of the main clause, see S 2837; CG 59.17; Denniston 180.II.1.v.a. The pres. and aor. infinitives βασιλεύειν and ἀποδοῦναι represent the terms of the agreement, as third-person imperative apodoses here dependent upon συνέβησαν ἐς τὠυτό (S 2326.e; CG 49.6.13).

13.2 ὡς Ἡρακλείδῃσι τίσις ἥξει 'that retribution for the Heraclidae would come'. This is the first time in the *Histories* that τίσις is connected to the divine (1.10.2n τείσασθαι). H. briefly looks ahead about 170 years, to the end of the Mermnad dynasty in c. 546, Croesus' accusation of Apollo, and the explanation of the god's actions (1.86–91). Oracles in H. are usually validated; here the oracle marks H.'s proleptic insistence that there is an overarching moral pattern to events, and that the oracle's foreknowledge is connected to that pattern (F.&T. § 2.5 and n30).   **πέμπτον ἀπόγονον**: the fourth generation after Gyges (i.e. Croesus), because the initial item is included in the count (1.1.3n; CG 9.10). This part of the response is certainly *ex eventu* and part of the Delphic tradition about Croesus (1.47–55, 1.90–1).   **λόγον οὐδένα ἐποιεῦντο** 'took no account'; for the use of λόγος here, see 1.4.3n λόγον. Later in Book 1 H. uses the same idiom of Gyges' descendants, Alyattes and Croesus (1.19.2, 33); still later, Cyrus too (1.213) fails to take account of important information.

14.1 τὴν μὲν δὴ τυραννίδα ... ἀπελόμενοι 'in this way the Mermnadae got the tyranny, taking it away from the Heraclidae'. This summarizing statement at the end of the narrative repeats the political point made at its beginning (1.7.1; F.&T. § 3.3.2). Private events tend to have public repercussions in H., although he mostly leaves the reader to tease out the relevance of the bedroom drama of Candaules and Gyges to the larger political issues in play. Certainly in this story big becomes small, and vice versa (1.5.4); in H.'s overall plan, a long chain of causal consequences will lead from Gyges' choice to Xerxes' attempted conquest of Greece a couple of centuries later, in Books 7 through 9.   **ἀναθήματα:** dedications and other monuments in the *Histories* represent the tangible signs of historical events and circumstances and are themselves part of the ἔργα μεγάλα τε καὶ θωμαστά H. intends to record (1.0). Significant stories attach to objects, although he remains aware that their mute testimony to the past is ambiguous (1.51.3–5; 9.85.3). For H.'s direct reference to Delphic sources in this section, see 1.20n. Temple dedications play an important part in the Croesus narrative (1.51) and also figure as a motif ending the story of his Mermnad dynasty (1.92). Such passages suggest the ties, diplomatic and cultural, that linked Greece to the kingdoms of Anatolia in the late archaic and early classical period. The detailed description implies but does not make explicit that H. has personally seen the offerings attributed to Gyges and Midas (F.&T. §§ 3.2.2, 4.2.2).   ἀλλ' ὅσα μὲν ἀργύρου ἀναθήματα, ἔστι οἱ πλεῖστα 'but as many dedications as are of silver (in Delphi), most are his'. οἱ is dat. of possession.   χρυσὸν ἄπλετον: an important source of Lydian wealth was the gold dust washed down by the Pactolus from Mount Tmolus (mod. Bozdağ; 1.93.1 ἐκ τοῦ Τμώλου; 5.101.2). Gold appears frequently in H.'s narrative about royal Lydian generosity (1.50–2, 69.4, 92.2; 6.125.2–4).   ἀνέθηκε ἄλλον τε καί ... ἀνακέαται 'he dedicated both other (gold) and in particular – which it is worth especially having memory of – bowls have been dedicated by him, six in number'. ἀνακέαται = Att. ἀνάκεινται, pres. mid., used as the pf. pass. of ἀνατίθημι, with a dat. of agent. There is a slight anacoluthon here, as κρητῆρες begins a new clause as a nom. subject instead of being itself acc., as we might expect after ἄλλον τε καί. For anticipatory ἄλλος, see 1.on τά τε ἄλλα. κρητῆρες are large bowls used to mix wine and water, often dedicated as offerings and used in religious festivals (1.51.1–3).

14.2 ἐν τῶι Κορινθίων θησαυρῶι: the treasuries at Delphi are small buildings, dedicated by various cities, that contain votive offerings. The Corinthian treasury is at the top of the Sacred Way, closest to the temple; it is likely that Midas' throne and Gyges' offerings, like those of Croesus, were housed there for safekeeping after the fire of 548/7 (1.50.3, 51.3). That Gyges' treasures were stored here suggests early friendship between the Mermnadae and the Cypselidae of Corinth (cf. 3.48 and perhaps 1.20).   τριήκοντα τάλαντα: 5 talents each, so 30 for the six kraters. One talent (using the Attic standard) is about 26 kg (57 lbs); σταθμόν, 'in weight', is acc. of respect (S 1601.b; *CG* 30.14).   ἀληθέϊ δὲ λόγωι χρεωμένωι 'but for one using a true *logos*', articulating H.'s interest in the process of fact-finding and accurate reporting (1.95.1n τὸν ἐόντα λέγειν λόγον). Such definite expressions of authorial certitude generally refer to individual pieces of information rather than whole narratives (5.88.1; F.&T. § 3.2).   Κυψέλου τοῦ Ἠετίωνος: tyrant of Corinth c. 657–627, whose rise to power H. will relate at 5.92; he is succeeded by his son Periander (1.20n Περίανδρον). After the fall of his dynasty and the advent of an oligarchy, the treasury took the name of the *polis*.   πρῶτος ... τῶν ἡμεῖς ἴδμεν: see 1.5.3n πρῶτον for the significance of 'firsts' for H. as phenomena worth noting; cf. 1.6.2n τῶν ἡμεῖς ἴδμεν.   Μίδην τὸν Γορδίεω: king of Phrygia c. 738–695, according to Eusebius, but the name was a common dynastic Phrygian one (Lydians § 1). H.'s information perhaps came from temple guides (1.14.1n ἀναθήματα). Even more than Croesus, 'Midas' became the stuff of later myth and legend for his golden touch and his donkey ears (Ovid *Met.* 11.90–193). In H. 'Midas' also occurs as the grandfather of Adrastus (1.35.3, 45.3) and as the mythical figure who captured Silenus in the magic rose garden (8.138.2–3).

14.3 ἐόντα ἀξιοθέητον: the fact that it is 'worth seeing' justifies its inclusion in the *Histories* (1.184n ἀπεδέξατο . . . ἀξιοθέητα).

14.4 καὶ οὗτος 'Gyges also', i.e. as well as Croesus. There is an apparent discrepancy with 1.5.3 and 1.6.2, where Croesus is the first to initiate wrongdoings against the Greeks. However, on a formal level, addition and subsequent modification are typical of linear or paratactic composition; cf. 1.17.1–2 (Alyattes waged war against Milesians – but that war was started by his father Sadyattes, who pursued it for the first six years). More substantially, Croesus is still the first to subject the Greeks to tribute, not simply to attack them (1.6.2n), even if H.'s survey of the first four Mermnadae shows that he largely inherited his policy toward the Greeks of Asia from his predecessors. **ἦρξε** 'came to power'; ingressive aor. (S 1924–5; *CG* 33.29). **ἔς τε Μίλητον καὶ ἐς Σμύρνην, καὶ Κολοφῶνος τὸ ἄστυ εἷλε:** three wealthy seventh-century Greek cities on the Ionian coast that would have compromised Lydian access to trade routes to the Mediterranean, especially through three rivers, the Hermus, Cayster, and Meander. In the abbreviated account of the generations of Mermnad kings between Gyges and Croesus that follows (1.15–22), H. focuses on the attacks mounted against these and other important Greek cities standing between the Lydians and their access to the coast (Priene, Clazomenae, and especially Miletus). **ἀλλ' οὐδὲν γὰρ μέγα . . . ἔργον ἐγένετο** 'but since no other great undertaking . . . occurred'. ἀλλά looks forward to τοῦτον μὲν παρήσομεν; γάρ interrupts that thought with an anticipatory causal clause (S 2811, 2817; *CG* 59.58; Denniston 98–9). Although ostensibly H.'s principle of selection remains that of reporting ἔργα μεγάλα as announced in the first sentence (1.0), he chooses to focus on that part of Gyges' reign connected with the Greeks. **δυῶν δέοντα τεσσεράκοντα ἔτεα** '40 years lacking two'. By ending the Gyges section with the number of the years of his reign (in H.'s calculation, 716–678), H. makes a narrative transition to the account of his successors that follows. For the *Histories'* use of genealogy as a form of chronology, see 1.7.1n. Assyrian annals in the reign of Ashurbanipal (c. 668–627) record Gyges' death as c. 645–4, during a Cimmerian attack (Ivantchik 1993: 104–5); H. places the Cimmerians in the reign of Gyges' successor Ardys (1.15).

15–25 THE MERMNAD DYNASTY AND ITS WARS; ARION

Here H. adopts an abbreviated chronicle-style narrative of the seventh- and sixth-century Lydian wars against Ionian coastal cities, bridging the chronological gap between the reign of the Mermnad dynasty's founder, Gyges (c. 650), and that of its most famous and last member, Croesus (c. 550). He expands the chronicle to describe some details of Alyattes' war with Miletus, and then he interrupts it to include the excursus on Arion and the dolphin. Both narratives contain a crime with religious overtones that is followed by an unexpected, probably divine, response and a clever human intervention by a Greek tyrant. Music also plays a conspicuous part in both stories.

15 Ἄρδυος: like his father, Ardys tries to control Lydia's access to the Aegean; Priene and Miletus lie at the mouth of the Meander (1.14.4n ἐς... Μίλητον); dates now generally assigned for the reign of Ardys are c. 644–625 (1.16.1n). According to Assyrian records, Gyges had already fought the Cimmerians and had appealed to Ashurbanipal for help in doing so (Lydians § 2). For the Cimmerians and 'nomad Scythians' see 4.11–12 (Darius' Scythian campaign) and Northeasterners §§ 1–2. **μνήμην ποιήσομαι:** H.'s straightforward authorial announcement of the next topic to be considered is one mark of parataxis (the 'strung along' style); the intrusion of the authorial first person creates a sense of an emphatic formal transition to the next block of narrative. H. signals that the narrative will now move from Gyges down through his Mermnad successors. A rather bald list of the Mermnad wars with Ionia provides the basic structure of the narrative through 1.25. **ἐξ ἠθέων... ἐξαναστάντες** 'having been dislodged from their lands'. The intransitive second aor. often has a passive meaning (cf. 1.56.3). ἤθεα here represent a people's habitat, as at 1.157.1. A band of Scythians also appears in Media at 1.73.3, perhaps in H.'s eyes connected to the Scythian army whose supposed 28-year invasion of Europe and beyond is described at 1.103.3–106. **Σάρδις:** acc. pl. of Ion. Σάρδιες (= Att. Σάρδεις).

16.1 Σαδυάττης... Ἀλυάττης: much exciting and somewhat scurrilous gossip about the Mermnadae known to other Greek writers (e.g. Nicolaus of Damascus) is omitted by H., who limits his attention to the topic of Lydian aggression against Greeks. If we use H.'s calculations for the dates of their reigns, Sadyattes and Alyattes reigned 629–617 and 617–560 respectively. Modern commonly assigned dates for the kings of Lydia are: Gyges (c. 680–644), Ardys (c. 644–625), Sadyattes (c. 625–610), Alyattes (c. 610–560), Croesus (560–540s); see also Lydians § 5.1. For controversy about Alyattes' death date and Croesus' regnal dates, see 1.25.1n; 1.86.1n ἄρξαντα.

16.2 οὗτος... Μήδοισι, Κιμμερίους τε ἐκ τῆς Ἀσίης ἐξήλασε: the Cimmerians seem to have created turmoil in Asia Minor for much of the seventh century (1.6.3n τὸ γὰρ Κιμμερίων). H. returns explicitly to Sadyattes at 1.18.2. Alyattes' war against the Medes will be narrated later (1.73–4nn). Σμύρνην: 'Old Smyrna' (near modern Izmir) lay at the northeastern corner of the gulf into which the River Hermus poured; the city was razed by Alyattes c. 600 (Nicolaus of Damascus *FGrHist* 90 F64). After this, according to Strabo 14.37, the inhabitants lived scattered in villages for 400 years. The archaeological evidence rather indicates that the date for the destruction was later, perhaps c. 545, at the time of the Persian subjection of Ionia, and that the city revived somewhat earlier than Hellenistic times (*IACP* § 867). τὴν ἀπὸ Κολοφῶνος κτισθεῖσαν 'settled from Colophon'. H. is alluding to the Colophonian takeover of Smyrna in the eighth century. He tells his version of the story later (1.150.1n; Ionians § 2.2). Κλαζομενάς: on the south shore of the gulf of Smyrna. This attack was part of the Lydians' attempt to secure the lower reaches of the Hermus and guarantee access to the sea through the gulf. ἔργα ἀπεδέξατο... ἀξιαπηγητότατα τάδε: this formulation again recalls the first sentence (1.0n ἔργα μεγάλα). Cf. 1.14.4n ἀλλ' οὐδὲν γάρ and 1.177n παρήσομεν for the deliberate omission of unworthy ἔργα. ἐών = Att. ὤν.

17–22 CAMPAIGN OF ALYATTES AGAINST MILETUS
(LATE 600s)

17.1 ἐπολιόρκεε... τρόπωι τοιῶιδε: H. signals that he is again shifting narrative gears, moving from his sparer chronicle style into a more detailed and leisurely account of Alyattes' efforts against Miletus. For the use of deictics to mark an introductory sentence, see, in the first sentence, 1.0n ἤδε and F.&T. § 3.3.2. On this war, see Ionians § 3.9. ὑπὸ συρίγγων ... πηκτίδων ... αὐλοῦ γυναικηίου τε καὶ ἀνδρηίου: ὑπό, 'to the accompaniment of'. The σῦριγξ was a panpipe; the πηκτίς was a harp; the αὐλός was like a clarinet or oboe. The 'feminine' αὐλός was pitched higher than the 'masculine' one; they were normally played together, by one person; on Lydian musical instruments, see Ath. 14.634c, 14.635d. The Greek battle paean was called a 'hymn to avert evils' (Ath. 14.701d; Pritchett 1971: 106); the mention of martial music here suggests religious connotations that become relevant later (1.19.1n ὡς ἄφθη). The Spartans too marched to the sound of an αὐλός, but Thucydides (5.70.1) comments that they did so not for religious reasons, but only to maintain an even step.

17.2 ὡς δὲ ἐς τὴν Μιλησίην ἀπίκοιτο 'whenever he arrived in Milesian territory'. For the temporal clause with opt. here and below (διαφθείρειε), see

1.11.1n ὅκως. Alyattes is wearing the Milesians down by denying them the fruits of their labor but leaving their dwellings untouched, thus encouraging them annually to try again. Strategic and tactical calculations pervade and structure the whole episode. οἰκήματα μὲν ... ἔα δὲ ... ὁ δέ: the subject remains Alyattes. The general sense of these clauses is contrasted, not specific words (S 2915). Cf. 1.48.1, 66.3, 107.2, 171.2, 196.2. ὁ δὲ ... ὅκως διαφθείρειε, ἀπαλλάσσετο ὀπίσω 'but whenever he destroyed ... he went back away'. Alyattes' repeated destruction of Milesian crops would perhaps remind H.'s audiences of the Peloponnesian strategy of annual invasions of Attica in the first years of the Peloponnesian War (431–425; Thuc. 2.18–23, 59, etc.).

17.3 τῆς γὰρ θαλάσσης οἱ Μιλήσιοι ἐπεκράτεον: the Lydians were never a sea power (1.27), and Miletus' access to the Aegean guaranteed it could not easily be starved into submission (cf. Thuc. 1.143.5). ὥστε ἐπέδρης ... τῆι στρατιῆι 'so that there would be for the invading force no use for a siege'. ἐπέδρης = Att. ἐφέδρας. ὁ Λυδός: presumably including both Alyattes and his father Sadyattes, as H. goes on to indicate rather awkwardly at 1.18.2.

18.1 ἔν τε Λιμενηίωι ... ἐν Μαιάνδρου πεδίωι: the Limeneum was by its name a small 'harbor', perhaps in the Latmian gulf east of Miletus. The Meander flowed into Milesian territory from the northeast and traditionally divided Lydia from Caria to its south.

18.2 τὰ μέν νυν ... στρατιήν: for νυν as an enclitic, see 1.1.1n μέν νυν. H. backtracks to explain that Sadyattes, barely mentioned at 1.16.1, started the war and his son Alyattes continued in it (1.17.3n ὁ Λυδός). Two types of narrative structure, spare chronicle and lively, detail-filled narrative, are not here smoothly integrated. ὡς καὶ πρότερόν μοι δεδήλωται 'as has also previously been explained by me' (1.17.1). Very short cross-references like this overtly emphasize H.'s authorial control over his narrative (F.&T. § 3.3).

18.3 οὐδαμοὶ ... μοῦνοι 'none ... helped to lighten (the burden of) the war for the Milesians, except (ὅτι μή) the Chians alone'. This is a first reference to the disunity of the Ionian Greeks, which will become an ongoing theme from 1.142–51 and will help determine the outcome of the Ionian Revolt in Books 5 and 6 (Ionians § 6.1). At the Battle of Lade in 494, the Chians alone will again be stout allies of the Milesians (6.11–18). The verb συνεπελαφρύνειν is a *hapax legomenon*, occurring only here. τὸ ὅμοιον ἀνταποδιδόντες 'repaying in kind'. Reciprocating favors (and injuries) is a fundamental principle of archaic morality for individuals and states, and forms part of the larger principle of reciprocity as a form of causality that pervades the *Histories* (1.on δι' ἥν αἰτίην). τὸν πρὸς Ἐρυθραίους πόλεμον: Erythrae lay on the mainland, opposite the island of Chios, hence the long-standing rivalry of these two cities, in spite of their common dialect (1.142.4).

19.1 συνηνείχθη... γενέσθαι 'happened to occur', with the focus on contingency. ὡς ἄφθη τάχιστα τὸ λήιον... ἅψατο νηοῦ... ἀφθεὶς δὲ ὁ νηός 'as soon as the crop caught fire... it seized the temple... and the temple, having caught fire...' νηοῦ = Att. νεώ; νηός = Att. νεώς. Alyattes' military aggression leads to an offense against a god's temple, which in turn triggers immediate divine punishment (cf. 1.105.4). The verbal repetition reinforces the dramatic progression of the fire (cf. 1.8.1n ἡράσθη). At 5.101–2, Ionians and Athenians burn the Lydian capital, Sardis, another politically important accidental burning. Ἀθηναίης ἐπίκλησιν Ἀσσησίης 'of Athena in name (called) "Assesia"'. Assesus was a cult center in the territory of Miletus; ἐπίκλησις later developed into a technical term for the title given a particular divinity at a specific cult site (e.g. Paus. 7.21.7). Originally this goddess was probably Anatolian. Recent archaeological investigation confirms the destruction of the temple in the twelfth year of Alyattes' reign, at the end of the seventh century (*IACP* § 845).

19.2 λόγος οὐδεὶς ἐγένετο 'no notice was taken'; as before, an ominous indication of impending misfortune (1.13.2; F.&T. § 2.4). ἐνόσησε: divinity tends to be protective of its own territory, and to punish aggression against it. This religious truth provides a background note throughout the narrative of the Persian offensive against Greece in Books 7–9 (e.g. 8.6–18, 35–9). Other diseases caused by divine anger occur at 1.105.2–4, 167.1; 4.205. θεοπρόπους: envoys sent officially to inquire of the oracle and report back with the god's answer (1.48.1–2nn; 7.142; 8.135). εἴτε δή... εἴτε καὶ... ἔδοξε 'whether with someone advising, or whether it seemed good to him'. δή and καί emphasize the disjunctive force of εἴτε... εἴτε (S 2855); τεο = Att. τινος. Hypothetical variant possibilities like this one suggest to some interpreters that H. is a brilliant novelistic inventor, creating for his narrative as a whole a specious effect of precision that has no historical content behind it (*Life* § 3nn15, 16). Such artificial exactitude, however, is a traditional hallmark of an oral narrative style (1.1.3n); here it distinguishes details that H. merely surmises (F.&T. §§ 1nn4–6, 3.1–3.2.1; 1.191.1n). Whether Alyattes is asking advice or thinking things over himself, he is doing something many rulers and other powerful people in H. do not do, and it benefits him. He illustrates the observation of Arist. *Eth. Nic.* 1095b, quoting Hes. *Op.* 293–7: the good man either knows the truth himself (if he is πανάριστος) or (if he is ἐσθλός) takes good advice from others (Arieti 1995: 32). For 'wise advisers' in H., see 1.27.2n καταπαῦσαι; Solon is the most prominent example early in the work (1.29–33n).

19.3 οὐκ ἔφη χρήσειν 'she said that she would not give a response'. οὐ φημί means 'I say not, I deny', not 'I do not say' (S 2692.a; *CG* 51.34n2). **πρὶν ἢ** 'until' (S 2444.b; *CG* 47.16n1). One role of an oracle is to declare ways to expiate religious crimes (6.132–6). **χώρης τῆς Μιλησίης:** a subset of the partitive gen. (*CG* 30.29); S 1311 calls it a chorographic gen.

20 Δελφῶν οἶδα ἐγὼ οὕτω ἀκούσας . . . Μιλήσιοι δέ 'I know, having heard from the Delphians that it happened this way . . . but the Milesians . . .' οὕτω indicates that H. is summing up the first stage of the story. οἶδα is an unusually confident assertion by H. (cf. 1.5.3n τὸν δὲ οἶδα), basing his knowledge here on the reports of others (ἀκούσας). This mention of Delphi is H.'s first citation of a source meant to be authoritative, and the Milesians are his second. **προστιθεῖσι** = Att. προστιθέασι. Variant versions, whether addenda or alternatives, are an important marker of H.'s investigatory ἱστορίη (1.5.2n; F.&T. § 3.2.1). **Περίανδρον:** Cypselid tyrant of Corinth (c. 627–587), who also appears at 1.23, 24 and esp. 3.48–53; 5.92. Under its previous rulers, the Bacchiadae, Corinth had been allied with Samos, Miletus' chief rival in the eastern Aegean. Periander is suggestively entangled in Mermnad/Lydian affairs (1.14.2n ἐν τῶι Κορινθίων θησαυρῶι) and quite likely worked for an alliance between his ξένοι in Sardis and Miletus. Aristotle *Pol.* 5.1313a37 says that he began much of the repressive behavior considered typical of tyrants, and in H.'s Books 3 and 5 he behaves tyrannically. In Book 1, however, he appears as a relatively benevolent ruler. He was often numbered one of the 'Seven Sages of Greece' (Diog. Laert. 1.13), although he is not included in the first attested list, given by Pl. *Prot.* 343a. Five of Plato's sages are characters in Book 1 (Bias or Pittacus, 1.27.2; Solon, 29–33; Chilon, 59; Thales, 74; Bias and Thales, 170). Periander and two others found on other lists appear in later books (Anacharsis, 4.46, 76; Pythagoras, 4.95). On the 'Seven Sages' tradition, see Snell 1971; Martin 1993. **ξεῖνον ἐς τὰ μάλιστα** 'a particularly close guest friend'. Thrasybulus was a seventh-century tyrant of Miletus about whom little is known (cf. Diog. Laert. 1.95–6; Frontin. *Str.* 3.9.7). His collaboration with Periander here and at 5.92ζ testifies to the kind of useful alliances Greek tyrants made among themselves (cf. Arist. *Pol.* 3.1284a27, 5.1311a20). **ὅκως ἄν τι . . .**

βουλεύηται 'so that he (Thrasybulus) would deliberate for the present situation knowing something in advance'. The purpose clause is in secondary sequence, but the subjunctive gives the purpose from Periander's original perspective (S 2197.a, with ἄν 2201; *CG* 45.3-4).

21.1 χρόνον ὅσον ἂν τὸν νηὸν οἰκοδομέῃ 'as long as he was building the temple'. **ἐς τὴν Μίλητον ἦν** 'arrived at Miletus'. Even with verbs of rest, 'the idea of (the end of) motion holds where Eng. uses *in* or *at*' (S 1686.a). **προπεπυσμένος πάντα λόγον:** information management plays a large part in the calculations of important political players in the *Histories* (cf. 1.27.2n καταπαῦσαι). Most are not as successful as Thrasybulus is here. **μηχανᾶται τοιάδε:** a deictic often introduces the account of a particularly clever, unconventional action (1.48.2 (Croesus); 59.3, 60.3 (Pisistratus)). A similar idiom uses the less colorful verb ποιέω (1.75.4, 80.2). See 1.9.1n μηχανήσομαι for the attention H. gives to the planning undertaken by rulers and other powerful people.

21.2 καὶ ἑωυτοῦ καὶ ἰδιωτικός 'both his own and privately owned'. **ἐπεὰν ... σημήνῃ, τότε πίνειν τε ... καὶ κώμωι χρᾶσθαι ἐς ἀλλήλους** 'that when he himself gave the signal, they should then all be drinking and engage in revelry with one another'. πίνειν and χρᾶσθαι are dependent on προεῖπε (S 2633; *CG* 51.32), conveying Thrasybulus' original command. The temporal clause, although a subordinate clause in secondary sequence, stays in its original subjunctive form (S 2619.b; *CG* 41.19).

22.2 ὡς γὰρ δὴ ἰδών τε ... ὁ κῆρυξ καὶ εἴπας ... ἀπῆλθε 'for after the herald, both seeing ... and saying ..., went back to Sardis ...' The dramatic climax (and main idea) falls at the end of the sentence: ἐγένετο ἡ διαλλαγή. εἴπας is much more common in H. than 2 aor. εἰπών. **ὡς ἐγὼ πυνθάνομαι:** H. again stresses that he is reporting information gathered from others (1.20n). This is the first time this important verb is used by H. of his own efforts as an investigator (F.&T. § 3.1). **διαλλαγή:** H. is our only source for this treaty, variously dated to 608, 598, or 594 (*IACP* § 584: Miletus). The difficulty of besieging Miletus must have played a role in Alyattes' calculations (1.17.3n), but for H. the only cause given is the stratagem of Thrasybulus.

22.3 ἐλπίζων 'expecting'; ἐλπίς often conveys a false assumption, disappointed by the introduction of new or unanticipated factors (Branscome 2013: 217n59). Alyattes' son Croesus will be particularly vulnerable to ἐλπίς: 1.27.3, 30.3, 75.2. **τὸν λεὼν τετρῦσθαι** 'the population had been worn down'. λεώς, acc. λεών is an Att. form of λαός, acc. λαόν (Ion. ληός).

22.4 ἐπ' ὧι τε ξείνους ἀλλήλοισι εἶναι καὶ συμμάχους 'on the condition that they be friends and allies to one another'. ἐπ' ὧι introduces a proviso with the inf. expressing the substance of the agreement (S 2279; CG 49.26). For the formulaic coupling of ξείνους καὶ συμμάχους, cf. 1.69.3 ξεινίης πέρι καὶ συμμαχίης. H. uses ξεῖνος/ξεινίη for archaic inter-state relations; these almost always involve individual rulers, especially tyrants. In classical diplomatic language these terms are supplanted by φίλος/φιλία ('friendship, a commitment not to injure one another'), sometimes in combination or contrast with σύμμαχος/συμμαχία ('commitment to mutual assistance in war'). The alliance with Alyattes, which seems to have continued under Croesus, later replaced by a similar one with Cyrus (1.141.4n ἐπ' οἷσί περ ὁ Λυδός), may have been defensive only, since Miletus is not found participating in its allies' wars until the time of Darius' Scythian campaign (4.137–42): Bauslaugh 1991: 60–4, 88–91. **ὧδε ἔσχε** 'thus it happened' (Powell 156.B.4.c); the deictic brings the story to an emphatic close (1.14.1n). For other similar formal conclusions with the impersonal verb ἔσχε, cf. 1.71.1, 92.1. H. here temporarily leaves his chronological and causal narrative about the Mermnadae in order to insert a remarkable story, one that seems to have little to do with Croesus and his ancestors or even with the Ionians.

23–4 ARION AND THE DOLPHIN

The Arion story is an excursus inserted into the account of Lydian aggression against Ionia, and it is also an instance of the 'great and wonderful deeds' that H. has promised in the first sentence (1.0) to include. At 4.30 H. comments that his work 'sought out προσθήκας, "additions", from the beginning' (Cobet 1971); the story of Arion is the first and very conspicuous example of the freedom H. claims to have as a narrator, to insert a variety of supporting but extraneous material into his work. It is attached to the preceding account by a tenuous factual connection: Periander of Corinth gave useful advice to Thrasybulus of Miletus during the war of Alyattes the Lydian against Miletus (1.20) – and by the way, during Periander's reign in Corinth a wonderful thing happened involving a poet named Arion. The oddness of this link encourages us to wonder about thematic connections to the larger narrative project. Does Arion, brought to safety on the back of a dolphin, suggest a *mise-en-abîme* connected to H.'s own life as itinerant tale-teller (Friedman 2006)? Or does Periander's role, investigating the improbable story Arion tells him when safely back in Corinth, cast some light on H.'s sense of his own ἱστορίη (Gray 2001)? Or does the plot of the story perhaps suggest the plot line of the *Histories* as a whole: something small and vulnerable (like Greece), faced with overwhelming external aggression (like the military force of the Persian Empire), at the end is rescued on account of its valor, adherence to νόμος, and divine help? This and other speculative interpretations cannot be argued logically or even viewed as mutually exclusive; rather, they provide a particularly strong instance of the polyvalent analogical power of H.'s text (F.&T. § 4.2.4).

Delphi and Apollo are connected in myth to the δελφίς, dolphin (*Hymn Hom. Ap.* 3.399–501), and Apollo's protection, in a song by the famous singer and citharode, might lurk behind this story of Arion's escape from a watery grave. Versions of the Arion story appear at Plut. *Conv. sept. sap.* 20 = *Mor.* 161A–162B and Lucian *Dial. mar.* 5. For different aspects of the story in H., see esp. Bowra 1963; Benardete 1969: 14–16; Flory 1978b; Munson 1986; Packman 1991; Arieti 1995: 35–9; Thompson 1996: 167; Gray 2001; Kowalzig 2013.

23 Περίανδρος ... Κορίνθου: a summary introduction that briefly recalls as a gloss the role that Periander played in the story of Lydian aggression against Miletus (1.20n Περίανδρον; F.&T. §§ 1.1, 4.1).   **Κορίνθιοι ... Λέσβιοι:** as at 1.20, H. cites sources for the story, showing his readers that he has tried to validate what he heard from one set of people by checking with another. To some interpreters (e.g. Fehling 1989: 21–4), this seems a highly suspicious rhetorical ploy, meant to persuade readers that a 'real' story lies behind what is actually H.'s fictional account. This anecdote purports to recount events occurring about 150 years before H.'s own time; throughout his work, H. reports comparable oral traditions that contain a good deal of folktale embellishment mixed in with genuine historical memories (Harvey 2004: 299–300; Luraghi 2013 [2005]; F.&T. §§ 3.2–3.2.1).   **θῶμα μέγιστον:** this is the first time that H. explicitly labels something as a θῶμα (1.0n ἔργα ... θωμαστά).   **Ἀρίονα ... ἐπὶ Ταίναρον** 'Arion ... carried ashore to Taenarum on a dolphin'; this striking image conveys the nature of the θῶμα. Taenarum is the tip of the central peninsula of the southern Peloponnese (the modern Mani).   **ἐόντα ... Κορίνθωι:** still part of the appositional description of Arion, a gloss at the beginning of the story elaborately summarizes his cultural importance. Arion was a famous seventh-century Aeolic lyric poet, along with Terpander, Sappho, Alcaeus, and other less famous citharodes from the island of Lesbos.   **κιθαρωιδόν** 'singer to the cithara', the etymological ancestor of the words 'guitar' and 'zither'. The cithara was a box-lyre, usually with seven or eight strings, a form of which is found already in Minoan and Mycenaean paintings. The classical seven-stringed cithara emerged in the seventh century and was used for several centuries thereafter (West 1992: 50–6, 329–30; Power 2010: 122–35, 556). Like the dolphin, the cithara had connections with Apollo at Delphi (West 1992: 60; Power 2010: 28–9). **οὐδενὸς δεύτερον, καὶ . . . πρῶτον . . . τῶν ἡμεῖς ἴδμεν** 'second to none' in excellence and 'first of whom we know' in time. Cf. 1.5.3n πρῶτον, 6.2n τῶν ἡμεῖς ἴδμεν for H.'s interest in recording 'firsts and bests'. **διθύραμβον:** an early lyric genre in honor of Dionysus, with choral singing in response to the voice of the citharode. It might have been a forerunner to Attic tragedy, since it was 'an arrangement . . . suited to the dramatic enactment of scenes from legend' (West 1992: 340; cf. 5.67.5). Arion did not invent or name the genre, which is already mentioned by Archilochus fr. 120 West, but he may have given it its choral form. There are no extant fragments of Arion; the hymn to Poseidon reported by Aelian *NA* 12.45, fr. 939 *PMG* is not considered authentic. For the role of Arion in the history of the dithyramb, see Zimmermann 1992: 24–9. **διδάξαντα ἐν Κορίνθωι:** Corinth is acknowledged as the home of the dithyramb in Pind. *Ol.* 13.18 (West 1992: 339n47); 'H. seems to imply that Arion served as a public organizer of musical culture in Corinth, as Terpander did in Sparta' (Power 2010: 158).

24.1 λέγουσι: i.e. the Corinthians and the Lesbians (1.23, 24.8). H. reports the entire account in indirect speech, emphasizing that he is retelling a story told by others; he inserts another cautionary λέγουσι at the most miraculous moment (1.24.6). **ἐς Ἰταλίην τε καὶ Σικελίην:** like H.'s *Histories* as a whole, Arion's story ranges across the Greek world, from his birthplace, Methymna in Lesbos, to Corinth, Taenarum at the southernmost tip of the Peloponnese, and the western colonies of Italy and Sicily. For connections linking the Arion legend in H., the origins and spread of the dithyramb, and 'increasingly intense Mediterranean mobility and trade by sea', see Kowalzig 2013.

24.2 ὁρμᾶσθαι . . . ἐκ Τάραντος: Taras (to the Romans, Tarentum) was an important center in Magna Graecia, at the northwest corner of the heel of Italy, mod. Taranto in Puglia. Coins from all periods depict a man riding on a dolphin, especially from Taras/Tarentum and representing Phalanthos and/or Taras, local Tarentine heroes (Kraay 1976: 174–6 with plate 38; Fischer-Bossert 1999: 410–22; Kowalzig 2013: 39–43). **πιστεύοντα . . . Κορινθίοισι:** more than many Greek cities, Corinth was generally welcoming of artists and other craftsmen (2.167.2; Salmon 1984: 162). **ἐπιβουλεύειν** 'they were plotting'. The Corinthians, whom Arion trusts, turn out to be no better than aggressive βάρβαροι like the Tyrrhenian pirates of the seventh-century *Hymn. Hom. Dion.* 7, or the

Phoenicians in H.'s proem (1.1.1). The words Corinthians and Corinth are stressed by being repeated nine times at 1.23–4. **συνέντα** 'when he understood' their intention; aor. part. of συνίημι.

24.3 ὡς ἂν ταφῆς ἐν γῆι τύχηι 'so that he may get a burial on land'. The crew here offers an important concession, since not to be buried was considered a great calamity (Vermeule 1979: 12); cf. *Il.* 1.4–5, 23.70–98. H. generally takes conventional Greek religious beliefs for granted (F.&T. § 2.5). **τὴν ταχίστην:** the idiom in full is adverbial, τὴν ταχίστην ὁδόν, 'in the fastest way possible' (*CG* 6.4n1; 1.73.5, 81, 86.6, 111.3, etc.). Powell 351.2 translates 'with all speed'.

24.4 ἀπειληθέντα . . . ἐς ἀπορίην 'forced into dire straits'. **παραιτήσασθαι . . . περιιδεῖν αὐτόν . . . ἀεῖσαι** 'begged (them) . . . to allow him . . . to sing'. **ἐν τῆι σκευῆι πάσηι** 'in all his professional garb'. This detail, repeated several times (1.24.5 bis, 24.6; cf. 24.5, ὡς εἶχε; 24.7, ὥσπερ ἔχων ἐξεπήδησε) underlines the professionalism of the poet. Most mentions of σκευή in H. have to do with military equipment (e.g. 7.62.1). For elaborately flowing citharodic costumes, see Bundrick 2005: 166 and illustrations; West 1992: plate 14; Power 2010: 11–27.

24.4–5 στάντα ἐν τοῖσι ἐδωλίοισι ἀεῖσαι· ἀείσας δὲ . . . στάντα ἐν τοῖσι ἐδωλίοισι διεξελθεῖν νόμον . . . τελευτῶντος δὲ τοῦ νόμου: H.'s familiar storytelling style. Linked repetitions of participles, main verbs, and nouns add dramatic emphasis, leading up to the climactic main action (ῥῖψαί μιν . . . ἑωυτόν). Cf. 1.8.1n ἠράσθη.

24.5 ἀείσας δὲ ὑπεδέκετο 'and he promised that when he had sung': a brief drop into direct discourse, possibly for dramatic impact and to distinguish the main verb from the fut. inf. in indirect discourse dependent upon it (S 2634.b). Cf. 1.86.5, another highly dramatic moment. **τοῖσι ἐσελθεῖν γὰρ ἡδονὴν εἰ μέλλοιεν ἀκούσεσθαι** (lit.) 'since pleasure came upon them, if they were about to hear', i.e. 'since they were happy in the expectation of hearing' (S 2354; *CG* 49.25). **νόμον τὸν ὄρθιον:** from the donning of the robes to the professional quality of the performance, Arion's behavior in this moment of crisis is informed by respect for νόμος in the more general, non-musical sense 'law/custom' (1.8.4n ἀνόμων, 11.3n), in contrast to the dishonest and greedy behavior of the sailors (Power 2010: 215–23n87). In the technical sense used here, the νόμος was a solo musical performance piece with rules that defined its melody and rhythm; seven νόμοι or types of performance composition for the cithara were established, according to tradition, by Terpander, another poet from Lesbos (seventh century; Power 2010: 350–5). The specific definition of a νόμος remains unclear (West 1992: 216). The νόμος ὄρθιος was characterized as 'relaxed, orderly, solemnly magnificent . . . and employ[ing] repeated words as an effect' (Fleming 1977: 225, citing Proclus in Phot. 320b12). It was not 'high-pitched', but the name of a specific famous citharodic style (Power 2010: 223).   ὡς εἶχε 'just as he was' (Powell 156.B.2.a).

24.6 τὸν δὲ δελφῖνα . . . ὑπολαβόντα 'but taking him on its back, they say, a dolphin . . .' At a symbolic level, Arion's miraculous rescue perhaps analogically points to the eventual victory of other representatives of human cultures facing undeserved aggression (1.23–4n).

24.7 ὑπὸ ἀπιστίης . . . ἱστορέεσθαι: Periander here practices ἱστορίη, like H. himself (1.0). For 'research' by those in power, see 1.8.2n ὦτα γὰρ . . . ὀφθαλμῶν. For the verb ἱστορέειν applied to other individuals' investigations in the narrative of Book 1, see 1.56.1–2, 61.2, 122.1 (F.&T. § 2.4n20).   **ἀνακῶς δὲ ἔχειν τῶν πορθμέων** 'gave heed to, i.e. watched out for, the sailors'.   **ὡς δὲ ἄρα παρεῖναι αὐτούς** 'but, just at the point when they arrived'. ἄρα signals the surprising conclusion (*CG* 59.42); emphatic ὡς δὲ ἄρα occurs frequently in H. (Denniston 34). The inf. in lieu of the indicative is 'assimilated', as a subordinate clause in indirect discourse (S 2631; *CG* 41.23).   **ἐλεγχομένους** 'cross examined'. ἐλεγχ- words are part of H.'s general vocabulary of interrogation that characters in the narrative use to elicit information (1.117.2, 209.5; 2.115.3; 4.68.2; F.&T. § 2.4); in one later passage he applies them to his own reasoning processes (2.22.4, 23; F.&T. § 3.2.2).

24.8 ταῦτα μέν νυν . . . ἄνθρωπος: H. uses ὄψις, the evidence of sight, to buttress his source citations, here still Corinthians and Lesbians (1.23n Κορίνθιοι). The earlier mentions of the Delphic treasuries and their dedications (1.14) serve the same purpose, although in Book 1 H. is never explicit about his own visit to a particular site (F.&T. § 3.4.2). Numerous examples of men riding dolphins are found in Greek myth and art, and on coins (1.24.2n).

25 THE MERMNADAE, RESUMED

25.1 Ἀλυάττης . . . τελευτᾶι: the analepsis about Croesus' ancestors begun at 1.15 ends here. Alyattes' monumental tomb is described at 1.93.2; he is regarded by some as the true founder of Lydian power (Asheri on 1.16.1 and 28). His long war and subsequent treaty with Miletus date to the late seventh or early sixth century (1.22.2n διαλλαγή). At 1.73.2–74 H. reports that he fought the Medes in a war commonly dated to 585, on the basis of an eclipse that occurred in that year. Since Alyattes is not attested in the historical record after that, the time H. gives for his death (560) and for Croesus' accession to the throne has been disputed (1.86.1n ἄρξαντα; Wallace 2016).

25.2 δεύτερος . . . ἐς Δελφούς: like his great-grandfather Gyges, Alyattes is grateful to Delphi and sends dedications. οἰκίη here means 'dynasty'. Alyattes' son Croesus will be the Mermnad most attentive and generous toward Delphi. For H.'s interest in enumeration, see 1.5.3n πρῶτον.   **θέης ἄξιον** 'worth seeing'; another mention of the remarkable on H.'s part. Glaucus of Chios (fl. unknown) was thought to be the inventor of the technique of either welding or (less likely) soldering iron. κόλλησις in Greek can describe any process of adhesive joining (κόλλα = glue, 2.86.6). Pausanias 10.16.1–2 and Athenaeus 5.210b–c later describe what they think is the same krater-stand; if both are describing the same piece, it had iron crossbars holding its legs together, and was decorated with tiny figures and plants in relief.

26–33 CROESUS INTERVIEWS GREEK SAGES

The narrative about Croesus that was first introduced at 1.5.3–6 finally begins. So far H. has given us as background the growth of Mermnad power, specifically the story of Lydian aggression against Greeks as directed by Croesus' ancestors, starting with Gyges and going briefly through the reigns of Ardys, Sadyattes, and Croesus' father Alyattes. H.'s habit of providing extensive background information before proceeding to his main account helps make the construction of causal linkages in the *Histories* so rich and complex; he will proceed in the same way introducing Cyrus and the Persians at 1.95–140.

In the Lydian narrative, the first three chapters about Croesus himself summarize his aggression against the Ionian and Aeolian Greeks of Asia (1.26), his treaties with the Greek islanders (1.27), and control of Asia Minor west of the River Halys (1.28). H. waits until the reign's conclusion (1.92.2–4) to allude to some of Croesus' difficulties securing his initial succession to Alyattes' throne.

26.1 Ἐφεσίοισι: at 1.142 H. includes Ephesus with Colophon, Clazomenae, and three other cities as 'the Ionian *poleis* in Lydia', speaking the same kind of Ionian Greek. Ephesus controlled the mouth of the Cayster, one of the three rivers most important to Lydia, between the Hermus to the north and the Meander to the south (1.14.4n ἔς τε Μίλητον). The Mermnadae had a special and tumultuous connection with Ephesus (Ionians § 3.7). According to Aelian *VH* 3.26, the tyrant of Ephesus at the time of Croesus' attack in about 555 was his nephew, Pindarus. Pindarus devised the stratagem of the rope H. describes below; after banishment by Croesus, he lived in the Peloponnese, rejecting Lydian rule (Polyaenus 6.50).

26.2 ἔνθα . . . σχοινίον ἐς τὸ τεῖχος: the Artemisium of Ephesus probably existed from the eighth century, but was destroyed and rebuilt several times; 1.92.1 mentions Croesus' offerings to this sanctuary. The rebuilt fourth-century temple was counted among the seven wonders of the world in the Hellenistic age. The cult of Artemis at Ephesus contained non-Greek, Anatolian elements (like her brother Apollo, she fought on the side of the Trojans in the *Iliad*). The goddess apparently did not help the Greeks in Ephesus to victory against Croesus, but the notion of connecting with a rope or chain to a temple to solicit divine help was also later tried elsewhere (Thuc. 3.104.2; Plut. *Sol.* 12). **ἑπτὰ στάδιοι:** using the measurement of 177.6 m (194.3 yds) for the stade, the temple is 1.24 km (0.77 miles) from the city.

26.3 Ἰώνων τε καὶ Αἰολέων: Croesus' conquest of the Greeks of Asia represents the 'unjust deeds' H. has mentioned at the start of the Croesus story (1.5.3). After the conquest of Lydia, these same Ionians and Aeolians seek friendship with Cyrus, but he reimposes the subject status they had under Croesus (1.141). The Dorians to the south apparently also become part of Croesus' territory (1.28), and they are reconquered by Cyrus' lieutenant Harpagus later (e.g. 1.174, Cnidus). The Greek victory of 479 narrated in Book 9 will liberate the East Greeks from Persian rule; by the time H. writes the *Histories*, however, they find themselves again subject to the payment of tribute, this time to fifth-century Athens (Ionians § 6.3). **ἄλλοισι ἄλλας αἰτίας ἐπιφέρων . . . ἐπιφέρων** 'bringing different grievances against different communities, greater ones against those for whom he could find greater accusations and even trivial ones against the others'. ἄλλος is used distributively (Powell 14.A.1.5; S 1274; *CG* 29.51). The αἰτίαι that cause wars (1.on δι' ἣν αἰτίην) can be mere pretexts, as here, with imperialism as the real but unacknowledged cause (Immerwahr 2013 [1956]: 169–74).

27–8 ADVICE OF BIAS OR PITTACUS ABOUT THE ISLANDS; CROESUS' POWER

27.1 ὡς δὲ ἄρα: the expression marks a turning point (1.24.7n ὡς δὲ ἄρα). **κατεστράφατο ἐς φόρου ἀπαγωγήν** 'had been subjected to payment of tribute'. κατεστράφατο = Att. κατεστραμμένοι ἦσαν. The significance of the tribute has been emphasized from the start of the Croesus story (1.6.2n ἐς φόρου ἀπαγωγήν).

27.2 οἱ μέν... οἱ δέ: as at the very beginning of his narrative (1.1.1, 1.1.5), H. included two versions of the origins of the divisions between East and West and, while not identifying his sources, kept the whole account in indirect discourse. Stating that the story told about Croesus here is found with two different names given for the Ionian savant, he reminds us again of the instability of traditional stories and that he reports what he has heard, even if the accuracy of all its details cannot be ascertained (F.&T. § 3.2.1). **Βίαντα... Πιττακόν:** like Periander, Bias of Priene and Pittacus of Mytilene are included among the early sixth-century politicians known as the 'Seven Sages of Greece' (1.20n Περίανδρον); they foreshadow the appearance of another sage, Solon of Athens, at 1.29, but their slyly successful engagement with King Croesus is both much briefer and more appreciated than Solon's. Bias will later appear as an adviser of the Ionians (1.170.1–3). Pittacus was αἰσυμνήτης (mediator) in Mytilene and is berated by Alcaeus (fr. 129.13 LP and Voigt). He died in 570, about ten years before H. says that Croesus came to the throne (cf. 1.25.1n). Even if this encounter of a Greek with Croesus is not historical, it reflects the tradition of Croesus' familiarity with Greeks and Greek culture (cf. Ephorus *FGrHist* 70 F181 in Diog. Laert. 1.40, on a meeting of Greek sages at Croesus' court). In the first- or second-century CE *Life of Aesop* (Perry 1952: chh. 98–100; Kurke 2011: 127), the role H. attributes to Bias or Pittacus is played by Aesop, who persuades Croesus not to attack the islanders by telling him a fable. Kurke 2011: 126–34 argues that the Aesopic version may have been the model for H.'s anecdote here. **καταπαῦσαι τὴν ναυπηγίην** 'he stopped the shipbuilding'. The Ionian sage plays the role of a warner/'wise adviser' (F.&T. § 2.4n21). One can distinguish between 'practical' advisers, whose wisdom is sometimes acknowledged (as here), and 'tragic' warners, like Solon, whose advice powerful men typically disregard, to their detriment (1.29–33n; Lattimore 1939).

27.3 αἲ γάρ = Att. εἰ γάρ 'if only', with opt. of wish (S 1815; *CG* 34.14) 'that something stated or wished for by the previous speaker may come true' (Denniston 92.ix.2.ii).

27.3–4 ἐλπίσαντα... ἐλπίζων: cf. 1.22.3n for the frequency with which ἐλπίς is accompanied by false assumptions in H. Forms of ἐλπίζω and ἐλπίς are used nine times in H.'s first book in reference to Croesus' expectations (1.30.3, 50.1, 54.1, 56.1, 71.1, 75.2, 77.4, 80.5). The ἐλπίς of Croesus is prominent in Bacchyl. 3.29, 75. The excellence of the Lydian cavalry will play a part in Croesus' war with Cyrus (1.79.3n).

27.4 νησιώτας ... Λυδούς 'what else do you think the islanders wish for ... besides praying to catch the Lydians on the sea?', a colloquial anacoluthon, with ἀρώμενοι (nom.) picking up νησιώτας εὔχεσθαι (acc.) after the parenthetical temporal clause. Bias/Pittacus has not been asked for an opinion; he gives his advice indirectly and subtly, as appropriate when dealing with a powerful ruler. **τοὺς σὺ δουλώσας ἔχεις** 'whom you hold in slavery'. H. has said that before Croesus 'all the Greeks were free' (1.6.3), but this is the only time he or one of his characters uses a word denoting slavery in connection with Croesus' dominion. 'Slavery' becomes a central political and metaphorical concept in H.'s narrative about the conquests of Persian kings, beginning in Book 1 with 1.89.1, 94.7, 169.2; it is later used by the Persian king himself (e.g. 7.8.β.3).

27.5 ἐπιλόγωι: a *hapax legomenon* in H., denoting the point of an utterance, especially a fable (Kurke 2011: 130). **προσφυέως** 'suitably'; another *hapax* in H., literally 'according to nature'.

28 χρόνου ... Πάμφυλοι: this chapter shows Croesus is at the height of his power. Two gen. absolutes are followed by two parenthetical clauses; the main clause is postponed to 1.29.1 (ἀπικνέονται), after still two more gen. absolutes. H. uses this very condensed and formal set of constructions to supply hard information, presumably obtained from his ἱστορίη, about the extent of Croesus' reign in Asia Minor. **κατεστραμμένων ... τῶν ἐντὸς Ἅλυος ποταμοῦ οἰκημένων:** ἐντός, 'within', i.e. 'this side of', 'west of', another reference to Croesus' expansionist policies (1.6.1n). **πλὴν γὰρ Κιλίκων:** H. is perhaps following an Ionian tradition in attributing to Croesus the creation of an empire that many modern historians rather assign to Alyattes (1.25.1n Ἀλυάττης, 86.1n ἄρξαντα). The list of subject peoples is incomplete, a mere illustration of Croesus' multiethnic rule. Both Cilicians and Lycians appear later as tributary subjects of Darius the Persian (3.90); for other lists of peoples conquered by Croesus, see Ephorus *FGrHist* 70 F162 (with the critique by Strabo 14.5.23–5). Lists of people in Asia Minor in H. include 3.90–4; 5.49; 7.72–7, 91–5.

29–33 CROESUS AND SOLON

Solon is the most fully developed 'wise adviser'/warner figure in the *Histories* (1.27.2n καταπαῦσαι). He was a famous Athenian poet and politician, archon in 594/3 (Irwin 2005; Blok and Lardinois 2006). As a legislator in troubled times, he was proud of his ability to protect the rights of rich and poor alike, and his political reforms helped lay the groundwork for the Athenian democratic state of the fifth century. The themes developed in H.'s dialogue between Solon and Croesus will continue to resonate throughout the Croesus story, many of them for the rest of the *Histories* as well. Croesus embodies the autocratic and wealthy ruler ignorant of his own vulnerabilities, while Solon here both echoes some of the themes of the historical Solon's poetry and develops some that are distinctively Herodotean. Not all the values H.'s Solon expresses are confirmed by H. the author (e.g. Solon's belief that divinity is 'jealous', 1.32.1), but here, early in the *Histories*, H. introduces Solon in order to raise the following questions: what is true happiness (ὄλβος or εὐδαιμονίη), and what effect does material prosperity (also called ὄλβος) have on one's capacity for happiness? How much control do human beings have over their lives? And finally, at what point is one entitled to judge the quality or the significance of a particular human life?

Croesus asks Solon to name the happiest man he knows, and Solon's responses to Croesus' attempts to have himself flattered deepen the topic by articulating a distinctively Greek and *polis*-oriented set of values. The Lydian ruler will not begin to understand Solon's basic points until he has unhappily reached the end of his own royal story (1.86.4). In Solon's account, the lives of three men of middling prosperity, Tellus the Athenian and the Argives Cleobis and Biton, represent the happiness available in a Greek civic context (1.30.3–5nn, 31.3–5nn). Solon says he cannot yet judge Croesus' life since it is not complete, and a life's quality remains uncertain until its very last day (1.32.5). Like the historian himself, Solon knows that he cannot see a pattern that unrolls over time except by looking back at it in its entirety. For the problems encountered in evaluating the episode as a historical one, see 1.29.1n Σόλων; for the Herodotean Solon and his advice, see Chiasson 1986; Nagy 1990: 243–9; Shapiro 1996; Pelling 2006a; Dewald 2011. For H.'s more general presentation of human morality and its religious implications, see F.&T. § 2.5.

29.1 ἀκμαζούσας πλούτωι: in H., terms denoting prosperity usually foreshadow future calamities (Lateiner 1982). Cf. 5.28 (Naxos and Miletus, shortly to be embroiled in the Ionian Revolt) and 6.127.1 (Sybaris, whose disastrous war with Croton is narrated at 5.44–5), as well as H.'s proemial generalization on the instability of human fortune (1.5.4). Lydia, Sardis, and Croesus were bywords for wealth and luxury in the ancient world (1.55.2n ποδαβρέ; Lydians §§ 4.2–3, 6.5). From this episode in H. and thence through Latin (e.g. Catull. 115, Hor. *Ep*. 1.11.2) comes the saying 'rich as Croesus', already in English by the 1500s: 'As riche as Cresus Affric is' (G. Whetstone, *The right excellent historye of Promos and*

Cassandra, 1578). **ἄλλοι τε οἱ πάντες ἐκ τῆς Ἑλλάδος σοφισταί ... καὶ δὴ καὶ Σόλων:** ἄλλος is again anticipatory (1.on τά τε ἄλλα καί). Croesus' familiarity with Greeks is a sign of his philhellenism. He even has close family ties with the Ionian world: his sister married the Greek tyrant of Ephesus (1.26.1n), and we learn later that a half-brother of his had an Ionian mother (1.92.3). The term σοφιστής first appears in Pindar, only once, and with reference to poets (*Isthm.* 5.28); cf. Cratinus fr. 2 KA. H. applies the term to other wise men from the past, like the seer Melampus (2.49.1) and Pythagoras (4.95.2), but he is using it suggestively here to evoke the world of his contemporaries, where sophists were (among other things) teachers of argumentation, flocking to wealthy Athens to teach methods of persuasion to upper-class young men. For the early use of the term σοφιστής to denote a sage, see Kerferd 1950: 8–9; Kurke 2011: 101–3. **ὡς ἕκαστος αὐτῶν ἀπικνέοιτο** 'as each of them would come', i.e. not all at once, past general temporal clause (S 2414; *CG* 47.10). Cf. the story from Ephorus, in which six of the 'Seven Sages' appeared together at Croesus' court – an obvious embellishment of the earlier tradition (1.27.2n Βίαντα). **Σόλων:** Solon's encounter with Croesus was already impugned in antiquity on chronological grounds (Plut. *Sol.* 27.1), since his archonship (594/3) took place more than 30 years earlier than the traditional dates for Croesus' reign (560–546). A recently suggested redating of its commencement, however, would make the visit more plausible (1.86.1n ἄρξαντα). **Ἀθηναίοισι νόμους κελεύσασι ποιήσας** 'having made laws for the Athenians who had requested (them)'. The ten-year period sworn for holding the laws is unusual; neither Aristotle nor Plutarch includes it. It almost seems as though in this account Solon ostracizes himself; ostracism, however, was a later Athenian invention, apparently first practiced in the fifth century. **κατὰ θεωρίης πρόφασιν** 'for the (ostensible) purpose of seeing the world'. πρόφασις in H.'s hands is not necessarily a false pretext, although sometimes it is simply a fraudulent explanation (5.33.1). It can be the immediate occasion of an event (2.139.2), or the reason a person officially puts forward for doing something (7.229.2, 230). Usually it hides other more decisive or broad-ranging motives (6.49.2). θεωρίη and related terms may denote traveling to festivals (1.59.1), but they also have the more generalized meaning of 'tourism' (3.139.1). In this latter sense, H. applies θεωρίη terms three times to Solon (1.30.1 and 2) and once to the Scythian sage Anacharsis (4.76). For H.'s interest in traveling to see things and gain knowledge, see Life §§ 3–4; F.&T. §§ 3.4.2, 4.2.2; Friedman 2006; Rutherford 2013: 149–55. **τῶν νόμων ... τῶν ἔθετο** 'the laws which he had established'. The rel. pronoun is attracted into the case of the antecedent partitive gen.

(S 2522.a; *CG* 50.13). This passage implies a contrast between Greece and Lydia: Croesus the τύραννος and king (1.6.1, 26.1) vs. Solon the lawgiver. The term νόμος appears three times in this chapter and means 'written statute', although it has already appeared in the narrative with broader moral resonances (1.8.4n ἀνόμων; cf. 1.24.5n νόμον τὸν ὄρθιον). In his poetry, the historical Solon claimed that he was offered the tyranny but rejected it; he also insisted that the state should be ruled by laws, not the arbitrary will of powerful individuals (frr. 32, 33; cf. 36.20–2, 37.6–8 West). The historical Solon called his own laws θεσμοί (frr. 36.18, 31.2; cf. 1.59.6n). According to the Aristotelian *Ath. pol.* 7.2 and Plut. *Sol.* 25.1, the Athenians swore to obey them for 100 years. In H., Demaratus articulates the rule of law for all Greeks as a fundamental value (7.102.1) and more narrowly claims it for Spartans (7.104.4–5).

30.1 αὐτῶν δὴ ὦν τούτων ... εἵνεκεν 'for these very reasons, then'. The unusual hyperbaton or separation of εἵνεκεν from its object (S 3028) puts into high relief the idea of Solon being on foreign travel. H. summarizes the point of all the background details he has just given about Solon's past, a technique typical of oral narrative (1.1.3n). **ἐς Αἴγυπτον ἀπίκετο παρὰ Ἄμασιν:** in Books 2 and 3, Amasis is vividly portrayed; H. claims that Solon took from Amasis one of his laws (2.177.2). Amasis became pharaoh in c. 570; like Croesus he was a philhellene ruler (2.154.3, 178), and in H.'s account he possesses both the trickster's ability to finesse difficulties (2.162, 172, 174) and the ability of a 'wise adviser' to articulate more basic patterns or truths about human existence (2.173; 3.40–3). H.'s own observations about Egypt, gleaned from his travels there, provide much of Book 2's narrative content (2.2–3 and *passim*) and structure (2.99). H. mentions tourism, trade, and war as the reasons why Greeks went to Egypt (3.139.1), and he names, apart from Solon, the banished Syloson of Samos (3.139.1), Hecataeus of Miletus (2.143), and Charaxus, the brother of Sappho (2.135; cf. Sappho frr. 5, 15b LP and Voigt; Obbink 2016). According to later authors, many other Greek sixth-century intellectuals traveled to Egypt and learned from that land; among them were Thales, Bias, Aesop, Lycurgus, and Pythagoras (Diog. Laert. 8.1), and Alcaeus (Strabo 1.2.30). **ἐξεινίζετο:** in H. many instances of hospitality gone wrong have consequences, whether intentionally designed to do so or not (1.106, 119; 2.100; 5.18; 6.129; 7.27, 39; 9.16, 111). **ἡμέρηι τρίτηι ἢ τετάρτηι** 'on the third or fourth day' (*CG* 9.10). Such speciously precise details are an aspect of traditional story-telling (1.1.3n). **περιῆγον κατὰ τοὺς θησαυρούς:** Croesus wants his treasure viewed. A similar scene, designed to recall this one, occurs at 6.125.2–5, where another Athenian, Alcmaeon (who gave his name to the politically important Alcmaeonid family), invited into Croesus' treasury, stuffs the folds of his clothes, his hair, his shoes, even his mouth, with as much gold dust as he can carry, and Croesus, a generous and genial host, bursts out laughing (cf. 1.56.1 ἥσθη). On Lydian gold see 1.14.1n χρυσὸν ἄπλετον, 1.50–2, 93.1. ὄλβια 'blessed', here as 'rich, showing prosperity' (Hes. *Op.* 637); the correct definition of ὄλβιος is at the center of the misunderstanding between Croesus and Solon in this scene (1.31.1n εἴπας πολλά). The term is rare in Greek prose but frequent in poetry, especially in the epinician odes of Pindar and Bacchylides; like ἐλπίς (1.27.3–4n) it seems to have become an integral part of the Delphic tradition specifically about Croesus (Bacchyl. 3.8). Out of 18 occurrences of ὄλβος and ὄλβιος in H., 13 fall in the Croesus narrative, either in this episode or in that of Croesus on the pyre (1.85–6).

30.2 θεησάμενον ... σκεψάμενον: Solon does more than look; he inspects and then reflects. **ὡς οἱ κατὰ καιρὸν ἦν** 'when it was at the right time for him' (Croesus). **γάρ** 'since', anticipatory γάρ (S 2811), introducing an elaborate explanatory clause with its own dependent epexegetic ὡς clause, describing the wandering. Croesus starts with a bit of grandiosity; flattering Solon, he expects flattery in return. **σοφίης εἵνεκεν τῆς σῆς καὶ πλάνης** 'on account of your knowledge and your wanderings'. σοφίη often means not a theoretical wisdom but an acute, practical sensibility and good judgement, or even skill (1.68.1n; 7.23.3). Although H. does not use πλάνη of his own travels, the description of the Herodotean Solon suggests a possible self-referential analogy with H., another Greek traveler (particularly to Egypt) who sees the world and makes sense of it (1.29.1n κατὰ θεωρίης; Dewald 1985, 2006b). **ὡς φιλοσοφέων γῆν πολλὴν ... ἐπελήλυθας** 'that in quest of knowledge ... you have traversed much territory'. φιλοσοφέων is a *hapax* in H.; among the Presocratic philosophers, the term was much used, and according to Heraclitus DK 22 B35 'men who love wisdom must be good inquirers into many things indeed'. Plato (*Tim.* 20d–27b) further elaborates the story of Solon travelling to Saïs in Egypt and learning from Egyptian priests the ancient prehistory of Athens and Atlantis. Plato's is the first known mention of that mysterious island. **ἵμερος ... ἐπῆλθε:** in H. ἵμερος is almost always a desire for political control (1.73.1n γῆς ἱμέρωι).

30.3 ἐλπίζων 'expecting'; expectation is often unfounded and disappointed in H.'s narrative and is prominently featured in the Croesus story (1.27.3–4n ἐλπίσαντα). **τῶι ἐόντι χρησάμενος** 'using the real' (keeping to what he considered true). This impulse makes another link between Solon and H.: see 1.95.1n τὸν ἐόντα λέγειν λόγον for H.'s expressed preference for accounts that strive for accuracy (F.&T. §§ 3.2, 3.2.1). **Τέλλον Ἀθηναῖον:** Solon's happiest man, Tellus, is an Athenian citizen of comfortable means, not otherwise known to us, who represents achievement within a civic order and the notion that a moderate status is best. Solon is made to bluntly redefine terms that epinician poetry had earlier used to describe aristocratic achievement and wealth (1.30.1n ὄλβια). Tellus' name suggests τέλος ('end'), alluding to the end of life but also the attainment of its proper purpose (1.30.4 τελευτή τοῦ βίου λαμπροτάτη). The two ideas together constitute a main point of Solon's speech: we should look at someone's final outcome before deciding whether happiness has been achieved (1.5.4n τὴν ἀνθρωπηίην). The larger historiographic point is that in the human realm one only understands causal consequences by looking back, after the story is complete.

30.4 Τέλλωι τοῦτο μέν . . . τοῦτο δέ . . . ἐπεγένετο 'for Tellus, on the one hand . . . there were beautiful and good children . . . and on the other hand, a most glorious end of his life came afterward'. The neuter demonstrative pronouns add weight to the μέν . . . δέ construction, as a more emphatic version of τὸ μέν . . . τὸ δέ (S 1256; CG 28.27.44). Tellus' advantages are quite different from the vast riches of Croesus and of Sardis ἀκμαζούσας πλούτωι (1.29.1). Like H.'s Solon here, the historical Solon's poetry defines an ὄλβιος as a moderately wealthy man (fr. 23 West); he prays for honestly acquired abundance (fr. 13.3–10), but unlike H.'s Solon he directly disparages the greed of the wealthy (1.32.6n; fr. 24 West). **σφι . . . παραμείναντα** 'he saw children born to them all, and all (the grandchildren) surviving'. The mention of Tellus' thriving offspring here thematically anticipates the fact that, as the narrative continues, Croesus will not experience the same good fortune in his own children (1.34.2n, 44.1–2nn). **τοῦ βίου εὖ ἥκοντι** 'for him doing well in his life', dat. of interest and gen. with adv. of manner (S 1474, 1441; CG 30.49). Cf. Pericles' argument (Thuc. 2.60.2–4), that the prosperity of the individual depends on that of the city. **ὡς τὰ παρ' ἡμῖν** 'as things are among us' (by Greek standards).

30.5 γενομένης . . . μάχης . . . βοηθήσας . . . ποιήσας . . . ἀπέθανε κάλλιστα: a crescendo of participles leading to the central idea, that Tellus 'died most beautifully'. H. explicitly declares that war is an evil (8.3.1; cf. Croesus at 1.87.3–4), but ἀρετή in battle in the performance of a public duty is worthy of the highest praise (as at 7.208–24, H.'s description of Spartan heroism at Thermopylae). For the idea of the 'beautiful death', see Loraux 1986. The battle at Eleusis when Tellus dies may have been part of the Athenian war against their neighbors, the Megarians, for the possession of Salamis (cf. 1.59.4n εὐδοκιμήσας), a struggle in which Solon himself was also involved. δημοσίηι... ἔθαψαν: for the public funeral honoring the war dead and the heroic cult they received, see Hornblower 1991: 292; Boedeker 2001. Tellus even receives a memorial right where he fell, like that given to the famous dead at Plataea (9.85.1) or Marathon (Paus. 1.32.4). Uniquely, Tellus has experienced both alternative destinies that Achilles' mother has said await Achilles: either the glorious reputation of a fallen war hero or the experience of long life in family and community (*Il.* 9.410–16; Dewald 2011).

31.1 προετρέψατο . . . τὸν Κροῖσον 'turned Croesus' attention to the details concerning Tellus'; this may imply 'urged Croesus on with the example of Tellus', as in later Greek 'protreptic', i.e. hortatory, speech (Isoc. 5.123). **εἴπας πολλά τε καὶ ὄλβια** 'saying many and fortunate/ blessed things', i.e. listing Tellus' many reasons for happiness; this echoes the description of Croesus' treasures, μεγάλα τε καὶ ὄλβια (1.30.1), but the meaning of ὄλβια has changed. Sufficient wealth, it turns out, is only part of Tellus' good fortune; he is also lucky in his *polis*, in his family, and in his most glorious death. **γῶν οἴσεσθαι** 'at least would win', restrictive γε with οὖν, now that Tellus has been dealt with (S 2830; *CG* 59.54; Denniston 450).

31.2 Κλέοβίν τε καὶ Βίτωνα: the story of these two brothers is repeated by later sources such as Plutarch (*Sol.* 27.7; *Cons. ad Apoll.* 14 = *Mor.* 108; *Mor.* fr. 133 Sandbach), Pausanias (2.20.3), Hyginus (*Fab.* 254), and Cicero (*Tusc.* 1.113). **τούτοισι . . . βίος . . . ἀρκέων ὑπῆν** 'for these men . . . there was sufficient livelihood', although they are not as explicitly prosperous as Tellus (1.30.4 τοῦ βίου εὖ ἥκοντι). **ῥώμη . . . τοιήδε . . . καὶ δὴ καὶ λέγεται ὅδε ὁ λόγος:** as narrator Solon is using several of H.'s favorite introductory narrative moves. Cf. on deictics, the first sentence, 1.on ἥδε, 16.2 τάδε, 17.1n ἐπολιόρκεε ... τρόπωι τοιῶιδε, etc. While Solon reports Tellus' Athenian achievements directly, he states that he has heard the story of the two Argive brothers from others, a comment H. also often makes (F.&T. § 3.1). **ἐούσης ὀρτῆς τῆι Ἥρηι:** Hera's Homeric epithet is Ἀργείη and she is also called βοῶπις, 'cow-eyed' (*Il.* 4.8, 1.551). On the prominence of young men at the New Year festival of the Heraia in Argos see Burkert 1985: 131, 134. An initiatory motif might be in play in this episode; at their deaths, the youths (νεηνίαι) are honored ὡς ἀνδρῶν ἀρίστων γενομένων (1.31.5; Chiasson 2005: 54). Argos and Samos were the major cult centers of Hera. **τὴν μητέρα:** according to Plut. fr. 133 Sandbach and Hyg. *Fab.* 254, she was a priestess of Hera named Cydippe. **οἱ δέ σφι βόες:** an index of at least middling socio-economic status, of a family owning land that can be ploughed by a team of oxen. ἐκκληιόμενοι δὲ τῆι ὥρηι 'constrained by the deadline', implying that their mother had to officiate at the festival. σταδίους δὲ πέντε καὶ τεσσεράκοντα: measuring a stade at 177.6 m (583 ft), H.'s figure is correct; the Heraeum at Argos is about eight km (five miles) from the city. The archaeological remains date from the seventh century.

31.3 ταῦτα δέ σφι ποιήσασι . . . τελευτὴ τοῦ βίου ἀρίστη ἐπεγένετο: cf. the construction of 1.30.4n Τέλλωι . . . ἐπεγένετο. Like Tellus, Cleobis and Biton end their lives in the aftermath of a magnificent achievement, and they receive acclaim and a public memorial; unlike him, they die young, but not in battle and without living descendants, hence the second prize. **ὁ θεός** 'divinity', or 'the divine'; a depersonalized principle, more general than τὴν θεόν (Hera, 1.31.4) and rather equivalent to τὸ θεῖον of 1.32.1 (Linforth 1928); 'for literature θεός is an ultimate principle that remains indispensable for speculation' (Burkert 1985: 272; F.&T. § 2.5). ὁ θεός recurs in Solon's speech at 1.32.9. **ὡς ἄμεινον εἴη . . . ἢ ζώειν** 'that it is better for a human to have died than to be living'. τεθνάναι probably means 'already to have died' (in the way they did) rather than just 'to be dead' (Konstan 1983: 16). Solon attributes to 'the divine' this acknowledgement of how difficult life is for mortals. The thought is Delphic and traditional in archaic Greek thought; cf. Thgn. 425–8 West, Bacchyl. 5.160, Soph. *OC* 1225. H. also claims this idea as one held by the Persian Artabanus (7.46.3–4) and the Thracian Trausi (5.4). Solon's poetry, however, explicitly praises a long life and productive old age (frr. 18, 20, 27.17–18 West; Chiasson 1986: 252–3). **ἐμακάριζον . . . οἵων τέκνων ἐκύρησε:** the Argive women deem the young men's mother worthy of congratulation for 'what sort of children she had gotten', an indirect dependent exclamation (S 2685; *CG* 42.11).

31.4 περιχαρής 'overjoyed'; words denoting happiness often foreshadow a loss in H. (1.29.1n ἀκμαζούσας πλούτωι). The connection between mothers and their sons' mortality is a frequent theme in early Greek poetry (e.g. Thetis and Achilles, Meleager and Althea, Metaneira and Demophoön (Murnaghan 1992; Chiasson 2005: 45). **μιν = αὐτήν** (their mother). **τὸ ἀνθρώπωι τυχεῖν ἄριστόν ἐστι** 'that which is best for a human being to obtain', epexegetic inf. with adj. (S 2002; *CG* 51.18).

31.5 ἐν τέλεϊ τούτωι ἔσχοντο 'they met with (lit. were held in) this end', aor. mid. used as pass. (S 1735.b; *CG* 35.13n2); cf. the resonance of the name Tellus earlier in Solon's speech (1.30.3n Τέλλον). **εἰκόνας . . . ἐς Δελφούς:** as in the Arion story (1.24.8), H. links the account to objects still visible. Two statues and statue bases have been found at Delphi, with fragmentary archaic inscriptions that have by some been restored as bearing the names of Cleobis and Biton, on the evidence of H.'s text. Other possibilities are the Dioscuri and the two founders of Delphi, Agamedes and Trophonius, whose story resembles that of H.'s Argive brothers (Pind. fr. 2.3 SM in Plut. *Cons. ad Apoll.* 14 = *Mor.* 109A). Delphi is evidently the source of the Cleobis and Biton story as well as a source of the subsequent sections of the Croesus narrative that have to do with Delphic offerings and oracular responses (Flower 2013 [1991]). The role of Solon and the story of Tellus, on the other hand, may reveal the contribution of Athenian sources and the influence of Solon's poetry. ὡς ἀνδρῶν ἀρίστων γενομένων 'on the grounds that they had been excellent men'. Subjective ὡς with the participle, reflecting the thinking of the Argives (S 2086; *CG* 52.39). The phrase ἀνὴρ ἄριστος is often applied to valor in battle (7.10.α.3; 209.4) and recalls the parallel of Tellus' death on behalf of his city (1.30.5).

32.1 εὐδαιμονίης . . . ἡμετέρη εὐδαιμονίη: Croesus equates happiness with wealth and thinks he has been insulted by Solon. These are the first instances of the term εὐδαιμονίη since the conclusion of the proem, where H. himself generalizes about the instability of human fortune (1.5.4nn). ἀπέρριπται ἐς τὸ μηδέν 'has been thrown aside into nothingness'. The aggressive overtones of the verb also emerge in Cyrus' contemptuous dismissal of Lacedaemonian bluster (1.153.2). ὥστε . . . ἐποίησας 'so that you have made us not even equal in value to ordinary men'; Croesus in his anger uses the indicative, in a clause of actual result (S 2274; *CG* 46.4). ὦ Κροῖσε: suddenly more intimate than the ὦ βασιλεῦ of 1.30.3 and 32.9; it is repeated at 1.32.4 (Dickey 1996: 236–7). ἐπιστάμενον 'being convinced', strong belief rather than knowledge *per se* (1.3.1n ἐπιστάμενον). H. applies the participle to himself when he makes the generalization of 1.5.4. Herodotean speakers, however, do not generally state their personal belief in the truth of a gnomic statement that they make. τὸ θεῖον 'divinity'; cf. 1.31.3n ὁ θεός. φθονερόν τε καὶ ταραχῶδες 'begrudging and disruptive'. Here as elsewhere in this speech Solon seems to imply either the randomness of the process of reversal or the amorality of divine envy, which simply tends to target those who have power and wealth; cf. his use of συμφορή (1.32.4) and τύχη (1.32.5–7). See also Amasis' thoughts at 3.40.2, 43.1 and Artabanus' at 7.10.θ, 46.3. Plutarch found the passage offensive (*De malig.* 15 = *Mor.* 857F–858A), but the thought was a traditional Greek one (*Od.* 5.118, Hes. *Op.* 6). Solon's views, however, are not necessarily those of H. himself; H. only applies a φθον- word to the gods in one passage, and there it refers to divine anger against bad behavior (4.205 πρὸς θεῶν . . .

ἐπίφθονοι, 'resented by the gods', describing Pheretime's excessively violent acts of revenge. Cf. Themistocles at 8.109.3; Eidinow 2016: 222–8). See further 1.32.6n ὁ μὲν ἐπιθυμίην.

32.2 ἐς . . . ἑβδομήκοντα 'at 70 years'; one poem of Solon calculates 70 years as the limit of human life (fr. 27.17–18 West), while another (fr. 20 West) advances a wish for 80 good years, as a response to Mimnermus, who had proposed 60 (fr. 6 West).

32.3 ἡμέρας: the historical Solon's reforms of the Athenian calendar were well known (see Plut. *Sol.* 25); cf. H.'s own description of 'the Greek system' (2.4.1). The intercalary month did not occur every other year but was inserted in the Athenian and many other ancient calendars when it was needed to make the lunar year agree more closely with the solar year (354 vs. 365.25 days); without this adjustment, the lunar year quickly lost connection with the four seasons. H.'s Solon begins by calculating 25,200 as the number of days in 70 years (apparently using a calculation of 360 days/yr., or 12 months of 30 days each). To this figure he adds 35 intercalary months (ἐμβολίμου μηνός, each again of 30 days, for a total of 1050 days), one month for every two years. The resulting total, 26,250 days, is given at 1.32.4 below as a conclusion. Solon comes across here as knowledgeable, but perhaps not attuned to the mood of his royal host.

32.4 ἡ ἑτέρη αὐτέων τῆι ἑτέρηι ἡμέρηι . . . πρῆγμα 'one of them does not add to another day anything at all similar', i.e. continuous change is the only enduring and predictable aspect of human life (1.5.4nn). **πᾶν ἐστι ἄνθρωπος συμφορή** 'a human (life) is totally random chance' (Powell 343.1). συμφορή also can mean 'bad luck' or 'misfortune', as it does for Croesus' guest friend at 1.35.1 and for Croesus himself at 1.44.2. It occurs six times in the forthcoming story of Atys and Adrastus (1.34–45); cf. Artabanus' observation at 7.49.3.

32.5 πλουτέειν . . . μέγα πλούσιος: Solon carefully differentiates mere wealth here from ὄλβος (1.30.1n ὄλβια). **ἐκεῖνο δὲ τὸ εἰρεό με οὔ κώ σε ἐγὼ λέγω** 'but that which you kept asking me I do not yet call you', i.e. happy (1.32.7 ὄλβιος κεκλῆσθαι ἄξιος). εἴρεο is an impf. of repeated past actions (S 1893; *CG* 33.24); the assonance of the repeated ε and ο sounds gives Solon's statement its striking effect. **πρὶν . . . πύθωμαι:** the use of the fut. temporal clause after a negative main verb with the subjunctive but without the usual ἄν or κε 'in writers later than Homer lends an archaic colouring to the style' (S 2402). Solon here uses the vocabulary of learning by inquiry, very much like H. himself (1.22.2n ὡς ἐγὼ πυνθάνομαι; cf. 1.30.2n σοφίης . . . τῆς σῆς). **τελευτήσαντα . . .**

τελευτῆσαι: dying creates the possibility of assessment by making an end to the individual's story, as in the cases of Tellus (1.30.4) and Cleobis and Biton (1.31.5). οὐ γάρ τι . . . εἰ μή οἱ τύχη ἐπίσποιτο 'for the very rich man is not in any respect more blessed than the one who has enough for the day, unless fortune should follow him'. General statements and maxims can take the form of a mixed condition (*CG* 49.17.36), with the protasis in the opt. and apodosis in the pres. indicative (with the force of an emphatic fut., S 2360.b). Solon is still trying to redefine the concepts of ὄλβος and ὄλβιος for Croesus (1.30.1n ὄλβια; 31.1n εἴπας πολλά). τύχη . . . εὐτυχέες: in H. τύχη and related terms are applied to circumstances that are not susceptible of a rational explanation, either factually (in terms of predictable natural causes) or morally (punishment for wrongdoing); see e.g. 7.10.δ.2 (chance may cause good deliberations to yield bad results, and bad deliberations good results). Thus εὐτυχής is a morally value-free term for a 'fortunate' person for whom things happen to go well for no discernible reason, at least temporarily. The most conspicuous example is Polycrates, in whose story (3.39–46, 120–5) τύχη derivatives occur 13 times; see also Cyrus, whose story follows Croesus' in Book 1 (1.118.2n τῆς τύχης).

32.6 ὁ μὲν ἐπιθυμίην . . . ἐνεῖκαι δυνατώτερος 'the one (the rich man) is more able to satisfy his desire and to bear great disaster befalling him'. Although Solon's poetry contains invective and warning against the greed of the wealthy (frr. 4.1–15, 4c, 6.3, 15 West), in this passage, H.'s Solon, speaking to a wealthy and now offended king, overtly connects misfortune only to greatness/power, not to wrongdoing, perhaps as an attempt at tact, expressing himself like the epinician poets: McGlew 1993: 41; Nagy 1990: 274–313; Pelling 2019: 111n22. However, he also hints at the wealthy and powerful man's predisposition to immoral action. ἐπιθυμίη in the *Histories* is most frequently applied to an irrational impulse leading to a self-destructive action (1.201n ἐπεθύμησε; 7.18.2). ἄτη (here twice and nowhere else in H., unless we accept a variant reading at 6.61.1) traditionally denotes both disaster and the moral blindness of those who have brought disaster on themselves. Both words suggest the moralizing κόρος ('surfeit')–ὕβρις– ἄτη sequence of Solonian poetry (fr. 6.3–4 West) and archaic thought in general (the oracle at 8.77; Thgn. 152 West; Pind. *Ol.* 1.55–7; Aesch. *Ag.* 766). 'Atys' will be the name of Croesus' son in the episode to come (1.34.2n Ἄτυς). ἄνουσος, ἀπαθὴς κακῶν, εὔπαις, εὐειδής: a striking sequence of compound adjectives heaped up in asyndeton.

32.7 πρὶν δ' ἂν τελευτήσηι: both τελευτήσει and τελευτήσηι here, like the τελευτήν at 1.32.9, recall the name and example of Tellus (1.30.3–5nn). Cf.

Soph. *Trach.* 1–3, where the maxim is called a λόγος ἀρχαῖος.   **οὗτος ἐκεῖνος τὸν ... ἐστι** 'this is that one whom you seek, the one worthy to be called blessed'.   **ἐπισχεῖν** 'wait', inf. for imperative, as also the negative command μηδὲ καλέειν, poetic and Ionic (S 2013.d; *CG* 51.47).

32.8 τὰ πάντα ... χώρη οὐδεμία 'now it is impossible, being human, to collect all these (benefits), just as no land ...' What Solon says about individuals is also valid for states and regions; for more on the underlying balance of cultures and extension of this principle into the natural world, see 1.142.1; 3.106–8, 116.   **ὥς ... ἀνθρώπου σῶμα ἓν οὐδὲν αὔταρκες** 'thus ... a single human's body is not at all self-sufficient', just as a country cannot provide everything for itself. ὥς is demonstrative (S 2988). In H.'s day economic self-sufficiency was a special boast of imperial Athens; in Thucydides' Funeral Oration Pericles declares that the city is αὐταρκεστάτη because of its control of the sea, and that each Athenian citizen is a σῶμα αὔταρκες (Thuc. 2.36.3, 41.1). As narrator, however, Thucydides shortly thereafter implicitly agrees with H.'s Solon, stating that an individual's σῶμα αὔταρκες did not provide immunity from the plague that devastated Athens early in the very next year (Thuc. 2.51.3; Rusten 1989: 159; Moles 1996: 267–9).

32.9 οὔνομα τοῦτο: i.e. ὄλβιος.   **δίκαιός ἐστι φέρεσθαι** 'is entitled to win'; cf. 1.31.1 φέρεσθαι.   **σκοπέειν δὲ χρὴ ... κῆι ἀποβήσεται** 'it is necessary to look to the end of every matter, in which way it will turn out'. The wealthy Lydian king has shown himself ignorant of H.'s basic principle: everything in the human world tends to change – μεγάλα into σμικρά and vice versa (1.5.4n). Underlying H.'s decision to narrate the *Histories* is the fact that he knows how the Persian Wars ended in 479; his narrative has begun with the story of Croesus, as the first instigator of unjust deeds against Greeks (1.5.3), and he will complete this narrative about unjust conquest with Xerxes' defeat at the end of Book 9. But he knows that all historical endings are provisional (Dewald 2013a [1997]: 394–401).   **ὁ θεός** 'the divine'/'divinity' (1.31.3n ὁ θεός; cf. 1.32.1).

33 τῶι Κροίσωι οὔ κως οὔτε ἐχαρίζετο '(Solon) was not at all pleasing to Croesus' (cf. ἡσθῆναι at 1.27.5). In exchange for his hospitality (1.30.1 ἐξεινίζετο), Croesus expects the χάρις (favour/reciprocal gratitude) that forms the basis of the gift-exchange relationship; cf. his later demand of Adrastus the Phrygian, 1.41.2 (Kurke 1999: 151). The accumulation of negatives emphasizes Croesus' adverse reaction to Solon (S 2761; *CG* 56.4), while the sudden change of subject and tense immediately afterward distinguishes the two protagonists. For the danger implied in λόγου ... ποιησάμενος οὐδενός, see 1.13.2n λόγον, 19.2n, 213n.

34–45 CROESUS, ATYS, AND ADRASTUS

So far the Croesus story has included the list of conquests set in motion by his dynastic ancestry (1.6–25), his role as a conqueror of Eastern Greeks (1.26–8), and his role as royal host to a Greek wise man (1.29–33). Experience now proceeds to expose him to some of what Solon has tried to tell him (1.32.1, 33.1). The scene of personal calamity at 1.34–45 will be followed by the more complex political and military narrative of Croesus' royal downfall (1.46–85). For a narratological analysis of H.'s use of prolepsis and foreshadowing in the Atys–Adrastus episode, see De Jong 2013 [1999]: 281–91.

More than any other episode in the *Histories*, 1.34–45 is filled with the values, structures, language, and motifs of Attic tragedy (Chiasson 2003). It includes three main characters, dramatic scenes advanced through dialogue, a warning from the gods about disaster that cannot be averted, a messenger bringing news of a violent death, a prayerful lament, and a burial tableau. The scene ends with the despairing suicide of Adrastus (described in a moving periodic sentence, 1.45.3n Ἄδρηστος).

H. uses the domestic and tragic elements of 1.34–45 for his own historiographic purposes: to illustrate how time changes everything (1.5.4) and therefore to highlight the importance and complexity of what it really means to 'look to the end'. The issues raised by Solon, some of them dramatically displayed here, will be revisited at the end of Croesus' reign as king of Lydia (1.86.3–6, 91.1). They will be played out more fully still by the end of the *Histories* in Book 9.

34.1 ἐκ θεοῦ νέμεσις μεγάλη: the first sentence of this next episode explicitly links the forthcoming death of Croesus' son to the attitudes displayed in his conversation with Solon. The phrase νέμεσις μεγάλη seems designed to combine the emotional force of Solon's τὸ θεῖον πᾶν ἐὸν φθονερόν (1.32.1n) with the more judicial connotations of words such as τίσις and τιμωρίη, which H. uses elsewhere to denote retribution, including divine retribution (1.13.2n ὡς Ἡρακλείδηισι τίσις ἥξει; 2.120.5). The word νέμεσις (associated with νέμειν, 'distribute', used by H. of Solon at 1.32.1) is a *hapax* in H. It prepares for the meaningful names of the protagonists Atys and Adrastus (1.34.2n, 35.3n) and the tragic cast of the story as a whole. Croesus' culpable political and military activity against the Greeks (1.5.3, 92) is not mentioned here.   **ὡς εἰκάσαι** 'so far as one can conjecture', absolute inf. (S 2012; *CG* 51.49); H. emphasizes that he is expressing a speculative judgement. He positions the parenthetical qualification so that its tentativeness can refer either to the statement that has preceded it or to what follows, i.e. to the fact that what happened was a divine punishment or, more narrowly, to the reason for the νέμεσις, that Croesus thought he was the most fortunate of men. Cf. ὡς οἶκός ἦν at the end of the episode (1.45.3), and H.'s willingness there to express authorial doubt (F.&T. § 3.2). For H.'s interest in τὰ θεῖα, see F.&T. § 2.5n29. **αὐτίκα:** now the action proceeds quickly, alternating between direct speech and vivid narrative, mostly free of metanarrative observations (two exceptions: 1.35.2n, 45.3n). **ὄνειρος:** prophetic dreams are prominent in epic and tragedy, as they no doubt were in oral storytelling. Like portents and oracles, dreams are a means by which τὸ θεῖον can communicate foreknowledge to humans. Two other kings in Book 1, Astyages the Mede and Cyrus the Persian (1.107–8, 209–10), have ominous dreams that they try unsuccessfully to subvert, concerning the fate of their offspring and their dynasties. **ἀληθείην:** in H. can mean a reality not obvious to humans at the time but known to the divine, and subsequently revealed to be true (1.46.3n ὡς, εἰ φρονέοντα; 2.119.1; 3.64.1; cf. 8.77.1–2). **ἔφαινε:** the impf. creates the setting for the detailed narrative that follows (Rijksbaron 2002: 13; *CG* 33.49). **τῶν μελλόντων γενέσθαι κακῶν** 'of the evils that were going to happen'. μέλλω usually takes the fut. or pres. inf.; here the aor. inf. enhances the indeterminacy of the time of the event (De Jong 2013 [1999]: 285; *CG* 51.33). The circumstances under which the dream's prophecy might come true are also left indeterminate; humans in H., like Croesus here, can bring about a disastrous fulfillment of the dream's prediction by their very efforts to avoid it (cf. 1.107–29; cf. F.&T. § 2.5n30). **κατὰ τὸν παῖδα:** as often in H., prominence is given early to the most important idea for the episode, while background details are added afterward; similarly, at the outset of his story Croesus is identified as the man who first outraged Greeks (1.5.3, 14.4n).

34.2 τῶν οὕτερος . . . κωφός 'one of whom was disabled, because he was mute'. δή here enhances the importance of the causal γάρ. The same verb, διαφθείρειν, means 'to disable' e.g. a ship and also means 'destroy' or 'kill'. This 'destroyed' second son will play a surprising role at the end of Croesus' story (1.85). **Ἄτυς. τοῦτον δὴ ὦν τὸν Ἄτυν:** cf. the repetition παῖδα . . . παῖδες above; such repetitions with emphatic δή are typical of a paratactic, oral style (1.8.1n). The name Atys recalls ἄτη (see 1.32.6, part of Solon's speech) but is also a recognized Lydian name (1.7.3; 7.27.1; *Lydians* § 6.1). It is probably connected with the name of Attis, the youthful doomed consort of Cybele (Reed 1995: 335; *Lydians* § 6.2). Phrygian, Lydian, and Greek versions of the legend include the details that Attis was 'unmanned' and also killed by a boar (Paus. 7.17.9–12; Burkert 1979: 102–5, 108 with nn4, 5). **σημαίνει:** the unusual number of historical presents in this episode, 15 in all, increases its narrative vividness. See above 1.5.3n σημήνας for this verb's importance in H. **ὡς ἀπολέει μιν** 'that he (Croesus) will lose him'; cf. Solon's description of Tellus as extremely fortunate because Tellus' children and grandchildren lived to adulthood (1.30.4). H. more frequently uses ἀπόλλυμι, like διαφθείρω, to mean 'kill, destroy' (as in the killing of Candaules (1.11.4) or Adrastus 'destroying' Croesus (1.45.1)), so the dream also hints here that Croesus' actions will lead to his son's death (1.41–4). By protecting Atys, Croesus creates the circumstances of the death, that Atys will die as an accidental victim in a hunting accident, rather than, for instance, by attaining Tellus' 'glorious death' in battle (1.30.5n γενομένης).

34.3 ἑωυτῶι λόγον ἔδωκε 'he took counsel with himself' (F.&T. § 3.1n33). Croesus tries to pay attention to prophetic information he receives. This is our first intimation of the piety that he will later exhibit in his oracular consultations. **καταρρωδήσας** 'full of dread'; καταρρωδέω is a distinctively Herodotean verb that appears here for the first time; H. uses it 22 times in all (Powell 189). Its stem verb, ἀρρωδέω, is Ionic and appears once earlier in the *Histories*, at the point when Gyges the spear-bearer is horrified that Candaules has asked him to look at the queen naked (1.9.1). This is the move that led to the beginning of Croesus' dynasty in Lydia; perhaps here too we are seeing a significant turning point for Croesus, Gyges' descendant. **ἄγεται μὲν τῶι παιδὶ γυναῖκα:** Croesus wants to make Atys safer by occupying him at home with marriage, but implicitly part of his fatherly concern may be to guarantee the continuity of the Mermnad line; the passage implies that Atys is younger than the normal marriageable age, since Croesus hurries the nuptials (ἔσπευσα, 1.38.2). **ἐκ τῶν ἀνδρεώνων ... ἐς τοὺς θαλάμους** 'from the men's quarters to the inner chambers'; Croesus' removal of the arms complements his decision to separate Atys from his normal youthful masculine pursuits (1.37.1n τὰ κάλλιστα; cf. the very different removal of arms and role played by Telemachus in *Od.* 19.4–33). Like Sophocles' Oedipus, Croesus does everything he can think of to prevent the prophecy from coming true. For the tragic elements in this story, see Saïd 2002; Chiasson 2003.

35.1 ἔχοντος δέ οἱ ἐν χερσί 'while he had in hand for himself', i.e. 'while he was occupied with'; οἱ is dat. of interest/advantage (S 1474, 1481; *CG* 30.48, 49). **ἀπικνέεται:** a historical pres. marks the dramatic entrance of the second agent of Atys' doom. The tragedy of Croesus (the central figure in the mourning scene at 1.45.1–2) here becomes interlaced with that of the stranger, whose ominous name is withheld at first (1.35.3n Ἄδρηστος). **συμφορῆι ἐχόμενος** 'being caught in misfortune', but the

COMMENTARY: 35.2–35.3

additional meaning of συμφορή, 'accident', is also appropriate to Adrastus. The word occurs six times in this narrative (1.35.4, 41.1, 42.1, 44.2, 45.1; cf. 1.45.3, βαρυσυμφορώτατος), repeating and confirming one of the themes of Solon's speech (1.32.4n πᾶν ἐστι ἄνθρωπος συμφορή). **ἐὼν Φρύξ:** for the close connections of Phrygians and Lydians, see Lydians §§ 1, 3.1, 4, 6.2. **κατὰ νόμους . . . καθαρσίου . . . κυρῆσαι** 'he asked to obtain purification according to the local customs'. Croesus' adherence to the customary ritual even before learning the stranger's name, together with his courtesy and generosity, make him a model here of the aristocratic ξεινίη that the *Odyssey* portrays at length (e.g. *Od.* 15.228). At the end of the story, Croesus will recall his own generosity, calling on Δία καθάρσιον, Zeus the purifier (1.44.2). Greek (and according to H., Lydian) purification practices involved seating the individual to be purified in the middle of a circle, sprinkling lustral water, and using fire and smoke, purificatory animals, and/or substances like blood or mud, with the 'dirt' of pollution washed away by the casting out of the purifying element (Parker 1983: 224–34 and esp. 224n94 for sources). Cf. 1.4.2n and F.&T. §§ 2.5, 4.2.3 for the importance of νόμοι throughout the *Histories*.

35.2 ἔστι δὲ παραπλησίη . . . τοῖσι Ἕλλησι: H. implies the existence of different but equally valid purification rituals for different peoples (cf. 4.73.2–75); the Lydians are said to be similar to the Greeks at 1.94.1. The metanarrative gloss is designed to help H.'s Greek readers better understand the (foreign but not *so* foreign) Lydian context; cf. 1.10.3n.

35.3 ὤνθρωπε, τίς τε ἐὼν καὶ κόθεν . . . ἥκων ἐπίστιος . . . ἐγένεο 'Sir, who are you and coming from what part of Phrygia . . . have you become a suppliant?' The participles allow the compressed introduction of leading ideas (S 2147.a,d). This is the first of several sudden shifts into direct speech that distinguish the whole episode. Their emotional registers are quite different; cf. this formal and royal exchange with the lively and intimate exchange between Croesus and his son (1.37.2), or the exchange, much less formal than this one, between Croesus and Adrastus at the point where Adrastus has lived with Croesus for some time (1.41.1) – or the almost unbearable nobility of Croesus' final words to Adrastus (1.45.2).   **Γορδίεω μὲν τοῦ Μίδεω:** the stranger's father and grandfather bear Phrygian dynastic names and are perhaps descendants of the king mentioned at 1.14.2–3.   **Ἄδρηστος:** the name, apparently related to the verb διδράσκω, means 'he who cannot escape' (Adrastus has killed and will kill ἀέκων, unwillingly) but also 'he whom one cannot escape'. Adrasteia is an epithet of the goddess Nemesis at Aesch. *PV* 936 as well as the name of a city in Mysia where there was a temple of Nemesis;

the boar of 1.36 will come from Mysia. Dillery 2019 explores how multiple other references to Nemesis/Adrasteia in Attic drama and the importance of her cult at Rhamnous and in Asia Minor reinforce H.'s single use of the term νέμεσις, at 1.34.1.

35.4 φίλων . . . ἐς φίλους: the ξεινίη, guest friendship, extended here will soon require gratitude and, Croesus thinks, χρηστά, useful acts of reciprocity, on the part of the recipient (1.41.2); cf. Croesus' earlier disappointed expectations of Solon (1.33n).   **ἐν ἡμετέρου:** a conflation of ἐν ἡμῶν (οἴκωι) and ἐν ἡμετέρωι (οἴκωι).

36.1 ὁ μὲν δὴ . . . ἐν δὲ τῶι αὐτῶι χρόνωι τούτωι: several synchronous narratives now come to the point where their strands – the fate of Atys, the fate of Adrastus, the rampaging boar in Mysia – come together and spell disaster for Croesus.   **ἐν τῶι Μυσίωι Ὀλύμπωι:** Mysia was a Lydian subject state (1.28) north of Lydia, west of Phrygia. At 7.74.1–2 H. comments that the Mysians were originally emigrants from Lydia and known as Olympieni, after the Mt. Olympus in Mysia.   **ὑὸς χρῆμα . . . μέγα** 'a great thing of a boar', repeated as a superlative in the messenger speech below (1.36.2). The boar hunt has manly, mythological resonances in the Greco-Roman *imaginaire* (*Il.* 9.533–52; *Od.* 19.393–466; Ovid *Met.* 8.267–444).   **ἔπασχον δὲ πρὸς αὐτοῦ** 'were being hurt by him'; πρός, rather than the more usual ὑπό with gen. of agent (S 1678; *CG* 35.14).

36.2 τέλος 'at last, finally', the first of 33 adverbial uses of this important term in H.; cf. 1.30.3n Τέλλον Ἀθηναῖον.   **διαφθείρει** repeats the iterative διαφθείρεσκε of 1.36.1, recalls διέφθαρτο of 1.34.2, and looks ahead to 1.38.2, διεφθαρμένον, referring to Croesus' mute son. Such repetitions abound throughout this episode, suggesting the destruction still in store for Croesus through the death of Atys and the decisions he makes thereafter (Long 1987: 74–105).

36.3 παιδὸς μὲν πέρι . . . μὴ μνησθῆτε ἔτι 'concerning my son, don't think further'. As above (1.34.1–2nn), the word order at the beginning of Croesus' speech highlights his main concern, the protective anxiety of a royal father.   **οὐ γὰρ ἂν ὑμῖν συμπέμψαιμι:** potential opt. with ἄν in the emphatic negative, indicating firm resolve: 'Since I certainly would not . . .' (S 1826.a; Goodwin 239; *CG* 34.13.21).   **τοῖσι ἰοῦσι εἶναι ὡς προθυμοτάτοισι** 'to those going, to be as enthusiastic as possible'; προθυμοτάτοισι is a predicate adj. (S 1062).

37.1 ταῦτα ἀμείψατο: dramatic asyndeton, as at 1.39.1. Cf. 1.40, 42.1 for more asyndeton, again framing a lively exchange in direct discourse. ἀποχρεωμένων δὲ τούτοισι 'being content with these words'. ἐπεσέρχεται: Atys enters in the present tense (cf. 1.35.1n ἀπικνέεται); a tense moment ensues.

37.2 τὰ κάλλιστα ... καὶ γενναιότατα ... εὐδοκιμέειν: the first appearance of forms of καλός since Solon's description of Tellus' honorable death (1.30.5). The coming-of-age motif suggested in the Cleobis and Biton story (1.31.2n ἐούσης ὁρτῆς) is relevant here: Atys indignantly seeks his own identity as a man, accusing his father of trying to block its proper expression. Croesus' tendency to seek an unheroic safety for others rather than allowing them noble achievement in risk-taking will also emerge later, when he tries to protect his people, the Lydians, by counseling Cyrus to make them soft and unfit for war (1.155.4n καπηλεύειν; Lydians § 6.5). με ... ἀποκληίσας ἔχεις 'having excluded me, you keep on excluding me', a periphrastic construction especially frequent in H. and tragedy (Goodwin 47; S 1963; CG 52.42n2, 52.53).

37.2–3 τέοισί με χρὴ ὄμμασι ... συνοικέειν: τέοισι = Att. τισί. Expectations about gender roles on the part of both men and women have been a theme in the *Histories* from the start (Boedeker 2011b: 211). They figure as well in the famous Calydonian boar hunt that is a mythological template for this scene (*Il.* 9.524–99). τέοισι ... κοῖος ... κοῖος ... κοίωι: Atys' lively, indignant parallelisms nevertheless end in a plea to Croesus to explain his thinking (ὅκως μοι ἀμείνω ...), suggesting an affectionate and trusting father/son relationship. ἀγορὴν ... πολιήτηισι: two aspects of the Greek *polis*, here featured in a Lydian setting. In the Lydian ethnography at the end of the Croesus episode, H. notes the Lydians' mercantile achievements (as the first to use coins and retail goods, 1.94; Lydians §§ 6.6, 6.9–10). An agora (public area or market) through which the River Pactolus flows plays an important part in the later account of the burning of Sardis (5.101.2). For non-Greeks as 'citizens', see 1.96.3n.

37.3 ὅκως 'that', here almost equivalent to ὅτι, introducing a dependent statement (S 2578.d).

38.1 ἄχαρι 'unseemly, ill-favored'; in the Greek, this resonates significantly with one of Croesus' strongly held ideas, the need for χάρις as graceful and grateful reciprocation from others to him (1.33n, 41.2n); cf. his later indignant cry to Zeus (1.44.2n ὡς ... εὑρήκοι πολεμιώτατον).

38.2 ἐπὶ τὰ παραλαμβανόμενα 'to what is being undertaken'. διεφθαρμένον τὴν ἀκοήν: if the textual tradition is right here, Croesus is claiming that his second son was deaf as well as mute; cf. 1.34.2n. Croesus' comment becomes shockingly relevant again at 1.85.

39.1 συγγνώμη: supply ἐστί, 'it is excusable'.   **ὦ πάτερ:** Atys' second speech parallels his first. Each is subdivided into three parts: an address to his father, an argument including rhetorical questions, and a final request (Immerwahr 1966: 71).   **τὸ δὲ οὐ μανθάνεις:** Atys has no idea how much Croesus misunderstands about human life and fate, or how much both of them fail to anticipate his forthcoming doom. For H.'s use of dramatic irony, see Rutherford 2018: 5–9.

39.2 εἰ ... εἶπε ... χρῆν 'if it had said ... then you should'. No ἄν occurs in the apodosis of a counterfactual condition when it denotes 'unfulfilled obligation, possibility, or propriety' (S 2313; *CG* 34.17).

40 ὡς ἂν νενικημένος ὑπὸ σέο 'convinced that I have been defeated by you, then'. Atys' argument about the iron spear, unlike his previous one, 'defeats' his father.

41.1 ὑποδεξάμενος ἔχω: a periphrastic construction, as at 1.37.2 (S 1963; *CG* 52.42n2, 52.53).

41.2–3 χρηστὰ ... χρηστοῖσι: Croesus again expects reciprocity from his guest, as he did with Solon (1.33n τῶι Κροίσωι). See also 1.35.4n φίλων and 1.42.2 χαρίζεσθαι ... χρηστοῖσι.   **φύλακα:** here Croesus exhorts Adrastus to manly achievement, but this very drive will soon make Adrastus attempt to kill the boar and forget his more modest but proper function as Atys' guard, underlined by the repeated vocabulary of φυλακήν (1.39.1), φυλάσσειν, φυλάσσοντος (1.42.2), φύλακα (1.44.2). The ξεῖνος will become πολεμιώτατος (1.44.2), and the protective guard, the destroyer.   **ἐπὶ δηλήσι ... ὑμῖν** 'for harm to you'.   **ῥώμη ὑπάρχει:** in Solon's story (1.31.2, 31.3) it is the ῥώμη of Cleobis and Biton that enables them to pull their mother's wagon and is praised by the men of Argos; here, however, Adrastus' vigor leads to disaster.

42.1 ἄλλως 'under other circumstances' (if you had not asked me and if I were not indebted to you), correlative to νῦν δέ at 1.42.2.   **ἔγωγε ἂν οὐκ ἤια ... πολλαχῆι τε ἂν ἴσχον ἐμεωυτόν** 'I would not go ... and would hold myself back for many reasons'. Adrastus is legitimately unhappy about his life and will soon become more so: οὐδέ οἱ εἴη βιώσιμον (1.45.1).   **οὔτε γὰρ ... κεχρημένον οἰκός ἐστι ... ἰέναι** 'for neither is it appropriate that (one) who has experienced such misfortune ... go'. οἰκός = Att. εἰκός, 'appropriate, reasonable, likely, expected'; cf. 1.45.3n.

κεχρημένον modifies the implied subject of ἰέναι.   οὔτε τὸ βούλεσθαι πάρα 'nor is the desire present' (for me). πάρα = πάρεστι.

42.2 προσδόκα: imperative, 'expect'.

43.1 ἐξηρτυμένοι λογάσι τε νεηνίηισι καὶ κυσί 'well equipped with chosen youths and dogs'.   **κύκλωι ἐσηκόντιζον:** a wild boar can weigh upwards of 200 kg (441 lbs), is frighteningly fast, and would have needed to be surrounded by numbers of men and dogs.

43.2 οὗτος δὴ ὁ καθαρθεὶς τὸν φόνον 'this man, the one who had been purified of bloodshed', a highly rhetorical brief analepsis standing in apposition to ξεῖνος. In H. δή after οὗτος often indicates that a person has been recently mentioned (Denniston 209.I.4.ix). Briefly interrupting the story of the hunt, this gloss re-identifies Adrastus and sets up the horrible scene to come; this identification of Adrastus is repeated twice more (1.44.1, 45.3).   **καλεόμενος δὲ Ἄδρηστος:** the repetition of the significant name at this point adds to the suspense before the dramatic climax (1.35.3n Ἄδρηστος).   **τοῦ μὲν ἁμαρτάνει, τυγχάνει δὲ τοῦ Κροίσου παιδός:** chiasmus. The buildup of the narrative has been drawn out and elaborate, but its conclusion is brutally sudden. In the mythological hunt for the Calydonian Boar, Peleus accidentally kills Eurytion, his host, who has purified him from an earlier murder (Apollod. 3.13.1–2).

43.3 βληθεὶς τῆι αἰχμῆι ἐξέπλησε τοῦ ὀνείρου τὴν φήμην 'struck by the spear point he fulfilled the prophetic voice of the dream'; the text itself echoes the words of the dream, αἰχμῆι . . . βληθέντα (Long 1987: 83).   **ἔθεε δέ τις ἀγγελέων** 'and someone ran to announce', fut. part. expressing purpose (S 2065; CG 52.41).

44.1 τοῦ παιδός: Atys remains identified as Croesus' child, marking the end of the alternation throughout the passage between παῖς and νεηνίης; Atys has not achieved an independent adult identity.   **συντεταραγμένος,** 'confounded', echoes Solon's ταραχῶδες, 'baffling', at 1.32.1 (Pelling 2006b: 153n43).

44.1–2 ἐδεινολογέετο . . . δεινῶς ἐκάλεε μέν . . . μαρτυρόμενος . . . ἐκάλεε δέ . . . ὀνομάζων . . . καλέων: the earlier dramatic reported speech now becomes a third-person observation narrated by H.; the several almost equivalent verbs and the parallel grammatical structures emphasize the force and extent of Croesus' agonized outburst.

44.2 περιημεκτέων 'being furious, astonished, devastated', a strong verb, found only in H. (1.114.4, 164.2; 3.64.2, etc.).   **καθάρσιον . . .**

ἐπίστιον ... ἑταιρήιον '(the god) of purifications ... protector of the hearth ... protector of friendship'. The god and the various epithets Croesus invokes are Greek; H. does not identify Lydian gods as different from Greek gods or give them different names, except for 'the local goddess Cybebe' (5.102.1). Croesus mentions Zeus as a universal divinity at 1.89.3 and 207.1, but after his downfall refers to Delphic Apollo as 'the god of the Greeks' (1.87.3, 90.2). μαρτυρόμενος τὰ ... πεπονθὼς εἴη 'calling (Zeus) as a witness to what he had suffered'; the rel. clause takes an opt. in secondary sequence, as implied indirect discourse (S 2622.d; *CG* 41.9.19). ὡς ... εὑρήκοι πολεμιώτατον: ὡς is a causal conjunction ('a reason imagined to be true by the principal subject', S 2240.b; *CG* 48.4.13). The tension between φίλος and πολέμιος has been building throughout the episode (1.34.3, 35.4, 37.2; cf. 1.41.2n φύλακα). For the way Croesus' mind has worked about the obligations of guest friendship, see 1.35.1n κατὰ νόμους and 1.35.4n φίλων.

45.1 παρῆσαν: if we think of this as a tragic scene, the bystanders are now a chorus of witnessing mourners. **παρεδίδου** 'was handing himself over'; the impf. reflects the setting of the scene and the length of Adrastus' lament, brought to a conclusion with the aor. ἔθαψε of 1.45.3; cf. 1.10.1–2n (S 1899; *CG* 33.49, 51). **λέγων ... βιώσιμον:** Adrastus summarizes the meaning to him of what has happened; its accumulated weight explains why his life is now unbearable. **ἐπ' ἐκείνηι** 'in addition to it', i.e. the misfortune (S 1689.2.c; *CG* 31.8). **ἀπολωλεκὼς εἴη** 'he was the destroyer/the one who had destroyed', pf. opt. For ἀπόλλυμι as 'destroy' see 1.34.2n ὡς ἀπολέει μιν.

45.2 ἔχω...ἔσεσθαι: reversion to the vividness of direct discourse. **εἶς** = Att. εἶ (*CG* 25.40). **αἴτιος ... θεῶν κού τις** 'some god no doubt is responsible'; Croesus responds magnanimously. This scene has some of the pathos of the initial reconciliation scene between Priam and Achilles in *Il.* 24. 477–551. Croesus is mistaken, however, in his accusation; he appears to confuse divine communication (προεσήμαινε) with divine agency. Later he will be more specific, holding 'the Greek god', i.e. Apollo, responsible for his subsequent troubles (1.87.3n αἴτιος). κου conveys the uncertainty of the speaker (Denniston 490–1; *CG* 59.50). **εἰ μὴ ὅσον ἀέκων ἐξεργάσαο** 'except to the extent you did something unwillingly'.

45.3 ὡς οἰκὸς ἦν 'as was fitting'. H. suddenly reasserts his own role as narrator, commenting on the appropriateness of Croesus' burial of his son (F.&T. § 3.4.1; cf. 1.119.7n ἐνθεῦτεν). **Ἄδρηστος δὲ ... ἑωυτόν:** neither Croesus nor Adrastus has been able to escape the omen contained in his name (1.35.3n Ἄδρηστος). This majestic and suspenseful final narrative sentence rises through a series of 'great, dragging polysyllables συγγινωσκόμενος, βαρυσυμφορώτατος, ἐπικατασφάζει' (Denniston 1960: 8), reserving the main idea in hyperbaton for the end. It constitutes a famous example of H.'s ability to compose in the periodic style (Immerwahr 1966: 52). ἀνθρώπων ... τῶν αὐτός ἤιδεε 'of (all) the men whom he himself knew about'; attraction of the relative into the case of the antecedent (S 2522.a; *CG* 50.13).

46–68 CROESUS DECIDES TO WAGE WAR AGAINST PERSIA

The new plot line starts without a formulaic introductory sentence, suggesting an implicit causal connection between the cessation of Croesus' grief at the death of his son and the military campaign he now begins to contemplate. The main focus throughout remains on Croesus' own perceptions and decisions; neither we readers nor Croesus himself will see for some time that the outcome of his story has been determined in its outline since the reign of his ancestor, Gyges (1.13.2), even if some of its major themes have been articulated earlier by Solon (1.31–2, 86–91).

Croesus is a pious man, although H. critiques the nature of his piety. His preparations against Persia include a test of famous oracles, offerings and consultations; this process brings him in close contact with current Greek affairs. When Delphi advises Croesus to seek the alliance of the strongest of the Greeks, his inquiries provide H. with the opportunity to insert two long background narratives about Sparta and Athens. The complex political histories of the two Greek cities in H.'s eyes largely responsible for the Persian defeat in 479 are thus introduced into the *Histories* through the eyes of the Lydian king who is investigating them as potential allies.

46.1 ἐπὶ δύο ἔτεα 'for two years'; after the pathos of the personal Atys–Adrastus story, H. returns to an account of more conventional kingly activities (1.15 μνήμην ποιήσομαι). **κατῆστο** 'stayed quiet' = Att. ἐκάθητο, from κάθημαι, 'sit'. The verb here has political connotations; cf. 3.134.1; 7.150.2. **ἡ Ἀστυάγεος τοῦ Κυαξάρεω ἡγεμονίη καταιρεθεῖσα ... καὶ τὰ τῶν Περσέων πρήγματα αὐξανόμενα** 'the rule of Astyages son of Cyaxares having been destroyed ... and the power of the Persians growing', both subjects of the verb ἀπέπαυσε; the geopolitical concerns of the region suddenly intrude on Croesus' private grief (πένθεος) in the two noun–participle phrases. At 1.7.1 ἡγεμονίη means 'kingship' or 'rule'; when ἡγεμονίη means 'empire' it always denotes the Persian Empire (Powell 160). In Greek contexts it means 'military command' in the war against Persia (7.149.2); ἀρχή is the more normal term for empire. Cyrus' defeat of the Medes and their king Astyages is dated to 550 by the Babylonian Nabonidus Chronicle (Persians § 1.2). Astyages is Croesus' brother-in-law and Cyrus' Median grandfather (1.73.2n, 75.1n ἐόντα ἑωυτοῦ μητροπάτορα, 108.2); H. will narrate his downfall as part of the background of the Cyrus story (1.127–30). **αὐξανόμενα . . . αὐξανομένην**: repetition underlines this participle's importance. The king's desire to destroy the growing power of the Persians is described in terms similar to those used by Thucydides, identifying the Spartan fear of growing Athenian power as the truest cause of the Peloponnesian War (Thuc. 1.23.6). Both Croesus and Thucydides' Peloponnesians respond by deciding to attack pre-emptively. **πρὶν . . . γενέσθαι**: πρίν with the inf. means 'before' (S 2453; *CG* 47.14.35).

46.2–49 CROESUS TESTS THE ORACLES

46.2 ἀπεπειρᾶτο: the story of Croesus' investigations appears to have originated at Delphi, since it proclaims the superiority of the oracle there (1.48–9). His initial testing of the various oracles' abilities is emphasized by repetition: πειρώμενος (1.46.3), διάπειραν (1.47.1); these are the only preliminary oracular consultations undertaken in the *Histories*, questions asked to discover the extent of oracular knowledge but otherwise frivolous in content. Greeks went to the oracle of Apollo at Delphi for advice about what to do, both as individuals, concerning personal questions ('Should I marry?'), and as official state emissaries sent to ask questions about urgent political or religious decisions ('Should we go to war?' 'To what god do we sacrifice, to enjoy good crops?'; Price 1985: 144–52; Parker 2000 [1985]). Although simultaneous consultations of different oracles on the same issue seem to have been permissible in the Greek world, the outright testing of their divine powers was controversial (Xen. *Cyr.* 7.2.17; Flower 2008: 151).

The theme of investigations by royal foreigners sometimes crossing the line of what is ethical or appropriate emerges early in the *Histories* (1.8.2n ὦτα γὰρ . . . ὀφθαλμῶν; Christ 2013 [1994]). Persian kings test the gods at 1.86.2 (Cyrus), 3.29 (Cambyses), and 7.17 (Xerxes). For other dubiously ambitious royal cultural experiments, cf. 3.38 (Cambyses, Darius) and 2.174 (Amasis the Egyptian). The only other person who makes multiple oracular consultations on the same issue (the verb used is ἀποπειράομαι) is the Persian Mardonius, who consults Apollo at Abae and also visits the shrines of Trophonius, Ismenian Apollo, Amphiaraus, and Apollo Ptoüs (8.133–5).

The oracles tested by Croesus do not match sixth-century realities. Missing are the oracles of Claros and Patara in Asia Minor, of Apollo at Ptoion (8.134, 135.1), of Zeus at Olympia (8.134.1), and of Ismenian

Apollo in Boeotia (5.59; 8.134.1), although H. later notes that Ismenian Apollo did receive gifts from Croesus (1.92.1). ἐς Δελφούς: previous Lydian kings have had contact with Delphi (1.13, 14, 19.2–3, 25). In each case H. anchors the story to the thank offerings from them that remain in the sanctuary in his own day; he will also do this for Croesus' dedications (1.52). ἐς Ἄβας τὰς Φωκέων: the oracle of Apollo in east Phocis (8.27.4–5, 33, 134.1). ἐς Δωδώνην: the oracle of Zeus at Dodona in Epirus was the oldest in Greece (Il. 16.233); its foundation is described by H. (2.52–7). παρά τε Ἀμφιάρεων: a sixth-century sanctuary near Thebes that had probably disappeared by H.'s time (1.49n, 52n, 92.2; 3.91.1; 8.134.1–2). A different Amphiareum later famous as a healing sanctuary was located at Oropus, on the border between Boeotia and Attica. παρὰ Τροφώνιον: at Lebadeia in Boeotia (8.134.1; Paus. 9.39.1–14). ἐς Βραγχίδας: the oracle of Apollo at Didyma, about 19 km (12 miles) south of Miletus, consulted by Ionians and Aeolians (1.157.3n). It took its name from the priestly family of the Branchidae, who claimed descent from Branchus, favorite of Apollo. According to H. this is the only oracle located in Asia Minor that Croesus tested; it received gifts from Croesus (1.92.2n), even though it apparently did not pass his test. At 5.36.4 and 6.19.3 H. refers explicitly back to the information given here and at 1.92.2.

46.3 παρὰ Ἄμμωνα: the oracle of Ammon in Egypt (2.55; 3.25.3), the only non-Greek oracle Croesus tests. At some point he had entered into a defensive alliance with Amasis of Egypt (1.30.1n ἐς Αἴγυπτον, 77.2n). πειρώμενος τῶν μαντηίων ὅ τι φρονέοιεν 'testing the oracles, what they had in mind'; grammatical prolepsis (S 2182; CG 60.37), followed by an indirect question in secondary sequence (S 2677.b; CG 42.7). ὅ τι is the n. s. of ὅστις, to be distinguished from ὅτι, 'because' (S 339; CG 7.20n1). ὡς εἰ φρονέοντα τὴν ἀληθείην εὑρεθείη, ἐπείρηται 'so that, if they were found to be aware of the truth, he could ask'. By testing the oracle Croesus will ascertain that the god at Delphi knows what odd thing he is doing on the day of the oracular consultation. This discovery leads to a curious mental leap that Croesus makes, concluding that the god will (with enough donations) predict for him the outcome of his current political and military plans. The Mermnadae have by this time completely forgotten Apollo's earlier warning to Gyges (1.13.2). ἀληθείη: a truth known to the gods and only afterward confirmed by the humans involved (1.34.1n ἀληθείην).

47.1 ἀπέπεμπε ἐς τὴν διάπειραν ... ἑωυτόν: the details of Croesus' test (διάπειραν) are given. The infinitive clauses from ἀπ' ἧς to ἑωυτόν report Croesus' imperative commands to his underlings (χρᾶσθαι and ἀναφέρειν,

S 2633.a; *CG* 51.32). ἀπ' ἧς . . . ἀπὸ ταύτης ἡμερολογέοντας . . . χρᾶσθαι 'from which day they set out . . . from this day counting . . . they should consult'. ἑκατοστῆι ἡμέρηι 'on the hundredth day' (*CG* 9.10). This presumably gives time to all the messengers to arrive at the various sanctuaries and consult the oracle on the same day. But each oracle had a specific method and time schedule for consultation, so Croesus' plan might not have worked even at Delphi alone, where in the classical period the consultations occurred once monthly during the months when the oracle was available (Parke and Wormell 1956 I: 30–4). Even if Croesus had received special treatment at Delphi, it would not have worked for all the oracles simultaneously. ἅσσα δ' ἄν . . . θεσπίσηι: ἅσσα = ἅτινα. συγγραψαμένους: the middle can either mean 'having it written down' or 'writing it down for themselves' (8.135.2). Although many details of oracular consultation at Delphi in the sixth and fifth centuries remain unknown, in every instance of consultation at Delphi that H. describes, the priestess speaks directly to the questioner (1.65.2; 5.92.2; 7.140.1), not through a προφήτης or some other intermediary (Price 1985: 142; Maurizio 1995).

47.2 οὐ λέγεται πρὸς οὐδαμῶν: the negatives reinforce one another (S 2761; *CG* 56.4). πρός is used rather than the more usual ὑπό with gen. of agent (1.36.1n ἔπασχον). H. sometimes as here notes when his information is incomplete or of doubtful quality (F.&T. § 3.2); the lack of other sources suggests a Delphic origin for much of the story (1.49n). ἐν ἑξαμέτρωι τόνωι 'in a hexameter measure/meter'; cf. 1.174.5, claiming to be a Delphic oracle in iambic trimeters (ἐν τριμέτρωι τόνωι). H.'s text is the first extant Greek work to use the terms ἑξάμετρος and τρίμετρος (1.12.2n Ἀρχίλοχος ὁ Πάριος). The question whether the Pythia ever expressed herself in verse was debated already in antiquity. Plutarch says that in his time she no longer did, but that others would later turn her responses into verse or invent them in poetic form (*De Pyth. or.* = *Mor.* 407B–C); cf. Strabo 9.3.5. Almost no oracles that have survived in inscriptions are in verse (Maurizio 1997: 311n10, 319–21). λέγει: H. uses the historical pres. for introducing oracles in direct speech (χρᾶι at 1.55.2, 62.4, 63.1, 66.2, etc.). For other ancient references to this oracular response, see Parke and Wormell 1956 II: 23–4 (§ 52).

47.3 οἶδα δ' ἐγώ . . . συνίημι . . . ἀκούω: a divine retort to the challenge implicit in Croesus' testing of the oracle. δέ in the first line avoids the hiatus of οἶδα ἐγώ, but in fact is frequently found at the reported beginning of an oracle. In Greek, an initial δέ is a conventional way to introduce a narrative topic (*CG* 59.16), or to begin answering a question (Denniston

COMMENTARY: 48.1–49

173.1.C.2.iii). Cf. another oracular beginning, ἀλλ' ὅταν (1.55.2n). Apollo's response emphasizes his divine knowledge, hitting particularly close to home with an oblique reference to Croesus' remaining son (and perhaps an implicit prediction of his future speaking and hearing? 1.34.2, 85.2); cf. 4.157.2 and Pind. *Pyth.* 9.45–52, in reference to Apollo's omniscience. **μ' ἐς φρένας ἦλθε** 'came to me, came to my mind'; με is either an acc. without preposition after a verb of motion (poetic; S 1588), or an elision of μοι (equally poetic; *CG* 1.38). **κραταιρίνοιο χελώνης** 'of a hard-hide turtle'; cf. *Hymn. Hom. Merc.* 4.48. Like the story of Croesus' test of the oracles, the *Hymn to Hermes* concerns efforts to manipulate Apollo, mantic prophecy, and inappropriate cookery (Dobson 1979). See Crahay 1956: 193 and, more generally, Parke and Wormell 1956 ii: xxx–xxxvi for the similarity of the oracle's poetic responses to the idioms of other early Greek poetry; oral transmission was almost certainly involved (Maurizio 1997). **ἧι χαλκός... ἐπίεσται** '... for which bronze has been laid under (= a cooking pot), and (it) has had bronze placed on top (= a lid)'. In the act. ἐπιέννυμι means 'put on/over' (typically clothing); in the mid.-pass. (here, pf. indicative) it means 'become covered by' or 'put over oneself', with acc. of the covering (S 1748; *CG* 35.15).

48.1 ἕκαστα... συγγραμμάτων 'unfolding each one, examined the documents'. These written responses (1.47.1) may have been on tablets, as at 8.135.3, but H. also uses ἀναπτύσσω for a papyrus roll at 1.125.2. Croesus and his envoys seem to understand and read Greek (1.6.2n φίλους). In the case of Persian kings and their envoys, H. sometimes indicates a language barrier (1.86.4; 3.38.4, 140.3; 8.133–5). **τῶν μὲν δὴ οὐδὲν προσίετό μιν** 'now, none of them were appealing to him'.

48.2 θεοπρόπους: envoys to the oracle (1.19.2n θεοπρόπους). Theognis 805–10 calls such an envoy a θεωρός, exhorting him to report the oracle's answer accurately (Maurizio 1997: 315). **τὴν κυρίην τῶν ἡμερέων** 'the appointed day'. **ἐμηχανᾶτο τοιάδε:** the idea of manipulation and craftiness is reinforced by the repetition of the verbal stem in ἀμήχανον (cf. 1.21.1n μηχανᾶται τοιάδε). **χαλκέωι χάλκεον ἐπίθημα ἐπιθείς:** the alliteration and jingling prose rhythms echo the anaphora of the last line of the riddling oracle at 1.47.3 (ἧι χαλκὸς μὲν ὑπέστρωται, χαλκὸν δ' ἐπίεσται). Κροίσωι ἐχρήσθη in the next section is also almost alliterative.

49 οὐκ ἔχω εἰπεῖν ὅ τι... ἐκτῆσθαι: cf. 1.20n, where H. supplements Delphic information with traditions from Miletus. In the light of 1.48.1 it is clear that H. did not receive the information about Amphiaraus at Delphi;

recent archaeological finds in Thebes may cast light on investigations he made there (1.52nn). ποιήσασι περὶ τὸ ἱρὸν τὰ νομιζόμενα: Croesus' envoys adhere to customary procedures in all formal respects, despite the unconventional nature of his tests (1.46.2n ἀπεπειρᾶτο). ἄλλο γε ἢ ὅτι καὶ τοῦτον ... ἐκτῆσθαι 'except that he believed that he (Amphiaraus) too possessed a non-lying oracular center'.

50–2 CROESUS' SACRIFICES AND OFFERINGS AT DELPHI

Croesus' gifts were later plundered (Strabo 9.3.8; Diod. Sic. 16.56.6), but many of them still existed in H.'s time, albeit in a diminished state, after they were damaged by a fire that destroyed the temple of Apollo in the middle of the sixth century. The detailed nature of H.'s description and his continuous references to changes 'now' in the location or condition of the gifts suggest that he intends his audience to understand that he saw them in person (as also the offerings of Gyges and the throne of Midas, 1.14). The unprecedented wealth of Croesus' dedications made a tremendous impression on the Greek world and established his enduring reputation for generosity and piety (Pind. *Pyth.* 1.94; Bacchyl. 3.24–31). On the evidence for these gifts, see Parke 1984; for Xerxes' detailed knowledge of Croesus' dedications at Delphi in c. 480, see 8.35.2.

50.1 κτήνεά τε γὰρ τὰ θύσιμα πάντα τρισχίλια 'animals that are fit for sacrifice, 3000 altogether', rather than 'of each kind' as probably at 9.81.2. **κλίνας ... κιθῶνας:** the list of objects shows Croesus to possess an abundance of wealth that is not Greek but 'Eastern'; cf. 9.80.1–2, 82.1–2, 83.1. **νήσας πυρὴν μεγάλην:** this entire section on Croesus' offerings connects the themes of his trust in his wealth, his attempts to control his destiny, and his erroneous expectations about his relationship with Delphi to the forthcoming narrative of his downfall at Cyrus' hands. νήσας πυρὴν μεγάλην anticipates συννήσας πυρὴν μεγάλην (1.86.2), the great pyre built by Cyrus for burning Croesus himself. **ἐλπίζων ... ἀνακτήσεσθαι** 'hoping/anticipating that by these he would more somehow win over the god'. Croesus' ἐλπίς plays a prominent part throughout his story (1.27.3–4n ἐλπίσαντα ... ἐλπίζων). Later he will be indignant that his gifts have not brought him the favorable outcome he thinks they deserved (1.90.2n). **θύειν πάντα τινὰ αὐτῶν** 'that every one of them should sacrifice'; indirect command (S 2633; *CG* 38.28).

50.2 ὡς δὲ ἐκ τῆς θυσίης ἐγένετο 'after he was away from (finished with) the sacrifice' (Powell 69.iv.7). **χρυσὸν ἄπλετον** 'abundant gold', also used of Gyges' offerings (1.14.1). H. distinguishes ingots of electrum, a mixture of gold and silver found in western Anatolia, as λευκὸς χρυσός. The more precious refined gold ingots, extracted by separating the gold from the silver in the electrum, he calls ἄπεφθος χρυσός. The procedure for the separation represented a technological breakthrough and would have taken place at Sardis, in what is now called Pactolus North (Lydians § 3.1; Ramage et al. 1983: 34–41). **ἡμιπλίνθια ἐξ αὐτοῦ ἐξήλαυνε** 'produced rectangular bricks out of it'. The verb is used of hammering out, stretching, or flattening metals in H. (cf. 1.68.4). **ἐπὶ μὲν τὰ μακρότερα . . . ἐξαπάλαστα . . . τριπάλαστα:** 'six palms . . . on the longer side, three on the shorter'. One palm measures c. 7.4 cm (2.9 in.), i.e. they were 44 cm (17.5 in.) long, 22 cm (8.5 in.) wide. **τρίτον ἡμιτάλαντον ἕκαστον ἕλκοντα** 'each weighing (two talents and) a half-talent as the third unit'; i.e. each brick weighed two talents and a half (LSJ ἕλκω = 'draw down', i.e. as on a weight balance scale). If the Attic talent is meant, 26 kg (57 lbs), this is equivalent to c. 65 kg (143 lbs). This is the reading given by Pollux 9.54 in conformity with ἕβδομον ἡμιτάλαντον (1.50.3). A solid gold brick of the size H. reports should weigh considerably more, c. 146 kg (322 lbs) or between 3.7 and 5.6 talents, depending on the standard of measurement used (Asheri). **σταθμὸν διτάλαντα** 'two talents in weight', 52 kg (115 lbs). All 117 bricks served as a pyramidal base for the golden lion mentioned below (1.50.3).

50.3 λέοντος εἰκόνα: as the animal sacred to Heracles-Sandon, the lion appears on coins as an emblem of the kingdom of Lydia (Lydians §§ 3.1, 6.3; Kuhrt 1995: 570–1). In H. the lion is a recurring and ambiguous symbol of kingship and tyranny (1.84.3; 5.56.1, 92.β.3; 6.131.2); it can also symbolize courage and ferocity in war (7.220.4, 225.2; Munson 2001a: 245–6). **κατεκαίετο:** this ruinous fire at Delphi, which had great resonance in the ancient world, is dated to 548/7 on the basis of Paus. 10.5.13. H. later mentions it in connection with the contributions made by Amasis of Egypt (d. 526) to the Amphictyons for building a new temple (2.180). The rebuilding took decades and was eventually achieved by the exiled Athenian Alcmaeonidae (c. 514–510), in exchange for the oracle's commitment to persuade the Spartans to liberate Athens from the Pisistratid tyranny (5.62; cf. Pind. *Pyth.* 7.10–12). By not stating explicitly whether Croesus' offerings had burned before his defeat by Cyrus, H. is here probably reflecting the view of his Delphic sources; by his time, the Delphian account of Croesus' temple dedications was not connected in any way to the mid-sixth-century burning of the temple (Parke 1984: 215–16). From the point of view of H.'s reader, however, the melting of the golden lion might suggest the approaching end of its dedicator, and the rich sacrifice, Croesus' own forthcoming pyre (1.50.1n νήσας). **νῦν . . . ἐν τῶι**

Κορινθίων θησαυρῶι: νῦν in reference to objects or circumstances at the time of narration recalls H.'s efforts as an investigator (1.14.1n ἀναθήματα; F.&T. § 3.4.2). After the fire that destroyed Apollo's temple, the Lydian offerings were evidently redistributed to different locations (1.14.2n ἐν τῶι Κορινθίων θησαυρῶι, 51.2n ἐν τῶι Κλαζομενίων θησαυρῶι).   ἕβδομον ἡμιτάλαντον 'a seventh half-talent', i.e. six and a half talents: c. 169 kg (373 lbs). H.'s earnest calculations of the weight of the lion and other offerings point back to how wondrous Croesus' wealth must have been, given what was on display at Delphi (1.30.1n ὄλβια). H. gives the weight of the lion in his own time, but by then the fire had melted off a τέταρτον ἡμιτάλαντον, three and a half talents or c. 91 kg (201 lbs) from its original weight of ten talents, c. 260 kg (573 lbs).

51.1 κρητῆρας: cf. the six gold kraters earlier dedicated by Gyges, weighing five talents each (1.14.1n χρυσὸν ἄπλετον).   ἐσιόντι 'for one entering'; a dat. part. without a noun or pronoun can denote the person observing or judging something (S 1497; CG 30.52).

51.2 ὑπὸ τὸν νηὸν κατακαέντα 'at the time of the temple burning'; ὑπό with acc. of time (S 1698.3.b; CG 31.8).   ἐν τῶι Κλαζομενίων θησαυρῶι: Clazomenae is an Ionian city on the gulf of Smyrna (1.16.2, 27.1, 142.3, 169.2; 5.123; Ionians § 3.4).   εἴνατον ἡμιτάλαντον καὶ ἔτι δυώδεκα μνέας 'eight and a half talents and twelve minae', c. 226 kg (498 lbs). The mina weighed c. 433 g (0.95 lbs); there are 60 minae in a talent.   ἐπὶ τοῦ προνηΐου τῆς γωνίης 'in the corner of the temple vestibule'. H. says that the Aeginetans' thank-offering for their role at the much later Battle of Salamis was placed next to it (8.122).   ἀμφορέας ἑξακοσίους: 600 amphoras (c. 23,400 litres, 6182 US gallons, the same liquid measurement as that of the bronze Scythian krater at Exampaios (4.81.2–6) and twice that of the one which the Spartans gave to Croesus (1.70.1). The amphora measures about 39 litres (10.3 US gallons), but all our translations of ancient Greek weights and measures are necessarily approximate (Asheri; Corcella 2007 [1993] on 4.81.3–4).   ἐπικίρναται 'is used for mixing', from ἐπικίρνημι = Att. ἐπικεράννυμι; the verb is passive, with the krater as subject.   Θεοφανίοισι: perhaps there was an early spring festival celebrating the reappearance of Apollo after Dionysus' four winter months (Fontenrose 1959: 380–1; Burkert 1985: 224). It is also possible that H. is referring to the Theoxenia, a major festival at Delphi in March or April, where the gods were entertained at a banquet (Parke 1984: 211n4; Burkert 1985: 107).

51.3 φασὶ δέ μιν Δελφοὶ ... καὶ ἐγώ: H. has presumably been taken around and shown the objects he describes but, as usual in Book 1, he provides no details about a personal visit (F.&T. § 3.4.2). **Θεοδώρου τοῦ Σαμίου:** this famous sixth-century architect, sculptor, and metalworker produced masterpieces large and small; H. mentions Polycrates' ring (3.41.1). Also in H. and elsewhere attributed to Theodorus are Darius' golden plane tree and vine (7.27; Phot. 243, 375b; Himer. *Or.* 31.58–9), and the sixth-century temples of Artemis at Ephesus and of Hera at Samos (1.70.3n "Ηραιον; 2,148.2–3; 3.60; Vitr. 7 pref. 12; Plin. *HN* 36.95). **οὐ γὰρ τὸ συντυχὸν ... ἔργον** 'for it does not appear to be the (sort of) work (normally) encountered'. For H.'s familiarity with Samos, see *Life* §§ 2.2, 3. **ἐν τῶι Κορινθίων θησαυρῶι:** see 1.14.2n, 50.3n νῦν. **περιρραντήρια:** shallow basins of water placed at the entrances of Greek temples, used to purify those entering (ῥαίνω means 'sprinkle'). **τῶν τῶι χρυσέωι ἐπιγέγραπται ... φαμένων ... οὐκ ὀρθῶς λέγοντες** 'on the golden one of which is an inscription, with the Lacedaemonians saying that it is (their) dedication; (they are) speaking incorrectly'. We have retained the reading of the MSS here, but there are significant difficulties with the Greek as it stands. Is Λακεδαιμονίων what is written on the golden basin, as Powell 134 (ἐπιγράφω) thinks, or is it, as translated here, part of a gen. absolute, followed by a dependent acc./inf. clause? The nom. participle λέγοντες that follows does not grammatically cohere, although anacoluthon (S 3007–8, 2148) is not unknown elsewhere in H. (e.g. in Book 1: 1.14.1, 27.4, 65.4, 70.1, 114.3, 136.1, 178.2; a reminder that H. very likely initially delivered much of the *Histories* orally, a context where grammatical precision does not always govern word choice). Two reasonable conjectures are proposed, although we think neither is strictly necessary: Madvig emends φάμενον ... λέγον, making ἀνάθημα the subject of both participles to remove the anacoluthon; Jackson has proposed Λακεδαιμονίων· φασὶ μὲν ὧν (for φαμένων) and adds for clarification ⟨ἐκείνων⟩. Terms of the ὀρθός family are among those used by H. to designate a truth or correctness obtainable on the human level (1.96.3; F.&T. § 3.2).

This passage is the first recorded case of a falsified inscription and is one of 18 inscriptions cited by H. (7 Greek and 11 foreign); the others in Book 1 occur at 1.93.3 and 187 (West 1985). It was hard for most Greeks to obtain gold; H. mentions that the Spartans once obtained it from Croesus himself (1.69.4). In no other case does H. suggest Sparta's collusion in corruption, although individual Spartans can be corrupt (1.70.2; 6.65.1, 66, 72); at 3.56.2 H. rejects the rumor of Spartan bribe-taking as a ματαιότερος λόγος, idle gossip. H.'s sleuthing here gives a glimpse of the fifth-century Greek city states vying for prestige with objects and monuments at Delphi (cf. the empty tombs at Plataea that H. says were constructed by cities who did not participate in the battle, 9.85.3).

51.4 τις Δελφῶν . . . χαρίζεσθαι: Croesus' offerings were separated from each other after the fire of 548/7 at Delphi, around the time when the kingdom of Lydia fell to Cyrus (1.50.3, 51.2). **τοῦ ἐπιστάμενος . . . οὐκ ἐπιμνήσομαι** 'whose name, although knowing (it), I shall not recall'. H. wants us to see that he knows more than he is willing to tell us, but he does not clarify the context of the falsification or its motives. Prontera 1981 speculates that the false pro-Laconian inscription may date to the construction of the new temple (contemporary with the Spartan dedication of the boy-fountain described below) and may have been carried out jointly by the Spartans, the Delphians, and the Alcmaeonidae, the latter recently grateful for Spartan intervention against the Pisistratid regime (5.63–5). Whatever the politics, H. perhaps had reason not to clarify this issue while speaking to specific local contemporary Greek audiences. Or perhaps, more simply, he did not want to memorialize a wrongdoer. At 6.66 he does give the name of the corrupt Delphian who helped Cleomenes. In the closest parallel to this passage, H. says he will not reveal the name of a Samian who stole the property of a fugitive eunuch (4.43.7; F.&T. § 3.3.1; Lateiner 1989: 67–9).

51.5 οὐκ ἐπίσημα: here H. means 'not inscribed' (LSJ, HW, and Asheri) or 'not attributable to Croesus' (cf. his other dedications, 1.92.1), although Powell 137 simply translates as 'not remarkable'. **γυναικὸς . . . τρίπηχυ:** about 1.3 m (4.4 ft). This is probably the statue mentioned by Diod. Sic. 16.56.6, which was, along with the lion and 120 of the bricks, among the Delphic offerings melted into coin by the Phocian general Phayllus in 347/6 to pay mercenaries in his war against Philip II of Macedon. **Δελφοὶ . . . λέγουσι:** the Delphians mentioned here and at 1.51.3 provide one of five references to H.'s informants (or their lack) in the Croesus narrative. Cf. 1.49 (negative and undetermined: response of Amphiaraus 'not reported'); 1.70.2–3 (Spartans and Samians); 1.75.3,6 (Greeks in general); 1.87 (Lydians). See also, more generally, 1.91.1 (the Pythia 'is said' to have replied); 1.92.2 ('as I learn', concerning Croesus' offerings at Branchidae); F.&T. § 3.1. **τῆς ἀρτοκόπου τῆς Κροίσου:** Plutarch reports that Croesus' baker-woman saved him from being poisoned by his stepmother, who wanted the kingship for her sons (*De Pyth. or.* 16 = *Mor.* 401E). H. mentions the identification of the statue but not the attached legend, which may be connected to the conspiracy of Croesus' half-brother Pantaleon, added by H. at the end of the Croesus narrative (1.92.2–3nn). An unidentified female statue appears in the list of Croesus' Delphic dedications given by Diod. Sic. 16.56.6. Modern scholars interpret it as representing a goddess, probably Cybele; Parke 1984: 216–17 proposes Artemis of Ephesus, to whom Croesus seems to have been particularly devoted (1.92.1; Ionians § 3.7). **τῆς ἑωυτοῦ γυναικός . . . ζώνας:** for Greek awareness of luxurious Lydian apparel, see Lydians §§ 4.2, 6.5. The name of Croesus' wife is not known; according to other authors, she ascended the pyre with her husband and daughters (Bacchyl. 3.33, 50) and was saved by Cyrus, along with Croesus himself (Xen. *Cyr.* 7.2.26–8), or she hurled herself from the walls after Sardis fell and her son was killed before her eyes (Ctesias F9c Lenfant).

52 τῶι δὲ Ἀμφιάρεωι . . . πάθην: Amphiaraus was the famous diviner who died, as he had himself predicted, in the war of the Seven against Thebes (Aesch. *Sept.* 585–8). In H.'s time the sixth-century Amphiareum near Thebes had been suppressed, and its dedications probably moved by the Thebans to the temple of Ismenian Apollo (Parke 1984: 212n7). In 2005 fragmentary lines of an epigram were found inscribed in a late sixth- or early fifth-century Boeotian script on a column drum excavated at Thebes; they mention a 'shining shield' dedicated by a man named Croesus (perhaps an Alcmaeonid named after the Lydian king?) to the hero Amphiaraus as a memorial to 'his (Croesus' or Amphiaraus'?) ἀρετή' (rest of line lost). Thonemann 2016 argues that H. saw the shield (and a spear too) in the temple of Ismenian Apollo in the 440s or 430s and, thinking that Croesus of Lydia was the dedicator, integrated this information into his more extensive report from Delphi. **πυθόμενος:** the verb πυνθάνομαι, 'learn by inquiry', is applied to Croesus' enthusiastic research into Greek affairs also at 1.54.1, 59.1, 65.1, 69.1. For H.'s interest in the inquiries of kings, see 1.8.2n ὦτα γάρ . . . ὀφθαλμῶν, 46.2n ἀπεπειρᾶτο. **ἐς ἐμὲ ἦν κείμενα ἐν Θήβηισι:** the phrase ἐς ἐμέ, 'to my time', again reminds H.'s future readers that H. is in their past (1.5.4n ἐπ' ἐμέο ἦν), and that objects extant in his own time can testify to events in his even more distant past (F.&T. § 3.4.2). **τοῦ Ἰσμηνίου Ἀπόλλωνος:** southeast of Thebes. This is not one of the oracles tested (1.46.2), but it had its own gifts from Croesus (1.92.1).

53–5 CROESUS CONSULTS THE ORACLES

The stories about Croesus' consultations at Delphi were no doubt preserved in the sanctuary in connection with the existing dedications. Whatever the deformation of the historical facts, the tradition that he obtained one or more responses that he could interpret as favorable to his planned expedition against Persia has a plausible ring; if he had disregarded a negative response, a tradition whose aim was to glorify Delphi would have emphasized that fact (Flower 2013 [1991]).

53.1 τὰ δῶρα... ἐπειρωτᾶν τὰ χρηστήρια: the story resumes from 1.50. Croesus gives these gifts in hopes of beneficial oracles in exchange (1.53.2). As in his earlier conversations with both Solon and Adrastus (1.32.1, 41.1), here too he expects to be well compensated for his own generosity. **εἰ στρατεύηται... εἴ... προσθέοιτο:** both verbs are equivalent to deliberative subjunctives in the corresponding direct questions, but the subjunctive in secondary sequence presents the question from Croesus' original perspective (Goodwin 677; S 2677–8; CG 42.7n1). The speech of the messengers repeats Croesus' words exactly (1.53.2; cf. 1.209.4n παίδων).

53.2 ἐς τὰ ἀπεπέμφθησαν 'to (the places to) which they had been sent', i.e. Delphi and the sanctuary of Amphiaraus.

53.3 ἐς τὠυτὸ αἱ γνῶμαι συνέδραμον (lit.) 'their opinions ran together to the same point', i.e. concurred. **ἢν στρατεύηται... καταλύσειν:** these answers are the only oracular responses to Croesus that H. relates in prose; the Pythia's prose defense of Apollo later is not presented as an oracle *per se* (1.91.3n). Perhaps regarding the deceptive wording of the two responses here, H. was uneasy about the ambiguity (Parke and Wormell 1956 I: 133), or he could not guarantee an identical wording from both Delphi and Theban Amphiaraus, or a verse form was not available, or he found this version easier to integrate into the next clause, concerning a Greek alliance (Crahay 1956: 197–8; Fontenrose 1978: 113–14). Aristotle (*Rh.* 3.1407a) quotes Apollo's retort at 1.53.3 as a hexameter verse, calling it an example of oracles not wanting to commit to a definite outcome: Κροῖσος Ἅλυν διαβὰς μεγάλην ἀρχὴν καταλύσει. It became famous in the later Greco-Roman literary tradition, in authors like Diodorus, Cicero, Lucian, and Petrarch (Asheri). **τοὺς δὲ Ἑλλήνων δυνατωτάτους:** to Croesus at least, Apollo's answer implies divine approval for the expedition, since in immediate human terms this advice only makes sense if success is a possible outcome. Apollo's designs, however, have encompassed a longer-than-human-scale trajectory and a more complex set of considerations than Croesus knows (1.91). **συνεβούλευόν οἱ ἐξευρόντα... προσθέσθαι** 'they were advising him that discovering... he should make them allies'; this points forward to Croesus' research into Greek affairs (1.56.2–68).

54.1 ὑπερήσθη 'was exceedingly happy', a typical response of an autocratic ruler to welcome advice (1.27.5 ἡσθῆναι, 56.1n ἥσθη). Croesus by contrast had not been made happy by Solon's advice (1.33 οὔτε ἐχαρίζετο). The only other use of the compound ὑπερήδομαι in Book 1 will come as Cyrus is made 'exceedingly happy' with Croesus' advice after his defeat and capture by Cyrus (1.90.1; cf. 1.156.1n ὅτι, ἤν . . . προτείνηι; 156.2n ἡσθείς; cf. F.&T. § 2.4n22). ἐλπίσας: such expectation is frequently dangerous (1.27.3–4n ἐλπίσαντα . . . ἐλπίζων, 50.1 ἐλπίζων). **Δελφοὺς . . . χρυσοῦ**: this detail perhaps alludes obliquely to the greed for which the Delphians were known in antiquity. For jokes about their interest in money, see Parke and Wormell 1956 I: 113n18. **δύο στατῆρσι**: the gold staters of Croesus were among the most famous coins of the ancient Greek world. Weighing almost exactly 8 g each, they were made of highly purified gold and were stamped with the heads of a bull and a ferocious lion in combat. Known in antiquity as 'Croeseids', large numbers of them survive today (Cahill and Kroll 2005). H. believed the Lydians invented coinage (1.94.1n νόμισμα).

54.2 προμαντηίην καὶ ἀτελείην καὶ προεδρίην 'the right to consult the oracle before ordinary visitors, the exemption from fees, the right of front seating at festivals and games'. In this respect only, Croesus got his money's worth: no other foreign king would receive such honors at Delphi until Philip II in the fourth century (La Bua 1976: 185). On the details of the προμαντηίη, see Amandry 1950: 113–14; Parke and Wormell 1956 I: 31n59. **ἐξεῖναι . . . χρόνον** 'that it be possible, for any of them who wanted, to be a Delphian in perpetuity'.

55.1 παρέλαβε τοῦ μαντηίου ἀληθείην 'accepted the truth of the oracle'. The ambiguities implicit in its 'true' answers are revealed only later (1.34.1n ἀληθείην). **ἐνεφορέετο αὐτοῦ** 'he continued to make much use of it'; for the impf. see S 1890; CG 33.23.

55.2 χρᾶι: the historical pres. is used of oracles (1.47.2n λέγει). **ἀλλ' ὅταν**: ἀλλά responds to a previous utterance (Croesus' leading question) and is a common beginning to oracles (Denniston 21.II.8.i); cf. 3.57; 6.77.2. Croesus hears the oracle's declaration as an ἀδύνατον or assertion of the impossible (cf. 3.151.2), in which case he might have interpreted ἀλλά as expressing agreement: 'Will my reign be long-lasting?' 'Yes; only when a mule . . .' (Denniston 18.II.6.ii.a; cf. S 2776; CG 59.11). **ἡμίονος**: this is the first of many examples of oracular metaphor in H. The mule is a mixed breed, born from a mare and a donkey; here it stands for Cyrus (as the Pythia will explain at 1.91.5–6). In the *Histories*, mules can partake of a broader and diverse symbolism that includes the idea that leadership can be tainted (1.59.4n; 6.68–9). Unlike the horse, the mule is a humble farm animal and beast of burden; the Persians as Cyrus' father's people are possibly connected with mules on account of their simple beginnings, 1.71.2–4 (cf. 3.153; 7.57.2). The figure of the horse becomes relevant later for both Cyrus and the Persians, for its Persian religious associations, its spirited and noble nature, and its magnificent appearance (1.136.2, 189.1n ἱρῶν ἵππων, 192.3). **καὶ τότε:** καί here is apodotic, marking the beginning of the main clause (found in Homer and lyric: Denniston 308.II.B.9.i); cf. the much more common apodotic use of δέ (S 2837; *CG* 59.17). **ποδαβρέ** 'delicate-footed', in sharp contrast with the rougher and less refined connotations of 'mule', as part of an ongoing opposition between Lydians and Persians (1.71.2–4). Words of the ἁβρός family refer to the sophisticated luxury that was especially characteristic of the Greek aristocracy in the archaic period and also of the Lydians (Lydians §§ 4.2, 6.5; Xenoph. fr. 3 West; Anac. fr. 481 *PMG*; Aesch. *Pers.* 41). They are used positively in sixth-century Greek poetry but increasingly come to connote Eastern softness and effeminacy. **πολυψήφιδα παρ' Ἕρμον** 'along the much-pebbled Hermus'. This river (the modern Gediz) receives the waters of several tributaries, including the once gold-bearing Pactolus (1.93.1), and empties into the Aegean at Phocaea (1.80.1). The oracle is urging Croesus to flee westward. **φεύγειν . . . μένειν . . . αἰδεῖσθαι:** infinitives for imperatives, common in solemn injunctions (S 2013; *CG* 38.37).

56–68 CROESUS INVESTIGATES THE GREEKS

Background information about Athens and Sparta is here theoretically focalized through Croesus but in reality is directed toward H.'s Greek audiences. It falls into three articulated sections. The introduction discusses the distant origins of Spartans and Athenians (56.3–58); this passage is fundamental for understanding H.'s views on ethnicity. The second section is a highly selective previous history of Athens (59–64), the third an equally selective previous history of Sparta (65–8). Implicit contrasts between the two accounts help H. demonstrate the different civic characters of Athens and Sparta.

56.1 τούτοισι . . . ἔπεσι: in hexameter verse, explicitly identified as such at 1.47.2, 62.4; 5.60; 7.220.3. **ἥσθη, ἐλπίζων:** ἥδομαι takes a dat. of cause (S 1517; *CG* 30.45). For Croesus' other false expectations and expressions of pleasure, see 1.27.3–4n and 1.54.1nn. In H. both states of mind frequently suggest ominous consequences to come (1.90.3n γελάσας; Lateiner 1977). **οὐδ' ὢν αὐτὸς οὐδ' οἱ ἐξ αὐτοῦ** 'and that therefore neither he himself nor his descendants'.

56.1–2 ἱστορέων ... ἱστορέων δὲ εὕρισκε ... προέχοντας: for the supplementary part. with a verb of intellectual knowledge, see S 2110; *CG* 52.24. Inquiries are often made by those in power (1.8.2n ὦτα, 24.7n ὑπὸ ἀπιστίης, 52n πυθόμενος). For the relation of their investigations to H.'s own ἱστορίη, see Christ 2013 [1994]. The distant Greek past that Croesus discovers and H. presents here (1.56–8) is ethnographic and linguistic in nature, as a narrative quite different in tone from the vivid tale that introduced Croesus' distant Mermnad forebears (1.8–14).

56.2 Λακεδαιμονίους τε καὶ Ἀθηναίους: this pairing reflects the mid-fifth-century Greek political context of H.; at the time of Croesus' investigations in the early 540s, Sparta was a regional power far more important than Athens (1.59.1, 65.1). **Δωρικοῦ ... Ἰωνικοῦ:** see 1.6.2n Ἰωνάς τε καὶ Αἰολέας καὶ Δωριέας; Ionians §§ 1–1.3). **προκεκριμένα** 'preferred', i.e. 'most eminent'. A third Greek ethnic group, the Aeolians (1.6.2), is not mentioned here. They seem to be identified, like the Ionians, as being of Pelasgian stock at 7.95. For ancient Greek views on Greek ethnicities, see Hall 1997 and 2002; Malkin 2001. **τὸ μὲν Πελασγικόν, τὸ δὲ Ἑλληνικὸν ἔθνος:** the Athenians, being of Ionian stock, descend from 'Pelasgians', a people who according to the early Greek logographers inhabited Greece in prehistoric times. H. here argues that the Pelasgian ἔθνος is not originally Greek, and that therefore the Athenians are of non-Greek origin. Greek traditions regarding the ethnic identity of Pelasgians, beginning with Homer, are quite varied, and H. himself is not always consistent (1.57.2n ἦσαν ... ἱέντες; Sourvinou-Inwood 2003; Fowler 2013a: 84–96; McInerney 2014). Pelasgians also figure at 1.146.1; 2.51–2; 4.145.2; 5.26; 6.137; cf. especially Hecat. *FGrHist* 1 F119 (= Strabo 7.7.1); Hellanicus *FGrHist* 4 F4. The Spartans on the other hand are part of the Dorian γένος, which is a Greek ἔθνος ('nation' in the broad sense). H.'s way of identifying ἔθνος and γένος can change according to the needs of the context; cf. 1.143.2 (where the Hellenic people is called a γένος, but the Ionians within it an ἔθνος) and 1.201n for other ethnic identities (Jones 1996; Hall 1997: 34–40; Fraser 2009: 1–11). **τὸ μὲν οὐδαμῆι ... κάρτα** 'one people never migrated abroad, but the other was much-wandering'. H. represents the Athenians as autochthonous but of non-Greek origin and the Spartans and the other Dorians as Greek but immigrants, thus taking the political clichés about the past endorsed by each city to their extreme (and hardly glorious) logical conclusions. τὸ μέν (*sc.* Πελασγικόν) restrictively refers to the Athenian Pelasgians, not to all Ionians or other ancient or current Pelasgians, who seem to have moved around a great deal (1.57.1–2). Although H. never applies the term αὐτόχθων to Athenians, he takes at face value the Athenian myth of autochthony, which represented them as born from the land they inhabited and indigenous to Attica (7.161.3; Thuc. 1.2–3; 4.109.4; Rosivach 1987; Loraux 1993, esp. 37–71; Thomas 2013 [2001]: 351–4; Pelling 2009, esp. 479–82). In contrast, the Spartans and other Dorians were conscious of having migrated to the Peloponnese: hence they claimed to have come under the leadership of the 'returning' descendants of Heracles (Fowler 2013a: 334–46). At 1.56.2 H. omits this last legitimizing element of the Spartan tradition, although later he mentions it (6.52.1; 9.26.2–4, 27.2) and refers to the Spartan kings' Heraclid ancestry (7.204, 220; 8.114, 131). Modern scholars accept that unspecified indigenous populations inhabited Greece in pre-Mycenaean times and that Greek speakers arrived in successive waves of migration over a thousand-year period. The archaeological record does not currently support the tradition of a discrete Dorian invasion at the end of that period (Hall 1997: 114–28).

56.3 ἐπὶ μὲν γὰρ Δευκαλίωνος βασιλέος: Deucalion, son of Prometheus and survivor of the flood (Hes. *Cat.* fr. 1.; Pind. *Ol.* 9.42–6, 49–53), belongs to the earliest possible human times. He is the mythic father of Hellen (not mentioned by H.), the eponymous ancestor of the Hellenes. Hellen is in turn father of Dorus, eponymous ancestor of the Dorians, as well as of Aeolus, ancestor of the Aeolians (Hall 1997: 40–3; Fowler 2013a: 113–21). **οἴκεε:** the subject of this and all subsequent finite verbs at 1.56.3 is τὸ Δωρικὸν γένος, although we soon learn that this ethnic name was adopted only upon their arrival in the Peloponnese (below, Δωρικὸν ἐκλήθη). **Φθιῶτιν . . . Ἱστιαιῶτιν:** two of the four regions of Thessaly. Phthiotis, east and southeast of Thessaliotis (1.57.1), was the kingdom of Achilles, where the terms Hellas and Hellenes first originated (*Il.* 2.683; 9.395 and cf. 447; 16.595). Histiaeotis is actually north-northwest of Thessaliotis, but is located by H. in the northeastern region that contains the mountains Ossa and Olympus. **ἐξανέστη ὑπὸ Καδμείων** 'was uprooted by Cadmeans'. The intransitive verb can have a passive meaning (1.15n ἐξ ἠθέων). The Phoenician Cadmus came to Greece in search of his sister Europa (1.2.1) and founded Thebes. In Greek myth his descendants were expelled from Boeotia by the Argives just before the Trojan War (5.61.2), so they fled to the north and in turn pushed the Dorians out of Thessaliotis (H. says 'from Histiaeotis'), forcing them to move to Pindus. Cadmus, the Cadmeans, and their relatives reappear many times in the *Histories*, implicitly linking together many parts of the earliest Greek world (1.2, 146, 170.3, 173.2; 2.49, 145; 4.45, 147; 5.57–61; 9.27). **Πίνδωι:** probably a city, not the mountain range. The definition of Μακεδνός here is debated; although Macedon proper lies far to the north (5.17, etc.), at 8.43 the Μακεδνὸν ἔθνος is found connected with Erineus, Pindus, and Dryopis, not Macedonia (Bowie *ad loc.*).   **Δρυοπίδα:** Dryopis is the region between Malis and Phocis. As the original homeland of the Peloponnesian Dorians, it was later called Doris (8.31; Bowie *ad loc.*; Davies and Finglass 2014: 530–1).

57.1 ἵεσαν: 'used to emit', i.e. 'spoke'. H. sets out to demonstrate that the ancient Pelasgians of Attica (from whom the Athenians descend) were non-Greek speakers.   **οὐκ ἔχω ἀτρεκέως εἰπεῖν:** the initial narrative topic, Croesus' investigation into Greek affairs (1.53–56.2), has by this point been entirely suspended, becoming H.'s own extended gloss on Greek prehistory. For his occasional denials of knowledge see F.&T. § 3.2. ἀτρεκεία and related words are terms figuring in H.'s concept of ἱστορίη and the evaluation of truth; they refer to the facts that one can verify, often through direct experience, as at 1.140.1 and 2.154.4. Accuracy or exactness is often elusive because of insufficient information, as in this case. Here, however, H.'s confession of ignorance represents the prelude to a significant inference, based on the evidence he does have, that leads him to claim that originally the Athenians did not speak Greek (1.57.2).   **εἰ δὲ χρεόν ἐστι . . . ἐοῦσι Πελασγῶν** (lit.) 'if it is necessary that one say, inferring from those now living of the Pelasgians'. The verb τεκμαίρομαι (with dat.) means to reason on the basis of signs, symptoms, or proofs (τεκμήρια), or to draw an inference (also called τεκμήριον) for the purpose of reconstructing a reality for which no direct experience is available. Such terminology is part of the rhetoric of proof common in the scientific language of the fifth century, and it tends to appear especially in polemical and controversial contexts (Thomas 2000: 168–212; F.&T. § 3.2.2). What follows, before the repetition of the protasis (1.57.2), is another learned authorial gloss (F.&T. § 4.1).   **τῶν ὑπὲρ Τυρσηνῶν Κρηστῶνα πόλιν οἰκεόντων** 'those inhabiting Creston above the Tyrrhenians'. These are Pelasgians who live outside Greece in H.'s present and still speak a non-Greek language. H. locates Creston as a city in Thrace (5.3.2, 5; 7.124, 127.2; cf. Thuc. 2.99; 4.109.4).   **οἴκεον δὲ . . . Θεσσαλιῶτιν** 'but at that time they used to inhabit the region now called Thessaliotis' (1.56.3n Φθιῶτιν).

57.2 οἳ σύνοικοι ἐγένοντο Ἀθηναίοισι 'who used to live in the same country as the Athenians', parallel to οἳ ὅμουροί κοτε ἦσαν τοῖσι νῦν Δωριεῦσι καλεομένοισι (1.57.1). At 6.137–9 H. tells the story of how Pelasgians were expelled by the Athenians to Lemnos; the Pelasgians of 6.137 might have been those who resisted becoming Hellenized and therefore departed, determined to create trouble thereafter for Athens (Sourvinou-Inwood

2003: 132–40). **καὶ ὅσα ἄλλα ... πολίσματα τὸ οὔνομα μετέβαλε** 'and as many other towns as, being Pelasgians, had changed their names'. The point is that Pelasgians lived in Attica and also other places in Greece (e.g. in Arcadia, 1.146); when they left or became Greek-speaking, the Pelasgian communities in Greece acquired a Greek name. 8.44.2 traces the ethnic evolution of the Athenians from their Pelasgian origin and through several successive changes of name. The notion of μεταβολή is fundamental in H. (1.5.3–4). Ethnic changes and other disruptions and dislocations experienced by peoples in the *Histories*, whether negative, favorable, or neutral, are 'almost always of exceptional significance' (Immerwahr 1966: 150n3; F.&T. § 3.4.2). **ἦσαν ... ἱέντες** 'the Pelasgians used to speak a non-Greek language'. Language is not the only criterion of ethnicity (8.144.2), but here it is the most important one and the only evidence H. presents for the cultural change. This apodosis completes both protases and brings the argument to a conclusion. In other texts the ancient Pelasgians are considered Greek (e.g. in Aesch. *Supp.*), and H. himself seems to envision them as speaking Greek when he says that they created the word θεοί for 'gods' (2.52.1).

57.3 εἰ τοίνυν ἦν καὶ πᾶν τοιοῦτο τὸ Πελασγικόν 'if indeed, then, the Pelasgian people was completely like this', i.e. non-Greek speaking. This is the second stage of the argument. τοίνυν is conversational and lively; εἰ ... καί = *siquidem* (Denniston 568–9, 303). **τὸ Ἀττικὸν ἔθνος ... μετέμαθε** 'the Attic people, which was Pelasgian, along with the change into Greeks also changed over into learning the (Greek) language', presumably learning it from the original Greek speakers, the Dorians, as did all the other non-Dorians remaining in Greece. By articulating the Athenian charter myth of autochthony all the way to its ultimate logical consequences, H. undermines its political claims, since the myth was in fact designed to proclaim that the Athenians, being native to Greece, were superior to and more Greek than other Greeks, especially the hyper-Greek but immigrant Spartans.

58 τὸ δὲ Ἑλληνικόν ... ἐπείτε ἐγένετο, αἰεὶ ... διαχρᾶται 'the Greek people ... when it arose, always ... used'. τὸ Ἑλληνικόν here means membership as part of the Greek nation at any given time, as defined by the speaking of Greek: this at first consisted only of the initial core of Dorians (called τὸ Ἑλληνικὸν ἔθνος at 1.56.2), and subsequently came to include the Hellenized non-Greeks who stayed in Greece and learned Greek, thus forming τὸ Ἑλληνικόν in its entirety, corresponding to the contemporary Greek nation (cf. 1.60.3 and 8.144.2 with Bowie *ad loc.*). **ὡς ἐμοὶ καταφαίνεται εἶναι ... ἔμοιγε δοκέει:** H. insists that he has personally

given thought to these difficult issues (F.&T. § 3.2.2). ἀποσχισθὲν
... ἐς πλῆθος πολλόν 'but being weak when separated from the Pelasgian
(ἔθνος) . . . it has grown into a great multitude'. ἀπὸ σμικροῦ
τεο τὴν ἀρχὴν ὁρμώμενον 'setting out at first from something modest'. ⟨Πελασγῶν⟩ μάλιστα προσκεχωρηκότων αὐτῶι καὶ ἄλλων ἐθνέων
βαρβάρων συχνῶν 'especially when Pelasgians had joined it, as well as
numerous other non-Greek ethnic groups'. Sauppe added Πελασγῶν to
the transmitted text to make the contrast between Πελασγῶν and ἄλλων
ἐθνέων βαρβάρων συχνῶν clearer. πρὸς δὴ ὧν 'moreover, in fact'.
δὴ ὧν reinforces the adverbial πρός. οὐδέ τὸ Πελασγικὸν ἔθνος . . .
αὐξηθῆναι 'the Pelasgian people, being non-Greek, never grew very much,
either'. This parallels the preceding τὸ . . . Ἑλληνικὸν . . . ἐὸν ἀσθενές; the
Hellenes grew by the addition of non-Greek peoples. H. suggests that the
weakness of present-day Pelasgians confirms that the separation between
original Greeks and non-Greeks left each of them weak, whereas the fact
that non-Greeks and Greeks joined together (προσκεχωρηκότων) has benefited the new and more ethnically diverse Greek nation. Such comments
reflect H.'s interest in syncretism and cultural diffusion, and they reinforce his skeptical observations about many claims of ethnic purity (e.g.
1.146–7nn).

59–64 ATHENS AND PISISTRATUS' TYRANNY

After the short preliminary discussion of the ethnic identity of Athenians
and Lacedaemonians, H. proceeds to consider each people individually, starting with an account of the mid-sixth-century civil struggles that
brought a tyrannical regime to post-Solonian Athens. The narrative of
Spartan and Athenian politics will be resumed in considerable detail in
Books 5 and 6, down to the early years of the fifth century. The doings of
the Spartan kings will be H.'s focus at 5.38–51, 72–6 and 6.50–86. The
evolution of Athenian political organization and its major players will
later include the fall of the Pisistratid tyranny and the tumultuous early
years of the democracy (5.55–6, 62–6, 69–91, 93–7, 103; 6.102–40), as
well as a history of the Cimonidae in the period of the tyranny and shortly
thereafter (6.34–41).

59.1 δὴ ὧν 'so, then'; resumptive (1.8.1n), getting back to the point of
Croesus' researches, after the excursus on Greek prehistory at 1.56.2–
58. **κατεχόμενόν τε καὶ διεσπασμένον** 'held down' by Pisistratus and
'torn asunder' by στάσις or civic struggle (1.59.3, 60.1, 61.2). Speakers
in H. will later claim that tyranny, no matter how uncontested, is a bad
thing for a city (5.92α; 7.135.3); according to H. himself, when Athens

became free and democratic, it also became great (5.66.1, 78). In the *Histories* as a whole, however, he suggests that it is difficult to distinguish the praiseworthy aspirations of a strong, dynamic leader from the ambitions of a tyrant (Dewald 2003); Pisistratus' tyranny has some positive features (1.59.6n). ἐπυνθάνετο ὁ Κροῖσος: Croesus again becomes the focalizer, the interested investigator, as a new background narrative now explains for him the political situation in Athens in the mid-sixth century (1.52n πυθόμενος for Croesus as a researcher). τοῦτον τὸν χρόνον τυραννεύοντος: H. is our earliest and one of our most important sources of information about the sixth-century Athenian tyranny of the Pisistratidae. Whether the details are historically accurate or not, his account is a window into mid-fifth-century memories and opinions about it. Pisistratus son of Hippocrates became tyrant c. 561/0 and died in 527. According to H., Pisistratus' rule involves a period of four or five years in which he was expelled and then brought back, a second expulsion and ten-year period of exile (1.62.1), and then (5.65.3) an unbroken stretch of tyrannical rule by Pisistratus and his sons, lasting 36 years. This ended in 511/10 with the expulsion of the son in power, Hippias, from Athens; the final date is based on [Arist.] *Ath. pol.* 19.2, 6. If H.'s chronology is correct, the third and longest period of continuous Pisistratid tyranny began in 547/6, at about the time of Croesus' putative inquiry (Lavelle 2005: 210–18). Ἱπποκράτεϊ γὰρ ἐόντι ἰδιώτηι καὶ θεωρέοντι τὰ Ὀλύμπια 'to Hippocrates, who was a private citizen and was attending the Olympics as a θεωρός'. H. frequently uses analepsis to give background at the outset of a new account, here about something that happened before Pisistratus' birth (the Olympic festivals of 608 or 604 are likely possibilities). A θεωρός was a member of a delegation appointed by a city to attend Panhellenic festivals to represent the city and offer sacrifices in its name. τέρας . . . μέγα: a prodigy, like oracles, dreams, and omens, can herald a child's future rise to power; it sometimes prompts ineffective attempts to eliminate him: 1.110.3 (Cyrus); 5.92.β–γ (Cypselus of Corinth); 6.131.2 (Pericles). Pisistratus was named after the son of the Homeric Nestor, a move consistent with the family's claim to descend from the Neleidae of Pylos (Hornblower on 5.65.3).

59.2 Χίλων: a mid-sixth-century ephor in Sparta and one of the 'Seven Sages of Greece' (1.20n Περίανδρον); here he appears as one of H.'s 'wise advisers' (1.27.2n καταπαῦσαι). As Pisistratus' near-contemporary, Chilon was very unlikely to have been advising Hippocrates about having sons at the beginning of the century. The anecdote H. heard may have featured him because Chilon played a famous role in Sparta's sixth-century resistance to tyranny and the emergence of the ephorate as a balance to the power of its kings (Diog. Laert. 1.68).

59.3 οὐκ . . . πείθεσθαι θέλειν . . . γενέσθαι: H. has slid suddenly into indirect discourse, implying λέγουσι or something of the sort (1.86.3n). Although the prodigy of the cauldron is reported as an objective fact (τέρας ἐγένετο μέγα), the syntax reminds us that H. is dealing with a tradition. **γενέσθαι οἱ** 'there was born to him' (1.107.1n καί οἱ ἐγένετο). **ὃς . . . ἤγειρε** 'who . . . gathered together a third faction'. The intervening long gen. absolute is a gloss, giving very compressed background information. **στασιαζόντων . . . στάσιν . . . στασιώτας:** στάσις can mean both faction and civil war (7.2.1; 8.3.1, 79.3); this and related terms reflect an almost constant political reality in the world of Greek city states, both in the sixth century and at the time of narration (for a bleak analysis of its most extreme version, see Thuc. 3.81–3). Solon himself expressed concern about intra-city στάσις ([Arist.] *Ath. pol.* 8.5; Plut. *Sol.* 20; Solon fr. 4.19 West). In Athens civic strife begins, or rather resumes with increased energy, right after Solon's reforms in the 590s; it will not subside until Pisistratus definitively seizes absolute power after his second exile in 547/6. On the history of this period, see also [Arist.] *Ath. pol.* 13–16; Lavelle 1993, 2005. **τῶν παράλων . . . τῶν ἐκ τοῦ πεδίου** 'the Athenians of the coast . . . those of the plain'. These factions have often been taken as reflecting socio-economic circumstances as well as territorial subdivisions: the mercantile class on the south coast of Attica vs. the more politically conservative rich landowners of the plain of Athens. In practice, however, they were certainly not as sharply distinct as the Aristotelian *Ath. pol.* 13–15 and Plut. *Sol.* 13.1–2, 29.1 allege. **Μεγακλέος τοῦ Ἀλκμέωνος:** the first mention of a member of the famous Athenian γένος of the Alcmaeonidae, who in H.'s narrative will play a major role in Athenian history (5.62–71; 6.121–31). H. later tells a comic story about how Megacles' father, Alcmaeon, gained his wealth at the court of Croesus (6.125); both there and in this narrative some mockery of Alcmaeonid pretensions seems to be involved. H.'s contemporary, the powerful Athenian general Pericles, was descended through his mother from this family (Hornblower/ Pelling on 6.126–131.2). **Λυκούργου <τοῦ> Ἀριστολαΐδεω:** a member of the aristocratic γένος of the Eteobutadae, the clan that supplied the priestesses of Athena Polias and the priests of Poseidon-Erechtheus (Parker 1996: 290–3). **καταφρονήσας τὴν τυραννίδα** 'arrogantly setting his mind on tyrannical power', returning to the subject of the rel. clause, Pisistratus. The verb καταφρονέω can also mean 'look down upon' (with gen.), as at 4.134.2. Both here and at 1.66.1 it includes a sense of presumptuous superiority. Deioces (1.96.2) and Pausanias (5.32, a story H. doubts) are also reported to have aimed at obtaining a tyranny. **τῶι λόγωι τῶν ὑπερακρίων προστάς** 'allegedly being leader of the people beyond the hills'. The supporters of Pisistratus, whom the Aristotelian *Ath. pol.* 13.4, 14.4 calls διάκριοι, may have included small farmers and shepherds living in the east of Attica, where the land was less fertile. Plutarch *Sol.* 10.3 connects Pisistratus with Brauron, on the east coast, but it is clear from H.'s narrative that he had many supporters in the city, especially among the poorest (1.59.5n δορυφόροι). τῶι λόγωι or λόγωι, 'in word' (as opposed to ἔργωι, 'in deed') is a signal from H. that doubt can be cast on Pisistratus' claim (F.&T. § 3.2); cf. 1.205.1 (Cyrus); 5.37.2 (Aristagoras). **μηχανᾶται τοιάδε:** the deictic pronoun again introduces H.'s account of a clever action. Cf. 1.21.1n μηχανᾶται τοιάδε; at 1.60.3 the same verb occurs twice. In H. trickster behavior is typical of tyrants and even more of upstarts who achieve power from what is represented as a more or less ordinary status. See e.g. 1.96.2 (Deioces), 121–6 (Cyrus); 3.85–7 (Darius).

59.4 ἡμιόνους: indicating ambiguous status, as is appropriate to Pisistratus' 'hill' faction and his theoretically anti-aristocratic political program (in spite of his claims to an aristocratic lineage). For the broader symbolism of mules as mixtures of horse and donkey, see 1.55.2n ἡμίονος. **ὡς ἐκπεφευγώς** 'as having escaped'; subjective ὡς with the part. (S 2086; *CG* 52.39). As narrator, H. is not standing behind Pisistratus' claim. **οἵ μιν . . . ἠθέλησαν ἀπολέσαι δῆθεν:** the particle δῆθεν, 'doubtless', with its 'ironical colour' (Denniston 264–6) is H.'s addition and expresses 'the pretence of truthfulness and the force of falsehood' (S 2849; *CG* 59.44). Cf. 1.73.5n ὡς ἄγρην δῆθεν. **εὐδοκιμήσας ἐν τῆι . . . στρατηγίηι:** in the war against Megara for the possession of Salamis (c. 570), the Athenians occupied Nisaea, the port of Megara on the Saronic Gulf. H. suggests that Pisistratus' leadership on this occasion was important in legitimating his subsequent bid for power. **ἀποδεξάμενος μεγάλα ἔργα:** cf. the first sentence, 1.0 ἔργα μεγάλα . . . ἀποδεχθέντα, where H. sets out his own task as that of investigating and recording great deeds.

59.5 ἐξαπατηθείς: the Solonian democratic assembly thinks that it is handing Pisistratus a very limited power to protect his person. The Aristotelian *Ath. pol.* 14.2 adds that Solon strenuously objected on this occasion. H. represents the Athenians as twice deceived by Pisistratus; it is an ongoing motif in his narrative of Athenian decision-making and occurs at least three more times after the re-establishment of democracy, with ἀπάτη again at 6.136.1 (Miltiades), and the verb διαβάλλω at 5.97.2 (Aristagoras) and 8.110.1 (Themistocles). Cf. Megabyzus' contemptuous commentary on democratic government's drawbacks, in the Constitutional Debate (3.81). **δορυφόροι μὲν οὐκ ἐγένοντο . . . κορυνηφόροι δέ:** according to Arist. *Rh.* 1.1357b, the request of a bodyguard is a sign that someone is aiming at tyranny; cf. Pl. *Resp.* 8.566b. Pisistratus' bodyguard is composed of men without armor, i.e. the less wealthy.

59.6 οὔτε τιμὰς ... οὔτε θέσμια μεταλλάξας 'neither overturning existing offices nor changing statutes'; Thuc. 6.54.5–6 and [Arist.] *Ath. pol.* 16 make a similar assessment. The Solonian constitution remained in place, even though Pisistratus took care that his political allies would occupy existing offices; these θέσμια are evidently the Solonian laws (1.29.1; Ostwald 1969: 3–5, 14–15). **ἐπί τε τοῖσι κατεστεῶσι** 'on the basis of established precedents'. **κοσμέων καλῶς τε καὶ εὖ:** κοσμέων may refer to the physical adornment of the city with public buildings (cf. 1.178.2, 183.3; Thuc. 6.54.5; Hurwit 1985: 236–77; Parker 1996: 67–75). In the *Histories*, however, κόσμος is the word H. uses for the established political order in the corresponding narrative about Sparta just below (1.65.4). In spite of his negative view of tyranny, H.'s judgement about Pisistratus is nuanced (1.59.1), reflecting the complexities of the fifth-century tradition. The Aristotelian *Ath. pol.* (16.7) comments that it was a commonplace to call Pisistratus' reign a golden age.

60.1 τὠυτὸ φρονήσαντες ... ἐξελαύνουσί μιν 'coming to be of the same mind ... the partisans ... expel him', i.e. after having made an agreement among themselves. **τὴν τυραννίδα ... ἀπέβαλε** 'having his tyranny not yet firmly rooted, he lost it'. Pisistratus will 'root' his tyranny after his second exile (1.64.1n ἐρρίζωσε).

60.1–2 στασιῶται ... ἐστασίασαν ... στάσι: echoing 1.59.3 στασιαζόντων. Cf. the Persian Darius' dismissive comment about corrupt alliances in a democracy (3.82).

60.2 ἐπὶ τῆι τυραννίδι 'in exchange for the tyranny', i.e. that Pisistratus would become tyrant (S 1689.2.c; *CG* 31.8; LSJ 622.B.III.3 'of a woman's dowry'). The Alcmaeonidae (1.59.3n Μεγακλέος) will later be noteworthy players in the anti-tyrannical struggle and the establishment of democracy in Athens (6.121–3, 131.1). Here and elsewhere H. exposes Alcmaeonid self-interested ambivalence (5.62–3, 66–70). Although he ostensibly defends them (6.121), he includes stories about their possible pro-Persian and earlier pro-Lydian inclinations (5.73, 6.125) and reports serious doubts in Athens about their behavior at the time of the Battle of Marathon (6.115, 121–31). Modern historians have epigraphic evidence that the Alcmaeonidae were substantially more implicated in the Pisistratid regime than H. suggests (1.64.3n μετ' Ἀλκμεωνιδέων ἔφευγον).

60.3 μηχανῶνται . . . πρῆγμα εὐηθέστατον . . . εἰ . . . μηχανῶνται τοιάδε: an unusually elaborate introduction to the anecdote that follows, including H.'s judgemental first-person intervention (ὡς ἐγὼ εὑρίσκω); cf. 1.59.3n μηχανᾶται τοιάδε, 59.5n ἐξαπατηθείς, and 62.1n τοῖσι . . . ἀσπαστότερον for Pisistratus' clever trickster tendencies and Athenian credulity. **ἐπὶ τῆι κατόδωι** 'for his return from exile'. **ἀπεκρίθη . . . ἐὸν . . . δεξιώτερον:** 'was distingushed as being more intelligent'. This observation recalls the discussion of Greekness at 1.58 ἀποσχισθὲν . . . ἀσθενές. Here τὸ Ἑλληνικόν is the Greek nation as a whole, and ἀπεκρίθη points to both separation and apparent superiority, but H.'s tone is openly sardonic. **εὐηθείης ἠλιθίου ἀπηλλαγμένον μᾶλλον** 'more removed from foolish simple-mindedness'; cf. 1.60.5n Ἀθηναίη.

60.4 ἐν τῶι δήμωι τῶι Παιανιέϊ 'in the Paeanian deme'. Paeania was on the slopes of Mt. Hymettus, c. 12 km (7 miles) east of Athens. According to another tradition the woman was a Thracian flower girl from Collytus ([Arist.] *Ath. pol.* 14.4). **ἀπὸ τεσσέρων . . . τρεῖς δακτύλους** 'falling three fingers short of four cubits', c. 1.72 m (5 ft 6 in.). The πῆχυς was measured differently in different cities, often at c. 44–8 cm (17–19 in.); a πῆχυς contained 24 δάκτυλοι. The meaning of Φύη ('stature') suggests that it was the woman's nickname or added afterward for the sake of the story. **σκευάσαντες πανοπλίηι . . . καὶ προδέξαντες σχῆμα οἷόν τι ἔμελλε εὐπρεπέστατον φανέεσθαι ἔχουσα** 'equipping her in full armor . . . and displaying an appearance of the sort that she, having (it), would appear most attractively'. Cf. the fabrication and adornment (verb κοσμεῖν) of Pandora in Hes. *Op.* 69–80, *Theog.* 570–84, that tricked mortal men into accepting an attractive female figure that would in the long run be responsible for weakening them. **ἅρμα:** a chariot, for a heroic entrance. Chariots were only used for special ceremonial purposes at this time, as depicted in art (Sinos 1993: 74–8). The frequency of sixth-century representations of Heracles accompanied by Athena on a chariot suggests that Pisistratus encouraged his identification with the hero (Boardman 1972). **προδρόμους κήρυκας:** the heralds need to be sent ahead as runners to prepare people for the correct interpretation of what they are about to see.

60.5 ἔς τε τοὺς δήμους: the news spreads to the country townships of Attica from the city of Athens (ἄστυ), where the procession was taking place. By the time of Cleisthenes (508) there were 139 demes in Attica. **Ἀθηναίη Πεισίστρατον κατάγει:** the scene, designed to herald a return of divinely sanctioned order, exploits the mythical model of Athena's assistance of heroes (Odysseus, Heracles, Diomedes, Perseus,

Jason, etc.). H. and his listeners would not have denied that divine epiphanies could occur in historical times (3.27.3; 6.61.2–5, 105, 117.2; 8.84), although he recognizes in those contexts the possibility of invention (6.63–70). Elsewhere H. states that Persians do not believe in anthropomorphizing divinity and consider the Greeks foolish for doing so (1.131); H. himself sometimes expresses or suggests skepticism about particular divine appearances (1.182; 2.45; 6.70.1), although he reports others without negative comment (6.105; 8.84; F.&T. § 2.5). προσεύχοντό τε τὴν ἄνθρωπον 'and paid divine homage to the female human'. H. links the political exploitation of religion to the people's gullibility; cf. πρῆγμα εὐηθέστατον (1.60.3). This sixth-century procession can be viewed, however, from a more anthropological point of view as a civic ritual; 'the populace joins in a shared drama, not foolishly, duped by some manipulator, but playfully', articulating in symbolic terms their acceptance of Pisistratus (Connor 1987: 42–7, esp. 44; Sinos 1993: 82–3). A pageant achieving what H. describes here would have been unthinkable in the Athens of his own day.

61.1 οἷα δὲ . . . νεηνιέων 'since he had youthful grown sons'. οἷα with causal part. states a fact, on the authority of the writer or speaker (S 2085; CG 52.39). Pisistratus' sons were Hippias (1.61.3) and Hipparchus (5.54–6) from his Athenian wife, and Iophon and Hegesistratus (or Thessalus – unless Thessalus is a separate person) from an Argive wife (Hornblower on 5.94.1; [Arist.] *Ath. pol.* 17.3; Thuc. 6.55.1). καὶ λεγομένων ἐναγέων εἶναι τῶν Ἀλκμεωνιδέων 'and because the Alcmaeonidae were said to be accursed'. Megacles' grandfather (also named Megacles) had authorized the sacrilegious killing of Cylon and his supporters c. 632, when Cylon had attempted to seize the tyranny in Athens (Hornblower on 5.71; Plut. *Sol.* 12). This hereditary curse becomes a constant factor in the political history of the Alcmaeonid family and causes international incidents at the time of Cleisthenes' archonship (508; 5.70–1); in H.'s own time, it led to problems for Pericles (Thuc. 1.126). οὐ κατὰ νόμον 'not according to custom'. Anal intercourse is presented here as undermining the institution of marriage, a contract undertaken primarily with a view to procreation. Pisistratus conforms to Otanes' generalization in the Constitutional Debate, that autocratic rulers behave contrary to custom and violate women (3.80.5; cf. the voyeurism of Candaules, 1.8–12).

61.2 εἴτε ἱστορεούσῃ . . . μητρί: a narratorial intervention here highlights the limitations of H.'s knowledge of gossipy details (F.&T. § 3.2). Such comments are often found in lively anecdotes, producing an apparent precision (1.1.3n πέμπτῃ). The mother was investigating why no grandchildren were forthcoming; she was quite possibly Agariste, daughter of Cleisthenes the tyrant of Sicyon, won by Megacles in a year-long bride contest (6.126–31). Plutarch *De malig.* 16 = *Mor.* 858C criticizes H. for attributing the Alcmaeonid opposition against Pisistratus to this incident, parodying H.'s passage with a direct utterance of the daughter, "ὦ μαμμίδιον, ὁρᾶις . . ." (cf. 863B). **τὸν δὲ δεινόν τι ἔσχε ἀτιμάζεσθαι πρὸς Πεισιστράτου** 'but a terrible something (i.e. fury) took hold of him, to be dishonored by Pisistratus' (Powell 155.A.II.7). **ἐς Ἐρέτριαν:** H.'s narrative of Pisistratus' ten-year exile (1.62.1) is compressed. Eretria in Euboea would have been Pisistratus' first destination as well as the base from which he returned to Attica after traveling north, especially to the Thraceward regions (1.64.1), to gather resources from supporters ([Arist.] *Ath. pol.* 15.1–2).

61.3 Ἱππίεω . . . τυραννίδα 'since Hippias won with his plan to get back the absolute power'. Hippias is the eldest and leader of the sons; he inherits the tyranny in 527 and goes into exile himself in 510 (cf. 5.62.1–2, 91.1, 93–4). **προαιδέατό κού τι** 'were under some sort of obligation'. προαιδέατο is 3 pl. plpf. of προαιδέομαι (lit. 'feel shame before'). κου ('I suppose') conveys the uncertainty of the speaker, whether ironic or not, as at 1.45.2, 68.2, 113.3, 114.2; cf. 119.7 (Denniston 491.1).

61.4 οὐ πολλῶι λόγωι εἰπεῖν 'not to speak in a lengthy account'. εἰπεῖν is an absolute inf. (S 2012; *CG* 51.49). The account of domestic betrayal in Athens has been told in detail, but H. omits the specifics of Pisistratus' external networks of support (although they would be of historical importance to us). Both Pisistratus' enemies in Athens and the complicating fact of his dependence on foreign supporters might have weakened Athens as a potential ally of Lydia. **Ἀργεῖοι μισθωτοί:** Pisistratus had married a woman from Argos, and the Argives contribute 1000 mercenaries, led by Pisistratus' son Hegesistratus ([Arist.] *Ath. pol.* 17.4); 1.61.1n οἷα δὲ . . . νεηνιέων. **Λύγδαμις:** thanks to Pisistratus, Lygdamis will soon gain (or regain) the tyranny of Naxos (1.64.2; Arist. *Pol.* 5.1305a41).

62.1 διὰ ἑνδεκάτου ἔτεος: Pisistratus' second exile lasts from c. 556 to 546. **Μαραθῶνα:** not far from Pisistratus' hometown of Brauron and a natural landing place from Eretria. It is the site where his son, the aging Hippias, will land with Persian forces in 490, attempting to repeat Pisistratus' earlier triumphal return to power (6.102–7). **ἄλλοι τε ἐκ τῶν δήμων προσέρρεον** 'and others from the townships streamed in', not just from Athens proper but from outlying towns too (1.59.3n τῶι λόγωι). **τοῖσι . . . ἀσπαστότερον** 'for whom tyranny was more desirable than freedom'; cf. 3.143.2 for a similar evaluation of the Samians.

In the Pisistratus narrative H. has remarked that the Athenians lost their freedom first by being tricked (1.59.5) and then later out of stupidity (1.60.3); just below he accuses them of carelessness and/or passivity (1.62.2 λόγον οὐδένα εἶχον) and unpreparedness (1.63.1). For H.'s evaluation of freedom, see 1.59.1n κατεχόμενον; 95.2n ἐλευθερίης. Cf. 2.147.2 for the Egyptians being 'unable to live without a king'. The allure of autocracy for societies faced with internal disorder will emerge in a different form at 1.96–7.

62.2 βοηθέουσι ἐπ' αὐτόν 'rally to the rescue against him'.

62.3 ἐπὶ τοὺς κατιόντας 'against those returning', i.e. those accompanying Pisistratus' return from exile (1.60.3).   **ἐπὶ Παλληνίδος Ἀθηναίης ἱρόν** 'to the temple of Pallenian Athena'. On their way to Athens, Pisistratus and his supporters make a stop south of Mt. Pentelicon, near modern Stravos. Pallene controls the pass between Mt. Pentelicon and Mt. Hymettus.

62.4 θείηι πομπῆι χρεώμενος 'using divine guidance'. This anecdote refers to the prophet's gifts, but it also again records Pisistratus' remarkable abilities to adapt religion to his own ends (1.60.3–5). The phrase θείηι πομπῆι is probably being used here of the prophet non-ironically, as at 3.77.1; 4.152.2; 8.94.2.   **ὁ Ἀκαρνὰν χρησμολόγος** 'the Acarnanian speaker of oracles'. The term usually refers to a collector or interpreter/reciter of oracles (7.6.3, 143.3; 8.96.2). The freelance, semi-professional χρησμολόγοι, not always well respected, would often work in cities other than their own. Amphilytus seems to be exceptional, in that he produces his own verse prophecy (Flower 2008: 63–4, 79); cf. 7.219–21, where another Acarnanian, the μάντις Megistias, uses the entrails of the sacrifice to foretell death for Leonidas and the Spartans at Thermopylae.   **χρᾶι ἐν ἑξαμέτρωι τόνωι:** Amphilytus prophesies in verse, like the Pythia (1.47.2, 55.2), and apparently in an altered state of mind (1.63.1 ἐνθεάζων, 'divinely inspired'). For the particular attention Pisistratus and later his sons pay to religion, including portents, dreams, and divination, see 1.64.2n τὴν νῆσον; 5.56, 90, 93; 6.107–8; 7.6.   **ἔρριπται ... ἐκπεπέτασται** 'the throw has been made, the net has been spread out', with epic expansion.   **οἰμήσουσι** 'will dart'; cf. *Il.* 22.308, of birds. The tuna represent the helpless Athenians; for fish as a metaphor for a trapped and defeated opponent, see 1.141.1– 2nn ἄνδρα and ἀμφίβληστρον, and the narrative of the capture of Babylon (1.191.5). Cf. also 9.120; *Od.* 10.124, 22.384–9; *Il.* 5.486; Aesch. *Pers.* 424–6; *Ag.* 355–61; 1115, 1382–3; *Cho.* 493, 998–1000 (Ceccarelli 1993: 33–8).

63.1 φὰς δέκεσθαι τὸ χρησθέν 'saying that he accepted the prophecy'. Cf., also with the verb δέκεσθαι, the oracles at 4.15.3 and 7.178.2, and esp. Perdiccas the Macedonian accepting the gift of sunlight (8.137.5), as well as Leotychides welcoming the omen of Hegesistratus' name (9.91.2). **πρὸς ἄριστον τετραμμένοι ἦσαν δὴ τηνικαῦτα** 'were actually in the meantime preoccupied with their midday meal'. The word order and δή make the clause emphatic; H. is amazed or perhaps amused. **οἱ... ἐσπεσόντες... τρέπουσι** 'those with Pisistratus, falling on the Athenians, rout them'. The switch to the historical present in the main verb marks a decisive turning point. Other sources on the Battle of Pallene are [Arist.] *Ath. pol.* 15.3, 17.4; Androtion *FGrHist* 324 F35; Polyaenus 1.21.1. Andocides *De myst.* 106 gives a confused and self-serving version; he claims that his ancestors fought the tyrants but won the battle (Thomas 1989: 140–1).

63.2 βουλὴν... σοφωτάτην... ἐπιτεχνᾶται: H. has already made it clear that Pisistratus' tyranny is noteworthy for its cleverness (1.59.3, 60.3, etc.). At one end of the semantic spectrum σοφός and σοφίη connote wisdom, prudence, and even moral correctness (1.30.2n σοφίης); on the other, they often point toward shrewdness and even trickery (1.96.1, 125.1; cf. 3.127.2), as here. **τοὺς παῖδας ἐπὶ ἵππους... τὰ ἐντεταλμένα:** Pisistratus again instructs the Athenians how to interpret his initiatives (cf. the heralds at 1.60.4, at the time of his first return).

64.1 ἐρρίζωσε 'rooted'. The verbal echo from 1.60.1 (τὴν τυραννίδα οὔ κω κάρτα ἐρριζωμένην) gives closure to the story. **ἐπικούροισί τε... καὶ συνόδοισι** 'by means of numerous mercenaries and contributions of money'. σύνοδοι are here approximately equivalent to the more usual πρόσοδοι, 'revenues' (2.109.1; 6.46.2). **ἀπὸ Στρυμόνος ποταμοῦ:** on the border of Macedonia and Thrace, where Pisistratus had lived during his ten-year exile (1.61.2n ἐς Ἐρέτριαν). **ὁμήρους... παῖδας λαβών... ἐς Νάξον** 'both taking as hostages the children of Athenians who had remained behind... and putting them in Naxos'. Naxos, largest of the Cycladic islands, continued to be of significance for its role in the outbreak of the Ionian Revolt (5.28–34), as the first Greek island attacked by the Persians in 490 (6.95.2–96.1), and as the first member of the Delian League that the Athenians enslaved (ἐδουλώθη, Thuc. 1.98.4).

64.1–2 λαβὼν καὶ καταστήσας... καθήρας: in a very compressed sequence these participles further explain how Pisistratus consolidated his power.

64.2 ταύτην . . . Λυγδάμι: Lygdamis is Pisistratus' erstwhile enthusiastic supporter (1.61.4n). **τὴν νῆσον Δῆλον:** Delos was the birthplace of Apollo and a common sanctuary shared by all Ionians. Pisistratus' purification of the island is a display of piety but also, like his intervention in Naxos, an assertion of Athenian leadership in the Aegean that anticipates Athens' later claims to be leader and even mother city for the Ionian Greeks. Thucydides (3.104.1–2) says that because Pisistratus only purified as much of the island as could be seen from the temple, the Athenians purified it again in 426/5. **ἐκ τῶν λογίων** 'according to the oracles'; λόγιον is the broadest term for all kinds of prophecies (Lévy 1997: 359). Thucydides (3.104.1) is equally vague when he says that the second purification was carried out κατὰ χρησμὸν δή τινα.

64.3 ἐπεπτώκεσαν 'had fallen', i.e. they were dead, with plpf. of action completed and becoming a state in the past (S 1952; *CG* 33.40). This partially contradicts the description of a general flight with no resistance at Pallene (1.63.1), but H. wants to note that Pisistratus had no enemies left in the city. **μετ᾽ Ἀλκμεωνιδέων ἔφευγον:** H. later insists that the Alcmaeonidae were famously opposed to the tyranny and that they stayed in exile for the entire time of the Pisistratid regime (6.123.1); cf. Thuc. 6.89.4, [Arist.] *Ath. pol.* 19.3; Plut. *Sol.* 30.5. But this Alcmaeonid tradition conflicts with the evidence of a fragment of the Athenian archon list, which probably shows that the Alcmaeonid Cleisthenes was archon in 525/4 (ML 9–12 (6) = Fornara 1983: 27 (23C)). If so, they either had become reconciled with Pisistratus and Hippias before that date or they did not go into exile after Pallene, but only after the murder of Pisistratus' son Hipparchus (5.55–6, 62). Cf. 1.60.2n ἐπὶ τῆι τυραννίδι for H.'s representation of the political position of the Alcmaeonidae.

65–8 SPARTA GAINS LEADERSHIP IN THE PELOPONNESE

Like the previous excursus on Athens, this brief sketch of Spartan history ostensibly concerns only the political and military issues that interest Croesus, looking for a Greek ally in the early 540s. The Spartan analepsis, however, starts with the point at which Sparta began to be a well-ordered society (1.65.1–2), and it shows how Sparta (unlike Athens) achieved good government and, in consequence, hegemony over her neighbors (1.68.6). The number of oracular responses, which testifies to Sparta's closeness to Delphi, contrasts with the more religiously ambiguous Pisistratus narrative for Athens.

65.1 τοὺς μὲν νυν . . . ἐπυνθάνετο . . . κατέχοντα 'so Croesus learned that these sorts of things were holding the Athenians down'. κατέχοντα is a supplementary part. with a verb of perception and intellectual knowledge (S 2110; *CG* 52.24). The picture of Athens so far is ambivalent; at 1.29–33, Solon the philosophical Athenian statesman and poet attempts to advise Croesus, but in the description of Pisistratus' clever efforts some 30 years later to 'root' his tyranny in Athens, H. has presented Pisistratus as establishing control over an apparently schism-torn, inept, and credulous population. τοιαῦτα . . . κατέχοντα echoes κατεχόμενον at 1.59.1. H.'s next extended account of Athenian history will begin with the murder of Pisistratus' son Hipparchus (5.55) and continue with the fall of the Pisistratid regime (5.65–6) and the reinvigoration of Athens after tyranny is shaken off (5.78). **τοὺς δὲ Λακεδαιμονίους . . . Τεγεητέων** 'but the Lacedaemonians . . . were now in war dominant over the Tegeans'. H. then inserts an analepsis describing their difficulties in attaining that dominance; only late in the episode will the Spartans again be described as κατυπέρτεροι τῶι πολέμωι over Tegea (1.67.1, 68.6). Tegea, a *polis* in southeastern Arcadia, lies on the direct route between Sparta and the Isthmus of Corinth and by the mid-sixth century (the time of Croesus' inquiry) had become an ally of Sparta, as part of 'a shift in Spartan policy . . . from "Helotization" to diplomatic subordination' (Cartledge 2002: 120). **ἐπὶ γὰρ Λέοντος . . . καὶ Ἡγησικλέος:** as is his custom, H. first gives the earlier causal background. The Agiad Leon and the Eurypontid Hegesicles jointly reigned as kings of Sparta 575–560 (Cartledge 2002: 103). For H.'s lists of Spartan kings, see 7.204 (Agiadae) and 8.131 (Eurypontidae). The Spartan king lists, however, 'in terms of dates are houses of cards built on sand' (Cartledge 2003: 28). **τοὺς ἄλλους πολέμους:** perhaps fifth-century Spartan tradition exaggerates, but the building of the temple of Artemis Orthia c. 570 and the success of Laconian painted pottery indicate that the early sixth century was a period of cultural and political accomplishment (Cartledge 2002: 117–20).

65.2 τὸ δὲ ἔτι πρότερον τούτων: H. goes several centuries further back, before Leon and Hegesicles; see note Λυκούργου below for the dubious historical value and lack of specificity of this information. Such extensive analepsis is a typical Herodotean procedure when a new topic is being introduced (1.7.1n, 95–106n; F.&T. § 4.2.1). **κακονομώτατοι . . . ἀπρόσμικτοι** 'they were almost the worst governed of all the Greeks, unsociable both among themselves and with foreigners'. The historical record, however, indicates that throughout the seventh century too Sparta was an open and lively city, hospitable to foreign artists and poets. At 3.55.2 H. says he himself visited the Spartan deme of Pitane, but in H.'s own time the Spartans were famous for practicing ξενηλασία or 'exclusion of foreigners', as a means for isolating Spartans from corrupting outside influences (Plut. *Lyc.* 9.3–4, 27.3–4). The policy caused resentment among other fifth-century Greeks (e.g. Thuc. 1.144.2; Figueira 2003: 53–5). The rare compound ἀπρόσμικτοι resembles the criticism of Spartan insularity voiced by the Athenian envoys in Thuc. 1.77.6: 'you have customs hard to assimilate (ἄμεικτα . . . νόμιμα) with those of others'. **μετέβαλον δὲ ὧδε ἐς εὐνομίην** 'in this way they made a change to good government'. Before pursuing the story of Sparta's war against Tegea, H. relates the earlier landmark constitutional transformation that ultimately allowed the city to be successful at home and abroad. εὐνομίη does not necessarily mean 'good laws' but is rather closer to 'good order' (as opposed to ἀνομίη, 'lawlessness', 1.97.2–3). Every sixth-century Greek *polis* torn by bitter civil struggle held civic order as an ideal (Solon fr. 4.32 West; Ostwald 1969: 62–95); it was sometimes achieved through a successful revolution resulting in legislative reforms. At Sparta stability was achieved earlier than in other Greek cities (Thuc. 1.18.1). For μεταβάλλω, cf. 1.57.2n καὶ ὅσα ἄλλα. **Λυκούργου:** Sparta's famous constitution (often called κόσμος: 1.65.4n) was attributed to this legendary lawgiver, although it built on pre-existing institutions. Before H., Lycurgus is mentioned only by Simonides (fr. 628 *PMG* = Plut. *Lyc.* 1.3.2); he is dated differently by different sources. Most modern historians assign the constitutional change that bears his name to the seventh century, but H. places him in the ninth (1.65.4n ἐπιτροπεύσαντα). This early dating, besides being historically impossible and incompatible with a consultation of Delphic Apollo, is also confusing in the light of the first sentence of this chapter, which seems to imply that Spartan εὐνομίη began shortly before the reigns of Leon and Hegesicles in the early sixth century. **ὡς ἐσήιε ἐς τὸ μέγαρον:** here, dramatically and unexpectedly, the Pythia offers her response before being asked the question; cf. also 5.92.β.2; 7.140.1.

65.3 ποτί = πρός. **δίζω ἤ σε . . . ἤ ἄνθρωπον** 'I am uncertain whether I will proclaim you a god or a man'. ἤ . . . ἤ introduces indirect alternative questions, a Homeric usage (S 2675.e). This praise from Delphi makes quite a contrast with the bleakness of Chilon's earlier prophecy at Olympia to the father of the future Athenian tyrant (1.59.2). The oracle as reported by Diod. Sic. 7.12 has two additional lines that make the Delphic ratification of Lycurgus' reform more explicit: ἥκεις δ' εὐνομίαν αἰτεύμενος· αὐτὰρ ἔγωγε | δώσω τὴν οὐκ ἄλλη ἐπιχθονίη πόλις ἕξει. In the form given by H., and with no reason specified for the consultation, the oracle might seem more fitting to a tradition about a later Spartan query on the type of cult Lycurgus should be granted (1.66.1).

65.4 οἱ μὲν ... κόσμον Σπαρτιήτῃσι 'some say, beside these things, also that the Pythia expounded to him the currently established political order for the Spartans'. Again H. presents alternative versions, emphasizing the second; the specific citation of a Spartan source for the Cretan version suggests H.'s preference for it. Cf. 1.99.1n for the only other use in H. of κόσμος as something like a modern 'constitution'. Plutarch, who was himself a priest at Delphi, cites as a Delphic response the archaic text of a Lycurgan ῥήτρα or compact with the people, outlining his political legislation (*Lyc.* 6–7). He cites Tyrtaeus fr. 4 West, who never mentions Lycurgus but connects the ῥήτρα to Pythian Apollo (cf. Diod. Sic. 7.12). **ὡς δ' αὐτοὶ Λακεδαιμόνιοι ... ἀγαγέσθαι ταῦτα** 'but as the Lacedaemonians themselves say, that Lycurgus had brought these things', apparent anacoluthon, since we would expect Λυκοῦργος ... ἤγαγε after the circumstantial ὡς clause. The use of the inf. indicates that H. is reporting the opinion of others (1.191.6n ὡς λέγεται; S 3008.a, g). **ἐπιτροπεύσαντα Λεωβώτεω** 'having become the guardian of Leobotes'. The Agiad Leobotes perhaps reigned in Sparta c. 870–840, but cf. above, 1.65.1n ἐπὶ γὰρ Λέοντος, 65.2n Λυκούργου for the dubiousness of these dates. **ἐκ Κρήτης:** the version H. attributes to the Spartans is based on the similarities between the sociopolitical organizations of Sparta and Dorian Crete (Arist. *Pol.* 2.1269a–1272b) and is also explained by the prestige of archaic Crete among ancient political theorists.

65.5 ἐφύλαξε ταῦτα μὴ παραβαίνειν: cf. Solon's analogous attempt to have Athenian citizens preserve his laws (1.29.1). Within a generation the system of government in Athens became a tyranny, even if Solon's laws largely remained in force (1.59.6n). Sparta, by contrast, never was subject to a tyrannical regime (5.92.α.2). **τὰ ἐς πόλεμον ... καὶ συσσίτια:** a very selective list of the Spartan army's subdivisions. The ἐνωμοτίαι (sworn units) were companies of 32 to 36 men; the otherwise unknown term τριηκάδες (groups of 30) may be H.'s approximate explanatory gloss. The συσσίτια are communal meals; they also existed in Crete (Arist. *Pol.* 2.1272a). **τοὺς ἐφόρους καὶ γέροντας:** the ephors were five annual magistrates elected by the Spartan assembly (ἀπέλλα) to oversee the laws; they were probably established in the sixth century, later than other Lycurgan institutions (Arist. *Pol.* 5.1313a26). The γερουσία as an aristocratic council must have predated Lycurgus' reforms, but in its Lycurgan form it was a council of 28 elected members of 60 years of age or older plus the two kings; they set the political agenda for the ἀπέλλα, had major power over political decisions, and tried the most important cases. Chilon is the first known historical ephor (1.59.2n).

66.1 εἰσάμενοι: mid. aor. part. of ἵζω. Five centuries later the traveler Pausanias (3.16.6) will see this sanctuary and compare it to one for a god (cf. 1.65.3n δίζω).   **οἷα ... εὐθενήθησαν** 'since (they were) in a fertile region and with a not small multitude of men, they shot up and flourished'. With οἷα, the causal part. is sometimes omitted (S 2117). H. returns to his earlier topic, the beginning of Sparta's war against Tegea (c. 560–550). On the dangers of prosperity for a city, see 1.29.1n ἀκμαζούσας πλούτωι on Sardis; here it leads to increased military activism (οὐκέτι ... ἡσυχίην ἄγειν), a notion implied earlier in the case of Croesus, with the added idea here that population growth requires additional land. The connection made between fertile land and military ambition seems quite different from that expressed by Cyrus at the very end of the *Histories* (9.122): 'soft lands breed soft men' (Persians § 9.1).   **ἀνά τε ἔδραμον:** tmesis of ἀνέδραμον, aor. of ἀνατρέχω (S 1652; *CG* 25.44). The plant metaphor is Homeric (cf. *Il.* 18.56, Achilles shooting up like a sprout).   **σφι οὐκέτι ἀπέχρα** 'it was no longer enough for them'.   **καταφρονήσαντες ... κρέσσονες εἶναι** 'thinking with a sense of superiority that they were better' (1.59.3n καταφρονήσας).   **ἐχρηστηριάζοντο ... χώρηι:** the Spartan question here resembles Croesus' earlier consultation about his campaign against Persia (1.53).

66.2 Ἀρκαδίην ... οὔ τοι δώσω: Apollo says he will not give the Spartans the whole of Arcadia, but only Tegea, the city closest to Sparta.   **βαλανηφάγοι** 'acorn-eaters', hence a sturdy, 'hard', more 'primitive' culture, and therefore (implicitly) one more difficult to conquer (1.71.2–4nn). The Arcadians, in the mountainous central region of the Peloponnese, were a pre-Dorian but Greek-speaking population; their Arcado-Cypriot dialect has strong similarities with Mycenaean Greek. H. calls Arcadia αὐτόχθων (8.73.1) and so probably considered its inhabitants as descending from the Pelasgians (cf. 1.56–8).   **ἔασιν** = Att. εἰσίν.   **δώσω τοι ... ὀρχήσασθαι** 'I will give you foot-tapped Tegea to dance on' (inf. of purpose, S 2008, 2009; *CG* 51.16), i.e., as the Spartans understood it, by beating one's feet in a victory dance. On a plain surrounded by hills, Tegea is compared to an ὀρχήστρα or dancing-floor, but ὀρχήσασθαι can also suggest working an ὄρχος, 'row of vines', as enslaved labor (HW).   **σχοίνωι διαμετρήσασθαι:** this appears to announce an allotment of the conquered land for the benefit of the Spartan citizens, as in Laconia and Messenia. The schoenus is a measuring-rope, but in H. it is also the largest unit for measuring distance: c. 10.7 km (6.6 miles). It is used by the richest Egyptian landowners (2.6).

66.3 χρησμῶι κιβδήλωι πίσυνοι: as Croesus also will learn, those who plan to wage wars of aggression should know better than ask for the god's permission (1.159.4n and 6.86 depict the explicit disapproval of the god concerning inquiries about unjust action). κίβδηλος is literally a term applied to coin that is somehow debased, either because the metal is not pure or because it has bronze at the core and silver on the outside (the specifics of its meaning are disputed: Kurke 1999; Kroll 2000: 89). Used metaphorically here, κίβδηλος means something that looks good externally but contains a more negative meaning than first appeared, as in Thgn. 117–24 West, applied to a false friend (Kurke 2009: 426 and *passim*). Both here and at 1.75.2 the oracle appears to promise conquest as a gift but disappoints the trust that the inquirer has placed in it (cf. Croesus at 1.73.1, πίσυνος). In a third passage, where the Spartans complain they have been misled by the bribed Pythia, κίβδηλος simply means spurious, i.e. not a real response from Apollo (Hornblower on 5.91.2). **ὡς δὴ ἐξανδραποδιεύμενοι** 'actually intending to reduce to utter captivity', fut. part. of purpose (S 2065; *CG* 52.41); δή with part. 'is almost always ironical, skeptical, or indignant in tone' (Denniston 230.III.1.ii). The verb (ἐξ)ανδραποδίζω denotes a violent military procedure for driving an entire community into submission, killing some inhabitants and brutally enslaving the others (1.76.2, 151.2; Gaca 2010). This is harsher treatment than the action of capturing prisoners in war expressed below by ἐζωγρήθησαν. The Spartans plan ruthlessly to reduce Tegea to a subjugated territory, as they had done with Messenia by the end of the seventh century. The verb ἐξανδραποδίζω figures in two important contexts to come: Cyrus' threat against the Lydians after their attempted revolt (1.155.1, 156.2, 161), and Darius' plans for Athens and Eretria after the Ionian Revolt (6.94.2). 6.32 shows what some of the details looked like in practice (threatened at 6.9.4).

66.4 σχοίνωι διαμετρησάμενοι τὸ πεδίον: the words of the oracle (1.66.2) have here assumed a different meaning: the Spartan invaders are tied together to work in the fields, like a chain gang. **ἐς ἐμὲ ἦσαν σόαι:** for the impf. with the phrase ἐς ἐμέ, cf. 1.52n ἐς ἐμὲ ἦν κείμενα. The fetters were still displayed in the temple of Athena Alea in Tegea in H.'s day to commemorate the Spartan defeat. Spartan tradition made the best of it by incorporating it in a broader morality story showing that the defeat had been provisional and the Spartans had learned from their mistakes; they did not take away Tegean independence by conquest but chose the route of political hegemony instead. For the significance of fetters in the larger ongoing Croesus story, cf. below 1.90.4n τὰς πέδας.

67.1 κατὰ μέν … κατὰ δέ … τρόπωι τοιῶιδε: defeat in the Battle of the Fetters marks the culmination of the Spartan strategy, ending in failure.

A series of imperfects from 1.65.1 to 67.3 sets the stage for the surprising and clever discovery to come (1.67.5n ἐς οὗ δὴ Λίχης). The Eurypontid Anaxandridas and the Agiad Ariston (sons of the kings mentioned at 1.65.1) reigned together at Sparta c. 550–520. For these two kings and their important sons, see 5.39–41; 6.61–9.

67.2 τίνα ἂν θεῶν ἱλασάμενοι ... γενοίατο (= Att. γένοιντο) 'by propitiating which of the gods would they be dominant over the Tegeans in war'. The main idea falls in the participle; cf. 1.95.1n Κῦρον ὅστις ἐών ... ἡγήσαντο. This time the Spartans ask a correct ritual question, one more appropriate than their first query (1.66.1); they will receive a more productive answer as a result. A tacit contrast is being drawn both with Croesus' earlier use of Delphi (1.46–56) and with the Athenian Pisistratus' entrepreneurial religiosity (1.60). Ὀρέστεω τοῦ Ἀγαμέμνονος: instead of propitiating a divinity, the Pythia prescribes that the Spartans enlist Orestes' power for themselves by establishing a local hero memorial or cult, although there is no evidence for a continuing cult of Orestes at Sparta. The hero Orestes would link Sparta's political identity to that of earlier Achaean heroes (Boedeker 1993: 164–7). In the Homeric epics Agamemnon and Orestes are kings of Mycenae, but a variant tradition probably already existed that placed them in Laconia with Menelaus (7.159.1; Stesich. fr. 216 *PMG*, fr. 177 DF; Simon. fr. 549 *PMG*; Pind. *Pyth.* 11.16, 31–7, *Nem.* 11.34). ἐπαγαγομένους '(that they would be successful) if they brought back'; κατύπερθε γενήσεσθαι *vel sim.* is implicit, supplied from the Spartans' earlier question (1.67.1); the translation of the bones and honor given to the hero ensure special protection for the city (cf. Soph. *OC* 616–23). For other importations of the cults of foreign heroes, cf. Cleisthenes' translation of Melanippus from Thebes to Sicyon (5.67) and the Thebans' borrowing of the Aeacidae from Aegina (5.77–81). Cimon son of Miltiades translated the bones of Theseus from Scyros to Athens c. 470 (Plut. *Cim.* 8; Paus. 3.3.7). The power of a hero in a technical religious sense is generally local and connected to the place where he is buried (Harrison 2000: 161–2; Mikalson 2003: 129–30).

67.3 ἔπεμπον αὖτις ... ἐπειρησομένους 'they sent again ... to ask about'. The narrative impf. sets the scene (S 1899; *CG* 33.49, 51). Asking again is the prudent course of action; at 1.91.4 the Pythia points out to Croesus his failure in this respect.

67.4 Ἀρκαδίης Τεγέη 'Tegea in Arcadia'. For the mythic connection of Orestes son of Agamemnon with Arcadia, see Eur. *Or.* 1646–7 and Pherec. *FGrHist* 3 F135 (schol. Eur. *Or.* 1645); Paus. 3.11.10, 8.54.4. There is possibly confusion between the Homeric Orestes and Orestheus, son of Lycaon and eponymous ancestor of the Arcadian Oresthasium, southwest of Tegea (Paus. 8.3.1–2). ἔνθ' ἄνεμοι ... κεῖται 'where two winds blast under harsh necessity, and (there is) blow, counter-blow, and woe lies upon woe'. Decoding this riddle requires that H. add the whole following narrative about Lichas' adventures in Tegea (Crahay 1956: 156). The oracle hints at the location where the bones of Orestes will be found (1.68.4), but ὑπ' ἀνάγκης and πῆμ' ἐπὶ πήματι alert us to its additional Hesiodic and metaphorical dimensions (1.68.4n τὸν δὲ ἐξελαυνόμενον σίδηρον). φυσίζοος αἶα suggests agriculture (*Il.* 3.243; *Od.* 11. 301), in contrast to the Golden Age of uncultivated woodland implied in βαλανηφάγοι in the first oracle (1.66.2, referring to the Arcadians). ἐπιτάρροθος: epic 'protector', as opposed to conqueror, and an epithet used in Homer only of gods; a *hapax* in H. The appropriation of Orestes' remains (as also those of his son Tisamenus, imported from Achaea: Paus. 7.1.8) represents a new Spartan policy toward Tegea and other Peloponnesian states by virtue of an Achaean, as opposed to purely Dorian, identity (5.72.3); the same function is performed by the tradition of the Spartan kings' Heraclid ancestry (1.56.2n τὸ μὲν οὐδαμῆι). By embracing Orestes and an Achaean heritage, Sparta heralds its own benevolent leadership in contrast to the previous goal of violent and total subjugation (1.66.3n ὡς δὴ ἐξανδραποδιεύμενοι; Cartledge 2002: 120). This move on Sparta's part has been called the 'politics of bones' (Asheri), but it is not a mere propaganda maneuver for external consumption. It also reflects Greek religious sensibilities and sixth-century Spartan ideology, promoting a Peloponnese unified under Spartan leadership. Cf. 1.67.2n Ὀρέστεω τοῦ Ἀγαμέμνονος.

67.5 ἀπεῖχον τῆς ἐξευρέσιος οὐδὲν ἔλασσον 'were not at all less far from (= were no nearer to) the discovery'. **ἐς οὗ δὴ Λίχης ... ἀνεῦρε** 'until at length the time when Lichas ... made a discovery'. ἀνεῦρε, emphatically placed, picks up ἀνευρεῖν at 1.67.3, and it is repeated at 1.68.1. The name Lichas is not common, but a prominent Spartiate of that name, son of Arcesilaus, appears in Books 5 and 8 of Thucydides (Hornblower 2008: 131–2). **οἱ δὲ ἀγαθοεργοί εἰσι ... ἑκάστου** 'the ἀγαθοεργοί ('benefactors') are (the part) of the citizens who leave the corps of knights, always the eldest, five each year', one of H.'s helpful glosses for the reader (F.&T. § 4.1). H. often 'translates' foreign names, expressions or terms for local institutions; he tends to treat Spartans as exotics and needing explanation because their habits differ from those of other Greeks (6.57.2, 61.1; 7.134; 9.11.2). On Spartan ἱππεῖς as elite Spartan troops, see 6.56; 7.205.2; 8.124.3. Spartan ἀγαθοεργίη on behalf of the state (τῶι κοινῶι) is paralleled by the obviously different Persian ἀγαθοεργίη on behalf of the king, which also interests H. (3.154.1, 160.1). **τοὺς δεῖ ... τῶι**

κοινῶι διαπεμπομένους μὴ ἐλινύειν 'they must not cease being sent out by the assembly', i.e. they are obligated always to be available. τῶι κοινῶι is a dat. of agent (S 1494).   τοῦτον τὸν ἐνιαυτόν, τὸν ἂν ἐξίωσι 'during this year, in which they depart'.

68.1 συντυχίηι χρησάμενος καὶ σοφίηι 'using a combination of luck and intelligence'. Lichas' σοφίη is depicted as different from Pisistratus' brand of cleverness described just above (1.59–64, esp. 1.63.2.n βουλήν). Lichas is alert to the message he thinks is contained in the Tegean θῶμα, while Pisistratus has manipulated the religious sensibility of his fellow Athenians.   **ἐπιμιξίης πρὸς τοὺς Τεγεήτας:** a civil relationship existed, probably on account of a truce; ἐπιμιξίη is a *hapax* in H.

68.1–2 ἐν θώματι ... ἀποθωμάζοντα ... ἐθώμαζες ... θῶμα ποιεύμενος: the technique of working iron was relatively new, still identified as a 'wonder' in the sixth century (1.25.2n θέης ἄξιον). The blacksmith is still a χαλκεύς and his smithy a χαλκήιον. For 'wonder' highlighted by H. as a historiographic principle of sorts, see 1.0n ἔργα μεγάλα.

68.2 ἦ κου ἄν 'indeed, well you might . . .' ἄν is pleonastic and proleptic, anticipating the apodosis of the counterfactual condition κάρτα ἄν ἐθώμαζες (S 1765.a; *CG* 60.12). The blacksmith tells Lichas that the skill he displays at his everyday work is nothing to wonder about in comparison with the unique phenomenon he encountered in his smithy.

68.3 ἑπταπήχεϊ: more than three meters (c. ten feet), a truly heroic size. A cubit is c. 44.4 cm (17.5 in.). H. is interested in exceptionally large things and tall people as being among the θώματα he thinks it his duty to report (1.60.4; 3.20.1; 4.82, 152.4; 7.117.1; 9.81.1, 83).   **ὑπὸ δὲ ἀπιστίης μή ... τῶν νῦν** 'out of disbelief that men ever existed larger than those today'. Expressions of the type 'I deny/disbelieve that . . .' often take a redundant μή (here reinforced by μηδαμά) modifying the inf. (S 2739–40; *CG* 56.13).   **συνεβάλλετο ... τῆιδε συμβαλλόμενος:** in the middle the verb is equivalent to the English 'con-jecture' and similarly suggests the operation of throwing different elements together, here the metaphor of the oracle and the reality of the heroic corpse (cf. συλλαβών, 'com-prehending' (1.63.1), of Pisistratus decoding Amphilytus' oracle). The verb is used by H. himself to describe his own mental activity as an investigator/researcher, e.g. at 2.33.2. This is also true of εἰκάζω, applied to Lichas in the next sentence (1.34.1n ὡς εἰκάσαι; F.&T. § 3.2.2).

68.4 δύο ... φύσας ... ἐόντας 'seeing two bellows, he discovered that they were the two winds', mentioned by the oracle.   **ὁρέων** = Att. ὁρῶν, pres. part. of ὁράω.   τὸν δὲ ἐξελαυνόμενον σίδηρον 'the iron being beaten out'; the oracle also suggests the hardships of the Iron Age (πῆμα ἐπὶ πήματι; cf. Hes. *Op.* 176–9), in contrast with the first Tegean oracle, deceitfully promising the gift of a dancing-floor (1.66.2) and suggesting a Golden Age setting (Kurke 1999: 154–5). For the verb, cf. 1.50.2n ἡμιπλίνθια, used of creating gold bricks.

68.5 συμβαλόμενος δὲ ταῦτα 'putting these facts together'; resumptive participial phrase echoing 1.68.3 συνεβάλλετο . . . συμβαλλόμενος, repetitions that are part of H.'s storytelling technique (1.8.1n ἡράσθη). The paired Athenian and Spartan narratives both exhibit cleverness on the part of an important political actor, but H. presents Lichas as exhibiting a more straightforward religiosity than that of Pisistratus (1.68.1n).   **ἐκ λόγου πλαστοῦ . . . ἐδίωξαν** 'from a fictitious tale they brought a charge against him'. H.'s narrative is compressed, and if this is a Spartan tradition (not one only derived from Lichas' descendants), it represents the Spartans as acting in concert with Lichas and only pretending to prosecute and exile him, so that he would be readmitted to Tegea. An alternate view argues that the charge was initially a real one, perhaps for consorting too closely with Tegeans, but made falsely, perhaps by Lichas' enemies, and that Lichas was exonerated later, as he brought back the bones (Asheri). The fact that H. says Lichas was designated by Sparta as an ἀγαθοεργός, here acting as a secret agent in Tegea, makes the former interpretation plausible, although given Spartan secrecy and Herodotean reticence, it is difficult to judge what reality lies behind H.'s narrative.   **ἐμισθοῦτο . . . τὴν αὐλήν** 'tried to rent the courtyard from him, although he was not wanting to give it up'. The verb is a conative impf. (S 1895; *CG* 33.25); the negotiation was difficult and took some time. As often, the addition of the circumstantial part. creates a compressed depiction of an action sequence.

68.6 ὡς ἀνέγνωσε, ἐνοικίσθη 'when he persuaded him, he settled in'.   **οἴχετο φέρων ἐς Σπάρτην:** the obscure Lichas, who suffers a feigned exile or a false charge against him but nevertheless brings the hero Orestes to Sparta for the good of his city, is the counterpart/antitype of Pisistratus, who returns from exile accompanied by Phye/Athena, in order to achieve power for himself (1.60).   **ὅκως πειρῴατο ἀλλήλων** 'whenever they made trial of each other'.   **ἤδη δέ σφι . . . κατεστραμμένη:** the end of Sparta's war against Tegea appears to mark the beginning of the alliance which modern historians call the Peloponnesian League, under the leadership of Sparta ('the Lacedaemonians and their allies', in the words of ancient sources). By 550 Spartan hegemony may have extended over Elis, Arcadia, Sicyon, Corinth, and Megara, but not Argos (1.82; Cartledge 2002: 120–3). For other analeptic insertions of Spartan history, see 1.82; 5.39–48; 6.61–86.

69–85 CROESUS TAKES SPARTA AS ALLY AND CAMPAIGNS AGAINST CYRUS

69.1 ταῦτα δὴ ὧν πάντα πυνθανόμενος: for resumptive δὴ ὧν giving weight to a pronoun, see 1.8.1n. Here H. returns to the main narrative, reminding his readers that the foregoing reports on Athenian and Spartan history were commissioned and received by Croesus of Lydia (1.65.1, 67.1; cf. 69.2 πυνθάνομαι). Croesus understands that Sparta is the most powerful Greek state but he does not seem to have learned what their example has shown us, H.'s readers, about the correct way to make oracular inquiries.

69.2 τὸν Ἕλληνα φίλον προσθέσθαι: a paraphrase of Delphi's original response to Croesus (1.53.3). Here the collective singular 'the Greek' used by Croesus focalizes the message as one sent by a foreigner.   **ὑμέας γὰρ πυνθάνομαι προεστάναι . . . ὑμέας ὦν . . . προσκαλέομαι** 'since I hear that you have attained leadership . . . I bid you accordingly'.   **ἄνευ τε δόλου καὶ ἀπάτης:** the formula occurs also at 8.140α4 and 9.7α1, both times, as here, in a direct speech seeking alliance.

69.3 ἥσθησαν . . . τῆι ἀπίξι 'rejoiced at the arrival'.   **ὅρκια ξεινίης πέρι καὶ συμμαχίης:** cf. 1.6.2, φίλους δὲ προσεποιήσατο. The alliance is mentioned in the Samian narrative (3.47.1) and by Paus. 4.5.3. For the formulaic coupling of ξεινίη and φιλία in Greek inter-state relations, cf. 1.22.4n; for oaths in H., see 1.74.4n.   **αὐτοὺς εὐεργεσίαι εἶχον ἐκ Κροίσου . . . γεγονυῖαι** 'benefactions made by Croesus were holding them (under obligation)', i.e. they needed to respond to his previous generosity. γεγονυῖαι is equivalent to the pf. pass. of ποιέω (Powell 69.v.1), with ἐκ and gen. of agent. The obligations of reciprocity, negative and positive, have played a crucial role throughout the Croesus story. Cf. 1.41.2n χρηστά . . . χρηστοῖσι. Gifts from Croesus to the Spartans are mentioned by Paus. 3.10.6 and 4.5.3.

69.4 χρυσὸν ὠνέοντο . . . Ἀπόλλωνος: conative imperfect (S 1895; CG 33.25). This is the earliest evidence of a commercial transaction involving a Greek state (Bissa 2009: 45–7). The Spartan law banning precious metals would not have affected collective religious projects (Figueira 2002: 162n8). It is, however, uncertain how the Spartans planned to pay for the gold, given the isolationist nature of their monetary policy (Plut. *Lyc.*

1–2, etc.; Hodkinson 2000; Figueira 2002 and 2003: 52, 63). They may have offered goods such as grain, iron utensils, or individuals enslaved when taken in war; alternatively, they may have tried to amass foreign currency. **νῦν ... ἵδρυται** 'is now placed'; the implication is that H. has seen it. See above 1.50.3n νῦν ... ἐν τῶι Κορινθίων θησαυρῶι and F.&T. § 3.4.2 for the connections H. establishes between past deeds and present physical traces. **ἐν Θόρνακι:** a shrine north of Sparta; Pausanias 3.10.8 says that the gold sent by Croesus, intended for Thornax, was used instead for a similar statue at Amyclae. **Κροῖσος ... δωτίνην:** Croesus' abundant supplies of gold (1.50–2, esp. 50.2n χρυσὸν ἄπλετον) and his generosity, especially to Greek religious shrines, was legendary (1.92.1). His gift to the Spartans indicates that even before the stipulation of a formal anti-Persian alliance, their friendship was important to him.

70.1 τοῦτο μὲν αὐτοὶ ἦσαν ἕτοιμοι ἐπαγγείλαντι, τοῦτο δὲ ποιησάμενοι ... ἦγον 'on the one hand, they themselves were ready for him when he had sent for them ... and on the other, having commissioned a bronze krater ... they were sending it off'; the neuter demonstrative pronouns emphasize the μέν ... δέ construction (1.30.4; S 1256; CG 28.27.44). **ζωιδίων τε ἔξωθεν πλήσαντες ... καὶ μεγάθεϊ τριηκοσίους ἀμφορέας χωρέοντα** 'having filled it both with figures outside ... and holding 300 amphoras in quantity'. τε ... καί links a nom. pl. participial phrase with an acc. s. one, creating a mild anacoluthon that Greek more easily sustains than English does (S 3008.d). πλήσαντες is aor. part. of πίμπλημι. This bronze krater is one of the last works of refined Laconic art, perhaps similar to the famous krater of Vix; H. probably saw it in the Heraeum of Samos (1.70.3n Ἥραιον). Its capacity is c. 11,700 litres (3091 US gallons), half that of the silver krater Croesus sent to Delphi (1.51.2).

70.2 δι' αἰτίας ... τάσδε 'through the following alleged two causes', i.e. alternative versions of the reason why Croesus never received the gift. αἰτία means 'cause' but also, at least in the Spartan version, 'grievance'. Both versions are presented as self-serving justifications on the part of their speakers (1.on δι' ἣν αἰτίην; F.&T. § 3.2.1). **οἱ μὲν Λακεδαιμόνιοι λέγουσι ὡς ... ἀπελοίατο** (= Att. ἀφέλοιντο) 'the Spartans say that ... the Samians carried it off'. The use of the opt. in an ὅτι/ὡς indirect discourse in primary sequence is rare but can occur if the lead verb in the present implies reference to some former report (Goodwin 676). H. later states that the Spartans claimed the alleged theft was the reason why they made an expedition against Samos (3.47.1, an account criticized as malicious by Plut. *De malig.* 21 = *Mor.* 859C). **νηυσὶ μακρῆισι:** in H. the mention of 'long ships' or 'pentekonters' often carries a connotation of aggressive (usually military) action or piracy (1.2.2n καταπλώσαντας).

70.3 αὐτοὶ δὲ Σάμιοι λέγουσι ὡς... ἀπέδοντο..., ἰδιώτας δὲ ἄνδρας... ἀναθεῖναί μιν 'but the Samians themselves say that... (the Lacedaemonians) sold off the krater in Samos, and private citizens, buying it, dedicated it'. The two indirect discourse constructions differ: λέγουσι governs an initial ὡς with indicative that is then followed by a parallel acc. and inf. construction (S 2628; CG 41.16). **Σάρδις τε καὶ Κροῖσον ἡλωκέναι:** pf. inf. of ἁλίσκομαι. The first clear mention of the Lydian defeat occurs here, in the context of an ignoble squabble between two Greek cities over a missing krater, each city accusing the other of dishonesty and bad faith. This doubting of motive and ironic deflection of significance form part of what Plutarch so disliked about H.'s sensibility (*De malig.* 3, 6 = *Mor.* 855C, F). **Ἥραιον:** the temple complex was built in the middle of the sixth century near the site of a previous temple, which was destroyed by fire; H. knows it well (2.182.1; 3.60.4, 123.1; 4.88, 152.4). Along with the Artemisium of Ephesus (1.26.2) it was one of the most famous temples in the Ionic style (Hurwit 1985: 210). **τάχα δὲ ἄν... ὑπὸ Σαμίων** 'and perhaps those (Spartans) who put it up for sale would say, upon returning to Sparta, that they had been robbed by the Samians'. Overtly intervening as narrator, H. here expresses skepticism toward the version believed in Sparta, but he does not claim general Spartan complicity in dishonesty (F.&T. §§ 3.2., 3.2.1).

71–4 BACKGROUND FOR CROESUS' INVASION OF CAPPADOCIA

71.1 ἁμαρτὼν τοῦ χρησμοῦ... ἐλπίσας: for the first time H. expressly states that Croesus' misunderstanding of the oracle (1.53–5) was one of the causes of his move against Cyrus in c. 547. Croesus is only the first of a number of powerful individuals in H. who are prone to misinterpreting oracles, dreams, or portents, even when they take them seriously (4.164.4; 7.18–19, 57); his expectations (ἐλπίσας) are generally disappointed as well (1.22.3, 27.3–4n, 56.1n ἤσθη). **ἐς Καππαδοκίην:** the region lying east of the River Halys (1.75.3; 5.52.2) and part of Cyrus' Anatolian domain at the time, after his conquest of Media. In H.'s day it still included territory that in Roman times becomes Pontus and Galatia. **ἐλπίσας ... δύναμιν:** a reminder of Croesus' original thought processes: καταλαβεῖν αὐτῶν αὐξανομένην τὴν δύναμιν (1.46.1).

71.2 ἀπὸ δὲ... καὶ τὸ κάρτα οὔνομα... ἔχων 'but after this judgement also really having a name for himself among the Lydians'. **Σάνδανις:** an otherwise unknown individual, a 'wise adviser' like Bias/Pittacus or Solon (1.27.2n, 30–3; F.&T. § 2.4n21). Like Bias/Pittacus, he advises against aggression for practical reasons. σκυτίνας ... ἐσθῆτα: both clothing made of leather and the dietary traits listed below are indices of a 'hard' and more 'primitive' society (1.66.2n βαλανηφάγοι). Here Sandanis explicitly formulates the (always relative) distinction H. also draws between 'hard' and 'soft' cultures. 'Hard' cultures are relatively simple and fierce; 'soft' cultures are prone to luxury and abundance, commerce-oriented, and socially complex (Lydians § 6.5; Northeasterners § 5; F.&T. § 2.2n16). ἀναξυρίδες, trousers (a non-Greek, perhaps Persian, word), are only here said to be made of leather. Among the Persians they remain part of the fighting outfit adopted from the Medes: 1.135n τὴν Μηδικὴν ἐσθῆτα (cf. 3.87; 5.49.3; 7.61.1). οὐκ ὅσα ἐθέλουσι: this will soon change (1.133.2nn). For H., scant luxury makes less materially advantaged cultures hardy (1.207.6n Μασσαγέται ... ἀπαθέες). χώρην ἔχοντες τρηχέαν: Persia is a mountainous and harsh country in contrast with Lydia, Babylonia, and Egypt, 'soft' lands which, according to Cyrus, tend to produce soft men (9.122.3; Lydians § 6.5; cf. 143.3n φαίνονται for Ionians). Cyrus' method of persuading the Persians to fight the Medes, however, shows that he is not always in favor of 'hardness' (1.126).

71.3 οὐκ οἴνωι διαχρέωνται, ἀλλὰ ὑδροποτέουσι: the later Persians (1.133.3, 207, etc.) are certainly wine-drinkers. The three main beverages considered in the *Histories* are wine, water, and milk; of these, wine, made from grapes or other fruit, is highly processed and therefore generally characteristic of more developed societies; the Egyptians, who have no vines, drink a 'wine made of barley', i.e. beer (2.77). Not to know wine is an index of cultural backwardness; cf. below 1.202 (inhabitants of the Araxes), 207.6, 216.4 (Massagetae); 3.22 (Ethiopians). Water is the default drink of a variety of peoples (1.188.1; 2.32.5, etc.). Milk-drinking is one of the exotic customs of the hardy Massagetae (1.216.4), as well as of the long-lived Ethiopian Fish-eaters (3.23.1) and some pastoralist tribes in northern Africa (4.172, 186). The Scythians drink milk (4.2), but they also drink wine (4.66), allegedly unmixed (6.84.3). εἰ νικήσεις ... ἢν νικηθῆις 'if you win (fut. indicative) ... if you should be defeated' (aor. subjunctive); defeat is presented as a less likely possibility, since a king's adviser needs to be tactful. In H., however, 'hard' cultures regularly defeat 'soft' ones (Redfield 2013 [1985]: 285). τί σφεας ἀπαιρήσεαι, τοῖσί γε μὴ ἔστι μηδέν; 'what will you rob them of, the kind of people for whom there is nothing?' (i.e., who have nothing). μή is used with a generic rel. clause in the indicative; the antecedent is indefinite (S 2505.b, 2705.d; *CG* 50.19.42). γευσάμενοι γὰρ τῶν ἡμετέρων ἀγαθῶν περιέξονται 'having tasted our good things, they will cling to them'; partitive genitives, one with a verb of eating (S 1355, 1345; *CG*

30.21). Sandanis' words anticipate the stratagem by which the Massagetae will be lured by the novelty of abundant food and wine to (temporary) defeat by the Persians (1.207.7n, 211). A similar ploy is used by Cyrus to happy effect, persuading the Persians to revolt from the Medes (1.126.4).

71.4 θεοῖσι ... οἳ οὐκ ἐπὶ νόον ποιεῦσι 'I have gratitude to the gods, who don't put it into (their) mind'. Sandanis' language here resembles that of Croesus in his earlier exchange with Bias/Pittacus (1.27.3), although Croesus there petitions the gods for the opposite result. Cf. 3.21.3 for a third case where the gods are included in speculations about a hypothetical war of aggression. **Πέρσῃσι γάρ, πρὶν Λυδοὺς καταστρέψασθαι ... οὐδέν:** for the relatively rare use of πρίν as 'before' with inf. when it depends on a negative main clause, see S 2455. In the *Histories*, 'hard' cultures tend to be transformed when they come in contact with 'softer' ones; the insertion of this ethnographic gloss anticipates that the transformation will happen to the Persians after their conquest of Lydia and Babylon. As a newly softened people (relatively speaking), they will unsuccessfully challenge hardier opponents: the Massagetae, the Ethiopians, the Scythians, and the Greeks, but they will defeat the 'softer' Egyptians. **ἁβρόν:** an ominous echo of the oracle's ποδαβρέ (1.55.2n). For its relevance to Greek notions of Lydia, see Lydians §§ 4.2, 6.5.

72 CAPPADOCIA AND THE RIVER HALYS

72.1 Οἱ δὲ Καππαδόκαι: this whole chapter is a geographic gloss identifying the site of Croesus' invasion (1.71.1n ἐς Καππαδοκίην; F.&T. § 4.1). **Σύριοι ὀνομάζονται:** here and at 1.6.1; 5.49.6; 7.72.1, H. is referring to the geographical region east of Cilicia, comprising modern southeastern Turkey and northern Syria. At 1.105.1 H. mentions a Παλαιστίνη Συρίη, this one located to the south of Phoenicia (3.91.1; 7.89.1–2). **Μήδων κατήκοοι:** H.'s notion of a Median Empire extending as far west as Cappadocia and the River Halys has not been corroborated by modern research (Persians § 1.3).

72.2 ὁ Ἅλυς ποταμός: for H. the Halys divides western Anatolia with its Mediterranean and Black Sea coastlines from 'upper Asia' (1.72.3n), lying further east. Like many rivers in the *Histories*, it is an important boundary marker, one that H. thinks separated Croesus' territory (1.6.1; 1.75.3–6) from the Median Empire (1.103.2n) and subsequently from Cyrus' Persian Empire. It is the present-day Kızılırmak, c. 1355 km long (842 miles), the longest river in Turkey. It begins by flowing south and west from the highlands of eastern Anatolia, then takes a sharp turn northward (ἄνω) to the Black Sea. By recounting the variety of territories through which it passes, H. makes clear its extent and odd trajectory; Rollinger 2003: 306–7 criticizes H.'s accuracy here and at 1.6.1.

72.3 τῆς Ἀσίης τὰ κάτω: 'lower Asia', i.e. the part of Asia lying closer to the Mediterranean from the point of view of the Greeks; 'upper Asia' stretches from Eastern Anatolia to India. αὐχήν 'neck', a north–south line that would run approximately from Sinope on the Euxine Sea south to the Mediterranean at the southeastern corner of Cilicia, in length c. 550 km (342 miles). The central mountainous terrain would make a crossing in five days highly unlikely, even for an experienced professional runner. Cf. 1.104.1; 4.101.3; 6.106.1 and Asheri on 1.104.1 for various 'average' walking speeds in H. εὐζώνωι 'for a well-girded man', i.e. unencumbered and able to proceed at a good pace; dat. of reference.

73–4 FAMILY CONNECTIONS WITH MEDIA AS BACKGROUND FOR CROESUS' WAR

73.1 ἐστρατεύετο . . . τῶνδε εἵνεκα: introducing a modified recapitulation of Croesus' various motives for making war against Persia. Modern historians see as likely additional causes the shifting alliances and tensions of the various regional powers, including Croesus' possible trust in a coalition including Babylonians and Egyptians that did not materialize (Asheri). γῆς ἱμέρωι προσκτήσασθαι . . . βουλόμενος 'in the desire for land, wanting to possess more in addition to his own share'. As Croesus' original motive, H. had mentioned fear of the Persians' growing power (1.46.1n αὐξανόμενα); here he describes imperialism pure and simple. ἵμερος (1.30.2) too is used of wishes with irrational connotations and usually involves the desire for territory (5.106.5; 6.137.2; 9.3.1). μοῖραν: refers to a portion of land, but in the case of Croesus it cannot be entirely divorced from its more profound meaning 'portion or lot in life' (1.91.1n τὴν πεπρωμένην μοῖραν). τῶι χρηστηρίωι πίσυνος: cf. 1.71.1n ἁμαρτὼν τοῦ χρησμοῦ, 75.2n χρησμοῦ κιβδήλου. The verbal echoes remind us of the Spartans' initial inquiry (1.66.3n χρησμῶι κιβδήλωι πίσυνοι). τείσασθαι θέλων ὑπὲρ Ἀστυάγεος Κῦρον: this is new information. Retribution or retaliation, sometimes coming very slowly, is an important aspect of Herodotean reciprocity (1.10.2n); here the motive of retaliatory vengeance appears to be added on as an afterthought. Similarly, at the outset of the Croesus story proper, where H. describes Croesus' conquest of the Greeks of Asia, his grievances are mere pretexts and imperialism is the primary motive (1.26.3n ἄλλοισι ἄλλας αἰτίας ἐπιφέρων).

73.2 Ἀστυάγεα γὰρ . . . γενόμενον γαμβρὸν Κροίσωι ὧδε: a historical analepsis explains how Croesus became Astyages' brother-in-law, interrupting the story of the attack on Cappadocia in order to tell why Croesus regarded himself as entitled to avenge Astyages the Mede. It is divided into two sections: the αἰτίη of a war between Medes and Lydians; and the conclusion of that war, resulting in a marriage alliance between the Median and the Lydian kings (F.&T. § 4.2.1).

73.3 Σκυθέων . . . ἀνδρῶν: it is not clear what chronological or logical connections H. would make between this band of rebels and the great army of Scythians that in his account invaded and conquered Media. According to H., the Scythian invaders were forced by Cyaxares to withdraw after 28 years (1.103.3n Σκυθέων). For Scythian migrations and movements, see Northeasterners § 3. **ὑπεξῆλθε** 'slipped out'. **Κυαξάρης:** Cyaxares (1.103.1n) remained king of the Medes until 585 and was succeeded by his son Astyages, probably after the war between Medes and Lydians described here (according to H.'s chronology, c. 590–585; Persians §§ 1–1.2; Kuhrt 1995: 569). H. will more systematically survey the Median kings (1.98–107.1) as background to the Cyrus narrative that takes up the second half of Book 1. **περιεῖπε:** impf. of περιέπω. He treated them well over a period of time but then abused them once (aor. περιέσπε, 1.73.4). **περὶ πολλοῦ ποιεύμενος αὐτούς** 'considering them worth a great deal'. **παῖδάς σφι παρέδωκε:** the Scythian suppliants who are entrusted with the Median youths recall Adrastus, whom Croesus puts in charge of his son (1.35–45). But this is a harsher world, and the nobly tragic Atys–Adrastus story gives way here to one with a ferocious, more barbaric outcome. Although H.'s Median narrative is for the most part historically unreliable, its descriptive details do not contradict what we know from Near Eastern documents about the tribal chiefs of the Zagros. This is our first glimpse of Median society, characterized by 'warfare and hunting, hospitality and gift-exchange, intermarriage and alliance, cruelty and revenge, chivalry and bravery, banquets and conspicuous consumption' (Liverani 2003: 9). **τὴν γλῶσσάν τε ἐκμαθεῖν:** an inf. of purpose (S 2009; *CG* 51.16). Learning a foreign tongue in H. may lead to violence, as here and at 4.78.1, or achieve brilliant results (2.154; 4.114). **τῶν τόξων:** archery in hunting and war is a specialty of the Scythians and the neighbouring 'hard' cultures of northeastern Europe (4.9.5–10, 22.2, 114). Cf. 1.136.2 for Persian prowess with the bow.

73.4 καί κοτε συνήνεικε ἑλεῖν σφεας μηδέν 'once it actually happened that they caught nothing'; the adverbial καί underlines the adversative force of συνήνεικε ἑλεῖν (impersonal aor. indicative συμφέρειν, aor. inf. αἱρεῖν) as the apodotic main clause, after the gen. absolute αἰεί τι φερόντων (Powell 180.C).   ἦν γάρ . . . ὀργὴν ἄκρος 'for he was, as he showed, extreme in his temper'. Astyages, the next Median king, has a similar problem (1.123.2n πικροῦ and 1.130.1). Many manuscripts contain οὐκ ἄκρος (which would mean 'not excellent', to be read as litotes, as at 5.124.1), but most editors follow a late manuscript in omitting the negative.   ὡς διέδεξε 'as he showed' from the way he behaved in this instance. Usually the expression means 'as it turned out from subsequent developments' (2.162.2; 8.3.2), but here H. simply nods to the audience, anticipating what happens next.

73.5 ταῦτα . . . παθόντες, ὥστε . . . πεπονθότες 'having suffered these things, . . . inasmuch as they had suffered things unworthy of themselves'. ὥστε can introduce a causal part. in H. (S 2085).   ἐβούλευσαν . . . κατακόψαι, σκευάσαντες δὲ . . . δοῦναι . . . δόντες δὲ . . . κομίζεσθαι: the three infinitives represent successive stages in their reported plans.   ὡς ἄγρην δῆθεν 'as though it really was game'; δῆθεν signals that the speakers are lying (1.59.4n).

73.6 τῶν κρεῶν τούτων ἐπάσαντο: this vengeful banquet starts a motif that fully emerges at 1.119, also at the Median court, where however the roles are reversed, with the Median king Astyages serving to his retainer the flesh of his own son. We have come very far from Croesus' hospitable Lydian table, both spatially and psychologically.   **Ἀλυάττεω:** for Alyattes the Lydian, see esp. 1.16.1n Σαδυάττης; 1.25.1n; more generally, 1.16–22.

74.1 ἐξαιτέοντι 'when he asked for them back'. H.'s interest in reciprocity and retaliation or retribution frequently involves αἰτέω and its compounds (1.0n Πέρσῃσι, 1.2.3n αἰτέειν, 1.3.2n ἀπαιτέειν).   **ἐπ' ἔτεα πέντε:** c. 590–585.   **νυκτομαχίην τινά:** 'a night battle of sorts', i.e. the Battle of the Eclipse described below.

74.2 διαφέρουσι δέ σφι: dat., 'to them in dispute'.   **συνήνεικε ὥστε . . . τὴν ἡμέρην ἐξαπίνης νύκτα γενέσθαι** 'it occurred for the day suddenly to become night'; natural result clause (S 2258; CG 46.7). This is usually identified as the total solar eclipse of 28 May 585 and dates the last enterprise H. specifically gives to Alyattes (1.25.1n). H. describes it in these terms also at 1.74.3 and 1.103.2.   **Θαλῆς:** one of the 'Seven Sages of Greece' (1.20n Περίανδρον; 1.27.2n Βίαντα). He was the first exponent of the Milesian school of natural philosophy (Ionians § 5), and here he appears to represent Ionian scientific knowledge, while Lydians and Medes take the eclipse rather as a portent (1.74.3). H. may be suggesting the superior intelligence of the Greek savant (1.60.3), but both Persians and Spartans take the eclipses at 7.37.2–3 and 9.10.3 as omens, without any indication that the reader should interpret them differently. Thales takes the role of Greek wise man again at 1.75.3n Θαλῆς, but cf. 1.170.3n Θαλέῳ for his Phoenician antecedents. **προηγόρευσε ἔσεσθαι . . . ἡ μεταβολή** 'predicted that it would happen, setting that year as a limit in which the change actually did occur'. δή καί underlines the objective fact (ἐγένετο, in the indicative) that validates the prediction. μεταβολή, here of a natural upset (μεταλλαγήν), is also used by H. for demographic or political changes (1.57.2n καὶ ὅσα ἄλλα). The tradition concerning Thales' prediction is not likely to be accurate, given the state of astronomical science at the time (Mosshammer 1981; Jones 2017: 144–50).

74.3 τῆς μάχης τε . . . ἔσπευσαν . . . γενέσθαι 'both ceased from the battle and became all the more eager, indeed both of them, for peace to occur for them', with expressive use of adverbial καί before ἀμφότεροι. **Συέννεσις:** a probable grandson of the same name is the ruler of Cilicia mentioned at 5.118.2 and 7.98 (Hornblower on 5.118.2). **Λαβύνητος:** Labynetus is H.'s name for the last king of Babylon (Nabonidus of the Babylonian Chronicle), who did not come to power until 556 and was conquered by Cyrus in 539. The young Nabonidus/ Labynetus, with his mother Adad-guppi (1.185.1n), was part of the Babylonian court and possibly acted as an agent for Nebuchadnezzar II in the Lydo-Median War (1.188.1n τοῦ πατρός). The king of Babylon in 585 was in fact Nebuchadnezzar II (1.178.2n; Mesop. §§ 2.4, 3.4).

74.4 οὗτοί σφι καὶ τὸ ὅρκιον οἱ σπεύσαντες γενέσθαι ἦσαν 'these were also the ones urging them that the oath take place'. H. records about 40 oath events in all among states, civic, or personal, Greek or non-Greek (Lateiner 2012); cf. 1.69.3n ὅρκια, 146.3n, 165.3–166.1nn, 212.3). **Ἀλυάττην γὰρ ἔγνωσαν δοῦναι** 'for they resolved that Alyattes should give', acc. and inf. after verb of will or desire (S 1991.a; CG 51.8). **ἄνευ γὰρ . . . συμμένειν** 'for without strong constraint treaties do not tend to remain strong'. The comment seems focalized through the participants, but the idea that family ties guarantee mutual loyalty (and that Croesus is bound to avenge his brother-in-law Astyages) is cast into doubt just below (1.75.1) by the mention of Cyrus' conquest of Astyages, his own grandfather. Anxieties raised by a powerful marriage connection are also found in the Greek world, in the recently narrated unfortunate marriage of Pisistratus to Megacles' daughter (1.61.1–2).

74.5 ὅρκια δὲ . . . ἀλλήλων: H. collects many kinds of νόμοι and compares them; other ethnographic descriptions of oath-taking rituals occur at

3.7–8 (Arabians), 4.70 (Scythians), and 4.172.3–4 (Nasamones). This gloss carries forward the thematic thread of the similarities of Lydians and Greeks (1.35.2, 94.1; 7.74.1; Lydians §§ 6.7, 6.10), although with exotic details noted for the customary blood bond. H. is fond of finding points of contact among different foreign cultures (1.182.1, 193.2, 196.1, 198 bis, 199.5) and between them and the Greeks (1.195.1, 202.2).

75–85 CROESUS' WAR AGAINST CYRUS

The narrative that has just ended explained Croesus' involvement with the Median royal family; H. returns now to the topic of Croesus' war with Persia, emphasizing at the outset that complicated family connections will continue to play a large part in this ongoing story of two kingdoms' fates.

75.1 τοῦτον δὴ ὦν . . . σημανέω: a reference forward to 1.107–28. For σημαίνω as 'report from a position of authority', see 1.5.3n σημήνας. For resumptive δὴ ὦν, see 1.8.1n, and for H.'s overt metanarrative control, see F.&T. § 3.3. Astyages' story will occur as part of an analepsis explaining the origins of Cyrus the Persian, whose own story formally begins at 1.95.1. **ἐόντα ἑωυτοῦ μητροπάτορα καταστρεψάμενος ἔσχε:** this echoes and parallels ἐόντα Κροίσου μὲν γαμβρόν . . . καταστρεψάμενος εἶχε (1.73.2). **αἰτίην** 'cause'; Cyrus' defeat of Astyages, which is an αἰτίη of Croesus' campaign against Cyrus, has its own αἰτίη, that will need to be told where it is most relevant (1.123–30nn). For the importance of causation in organizing H.'s narrative, see the end of the first sentence, 1.on δι' ἣν αἰτίην and F.&T. § 1. **ὀπίσω λόγοισι:** temporally, ὀπίσω ('behind'), refers to the future – which is at present unseen and therefore regarded as behind our backs, in contrast to the already 'visible' past; cf. Shakespeare's *Macbeth* (1.3.116): 'The greatest is behind.' For λόγος or λόγοι used self-referentially to denote H.'s own work or portions of it, see 1.5.3n προβήσομαι . . . τοῦ λόγου; F.&T. § 3.1.

75.2 τὰ Κροῖσος ἐπιμεμφόμενος . . . ἐστρατεύετο: before the narrative of the war itself, H. restates two of Croesus' motives: revenge for Astyages' defeat and the apparently favorable oracles. This reminds H.'s readers of Croesus' earlier elaborate decision-making process (1.46–56, 69.1, 71.1, 73.1). **χρησμοῦ κιβδήλου:** this is the third time that H. has reminded us of Croesus' trust in the oracle as one of the important causes for going to war with Cyrus (1.71.1, 73.1). For the metaphor's associations with money, see 1.66.3n χρησμῶι κιβδήλωι. Croesus' own money-based expectations for the rules inherent in a gift-exchange reciprocity have betrayed him; at 1.91 the Pythia will explain to him the errors in his thinking and tell him that he should have asked more questions. **ἐλπίσας:** once more, an ominous word (1.27.3–4n; 71.1n ἁμαρτών). **ἐς τὴν Περσέων μοῖραν** 'into Persian territory'; cf. 1.73.1n μοῖραν, where Croesus' personal μοῖρα is involved as well.

75.3 ὡς δὲ ἀπίκετο ... διεβίβασε: formal emphasis given to the crossing of an important boundary. H. expresses his own judgement (ὡς μὲν ἐγὼ λέγω) but also reports another version (ὡς δὲ ὁ πολλὸς λόγος Ἑλλήνων, followed up by λέγεται at 1.75.4 and indirect speech). H. includes versions he does not believe; they are part of the record and so are part of his ἱστορίη, investigation. Cf. 2.123.1; 7.152.3; 8.118–19; F.&T. §§ 3.1–3.2.1. **ἐπὶ τὸν Ἅλυν ποταμόν:** the Halys is the physical boundary between the empires of Croesus and Cyrus (1.6.1n, 72.2n). **ὁ πολλὸς λόγος Ἑλλήνων** 'the most widespread account of the Greeks'; a Greek tradition would naturally underline the accomplishment of a Greek (1.74.2). This is one of nine comments H. makes about his sources of information in the narrative about Croesus (1.51.5n Δελφοὶ ... λέγουσι lists the five sources he identifies). **Θαλῆς:** the philhellene Croesus seems frequently to be surrounded by Greeks, and we later learn that he has a half-brother with an Ionian mother (1.92.3). H.'s distinction between Greeks and non-Greeks can become deliberately blurred; the Milesian Thales (1.74.2n Θαλῆς) will later be identified as descended from Phoenicians (170.3n Θαλέω ... Φοίνικος); cf. 1.56.2–57.1.

75.4 ὅκως οἱ διαβήσεται ... ὁ στρατός 'how the army would cross for him', indirect question with retained fut. indicative (S 2677.a; CG 42.7n1). **οὐ γὰρ δὴ ... ταύτας** 'for in fact (it is said that) these bridges did not yet exist at that time'; indirect discourse, with δή emphasizing the negation, in contrast to the opinion that H. himself has just expressed (1.75.3). **ποιῆσαι ... ῥέειν** 'he caused the river, which flowed on the right of the camp, to flow also on the left for him'. **ποιῆσαι δὲ ὧδε:** the deictic with the verb repeated for emphasis directs our attention to H.'s report of a particularly clever action to follow (1.21.1n μηχανᾶται τοιάδε; F.&T. § 3.3.2).

75.5 ἄνωθεν ... ὀρύσσειν 'beginning upstream of the army, he started digging a deep ditch'; the pres. inf. represents an impf. (S 2019; CG 51.26n1). **ἄγοντα μηνοειδέα** 'drawing (it in) the shape of a crescent moon' (cf. 8.16, of ships in crescent formation). **ὅκως ἂν ... λάβοι** 'so that it would take from the rear (i.e. make a course around) the army encampment'. The opt. with ἄν gives a potential flavor to the purpose clause in secondary sequence (S 2202.b). The river is the subject of this and subsequent verbs. **ταύτηι** 'on this side'.

75.6 οἱ δὲ καὶ . . . λέγουσι . . . ἀποξηρανθῆναι 'some even say that the old bed was actually dried up completely'. This variant tradition is more extreme and even less credible than the first, but functionally analogous: both dramatize the Greeks' (and H.'s) idea of boundary crossing of this sort as more aggressive and invasive than one by existing bridges would have been. Croesus' crossing of the Halys is the first of a number of instances in which H. will connect sovereignty and sovereign boundaries with the control or crossing of water (1.184–6, 188–190.1, 205.2–209.1); Xerxes will whip the Hellespont at 7.35, in the context of the most striking and impious boundary crossing effort described in the *Histories*. For H.'s conception of natural and moral boundaries, see 1.6.1n ἐθνέων; cf. 1.8.4n ἀνόμων.   **οὐ προσίεμαι** 'I do not come close to', i.e. 'I do not accept', also used at 6.123.1 about something H. finds implausible (F.&T. § 3.2).   **κῶς γὰρ ὀπίσω πορευόμενοι διέβησαν <ἂν> αὐτόν;** 'for how would they have crossed it in the other direction when coming back?', i.e. if the river had not been split into two streams that could be easily waded. The rhetorical question, introduced by κῶς and formulated in terms of a condition, belongs to H.'s argumentative style, one especially found in Book 2 (2.15.2, 22.2, 45.2 and cf. 57.2). Such questions may suggest interpretation (2.11.4, 125.7; 4.46.3), or celebration (7.21.1), or propose a mystery in order to introduce a narrative (3.6.2).

76.1 τῆς Καππαδοκίης ἐς τὴν Πτερίην καλεομένην 'to the part of Cappadocia called Pteria'; Pteria may be the sixth-century name for the rebuilt site of the old Hittite capital Hattusa (Boğazkale).   **τὸ ἰσχυρότατον:** *sc.* μέρος 'the most impregnable part'.   **κατὰ Σινώπην . . . μάλιστά κηι κειμένη** 'lying approximately on the line of Sinope', i.e. more or less straight south of Sinope.

76.2 ἠνδραποδίσατο: harsh violence is strongly emphasised throughout this passage and is especially expressed by this term for subjugation (1.66.3n ὡς δὴ ἐξανδραποδιεύμενοι).   **οὐδὲν ἐόντας αἰτίους ἀναστάτους ἐποίησε:** this is again evaluative language (cf. φθείρων, 1.76.1), implying that Croesus is αἴτιος and that his aggression amounts to ἀδικίη (1.5.3n ἀδίκων ἔργων; 1.130.3n Κροῖσον; F.&T. § 2.5 and n29).   **Κῦρος δὲ . . . ἠντιοῦτο Κροίσωι:** Cyrus becomes the grammatical subject for the first time, as he takes the initiative. The customary date assigned for this campaign is 547–546, but the earlier restoration of the name 'Lydia' in the Nabonidus Chronicle is no longer considered definitive (Lydians § 2.1n1).

76.3 κήρυκας ἐς τοὺς Ἴωνας: the Greek cities of Asia are featured at the beginning of H.'s Croesus narrative (1.6.2, 15, 16.2–22, 26–7). They are recalled at 1.92.1, and reappear to face the consequences of Croesus' defeat by Cyrus (1.141–69). Apparently 'Ionians' is here used in the strict sense and heralds are not sent to Aeolians and Dorians (1.141.3).

76.4 μάχης: according to H. this battle in Pteria was indecisive, but it ultimately resulted in a major defeat for Croesus; cf. Polyaenus 7.8.2 for details of Croesus' retreat.   **τὰ . . . στρατόπεδα ἀμφότερα** here means 'both armies', as in Eng. 'opposing camps'.

77–81 CROESUS' WITHDRAWAL, CALL FOR ALLIES, PORTENTS, BATTLE OF SARDIS AND SIEGE

77.1 μεμφθεὶς . . . στράτευμα 'finding fault with his own force on account of its size'.

77.2 ἐποιήσατο γὰρ καὶ πρὸς Ἄμασιν: the fast-paced narrative in this chapter contains four precisely focused analepses (F.&T. § 4.2.1). On Amasis, see above 1.30.1n ἐς Αἴγυπτον. Historically Egypt had at times been in alliance with Lydia since the reign of Gyges (Lydians § 2); here H. tells us only as much as we need to know for the purposes of the present narrative.   **πρὸς Λακεδαιμονίους:** H. has already mentioned Sparta's pleasure at Croesus' approach and their previous connections (1.69.3).   **Λαβύνητος:** H.'s name for the last Neo-Babylonian king (1.74.3n Λαβύνητος, 556–539). Between 550 and 547 Labynetus/Nabonidus might have entered into a treaty with Croesus that he did not, or could not, subsequently honor, given his own problems with the threat of Persia (Beaulieu 1989: 201; 1.188.1n τοῦ πατρός; Mesop. § 2.5).

77.3 ἐνένωτο: the plpf. of νοέομαι, repeating the idea expressed by ἐν νόωι ἔχων. The focus remains on Croesus' continuing attempts to plan out his own actions. The series of verbs describing his thinking and planning (φρονέων, 1.77.4; ἐπιλεγομένωι . . . ἔδοξε, 1.78.1) culminates with the crucial ἐλπίσας (1.77.4n οὐδαμὰ ἐλπίσας), παρὰ δόξαν (1.79.2), and finally διέφθαρτό τε τῶι Κροίσωι ἡ ἐλπίς (1.80.5). Throughout his story, Croesus is earnest but not successful in his plans, and by focalizing the account through Croesus' mental processes, H. explores the nature of his misjudgements.   **τὸν χειμῶνα παρείς** 'letting the winter go by'. This is autumn, and Croesus does not expect any military activity for four months (1.77.4).

77.4 ἐς πέμπτον μῆνα 'at the fifth month', i.e. in four months' time. Greek counting is inclusive (1.1.3n; *CG* 9.10); for ἐς marking a point in time, see Powell 146.B.5. **ξεινικός:** probably mercenary forces rather than auxiliary troops provided by subject cities (Corsaro 1989: 62). **πάντα ἀπεὶς διεσκέδασε** 'dismissing the whole of it, he let them scatter'. ἀπείς = Att. ἀφείς, aor. nom. part. ἀφίημι. **οὐδαμὰ ἐλπίσας μή κοτε ἄρα ... ἐπὶ Σάρδις** 'never actually expecting that ... Cyrus would ever march against Sardis'. For the importance of ἐλπίζω in the Croesus story, see 1.27.3–4n. Here the verb is construed with a clause of fear (S 2224.a; *CG* 43.2). ἄρα brings out the element of surprise, anticipating what will actually happen.

78.1 τὸ προάστειον 'the space in front of the city', i.e. outside the main gate of Sardis. **μετιέντες τὰς νομὰς νέμεσθαι** 'leaving off grazing the pasture'. **ὥσπερ καὶ ἦν:** H. intervenes to confirm that Croesus is correct that this is a τέρας, a portent, a non-verbal form of divine communication (1.59.1).

78.2 θεοπρόπους: both Croesus and his father have relied on such oracular emissaries (1.19.2, 48.2, 67.2–3). **ἐς τῶν ἐξηγητέων Τελμησσέων** 'to (the dwelling) of the Telmessian interpreters'; the gen. is by ellipsis after ἐς (S 1302; *CG* 30.27). Here ἐξηγητής means a specifically religious expert; they are just called 'the Telmessians' at 1.78.3 and 84.3. Two cities in Asia Minor are called Telmessus, one in Lycia (1.173.1n) and the other in Caria, about 9 km (5.6 miles) from H.'s own city of Halicarnassus. This second Telmessus was known for its seers (Arrian *Anab.* 2.3.3; Flower 2008: 47n67). **τὸ θέλει σημαίνειν τὸ τέρας** 'what the prodigy meant to signal'. On H.'s use of σημαίνειν, see 1.5.3n σημήνας. **οὐκ ... ἀπαγγεῖλαι** 'there was no opportunity to report back'. The negative emphasizes how ineffectual Croesus' consultation of the diviners was, despite his efforts at promptness (αὐτίκα); similar adverbs are applied to Cyrus with a different effect (1.79.1n). **ἥλω** = Att. ἑάλω, 3 s. second aor. of ἁλίσκομαι. A dramatic prolepsis; the capture of Croesus will be narrated at 1.85.

78.3 στρατὸν ἀλλόθροον 'an army speaking a strange language', i.e. emphasizing the foreignness of the Persians. **ὄφιν εἶναι γῆς ... ἐπήλυδα:** animal semiology is relative; the Lydians could also be represented by horses (as just below, 1.79.3–80.6). Here, however, snakes stand for the autochthonous or local population as opposed to the ἔπηλυς ('incomer', 'immigrant'); cf. 4.9.1; 6.77; 8.41.2. For other animal symbolism, cf. 1.55.2n ἡμίονος, 59.4n ἡμιόνους, 84.3n τὸν λέοντα. **οὐδέν κω εἰδότες τῶν ἦν** 'knowing nothing of the things which were happening'; omission of the antecedent and attraction of the rel. pronoun into its case

(S 2509, 2522; *CG* 50.13). H. counters the suspicion that the prophecy was concocted *post eventum*.

79.1 Κῦρος δὲ ... εὕρισκε πρῆγμά οἱ εἶναι ἐλαύνειν ὡς δύναιτο τάχιστα 'Cyrus ... discovered that it was his task to drive as quickly as he possibly could'; the focalization here shifts from Croesus the Lydian to Cyrus, the Persian who will conquer him. The Telmessian episode has stretched out the narrative time of Croesus' military inaction, but here comes Cyrus, who combines planning and action with amazing speed (1.79.2 κατὰ τάχος). For Cyrus' prompt decisions and responses, see also 1.127.2. **πρὶν ἤ ... δύναμιν** 'before the Lydian force would be gathered again'. πρὶν ἤ ('sooner than') with inf. occurs in Homer and H., but is rare in Attic (S 2460; *CG* 47.14).

79.2 ὡς δέ οἱ ταῦτα ἔδοξε, καὶ ἐποίεε: emphasis on Cyrus' swiftness. The aor. characterizes the action as a single fact, the impf. as beginning to be under way or in process (S 1923, 1900; *CG* 33.28, 33.52). καί, 'in fact', draws attention to the following word (Denniston 309). **ἐληλύθεε** 'he had come', i.e. 'he was already there', plpf. of completed and continuing action in the past (S 1952; *CG* 33.40). **ὡς οἱ παρὰ δόξαν ... κατεδόκεε** 'since things turned out contrary to expectation (i.e. worse) than he himself supposed'. παρὰ δόξαν is treated like a comparative with the disjunctive ἤ ὡς. For Croesus' plans and expectations, see above 1.77.3n ἐνένωτο.

79.3 ἦν δὲ τοῦτον τὸν χρόνον ... ἀγαθοί: H. interjects an ethnographic gloss reminding us of the strength of the Lydian cavalry (1.27.3–4n), in preparation for the narrative of Cyrus' trick that follows. On the subject of Lydian valor H.'s judgement is mixed. On the one hand he represents the Lydians as warlike until after their conquest by Cyrus (1.80.6, 154–6). At the same time he depicts the Lydia of the Mermnadae as a luxurious or enervated culture (1.55.2n ποδαβρέ, 71, 93; Lydians §§ 4.2–3, 6.5). H. will also credit Persian ability and valor at the point where they are losing, at Plataea (9.62.3). On the Lydian cavalry, cf. Mimn. 13 and 14 West. Bacchylides 3.23–4 calls Croesus δαμασίππου Λυδίας ἀρχαγέταν, 'leader of horse-taming Lydia'; Nicolaus of Damascus *FGrHist* 90 F62 reports that the bard Magnes of Smyrna, beloved of Gyges, sang of the bravery of the Lydian cavalry in a fight against the Amazons.

80.1 ἐς τὸ πεδίον ... πόλιν: the plain of the Hermus (mod. Gediz) lies north of Sardis; cf. above, 1.55.2n πολυψήφιδα παρ' Ἕρμον. Xenophon *Cyr.* 6.2.11, 7.1.45 situates the battle at Thymbrara, of uncertain location. **καὶ**

ἄλλοι καί: for anticipatory ἄλλος see 1.on τά τε ἄλλα. ἐξ ὄρεος ἱροῦ μητρὸς Δινδυμήνης 'from the mountain sacred to Mother Dindymene'. Mt. Dindymon, on the border between Lydia and Phrygia (modern Murad Dagh), was a place of worship of the Phrygian goddess Cybele.

80.2 ἐποίησε ... τοιόνδε: another deictic highlighting impending clever action (1.21.1n μηχανᾶται τοιάδε, 75.4n ποιῆσαι δὲ ὧδε). **Ἁρπάγου ὑποθεμένου:** Harpagus the Mede emerges here for the first time, as a military 'wise adviser' of the practical type (1.27.2n καταπαῦσαι). He plays a vital part in the forthcoming Cyrus story (1.108.3–29, 162–4, 171–7). **ἄνδρας ... ἀνέβησε ἱππάδα στολὴν ἐνεσταλμένους** 'he mounted on them men dressed in cavalry gear'. **σκευάσας δὲ ... ἵππον:** to confront the Lydian cavalry, Cyrus positions the camels in the first ranks, the infantry behind the camels, and his cavalry behind the infantry. H. does not ever distinguish between the dromedary camel, with one hump, and the Bactrian camel, with two, although at 3.103 he describes what he thinks odd about camel physiology. Scholars assume that Cyrus made use of the fleeter, long-limbed dromedary (Potts 2004: 152). Both kinds of camel were familiar to the Persians; the Bactrian camel had been in use as a sturdy pack animal in Mesopotamia for several centuries, and is pictured in relief in Persepolis (Potts 2004: 146, 153–5; Kuhrt 2007: 22, 25, 523). Camels form part of Xerxes' later march into Greece (7.83.2, 86.2, 87), and H. emphasizes their foreignness at 7.125. For the metonymic force of animals in the *Histories*, see 1.78.3n ὄφιν εἶναι.

80.3 διετετάχατο = Att. διατεταγμένοι ἦσαν. **μηδὲ ἤν ... ἀμύνηται** 'not even if he defended himself when seized'; protasis of fut. more vivid condition in indirect discourse.

80.4 ταῦτα μέν ... τῶνδε εἵνεκεν looks forward to τούτου εἵνεκεν, which in turn is picked up by ἵνα and the purpose clause. These careful step-by-step explanatory details add to the drama of the moment and emphasize Cyrus' cleverness. **οὐκ ἀνέχεται οὔτε ... ὁρέων οὔτε ... ὀσφραινόμενος:** supplementary participles with a verb of enduring (S 2098; *CG* 52.9). **ἐσεσόφιστο** 'he had devised for himself the clever trick'. The verb is comparable to μηχανάομαι (1.9.1n). A similar historical anecdote about human manipulation of animal behavior is found in Charon of Lampsacus *FGrHist* 262 F1. See also the later story about Darius' mare (3.85.2: σόφισμα ... μηχανᾶσθαι). **τῶι δή τι καὶ ἐπεῖχε ... ὁ Λυδός** 'the very thing by which the Lydian (king) actually intended somehow to gain glory'. For καί emphasizing the information added by the rel. clause, see Denniston 294–5.II.B.1.i.

80.5 διέφθαρτό τε ... ἡ ἐλπίς: throughout his story, Croesus has had expectations (1.27.3–4n ἐλπίσαντα ... ἐλπίζων; cf. 1.77.3n ἐνένωτο). The plpf. of completed action and continuing state in the past makes clear that Croesus' plans have already come to naught.

80.6 οὐ ... δειλοί: H. repeats his earlier point about Lydian valor (1.79.3).

81 δοκέων: H. continues to focalize the account through Croesus' (mostly faulty) expectations (1.77.3n ἐνένωτο).   **οἱ μὲν ... πρότερον** repeats the information of 1.77.2–3, for emphasis.   **ἐς πέμπτον μῆνα:** in four months' time (1.77.4n).   **ὡς πολιορκεομένου Κροίσου** 'on the grounds that Croesus was under siege'.

82–3 ANALEPSIS: SPARTA'S WAR WITH ARGOS

82.1 ἔς τε δὴ ὦν τὰς ἄλλας ... καὶ δὴ καὶ ἐς Λακεδαίμονα: the focus narrows to Croesus' embassy to Sparta, preparing the reader for yet another parenthetical insertion explaining the situation in Sparta at the time, c. 547/6. Cf. 1.on τά τε ἄλλα and 1.1n τῆι τε ἄλληι for the rhetorical force of anticipatory ἄλλος, followed by καὶ δὴ καί.   **κατ' αὐτὸν τοῦτον τὸν χρόνον ... πρὸς Ἀργείους:** this second narrative about the Spartan quarrel with other Peloponnesians is a reminder that the hegemony which Sparta had acquired by the mid-sixth century in the Peloponnese did not extend to Argos, a detail H. has not yet mentioned (1.68.6n ἤδη δέ σφι). The Battle of the Champions and the larger mass battle at Thyrea which H. proceeds to narrate represent a milestone that confirmed Sparta's power in the Peloponnese. The Spartans' quarrel with Argos is not explicitly presented as a reason why they were too late to help Croesus (1.83n).   **Θυρέης:** the Thyreatis (here s. Thyrea but pl. at 1.82.2, 82.7 and 8) was a plain in the territory of Cynuria, on the road between Sparta and Argos. It was a bone of contention between the two cities for centuries (Thuc. 5.41.2; Paus. 3.7.5).

82.2 ἀποταμόμενοι ἔσχον οἱ Λακεδαιμόνιοι: Thyrea had belonged to the Argives after they defeated Sparta at Hysiae (669; Paus. 2.24.7), but evidently the Spartans had seized control in the interim (Cartledge 2002: 121).   **ἦν δὲ καὶ ἡ μέχρι Μαλέων ... καὶ αἱ λοιπαὶ τῶν νήσων** 'and the land to the west as far as Cape Malea also belonged to the Argives, both the land on the continent and Cythera and the rest of the islands'. Ἀργείων is a possessive gen., used as a predicate (as at 1.82.3 τούτων εἶναι τὸν χῶρον). Here H. claims that Argos had controlled the eastern coast of Laconia as well as the southern islands, a fact that is historically unverifiable. It is unclear whether H. thinks that Cythera was already a Spartan possession in the time of Chilon, c. 560, or was a hostile outpost (7.235.2; Malkin 1994: 82).

82.3 συνέβησαν ἐς λόγους . . . εἶναι τὸν χῶρον 'having come together, in discussion they agreed on the expectation that 300 of each side would fight, and whichever should survive, the land would be theirs', natural result clause (Goodwin 584; S 2258; *CG* 46.7). For later re-elaborations of this tradition, see Isoc. 6.99; Strabo 8.6.17; Paus. 2.20.7, 2.38.5. Three hundred is a traditional number; H. makes it the number of Spartan elite troops at Thermopylae (7.202), of the Spartan ἱππεῖς escorting Themistocles (8.124.3; cf. 1.67.5), and of the Spartans later dying with Arimnestus, the slayer of Mardonius (9.64.2). **ἀπαλλάσσεσθαι:** Greek warfare in general was highly ritualized; ritual elements mentioned both here and at the Battle of Thermopylae (7.208.3, 232) include the hairstyle, the number of fighters, and the survivor who commits suicide (Asheri). A 'battle of champions' would minimize casualties; according to Thuc. 5.41, the Argives proposed to reproduce this battle in 420 to try to regain possession of Cynuria. Traditions about champion combats may not be historically accurate, but H. mentions several, and not only among Greeks: 4.11.4; 5.1.2; 6.92.3; 9.26.3–5, 48.4; cf. the Libyan ritual at 4.180. Cf. the pre-planned Homeric duels in *Il.* 3.84–380, 7.67–312; Livy on the Horatii and Curiatii (1.24–5) and the Fabii (2.48). **ἀγωνιζομένων** 'while they (the 300 on each side) were fighting'.

82.4 ὑπολειφθέντες . . . ὑπελείποντο . . . ὑπελείφθησαν: the repetition is striking; the first use of ὑπολείπω here means 'left behind', while the second and third mean 'left alive'.

82.5 ὡς νενικηκότες 'on the grounds of having conquered'. **ἐν τῆι τάξι εἶχε ἑωυτόν** 'held himself at his position'. The story illustrates the Spartan ethos of never leaving the battlefield; cf. Demaratus' words to Xerxes (7.104.4–5, 209) and the behavior of the Spartiates and their allies at Thermopylae (7.223–8). Plutarch *De malig.* 17 = *Mor.* 858C–D says that the Spartans greatly honored Othryades; he was featured in several Hellenistic epigrams (*Anth. Pal.* 7.430, 431, 526; Cairns 2016: 306–13). Cf. the punitive treatment meted out to Aristodemus, the Spartan with an eye infection who avoided Thermopylae (7.229–31; 9.71).

82.6 λέγοντες οἱ μέν . . . οἱ δὲ . . . ἀποφαίνοντες 'the ones (the Argives) saying . . . the others (Spartans) showing'. Supplementary participles with a verb of perception follow ἀποφαίνοντες (S 2110; *CG* 52.10, 52.24); their subjects are τοὺς μέν and τὸν δέ respectively.

82.7 ἐποιήσαντο . . . μηδένα 'and established a law and a curse that none of the Argives should let his hair grow'. H. enjoys reporting customs in the present that testify to long-ago events. 5.87.3–88 narrates another aetiological account that explains diverging current customs as a result of a military conflict, again involving Argos. Cf. 1.146.2–3 (dining customs of Milesian women), 167.2 (festival in honor of the slain Phocaeans at Caere); 3.48.3 (sesame-cake festival at Samos), 79.3 (τὰ μαγοφόνια in Persia).

82.8 λέγουσι . . . καταχρήσασθαι ἑωυτόν: Sparta 'won' the Battle of the Champions only because Othryades 'stayed in post' whereas the two Argive survivors did not. In 545 this merely technical victory would have been regarded as a cause for some shame, at least in Sparta. Here again H. might have had a Spartan source of information (1.65.2n κακονομώτατοι). **τῶν οἱ συλλοχιτέων διεφθαρμένων** 'after his comrades had been slain'. συλλοχιτέων (from λόχος; cf. 9.53.2, 57.1, 2) is a Greek *hapax legomenon*, possibly a Spartan term. **αὐτοῦ μιν ἐν τῆισι Θυρέηισι καταχρήσασθαι ἑωυτόν:** both theme and grammatical structure are reminiscent of Adrastus' dramatic suicide on Atys' tomb (1.45.3). Plutarch *De malig.* 17 = *Mor.* 858C–D criticizes as malicious slander H.'s claim that Othryades killed himself in shame.

83 οἱ δὲ ὅμως . . . ὁρμέατο βοηθέειν 'they nevertheless had rushed to be helpful'. ὁρμέατο = Att. ὥρμηντο. There seems to be some defensiveness in H.'s source's claim that the conflict with Argos did not cause delay. Elsewhere in H. the Spartans are depicted as reluctant to go abroad, in military adventures far from home; see 1.152 (the Ionian delegation); 5.50 (Aristagoras); 6.106 (Marathon). Their responses at Thermopylae (7.206–8) and Plataea (9.7–11), however, will show them rising to meet the challenge of the Persian invasion of central Greece in 480–479. **ὡς ἡλώκοι . . . καὶ ἔχοιτο Κροῖσος ζωγρηθείς:** like 1.70.3 and 78.3, anticipating the two narratives that follow, about the fall of Sardis and the capture of Croesus.

84–5 PERSIAN VICTORY AND CAPTURE OF CROESUS

84.1 Σάρδιες δὲ ἥλωσαν ὧδε 'this is how Sardis was captured', a deictic prospective introduction (1.on ἥδε; F.&T. § 3.3.2). On other sources for this important event, see Pedley 1972: 37–40; Kuhrt 2007: 63–7. **τεσσερεσκαιδεκάτη . . . ἡμέρη:** for the significant number (a multiple of seven), see 1.86.1n ἄρξαντα.

84.2 ὡς οὐ προεχώρεε 'as there was no progress', impersonal. ἀνὴρ Μάρδος ... Ὑροιάδης: this will be repeated at 1.84.4, after a parenthetical gloss explaining the relevance of the acropolis' mythic past. The Mardoi are a Persian tribe of pastoralists (1.125.4), poor and known for their banditry according to Ctesias F8d* (3) Lenfant (= *FGrHist* 90 F66); cf. 1.125.4n. τῆς ἀκροπόλιος: earthquakes and landslides have changed the appearance of the citadel of Sardis. Recent excavations have revealed fortification walls as well as what may have been part of the palace of Croesus. Evidence of the Persian sack described by H., including arrowheads, armor, and casualties, has been found in the lower city (Dusinberre 2003: 20, 46–77). φύλακος: nom. s. = Att. φύλαξ. οὐ γὰρ ἦν δεινόν ... μὴ ἁλῶι 'for there was no danger ... that it would be captured'; ἁλῶι is aor. subjunctive of ἁλίσκομαι (S 2224; CG 43.3).

84.3 ἐστι: for the present in the geographic gloss, see F.&T. §4.1. τῆι οὐδὲ Μήλης ... οὐ περιήνεικε τὸν ... ἔτεκε 'on that side alone also Meles, formerly the king of Sardis, had not brought around the lion which his concubine had borne to him'. Unusually, a compound negative is reinforced by a following simple negative (S 2760; CG 56.3). H.'s historical gloss explains both that no one would have expected Sardis to be captured from the steep side of the acropolis and why it eventually happened (1.7.2–4). Meles is the name of two different Heraclid kings mentioned by Nicolaus of Damascus *FGrHist* 90 FF16, 45. τὸν λέοντα: the lion is a symbol of the kingdom of Lydia (1.50.3n). The lion-child of the story was apparently meant to guarantee the impregnability of the city and therefore, perhaps, the stability of the kingship. Meles, like Croesus much later, made false assumptions based on what he thought was divine guidance (1.56.1). Scholars have theorized that the tradition may reflect a ritual in honor of Heracles-Sandon, but Bunnens 1969 connects it to a Near Eastern prophecy that the city will fall when a woman gives birth to a lion; a similar prophecy is reported by Cic. *Div.* 1.121. The dream of Pericles' mother that she would give birth to a lion seems to communicate a different message (6.131.2). Τελμησσέων: for these diviners, see 1.78.2n ἐς τῶν ἐξηγητέων. πρὸς τοῦ Τμώλου 'on the side of Mt. Tmolus' (modern Bozdağ), i.e. on the south side of the acropolis. Tmolus was the source of the famous gold dust, and thus of much Lydian wealth (1.93.1n ἐκ τοῦ Τμώλου ... ψήγματος).

84.4 καταβάντα ἐπὶ κυνέην ἄνωθεν κατακυλισθεῖσαν 'coming down for a helmet that had rolled down from the top'. ἐφράσθη 'he was made aware', i.e. 'observed'; aor. pass. of φράζω.

84.5 πᾶν τὸ ἄστυ ἐπορθέετο: the difficulty of conquering the acropolis of Sardis is underlined by various sources. Ctesias F9 (4) Lenfant reports that the city was taken thanks to the Persian trick of hoisting up the wall wooden images of Persians that frightened the inhabitants; Polyaenus 7.6.2–3 and 7.6.10 reports a version according to which Cyrus captured Sardis at night by means of ladders. Xenophon *Cyr.* 7.2.2–4 mentions ladders and engines as well as an enterprising low-class Persian who led the Persian army by the steepest part of the acropolis. Parthenius, a first-century mythographer, reports a romantic story about Croesus' daughter betraying the city to Cyrus (*Amat. narr.* 22).

85.1 κατ' αὐτὸν δὲ Κροῖσον τάδε ἐγίνετο: the capture of Croesus' city has been anticipated several times by now, and its fall has been narrated; here, finally, H. formally announces that we shall learn the details of Croesus' own fate. **παῖς, τοῦ καὶ πρότερον ἐπεμνήσθην:** the verb ἐπιμνάομαι, 'mention, recall' (= Att. ἐπιμιμνήσκομαι), is central to H.'s conception of his task as investigator and narrator (1.5.4n ἐπιμνήσομαι, 14.4, 51.4, 177). Here it is used as a back-reference to 1.34.2; the private side of Croesus' story, explored much earlier in the Atys–Adrastus episode, has now become relevant to his public downfall. **τὰ μὲν ἄλλα ἐπιεικής, ἄφωνος δέ:** a more charitable formulation than τῶν οὕτερος μὲν διέφθαρτο, ἦν γὰρ δὴ κωφός at 1.34.2, 38.2. **ἐς αὐτὸν ἐπεποιήκεε ἄλλα τε ἐπιφραζόμενος καὶ δὴ καί** 'he had done everything for him, both contriving other things and especially . . .' Anticipatory ἄλλος is again followed by καὶ δὴ καί (1.82.1n). **ἐπεπόμφεε χρησομένους:** a background story about a Delphic consultation not mentioned earlier (Crahay 1956: 187–8; Fontenrose 1978: 114). The oracle theme is a major unifying element of Croesus' story; both he and his father have relied on oracular emissaries (1.19.2, 48.2, 67.2–3, 78.2).

85.2 μέγα νήπιε 'greatly foolish' (Hes. *Op.* 633; *Il.* 16.46). Since etymologically νήπιος probably refers to a child's speechlessness, like the Latin *infans*, the oracle attributes to Croesus the condition he wants to cure in his child (cf. 4.155.3, where the oracle directly addresses but sets aside the issue of Battus' speech defect). At 7.169.2 the Pythia addresses Cretans as νήπιοι, idiots, but H. also describes very small children as literal νήπιοι (4.147.2; 5.16.3). **πολύευκτον ἰήν** 'the much-prayed-for voice'. **παιδὸς φθεγγομένου:** cf. the oracle of 1.47.3n. **τὸ δέ σοι . . . ἀμφὶς ἔμμεναι:** 'and for it to be otherwise for you', i.e. for his son to remain without speech. **ἀνόλβωι:** see above 1.30.1n ὄλβια. Forms of ὄλβος, ὄλβιος, or ἀνόλβιος occur 13 times in the earlier Solon–Croesus episode (1.30.1–34.1) and four times here (1.85.2–86.5).

85.3 ἤιε γὰρ τῶν τις Περσέων ... ὡς ἀποκτενέων 'since one of the Persians ... was going to kill him'. For the placement of τις, see S 1155. The construction is analogous to that of οὐκ ἔρχομαι ἐρέων at 1.5.3, except that the ὡς preceding the fut. part. of purpose here also expresses the intention of the subject (S 2086; *CG* 52.39). **ἀλλογνώσας** 'having mistaken him for someone else', a *hapax* in H. for this meaning. The Persians had received orders to spare Croesus (1.80.3).

85.4 ὁ ἄφωνος ... ἔρρηξε φωνήν: this event sums up Croesus' consistent inability to understand or manage communication (human and divine) that has played a large part in his reversal of fortune (Pelling 2006b). Communication, moreover, is a family problem. Here, 'the silent, nameless, son comes to speak and thereby saves his father's life' (Sebeok and Brady 1978: 18), while the more valued son has been destroyed, in part because of his own eloquence (1.39). The son who from this point on 'speaks for the rest of his life' now disappears from H.'s narrative.

86–91 CROESUS ON THE PYRE, THEN IN EXCHANGES WITH CYRUS AND THE PYTHIA

Many different strands of the story of Croesus re-emerge in this dramatic epilogue: Croesus' encounter with Solon, his generosity to the oracles, the Delphic responses he received and misunderstood as well as, five generations earlier, the oracle that only provisionally approved Gyges' usurpation of the throne of Lydia. These all help to explain the end of his story.

The defeat of Croesus by the relatively unknown Cyrus, despite Croesus' piety and his fabulous wealth, stunned the Greek world, and versions of Croesus' end proliferated. Representations earlier than H. include the early fifth-century red-figure Myson amphora found at Vulci and now in the Louvre (G 197) depicting a dignified Croesus on a pyre which is being lit by a servant named Euthymos; Croesus has a staff in one hand and is pouring a libation with the other (Beazley 1963: 238no.47). Similarly, a broken red-figure hydria from Corinth (470–450) shows a man in Eastern robes on a pyre; the presence of a chorus of people and a Greek flute-player may testify to a pre-existing Croesus drama (1.8–14n; Beazley 1955: 305–19; 1963: 541n730; Page 1962).

Among literary sources, the most important is Bacchylides' *Ode* 3, composed for the chariot victory of Hieron of Syracuse in 468; there Croesus is rescued from the pyre by Zeus and Apollo. In Nicolaus of Damascus, reflecting Xanthus of Lydia, it is Cyrus' companions, not Cyrus himself, who want to put Croesus to death on the pyre (*FGrHist* 90 F68.1–2, 4, 9); subsequently Croesus' son, the Sibyl, Thales, and

Zoroaster enter Nicolaus' narrative (§ 4–12; Pedley 1972: 42). Both Xenophon *Cyr.* 7.2.29 and Ctesias F9 (5) Lenfant attribute to Croesus an honorable captivity with no pyre. Since no Near Eastern documents are available that definitively mention Croesus' campaign (Lydians § 2.1), we have no reliable information about his actual fate after his conquest by Cyrus; for problems connected with the timing and circumstances of the historical Croesus' death, see Cargill 1977; Evans 1978–9. Croesus reappears in H. as an adviser to Cyrus and Cyrus' son Cambyses (1.141, 155, 207–8; 3.14, 34–6), and it is true that Persian rulers liked to enroll their former enemies as vassals, solidifying their regional hegemony. See Pelling 2006b: 155–64 for a detailed literary analysis of 1.86–90.

86.1 οἱ δὲ . . . ἀρχήν: this sentence both records the last stage of the action and acts as a summary conclusion. It has some of the same sonorous majesty as the sentence narrating the suicide of Adrastus and the end of the Atys–Adrastus episode (1.45.3). With the change of subject, attention begins to shift to the Persians, who are now in control. **ἄρξαντα . . . πολιορκηθέντα:** a very detailed version of the usual tag recording the years of his reign at the end of a king's narrative (1.14.4, 16.1, 25.1, 102.1). The multiples of seven here and elsewhere may well be symbolic and unhistorical: Croesus' seven years of ascent and seven of decline, the seven oracles he consulted (1.46.2), the two groups of seven boys on the pyre (1.86.2), and the number of circles and of colors on Deioces' walls (1.98.6n φαρμάκοισι). For uncertainties about whether Eastern evidence exists for Cyrus' defeat of Croesus, see Lydians § 2.1. Wallace 2016 defends the reading of the Nabonidus Chronicle as providing the date 547 for Cyrus' conquest of Lydia, but he has disputed H.'s claim that Croesus reigned for only 14 years, arguing that he very probably came to the throne in the 580s, after the death of his father Alyattes (1.25.1n).

86.2 συννήσας πυρὴν μεγάλην: Croesus' earlier pyre (νήσας πυρὴν μεγάλην, 1.50.1) was constructed to win Apollo's favour; that theme will shortly figure here as well, in a more complex and definitive articulation, culminating in the explanation by the Pythia of Croesus' various mistakes (1.87, 90–1). **ἀνεβίβασε ἐπ' αὐτὴν τὸν Κροῖσον:** in Bacchyl. 3 Croesus himself piles up the pyre (ναήσατο) and gets on it voluntarily with his wife and daughters rather than endure servitude. **ἐν πέδῃσι δεδεμένον:** see also below, 1.90.2, 90.4n τὰς πέδας. Shackles have figured in the earlier account of the Spartans' experience in Tegea (1.66.4n ἐς ἐμέ); they will recur as symbols of enslavement/conquest at 3.22.2 (Cambyses vs. Ethiopians), 130.4 (Darius vs. Democedes of Croton); 5.77.3 (Athenians vs. Boeotians); 7.35.1; and 8.109.3 (Xerxes vs. Hellespont). **δὶς ἑπτὰ**

Λυδῶν παρ' αὐτὸν παῖδας: at 7.114.2, H. mentions that Xerxes buried alive nine local boys and girls at Enneaodoi in Thrace, and that his queen Amestris allegedly did the same to 'twice seven Persian children' of noble families, wishing 'to return a gift to the underground god'. There H. comments that 'burying people alive is a Persian custom', but Cambyses' unmotivated burial of 12 Persian nobles (3.35.5) is clearly presented as a transgression (Parker 2004). Such practices are absent from H.'s Persian ethnography (1.131–40), but an additional human sacrifice by Persians appears at 7.180. Historically it is doubtful that Cyrus, as a Persian and possibly a fire-worshipper (3.16.2–3), would have polluted this element by putting Croesus on the pyre (1.131.2n θύουσι and 3.16.2). The version handed down by Nicolaus of Damascus addresses this issue and justifies Cyrus: Zoroaster intervenes and uses the occasion to explain the role of fire in Persian religion (*FGrHist* 90 F68.12).   εἴτε δὴ ... εἴτε καί ... εἴτε καί ... θεοσεβέα: H. proposes three possible motives for Cyrus. Previously he has regularly focalized Croesus' point of view, but here he expresses uncertainty about Cyrus' motives. Baragwanath 2008: 66–7 comments: 'The three options ... drew the reader through a spectrum of possibilities, from the grand and dignified ... to the far more human and personable – and Herodotean – motive of curiosity. It was this third ascription of motive that the narrative then appropriated and moved on from.'   δὴ ... θεῶν ὅτεωι δή 'perhaps ... to some god or other'; the repetition of δή underlines H.'s uncertainty here (Denniston 221–2.1.9.vi calls it 'indifference of choice'). Persian religion, unlike that of the Lydians, is presented as foreign (1.131).   πυθόμενος ... βουλόμενος εἰδέναι: H. speculates that, like Croesus previously (1.46.2n ἀπεπειρᾶτο), perhaps Cyrus is testing the divine. Cf. 1.8.2n ὦτα γάρ ... ὀφθαλμῶν, for H.'s depiction of kings as investigators.   τοῦ μὴ ζώοντα κατακαυθῆναι 'from being burned alive', articular inf. as a gen. of separation after ῥύσεται (S 1392). The μή is redundant, after a verb of hindrance (S 2741; *CG* 51.46). The image is evoked again at 1.86.6 ζώοντα πυρὶ διδοίη.

86.3 τὸν μὲν δὴ ποιέειν ταῦτα: an abrupt shift into indirect speech, reminding H.'s readers that he is reporting a *logos* that was told to him, even in the absence of a governing verb of speaking. Although he does not disclose the sources for this part of the story, Delphi and Apollo's judgement figure prominently in its conclusion, so a Greek source is likely. At 1.87.1, however, H. will explicitly mention a Lydian tradition.   τῶι δὲ Κροίσωι ... ἐσελθεῖν ... τὸ τοῦ Σόλωνος, ὥς οἱ εἴη σὺν θεῶι εἰρημένον 'the (saying) of Solon ... came to Croesus' mind ... that it had been said to him with (the help of) a god'. H.'s version of the story of Croesus on the pyre is the only one that contains Solon.   τὸ τοῦ Σόλωνος ... τό μηδένα... ὄλβιον: the second phrase stands in apposition to the first, giving the content of Solon's advice (1.30–3, esp. 32.9). Croesus' summary here slightly misinterprets what Solon actually said, but it certainly fits his present circumstances. ὡς δὲ ἄρα μιν προσστῆναι τοῦτο 'and when this (thought) occurred to him', assimilated inf. in a subordinate clause in indirect discourse (S 2631; *CG* 41.23). ἀνενεικάμενον 'sighing deeply', ἀναφέρειν aor. mid. part.; cf. *Il.* 19.314.

86.4 τοὺς ἑρμηνέας: in H. (unlike, for example, in Xenophon) interpreters of foreign languages are rarely mentioned. They tend to appear, as here and 1.86.6, when cultural issues are serious obstacles to communication (also 3.38.4, 140.3; cf. 3.19.1). In his own and others' investigations to find information, H. mentions interpreters at 2.125.6, 154.2; 4.24. **τίνα τοῦτον ἐπικαλέοιτο** 'who was this one he was calling out to'. Unlike Croesus, the Persian king is culturally foreign and knows very little about Greece; cf. ἄσημα ('unintelligible') in this passage and see below, 1.153.1; 5.73.2. The verb ἐπικαλέω is normally used of invoking a god. **ἠναγκάζετο:** cf. 1.11.3n ἀναγκαίηι ἐνδέειν. As we turn to the Medo-Persian world, compulsion (with ἀναγκ-) is increasingly attributed to kings and their representatives (for Book 1: 1.98.3, 116.4–5, 157.2; cf. e.g. 3.75.2; 5.18.5; 7.16.1, 104.5, 110). **τὸν ἂν ἐγώ... προετίμησα... ἐλθεῖν** 'the one I would have preferred, over a lot of money, that he come into conversation with all tyrants' (past potential rel. clause: S 1784; *CG* 34.16). Solon had spoken about the very wealthy man's vulnerability to reversal (1.32.6); for the term τύραννος see 1.6.1n. Croesus likes to think in monetary terms: he never quite sees Solon's point about the relative unimportance of wealth for the good life and has tried to gain the favor of the oracle at Delphi with costly sacrifices and gifts (1.50–1, 90.3). Although he says here that he values Solon's advice even more than money, he will soon advise Cyrus how to protect his position through the loot gained from his conquest of Sardis (1.89.3n δεκατευθῆναι). The trick with which Croesus later suggests Cyrus conquer the Massagetae is also one based on material abundance (1.207.6–7). The third Persian ruler, Darius, will later exhibit a marked interest in the acquisition and manipulation of material wealth (cf. 1.187.5; 3.38.3–4, 89–96, 117.6).

86.5 ἔλεγε... ἀπηγέεσθαι: fluctuation from H.'s indirect (1.86.3n) to direct speech here (ἔλεγε) and back again (ἀπηγέεσθαι); cf. 1.24.5n. **ἀρχήν** 'at the beginning', adv. **ὄλβον... ὀλβίους:** the proper definition of happiness and its relation to wealth plays a major role in the Croesus story (1.30.1n ὄλβια, 85.2n ἀνόλβωι). **ἀποφλαυρίσειε** 'treated it as of no account'. The shift to opt. indicates that H. is conveying

Croesus' thoughts rather than exactly quoting his words (Goodwin 670; *CG* 41.13; Rijksbaron 2002: 53). ἀποφλαυρίζω appears only twice in classical Greek, here and at Pind. *Pyth.* 3.12, where Coronis treats Apollo with disrespect and is burned on a pyre in consequence. **οἷα δὴ εἴπας** 'saying such things' (*sc.* as were earlier said). οἷα is elliptical; Croesus' words do not have to be reported, since what Solon said has already been narrated at 1.30–2. For the use of δή, see 1.86.2n δή ... θεῶν ὅτεωι δή. εἴπας is much more common in H. than 2 aor. εἰπών (1.22.2, 31.1, etc.). **ὥς τε αὐτῶι ... εἶπε** 'and that everything had turned out for him as Solon had said'. Croesus retrospectively interprets Solon's generalization as a prediction; for generalizing glosses as interpretation, serving as predictions or warnings, see Munson 2001a: 178–81. **οὐδέν τι μᾶλλον ... λέγων ἢ ⟨οὐκ⟩ ἐς ἅπαν τὸ ἀνθρώπινον** 'saying nothing more at all regarding him than with regard to the whole human race'. Redundant οὐκ after μᾶλλον ... ἤ has been supplied by almost all editors as grammatically necessary (S 2753; cf. 5.94.2). The subject of λέγων is Solon, but ἑωυτόν refers to Croesus himself. **παρὰ σφίσι αὐτοῖσι** 'in their own estimation'.

86.6 μεταγνόντα ... ἐννώσαντα ... δείσαντα ... ἐπιλεξάμενον: multiple words of learning/thinking applied to Cyrus. He has begun as a monarchic inquirer (1.86.2n πυθόμενος ... βουλόμενος εἰδέναι) and now (at least provisionally) he listens to wise advice from Croesus the Lydian and, indirectly, Solon the Athenian. Two later Persian kings, Darius and Xerxes, will change their minds before carrying out executions (3.132.2; 4.43.2–3; 7.194.1–2); Persian νόμος is generally moderate concerning the death penalty (1.137.1) and the treatment of valiant enemies (7.238.2). H. does not on the whole glorify imperial wisdom and power; the trajectory for royal Persian σωφροσύνη and wisdom over the course of the narrative will in fact be a downward one. At the *Histories*' end (9.108–13) H. will depict Cyrus' grandson Xerxes flagrantly abusing personal power (Flower/Marincola). **ἄνθρωπος ... ἄλλον ἄνθρωπον ... ἀνθρώποισι:** Solon's words bridge the gaps of language, culture, and status that separate Cyrus and Croesus, to emphasize a common humanity (ἀνθρώπινον, 1.86.5). **εὐδαιμονίηι:** Cyrus' realization is in line with H.'s generalized statement at 1.5.4, that big is always in the process of becoming small and vice versa. Cf. 1.32.1n εὐδαιμονίης, 87.3 εὐδαιμονίηι ... κακοδαιμονίηι. **τὴν τίσιν:** Cyrus has heard an important part of the message that Solon tried to tell Croesus: wealth affects attitude, which determines actions, which in turn elicit divine vengeance (1.32.6n ὁ μὲν ἐπιθυμίην; cf. 1.34.1n, where H. says that Croesus was the object of divine *nemesis*).

87.1 λέγεται ὑπὸ Λυδῶν: one of five overt references to H.'s sources in the Croesus story (1.51.5n Δελφοί), and the only one that refers to a Lydian tradition. It signals that H. at this point (ἐνθαῦτα) diverges from the more familiar (probably Delphic) version. While in Bacchyl. 3 Croesus is miraculously transported to the land of the Hyperboreans, here both Apollo and Cyrus play a role in Croesus' rescue. For other versions of Croesus' end, cf. 1.86–91n. **Κροῖσον ... ἐπιβώσασθαι:** delay of the verb (hyperbaton) for suspense and emotional effect. Cf. 1.45.3n Ἄδρηστος. **ἐπικαλεόμενον:** Croesus' conspicuous piety has been a marked part of his character. He called on Zeus by many cult titles when he received word of his son's death (1.44). **εἴ τί οἱ κεχαρισμένον ἐξ αὐτοῦ ἐδωρήθη** 'if anything had been given by him (Croesus) worthy of favor/gratitude'. Croesus has given gifts to Apollo but received what he now considers counterfeit oracles in return (1.75.2n χρησμοῦ κιβδήλου). Now he feels entitled to favor/gratitude (χάρις) from the god, an expectation the god's priestess, the Pythia, will confront (1.90.4, 91.3). Similarly in Bacchyl. 3.38, Croesus on the pyre cries out to Apollo, "ποῦ θεῶν ἐστι χάρις;"

87.2 οὕτω δὴ μαθόντα ... ἀγαθός: the result of Cyrus' experiment (1.86.2nn εἴτε, πυθόμενος). Cyrus learns that Croesus, being θεοσεβής, is also θεοφιλής.

87.3 αἴτιος ... ὁ Ἑλλήνων θεός: Croesus has made something of a habit of blaming a god for the outcomes of his own decisions (1.45.2). Here 'the Greek god' is specifically Delphic Apollo, whose oracular representative will shortly say that Croesus should take responsibility for his own actions (1.91.4, 91.6). Cf. *Od.* 1.32–4, where Zeus complains that humans blame (αἰτιόωνται) the gods for misfortunes they themselves cause by their own recklessness.

87.4 οὐδεὶς γὰρ οὕτω ἀνόητός ἐστι ὅστις πόλεμον πρὸ εἰρήνης αἱρέεται: in H.'s narrative this statement by Croesus is demonstrably false, especially where monarchical rulers are concerned. H.'s Croesus does not become a completely dependable sage (1.155.4, 207–14; 3.36; Pelling 2006b). Croesus' generalization on the evils of war, however, is echoed and broadened by H. himself at 8.3.1.

88.1 κατεῖσε 'sat him down'. **ἀπεθώμαζε ... πάντες:** other actors in Book 1 who have been astounded include Gyges (1.11.3), Croesus himself on hearing Solon's opinions (1.30.4), and Lichas the alert Spartan ἀγαθοεργός in Tegea (1.68.1–2). Cf. the astonishment (θάμβος) with which Achilles and the others present gaze upon Priam at *Il.* 24.480–4.

θῶμα, wonder, is central to H.'s conception of his task as investigator and reporter of the great deeds of the past (1.on ἔργα μεγάλα τε καὶ θωμαστά), and sometimes the individuals in his narrative focalize it.   συννοίηι ἐχόμενος 'absorbed in thought'.

88.2 κότερον λέγειν ... χρή: freedom of speech is limited at the Persian court, and Croesus now considers himself Cyrus' slave (1.89.1). For the reticence of various speakers vis-à-vis the king, see 4.97.2; 7.10.1, 101.3; 8.65.5, 69.1; 9.16.5 (Hohti 1974).

88.3 οὗτος ... ἐργάζεται: a surprising shift takes place, as Croesus changes from a broken, tragic king and a philosophical warner of Solon's type to a crafty practical adviser, committed to the protection of his new master's interests. Like Bias/Pittacus (1.27.2), Croesus begins with an indirect formulation. Unlike the previous Solonian reflection (we are all human beings, etc.), this piece of strategy concerns the preservation of the ruler's χρήματα and power. The episode suggests Cyrus' youth and relative naïveté in economic affairs (1.153.1n χῶρος ... ἀποδεδεγμένος), in contrast to Croesus' experience as a ruler with a lively interest in material wealth and the heaping up of possessions (1.30.1n περιῆγον).   οὐδὲν ... μέτα (= μέτεστιν) 'for no longer does any share of these things belong to me'.   φέρουσι ... ἄγουσι 'carry off (inanimate objects) ... lead away (animals and the enslaved population)'. Cf. 1.166.1n.

89.1 μεταστησάμενος 'dismissing'. Cyrus opts for secretiveness from his fellow Persian warriors, a trait that will become more pronounced from now on, as the narrative shifts its focus from Croesus the Lydian to the more severely autocratic Medo-Persians (cf. 1.73.6n, 98–100; 3.82).   **θεοί:** cf. 1.87.3n αἴτιος ... ὁ Ἑλλήνων θεός. Croesus has not yet heard Apollo's side of the story (1.91). For H.'s own religious views, see F.&T. § 2.5.   **δικαιῶ, εἴ τι ἐνορέω πλέον, σημαίνειν σοί** 'I judge it right, if I notice anything special, to point it out to you'. On σημαίνω as a term used by those claiming privileged information or authority, see 1.5.3n σημήνας.

89.2 ὑβρισταί, ... ἀχρήματοι: for the theme of an aggressive, warlike society coming in contact with a wealthier and 'softer' culture, cf. Sandanis' earlier comments to Croesus, 1.71.2–4.   **τάδε ... ἐπίδοξα γενέσθαι** 'the following things (are) likely to happen'.   **προσδέκεσθαί τοι ἐπαναστησόμενον** 'expect that this man will rise up in revolt against you', with inf. for imperative (S 2013; *CG* 51.47). Croesus now articulates the principle we have not seen much in play in his own reign, that an autocratic ruler can stay in power only if he is able to maintain a substantial gulf between himself and his subjects, both in wealth and in other respects (cf. 1.99.1–2; 2.172).

89.3 κάτισον 'station', aor. imperative of κατίζω. A 3 pl. imperative λεγόντων follows in the rel. clause; Croesus still uses the language of command.   **ἀναγκαίως ἔχει** 'it is compulsory'; ἀναγκ- words in H. are often applied to royal commands (1.11.3n ἀναγκαίηι ἐνδέειν, 86.4n ἠναγκάζετο).   **δεκατευθῆναι τῶι Διί** 'that a tithe be paid to Zeus'. The implication might be that the preponderance of the plunder is going to Cyrus (Arieti 1995: 107–8). Cf. 1.60.5n προσεύχοντο for the exploitation of religion for political purposes.

90.1 ὑπερήδετο 'was overjoyed'; cf. 1.54.1n. Cyrus takes the advice, stops the pillage, and preserves Sardis for himself. It will become the major western administrative center of the Persian Empire.   **ἀναρτημένου** 'since you are prepared'; pf. part. of ἀναρτέομαι.   **αἴτεο δόσιν . . . τοι γενέσθαι:** Cyrus deals with Croesus according to the usual principle of reciprocity (1.2.3n αἰτέειν; cf. 1.87.1, 90.4n εἰ ἀχαρίστοισι). Reward for benefactions done to the king will be institutionalized as ἀγαθοεργίη among the Achaemenidae (3.154.2, 160.1).

90.2 δέσποτα: Croesus now seems easily to accept Cyrus as his master and his own subject, enslaved status (1.89.1), although Cyrus still recognizes his advice as that of a king (1.90.1); cf. 1.89.1n δικαιῶ.   **ἐάσας με χαριέαι** 'you will do me a favor by allowing me'; circumstantial part. and contracted fut. of χαρίζομαι.   **τὸν θεὸν τῶν Ἑλλήνων . . . εἰ . . . νόμος ἐστί οἱ:** Apollo, as at 1.87.3. Only after his defeat does Croesus identify the Greek god of the oracle as a foreign divinity with standards of justice different from his own (1.90.4n εἰ ἀχαρίστοισι). Cf. Croesus' Zeus, apparently thought of as a universal divinity (1.44.2n καθάρσιον, 89.3n δεκατευθῆναι).

90.3 ἐπαλιλλόγησε 'related again', used only here and at 1.118.1, both times of a character who retells significant events already covered by H.'s narrative (the ref. at 1.90.3 is to 1.46–56.1). Cf. οἷα δὴ εἴπας (1.86.5).   **κατέβαινε αὖτις παραιτεόμενος ἐπεῖναι** = aor. inf. of ἐπίημι; 'ended by again requesting (Cyrus) to permit', supplementary part. with a verb of beginning/ceasing (S 2098; CG 52.9).   **γελάσας:** Cyrus laughs at the unexpectedness of the request. Like the laughter of other rulers, it anticipates his own later vulnerability to fortune (Lateiner 1977: 176–7).

90.4 εἰ οὔ τι ἐπαισχύνεται . . . ἐπάρας Κροῖσον 'if he (the god) was not at all ashamed for having encouraged Croesus with oracles'. Indirect question with pres. indicative retained, from the perspective of the original speaker; the verb of emotion is construed with a supplementary part. denoting cause (S 2100; CG 52.10).   **ἀπ' ἧς οἱ ἀκροθίνια τοιαῦτα**

γενέσθαι 'from which (they were to say that) such things as these were the first fruits for him'. The antecedent of ἧς is an implied στρατηίη deduced from στρατεύεσθαι. The inf. is due to the attraction of the verb into an implied indirect discourse construction; cf. εἶναι below (S 2630–1). **τὰς πέδας:** Croesus' dedication of his fetters (mentioned at 1.86.2, 90.2) is a sarcastic reference to his earlier dedications at Delphi (1.50–2), which he feels the god did not adequately repay. For the reader it recalls the fetters connected with the Spartans' misleading Delphic oracle (1.66.3n) and the response to Delphi that the Spartans made, quite different from that of Croesus (1.67.2n τίνα ἂν θεῶν). Fetters as the mark of enslavement to a Persian king occur in two more overtly metaphorical contexts as well (3.22.2, 130.4). **εἰ ἀχαρίστοισι νόμος εἶναι τοῖσι Ἑλληνικοῖσι θεοῖσι** 'if it was a custom for the Greek gods to be ungrateful'. ἀχαρίστοισι is a dat. predicate adj. (S 1062). Croesus has called Apollo specifically a Greek god at 1.87.3 (αἴτιος ... ὁ Ἑλλήνων θεός) and again at 1.90.2 (τὸν θεὸν τῶν Ἑλλήνων), where he questions Apollo's divine integrity. Here he expresses his frustration at the norms of Greek gods in general. Cf. 1.87.1n εἴ τί οἱ κεχαρισμένον for Croesus' sense of entitlement and right to appropriate reimbursement.

91 THE FINAL DELPHIC RESPONSE TO CROESUS

91.1 λέγεται: this is H.'s last reference to his sources in the Croesus story (1.51.5n Δελφοί). It implicitly points to Delphi as the origin of the unusually long and discursive prose response that follows. The Pythia's defense of Apollo here makes it likely that the tradition of Croesus' ambiguous oracles was at least in part genuinely historical. With the defeat of Croesus by Cyrus, Delphi must have been called upon to explain its misleading oracles and the downfall of such a generous donor and devotee (Flower 2013 [1991]: 131). Apollo's justification, as set out by the Pythia, both absolves the god and helps to summarize the double causality of Croesus' reversal of fortune. Croesus was doomed from the start as Gyges' descendant, but his own misjudgements help to bring about his defeat. **τὴν πεπρωμένην μοῖραν** 'the allotted destiny'. The phrase occurs only here in H. (cf. τὰν πεπρωμέναν ... κρίσιν at Bacchyl. 3.25, also referring to Croesus). πεπρωμένην reappears below (1.91.3), and cf. πεπρωμένην τελευτάν in the words of Cambyses about his own death at 3.64.5. μοῖρα, 'portion, destiny', recurs once as personified plural goddesses (1.91.2n Μοίρας). In the abstract sense of a person's foredestined outcome, it occurs at 1.121 (words of Astyages in reference to Cyrus) and 3.142.3 (words of Maeandrius in reference to Polycrates). At 4.164.4 it occurs in a metanarrative sentence that summarizes the end of Arcesilaus of Cyrene on account of his misunderstanding of an oracle (ἁμαρτὼν τοῦ χρησμοῦ, ἐξέπλησε τὴν μοῖραν τὴν ἑωυτοῦ, with its suggestive echoes of the Croesus story at 1.71.1). For μοῖρα applied to Croesus in a more concrete sense, portion as 'territorial share', see 1.73.1, 75.2.   ἀδύνατα ... καὶ θεῷ 'impossible ... even for a god'. The issue of whether a person's μοῖρα is largely beyond the control of the gods is familiar from the exchange between Zeus and Hera about the impending death of Sarpedon (*Il.* 16.431–61) and that between Zeus and Athena about the impending death of Hector (*Il.* 22.167–85). In both places, Zeus is told that although he can change a favorite hero's fate, many difficulties will occur in consequence.   **πέμπτου γονέος:** the Pythia reminds Croesus of the story of Gyges and Candaules and the proviso of the oracle ratifying Gyges' power (1.8–13, esp. 13.2n ὡς Ἡρακλείδῃσι τίσις ἥξει).

91.2 προθυμεομένου δὲ Λοξίεω ὅκως ἄν ... γένοιτο τὸ Σαρδίων πάθος 'although Loxias was eager to find some way that the ruin of Sardis could happen'; opt. with ἄν after a verb of effort is potential, S 2202.b; *CG* 44.3–4. The Pythia refers to Apollo in the third person here; she is not delivering an oracular response but an apologia (cf. Parke and Wormell 1956 I: 135, II: 25, Fontenrose 1978: 114, both of whom list 1.91 as an oracle). The epithet of Apollo, repeated at 1.91.4–5, recalls the inscrutability of the god's oracle (λοξός, 'crooked'). It occurs only one additional time in H., in the Delphic response to Arcesilaus (4.163.2), concerning the duration of the Battiad dynasty.   **Μοίρας:** goddesses who measure out the span of human lives in Homer, Hesiod, and other early Greek poetry (Burkert 1985: 174; Gantz 1993: 7–8, 52–3).

91.3 ἐχαρίσατο οἱ 'he granted as a favor to him'. The Pythia answers the question that Croesus asked (1.87.1n εἴ τί οἱ κεχαρισμένον) and acknowledges his piety. Cf. the forthcoming description of Croesus' many other religious dedications (1.92); Croesus' attentiveness to the gods is praised as well in epinician poetry (Bacchyl. 3.61; *Lydians* § 4.3).   **τοῦτο ἐπιστάσθω Κροῖσος, ὡς ... ἁλούς** 'let Croesus know this, that he was captured these (three) years later'. ἁλούς is the aor. part. of ἁλίσκομαι, in indirect discourse. ὡς emphasizes the opinion that Croesus should hold, namely, that Apollo has done him a favor (S 2120). This three-year delay could have been occupied by two years of mourning Atys (1.46.1), plus one year of preparation (test of the oracles, dedications, and alliances).

91.4 μεγάλην ἀρχὴν αὐτὸν καταλύσειν: almost the exact wording of the oracle at 1.53.3.   **ἐπειρέσθαι ... ἀρχήν:** unlike Croesus, the Spartans had taken the opportunity to ask the oracle for further directions, after their Tegean disaster (1.67.3n ἔπεμπον αὖτις). Cf. the later crucial demand the Athenians make for clarification from Delphi about what they should do against the looming Persian threat (7.139–44).

91.5 ἑωυτὸν αἴτιον ἀποφαινέτω 'let him reveal himself as responsible'; cf. 1.87.3n αἴτιος. **περὶ ἡμιόνου:** the oracle misunderstood by Croesus is explained (1.55.2); the actual story of Cyrus' Median mother and Persian father will be told when the narrative formally moves on to Cyrus and his lineage (1.107.2).

91.6 ἔνερθε ... δεσποίνηι τῆι ἑωυτοῦ 'being lower in status in all ways, he married his own queen'. The wording establishes a connection with the case of Gyges (1.8.3; strictly speaking, Mandane is a royal princess, not a queen, but there is no adequate translation in contemporary English for δέσποινα). Unlike Gyges, Cyrus' father has committed no crime, but here as elsewhere H. reminds us that even in royal dynasties the principle continues to prevail that small becomes big and big small (1.5.4), a principle that generally deflates the pretensions of dynastic and racial purity (e.g. 1.61, an Athenian; 146.2–3, Ionians; 3.151.2, Babylonians; 7.153, Gelon the Syracusan). **ἑωυτοῦ εἶναι τὴν ἁμαρτάδα:** cf. 1.71.1n ἁμαρτὼν τοῦ χρησμοῦ. The Delphic tradition reported by H. reproaches Croesus for the intellectual error of misunderstanding the oracles and connects his downfall to Gyges' guilt (also called ἁμαρτάδα, 1.91.1), but it protects Croesus' reputation here as well by not explicitly attributing to him any moral failing of his own. H. however has tentatively pointed to 'a great *nemesis* from the divine', coming from Croesus' unfounded sense of his own good fortune (1.34.1), and he has pointed out the immorality of the Lydian aggression against Cyrus (esp. 1.75.2, 130.3). At the outset of the *Histories*, H.'s starting point for the whole Lydian narrative is Croesus' ἄδικα ἔργα in attacking the Ionian Greeks (1.5.3), a point to which he will presently return in his final summing-up of the Lydian half of Book 1.

92–4 THE LYDIAN APPENDIX

The beginning of 1.92 provides the second formal conclusion of the narrative of Croesus' reign. While the first conclusion (1.86–91) focused on Croesus himself, here H. summarizes by giving a broader view of his empire (ἀρχή); he refers back to the programmatic introduction at 1.5.3 by refocusing on the conquest (καταστροφή) of Ionia, a term last used at 1.6.3. This initial motif of the story of Croesus' Lydian kingship has been almost ignored in the intervening long narratives about Croesus' personal reversals of fortune. Before delivering the third and final conclusion of the Lydian story (1.94.7), H. inserts three descriptive/ethnographic chapters concerning Croesus' general religious dedications and assorted details about Lydia and the Lydian people.

92.1 Ἰωνίης τὴν πρώτην καταστροφήν: mentioned earlier (1.6nn, 26–8nn). H. implicitly looks forward to the second subjection of Ionia, by Cyrus, which is chronologically imminent and will be narrated at 1.152–69. The third will occur at the end of the Ionian Revolt (6.32). H.'s audiences would certainly also be thinking of a fourth subjugation of Ionia in their own time, by Athens after the Persian Wars (1.6.2n Ἴωνας; Ionians §§ 6, 6.3). **Κροίσωι . . . μοῦνα:** an introduction to some of Croesus' other dedications to Greek sanctuaries, besides those to Delphic Apollo and Amphiaraus already described (1.50–2). The ethnographic pres. (ἔστι) and references to monuments surviving 'in my time' again suggest the possibility of Herodotean autopsy (F.&T. § 3.4.2). Three of the four sanctuaries named are different from those earlier tested (1.46.2–49), and Croesus' dedications there apparently date to an earlier period of his reign (1.92.2). H. has also mentioned dedications by Midas and by Croesus' predecessors Gyges (1.14.1–2) and Alyattes (25.2). **Ἀπόλλωνι τῶι Ἰσμηνίωι:** cf. the dedication of a shield and spear there that H. thinks were also made by Croesus of Lydia (1.52n). **ἐν δὲ Ἐφέσωι:** for the great temple of Artemis at Ephesus, see 1.26.2n ἔνθα . . . σχοινίον ἐς τὸ τεῖχος. **αἵ τε βόες αἱ χρύσεαι καὶ τῶν κιόνων αἱ πολλαί:** parts of three of these columns from the Artemisium of Ephesus survive, now at the British Museum, with the fragmentary inscription Βασιλεὺς Κρ[οῖσος] ἀνέθηκεν (Fornara 1983: 31 (28) = Tod 6; Lydians § 3.2). **ἐν δὲ Προνηίης τῆς ἐν Δελφοῖσι** 'in (the shrine of Athena) Pronaia in Delphi', to the east of the *tholos*. This temple stood as a sort of gateway to the sanctuary of Apollo; the archaic building was apparently destroyed in 480 (8.37.2–3) and was replaced after the Persian Wars by the one H. saw. For the golden shield Croesus gave to this sanctuary, see Paus. 10.8.7. **ἐς ἐμὲ ἦν περιεόντα:** the imperfect focalizes the account through a putative reader in his own future (1.5.4n ἐπ' ἐμέο ἦν μεγάλα). For the phrase ἐς ἐμέ, cf. 1.52, 66.4, 93.3, 181.2 and F.&T. § 3.4.2.

92.2 ἐν Βραγχίδηισι τῆισι Μιλησίων: this oracle is one of those which had not passed Croesus' test (1.46.2–48.2). Its wealth must have been considerable; H. refers explicitly back to its dedications twice: at 5.36.3, relating Hecataeus' advice to use Croesus' gifts there to finance the Ionian Revolt, and at 6.19.3, in the context of its destruction. **ὡς ἐγὼ πυνθάνομαι:** H. could not have seen these dedications, because after the failure of the Ionian Revolt in 494 the sanctuary at Branchidae ceased to exist and was only reestablished by Alexander of Macedon in the late 330s.   τὰ μὲν νυν . . . ἀπαρχήν 'on the one hand, the offerings he dedicated to Delphi and to the sanctuary of Amphiaraus were both his own and the first fruits from his ancestral wealth'.   οἱ . . . ἀντιστασιώτης κατεστήκεε 'had set himself up as his opponent'. The existence of Pantaleon, a half-brother from an Ionian mother, has not been mentioned before. This reference to circumstances surrounding Croesus' accession to the throne reminds the reader of how many more *logoi* H. knew than he has included in his narrative. A similar story appears in Nicolaus of Damascus, probably following Xanthus of Lydia (*FGrHist* 90 F65), who says that Croesus had vowed to dedicate the property of an enemy named Sadyattes to Artemis of Ephesus. For tales about struggles at the time of Croesus' accession, see 1.51.5n τῆς ἀρτοκόπου and also Plut. *De Pyth. or.* 16 = *Mor.* 401E.

92.3 ἐκ Καείρης . . . ἐξ Ἰάδος: the fact that Alyattes had an Ionian Greek wife as well as a Carian suggests intermarriage between the Lydians and other local nobilities (Lydians § 6.2). Halicarnassus had a substantial Carian population, and H. may well have had Carian relatives; throughout the *Histories* he remains attentive to and respectful of Carian affairs (1.146.2, 171.1, 175–6; 2.152; 5.88.1, 118–19; 6.20; 8.104–5). See Life §§ 1.3, 2.1.

92.4 ἐπὶ κνάφου ἕλκων διέφθειρε 'killed him by dragging him on a carding comb'. There is no evidence for a torture instrument of this sort. Nevertheless, this account gives us a rather more 'Orientalizing' picture of Croesus than we have had so far, and one that Plutarch found offensive (*De malig.* 18 = *Mor.* 858D–E). For torture and mutilations by Persians, see 1.137.1n ἀνήκεστον πάθος; Median atrocities are described at 1.119.3–7. Greeks generally abhorred such brutality; the spark that set off the Ionian Revolt of 499 was, in H.'s version, the savage treatment meted out to an Ionian ship's captain by the Persian naval commander (5.33.2).   καὶ . . . εἰρήσθω: the 3 s. pass. imperative formally puts an end to the topic of Croesus' dedications (F.&T. § 3.3.2).

93.1 θώματα . . . ἐς συγγραφὴν οὐ μάλα ἔχει 'really does not have wonders for noting down'. Here H. introduces the first ethnography in the *Histories*. Ethnography, biology, geography as well as a report of local θώματα will be a regular feature throughout H.'s *Histories*. Persian customs are described at 1.131–40, Babylonians and their environs at 1.178–87 and 192–200, Massagetae and their neighbors at 1.201 and 215–16, Egypt and Egyptians at 2.2–182, Indian matters at 3.98–106, Arabia at 3.107–13, Scythians and their neighbors at 4.5–82, Libyans at 4.168–99, Thracians at 5.3–10, 16. The introduction by negation here indicates that a Greek audience might expect a written ethnography to emphasize the wonders of a foreign land. Xanthus of Lydia, for example, describes the 'burnt' volcanic earth of the high Hermus valley (*FGrHist* 765 F13 = Strabo 13.4.11). In an ethnographic context, the term 'wonders' often applies to natural or cultural phenomena that are strikingly different from what one can find in Greece, but H. is amazed also by similarities, e.g. 2.79 (Munson 2001a: 73–133, esp. 98–100). συγγραφήν: a *hapax* in H., although he does use the related verb regarding a detail he would like particularly to record (3.103; 6.14.1). An important difference in the ways that the first two extant Greek historians thought about their work emerges if we compare Herodotus' formulation of his first sentence (1.0) to that of Thucydides' *History*, in which the verb ξυνέγραψε asserts Thucydides' identity as the author of (and authority behind) the entire narrative (1.1.1; Dewald 2009 [1999]: 128–30). ἄλλη χώρη: notably Egypt (2.35.1) and Babylon (1.194.1), mentioned just below (1.93.2). Scythia, like Lydia, is distinguished by its lack of marvels (4.82), but it is notable for its barrenness and hardy, 'uncivilized' culture (cf. 1.94.1n Λυδοὶ δέ; Lydians § 6.10). ἐκ τοῦ Τμώλου ... ψήγματος: this gold dust was carried down from Mt. Tmolus by the Pactolus, which flowed through the agora of Sardis before emptying into the Hermus (modern Gediz, 5.101.2–3). Although H. has made Lydian royal gold play an important part in the historical narrative (14.1, 30.1, 50–2, esp. 50.2n χρυσὸν ἄπλετον, 69.4, 92.2; cf. 6.125), here he barely mentions it. Elsewhere he gives an extensive description of the harvesting of gold in India (3.102–5) and is also interested in the gold of Ethiopia (3.114) and northern Europe (3.116.1). The Tmolus gold is often mentioned by Roman poets as emblematic of fabulous wealth, although by then supplies had been exhausted (Strabo 13.1.23 and the sources in Pedley 1972: 70–2).

93.2 ἔργον: another echo of the first sentence (1.0n ἔργα μεγάλα τε καὶ θωμαστά; cf. e.g. 1.16.2, 23, 88.1), in reference to a monument of enormous size whose construction celebrates Alyattes and reveals particulars about Lydian culture. **Ἀλυάττεω ... σῆμα:** for Alyattes, see 1.16–22, 25. This tomb is perhaps mentioned by Hipponax fr. 42 West and is briefly described by Strabo 13.4.7. Today it is identified with one of the more than 60 earth mounds in the Lydian necropolis north of the Hermus (1.93.5n ἡ μὲν δὴ περίοδος; Lydians § 3). **κρηπίς:** this foundation of ashlar masonry is now lost. **οἱ ἀγοραῖοι ἄνθρωποι ... ἐνεργαζόμεναι παιδίσκαι** 'merchants, artisans, and working girls', i.e. prostitutes. The narrative uses the description of the royal monument to point to those members of the Lydian working class who paid for its construction. Both the connection between king and people and the gulf separating them are striking; we are far from the previous aristocratic representation of the Lydians as refined and famed for their valiant cavalry (1.79.3). The three classes identified here (which do not include, e.g., farmers) point to the mercantile character of Lydian culture (1.94.1n κάπηλοι). Alyattes' tomb appears to testify to the economic importance of these groups but also represents the monarchy's political control over them. For the Greeks as ἀγοραῖοι, see 1.153.2.

93.3 ἔτι καὶ ἐς ἐμὲ ἦσαν: impf., as also ἐφαίνετο; H. again identifies his own time as past, in relation to that of his readers (1.92.1n ἐς ἐμέ).   **καί σφι γράμματα ... ἐξεργάσαντο** 'and on them letters were engraved concerning the things which each (of the three groups) did'. This is one of 11 foreign inscriptions mentioned by H. (1.51.3n τῶν τῶι χρυσέωι ἐπιγέγραπται). Another Lydian inscription occurs at 7.30.2. West 1985: 295 observes that Lydian was written alphabetically and would have been easier for a Greek to decipher than cuneiform script; this inscription, however, seems quite unlikely. As occasionally in Book 2, imaginative local guides might have been responsible for H.'s information.   **τὸ τῶν παιδισκέων ἔργον ἐὸν μέγιστον:** Strabo 13.4.7 cites this passage by H., adding that some people call the tomb the 'prostitution monument', πόρνης μνῆμα.

93.4 τοῦ γὰρ δὴ Λυδῶν δήμου ... πᾶσαι: it is hard not to suspect that with this claim – the extension of the custom of prostitution to all Lydian women – H. intended to shock his Greek audience, for whom a prostitute was not a woman of citizen status. Strabo 11.14.16 takes this passage as referring to the ritual prostitution of Lydian women of every status, like that attributed by H. to the Babylonians (1.199nn); the term δῆμος, however, may limit it in the Lydian context to the non-elite population. At 1.196.5 and 199 H. presents the νόμος of prostitution of Babylonian citizen women negatively, but here he does not express disapproval of the Lydian custom. For the terms πορνεύομαι and καταπορνεύω (1.94.1, 196.5), see Lydians § 6.8.   **συλλέγουσαι σφίσι φερνάς, ... τοῦτο ποιεῦσαι** 'raising dowries for themselves, doing this until they get married'. φερνή (from φέρω), a *hapax* in H., is 'that which is brought' by the bride. συνοικέω is the normal verb H. uses to indicate cohabitation in any sort of stable union (e.g. 1.37.3).   **ἐκδιδοῦσι δὲ αὐταὶ ἑωυτάς** 'they give themselves in marriage on their own'. The Lydian women's agency would be remarkable to a Greek audience, for whom marriage was a contract between the woman's (male) guardian and the bridegroom's family.

93.5 ἡ μὲν δὴ περίοδος ... δέκα: according to H., Alyattes' tomb was a very large mound. If we consider a plethron as = 29.6 m (97 ft), and a stade

= 177.6 m (582 ft), H. thought its circumference measured c. 1125 m (0.7 miles) and its diameter c. 385 m (0.24 miles). The large oval tumulus today called Alyattes' tomb is somewhat smaller (Lydians § 3; Asheri; Mellink 1991: 650–1). **λίμνη... Γυγαίη:** this lake, also called Coloe (now Marmara Gölü), is located c. 10 km (6.2 miles) from Sardis, just north of the necropolis of Bin Tepe. Strabo 13.4.7 suggests that it was man-made, but it was ancient: Homer calls it the 'mother' of the leaders of the Maeonians (ancient Lydians) in *Il.* 2.864. Its name probably predates that of Gyges, but it is likely to come from the same root (probably a cognate of the Luwian *huba* and the Lycian *kuga*, both meaning 'ancestor', Roosevelt 2009: 124). In the present context it provides, along with the huge Alyattes mound, another reminder of the hold that the Mermnad dynasty had on the imagination of the region. **τοῦτο μὲν δὴ τοιοῦτό ἐστι:** H.'s formula signals the end of the section on Alyattes' funeral monument (F.&T. § 3.3.2).

94.1 Λυδοὶ δὲ... καταπορνεύουσι: this sentence, extending the mandatory survey of Lydia, again expresses H.'s interest in articulating differences and similarities with Greece. Just as Lydia does not have many θώματα – except one (1.93.1), so its customs are similar to those of Greece – except one (a shocking one). In H.'s hands, ethnographies often provide a venue where the familiar can suddenly become strange and vice versa (e.g. 1.35.2n ἔστι δὲ παραπλησίη and, with other ἔθνεα added as well to the contrast, 1.74.5 and 2.167). **πρῶτοι... ἴδμεν... πρῶτοι:** H.'s customary interest in 'firsts and bests' (1.5.3n πρῶτον). **νόμισμα** 'coinage'; this is the first use of this term in extant Greek texts. Pollux 9.83 claims that Xenophanes too attributed the invention of coinage to the Lydians (fr. 4 West). The first Lydian coins were made of electrum, at the time of Alyattes (Lydians § 3.1; Konuk 2012: 48–9). H. links coinage with the ἔθνος, not the monarchy, and does not specify when it began. **κάπηλοι** 'retail traders'; perhaps a Lydian loanword. The stem is first found in Hipponax fr. 79.18 West as a verb (καπηλεύει; cf. the proverb Λυδὸς καπηλεύει, Lydians § 6.6). For the Greeks as retail traders, cf. below 1.153.1n χῶρος... ἀποδεδεγμένος. The complement of κάπηλος is ἔμπορος 'long-haul trader', like the Greek merchants in Egypt (2.39.2) or Themision of Thera (4.154.3). The term κάπηλος can be used with derogatory connotations (e.g. 'huckster'), at least from an aristocratic Greek point of view (Kurke 1999: 72–80); for a contemptuous application to the Persian king Darius, see 1.187.5nn; Persians § 9.1.

94.2 φασὶ δὲ αὐτοὶ Λυδοί: H.'s claim to be following a Lydian tradition is consistent with the fact that no other extant Greek source attributes the invention of games to the Lydians (1.94.3n τῶν κύβων). **τὰς παιγνίας τάς . . . κατεστεώσας** 'the customary games'. κατεστεώσας is the intransitive pf. part. of κατίστημι. **ἐξεύρημα:** ἐξευρ- is repeated five times in this chapter; inventions and devices are an index of σοφίη, which in common (Greek) opinion is a prominent Greek attribute (1.60.3). See also 1.25.2 and, with reference to the resourcefulness of foreign peoples, 1.202.1–2; 2.92.1; 4.46.2; 8.98.1. Lydian cleverness is underlined below by ἐπιμηχανᾶσθαι (1.94.3) and μηχανήσασθαι (1.94.6). For the notion of the inventor, the πρῶτος εὑρετής, see above, 1.5.3n πρῶτον. For discoveries by non-Greeks which the Greeks now use, see e.g. 1.171.4 (Carians); 2.4.2, 58, etc. (Egyptians). **ἅμα . . . Τυρσηνίην ἀποικίσαι** 'at the same time as they settled Tyrrhenia', i.e. Etruria. H. is the first exponent of the 'eastern theory' of the origin of the Etruscans (also see Plut. *Quaest. Rom.* 53 = *Mor.* 277D; Sil. *Pun.* 5.9–11; Tac. *Ann.* 4.55; it is not mentioned by Xanthus of Lydia). Dionysius of Halicarnassus (*Ant. Rom.* 1.28) argues against the tradition, saying that the Etruscans are an indigenous people.

94.3 ἐπὶ Ἄτυος τοῦ Μάνεω: i.e. in remote, pre-Heraclid times, when the Lydians were still called Maeonians (1.7.3nn). Manes is the oldest known ancestor of the Lydian kings. He had two sons, Atys and Kotys. Atys in turn had two sons, Lydus (under whom the Maeonians became Lydians) and Tyrrhenus, the hero of the story to come (Lydians § 6.2). In Carian legend, Lydus was the brother of two other founders of Anatolian peoples, Mysus and Car (1.171.6). **σιτοδείην:** droughts and famines figure in traditions about ancient Lydia; Nicolaus of Damascus mentions cases in the times of the first king Meles (*FGrHist* 90 F16), the usurper Spermes (F44.6), and the second king Meles (F45). See 1.84.3n τῆι οὐδὲ Μήλης. **ὡς οὐ παύεσθαι:** temporal clause with assimilated inf. in indirect discourse (S 2631; *CG* 41.23). **τῶν κύβων . . . πλὴν πεσσῶν** 'the forms of dice and knucklebones and of ball and of all the other games, except board pieces'. πεσσοί are circular tokens used in a board game that sometimes included the throw of dice (κύβοι). Sophocles fr. 479 R says that Palamedes invented both πεσσοί and κύβοι to distract the Greeks from hunger. Gorgias DK 82 B11a30 attributes the πεσσοί to Palamedes together with a number of other inventions (the military art, writing, etc.). Plato's Socrates attributes a similar list of inventions, including πεσσοί and κύβοι, to the Egyptian god Theuth (*Phdr.* 274c5–d2). Athenaeus 1.19a criticizes H., saying that Homer had already represented ball games and knucklebones in the Age of Heroes, which is earlier than the reign of Atys; cf. Kurke 1999: 248–301 for the practicalities and cultural symbolism of these games.

94.5 ἀνιέναι ... βιάζεσθαι 'did not let up, but all the more kept raging on'; more assimilated infinitives in a subordinate clause in indirect discourse, as are ἀπικέσθαι and ἐνιδρύσασθαι below (1.94.6).   **βασιλέα ... διελόντα ... κληρῶσαι** 'their king, having divided all the Lydians into two parts, assigned by lot'; διελόντα is the aor. part. of διαιρέω. Here H. represents an archaic king positively, as saving his culture, and describes this Lydian migration in terms that recall early traditions of Greek colonizing expeditions (ἀποικίαι); cf. the drawing of the lots for the Theran colonization of Cyrene (4.151–3). These ancient Lydians are quite different from the Lydians of Mermnad times as H. represents them in the preceding chapter. They are a dynamic and hardy community who survive with intelligent resourcefulness (Lydians § 6.9–10). On 'hard' and 'soft' cultures in general, see 1.71.2n σκυτίνας; Lydians § 6.5; F.&T. § 2.2n16.   **Τυρσηνόν:** Strabo 5.2.2 reports the same tradition, except that he confuses the Atyadae with the Heraclidae. Dionysius of Halicarnassus *Ant. Rom.* 1.28.2, 30.1 says that according to Xanthus of Lydia the second son of Atys was called Torrhebus, not Tyrrhenus, and that he never left home.

94.6 λαχόντας ... καταβῆναι 'chosen by lot, the one group of them ... came down'; λαχόντας is the aor. part. of λαγχάνειν (S 1752). For 'coming down' from inland to coast, see 1.60.3n ἐπὶ τῆι κατόδωι.   **ὅσα σφι ἦν χρηστὰ ἐπίπλοα** 'as many things as were to them embarkable goods'. The wording anticipates that of 1.164.3: these colonists to Tyrrhenia face painful alternatives similar to those of the later Phocaeans and Teans, who migrate at the time of Cyrus' conquest of Ionia (1.164–8). Dislocations of whole populations are one of H.'s abiding interests (Friedman 2006).   **ἐς Ὀμβρικούς** 'to the Umbrians', i.e. to Etruria.

94.7 μετονομασθῆναι: for other significant changes of name, see 1.7.3, 57.2n καὶ ὅσα ἄλλα.   **Λυδοὶ ... ἐδεδούλωντο:** this third and definitive conclusion of the Croesus narrative (1.92–4n) underlines the tragic heritage Croesus has bequeathed to his people. The plot in the last three books of the *Histories* will turn on whether the Greeks of the mainland will share the fate that becomes the lot of the Lydians and the East Greeks by the end of Book 1. The whole sentence is a summary that returns us to the Lydians in Asia and establishes a striking contrast between them and those Lydians who had escaped enslavement by migrating to Etruria. The pluperfect indicates that the action had already taken place at the end of the previous narrative, and it emphasizes the result ('the Lydians were now enslaved'). For δουλόω, see 1.27.4n τοὺς σὺ δουλώσας ἔχεις.

95–216 CYRUS KING OF PERSIA

H. has fulfilled the promise made at 1.5.3 to tell the story of Croesus, the first man who acted unjustly against the Greeks, by forcing the East Greeks to pay tribute to him. He now turns to the next topics of the investigation: Cyrus, the man who conquered Croesus, and 'the way in which the Persians came to dominate Asia'.

95–106 THE GROWTH OF MEDIAN POWER: DEIOCES AND HIS SUCCESSORS

As in the Croesus story, H. begins with analepsis, the prehistory of his main character's accession to the throne; the account of Cyrus' origins focuses on questions of justice and the nature of an Eastern monarchy/tyranny. 1.95–106 describes how the Medes became independent of the Assyrians and how the Median monarchy was founded and developed (Panaino 2003). As at 1.5, H. carefully articulates the role of his own judgement as a selector and recorder of stories. He emphasizes his interest in fact rather than legend, since here he chooses to record (γράψω) the version of the Cyrus story told by those who intend to be accurate rather than to glorify Cyrus (σεμνοῦν). He has moved from the amiable Lydian philohellene Croesus to the harsher and more systematically imperialist Medes and Persians who defeated him.

In terms of the available extant evidence, the account of Deioces as first king of the Medes is not historically accurate but appears to be based on Median or Zagros traditions, perhaps embellished and elaborated by influential Medes in Achaemenid times and adapted by H. to his thematic concerns. For ancient evidence and modern opinions on whether there was a Median state, see *Persians* §§ 1–1.3. In the *Histories*, the Median account serves two immediate purposes. Most importantly it is an extended background gloss that contributes to H.'s exploration of 'who Cyrus was'; it attempts retrospectively to explain certain features of Persian kingship by connecting them to an earlier Median origin. Secondly, the story of Deioces explores the origin of a monarchical power *ex nihilo* and the role that the people to be governed play in the decision to hand control over to an autocratic government. Paradoxically, a political decision based on the Medes' need for justice ends up destroying their freedom and handing over power to an absolute monarch. The section begins a long narrative arc tracing the growth of a monarchical system of government that will in the second half of the *Histories* threaten the ἐλευθερίη of the Greeks and their very different way of life.

Onto his Near Eastern material H. has grafted a theoretical reconstruction that is greatly indebted to fifth-century sophistic theorizing. The Deioces episode has been compared to the equally abstract Constitutional Debate at H.'s Book 3.80–3, to Protagoras' myth of the origin of political society in Plato's *Protagoras* 320c–322d, to the fragmentary Anonymus Iamblichi 7.10–17, and to the fragmentary *Sisyphus* by Critias. For the combination of historical, Orientalizing, literary, and philosophical elements in this passage, see esp. Meier et al. 2004; Thomas 2012: 244–52; Provencal 2015: 62–5.

95.1 ἐπιδίζηται δὲ δή ... φῆναι: this programmatic sentence introduces the account of Cyrus' antecedents, birth, and growth into power that will be concluded when he has conquered Media and become king (1.130). It also begins the Cyrus narrative as a whole, which will end at 1.214.5, after Cyrus' death. δὲ δή (responding to μὲν δή in the previous sentence) emphasizes the formal transition. **ἐπιδίζηται ... ὁ λόγος** 'the narrative seeks out'. As in the introduction to the Croesus narrative, H. begins by setting aside other possible topics (cf. 1.5.3n οὐκ ἔρχομαι ἐρέων). The λόγος is the focus here and appears to have its own momentum, moving on as it does to the next topic that needs to be addressed, the identity of Cyrus, the conqueror of Croesus (F.&T. §§ 3.1, 3.3.2). At 4.30.1 also, H. states that the λόγος itself 'seeks out' its next focus. **ἡμῖν** 'for us'; the plural pronoun conveys the possibility of including the recipients of the narrative as well as the narrator, emphasizing the *Histories* as a joint enterprise (S 1476, 1481). **Κῦρον ὅστις ἐών ... ἡγήσαντο** 'Cyrus, who he was, who destroyed ... and the Persians, in what way they came to dominate'. ἐών = Att. ὤν. 'Cyrus' and 'the Persians' are both direct objects of ἐπιδίζηται; the grammatical prolepsis emphasizes Cyrus and the Persians as the central topics of discussion (S 2182; *CG* 60.37). Indirect questions follow in which they figure as subjects. The first interrogative idea is carried by a participle (1.35.3n; S 2147.d; 'Cyrus, being who, destroyed ...'). The historical narrative down to 1.91 has mainly focused on the causes of Croesus' defeat; now it will focus on the details of Cyrus' upbringing and remarkable career (Persians §§ 3–4.1). **οἱ μὴ βουλόμενοι** 'those who do not want'. μή is generalizing (S 2734). **σεμνοῦν** 'magnify', with the implication of falsity (cf. 3.16.7; 7.6.4). Later H. refers to the development of a hagiographic legend about Cyrus designed by his family to encourage the perception that he belonged almost to a different order of beings (1.122.3n παραλαβόντες τὸ οὔνομα), but the Persian sources H. trusts (only some among many, μετεξέτεροι) did not indulge in such stories. For H.'s presentation of the problems of sifting fiction from fact in the Cyrus story as a whole, see Chiasson 2012. **τὸν ἐόντα λέγειν λόγον** 'to tell the λόγος that is (real)'. This expression is often translated as 'the true story', but 'honest account' may often be more precise, because for H. a statement we might call 'factual' largely still falls in the sphere of fallible human opinion (cf. 1.116.5n τὸν ἐόντα λόγον). The slight hyperbaton of λόγον gives it emphasis here. H. also uses τὸ ἐόν as 'the real'; cf. 1.30.3n τῶι ἐόντι χρησάμενος, Solon's frank answer to Croesus; 1.97.1n τὰς δίκας . . . κατὰ τὸ ἐόν; F.&T. § 3.2; cf. Darbo-Peschanski 2013 [2007]: 91–4. **κατὰ ταῦτα γράψω** 'according to these things, I shall write'. H. more often 'speaks' his texts; he uses 'write' when he emphasizes that he is recording, setting down something specific he has been told (cf. 1.5.3n οὐκ ἔρχομαι ἐρέων). **ἐπιστάμενος** 'although I know', asserting H.'s possession of information. ἐπίσταμαι can, however, signify strength of conviction rather than knowledge *per se* (1.3.1n ἐπιστάμενον πάντως; 96.2). For H.'s overall presentation of his own knowledge, see F.&T. § 3. **τριφασίας ἄλλας λόγων ὁδούς** 'three other paths of stories'. The idea of the *logos* as an ongoing 'route', one that H. can choose either to follow or suddenly to change, is basic for H.'s sense of his own editorial function (1.5.3n προβήσομαι, 95.1n ἐπιδίζηται, 117.2n). For other Greek versions of Cyrus' early life, see Persians § 3n9.

95.2 Ἀσσυρίων ἀρχόντων . . . Ἀσίης: 'upper Asia', i.e. east of the River Halys, lies furthest from the sea from the Greek viewpoint (1.72–3nn, 103.2). H. knows things about Assyrians that he does not include in the *Histories*; see 1.106.2n ὡς . . . δηλώσω. For a sketch of early Assyrian history, see Mesop. §§ 2.1–2. **ἐπ' ἔτεα εἴκοσι καὶ πεντακόσια:** H. probably dates the beginning of the Assyrian Empire to c. 1220 by adding 520 years to 700, which he regards as the beginning of the reign of Deioces, the king of an independent Media. In H.'s chronology, the 520 years of Assyrian domination, beginning with Ninus the founder of Nineveh according to the Greek tradition, are roughly contemporary with the 505 years of the Heraclid dynasty in Lydia, one of whose ancestors is that same Ninus (1.7.2n Νίνου). The subsequent Median Empire corresponds to the Mermnad period in Lydia (Vannicelli 2001b). See Persians § 1.1 and n1 for problems with H.'s dating of Deioces and subsequent Median kings. **πρῶτοι . . . ἀπίστασθαι:** H. implies that a Median revolt in the late eighth century was the first in a series of defections that led to an Assyrian decline by the late seventh century. This is not, however, corroborated by the Near Eastern records. The Assyrians established provincial control over the Medes and other populations of the Zagros from the eighth century; nothing resembling an organized Median rebellion seems to have occurred until late in the seventh century (Persians

§ 1.3; Mesop. § 2.3).   κως 'somehow'. Several times in this section H. emphasizes that he does not know all the details: μᾶλλόν τι (1.96.2, 98.4), ὡς δ' ἐγὼ δοκέω (97.2), κηι (98.1), κού τι (98.4), μάλιστά κηι (98.5); F.&T. § 3.2.   ἐλευθερίης . . . τὴν δουλοσύνην ἐλευθερώθησαν: freedom, whether from external domination or internal autocracy, is a fundamental theme for H. which will emerge in full force in the story of how the Greeks struggled to protect their autonomy, in Books 5 through 9. H. represents freedom as a complex cross-cultural value, defined somewhat differently by different peoples; he notices that certain societies have greater experience of it and that some people are more committed to it than others (1.62.1, 169; 2.147.2; 3.143.2; 6.11–12; 7.135.3 and F.&T. § 2.1; Persians § 9.1).   ἄνδρες ἀγαθοί: the term ἀνὴρ ἀγαθός, when used of Greeks, often signifies 'valiant freedom fighter' (1.169.1; 5.2.1, 109.3; 6.14.1 and 3, 114, 117.2; 9.17.4, 71.1 and 3).   τὠυτὸ τοῖσι Μήδοισι 'the same as the Medes'; ὁ αὐτός takes the dat. (S 1500; CG 30.40). For known details about the disintegration of the Neo-Assyrian Empire, see Mesop. § 2.3.

96.1 ἐόντων . . . ὧδε . . . περιῆλθον 'while they were all independently governed throughout the continent (Asia), they reverted again to tyranny in the following way'. The subject of the initial gen. absolute is the same as that of the main clause, which puts emphasis on the idea expressed in the genitive (S 2073; CG 52.32n1). On prospective introductions of this type, see F.&T. § 3.3.2. Greek sophistic notions of synoecism and nation-building seem to influence H.'s Median narrative here. Extant Near Eastern records suggest that a much more complicated and gradual process took place among the tribes in the foothills of the Zagros Mountains (Persians § 1.3).   αὐτονόμων 'independent' from foreign domination and free to govern themselves with their own νόμοι. αὐτόνομος appears only one other time in H., in Xerxes' offer, reported by Mardonius, of autonomy (8.140.α.2) and freedom (8.140.α.4) to the Athenians. Elsewhere αὐτονομία and related terms occur in literary sources and documents largely with reference to fifth-century Greek inter-state relations; Ostwald 1982: 9–14; Figueira 1990.   αὖτις ἐς τυραννίδα περιῆλθον: by stating that the Medes gained their freedom by rebelling against the Assyrians but lost it again when they gave themselves a τύραννος, H. establishes an equivalence between enslavement to a foreign power and powerlessness under one's own autocratic government. Terms of the τύραννος family are applied again to the Median kingship at 1.109.4, to the Lydian kingship (1.6.1, 14.1, Lydians § 4.1) and to the monarchy of Persia (3.80.4; 6.81.1).   σοφός 'clever, sharp'. Cf. 1.30.2 σοφίης τῆς σῆς; 3.85.1; 8.110.1.

96.2 οὗτος . . . ἐποίεε τοιάδε: deictic pronoun introducing clever action (1.21.1n μηχανᾶται τοιάδε). The asyndeton emphasizes the beginning of a self-contained narrative, and the imperfect expresses repeated or customary action, like ἤσκεε and ἐποίεε in the following sentence (S 1893; *CG* 33.24). **ἐρασθεὶς τυραννίδος:** another indication of the connection between ἔρως and power, as in the story of Candaules (1.8.1n ἠράσθη). Cf. οἷα μνώμενος just below and 3.53.4; 5.32. **ἐν τῆι ἑωυτοῦ . . . ἤσκεε** 'being distinguished in his own (town) even earlier, all the more, and more enthusiastically, applying himself to justice, he made it a practice'. **καὶ . . . μέντοι** introduces a lively addition (Denniston 413–14). **ἀνομίης** 'lawlessness'; a key word in this narrative (1.97.2 and 3n). **ἐπιστάμενος:** used here of a conviction or belief about an abstract truth (1.3.1n ἐπιστάμενον πάντως). **τῶι δικαίωι τὸ ἄδικον πολέμιόν ἐστι:** pres. indicative in historic sequence, because it is a saying that continues to be true in H.'s time (*CG* 41.14). Its phrasing may hint at concepts familiar in the Iranian world; cf. the claim on Darius' tomb at Naqsh-i Rustam that he is 'a friend to what is right . . . no friend to what is wrong' (Kuhrt 2007: 503–4 § 2a; Persians § 7.3). The root δικ- in its various meanings (justice, jurisdiction, lawsuit, judgement, verdict, sentence) occurs 12 times at 1.96–7, suggesting an approximate pun on the name Δηιόκης and its significance for the episode as a whole. **οἷα μνώμενος ἀρχήν** 'inasmuch as he was courting royal power'; οἷα emphasizes the speaker or writer's assertion of the participle's causal force (S 2085; *CG* 52.39). The metaphor of wooing (cf. ἐρασθεὶς τυραννίδος above) is not a far-fetched one; throughout the *Histories*, marriage alliances, both Greek and Eastern, are closely connected with issues of dynastic power (1.60.2, 61.1–2, Megacles; 1.205.1, Cyrus; 5.32, Pausanias; 3.68.3, the Magus usurper; 3.88.2–3, Darius).

96.3 πρὸς τῶν πολιητέων = Att. πολιτῶν, 'in the eyes of his fellow citizens'. H. also calls members of a non-Greek society 'citizens' at 1.37.3, 186.4; cf. 1.120.5. **οὕτω ὥστε . . . ἄσμενοι ἐφοίτων . . . καὶ αὐτοὶ δικασόμενοι** 'so much so that . . . gladly they themselves too used to go to Deioces to receive judgements', actual result clause (S 2274; *CG* 46.4). **πυνθανόμενοι . . . ὡς . . . εἴη . . . δικάζων:** a verb of knowledge or perception can take an indirect discourse construction with ὡς (S 2592.c), suggesting that the information is new and salient (*CG* 52.28). **πρότερον περιπίπτοντες** 'while previously they kept falling into' with dat. The part. represents an impf. tense (S 1872.a.1; *CG* 52.5).

97.1 πλέονος . . . ἐπιφοιτῶντος 'since the visitors were becoming ever greater in number', with a generalizing collective singular (S 996); cf.

1.86.5 ἅπαν τὸ ἀνθρώπινον. οἷα πυνθανομένων 'inasmuch as they kept hearing'. τὰς δίκας . . . κατὰ τὸ ἐόν 'that lawsuits came out according to "what is" (i.e. based on fact)'. One of H.'s most important goals as an investigator is to come as close as possible to accuracy. Deioces' devotion to truth, however, appears from what follows to be a transactional one. γνοὺς . . . ἐς ἑωυτὸν πᾶν ἀνακείμενον 'knowing that everything was being referred to him'. The situation is being focalized through Deioces and emphasizes his thinking and intentions, just as many of the earlier Lydian narratives were focalized through the thinking of Croesus. οὔτ' ἔφη δικᾶν ἔτι 'he said he would no longer give judgements'. δικᾶν = Att. δικάσειν, fut. inf. of δικάζω. οὐ γάρ οἱ λυσιτελέειν . . . δικάζειν 'for it was not advantageous to him (self) to hear cases all day for his neighbors, when he had neglected his own affairs'.

97.2 ὧν: particle marking resumption of the account of Median lawlessness, after the brief focalization through Deioces (Denniston 428.III.4). ἀνομίης: the Deioces story asks a question: should one give away one's freedom in the desire for an authority that checks lawlessness? (Cf. 1.96.2; ἀνομίη is repeated once more in this passage: 1.97.3n εὐνομήσεται . . . ἀνομίης.) συνελέχθησαν . . . ἐς τὠυτὸ καὶ ἐδίδοσαν σφίσι λόγον 'they gathered together into the same place and took counsel with themselves'. Cf. 1.34.3n for the idiom λόγον ἑωυτῶι διδόναι and 1.13.1, where συνέβησαν ἐς τὠυτό is used metaphorically in a similar context of regime change. Hagmatana (mod. Hamadan), the Iranian city that H. calls Agbatana (1.98.3n), meant something like 'meeting place'. περὶ τῶν κατηκόντων 'concerning the present circumstances'. ὡς δ' ἐγὼ δοκέω: H. distinguishes his own speculations about motives from what the *logos* itself says, but his authorial interjection also highlights the vividness of the scene as he reconstructs it: because Deioces' friends did most of the talking, a democratic discussion leads to autocracy. Larger connections between democracy and autocracy posed as a theoretical generalization are implied (1.97.3n εὐνομήσεται).

97.3 οὐ γὰρ δή . . . δυνατοί εἰμεν 'since we are certainly not capable, at any rate', with οὐ γὰρ δή ruling out an alternative possibility (Denniston 243.2). φέρε 'Come!' a frequent idiom in H. (Powell 372.II.4), followed by pl. hortatory subjunctive (S 1010, 1797.a; *CG* 38.27). εὐνομήσεται . . . ἀνομίης: unlike the Spartans (1.65.2n μετέβαλον), the Medes will not be able to reconcile αὐτονομίη (1.96.1n) with εὐνομίη. The connection (or the tension) between tyranny and an orderly society is explored in the Constitutional Debate that took place, H. says, before the beginning of Darius' reign (3.80–4; Pelling 2002).

There the problem is presented as a sophistic disputation among Persian noblemen; Darius puts forward his idea of how democracy leads to the rule of a single man. Here (1.97.3) the connection is expressed through an aetiological story that sets out the beginnings of Medo-Persian autocratic rule.

98.1 ταῦτά κηι λέγοντες 'saying something of this sort', H.'s admission of some uncertainty (1.1.3n πέμπτηι). **πείθουσι ἑωυτοὺς βασιλεύεσθαι** 'they persuade themselves to be ruled by a king'. For a people's desire to be ruled, see also 1.62.1 (Athenians); 2.147.2 (Egyptians); 3.143.2 (Samians). **προβαλλομένων ... προβαλλόμενος ... αἰνεόμενος ... καταινέουσι** 'as they were proposing the one whom they were going to set up as king, Deioces was by every man being much proposed and approved, until the time when they ratified that he be their king'. The first participle is middle, while the other two are passive. The play between active and passive again underlines the paradoxical undercurrent of the whole passage: although acting in their own interest, the Medes choose to hand over their freedom to a monarch. Cf. the behavior of the Athenian δῆμος, choosing to hand over power to Pisistratus (1.59.5n ἐξαπατηθείς).

98.2 δορυφόροισι: bodyguards are a conspicuous part of the Great King's retinue later (3.139.2; 5.12.3, etc.), and they figure in the story of the games of the young Cyrus (1.114.2, 116.4, 117.1, 120.2). They also accompany the rise of Pisistratus (1.59.5) and other Greek tyrants (5.92η3; 7.154.1). **ποιεῦσι δή:** dramatic asyndeton. By breaking the action down into request and execution, H. lays emphasis on what Deioces intends and accomplishes. **ἵνα ... τῆς χώρης** 'where in the region', chorographic gen. (S 1311; CG 30.29).

98.3 ἠνάγκασε: arbitrary coercion is one sign of monarchical power (1.11.3n ἀναγκαίηι, 1.86.4n ἠναγκάζετο). Cf. the general critique of monarchy made by Otanes (3.80.3–5). **ἓν πόλισμα ... ἐπιμέλεσθαι** 'make one single city and, while maintaining this one, care less about the others'. The Medes have so far lived κατὰ κώμας (1.96.2), but the advent of the kingship brings about the creation of a center of power. **Ἀγβάτανα:** H. prefers this form (1.110.2, 153.3; 3.64.4, 92.1) to the more common Greek form Ἐγβάτανα. The city is mentioned for the first time in the Nabonidus Chronicle in the time of Astyages (Persians § 7.2). Ctesias F1b (13.5–8) Lenfant presupposes the existence of Ecbatana since the time of the ninth-century Assyrian queen Semiramis (1.184n), while the Book of Judith (1.1–4) attributes its foundation to a Median king, Arphaxad (Harpagus). It was later the summer palace of the Persian Achaemenidae. The ancient city lies in the foothills of the Zagros Mountains, southwest of the Caspian Sea, very likely under modern Hamadan, on an important trade route that went through Kermanshah down to the Mesopotamian plain. Archaeological excavations have not so far identified much from the Median level of this site (Persians § 1.3).   ἕτερον ἑτέρωι κύκλωι ἐνεστεῶτα 'each (ring of walls) standing inside another ring'; in apposition to τείχεα, which means both 'walls' and 'fortified city'.

98.4 μεμηχάνηται: H. highlights clever intelligence of the sort that could fashion such a building, as part of ἔργα μεγάλα τε καὶ θωμαστά (1.0n ἔργα; Immerwahr 1960).   ὁ ἕτερος ... ὑψηλότερος 'each (ring of walls) is taller than the next by (the height of) the battlements alone'. προμαχεῶσι is a dat. of measure of difference (S 1513; CG 30.54).   τὸ μέν κού τι καὶ τὸ χωρίον συμμαχέει ... ὥστε ... εἶναι 'on the one hand, to some degree the terrain, being a hill, cooperates (with the architecture) so as to be this way' (natural result, S 2258). Ecbatana sits on a peak, with each ring of its concentric walls built further up the slope.   τὸ δὲ ... ἐπετηδεύθη 'but it was also rather carefully fashioned'; μᾶλλόν τι again leaves some details uncertain (1.95.2n κως).

98.5 ἑπτά: a conventional or symbolic number (1.86.1n ἄρξαντα, 98.6n φαρμάκοισι).   κατὰ τὸν Ἀθηνέων ... τὸ μέγαθος 'about comparable to the ring-wall of Athens in size'. This gloss relates what H.'s audience is familiar with and refers to the realities of empire in his time (Life §§ 4–5). The walls of Athens, rebuilt after the Persian Wars under the energetic sponsorship of Themistocles, represented a major symbol of its hegemonic status. The distance is almost 9 km (5.6 miles); see Thuc. 1.89.3–93.2 and 2.13.7 for measurements. By κύκλον H. must mean only the city's perimeter, not counting the Long Walls and the Piraeus-Munychia fortifications.   μάλιστά κηι 'more or less'.   λευκοί, ... μέλανες, ... φοινίκεοι, ... κυάνεοι, ... σανδαράκινοι: colors, approximately white, black, purple, blue, orange. The image of the citadel's colored battlements may not reflect seventh-century Median realities; H.'s description does not match that of other Greek accounts (Polyb. 10.27–31; Diod. Sic. 17.110.7, Joseph. AJ 10 264–5) or the beginning of the Book of Judith (1.2–4).

98.6 ἠνθισμένοι 'colorfully adorned', metaphorically from ἀνθίζω 'deck with flowers'.   φαρμάκοισι 'with paints'; φάρμακον can mean either 'drug' or 'pigment', as a prepared mixture of ingredients. The technique of glazing bricks with different colors was widespread in Mesopotamia in the third millennium. Seven colors might have been employed by the Babylonians (and then by the Medes and Persians) for royal palaces and temples, on the model of the Mesopotamian ziggurat and theories of sacred numbers and colors, perhaps with reference to Chaldean astrology and the seven Mesopotamian planetary divinities (1.86.1n ἄρξαντα, 181.5n νηός; Asheri on 1.98.3). **καταγυρωμένους . . . κατακεχρυσωμένους:** the hyperbaton gives these last two inner walls additional emphasis.

99.1 κόσμον 'protocol' here, but it also refers to the new, broader imposed 'order' (1.100.1 διεκόσμησε, 100.2 ἐκεκοσμέατο). H. uses the same term to denote the Spartan constitution (1.65.4n οἱ μὲν . . . κόσμον Σπαρτιήτῃσι). **πρῶτος . . . ὁ καταστησάμενος:** for the importance of 'firsts' in H., see 1.5.3n πρῶτον. According to H., the Medes invented the elaborate court etiquette which the Persians later adopted; it may have rather derived from the Assyrians or the Elamites (Persians §§ 2–2.1; Kuhrt 1995: 653). See Strabo 11.13.9 for Persian borrowings from the Medes. **μήτε . . . μηδένα . . . μηδενός . . . αἰσχρόν:** the series of negatives signals the tightening of the new king's control. According to Xen. *Cyr.* 1.2.16, the Persians disapproved of public spitting and other bodily functions; Cyrus also trained his companions not to spit or wipe their noses in public (*Cyr.* 8.1.42). **βασιλέα:** without the definite article, this becomes almost a technical expression for the Persian king (short for βασιλεὺς ὁ μέγας: 1.188.1n βασιλεύς; Persians § 4n11). **δι' ἀγγέλων δὲ πάντα χρᾶσθαι** 'but in everything deal (with him) through messengers'. **πρός τε τούτοισι . . . τοῦτό γε αἰσχρόν** 'and in addition to these things, further, both to laugh and to spit in (his) presence, even for everybody – this was indeed shameful'. γε is intensive rather than limiting (Denniston 115); καὶ ἅπασι 'even for everybody' implies that not even intimates (such as οἱ ὁμήλικες in the next sentence) are allowed to behave informally before the king. These interdictions somewhat anticipate those in the Persian ethnography (1.138–9), except that here they focus on the king himself. Cf. Cyrus' youthful sense of kingly dignity at 1.114–15.

99.2 ἐσέμνυνε: cf. 1.95.1n σεμνοῦν, where H. says that he is not interested in reporting stories that represent Cyrus as some sort of superior being; here he points out that Deioces constructs and promotes his own superiority, ἀνδραγαθίη. **ὅκως ἂν μὴ . . . λυπεοίατο καὶ ἐπιβουλεύοιεν . . . ἀλλ' . . . δοκέοι** 'so that that they might not, when seeing him, be resentful and plot . . . but so that he would seem different in nature'. **μὴ ὁρῶσι** 'if they were not to see him'; ὁρῶσι is a conditional circumstantial part. with μή (S 2728; *CG* 52.40). For the inaccessibility of Eastern rulers, according to Greek sources and Persian iconography, see Allen 2005b.

100.1 τὸ δίκαιον φυλάσσων χαλεπός 'harsh in guarding justice'. **δίκας γράφοντες:** the use of writing increases the distance between plaintiff and judge. Steiner 1994: 130 discusses writing as crafty, depicted by H. as an instrument of tyranny.

100.2 ἐκεκοσμέατό οἱ: ἐκεκοσμέατο = Att. ἐκεκόσμηντο; οἱ is a dat. of agent with the plpf. (S 1488; *CG* 30.50, 33.40). The verb is plural with a neuter plural subject, emphasizing that the subject has several distinct parts (S 959; *CG* 27.2). H. continues the theme of a newly imposed order or protocol (1.99.1n κόσμον). **ὅκως μεταπέμψαιτο** 'when he had sent for him'; past general temporal clause (S 2414; *CG* 40.9.4). **κατ' ἀξίην ἑκάστου ἀδικήματος ἐδικαίου** 'he would punish according to the value of each wrongdoing', apodosis of a past general condition (S 2340; *CG* 49.13). For δικ- in its various meanings, see 1.96.2n τῶι δικαίωι. **κατάσκοποί τε καὶ κατήκοοι** 'eyes and ears', i.e. 'spies'. Everywhere else in H. κατήκοος means 'subject', i.e. 'one who hears to obey' (e.g. 1.72.1, 143.1); here, however, it has its root meaning 'one who listens'. The king remains invisible to the people, but they cannot hide from him. Once again, this may be either a Greek reconstruction of the Median system on the basis of what they knew about Persians (1.114.2n τὸν δέ κου . . . ὀφθαλμὸν βασιλέος; Xen. *Cyr.* 8.2.10), or an account derived from Persian traditions about the Medes.

101 συνέστρεψε μοῦνον 'brought together as one'. **γένεα:** the list of tribes H. gives is questionable, because few of these names appear in the Akkadian documents most likely to mention them (Diakonoff 1985: 74–5). Only H. calls the Magoi a Median tribe; other Greek texts call them experts in religion and/or oral traditions (cf. 1.107–8, 132.3n μάγος, 140.2). They are found in religious administrative contexts in Persian texts and cuneiform documents (Asheri on 1.140.2). **ἔστι δὲ Μήδων τοσάδε . . . γένεα μὲν δὴ Μήδων ἐστὶ τοσάδε:** H.'s typical narrative frame (F.&T. § 3.3.2). The deictic pronouns signifying a prospective introduction and a retrospective conclusion here, very unusually, are separated from each other only by a short list of tribal names.

102–6 DEIOCES' IMMEDIATE DESCENDANTS AND THE INVASION OF THE SCYTHIANS

As at 1.15–25, H. uses an abbreviated, chronicle-style dynastic narrative that emphasizes military aggression and conquest and quickly bridges the chronological gap between the founder of a dynasty and the next members of it who are significant for the narrative. The narrative of 1.102–6 accounts for the descendants of Deioces, in H.'s eyes the founder of Median power, down to the reign of his great-grandson, Astyages, Cyrus' grandfather (1.107). See Persians § 1.1 and Kuhrt 2007: 19–34 for the extant Near Eastern evidence concerning seventh- and early sixth-century Media, and Asheri 1.95–106 for a survey of the chronological problems entailed in H.'s narrative. We do not know the sources of H.'s information: 'Nothing in [Assyrian] accounts from the seventh century testifies to the development of a large, unified Median state' (Kuhrt 1995: 654).

102.1 Δηιόκεω ... βασιλεύσαντος τρία καὶ πεντήκοντα ἔτεα: Deioces would have reigned 700–647 according to H.'s reckoning, as an approximate contemporary of Gyges of Lydia (1.95.2n ἐπ' ἔτεα εἴκοσι καὶ πεντακόσια; Persians §§ 1.1–1.2, for the chronology of the Median kings). For the transition between kings' reigns, H. employs his usual formulae (1.14.4–16.1, 25.1). **Φραόρτης:** this Phraortes cannot be identified with the Kashtaritu who figures in the Assyrian oracle requests of Esarhaddon (681–669), if H.'s dates for him are kept (647–625; Kuhrt 2007: 20, 27–8; cf. Asheri on 1.95–106 for suggested solutions). **οὐκ ἀπεχρᾶτο** 'was not satisfied', with complementary inf. **ἐπὶ τοὺς Πέρσας:** according to H.'s account, Phraortes would have entered the Zagros Mountains as far as Anshan and Parsumash. In the seventh century Anshan was controlled by what was apparently a Persian ruling family (1.107.2n Πέρσηι ... Καμβύσης); the extant Near Eastern evidence does not mention a Persia controlled by the Medes (Kuhrt 2007: 48).

102.2 κατεστρέφετο 'went on to subjugate', impf. as developing, in process (S 1900; CG 33.52). The complete domination of Asia east of the Halys is the work of Phraortes' son, Cyaxares (1.103.2). **ἀπ' ἄλλου ἐπ' ἄλλο ἰὼν ἔθνος:** according to H. the Medes here establish the distinctive pattern found in later Persian imperial rule (1.177n πᾶν ἔθνος); cf. H.'s description of how Medes and Persians distribute respect and maintain control over conquered peoples (1.134.3n). **στρατευσάμενος ἐπὶ τοὺς Ἀσσυρίους καὶ ... τούτους οἳ ... ἐπὶ τούτους δὴ στρατευσάμενος** 'having campaigned against the Assyrians and (in particular) those of the Assyrians who ...; having campaigned against these, then ...' καί corrects and specifies (S 2869); a chiasmus is formed by the repetition of the participle. δή is resumptive after the demonstrative (Denniston 226.1.13.ii). **Νίνον:** Nineveh, one of the great cities of the Neo-Assyrian Empire, lay on the east bank of the Tigris (opposite modern Mosul in Iraq). It possessed a royal palace from the eleventh century and was made the capital of Assyria in the reign of Sennacherib (704–681; Mesop. §§ 2.2–3, 3–3.3); it remained prosperous until at least the end of the reign of Ashurbanipal (c. 627). According to Greek tradition, Ninus the city (f.) was founded by its (m.) eponym, Ninus (1.7.2n Νίνου τοῦ

Βήλου). H. subdivides Assyria into 'the Assyrians who held Ninus' and 'the Babylonian part' (1.106.2n πλὴν τῆς Βαβυλωνίης μοίρης; Mesop. §§ 1, 3.2).   τότε δὲ . . . εὖ ἥκοντες 'but then they had been left isolated because their allies had revolted – otherwise, however, doing well for themselves'. εὖ ἥκω with gen. as at 1.30.4n τοῦ βίου. See 1.95.2n πρῶτοι for the beginning of Assyrian loss of control over subject nations, starting with the Medes.

103.1 Κυαξάρης: Cyaxares is the Umakishtar of the Babylonian Chronicle (Kuhrt 2007: 21, 30–1) and the first king of what is possibly a tribal confederacy, or (less likely) a unified nation of Medes, attested in the Eastern records. According to H., he reigned 625–585. His importance in subsequent Median tradition is evident from the pivotal military role H. attributes to him (Persians § 1), and is confirmed by the Behistun/Bisitun Inscription where two rebels against Darius, one a Mede named Fravartish (Phraortes), claim to be his descendants (Kuhrt 2007: 144–6 and nn45, 66, 69). On the difficulties of reconciling H.'s account with other ancient evidence for Cyaxares' reign, see 1.106.1n.   **πρῶτος . . . πρῶτος:** for H.'s focus on 'firsts and bests', especially when they involve clever innovations, see 1.5.3n πρῶτον, 6.2n.   **ἐλόχισε κατὰ τέλεα** 'arranged them in contingents according to regiments'. Regional army units probably continued to provide the basic divisions, as in the later Persian army (7.61–87).   **διέταξε χωρὶς ἑκάστους εἶναι** 'distributed each (kind of warrior) to be separate', i.e. those with different functions (spear-bearers, archers, cavalry). εἶναι is an inf. of purpose (S 2009; *CG* 51.16).

103.2 οὗτος ὁ τοῖσι . . . ἐγένετο 'he is the one who fought against the Lydians when day became night', a back-reference to the eclipse of c. 585 mentioned earlier (1.74.2n συνήνεικε). The Median war against Lydia is the last event of Cyaxares' reign that H. records.   **ὁ . . . συστήσας** 'the one gathering together'; aor. part. of συνίστημι.   **τὴν Ἅλυος . . . πᾶσαν** 'all of Asia beyond the River Halys'; cf. 1.95.2n Ἀσσυρίων. The precise limits of the Median spread westward into Anatolia remains unknown (Rollinger 2003).   **ἐστρατεύετο ἐπὶ τὴν Νίνον:** a Median attack is mentioned in the Babylonian Fall of Nineveh Chronicle for the twelfth year of the reign of Nabopolassar, King of Babylon (614), when Nabopolassar and Cyaxares conclude a pact of friendship (Kuhrt 2007: 30; Mesop. § 2.3). In 612 the Babylonian and the Median armies cooperate in the second attack, which results in the capture of Nineveh (1.106.2n τὴν . . . Νίνον εἷλον). H. considers Babylon as part of Assyria and does not mention the part played by the Babylonians (1.178.1n τῆς δὲ Ἀσσυρίης).   **τιμωρέων:** vengeance is a basic motive for action in H. (1.10.2n τείσασθαι).

103.3 οἱ... περικατημένωι... ἐπῆλθε 'on him... while he was besieging ... there came'. Σκυθέων στρατὸς μέγας... ἀπίκοντο: Scythians have already figured in the narrative as a disruptive force (1.15, 73–4). As H. tells it here, the arrival of the Scythians in the Near East seems to interrupt Cyaxares' siege of Nineveh, marking the beginning of a 28-year Scythian domination of Media. For some of the dating problems that this creates in H.'s account, see 1.104.2n οἱ μὲν Μῆδοι; 106.1–3nn; 130.1n ἐπ' ἔτεα; Persians §§ 1.1n1, 1.2. In Book 4, the narrative of Darius' campaign in Scythia (c. 515–510) includes an elaborate description of the Scythians and their homeland north of the Black Sea (4.5–82). Μαδύης Προτοθύεω παῖς: Protothyes is often identified with Bartatua, the king of the Ishguza (Scythians) mentioned in the Assyrian oracle requests to the sun god by King Esarhaddon (681–669). Esarhaddon considered giving Bartatua a daughter in marriage, apparently in the hope of avoiding Scythian raids (Kuhrt 2007: 33). In H., a son of Bartatua/Protothyes attacks Cyaxares as he attempts the siege of Nineveh in 614 (1.106.1–2nn). Κιμμερίους ἐκβαλόντες: according to H. (1.6.3n τὸ γὰρ Κιμμερίων στράτευμα; 15n), the Cimmerians had been driven into Asia Minor by the Scythians in the reign of Lydian Ardys (1.15n). The details of their various incursions into Europe, Asia Minor, and beyond, as well as their connections with Scythians over the course of the seventh century, remain uncertain (Northeasterners §§ 1–2).

104.1 ἀπὸ τῆς λίμνης... ἐν τῆι Μηδικῆι: a gloss added by H. gives his readers travelers' information about a possible route from the north coast of the Black Sea southeastward to Media (Northeasterners § 1.2; for such glosses, see F.&T. § 4.1). Lake Maeotis is the Sea of Azov, a substantial gulf on the north coast of the Black Sea. As we learn below (1.104.2), the Scythians take a different route. εὐζώνωι: i.e., able to travel at a good pace; cf. 1.72.3nn. The distance is about 500 km (311 miles) by the coastal road and could easily be covered in 30 days (Asheri here and on 3.5.2 makes useful general observations on the difficulties of calculating both ancient measurements and walking speeds). ἐκ δὲ τῆς Κολχίδος ... ἐν τῆι Μηδικῆι 'but from Colchis it is not much to cross into Media... and, for those crossing this (people, the Saspeires), (it is not much) to be in Media'. παραμειβομένοισι is a dat. of relation with a verb of coming or going (S 1497.a). Ecbatana, the Median capital, is c. 800 km (497 miles) southeast of Colchis. ἓν τὸ διὰ μέσου ἔθνος αὐτῶν ἐστι 'one people which is in the middle of them', i.e. between the Colchians and the Medes. The antecedent ἔθνος is incorporated into the rel. clause (S 2536; CG 50.15). Σάσπειρες: a population of Armenia (cf. 1.110.2n ταύτηι; 4.37, 40.1), identified later as part of the Persian Empire (3.94.1; 7.79).

104.2 οὐ μέντοι οἵ γε Σκύθαι ταύτηι ἐσέβαλον: although the Scythians did not travel by the shorter route just described, γε implies that others did; perhaps the Cimmerians did so before turning west, going south of the Black Sea toward Phrygia.   τὴν κατύπερθε ὁδόν . . . ἐν δεξιῆι ἔχοντες τὸ Καυκάσιον ὄρος 'the upper (inland) route . . . keeping the Caucasus on their right'. H. apparently thinks that the Scythians traveled east along the northern ridge of the Caucasus range toward the Caspian Sea and then turned south into Media.   οἱ μὲν Μῆδοι . . . ἐπέσχον 'the Medes, having encountered the Scythians and having been defeated in battle, lost their dominion, and the Scythians occupied all of Asia'. There is no Assyrian evidence of the Scythian defeat and long-standing conquest of the Medes that H. describes (Persians § 1.2); even in H.'s narrative, Cyaxares resumes control (1.106.2; Northeasterners § 3).

105.1 ἐν τῆι Παλαιστίνηι Συρίηι: the ancient territory of the Philistines, between Phoenicia and the Egyptian border (3.5.1, 91.1; 4.39.2; 7.89.1, different from the Cappadocian Syrians mentioned at 1.72.1). H. is our only source for a Scythian incursion into this region, although biblical references testify to a terror coming from the north in the late seventh and early sixth centuries (e.g. Jer. 51:27; Asheri on 1.103.3–106.2).   Ψαμμήτιχος: pharaoh of Egypt 664–610 (2.2, 28, 30, 151–8, 161).   ἀποτρέπει . . . μὴ πορεύεσθαι 'he prevents them from proceeding'; redundant μή with a verb of hindering (S 2739; CG 51.35).

105.2 Ἀσκάλωνι: Ascalon was the Ashkelon of the Bible (Joshua 13:3, 1 Sam. 6:17, Judges 14:19), a Philistine city on the coast between Jaffa and Gaza, near the Egyptian border.   οὐρανίης Ἀφροδίτης: Aphrodite was the offspring of Uranus according to Hes. *Theog.* 191–206, although most Greek authors made her the daughter of Zeus and Dione (*Il.* 5.370–1); she was sometimes called the 'heavenly Aphrodite' and assimilated to the great Semitic 'queen of heaven', the Assyrian and Babylonian Ishtar or Phoenician Astarte, whose cult spread throughout the Semitic and non-Semitic world. At 1.131.3 H. says that the Assyrians called her Mylitta, the Arabians Alitat, and the Persians Mitra (a gender mistake for the Persian male god Mithra). According to Ctesias F1b (4.2–3) Lenfant, Diod. Sic. 2.4.2–3, and later Lucian *Syr. D.* 14, the sanctuary at Ascalon was dedicated to a goddess called Derketo, who was represented with a fish-tail and named as the mother of the Assyrian queen Semiramis (1.184n Σεμίραμις).

105.3 ὡς ἐγὼ πυνθανόμενος εὑρίσκω . . . ἀρχαιότατον: cf. 1.5.3n πρῶτον, 6.2n, 103.1n πρῶτος. Here H. reminds us of his own investigatory efforts, followed by a gloss of source (ὡς αὐτοὶ Κύπριοι λέγουσι). At 2.106.1 he states that he has himself visited 'Palestinian Syria', and at both 2.44 (Tyre, Thasos) and 2.52–5 (Dodona, Egyptian Thebes) he discusses his personal investigations of the spread of cults between the Greek and non-Greek world (Mikalson 2003: 167–95).   ὅσα ταύτης τῆς θεοῦ 'as many (sanctuaries) as (there are) of this goddess'.   τὸ ἐν Κύπρωι ἱρόν: at Paphos. At Paus. 1.14.7, the Paphians of Cyprus and the Phoenicians of Ascalon are said to have been, after the Assyrians, the first to establish the cult of Aphrodite; these Phoenicians then taught the cult to the people of Cythera (Diod. Sic. 5.77.5). Hesiod *Theog.* 192–3, however, says that newly born Aphrodite first went to Cythera and then to Cyprus.   τὸ ἐν Κυθήροισι . . . ἐόντες 'the Phoenicians are the ones who built the (sanctuary) in Cythera, being from this Syria'. Cythera, off the southeastern coast of the Peloponnese, possessed an important industry for the production of reddish-purple dye that may have had Phoenician origins (1.1.1n Φοίνικας; Cartledge 2002: 106, 156–7). Pausanias 3.23.1 calls the temple in Cythera the most ancient Greek sanctuary of Aphrodite.

105.4 τοῖσι τούτων αἰεὶ ἐκγόνοισι 'to their descendants in perpetuity'.   θήλεαν νοῦσον 'female disease'. According to H. here, it is a medical condition inflicted as a divine punishment; the Hippocratic author of *Aer.* 22 and Aristotle *Eth. Nic.* 7.7.4–7 1150a–b similarly describe this condition as a disease. At 4.67.2 H., however, recalibrates his description by portraying the Scythian Enarees, there called ἀνδρόγυνοι, 'men-women', as a highly respected elite caste possessing a particular form of divination granted to them by Aphrodite. Corcella on 4.67.2 likens H.'s 'female disease' to the ritual transvestism of Siberian shamans; cf. West 2002: 449–50.   ὥστε ἅμα λέγουσι . . . τοὺς καλέουσι ἐνάρεας οἱ Σκύθαι 'so that at the same time the Scythians say that for this reason they are sick, and it is possible for people coming to Scythia to see how those whom the Scythians call Enarees are affected'. H. interprets other diseases as divine punishment too, e.g. after the destruction of a sacred space (1.19.2; cf. 1.167.1; 4.205). *Airs, Waters, Places* (*Aer.* 22) attributes the condition to natural causes: horseback riding, a medical procedure used by the Scythians, and the habit of wearing trousers.

106.1 ἐπὶ μέν νυν ὀκτὼ καὶ εἴκοσι: if the Scythian domination of Media began in 614 and lasted for 28 years (1.103.3n Σκυθέων στρατός), it must have lasted until 586, one year before the end of Cyaxares' 40-year reign. This cannot be reconciled with the conquest of Nineveh in 612 by the Medes and Babylonians, a date firmly attested by Eastern sources (Mesop. § 2.3, Persians § 1.2).   ὑπό τε ὕβριος καὶ ὀλιγωρίης: the narrower religious offense of 1.105 is paralleled by a broader pattern of immorality concomitant with conquest. ὕβρις includes both physical violence and unjustified abuse (1.100.2; Fisher 2002: 217–23). In Attic law, serious injuries inflicted without justification incurred a charge of ὕβρις (Isoc. 20.2; Dem. 21.47). The Greek terms ὀλιγωρίη and ὀλίγωρος are first attested in Herodotus (cf. 3.89.3; 6.137.3).   χωρὶς μὲν γὰρ . . . χωρὶς δὲ τοῦ φόρου 'for on the one hand separately they collected from each the tribute they had imposed on each, and on the other hand, apart from the tribute, riding around, they plundered what each one had'. The first χωρίς is adverbial, the second a preposition. The triple repetition of forms of ἕκαστος emphasizes the repeated victimization of the various local peoples.

106.2 ξεινίσαντες καὶ καταμεθύσαντες: this introduces a pattern, later elaborated, of treacherously overwhelming a less cultivated, 'uncivilized' opponent by making available abundant food and wine (1.211.2). An ironic final variation on the pattern occurs toward the end of the *Histories* (9.82), where the Greek victor at Plataea, Pausanias, marvels at the sumptuous meal left behind by the fleeing Persians.   τὴν . . . Νίνον εἷλον: the destruction of Nineveh in 612 was a major event in the history of the ancient Near East, recorded by the Babylonian Fall of Nineveh Chronicle as a joint venture of Nabopolassar of Babylon (626–605) and Cyaxares (Umakishtar), king of the Medes (Umman-manda) in year 14 of the reign of Nabopolassar (Kuhrt 2007: 31–2; Mesop. § 2.3; Persians § 1.2). After the two kings besieged and razed the city, Cyaxares and his army returned to Media; the Medes now controlled previous Assyrian vassals in the Zagros region and beyond (Kuhrt 2007: 32n18; Van De Mieroop 2004: 250). Asheri *ad loc.* thinks H.'s (unspecified) date for the fall of Nineveh to be much later than the Eastern sources indicate, c. 590.   ὡς . . . δηλώσω: a forward reference like that at 1.75.1 δι' αἰτίην τὴν ἐγὼ ἐν τοῖσι ὀπίσω λόγοισι σημανέω. In this case, however, the statement is parenthetic and these *logoi* (anticipated again at 1.184, where H. refers to 'Assyrian *logoi*') do not appear in the *Histories*. It is not clear whether H. is proclaiming his intention to insert an Assyrian section at some point in the present work, or whether 'other *logoi*' refers to a different occasion, either a lecture or a separate treatise for which we have no evidence. H.'s unfulfilled claim does not necessarily indicate that his work is incomplete but testifies to a fluidity of composition that may have originated in a performative context. In the *Histories*, material about Assyria and Babylon in the pre-Persian period is mostly confined to this passage and 1.95.2–3, 178–200; H. had more information about Nineveh and Assyrian rulers than he ultimately chose to include (Mesop. § 3).   πλὴν τῆς Βαβυλωνίης μοίρης: for H., Cyaxares conquered a section of what he calls 'Assyria', with Nineveh as the capital, but not 'the Babylonian part'. He does not regard what we call the Neo-Babylonian kingdom that began with Nabopolassar (c. 626–605) as anything but a continuation of the Neo-Assyrian Empire. For him Babylonia was part of Assyria and was ruled by the Assyrian king in Nineveh until that city fell and Babylon became the capital (1.178–200, esp. 178.1; Mesop. §§ 1, 2.3).

106.3 σὺν τοῖσι Σκύθαι ἦρξαν: this clause should mean '*including* the years in which the Scythians ruled' (S 1696.1.a.2; *CG* 31.8). At 1.130.1 H. gives the total of 128 years for the entire period of Median rule explicitly *excluding* the years of Scythian domination, so that the total should be 128 + 28 = 156, which only approximates the sum of 150 years, obtained by adding H.'s stated reign lengths of the four Median kings together (Persians § 1.1n1). The discrepancy is irreconcilable (Scurlock 1990; Asheri on 1.95–106).

107–22 ASTYAGES TRIES TO KILL CYRUS

At 1.107–22 H. shifts back into his storytelling voice. Cyrus is the only royal personage whose narrative H. follows from birth, because here the *Histories* begin a new and very significant narrative thread. Through a set of causal links that H. explains, the crises in the Lydian and Median royal lineages lead us to the Persians, whose attempt to conquer Greece in 481–479 will provide the climax of the *Histories* in Books 7 through 9. H. considers Cyrus the founder of the Persian Empire, commenting that he is called 'father' by the Persians themselves (3.89.3).

Each dramatic, detail-filled narrative about Eastern kings up to this point has included a crisis of dynastic succession: the Heraclidae lost the throne in Lydia because Candaules chose to expose his wife's body to an underling; the Mermnadae have lost it in turn because Croesus decides to take on Cyrus the Persian, avenging the defeat of his brother-in-law, Astyages (1.73–4). When the scene shifts eastward to find out who this conqueror Cyrus is (1.95.1n), we have first backtracked in time to Deioces, who persuades the Medes to give up their freedom and in the process founds the royal Median line. Now, in the next vivid royal narrative, we learn how Astyages, Deioces' great-grandson (the same Astyages Croesus has tried to avenge: 1.46, 73–5), works through underlings to kill his daughter's son, but instead brings about the very fate for the Medes that he has wanted to avert by the child's murder: he will lose his Median throne to his own grandson, Cyrus the Persian.

H.'s account of the birth and upbringing of Cyrus follows a traditional story pattern, despite his efforts to use the version most likely to be accurate (1.95.1): a child is exposed in the wilderness in a basket or other container and miraculously survives (nurtured by an animal, a divinity and/or a human family) eventually to fulfill an exceptional destiny as king or leader. The earliest extant prototype is the Akkadian 'Birthlegend of Sargon', known from cuneiform tablets now in the British Museum (Lewis 1980; Kuhrt 2007: 176n5). The pattern is widespread in the ancient Near East; it appears in the story of Moses (Ex. 2:1–10) and in several Greek myths, notably that of Oedipus (cf. in H.'s account the story of Cypselus, 5.92.β–ε).

107.1 Ἀστυάγης: the last of the Median kings, Ishtumegu of the Babylonian Nabonidus Chronicle (1.127.3n ὡς δὲ οἱ Μῆδοι; Persians §§ 1.1–2). He reigned from 585 to 550 in H.'s chronology. **καί οἱ ἐγένετο θυγάτηρ:** as earlier in the Candaules story and many Croesus episodes, H. again fills the narrative with vivid detail, descriptions of motive, and dramatic dialogue and largely avoids overt authorial comment. Mandane is also named as the daughter of Astyages and mother of Cyrus at Xen. *Cyr.* 1.2.1. **ἐν τῶι ὕπνωι:** dreams, omens, or other types of prophecies are frequent secondary motifs of the infant-exposure legend (Lewis 1980: 250); other important impending births in H. are accompanied by portents (1.59.1n τέρας). According to Tertullian *De anim.* 46, the story of Astyages' dreams was also treated by Charon of Lampsacus (*FGrHist* 687b F2). **οὐρῆσαι . . . τὴν Ἀσίην πᾶσαν** '(Mandane) urinated so much as to fill his (Astyages') city and flood the whole of Asia'. The dream is ambiguous; the symbolism of urine in ancient Near Eastern and other folklore is multivalent. It can indicate fertility and healing (cf. 2.111.2–4), but also contempt, a forthcoming catastrophe, the imposition of a curse, marking of territory, etc. (Pelling 1996: 70–3). **τῶν μάγων τοῖσι ὀνειροπόλοισι** 'the dream experts among the Magoi'. For the identity of the Magoi, cf. 1.101n γένεα, 132.3n μάγος. **αὐτὰ ἕκαστα** 'each (of the details) themselves', i.e. the specifics of the dream. H. withholds the substance of the Magian interpretation until after he reports what Astyages plans in response (1.108.2), here focusing only on Astyages' emotional reaction.

107.2 ἀνδρὸς ὡραίην 'ready for a husband', i.e. of marriageable age. If Astyages had had a son, presumably there would have been no problem (cf. 1.109.3). Dynastic ambitions and fears are created by the fertility of a powerful man's daughter; cf. the daughter of Megacles of Athens (1.61; Dewald 2013b [1981]: 155–7). **Μήδων . . . τῶν ἑωυτοῦ ἀξίων οὐδενί** 'to no one of the Medes equivalent to himself', i.e. of his own social status. **διδοῖ** = Att. δίδωσι. **τὴν ὄψιν** 'the vision' (in the dream), as at 1.38.2. **Πέρσηι ... Καμβύσης:** Near Eastern evidence shows that Cambyses I was the king of Anshan in southwestern Iran (Kuhrt 2007: 71, 75), but H. portrays him as a private person (Persians § 3). **τρόπου ... ἡσυχίου** 'of a peaceful disposition', i.e. with no ambition to rule; gen. of quality as predicate (S 1320; CG 30.26). In H.'s narrative, Persians generally have no royalty and no expansionistic aims when under the rule of Astyages (Persians §§ 2.2, 3). This changes with the advent of Cyrus II (1.206.2n). **πολλῶι ἔνερθε ... ἀνδρός Μήδου** 'regarding him as far inferior to a Median man of middle rank'. Cf. Eur. *El.* 25–42, where Electra's farmer husband explains that Aegisthus has required the marriage in order to keep Electra's potential offspring from dynastic ambitions.

108.1 ἄλλην ὄψιν: the motif of the recurring dream is found again in the first chapters of Xerxes' story (7.12–19.1; Pelling 1996: 75). **τῶν αἰδοίων ... ἄμπελον** 'from the private parts of this daughter a vine grew'. Astyages' second dream is structurally analogous to the first but more strongly suggests a connection between offspring and empire (cf. 1.209–10). A golden vine created by Theodorus of Samos later became part of the decoration of Darius' palace in Susa and a famous symbol of Achaemenid wealth and power for the Greeks (7.27.2; Briant 2002: 236–7, 300).

108.2 ἐσήμαινον: the interpreters point out the message the dream was meant to convey, as at 1.78.2; at 1.34.2 it is the dream itself that communicates the message. For the range of meanings of σημαίνω in H., see 1.5.3n σημήνας. **ὁ τῆς θυγατρὸς αὐτοῦ γόνος:** for Cyrus as a mixed breed, cf. the mule oracle at 1.55.2, 91.5–6. For other traditions about Cyrus' origins, see Persians §§ 2.2–3 and n9. **βασιλεύσειν ἀντὶ ἐκείνου:** Astyages' actions, which have already resulted in his daughter's child being only half Median, will now ensure the worst possible outcome. Astyages has no other male descendant (1.109.3), so instead of alleviating his initial problems, the marriage to a Persian has intensified them. Cf. Croesus' efforts to avert the death foretold by his dream (1.34–6). A dreamer's responses in H. often prove counterproductive (Pelling 1996: 75).

108.3 Ἅρπαγον: to the Greeks the name of this future general of Cyrus and conqueror of the Ionians (1.162–5, 168–9, 171, 174) must have suggested the violent overtones of the verb ἁρπάζω, 'seize, overpower, plunder'. It is, however, authentic, and appears in Lycian, Akkadian, and Elamite texts (Ivantchik 2008: 197n16). **ἄνδρα οἰκήιον ...**

πιστότατον ... ἐπίτροπον: Astyages makes the erroneous assumption that he can command the uncritical loyalty of his closest subordinates; Harpagus is additionally his relative (1.109.3). This is an ongoing Herodotean motif: the difficulties and misjudgements that result from the tendency of the powerful to expect nothing but unquestioning loyalty from subordinates and relatives who turn out to have agendas of their own (1.10–13).

108.4 πρῆγμα τὸ ἄν τοι προσθέω 'whatever matter I charge you with'; the conditional rel. clause is equivalent to the protasis of a fut. more vivid condition (S 2565; *CG* 50.20). **μηδαμῶς παραχρήσηι ... μηδὲ ... περιπέσηις** 'do not at all neglect ... and do not cast me aside and, siding with others, fall on disaster for yourself', prohibitive aor. subjunctives (S 1800; *CG* 38.26). Astyages expects that his command can avert the kind of self-interested political thinking that Harpagus will shortly proceed to use, discussing matters privately with his wife (1.109.4n εἰ δ' ἐθελήσει). **ἄλλους ἑλόμενος:** a tension between 'choosing' and 'obeying' permeates this episode, as in the earlier Candaules/Gyges episode, where another subordinate, Gyges, 'chooses' to live (1.11.2–4). Harpagus will later try to justify his thought processes to Astyages (1.117.3–4). **λάβε:** rhetorical asyndeton, expressing emotion, 'is the mark of liveliness, rapidity, passion, or impressiveness, of thought' (S 2165). Cf. 1.11.4n αἱρέεται.

108.5 οὔτε ... φυλασσόμεθα δέ 'you did not ever, on any other occasion, detect anything unseemly in this man, and I shall take care'; ἀνδρὶ τῶιδε = ἐμοί, as sometimes in tragedy (e.g. Aesch. *Sept.* 652). The dat. is governed by παρεῖδες; earlier, Croesus reassures Atys using the same idiom (1.38.1 παριδών τοι). **μηδὲν ἐξαμαρτεῖν:** redundant μή + inf. after a verb of preventing and denying (S 2740; *CG* 51.35).

109.1 κεκοσμημένον τὴν ἐπὶ θανάτωι 'dressed in (apparel suitable) for death', *sc.* στολήν or equivalent feminine noun supplying an acc. internal object (S 1572; *CG* 30.12n1). **τῆι ἑωυτοῦ γυναικί:** H. often focuses on the interactions and tensions between the public and the private, kingship and domestic/family affairs, the world of men and that of women. The courtier's wife, unlike the thoughtful herdsman's wife below (1.112.2–3), serves only as the recipient of her husband's confidences; her question allows H. to focalize Harpagus' conflicted emotion and motives. Occasionally (but not here) H. acknowledges his limited knowledge of the accuracy of details provided in such vivid private scenes (1.61.2n; F.&T. §§ 2.4 and n21).

109.2 τῆι ἐνετέλλετο Ἀστυάγης 'in the way in which Astyages ordered'.   **εἰ παραφρονήσει τε καὶ μανέεται:** protasis of a fut. most vivid condition, expressing strong and often negative feeling (S 2328; *CG* 49.5); the apodosis is often equivalent to a threat. Cf. 1.8.3n οὐκ ὑγιέα for the unstable distinction between insanity and wrongdoing; killing family members is labeled a sign of insanity also at 3.30–3. Cf. 1.137.2, in H.'s Persian ethnography.   **οὔ οἱ ἔγωγε προσθήσομαι τῆι γνώμηι οὐδὲ ... ὑπηρετήσω** 'I at least will not go along with his plan or ... give service'. The verb Harpagus used passively when speaking to Astyages (ὑπηρετέεσθαι, 1.108.5) is now active, as he decides to rebel.

109.3 συγγενής 'related by blood'; cf. ἄνδρα οἰκήιον above, 108.3. Harpagus articulates the conflict between self-interest and loyalty that often complicates ties of kinship.   **ἄπαις:** plot connections in this story link Astyages' lack of a son to the fates of four other male children: the sons of Cambyses the Persian, Mitradates the herdsman, Artembares the nobleman, and Harpagus the royal relative. These connections provide a major narrative plot line (1.118.2n τὸν σεωυτοῦ παῖδα).

109.4 εἰ δ' ἐθελήσει ... ἀναβῆναι ἡ τυραννίς 'if the tyranny is going to pass on to' (Powell 98.7, ἐθέλω 'in hypothetical conditions'). Appearing dramatically at the end of the clause, the word τυραννίς highlights that Harpagus' main concern is his desire to safeguard his important if subordinate position in an autocratic structure (1.129.3n σκαιότατον). The rest of the sentence makes the further implications vividly clear. For tyranny in H., cf. 1.6.1n Κροῖσος, 96.2n ἐρασθεὶς τυραννίδος.   **τῆς νῦν τὸν υἱόν κτείνει δι' ἐμέο** 'whose (which woman's) son he is killing through me'.   **ἄλλο τι ἤ ... κινδύνων ὁ μέγιστος** 'is anything else than the greatest of dangers left'; a direct interrogative (S 2652).   **ἀλλὰ ... μὲν ... δεῖ ... δεῖ μέντοι** 'but, on the one hand, I must ... yet, it is necessary'. Harpagus sees two apparently contradictory necessities. ἀλλά rejects the implicit inference from the preceding statement (that the child should not be killed); μέντοι following μέν is also strongly adversative (Denniston 409).   **τοῦ μὲν ἀσφαλέος:** equivalent to τῆς ἀσφαλείης; neuter adjective as substantive (S 1023; *CG* 28.23–5).

110.1 ἐπιτηδεοτάτας 'most suitable' for the purpose of exposing a child, hence θηριωδέστατα 'most infested with wild beasts' (repeated, 1.111.3). ἐπιτήδεος, 'what works/what is appropriate', occurs in four significant contexts in the Cyrus narrative, suggesting a progression in its meaning: 1.108.5 (Harpagus' service to the king); this passage; 115.2 (Cyrus' claim about his playmates' selection of him as king); 126.2 (the banquet at which Cyrus persuades the Persians to fight).   **Μιτραδάτης:** from the point of view of Persian tradition, this name connects the Cyrus story with the Iranian god Mithra. H. does not know much about Mithra (1.105.2n, 131.3n), but the herdsman's name makes it plausible that the story of Cyrus' remarkable rescue might have derived from an earlier legend of supernatural child-rearing that was then rationalized, possibly by H.'s Eastern informants (1.95.1n τὸν ἐόντα λέγειν λόγον). In H.'s understanding, however, the real story (the herdsman with a wife who saves the child) is subsequently deliberately 'irrationalized' by Cyrus' parents (1.122.3). For H.'s approaches to rationalized myth, see 1.95.1n σεμνοῦν; Baragwanath and De Bakker 2012: 19n74.   **Κυνώ:** the fact that dogs and wolves figure in ancient Iranian cultural formation makes the existence of an original legend of divine rescue by a dog more plausible; the connection of the dog specifically with Mithra is attested for western Mithraism (1.140.3n οἱ δὲ δὴ μάγοι; Ivantchik 2008: 198n19). The meaning of Spaco's name in Greek becomes relevant to the story only later (1.122.3); here H. makes sure that we notice it.   **τὴν γὰρ κύνα καλέουσι σπάκα Μῆδοι:** H.'s translation is essentially correct (Schmitt 2011: 330–1). For H.'s translations of foreign proper names, see Harrison 1998; Munson 2005: 30–51.

110.2 δή after οὗτος emphasizes that the person has been recently mentioned (Denniston 209.I.4.ix); cf. 1.114.1n τοῦτον δή, as well as the gloss re-identifying Adrastus, Atys' murderer, at another dramatic moment (1.43.2n).   **πρὸς βορέω . . . ἀνέμου τῶν Ἀγβατάνων** 'to the north of Ecbatana'. In a local sense πρός with gen. means 'on the side toward' (S 1695.a; CG 31.23).   **ταύτηι . . . πρὸς Σασπείρων** 'on this side, toward the Saspeires', the people who live toward the southeastern end of the Euxine Sea, whom H. locates just north of the Medes (1.104.1n Σάσπειρες, 201n οἰκήμενον).

110.3 κελεύει σε Ἀστυάγης: Harpagus pretends throughout that Astyages' orders have been intended for the cowherd rather than himself; he will send the most trustworthy of his bodyguards to check on the baby's corpse and bury it (1.113.3, 117.5).   **ὅκως ἄν . . . διαφθαρείη** 'so that he might perish very quickly', a unique purpose clause in H. with opt. and ἄν in primary sequence (Goodwin 329.1.a), ἄν supplying a potential flavor (S 2202.b).   **ἢν μὴ ἀποκτείνηις . . . περιποιήσηις:** protases of a fut. more vivid condition in indirect speech, with the subjunctive of the direct speech construction retained after a past tense main verb (S 2599; CG 41.8). The apodosis verb is the fut. inf. διαχρήσεσθαι.

111.1 τῶι . . . ἄρα καὶ αὐτῶι 'actually, for him too'; the particle directs the listener's attention to a crucial development in the narrative (Denniston

33–4). **κως κατὰ δαίμονα** 'somehow, by some supernatural influence'. κως can indicate the mysterious possibility of divine patterning (3.106.1; 6.27.1; F.&T. §§ 2.5, 3.2). H. implies that the circumstances that will result in Cyrus' survival are too consequential to be regarded as mere coincidences. Cyrus' 'tutelary genius' (possible in both Greek and Iranian religion) may be implied here. κως marks another set of strangely coincidental births at 5.41.1. **ἦσαν ... ἀλλήλων πέρι** 'they were each concerned about the other'. At 1.45.2 Croesus has had empathy for his son's murderer, and at 1.86–90 Cyrus has recognized the humanity of his captive, Croesus. In this new Median narrative, however, human empathy or thought for others emerges for the first time not in the halls of the powerful but in a herdsman's hut. **τοῦ τόκου ... ἀρρωδέων** 'fearful because of the (impending) childbirth', gen. of cause with a verb of emotion (S 1405; CG 30.30). **ὅ τι οὐκ ἐωθὼς ... τὸν ἄνδρα:** the opt. indirect question reflects Spaco's thought, but the idea is virtually repeated in a more vivid indicative, when she interrogates her husband just below (1.111.2 μετεπέμψατο).

111.2 προτέρη: she bursts out before he can speak. **τὸ μήτε ἰδεῖν ὤφελον μήτε κοτὲ γενέσθαι** 'which would that I had not seen (it), and that it had not ever happened'; the relative τό is both object of ἰδεῖν and subject of γενέσθαι. For μὴ ὤφελον, see S 2704; CG 38.40.

111.3 ὡς δὲ τάχιστα ... ὁρέω: the astonishing scene at Harpagus' palace and thereafter (1.110.3–111.1) is now finally reported in great detail through the words of the dismayed cowherd to his wife. **κεκοσμημένον χρυσῶι τε καὶ ἐσθῆτι ποικίληι:** repeated at 1.111.4, anticipated at 1.109.1. The cowherd, unlike the courtier Harpagus, is struck by the magnificence of the baby's burial garments.

111.4 τῶν τινος οἰκετέων εἶναι 'that it was of one of the household', gen. of possession (τινος) as predicate, with partitive gen. (οἰκετέων). For the position of indefinite τις, see S 1155. Mitradates does not use the noun παῖς until he learns the child's family of origin (1.111.5). **οὐ γὰρ ἄν κοτε κατέδοξα ἔνθεν γε ἦν** 'for I would not ever have guessed where he actually was from', past potential (S 1784; CG 34.16). The subordinate indicative ἦν underlines factuality, and γε is limitative ('not the *royal* family, at any rate', Denniston 125.1.6). **κατεστεῶτα** = Att. καθεστῶτα, pf. part. of κατίστημι.

111.5 θεράποντος: gen. of source with πυνθάνομαι (S 1361; CG 30.21). **Καμβύσεω τοῦ Κύρου:** for the historicity of Cyrus' father and grandfather, see 1.107.2n Πέρσηι).

112.1 δακρύσασα 'bursting into tears'; ingressive aor. part. (S 1924; *CG* 52.5).   **ὁ δὲ... ποιέειν** 'but he denied that he was able to do things otherwise'.   **ἢν μὴ σφεα ποιήσηι** 'if he didn't do them', echoing 1.111.3 εἰ μὴ σφεα ποιήσαιμι. Here, though, the protasis of the fut. more vivid condition in indirect discourse maintains the subjunctive of the original threat, as at 1.110.3n ἢν μὴ ἀποκτείνηις.

112.2 ὡς δὲ... ἄρα 'but just at the point when...' (Denniston 34; 1.24.7n ὡς δὲ ἄρα).   **σὺ δέ** 'you, then'; apodotic δέ after a causal clause 'regularly gives emphasis to the main clause' (S 2837; *CG* 59.17). The herdsman's wife here rationally takes responsibility for the life of baby Cyrus, as no one else in the account has done (Dewald 2013b [1981]: 168–9).

113.1 τὸν μὲν ἔφερε θανατώσων παῖδα 'the child that he was bringing to put to death'. παῖδα is the antecedent, incorporated into the rel. clause (S 2537.a; *CG* 50.15). θανατώσων (from θανατῶ, a *hapax* in H.) is a fut. part. of purpose (S 2065; *CG* 52.41).   **ἄγγος:** unwanted children in the Greek world could be abandoned in isolated areas but enclosed in some container, so they would die of starvation, not mauled by wild animals (e.g. Eur. *Ion* 32, 1337).

113.2 τὸ ἐρημότατον τῶν ὀρέων: infant exposure on land is most frequent in Greek legends (cf. e.g. Soph. *OT* 1026–7, 1088–1109); exposure in water is favored by Semitic and Indic versions (Lewis 1980: 247). For other exposure legends, see 1.107–22n.   **τῶι παιδίωι ἐκκειμένωι** 'from the time when the child had been exposed'; dat. part. expressing elapsed time (S 1498).

113.3 ἔθαψε... ἐτέθαπτο: emphasis on the details of burial here anticipates the focus on the horrific final outcome involving Harpagus' own son (1.119.7n ἐνθεῦτεν).   **οὔνομα ἄλλο κού τι** 'no doubt some other name'; H. marks limits to his knowledge (95.2n κως). For the force of κου, see 1.61.3n προαιδέατό κού τι.

114.1 ἐξέφηνε 'revealed'; the whole account from 1.95 on concerns the disclosure of Cyrus' identity, both past, as Astyages' grandson, and future, as the founder of the Persian royal house. Cf. forms of the verb found at 1.116.5, 117.1, 118.1 and H.'s initial declaration, ἐπιδίζηται... φῆναι, 1.95.1nn.   **εἵλοντο ἑωυτῶν βασιλέα εἶναι** 'chose him to be king', suggesting Cyrus' innate leadership qualities, even as a child. αἱρέω is the verb used at 1.96.2 of Deioces' selection as judge by popular acclaim; the wording here recalls Deioces' selection by the Median people as king (1.97.3; cf. 1.95.2–101nn).   **τοῦτον δὴ... παῖδα** 'precisely this son of the cowherd, in name (only)'. ἐπίκλησιν is an acc. of respect (S 1601.b; CG 30.14; cf. 1.19.1n Ἀθηναίης ἐπίκλησιν Ἀσσησίης). For δή after οὗτος see 1.110.2n δή. The root παι- appears six times at 1.114.1 and extensively at 1.114.3; cf. 1.118.2n τὸν σεωυτοῦ παῖδα.

114.2 οἰκίας ... δορυφόρους: like Cyrus' selection to be 'king of the other boys', the enumeration of functions in the children's game verbally recalls Deioces' establishment of his kingship and its consequent administrative complexities (1.98.2–100). Briant 2002 extensively surveys what we know of the later Persian royal household staff (255–301) and the administration of the Persian Empire (422–71). **τὸν δέ κου ... ὀφθαλμὸν βασιλέος** 'one of them, I suppose, to be the Eye of the King'; This is the only mention of the King's Eye in H.; other fifth-century Greek references to him as a high royal official occur in Aesch. *Pers.* 980 and (comically) at Ar. *Ach.* 92. At 1.112.1 Mitradates too has feared Harpagus' κατάσκοποι. Xenophon *Cyr.* 8.2.10–12 says that such a role *per se* did not exist; everyone became the King's eyes and ears, and he took reports from them seriously. For the role of satrapal inspectors throughout the empire, see Briant 2002: 344. **ἐσφέρειν ἐδίδου γέρας** 'he granted the privilege of bringing'; the impf. implies a permission not yet activated, where we might expect an aor. (S 1891; CG 33.51). Cf. ἐκέλευε, 114.3. **ὡς ἑκάστωι** 'to each for himself', rel. ὡς as adverb (S 2997; cf. 6.31.1, 79.1).

114.3 εἷς ... συμπαίζων: εἷς serves as subject of ἐποίησε in the anticipatory γάρ clause, but Cyrus is the subject of ἐκέλευε in the main clause (anacoluthon, S 3008.b). Artembares' son becomes the direct object, now referred to as αὐτόν (Denniston 72–3.iv.4). **Ἀρτεμβάρεος:** a common Iranian name, here of a Median nobleman; another Artembares, also interested in the privileges due to the dominant group, is the Persian advisor of Cyrus at 9.122.1–2. The name appears in Aesch. *Pers.* 29; in Nicolaus of Damascus *FGrHist* 90 F66.5–7 (Ctesias, F8d* (5–7) Lenfant), Artembares is the chief cup-bearer of Astyages. **τρηχέως κάρτα περιέσπε μαστιγέων** 'dealt with him very harshly by whipping'; περιέσπε is aor. of περιέπω, only used earlier of Cyaxares' harshness with the Scythian hunters (1.73.4). Cyrus' rules here have mirrored those of the Median royal court; harsh punishment for not following orders will become another aspect of Median royalty that future Persian rulers will imitate (1.128.2n ἀνεσκολόπισε). This is the first explicit reference in the *Histories* to whipping, a regular form of punishment used by the Persian kings. In H., subjects of the Persian king, including his high officials, are referred to as slaves (6.44.1; 7.8.β.3, 39.1, 135.3; 8.102.2; cf. 3.83.3, 7.103.4).

114.4 μετείθη 'was let go', aor. pass. of Ion. μετίημι.   **ὥς γε δή ...**
παθών: ὥς with part., 'on the grounds that he had certainly suffered' (S
2086; *CG* 52.39; Denniston 245.1). The wording again echoes 1.73.5 ὥστε
ἀνάξια σφέων αὐτῶν πεπονθότες.   **ἀποικτίζετο τῶν ... ἤντησε** 'com-
plained loudly about those things that he had met with at the hands of
Cyrus'. The demonstrative antecedent is omitted (S 2509). ἀντάω takes
the gen.; ἀποικτίζομαι is a *hapax legomenon* in Greek.   **λέγων δέ οὐ**
Κύρου (οὐ γάρ ... τοὔνομα) 'not saying "Cyrus" (for that was not yet his
name)'; reminding us of the main point of the story, the revelation still to
come of Cyrus' true identity.

114.5 ἔφη πεπονθέναι 'said that he had suffered'.   **περιυβρίσμεθα** 'we
have been treated violently/shamefully'; punishing ὕβρις is one of the
tasks of the king (1.100.2), and seeking it out is one of the tasks of his
spies; for ὕβρις see 1.106.1n ὑπό τε ὕβριος.

115.1 τιμωρῆσαι: vengeance is a recurring theme in the *Histories* (1.10.2n
τείσασθαι).

115.2 τοῦδε τοιούτου 'of this man of such a kind', i.e. of such an infe-
rior status.   **ὦ δέσποτα:** more deferential than ὦ βασιλεῦ (1.114.5,
etc.); in H. only kings are so addressed by their subjects, except at 3.85.2
(Dickey 1996: 95–7). Cyrus is the only person who so addresses Astyages
(their roles are later reversed: 1.129.3 κατεδούλωσε).   **ταῦτα τοῦτον**
ἐποίησα 'did these things to him'; double acc. (S 1622; *CG* 30.9).   **τῶν**
καὶ ὅδε ἦν 'among whom was also this one', i.e. Artembares' son.

115.3 ἐς ὅ ἔλαβε τὴν δίκην 'until he received his punishment'. λαβεῖν δίκην
usually means 'exact punishment' and δοῦναι δίκην 'pay the penalty'. For
the different but related meanings of δίκη (including 'justice', 'lawsuit',
'sentence'), see 1.96.2n τῶι δικαίωι; cf. σὺν δίκηι just above.   **ὅδε τοι**
πάρειμι: the young boy points to himself with ὅδε; this revelatory language
echoes Mitradates' earlier display of the baby to his wife Spaco (1.111.5
ὅδε ἐστί).

116.1 ἐσήιε ἀνάγνωσις αὐτοῦ 'recognition of him (the child) came' to
Astyages. The noun is a *hapax* in H.; it means 'reading', both in Plato (*Euthyd.*
279e) and Aristotle (*Poet.* 1462a17), while ἀναγνώρισις is 'recognition' in
Plato (*Tht.* 193c) and becomes Aristotle's word for recognition as a typical
element of tragic plots (*Poet.* 1452a29, 1454b19).   **προσφέρεσθαι ...**
ἐς ἑωυτόν 'to bear resemblance to himself'.   **ἐδόκεε ... ἡ ὑπόκρισις**
ἐλευθεριωτέρη εἶναι 'the answer (of Cyrus) seemed to be rather independ-
ent' (i.e. fitting for a free man rather than for a servile or enslaved one);

cf. H.'s use of ἐλευθέρως, referring to speech, at 5.93.2; 7.46.1; 8.73.3. On freedom of speech in H., see Hohti 1974; Baragwanath 2008: 178–202; Zali 2014. For the importance of ἐλευθερίη in the *Histories*, see F.&T. §§ 2.1, 2.5. The 'recognition scene' that establishes an unfamiliar character as 'belonging' or 'being of good blood' occurs as early as the *Odyssey* (4.140–6, 19.392). It figures in Greek tragedy (e.g. Soph. *OT* 1171–81), and thereafter especially in New Comedy and the Greek novel (Montiglio 2013).

116.2 κοτε ἀνενειχθείς 'eventually having been brought back' (i.e. recollecting himself); aor. pass. part. of ἀναφέρω.   **βασανίσηι** 'interrogate'; the subjunctive retained in secondary sequence expresses immediate purpose (S 2197.a; *CG* 45.3). The verb includes the possibility of torture; βάσανος, orig. a 'touchstone' used to test for gold, was a technical term in Attic courtroom procedure for the torture of enslaved individuals in interrogation (8.110.2). Cf. also ἀνάγκας, 1.116.4.

116.4 ἀνάγκας μεγάλας 'great constraints', i.e. torture. See 1.11.3n for ἀναγκ- as connected to royal commands.   **ἐσήμαινε ... λαμβάνειν:** for H.'s various uses of σημαίνω, see above 1.5.3n σημήνας.

116.5 τὸν ἐόντα λόγον 'the real story', i.e. the truth (also 1.117.1 τὴν ἀληθείην, 118.1 τὸν ἰθύν ... λόγον), in contrast to a ψευδέα ὁδόν (1.117.2). For the force of the claim, see 1.95.1n τὸν ἐόντα λέγειν λόγον. When individuals within the narrative recount past events, H. generally uses context to indicate if what they are saying is meant to be accurate; this is one of the important ways that qualities of character and judgement are depicted in the *Histories*.   **καὶ κατέβαινε ... αὐτόν** 'he came down to (ended with) prayers and entreating him to have forgiveness for him', an idiom repeated in κατέβαινε λέγων (1.118.1).

117.1 λόγον ἤδη καὶ ἐλάσσω ἐποιέετο 'hereafter took even less notice'; for the idiom, see F.&T. § 3.1n33.   **ἐκέλευε:** impf. of command not yet carried out (1.114.2n ἐσφέρειν; 115.1 μετεπέμπετο; S 1891; *CG* 33.51).

117.2 ἐπὶ ψευδέα ὁδόν 'on a false way'. H. uses the metaphor of a road/ journey to denote thought processes and the speech exposing them, especially those concerning a choice between positions or actions; he uses it of his own narrative processes as well (1.5.3n προβήσομαι; 1.11.2, 95.1; 2.20.1, 22.1; 6.52.6; 7.163.1).

117.3 ἐβούλευον σκοπέων ὅκως ... ποιήσω ... καὶ ... εἴην: 'I deliberated, looking (for a way) both to do ... and myself to be'. With ὅκως after verbs of effort the fut. indicative is normal even in secondary sequence (S 2211;

CG 44.2–3). Harpagus' self-justifying speech exhibits the odd mixture of choice and compulsion he thinks marks his duties as a courtier, caught as he is here in a terrible bind. **μήτε θυγατρὶ... σοὶ αὐθέντης** 'neither in your daughter's judgement nor your own a murderer', dat. of reference (S 1496; *CG* 30.52).

117.4 ποιέω δὲ ὧδε: Harpagus' narrative follows a format that H. himself frequently uses. A prospective sentence here is followed by a formal retrospective conclusion at 117.5 οὕτως ἔσχε... τοιούτωι μόρωι. The historical presents ποιέω and παραδίδωμι mark that a decisive point has arrived in Harpagus' narrative (1.63.1n οἱ... ἐσπεσόντες). **ἄχρι οὗ** 'until', with subjunctive without ἄν (S 2402); H. prefers μέχρι οὗ. ἄχρι οὗ is archaic and perhaps epic in flavor, as is Harpagus' almost verbatim repetition of his previous instructions (1.110.3 ἢν μὴ ἀποκτείνηις... περιποιήσηις, echoed again at 111.3, 112.1, 112.2).

117.5 τῶν εὐνούχων τοὺς πιστοτάτους... δι᾿ ἐκείνων: cf. 1.113.3 τῶν... δορυφόρων τοὺς πιστοτάτους. H. later features eunuchs in the courts of Egypt and Persia as castrated, enslaved, obedient men entrusted with various functions (e.g. 3.4.2, 77.2, 130.4). They are foreign exotics, and from a Greek point of view they represent in their persons the fact of physical violation and brutal servitude (6.9.4, 32; cf. 8.105–6, for a Greek's indignation at his own castration).

118.1 τὸν ἰθὺν... λόγον: more emphasis on 'the straight story' and the difficulties of disentangling it from the self-interested accounts of actors in events (1.116.5n τὸν ἐόντα λόγον). **Ἀστυάγης... πρῶτα μέν... πάλιν ἀπηγέετο... μετὰ δέ... κατέβαινε λέγων** 'Astyages... first... repeated... but then concluded, saying'. **ὡς οἱ ἐπαλιλλόγητο** 'when it had been retold to him'. ἐπαλιλλόγητο is plpf. pass. As the story speeds up, H. spares us another retelling but emphasizes its occurrence (cf. 1.90.3). **ὡς περίεστι... ἔχει καλῶς:** the present tenses add dramatic impact.

118.2 ἔφη λέγων 'he said in his speech'; this apparent pleonasm is used by H. when he emphasizes a particular point made by a character (1.114.5, 122.2, 125.2). **θυγατρὶ... διαβεβλημένος οὐκ... ἐποιεύμην** 'I did not take lightly having become estranged from my daughter', pf. supplementary part. of cause, in expression of emotion (S 2100; *CG* 50.10). **τῆς τύχης εὖ μετεστεώσης** 'since fortune has changed for the better'. The idea of good fortune is frequently invoked with reference to Cyrus (1.119.1, 124.1, 126.6, and esp. 204.2). The theme is introduced formally in the Solon episode (1.32.5n τύχη... εὐτυχέες). **τὸν σεωυτοῦ παῖδα... παρὰ τὸν παῖδα:** the difficulties for Astyages have emerged because he is ἄπαις, without male offspring. The importance of male heirs runs throughout the narrative (1.109.3n ἄπαις); Harpagus' son is the fourth παῖς or παιδίον to figure in the Cyrus story. The father–son theme is also prominent in the Croesus–Atys–Adrastus episode (1.34–45); cf. Croesus' later comment to Cyrus that no one would choose war, because in war fathers bury their sons (1.87.4).   σῶστρα . . . πρόσκειται 'as thank-offering for (the rescue of) the child, I intend to sacrifice to whomever of the gods this honor pertains', indefinite rel. pronoun (S 2508).

119.1 προσκυνήσας 'having made an act of prostration', first occurrence in H. of this distinctively Eastern form of deference to those in authority (1.134.1n προσπίπτων προσκυνέει). To Greeks it seemed a peculiarly servile gesture; Sperthias and Bulis, two young Spartan heralds, refuse to bow before Xerxes, as 'it was not their custom to prostrate themselves (προσκυνέειν) before another human being' (7.136.1). Callisthenes, the great-nephew of Aristotle (c. 360–327), was said to have incurred the displeasure of Alexander of Macedon by refusing to perform προσκύνησις (Arrian *Anab.* 4.10.5–12.5).   ἐς δέον ἐγεγόνεε 'had happened opportunely'.   ἐπὶ τύχηισι χρηστῆισι 'in view of the chance outcome (which has turned out to be) advantageous'; Harpagus' happiness, briefly focalized here, sets up and puts in sharp relief the dreadful denouement of the story. (For the role of τύχη in the larger Cyrus story, cf. 1.118.2n τῆς τύχης εὖ μετεστεώσης.)

119.2 κου μάλιστα 'approximately'; often in H. used of numerical approximations (Denniston 492.1).   **περιχαρὴς ἐὼν φράζει τῆι γυναικί:** cf. 1.121n ἐχάρη. The only function of Harpagus' wife, both here and at 1.109, is to permit him to represent his state of mind. Although H. withholds describing Harpagus' inner state at the immediate denouement to come (1.119.7n ὡς ἐγὼ δοκέω), 1.123.1 will again portray Harpagus' emotions, as the larger story of Cyrus continues.

119.3 σφάξας . . . κατὰ μέλεα διελὼν . . . ἥψησε τῶν κρεῶν 'slaying him and dismembering limb from limb, some parts he baked, but some parts of the flesh he made into a stew'. This statement comes with no prospective preparation on the part of H., of the type 'he did the following thing'; the bland straightforwardness of the narrative delivery heightens its impact.   **εὔτυκα δὲ ποιησάμενος εἶχε ἕτοιμα** 'and when he had made them well prepared, he kept them ready'.

119.4 ἄκρων χειρῶν τε καὶ ποδῶν 'hands and feet'. χείρ can mean the whole arm (2.121.ε.4 ἀποταμόντα ἐν τῶι ὤμωι τὴν χεῖρα; cf. *Il.* 11.252).

119.5 καὶ κάρτα ἡσθῆναι 'that he had also enjoyed it very much'. Adverbial καί conveys a sense of urgent climax with the quantitative adverb (Denniston 317.II.C.1). **τοῖσι προσέκειτο** '(those) to whom the task belonged'; the antecedent is the subject contained in παρέφερον.

119.6 οὔτε ἐξεπλάγη ἐντός τε ἑωυτοῦ γίνεται 'he was not overcome and rather is containing himself'. The change to historical present expresses the ongoing drama of the moment (S 1883.b; *CG* 33.54). At 1.111.2 and 116.2 the participle ἐκπλαγείς, 'overcome with astonishment', has been used to describe Mitradates at Harpagus' house and also Astyages on first encountering the boy Cyrus. The verb applied in the negative to Harpagus here shows him making the expected response of a courtier, accustomed to act as though he thinks his king's bidding always ἀρεστόν. Cf. the response of Prexaspes, the Persian nobleman whose son has just been shot by Cambyses (3.35.4), and also the initial restraint shown by Candaules' wife (1.10.2n οὔτε ἀνέβωσε . . . οὔτε ἔδοξε μαθεῖν). As in the case of Candaules' wife, Harpagus' restraint facilitates future revenge (1.123.1). **ὅτεο θηρίου** 'of what wild animal', a further echo of the meal made of the Median boy similarly slaughtered (1.73.5 σκευάσαντες . . . αὐτὸν ὥσπερ ἐώθεσαν καὶ τὰ θηρία σκευάζειν). The mythical model for this banquet (called ἀνόμωι τραπέζηι, 'a table against all custom' at 1.162.1) is the meal made of the children of Thyestes (Aesch. *Ag.* 1095–7, 1217–22). Greeks often envisioned the non-Greek world as similar to the one depicted in their own remote and ancient tradition (Burkert 1983: 103–9; Erbse 1992: 33; Saïd 2002: 128).

119.7 βασιλεύς: normally without the definite article (= anarthrous), in the case of the king of the Medes and Persians (1.99.1n βασιλέα). **ἐνθεῦτεν . . . τὰ πάντα:** in its intensity and restraint, this brief final sentence is as spectacular a piece of prose as the end of the Atys–Adrastus narrative (1.45.3n Ἄδρηστος). The interjection ὡς ἐγὼ δοκέω 'transforms the omniscient historian into the spectator, horrified and ignorant of the issue' (Denniston 1960: 6).

120.1 δίκην: punishment is connected to vengeance as a motivation for action and thus an important historical cause (1.10.2n τείσασθαι). Cf. the intense use of δικ- words and their many meanings in the earlier story of Deioces, the first Median king (1.96–7, esp. 1.96.2n τῶι δικαίωι). **οἳ . . . ταύτηι ἔκριναν:** the Magoi had interpreted Astyages' dream 'in this way', a somewhat casual back-reference to 1.108.2, where the possibility that the child might die was not part of their interpretation. **χρῆν . . . εἰ ἐπέζωσε** 'it would have been necessary . . . if he had lived', a counterfactual condition, χρῆν requiring no ἄν in the apodosis (S 2313; CG 34.17). The Magoi now are qualifying their original prediction.

120.2 ἐπ' ἀγροῦ . . . ἦρχε: a retelling of Cyrus' game (1.114.1–2), but with variations in the tasks the boy-king distributed. θυρωρούς 'guards at the doors' is a *hapax* in H.   **οἱ ἀληθέϊ λόγωι βασιλέες** 'kings in the true sense of the word' (dat. of accompanying circumstance, S 1527.a; CG 30.44). At 1.95.1 H. has promised to privilege the 'real story' of Cyrus' identity, how he came to take Croesus' kingdom, and how the Persians came to rule Asia, so Astyages' use of ἀληθής here has resonances that Astyages himself cannot imagine. Cf. 1.116.5n τὸν ἐόντα λόγον.

120.3 ἐς τί ὑμῖν ταῦτα φαίνεται φέρειν 'to what (end) do these matters appear to you to lead?'   **μὴ ἐκ προνοίης τινός** 'not from some premeditation' i.e. provided that the game was not contrived with the purpose of fulfilling the dream prophecies.   **παρὰ σμικρά . . . ἔρχεται** 'for even some of our prophecies have come to little, and the stuff of dreams, too, leads at the end to (something) insubstantial'. In the logic of the story, the Magoi might technically have been correct, because prophecies can come true in a variety of ways. It is Astyages' own cruelty that makes the future predicted in his prophetic dreams become a reality (1.123.2n πικροῦ, 130.1n πικρότητα).

120.4 καὶ . . . γνώμην εἰμί 'I too am largely there in opinion'; but cf. Astyages' behavior to them at 1.128.2, when events do not go as anticipated. H. uses the same idiom expressing his own judgement about Leonidas' motivations at Thermopylae (7.220.2).   **ἐξήκειν . . . τὸν ὄνειρον** 'that the dream has come to pass'.

120.5 περὶ πολλοῦ . . . ἀρχὴν τὴν σήν 'it is very important that your rule prosper'.   **κείνως . . . ἀλλοτριοῦται . . . περιιοῦσα** 'for in the other case, (the kingship) falls into strangers' hands, about to devolve to this child who is a Persian'; pres. tense verb for anticipated or threatened future (S 1879; CG 33.56). Supply ἡ ἀρχή from ἀρχήν above.   **πολιήτεω** 'fellow citizen' (1.96.3n). Their loyalty to Astyages and their ethnic loyalty to the Medes expressed by the Magoi sets the scene for Astyages' later devastating criticism of Harpagus (1.129.3–4). H. too considers the Magoi to be Medes (1.101n γένεα, 132.3n μάγος).

120.6 ἡμῖν . . . ἀρχῆς προοπτέον ἐστί 'we must be vigilant on behalf of you and your rule', gen. with verbal adj. in passive impersonal construction with dat. of agent (S 2152; CG 37.3).   **καὶ νῦν . . . προεφράζομεν:** this is the talk of courtiers to masters, as at 1.89.1 and 108.5.   **σοὶ ἕτερα**

τοιαῦτα παρακελευόμεθα 'we urge such alternative (thoughts) for you' (i.e. that you have confidence, just as we do).

121 ἐχάρη . . . χαίρων: feelings of delight often set an individual up for an impending fall in H.'s text (1.54.1n, 56.1n ἥσθη); cf. Harpagus as περιχαρής at 1.119.2 (Lateiner 1977; Flory 1978a). Astyages' fall will be delayed until Cyrus comes of age (1.123–8).   **τῆι σεωυτοῦ δὲ μοίρηι περίεις** 'because of your destiny, you continue to live'. For μοῖρα, see 1.91.1n τὴν πεπρωμένην μοῖραν; cf. 4.164.4; 5.92.δ.1; Harrison 2000: 226–7.   **κατά** 'like, of the same sort as'.

122.1 ἐδέξαντο . . . δεξάμενοι: the emphatic repetition of the main verb as participle immediately thereafter, a trope often found in H.'s more vivid narratives (1.8.1n ἠράσθη . . . ἐρασθεὶς δέ).   **οἷα δὴ ἐπιστάμενοι** 'because they were certain'. Here and just below (1.122.2) ἐπίσταμαι is used of an incorrect assumption or wrong belief (1.5.4n ἐπιστάμενος).   **ἱστόρεον:** H. uses this verb to describe his own focused inquiries/investigations (1.on ἱστορίης ἀπόδεξις; 2.29.1; 4.192.3), but his characters engage in it too, in their various interrogations of others (1.24.7, 56.1, 61.2; 3.77.2). By questioning, Cyrus' parents here find out what has happened, but they will also for their own purposes publicly announce something quite different from the ascertained facts (1.122.3n κατέβαλον φάτιν; Christ 2013 [1994]; Baragwanath 2008: 59–81).

122.2 ἔλεγε, φάς 'he told them (the whole story), in particular saying' (1.118.2n ἔφη λέγων).   **πρὸ τοῦ μὲν . . . κατ' ὁδὸν δὲ πυθέσθαι:** Cyrus learns the details of the story on his journey, just as the cowherd has done (1.111.5); again H. narrates the account through the character's own discoveries.

122.3 ἤιε . . . παντός 'went on praising her through the whole story'; a verb of 'going', with pres. part. conveying the main idea (S 2099).   **παραλαβόντες τὸ οὔνομα τοῦτο** 'seizing on this name' (1.110.1nn Μιτραδάτης and Κυνώ). H. is aware that names can be significant (9.91–2; Pl. *Cra.* 383a). Like dreams and prophecies, they can communicate false information, when people understand them wrongly or, as here, manipulate them (Munson 2005: 40–1).   **θειοτέρως** 'rather more providentially', sc. than according to the (already extraordinary) true story. Even without such embellishments Cyrus' birth will appear as something more than human, not least significantly to Cyrus himself (1.126.6, 204.2).   **κατέβαλον φάτιν** 'they let fall the report'. This legend (also mentioned by Justin 1.4, 10–14) is evidently one of the *logoi* designed to magnify Cyrus (1.95.1n σεμνοῦν), with possible connections

to the importance of the dog in early Iranian culture (1.110.1n Κυνώ, 140.3n οἱ δὲ δὴ μάγοι; A. de Jong 1997: 182). For miraculous fictions generated for the purposes of political propaganda, cf. 1.60.5.   ἐνθεῦτεν
... κεχώρηκε 'that is where this report has come from', a formal retrospective conclusion (F.&T. § 3.3.2). The reverse is much more likely: the version of H.'s informants (1.95.1) seems to be a rationalized retelling of the original legend. It resembles Hecataeus' earlier efforts to discover historical truth by stripping myths of their most miraculous elements, as when he explains that Cerberus was really a serpent metaphorically named 'the hound of Hades' (*FGrHist* 1 F27).

123–30 HARPAGUS HELPS CYRUS CONQUER ASTYAGES
(LATE 550s)

123.1 προσέκειτο 'kept after', i.e. 'pestered', with dat.   τείσασθαι
... τιμωρίην: avenging perceived wrongs is a major impetus to action in the narrative portions of the *Histories* (1.10.2n τείσασθαι, 13.2n, 73.1n τείσασθαι, 86.6n τὴν τίσιν; 103.2n τιμωρέων). Other aspects of Harpagus' status as a courtier in a monarchical organization are depicted at 1.109.4n εἰ δ' ἐθελήσει and 1.129.3n σκαιότατον.   ἐπιθυμέων: in the *Histories* ἐπιθυμίη is often an irrational impulse that leads to unintended consequences (1.32.6n). Harpagus' obsession with obtaining a private revenge will benefit him personally, but it will destroy the sovereignty of his people, the Medes (1.129.3). The entire chapter is focalized through Harpagus and elaborately explains the motives for his subsequent actions. ἐποιέετο 'he tried to make'; conative impf. (S 1895; *CG* 33.25).

123.2 πρὸ ... κατέργαστο 'still earlier than this, the following had been achieved by him'. This prospective sentence introduces the background for what will be Harpagus' slowly unfolding long-term plot against Astyages.   πικροῦ 'bitter', i.e. 'oppressive'; Astyages is the only person whose cruelty H. describes in this way (cf. 1.130.1n πικρότητα), perhaps from an account elaborated by the later important family of the Lycian Harpagidae to justify their eponym's betrayal of the Median king (1.176.3n ὁ Ἅρπαγος; Accame 1982: 10–20; Asheri on 1.176.1).

123.3 οὕτω δή: the main narrative thread resumes.   ἄλλως μὲν ... ὁ δὲ ἐπιτεχνᾶται τοιόνδε 'he was otherwise not at all able (to make his plan clear to Cyrus) ... but he devises the following'. For deictics introducing clever action, cf. 1.21.1n and 1.59.3n μηχανᾶται τοιάδε. Here ἐπιτεχνᾶται is reinforced by μηχανησάμενος, 'prepare cleverly' (1.123.4).   ἅτε, like

COMMENTARY: 123.4–124.2

οἷα with the gen. absolute, states a fact on the authority of the writer (S 2085; CG 52.39). H. retrojects the later Achaemenid control of roads (cf. 5.35.3, 52; 7.239.3) to the time of the Medes.

123.4 οὐδὲν ἀποτίλας, ὡς δὲ εἶχε 'plucking out no hair, but just as it was'.   **γράψας τά οἱ ἐδόκεε** 'writing what seemed appropriate to him'. H. postpones telling us what Harpagus wrote until Cyrus reads it (1.124.1–4, 125.2). The writing here, as elsewhere in H., is part of a clever trick, with secrecy involved (1.100.1n δίκας γράφοντες, 187; 3.128; 5.35; 7.239 (if genuine); 8.22, 128). Writing occurs in a wide variety of mediums and often in monarchical and/or conspiratorial contexts (Steiner 1994: 151).   **δίκτυα δούς ἅτε θηρευτῆι . . . τῶι πιστοτάτωι** 'giving nets, as if to a hunter, to the most trustworthy of his servants'; another secret message is given to a trusted servant at 5.35.3.   **ἀπὸ γλώσσης** 'orally'.

124.1 ἐπελέγετο 'proceeded to read it'. The chain of imperfects will only end with the aorist ἐποιήσατο at 1.125.2, marking Cyrus' first decisive action (S 1908; CG 33.49). Eleven written messages occur in H., but this letter is one of the two that are fully quoted; in form it resembles direct speech (Ceccarelli 2005: 30). The other fully cited letter is the famous warning sent from Amasis to the tyrant Polycrates (3.40).   **σὲ γὰρ . . . ἐπορῶσι** 'since the gods watch over you'. The anticipatory γάρ is followed immediately by yet another explanatory γάρ. Both prepare for σύ νυν (S 2811; CG 59.15; Denniston 71.IV.3.iv).   **οὐ γὰρ ἄν κοτε . . . ἀπίκεο** 'for you would never have reached this point of fortune'. The contrary to fact apodosis lacks a formal protasis, but one is easily implied ('if the gods were not watching over you'). The roles here of τύχη, human intervention, and divine plan are carefully intertwined, a combination of causal factors especially prominent in the account of Cyrus' early life (1.118.2n τῆς τύχης; 122.3n θειοτέρως). Most of them are narrated from the point of view of either Harpagus or Cyrus himself, but see 1.111.1n κως κατὰ δαίμονα.   **τεῖσαι:** echoing 1.123.1n τείσασθαι . . . τιμωρίην.

124.2 κατὰ μὲν . . . τέθνηκας 'for according to the desire of this man, you have died (i.e. are dead)'.   **τὸ δὲ κατὰ θεούς τε καὶ ἐμέ** 'but so far as it depends on both the gods and me' (Powell 185.B.III.8); the phrase is an adverbial acc. (S 1609).   **τά σε . . . ἐκμεμαθηκέναι** 'all which things I think you have long ago learned'.   **σέο τε αὐτοῦ πέρι . . . καὶ οἷα ἐγώ . . . πέπονθα** 'both about *you*, how it was done, and what sort of things *I* have suffered'. Cf. Harpagus' restraint at 1.119.6–7; the revenge he plans is possible because Astyages remains unconscious of his underling's true feelings (1.127.2n ὥστε θεοβλαβής).

124.3 ἤν τε . . . ἤν τε 'whether . . . or', introducing protases of a fut. more vivid condition. The apodosis contains a present of the immediate result (S 2326.b, 1879; Goodwin 32). **ἀποδεχθέω** = Att. ἀποδεχθῶ, aor. pass. subjunctive of ἀποδείκνυμι as 'appoint'. **πρὸς σέο** 'on your side' (S 1695.b; Powell 321.A.II.1). **ὡς ὦν . . . ἐόντος** 'now, as things are ready here, at any rate'.

125.1 ἐφρόντιζε . . . φροντίζων δέ: repetition for emphasis (1.8.1n ἠράσθη, 122.1n). **τρόπωι σοφωτάτωι:** H. uses σοφός of clever and shrewd leaders (1.63.2n βουλὴν . . . σοφωτάτην, 96.1n σοφός). Cyrus' conquest of Croesus has already revealed his tactical and strategic abilities as a general (1.79–81, 84). **εὕρισκε . . . εἶναι:** a verb of intellectual knowledge or opinion with infinitive, denoting an opinion given rather than factual information (*CG* 52.24).

125.2 γράψας . . . τὰ ἐβούλετο: H. again delays divulging the content until the moment it is relevant (1.123.4n γράψας τά οἱ ἐδόκεε). **ἁλίην** 'assembly'; like Deioces and his friends convening the earlier gathering of the Medes (1.97.2), Cyrus here uses persuasion and the promise of a better life to get the Persians to decide to follow him (1.97.3n εὐνομήσεται). **Ἀστυάγεα . . . ἀποδεικνύναι** 'that Astyages was appointing him'; historically, Cyrus was already king or at least heir apparent of Anshan, but H. presents him here as the son of a rich Persian (1.126.2), who must claim authority by the pretense described (1.107.2n Πέρσηι).

125.3 ἔστι δὲ τάδε: a prospective sentence first introduces the list of the elite Persian tribes 'on whom all the other Persians depend'. ἀρτέαται is 3 pl. pf. pass. of ἀρτάω. After then listing both agricultural and pastoralist tribes, H. resumes the narrative at 1.126.1 without editorial comment. Other lists were made by Greek authors (Xen. *Cyr.* 1.2.5; Strabo 15.3.1; cf. Briant 2002: 18, 92, 728–9 and more generally 334–40, 468–9). **Πασαργάδαι** is also the name of the capital founded by Cyrus in the Murghâb valley in Fars, but never mentioned by H. It is northeast of the site where Darius later founded Persepolis, and Cyrus' tomb is located there (1.214.5n πολλῶν λόγων). **Μαράφιοι:** H. mentions a Maraphian commander against Cyrene (4.167.1), and at Aesch. *Pers.* 778 (usually considered interpolated) a Maraphis occurs in Darius' lineage. The place Marappiyash appears frequently in the Persepolis Fortification tablets (Dandamaev and Lukonin 1989: 98; Briant 2002: 333–4). The Maspioi are unknown. **Ἀχαιμενίδαι εἰσὶ φρήτρη . . . γεγόνασι:** in Greek a γένος is normally a subdivision of a φρήτρη, but H. calls the Achaemenidae a φρήτρη within the γένος of the Pasargadae; an

Achaemenes is mentioned as Cyrus' earliest ancestor (3.75.1). Darius' father too is described as belonging to this clan (1.209.2; 7.11), a claim that the historical Darius himself promoted (Persians § 3n10).

125.4 ἀροτῆρες ... νομάδες: the distinction between agricultural (i.e. settled) and pastoralist tribal organizations is fundamental in H., though it often does not figure in the narrative of events; the Persians as a whole, for instance, are treated as settled throughout the narrative, while the Scythians, in spite of their explicit subdivisions at 4.17 and 4.52, are featured as mobile pastoralists following their herds (Dorati 2000: 82). **Μάρδοι:** according to Ctesias F8d* (9) Lenfant, the Mardoi were the least distinguished of the Persian tribes, and Cyrus belonged to them rather than to the Achaemenidae (1.108.2n ὁ τῆς θυγατρὸς αὐτοῦ γόνος). A Mardian man in Cyrus' army had noticed the weakness in the citadel of Sardis (1.84.2n ἀνὴρ Μάρδος). **Σαγάρτιοι:** the Sagartians belong to Darius' fourteenth satrapy and pay tribute (3.93.2); they are Persian in speech but distinctive in dress and weapons. H. claims that they later contribute 8000 horsemen to Xerxes' expedition (7.85.1).

126.1 τὸ προειρημένον: i.e. the sickle mentioned at 1.125.2.   **ὅσον τε ... πάντηι** '(measuring) as much as 18 or 20 stades on every side'. The τε after the relative ὅσον 'denotes approximation to a definite standard' (Denniston 524–5.II.1.ii). If one stade is measured as 177.6 m (194.3 yds), the area to be cleared measures c. 10–12.5 km^2 (c. 4–5 sq. miles).

126.2 ὡς δεξόμενος 'intending to entertain' (S 2086.b; CG 52/41). **πρὸς δὲ οἴνωι** 'and also with wine', consumed by the Medes (cf. 1.106), but apparently not by the Persians at this time; cf. 1.71.3n οὐκ οἴνωι διαχρέωνται. Like the banquet as a whole, wine represents a taste of their future destiny and perhaps suggests their transition from a 'hard' people to a softer one (1.71.2n σκυτίνας, 133.3; 3.22.3; 9.82).   **σιτίοισι ὡς ἐπιτηδεοτάτοισι** 'food as appealing as possible'; cf. 1.110.1n. The lavishness of later Persian banquets (very striking to a Greek audience, 9.82) is described at 1.133.1–3 (Persians § 8.2).

126.3 ἀπὸ δείπνου ἦσαν 'were finished with dinner'; this banquet both recalls and is a distant consequence of the horrible δεῖπνον offered by Astyages to Harpagus (119.1–6). The parallel narrative structure, in which the host asks pointed questions after the meal, emphasizes the similarities but also the differences between the two events.   **κότερα τὰ ... εἶχον ἢ τὰ παρεόντα ... εἴη αἱρετώτερα** 'whether they held as preferable the events of the previous day or whether the current ones were more desirable'. For the change in mood of the verbs in the indirect question, see S 2678; *CG* 42.7n1.

126.4 αὐτῶν τὸ μέσον 'the space between them', i.e the difference between their previous situation and their current one. **παρεγύμνου ... λόγον λέγων** 'proceeded to lay bare in speech his entire plan', impf. of developing action (S 1900; *CG* 33.52). For the use of *logos* here, see F.&T. § 3.1n33.

126.5 οὕτως ὑμῖν ἔχει 'here's the way it is for you'; similarly, Dionysius to the Ionians (6.11), Miltiades to Callimachus (6.109), even the queen to Gyges (1.11). A decision is forced on someone; the issue at hand is whether to choose obedient servitude or not. **βουλομένοισι ... πείθεσθαι ἔστι τάδε** 'these things are for you if you want to obey me', dat. of possession followed by οὐδένα ... ἔχουσι ('for you, having no labor of an enslaved sort'). πόνον δουλοπρεπέα contains both the idea of the loss of one's freedom and that of exhausting difficulty, work one would only do if forced to it. **ἐμέο**: gen. after πείθεσθαι on analogy with verbs of hearing (S 1366; *CG* 30.21), repeated three times in Cyrus' speech.

126.6 γίνεσθε ἐλεύθεροι 'become free', an important concept for H. At the very outset of his *Histories*, he states that Croesus first cost the East Greeks their freedom (1.6.2n Ἴωνάς τε καὶ Αἰολέας καὶ Δωριέας) and then in turn himself became enslaved to Cyrus (1.89.1). The Cyrus story begins with the story of how the Medes freed themselves from the Assyrians (1.95.2) and then gave away their freedom to an autocratic ruler (1.99–100). The identity of Cyrus has been recognized because he spoke with a ὑπόκρισις ἐλευθεριωτέρη to Astyages (1.116.1), and now, at Harpagus' urging, he exhorts the Persians to become free of the Medes. At 3.82.5 Darius reminds his co-conspirators that the Persians owe their freedom to Cyrus; in its larger context, as the *Histories* continue, this Persian freedom in turn enslaves others (1.129.4 δούλους ἐόντας τὸ πρὶν Μήδων νῦν γεγονέναι δεσπότας; F.&T. § 2.1). **δοκέω ... τάδε ἐς χεῖρας ἄγεσθαι** 'I have a mind ... to take these matters in hand' (S 1998). **θείηι τύχηι γεγονώς**: Cyrus interprets his survival as a child as divinely willed, and that leads him to think he has a special destiny (1.122.3n θειοτέρως and 1.204.2n τὸ δοκέειν). The idea of a divine protection and destiny connected with conquest will become an important part of Persian imperial ideology (e.g. 7.19). **ὡς ... ἐχόντων ὧδε** 'since this is how things stand' (S 2086.d; *CG* 57.2).

127.1 καὶ πάλαι 'even for a long time', i.e. before Cyrus' ambitions entered the picture.

127.2 βουλήσεται: variation in mood within indirect discourse (S 2632; CG 41.13). **ὥστε θεοβλαβὴς ἐών** 'since he was deluded', lit. 'harmed by god'; ὥστε emphasizes the narrator's assertion of the participle's causal force (S 2085). Much earlier, Harpagus thought Astyages mentally impaired for wishing to destroy his own grandson (1.109.2n εἰ παραφρονήσει τε καὶ μανέεται); here Astyages' fatal mistake is to ignore the hatred his cruelty has engendered (1.119.6n οὔτε ἐξεπλάγη, 120.3n παρὰ σμικρά).

127.3 ὡς δὲ οἱ Μῆδοι ... ἔφευγον: this narrative largely corresponds to an entry in the Nabonidus Chronicle for 550 (Kuhrt 2007: 50–1; Persians § 1.2). Cyrus' defeat of Astyages is mentioned by Aristotle, who assigns as its cause Astyages' waning power and the luxury of his lifestyle (*Pol.* 5.1312a12).

128.1 οὐδ' ὣς Κῦρός γε χαιρήσει 'Cyrus at any rate will not go away rejoicing'. Cf. the positive uses of χαίρω earlier (1.121n), when Astyages is both glad himself and tells Cyrus to go, rejoicing, back to his birth parents.

128.2 ἀνεσκολόπισε 'impaled'. Describing Cyrus' origins, H. has focused considerable attention on the Median royal cruelty that will also come to characterize the Persian monarchy (4.84; 5.25; 7.39.2–3). Piercing the body vertically with a stake became a Persian form of execution (3.132.2, 159.1; 4.43.2 and 6, also recorded in the Behistun/Bisitun Inscription: Kuhrt 2007: 145–6). H. also uses ἀνασταυρόω (3.125.3; 6.30.1; for the head of Leonidas' corpse on a stake, 7.238.1; in the Roman era the verb signifies crucifixion). Lydian royal behavior is portrayed as less harsh (e.g. 1.33, 45), but 1.92.4 suggests a more savage picture of Croesus the Lydian that H. could have emphasized, had he chosen to do so. Greeks can perform deeds of comparable brutality, but H. depicts them doing so only very rarely and by implication as a regrettable lapse into barbaric behavior (4.202.1; Flower/Marincola on 9.120.4). **ἐν τῶι ἄστεϊ:** Ecbatana (1.98.3n Ἀγβάτανα).

128.3 ἐζωγρήθη ... ἀπέβαλε 'was captured alive and lost those of the Medes he led out'. The Nabonidus Chronicle does not mention this second battle but reports that the city was looted and, agreeing with H., that Astyages was taken prisoner (Persians § 1.2; Kuhrt 2007: 50).

129.1 ἄλλα λέγων ... θυμαλγέα ἔπεα καὶ δὴ καί 'saying other heart-paining words and most particularly'. καὶ δὴ καί after anticipatory ἄλλος emphasizes the idea of climax (1.1.1n τῆι τε ἄλληι). For θυμαλγέα ἔπεα cf. *Od.* 16.69, 23.183. The frank confrontation between conqueror and defeated king is a narrative trope, as in the discussions between Cyrus and Croesus (1.86–90), Cambyses and Psammenitus (3.14), Leotychides and Demaratus (6.67). πρὸς τὸ ἑωυτοῦ δεῖπνον 'in reference to his own dinner' (1.119.1–6). ὅ τι εἴη ... βασιληίης 'what his slavery, instead of kingship, was like'. Harpagus has finally told Astyages what he really thinks and feels (cf. 1.108.5, 119.7). The mocking question parallels Astyages' earlier question to Harpagus at 1.119.6 (εἰ γινώσκοι ὅτεο θηρίου κρέα βεβρώκοι); for a similar mocking question of a defeated enemy, cf. 6.67.2.

129.2 εἰ ἑωυτοῦ ποιέεται 'if he considers as his own'; pres. tense of original question retained (S 2677.a; *CG* 42.7n1). **αὐτὸς γὰρ γράψαι** 'since he had written (the letter)'; embedded explanation with anticipatory γάρ, followed by resumption with δή (Denniston 71.IV.3.vi).

129.3 τῶι λόγωι: unclear whether the *logos* belongs to Harpagus or Astyages. If τῶι λόγωι means 'by his comment' or 'by his reasoning' (dat. of means, S 1507), it signifies Astyages' retort, revealing his thoughts to Harpagus. It can also be read, however, as part of what Astyages says, criticizing Harpagus' speech (dat. of respect, S 1516). **ἀδικώτατον ἐόντα:** Harpagus' conventional use of the word δικαίως at 1.129.2 is thrown back at him by Astyages' use here of ἀδικώτατον. Cf. H.'s earlier use of δικ-words in the Deioces story, in Cyrus' youthful punishment of the son of Artembares, and in Astyages' previous punishment of Harpagus (1.96.2n τῶι δικαίωι, 115.3n, 120.1n). **σκαιότατον μέν γε ... ἀδικώτατον δέ** 'on the one hand, the most idiotic, if when it was possible for him to become king (if indeed the present situation was accomplished through his agency), he turned the power over to another, and on the other hand, the most unjust'. The effect of γε is to 'concentrate attention momentarily on the μέν clause, with a deliberate temporary exclusion of the δέ clause' (Denniston 159–60). H. sets this scene up so that it creates a temporary readjustment of readerly sympathies. The speech of the cruel old king Astyages emphasizes that all along he believed that he was acting in concern both for himself as king and for the continuing sovereignty of the Medes (1.120.5n πολιήτεω), while Harpagus, defining himself as underling and victim, has focused on a personal revenge, because of the atrocity he earlier suffered (1.123.1). **παρεὸν αὐτῶι:** impersonal part. in acc. absolute (S 2076.A; *CG* 52.33). **ὅτι τοῦ δείπνου εἵνεκεν Μήδους κατεδούλωσε:** the threat of enslavement in the sense of political subjugation becomes a dominant theme of the *Histories* with the rise to power of the Persians (1.27.4n τοὺς σὺ δουλώσας ἔχεις, 126.6n γίνεσθε ἐλεύθεροι). Astyages had underestimated the importance of multiple private motivations in determining the outcome of public events (1.14.1n) – in particular, the power of Harpagus' resentment.

129.4 εἰ ... δεῖν: assimilated inf. in a subordinate clause in indirect discourse (1.24.7n ὡς δὲ ἄρα παρεῖναι; S 2631; CG 41.23). **δικαιότερον εἶναι:** no ἄν appears in the apodosis of a contrary to fact condition with an impersonal expression of propriety (S 2313; CG 34.17).

130 CONCLUSION TO THE EARLY HISTORY OF CYRUS
(c. 550)

This chapter rounds off the narrative frame begun at 1.95. But where that introduction had a strong programmatic and self-referential element, explaining H.'s own criteria for inclusion, here the basics of the preceding narrative are baldly summarized: first Astyages' defeat (130.1–2) and then, separately, Cyrus' victory (130.2–3). At the end, H. prepares to resume his chronological narrative after the long analepsis, explicitly referring his readers back to the story of Cyrus' victory over Croesus (1.86–91n, 94.7n Λυδοί).

130.1 πέντε καὶ τριήκοντα: from 585 (the year of the eclipse, 103.2n οὗτος) to 550, which is the date provided by the Nabonidus Chronicle for Astyages' defeat (1.127.3n ὡς δὲ οἱ Μῆδοι). **πικρότητα:** H.'s final judgement on Astyages' harshness; cf. 1.123.2n πικροῦ. **τῆς ἄνω Ἅλυος ποταμοῦ Ἀσίης:** i.e. 'upper Asia' (1.95.2n). **ἐπ' ἔτεα τριήκοντα καὶ ἑκατὸν δυῶν δέοντα:** this total of 128 years for the Median dynasty from Deioces to Astyages does not correspond to the sum of the 150 years obtained by adding the four Median reign lengths given at 1.102, 106.3, and 130.1 for Deioces, Phraortes, Cyaxares, and Astyages, even if we add to it the 28 years of Scythian domination, which H. here explicitly excludes. See 1.103.3n Σκυθέων στρατός, 106.3n; Persians §§ 1.1n1, 1.2.

130.2 ὑστέρωι μέντοι χρόνωι ... νικηθέντες: prolepsis, one of H.'s allusions to the fact that he knows more than he has chosen to record in the *Histories*. Throughout, he pays more attention to Persian activities in the west than he does to Persian home territories. No Greek source mentions a Median revolt at the time of Darius, but the Behistun/Bisitun Inscription describes the defeat of a Median usurper, Fravartish, who ended up impaled in Ecbatana (1.103.1n). **τότε δέ:** a return to the time of Astyages. **ἦρχον ... τῆς Ἀσίης** 'after this time proceeded to rule Asia', S 1900; CG 33.52.

130.3 Ἀστυάγεα δὲ ... ἐτελεύτησε: another prolepsis. Cyrus will be generous to Astyages, as he demonstrably is to Croesus (1.88–90, 153–6, 207–8). Astyages does not appear again, but other Medes will play a prominent role in Persian administration (1.156.2n Μαζάρεα; 6.94–7). As it grows, the Persian Empire will make use of local, non-Persian administrative structures and officials within an overarching Persian imperial control (1.153.3n; 3.15.2–3). οὕτω δὴ Κῦρος . . . ὡς εἴρηταί μοι πρότερον: this part of the conclusion refers back to the introduction at 1.95.1; γενόμενός τε καὶ τραφείς corresponds to 'what sort of person was Cyrus, who destroyed . . .' (1.95.1). Κροῖσον . . . ἄρξαντα ἀδικίης: H. re-emphasizes Croesus' responsibility in the conflict against Cyrus, just as he has specified that Astyages' own harshness caused his defeat (1.76.2n οὐδὲν ἐόντας αἰτίους, 130.1). There is an implicit reference as well to the earlier injustice of Croesus' aggression against the Ionians (1.5.3 πρῶτον ὑπάρξαντα ἀδίκων ἔργων); retributive justice is an important causal thread throughout H.'s narrative. πάσης τῆς Ἀσίης ἦρξε 'ruled all of Asia', i.e. Asia both on the western side of the Halys (τὰ κάτω τῆς Ἀσίης) and on the eastern side (τὰ δὲ ἄνω). The aor. here (as opposed to the impf. of the same verb at 1.130.2) summarizes Cyrus' rule so far (S 1908; CG 33.49).

131–40 PERSIAN ETHNOGRAPHY

After the story of Cyrus' birth and defeat of Astyages but before the account of his Persian victories, H. makes an extensive survey of Persian customs, where he begins to define the non-Greek people who will become important protagonists for much of the rest of the *Histories*. The Persians are a mixture of 'hard' and 'soft' culture: their upper classes are proud, dogmatic, and noble, but also acquisitive, wealthy, and luxury-loving. As at 1.93–4, the tense switches to the ethnographic present, which some scholars define as 'timeless', but importantly includes H.'s own time; H.'s Persian contemporaries are very different from the unsophisticated people they were before their conquest of Lydia (Persians §§ 8.2–9.1; Munson 2001a: 149–51).

131–2 PERSIAN RELIGIOUS CUSTOMS

Persian religion in the time of H. probably featured several variations of 'Mazdaism' (any cult centered around the Iranian god Auramazda or Ahura Mazda: 1.131.2n τὸν κύκλον). These included forms established by the holy man Zarathustra (whom the Greeks called Zoroaster), which the Near Eastern evidence indicates were embraced by the Achaemenidae at least from the times of Darius. In extant Greek literature Zoroaster, who does not appear in H., is first mentioned by Xanthus of Lydia (*FGrHist* 765 F32). Scholars disagree about the extent to which H.'s description of Persian rituals and ethical rules reflects a generalized Mazdaism or displays traces of specifically Zoroastrian ideology (1.131.2nn, 137.2n ἀποκτεῖναι, 138.1n αἴσχιστον, 140.1n πρὶν ἄν, 140.3nn). H. does not cite members of a Persian priestly class as informants, as he does for Egyptian priests in Book 2 (2.3.1, 142.1, etc.). It is possible that his sources on Persian religion were lay Iranians, who were either not well versed in Mazdaic theology or practiced a form of Mazdaic cult in which Zoroaster was not important (A. de Jong 1997: 92–120; Panaino 2011).

131.1 οἶδα: the ethnography to come emphasizes a series of contrasts between what H. knows and what he is less certain about, and between his own cautious opinions and the Persians' very firm views. 'I know' here stands in contrast not only with the more tentative interpretation that immediately follows ('it seems to me'), but also with the even stronger expression of authorial uncertainty at the end of the passage as a whole (1.140.1–2nn). As often, the source of H.'s knowledge is here left undisclosed. Although he never mentions that he traveled to Persia, he must have had access to Persian sources closer to home; he may also have partially relied on earlier Greek *Persika* and the writings of Hecataeus. For H.'s expressions of knowledge, opinion and ἱστορίη, see 1.5.3n τὸν δὲ οἶδα and F.&T. §§ 3.2–3.2.2.   **νόμοισι τοιοισίδε:** for the semantic range of νόμος, cf. 1.4.2n, 29.1n τῶν νόμων, 94.1n Λυδοὶ δέ. The Persian ethnography is the only one in the *Histories* that begins with a discussion of religious customs. H.'s strategy here seems to be to demilitarize the Persians and distance them from common Greek stereotypes by representing them primarily in private, domestic, and peaceful settings (Thomas 2011; Miller 2011: 140–3).   **ἀγάλματα μὲν ... ἱδρύεσθαι:** μέν identifies the negative statement (what the Persians do not do); it is answered by the positive οἱ δὲ νομίζουσι in the following sentence (1.131.2). Presentation by negation serves to correct the Greek audience's assumptions or emphasizes differences from Greek norms; in ethnographic writing it often indicates what a people lacks (1.71.2n οὐκ ὅσα, 132.1, 133.1–2nn, 193.3nn). In this ethnography, it tends to focus on special ritual choices, prohibitions, and dogmatic beliefs (1.132.2, 136–8). On temples, altars, statues among other foreign peoples, cf. 1.183 (Babylon); 2.4.2 (Egyptians); 4.59.2 (Scythians), 108 (Geloni).   **οὐκ ἐν νόμωι ποιευμένους** 'not considering it as part of their custom'. According to Berossus *FGrHist* 680 F11, Persian cult statues were first introduced by Artaxerxes II (404–358). There is no archaeological evidence of Achaemenid temples, even though in the Behistun/Bisitun Inscription Darius says he has restored the sanctuaries that Gaumata had destroyed (DB § 14; Kuhrt 2007: 143). For the representations of Persian altars, see Briant 2002: 244–50 and Kuhrt 2007: 548, 552 (figs. 11.38, 41), although they did not serve the purpose of Greek βωμοί, on which offerings were burnt (1.132.1.n οὔτε βωμούς). As Thomas remarks (2011: 244), 'A Greek observer, even if he were in a position to observe, might well not have recognized such things, so different from the Greek version, as "temples" and "altars" at all.' **καὶ . . . ἐπιφέρουσι** 'and they even attribute stupidity to those who do', i.e. to those who build divine statues, temples, and altars. H.'s Persian ethnography (esp. 1.133–138.2) records many Persian beliefs, prohibitions, assertions, and opinions about themselves and others, statements that have the effect of blurring the line between the Persians as ethnographic subjects and the Persians as H.'s informants/sources (as in the proem, 1.1–5; cf. 1.1n Περσέων . . . οἱ λόγιοι; Persians §§ 8.2–9.1). H.'s rational, opinionated Persians in this part of the *Histories* provide a distant literary antecedent for Montesquieu's influential 1721 *Lettres persanes*. **ὡς μὲν ἐμοὶ δοκέειν:** absolute infinitive (S 2012.d; *CG* 51.49). μέν with the personal pronoun is emphatic and also suggests the possibility of different opinions (Denniston 381.III.5.ii). H. knows something about Persian practices and attitudes, but he emphasizes that he is speculating here about how these relate to their theological beliefs. **οὐκ ἀνθρωποφυέας ἐνόμισαν τοὺς θεούς** 'they do not believe that the gods have human form'; the aorist is often used in generalizing descriptions of manners and customs, similar to the gnomic aorist (S 1932; *CG* 33.30). H.'s observation is perhaps derived from the absence of Persian cult statues (131.1n οὐκ ἐν νόμωι); some of the Achaemenid winged disks, however, include an anthropomorphic figure (Kuhrt 2007: 474, 536, 555–6). **κατά περ οἱ Ἕλληνες:** H. raises the issue of Greek anthropomorphism; cf. his surprise at Athenian credulity at the time of the Phye/Athena episode (1.60.3). For Greek philosophical disparagement of the human appearance of Greek gods, see Xenophanes DK 21 B14–16, but H.'s comment here may again implicitly reflect the opinion of Persian sources (1.131.1n καὶ . . . ἐπιφέρουσι). H. reports other foreign criticisms of Greek customs and beliefs (1.133.2; see also e.g. 1.4.2–3; 4.79.3). One of his basic beliefs about religion is succinctly summed up at 2.3: everyone knows as much as everyone else about τὰ θεῖα (F.&T. § 2.5 and n32).

131.2 οἱ δὲ νομίζουσι 'but they rather have as a custom', in antithesis to ἀγάλματα μὲν . . . οὐκ . . . ἱδρύεσθαι above. Here νομίζουσι means 'they hold as a cultural practice' (equivalent to ἐν νόμωι ποιευμένους), whereas ἐνόμισαν at 1.131.1 refers rather to cultural belief (cf. νενόμισται at 1.138.1). **Διί:** H. is correct in one sense here, since both Persians and Greeks were descended from Indo-European peoples who worshipped the Sky or Day, conceived as a divine entity, 'D(i)yéus' (Burkert 1985: 125–6; M. West 2007: 166–8). For the *interpretatio Graeca* of Iranian divinities, see A. de Jong 1997: 29–35. Religious syncretism, or the practice of identifying other people's divinities as much as possible with members of the Olympic pantheon, is typical of Greek thought (Parker 1996: 158–63). ἐπὶ τὰ ὑψηλότατα τῶν ὀρέων: Persian worship on hilltops is also mentioned by Xen. *Cyr.* 8.7.3 and Strabo 15.3.13. The name of the mountain now called Bisitun or Behistun meant 'Place of the Gods' (Bagastana, probably a Median word: Boyce 1982: 21–2). τὸν κύκλον ... καλέοντες 'because they call the whole vault of the sky "Zeus"'. H. means that the main Persian patriarchal divinity (corresponding to Zeus in Greek religion) is the sky and not an anthropomorphic god; he is not claiming that Persians use the name 'Zeus' (although Persian informants who spoke Greek, like the Persian λόγιοι of 1.1–5, might have done so). Cf. Arist. *Metaph.* 986b20 on Xenophanes (DK 21 A30): 'gazing at the whole sky (εἰς τὸν οὐρανὸν ἀποβλέψας), he says that "the one" (τὸ ἕν) is god (τὸν θεόν)'. H.'s Persian 'Zeus' is called Auramazda in the Achaemenid inscriptions, presumably to be identified with the Zoroastrian Ahura Mazda, found in the Avesta. The empty chariot of the Persian 'Zeus' accompanies Xerxes' expedition at 7.40.4 and 8.115.4. θύουσι ... ἀνέμοισι: Persian fire-worship is prominently represented in Persian art (Kuhrt 2007: 561–2). Sun and moon are celestial manifestations of fire and its purifying light, symbolically associated with Auramazda/Ahura Mazda. The Zoroastrian (or perhaps simply Mazdian) concern for maintaining the purity of the created world perhaps lies behind H.'s description of Persian interdictions against contaminating water (1.138.2) and fire (3.16.3; cf. 1.86.2n δὶς ἑπτὰ Λυδῶν). For the cult of the winds (i.e. air), see the special sacrifice at 7.191.2. H.'s thought at 1.131.2 may also owe something to Greek sophistic theorizing: according to Prodicus DK 84 B5, the ancients honored the sun, moons, rivers, springs, etc. as gods (Thomas 2011: 242; more generally, Parker 2011: 76–7 and n35).

131.3 ἐπιμεμαθήκασι 'they have learned in addition'. For H. religious practices and beliefs normally do spread across nations, but appropriating foreign customs of all kinds is especially characteristic of the Persians (1.135). **Οὐρανίηι ... Ἀλιλάτ:** for Aphrodite Ourania, see 1.105.2n οὐρανίης; for the Babylonian Mylitta, see 1.199.3n Μύλιττα. Alilat is mentioned again at 3.8.3, as an Arabian name for 'Ourania'. H. often 'translates' the names of foreign gods into Greek or vice versa (2.42.5; 4.59.2; Linforth 1926; Harrison 2000: 208–22). **Μίτραν:** an error, since Avestic Mithra (Vedic Mitra) is a male divinity connected with light, covenants, contracts, and oaths, identified with Apollo by Hellenistic Greeks. The Iranian goddess who becomes identified with the Assyro-Babylonian Ishtar (whom H. calls Mylitta) is Anahita, rendered as Anaitis in Greek.

Strabo's 15.3.13 list of Persian nature divinities is similar to H.'s given above (1.131.2); he avoids H.'s gender mistake but errs in saying that the Persians call the sun Mithra. See also 1.110.1n Μιτραδάτης.

132.1 οὔτε βωμοὺς ... οὔτε πῦρ ... οὐ σπονδῆι ... οὐκὶ αὐλῶι, οὐ στέμμασι, οὐκὶ οὐλῆισι: this reads like a catalogue of what a Greek would consider necessary items for a sacrifice. Achaemenid Persians did not use fire to burn offerings on an altar (1.131.1n οὐκ ἐν νόμωι ποιευμένους; Strabo 15.3.13), although they used it to cook the meat after the ritual was over. They made libations, but with water; at 7.43.2 H. calls the libations that the Magoi poured not a σπονδή but χοαί ('pourings'). Perhaps H. means to say that the Persians, unlike the Greeks, do not make libations of wine in the context of the sacrifice. H. describes what a Greek would manage to see and understand of this ritual, with no Persian guide there to interpret the context (Panaino 2011: 247). **τῶν δὲ ὡς ἑκάστωι θύειν θέληι** 'when he (anyone) wants to sacrifice to each of them (the gods)'. θέληι is a subjunctive without ἄν in a present general conditional rel. clause (S 2567.b; CG 49.15). The shift to the singular is not usually found in H.'s ethnographic discourse (e.g. 1.195.1); here it abruptly brings to the fore the ordinary Persian, who speaks and prays for his whole people and his king (1.132.2). Although it requires the presence of a religious official (1.132.3), the sacrifice H. describes is not a priestly ritual like the one the Magoi perform at 7.191, but rather a private ceremony initiated by an individual. **καθαρόν** 'uncontaminated' by the presence of dead animals, etc. Even the Zoroastrian concern for purity did not entail opposition to animal sacrifice *per se* (A. de Jong 1997: 357–8). **ἐστεφανωμένος ... μάλιστα** 'wreathing his tiara, usually with myrtle'; for μάλιστα as 'most likely', see also 1.132.2. The Persian tiara that was part of everyday dress was a loose felt cap with a folded-over point on top (3.12.4; 7.61.1; Tuplin 2007). Strabo 15.3.15 describes a τιάρα worn by the Magoi that reached over the cheeks and mouth. The word is thought to be not Iranian in origin but perhaps from further east (Schmitt 2011: 328; Branscome forthcoming).

132.2 ἑωυτῶι ... μούνωι οὔ οἱ ἐγγίνεται ἀρᾶσθαι ἀγαθά 'it is not allowed for him making the sacrifice to pray privately for benefits for himself alone'. **τῶι βασιλέϊ:** this is one of only two references to the king in this ethnography (1.137.1n μήτε αὐτὸν τὸν βασιλέα); both emphasize the Persians' corporate solidarity. **ἐν γὰρ δὴ ... αὐτὸς γίνεται** 'for he is himself part of "all the Persians"'. **διαμιστύλας κατὰ μέρεα τὸ ἱρήιον:** H. does not describe the ritual killing (cf. his vivid account of the Scythian practice at 4.60–2). This omission implies that H. thinks the manner of slaughter resembles that in Greek ritual, but it also reinforces the character of the ethnography as a whole, which is conspicuously free of blood and violence.

132.3 διαθέντος δὲ αὐτοῦ 'when he has set it out'.   **μάγος** for H. is a priest or religious authority like those mentioned at the end of this section (1.140), here attending a lay sacrifice. Magoi also perform their own priestly rituals (7.43.2, 113–14, 191) and interpret dreams (1.107; 7.19, 37). After Darius kills the two Magoi who have taken over the kingship in 522, a festival called the Magophonia is established in Persia (3.79); the Magoi as a class, however, continue to exercise influence in the Achaemenid court.

Since at 1.101 H. lists the Magoi among the Median tribes, it is possible that as an ethnic group they constituted a sort of caste that had inherited an official religious role and from which the clergy was drawn, even after the rise of Persian power; as ritual experts, they perform sacrifices for the king (Briant 2002: 245–6; Kuhrt 2007: 474). Achaemenid inscriptions denote as Magoi (*magush*) several named individuals in various positions of authority (Boyce 1982: 19), but it is unclear whether by this time they would have all been Medes or whether, Medes or not, they would all have had ritual functions. H.'s false Smerdis and his brother (3.61–79) are Median Magoi, and 3.75 and 79 seem to imply that all Magoi are Median, although not necessarily priests. In the Behistun/Bisitun Inscription, the rebellious Magus Gaumata (H.'s false Smerdis) is slain at a fortress in Media (DB § 13; Kuhrt 2007: 143; Persians § 7.3). In H.'s narratives about the Magoi as consultants to the Median king Astyages (1.107.1, 108.2, 120, 128.2) and the Persian Xerxes (7.19, 37.2), their chief objective seems to be to support the king's own predilections. In the Greco-Roman world in general, μάγος effectively became synonymous with γόης, sorcerer (Dickie 2001: 33). The more common European and Christian tradition that views Magoi/Magi as Eastern wise men, interpreters of the movements of the stars, is attested at Matt. 1:12 (Boyce 1982: 19; A. de Jong 1997: 387–94, 214–27; Panaino 2011: 350–64).   **ἐπαείδει θεογονίην ... ἐπαοιδήν** 'sings a theogony, as they call the song'. H. glosses the θεογονίη because for the Greeks a theogony recounting divine origins was not sung or chanted as part of regular religious rituals. In Babylonian and other ancient religious ceremonies, however, creation myths played a prominent role during cult as speech acts reaffirming the cosmic order. In ancient Iranian religion, laudatory hymns like the Vedic Gathas might have served a similar function.   **ἄνευ ... ποιέεσθαι:** an assertion of the type 'x is the case; it is never not x', as again at 1.137.2 and 139, is a presentation by negation, asserting authoritative information (1.131.1n ἀγάλματα, 131.1n καὶ . . . ἐπιφέρουσι). **ἀποφέρεται ὁ θύσας τὰ κρέα:** another peculiarity attracting H.'s attention as an ethnographic reporter. The meat was apparently all taken away rather than partially burned or left for the divinity in whose honor the sacrifice was made (A. de Jong 1997: 359). In the section on banquets below, the Persians cook meat at home and consume it in meals where no mention is made of sacrifice (1.133.1). **χρᾶται ὅ τι μιν λόγος αἱρέει** 'he disposes of it in whatever way the thought strikes him'. For this use of *logos*, see 1.134.2n κατὰ λόγον.

133–9 MOSTLY SECULAR PERSIAN CUSTOMS

From the disposal of the meat after the sacrifice we pass to the description of Persian feasts and then, rapidly and by loose association, to social etiquette, issues of status, dress and other pleasures, sex, marriage, education of children, discipline meted out to underlings, moral code, health, and language. Religious considerations again briefly emerge at 1.138.1–2.

133.1 τιμᾶν νομίζουσι 'it is their custom to honor' (1.131.2n οἱ δὲ νομίζουσι). **πλέω δαῖτα τῶν ἀλλέων** 'a dinner bigger than the others'. Banquets for H. represent a key event in Persian culture; their extravagance is noticed by other Greek authors (e.g. Strabo 15.3.19). In H. they punctuate the historical narrative at special moments, including the beginning of the Persian decision to revolt from the Medes (1.125–6) and the occasion of their defeat at the hand of the Greeks and its aftermath (9.82, 110.2), as well as at various points in between (1.207.6–7 with 211; 3.79.3; 7.119, 135.1). **δικαιοῦσι προτίθεσθαι** 'they judge it appropriate to serve'; another statement of Persian attitudes or opinions, rather than a simple report of what they do (1.131.1n καὶ . . . ἐπιφέρουσι). **οἱ εὐδαίμονες αὐτῶν . . . καμίνοισι** 'the wealthy among them serve an ox, a horse, a camel, or an ass roasted whole in ovens'. προτιθέαται = Att. προτίθενται. A distinction drawn between rich and poor Persians occurs in the ethnography only here and at 1.134.1; H. otherwise describes the Persian people as a whole, but from an aristocratic viewpoint. The Persian roasting of animals whole rather than cut up is considered remarkable by the Greeks. It forms part of a joke in Ar. *Ach.* 85–9; cf. Ath. 4.145e and Polyaenus 4.3.32 (Sancisi-Weerdenburg 1995: 292–6). Among the Greeks of the classical period, livestock animals like the ox (but certainly not horses or camels) would be sacrificed and consumed in a communal meal (Parker 2010; Naiden 2013: 232–75).

133.2 σίτοισι . . . ἁλέσι (dat. of ἁλής) 'they use few basic staple foods, but many supplementary dishes, and not served all at once'. The usual Greek distinction is between the main staple, σῖτος (bread), and ὄψον (whatever one eats with it, including meat). Here ἐπιφορήματα seem to be equivalent to ὄψον and to consist of a variety of dishes that would be brought in successive courses (Sancisi-Weerdenburg 1995). According to Xen. *Cyr.* 8.8.9, the Persians of his times still kept the custom of eating once a day, but their meal lasted all day long. **φασὶ . . . παύεσθαι:** another Persian opinion about a deficiency in Greek cultural practices (cf. 1.131.1n καὶ . . . ἐπιφέρουσι). The Greeks are still hungry at the end of their meals; if something more were served they would not stop eating. Cf. the interest expressed by the Spartan general Pausanias in Persian meals (9.82), in connection with his reported interest in becoming a τύραννος (5.32), and Thucydides' report about Pausanias' later adoption of 'a Persian table' (1.130.1). This difference in eating habits forms part of the more general contrast H. draws between 'hard' and 'soft' cultures (1.71.2n σκυτίνας). Before their conquest of Lydia, H. presents the Persians themselves as more like the Greeks. Sandanis says to Croesus: 'They eat not as much as they want but as much as they have, because they have a harsh land' (1.71.2; cf. 9.122.4). **ἀπὸ δείπνου** 'after dinner'. **ἐσθίοντας ἂν οὐ παύεσθαι** 'they would not stop eating', apodosis of fut. less vivid condition within indirect discourse; παύεσθαι represents a pres. opt. (S 2329; *CG* 49.8) and governs the supplementary part. (S 2098; *CG* 52.27).

133.3 οἴνωι δὲ κάρτα προσκέαται (= Att. προσκεῖνται) 'they are very much inclined to wine'. This is a common Greek stereotype for non-Greeks (3.22.4, 34.1–2; 6.84.3; Hall 1989: 133–4), but the Persians of H.'s ethnography apparently continue to observe the proprieties when inebriated (οὐκὶ ἐμέσαι . . . οὐρῆσαι ἀντίον ἄλλου). In Pl. *Leg.* 1.637e too the Athenian observes that although the Persians indulge extensively in wine and other pleasures, they do so in a more orderly way than other non-Greek peoples.

133.4 τὸ δ' ἂν ἅδηι σφι 'whatever is pleasing to them', indefinite rel. clause, proleptic with respect to the main clause. ἅδηι is aor. 3 s. act. subjunctive of ἁνδάνω (S 2545.c; CG 50.21). **ἐν τοῦ ἂν ἐόντες βουλεύωνται** 'being in whose (house) they deliberate'; in Greek the participle can convey an idea that we would express with a finite verb: 'in whose house they meet, when they deliberate' (1.35.3n, 95.1n Κῦρον ὅστις ἐών). **καὶ ἢν μὲν ἅδηι καὶ νήφουσι** 'and if it is pleasing to them also when sober. . .'; protasis of a pres. general condition (S 2236.b; *CG* 49.13). **ἐπιδιαγινώσκουσι** 'they re-examine the issue'. In the historical narrative H. does not report any Persian deliberation done in this way; in Book 3, Cambyses' insane decisions seem to be linked by other Persians to his excessive love of wine (3.34; Dorati 2000: 165–6). The paradoxical custom, however, suits the idealizing (and perhaps intentionally piquant) tone of this section. Tacitus *Germ.* 22 describes a similar custom for his idealized Germans. In Ar. *Lys.* 1225–39, two Athenians at a banquet agree that the Athenians are wisest when in their cups, while sobriety only makes diplomatic exchanges with the Spartans more difficult; see also *Eq.* 85–100 (Thomas 2011: 245–6).

134.1 ἐντυγχάνοντες . . . τῷδε . . . οἱ συντυγχάνοντες 'when they meet each other . . . one would know from the following if those who meet are equals' (S 1245; *CG* 2929). **προσπίπτων προσκυνέει** 'falling forward he makes obeisance'. In the historical narrative H. mentions προσκύνησις as given only to a Persian or a Median king (1.119.1; 3.86.2; 7.13.3, 136.1; 8.118.4); this was a custom abhorrent to Greeks (1.119.1n; 7.136.1; cf. Plut. *Them.* 27.4–5). The precise meaning of the verb is debated; elsewhere in H. it is a gesture given by Egyptians to a divine statue (2.121.1) or to each other (2.80.2). On two orthostat reliefs from the *apadana* building at Persepolis, a visitor in riding dress only bends forward slightly, presumably to the king, with his hand to his lips, a less radical form of salute than the one described with προσπίπτειν here (Briant 2002: 222–3; Kuhrt 2007: 536–7).

134.2 μετά γε ἑωυτούς 'after themselves, of course'. **δεύτερα δὲ τοὺς δευτέρους** 'and in second place (they honor) the second', i.e. those who live next to their immediate neighbors (1.197n). **κατὰ λόγον προβαίνοντες** 'proceeding according to (this kind of) reasoning'. The mental map of the Persians, ἄριστοι themselves, locates other peoples, arranged in concentric circles, as more inferior the farther they are from Persia (Romm 1992: 46, 54). H. also attributes various shades of ethnocentrism to Medes (134.3), Scythians (4.76.1), Egyptians (2.41.3, 91.1, 158.5), and more generally to 'all men' (3.38.1). For H.'s occasional use of the word λόγος as 'principle of rational organization', see F.&T. § 3.1n33; it occurs three times at 1.134.2–3.

134.3 καὶ ἦρχε τὰ ἔθνεα . . . τῶν ἐχομένων 'the (various) peoples also ruled over one another, the Medes over all of them together and over those who lived nearest to them, these in turn over their neighbors, and these again over those close to them'. The combination δὲ καί is equivalent to 'in turn' (Denniston 305.II.B.7.ii); ἦρχε supplies the verb for Μῆδοι, οὗτοι δέ, and οἱ δέ. There is no other evidence for the principles here described as underlying Median rule. **προέβαινε . . . ἐπιτροπεῦον** 'for indeed the people (the Medes) used to go on progressively, ruling and governing', corresponding to κατὰ λόγον προβαίνοντες above. τὸ ἔθνος refers not to οἱ Πέρσαι, the immediately previous noun, but as a parenthesis back to the Medes, as γάρ δή and the impf. προέβαινε indicate. The sentence is a difficult one that several scholars have wanted to emend or obelize, because it seems to assimilate the Persian imperial organization (in which all provinces were ruled directly by the Great King, with Persian satraps as governors) to that described here for the Medes, although elsewhere H. perceives the differences between them (Tuplin 2004: 227–8; 2011: 43). The analogy with the Median Empire, albeit approximate, has the effect of introducing the idea of imperialism, which will be depicted in the next chapter not as part of a militaristic mindset but rather as a byproduct of Persian acquisitiveness.

135 ξεινικὰ δὲ νόμαια . . . μάλιστα 'the Persians adopt foreign customs more than all other peoples', despite their lack of respect for foreigners (1.134.2n κατὰ λόγον). **τὴν Μηδικὴν ἐσθῆτα:** for Persians in Median dress, see 3.84.1; 7.62. In Achaemenid bas-reliefs, two distinctive types of clothing are depicted in court scenes: one, a belted tunic worn with trousers, and another, a formally elegant long robe. There is debate whether the difference was meant to distinguish Medes from Persians or whether it merely distinguishes Persian riding dress from the more elaborate ceremonial clothing (Curtis and Tallis 2005: 82 fig. 40; Stronach 2011: 475–87). In Xen. *Cyr.* 1.3.2, Persian dress is described as simpler than that of the Medes; from a Greek point of view, elaborate foreign clothing is, like food, generally emblematic of Persian luxury (5.49.3–4; 9.80.2, 109; Flower 2006: 281). **εὐπαθείας τε παντοδαπάς** 'all sorts of pleasures'. For H. these borrowings testify to the Persian taste for quantity and variety; their general acquisitiveness represents a luxury-loving side of their culture, directly related to their imperial ambitions. H. may also be alluding to the influx of foreign comforts into imperial Athens in his day (Thuc. 2.38; [Xen.] *Ath. pol.* 2.7). At the very end of the *Histories*, an analeptic anecdote about Cyrus' warning that 'soft lands breed soft men' speaks to the problems that such luxury creates (9.122.3) and points to a paradox for imperial rule: to stay powerful, perhaps one has to renounce the fruits gained from that power. **ἀπ' Ἑλλήνων μαθόντες παισὶ μίσγονται** 'they have sexual intercourse with boys, having learned it from the Greeks'. H.'s audiences would not have found pederasty *per se* a shocking custom (Dover 1978: 81–91); they might have found odd, however, H.'s blunt presentation of it as the unique instance of a cultural transmission between Greeks and Persians; cf. Dio Chrys. *Or.* 36.8. Plutarch *De malig.* 13 = *Mor.* 857B–C felt that H.'s observation was as offensive as the reverse claim in Book 2 that the Greeks had learned religious practices from the Egyptians. **πολλάς . . . γυναῖκας:** in the historical narrative to come we only learn about the multiple wives of the kings (especially

Darius: 3.88.2; 7.2.2, 69.2). Although H. does not report that polygamy causes difficulties among the peoples who normally practice it (Persians, Thracians, and Paeonians: 5.5, 16.2), it becomes problematic in societies where it goes against custom, notably at Sparta (5.40–1; 6.61; Boedeker 2011b: 222–4; Lenfant 2019).

136.1 ἀνδραγαθίη δὲ αὕτη ἀποδέδεκται . . . ὃς ἄν . . . ἀποδέξηι 'this is displayed as manly excellence . . . whoever displays', anacoluthon. αὕτη stands for τοῦτο, with attraction to the substantive (S 1239). ἀποδείκνυμι is the verb used for demonstrating the performance of great deeds (1.0nn ἀποδεχθέντα and μήτε . . . ἀκλεᾶ γένηται). In Greek contexts, ἀνδραγαθίη is a personal valor that H. carefully distinguishes from family status (1.99.2; 5.39.1, 42.1; 6.128.2; 7.166). The Scythian idea of ἀνδραγαθίη is more extreme and includes the display of cups made from the skulls of defeated relatives with whom one has had a quarrel (4.65.2). **μετὰ τὸ μάχεσθαι εἶναι ἀγαθόν** 'after being good at fighting'. τὸ . . . εἶναι is an articular inf. (S 2034.b; CG 51.38); μάχεσθαι specifies the meaning of the predicate adj. (S 2002; CG 51.18). H.'s Persian ethnography continues to give warlike activities much less attention than domestic ones (1.131.1n νόμοισι τοιοισίδε). For the representation of Persian military matters throughout the Histories, see Raaflaub 2011. **τῶι . . . ἀποδεικνύντι . . . ἐκπέμπει βασιλεύς:** a prize is given each year to the Persian 'displaying'/producing the greatest number of children – again, a domestic attainment. In contrast, among the Scythians the yearly competition is about who has killed the greatest number of enemies in battle (4.64–6). **τὸ πολλὸν . . . ἰσχυρὸν εἶναι** 'for they consider/have come to the conclusion that a multitude is mighty'. ἥγεαται is pf. with present meaning. This value statement caps the repetition of πολλάς . . . πολλῶι . . . πλεῦνας . . . πολλούς (1.135–136.2), which emphasizes the immense resources sought after and obtained by the Persians. In the historical narrative to come, Persian kings delight in possessing and contemplating their large armies and many subject nations (7.44, 59–60: Konstan 1987). Demaratus the Spartan tries to present to Xerxes a different view, one that emphasizes the idea of strength in unity and obedience to the law rather than strength in numbers of subservient subjects (7.102–4).

136.2 ἱππεύειν καὶ τοξεύειν καὶ ἀληθίζεσθαι: simple and direct customs that, if followed, would make Persia a 'hard' rather than 'soft' culture (126.2n πρὸς δὲ οἴνωι; F.&T. § 2.2n16). Riding and archery are distinctively Persian skills; the Greeks saw them as emblematic of Persian warfare, quite different from their own hoplite method of fighting (Aesch. Pers. 26–32, 85, 239–40, 926–7, 1020–2; Hall 1996). The Persian king

Darius represents himself as an archer in the Behistun/Bisitun relief and in the inscription over his tomb at Naqsh-i Rustam (Kuhrt 2007: 505); a 'royal hero' or idealized king is portrayed as an archer on the Achaemenid coin called the daric (Root 1979: 309 and pl. 6; Kuhrt 2007: 541–7). Archery and cavalry play a prominent part in the Persian strategy at Marathon (6.102, 112.2) and Plataea (9.49.2–3, 52, 57.3, 62). On Persian truth-telling, see 1.138.1n αἴσχιστον. The later narrative of events shows a set of behaviors in action that do not completely support this idealized picture of Persian virtues (3.21, 35, 72.4; 4.201). **πρὶν δὲ ἢ πενταέτης γένηται:** πρὶν ἤ with subjunctive of indefinite time dependent upon a negative clause (S 2432, 2460; CG 47.14).

137.1 αἰνέω μέν νυν . . . αἰνέω δέ: H. rarely intervenes explicitly to praise or blame foreign customs. Explicit evaluation makes ethnography come close to political theorizing, as found in treatises such as Xenophon's *Constitution of the Lacedaemonians* or the pamphlet of the 'Old Oligarch' ([Xen.] *Ath. pol.*; Thomas 2011: 249). Cases in which H. appreciates foreign customs: 1.196–7nn (Babylonian marriage mart and clinic); 2.64–65.1 (Egyptian sexual abstinence in temples); 2.177.2 (Egyptian requirement to declare one's assets); 4.46.2 (Scythian nomadism as a strategy for avoiding subjection); 4.75.3 (Scythian cannabis vapor bath); 4.61.1–2 (Scythian cooking method). See also 1.201; 4.26.2 and 93 for more general praise of a foreign people, and 8.98.1 (the Persian postal system) in a non-ethnographic context. Explicit blame is rarer (1.199.1n ὁ δὲ δὴ αἴσχιστος). See F.&T. § 3.4.1; Lateiner 1989: 152; Munson 2001a: 135–41. **τὸ . . . μήτε . . . φονεύειν . . . μήτε . . . ἔρδειν:** both articular infinitives are in apposition with τόνδε (νόμον, S 2035) and have subjects in the acc. (CG 51.41). H. is describing an idealized system of justice, perhaps in the context of contemporary discussions about the fairness and effects of punishment (e.g. Thuc. 3.45; Pl. *Prot.* 324a–c). At Xen. *Oec.* 14.6–7, Ischomachus takes the Persian king's νόμοι as a model for the 'educational' punishment of his servants (Thomas 2011: 248). **μήτε αὐτὸν τὸν βασιλέα . . . τῶν ἄλλων Περσέων μηδένα:** H. suggests that the rules of royal conduct generally reflect the customs of the society as a whole. In the historical narrative, the king acts according to convention at 7.194.2; cf. 6.30. He also breaks cultural conventions several times (3.31, 35, 36; 4.84; 5.25.1; 7.38–9; 9.108–13). **ἀνήκεστον πάθος** 'incurable harm'. A euphemism for punitive mutilation or death, it is often meted out by Persian kings and their underlings in the historical narrative (3.69.2–5, 79.1, 125.2; 5.25; 6.32; 8.90.3, etc.: Lateiner 1989: 153–4; Rollinger 2004). Strabo mentions in his Persian ethnography (15.3.17) that the king punishes a disobedient subject by cutting off the head and arms and discarding the body. Describing Persian customs here, however, H. avoids disturbing details until the last chapter (1.140.1). **τῶι θυμῶι χρᾶται** 'he exercises his anger'.

137.2 ἀποκτεῖναι . . . ἀποθνήισκειν 'they say that no one ever kills his own father or mother . . . for they deny that it makes sense that a real parent, at any rate, would die at the hands of his own child'. Given the fact that Xerxes was rumored to have been murdered in 465 by the order of one of his sons (Flower/Marincola on 9.108–13: 293; Briant 2002: 563–7; Kuhrt 2007: 242–3, 306–9), this observation would have struck H.'s contemporary audiences as significant. The negatives hint at Persian polemic (1.131.1n ἀγάλματα; cf. 1.131.1n κατά περ οἱ Ἕλληνες), possibly part of a conversation between H. and some unnamed Persians about popular Greek traditional legends (e.g. the myth of Orestes, as in the proem. In turn this suggests possible Persian criticism of the stories of parricide in Greek theogonical myths, since they depict what would have been for Iranian Zoroastrian ideology an 'inconceivable revolt of nature against itself' (Mora 1985: 39). Such stories were objectionable also to some Greeks (Pl. *Euthphr.* 6a–c). **ἤτοι ὑποβολιμαῖα. . . ἢ μοιχίδια** 'either illicitly introduced or born of adultery', predicates of ταῦτα (τέκνα), 'these children'. **οὐ . . . οἰκὸς εἶναι:** οἰκός = Att. εἰκός. Here, like the sophists at Athens contemporary to H. and on occasion H. himself, the Persians argue on the basis of what is or is not 'likely' (F.&T. § 3.2.2n38; Thomas 2000: 168n1).

138.1 αἴσχιστον . . . τὸ ψεύδεσθαι . . . ψεῦδος λέγειν: the Persians' concern for truth-telling appears to have been exceptional by Greek standards (1.136.2, 153.1n ἐξαπατῶσι). In H.'s narrative Persian kings and their representatives do engage in deception (e.g. 3.72.4; 4.201.2; 5.23–4). The emphasis on 'truth' may represent a Zoroastrian feature; see Darius' words against 'the Lie' in the Behistun/Bisitun Inscription (Kuhrt 2007: 143n15; Persians § 7.3), where, however, the term 'lie' is specifically tied to the notion of disloyalty and insubordination (Persians § 8.2). **νενόμισται:** here cultural belief and practice converge (1.131.2n οἱ δὲ νομίζουσι). **ὃς . . . ἔχειν:** this νόμος concerns locals or foreigners afflicted by certain skin diseases: not leprosy (Hansen's disease), which apparently did not enter the Greek world until the first century, but closer to the modern diseases of vitiligo, eczema, scabies, or psoriasis (Grmek 1989: 165–8). The Persian response is almost the opposite of the Babylonian custom praised at 1.197, but H. does not express blame; instead, he gives Persian religious reasons for the custom. Fear of contagion and excessive exposure to the sun may also have played a role. For the Persian cult of the sun, see above 1.131.2n θύουσι.

138.2 ὑπὸ τούτων 'by these' (diseases). **λευκὰς περιστεράς** 'white doves', another direct object of ἐξελαύνουσι. Nothing is known of this belief. The usual Greek word for the wild dove or pigeon is πέλεια (in H., πελειάς), from πελός, 'grey' (although the ones at Dodona were black, 2.55). White doves were domesticated pigeons, apparently of Mesopotamian origin. Charon of Lampsacus *FGrHist* 262 F3 says that they first appeared in Greece at the time of the wreck of Mardonius' Persian fleet at Athos. **ἐς ποταμὸν ... σέβονται ποταμούς:** this rule relates to the Persians' cult of water (1.131.2n θύουσι). In the historical narrative this respect for water is violated by Persian kings (1.189.2–3); Xerxes flogs the Hellespont and calls it a ἁλμυρὸς ποταμός (7.35.2), although H. speculates that he might have tried later to propitiate it (7.54.3).

139 συμπέπτωκε γίνεσθαι 'happens to be the case', pf. with pres. meaning (S 1946; *CG* 33.34). The final item in H.'s list of secular customs consists of distinctive features in the meaning and morphology of Persian names. The verb συμπίπτω can signal coincidences of time (5.36.1; 8.15.1; 9.100.2), or place (9.101.1), or simple uncanny similarity (2.49.2 (neg.); 7.137.2). **τὸ Πέρσας ... οὔ** 'which escaped the notice of the Persians themselves, but not ours'. H.'s gloss features his own powers of observation: he and outsiders like him can notice foreign linguistic peculiarities that escape their native speakers. Interpreters of foreign languages are not often noted by H. as part of the narrative (1.86.4n τοὺς ἑρμηνέας). **τὰ οὐνόματά σφι ... τῆι μεγαλοπρεπείηι** 'their names, which resemble their persons and their magnificence'; H. later attempts a translation of the Persian names Darius, Xerxes, and Artaxerxes into grandiloquent Greek (6.98.3). The uncivilized Atarantes of Libya are, H. comments, the only people in the world 'of whom we know' who have *no* individual names (4.184.1). **τελευτῶσι ... σίγμα** 'all end with the same letter, which the Dorians call *san* and the Ionians *sigma*', i.e. with an *s* sound. The consistency of the Persian rule (according to H.) stands in contrast to the linguistic inconsistency of the Greeks (but cf. a similar general rule for the uniform ending of the names of Greek festivals at 1.148.2, a passage that refers back to this one but may be marginalia added by a later scribe to H.'s text). H. probably did not know the Iranian languages, and his observation does not correspond to what we know about Old Persian from inscriptions, where many masculine names do not end in *s*, although others (e.g. Haxâmanish = Ἀχαιμένης) do. Many scholars have therefore concluded that H. was deceived by the Greek transcription of masculine Old Persian names (e.g. Vindafarnâ = Ἰνταφέρνης), while also excluding his own evidence concerning feminine names, such as Phaedymia or Atossa. It is possible, however, that H. heard in the pronunciation of his sources in Asia Minor a final *s* that did not appear in writing (Schmitt 2011: 331–3; Mancini 1991).   **σάν:** several slightly different Greek alphabets emerged from the ninth or early eighth century on, using letters adopted from an original Phoenician signary (cf. 5.58); σάν (M) was the name that some West Greek dialects gave to the sibilant that Ionic and Attic dialects called sigma (Σ). σάν continued to be in use in Doric through the middle of the fifth century.   **ἐς τοῦτο διζήμενος εὑρήσεις** 'if you look into this, you will find'. H. suddenly includes his audience in the issue, with the second-person singular (1.199.4n οὐκ οὕτω; F.&T. § 3.4.1). Other examples of this rare locution occur at 2.5.2, 29.5, 30.1, 97.2; 3.12.1; 4.28.1; 5.52.2. More common is the address concerning an indefinite hypothetical onlooker (e.g. 2.146.1; 3.6.2; 5.45.2; 6.124.1). Cf. 1.95.1nn ἐπιδίζηται in reference to H.'s emphasis on his own work as an ongoing inquiry.   **οὐ τὰ μέν, τὰ δὲ οὔ, ἀλλὰ πάντα ὁμοίως** 'not some on the one hand, others not, but rather all alike'. H. rarely pronounces, as here, on the universality of one of his observations.

140 DEATH RITUALS OF PERSIANS AND MAGOI; MAGIAN VIOLENCE

140.1 ταῦτα μὲν ἀτρεκέως ἔχω ... εἰπεῖν: retrospective initial conclusion of the Persian ethnography, again stating what H. knows, corresponding to the confident introduction (1.131.1n οἶδα; F.&T. § 3.2). H. now turns to more obscure and doubtful topics, mostly concerning the Magoi, who seem to form a closed sub-culture within Persian society (1.132.3n μάγος). The customs H. describes here are the only violent ones in this otherwise unsensational description of Persian νόμοι (1.137.1n ἀνήκεστον πάθος). Death rituals throughout the *Histories* point to deep cultural differences. H.'s treatment of them demonstrates his careful relativism in such matters: one cannot legitimately object to the rituals by which different peoples dispose of their dead, no matter how repulsive some practices seem to the outside observer (3.38.4).   **ὡς κρυπτόμενα** 'as being kept secret'; ὡς with part. reflects the point of view of H.'s informants (S 2086; *CG* 52.39).   **πρὶν ἂν ὑπ' ὄρνιθος ἢ κυνὸς ἑλκυσθῆι:** from the Greek point of view, this practice would have seemed like the ultimate defilement (echoing *Il.* 1.4–5, 2.393, 4.237; cf. Soph. *Ant.* 204–6, 257–8; Segal 1971: 9–17). In H. Artabanus will sound not Persian but like a Greek epic hero, when he predicts this fate for Mardonius in the expedition against Greece (7.10.θ.3; Boedeker 2002: 102–3). Persian burial customs seem to have varied widely; in a later Zoroastrian context, the archaeological evidence confirms that bodies were exposed to wild animals and the bones, once picked clean, were collected in ossuaries, but burial in a sarcophagus or in the ground is attested in Sassanid Persia (Panaino 2011: 349; Briant 2002: 94–5).

140.2 μάγους μὲν γὰρ ἀτρεκέως οἶδα ταῦτα ποιεῦντας: μέν *solitarium* is limitative, almost equivalent to γε ('I do know with certainty that the Magoi, at any rate, do this', Denniston 380.III.5), while γάρ refers to the uncertainty concerning the Persians as a whole. The Magian ritual is confirmed by the Avestan literature (*Widêwdâd* 6.44ff.). Like the elevated burial in rock of the Persian kings, it was designed to prevent the body from polluting the natural elements. Early Persian custom apparently did not favor burying a body directly in the earth or cremating it (3.16.3), although Greek authors frequently ignore that fact (Xen. *Cyr.* 8.7.25; A. de Jong 1997: 389, 432–6; Curtis and Tallis 2005: 154–6). For the Magoi, see 1.132.3n.   **ἐμφανέως γὰρ δὴ ποιεῦσι:** H. implies either that he has personally seen the ritual (ὄψις) or, more likely, that his informants have (ἀκοή): F.&T. §§ 3.1, 3.4.2.   **κατακηρώσαντες δὲ ὦν ... Πέρσαι** 'the Persians, then, having covered (the body) with wax'; ὦν resumes the thread of thought after the preceding gloss. Strabo makes a similar distinction between the embalming of ordinary Persian ritual and the funeral of the Magoi (15.3.20); the wax might have been considered sufficient to insulate the body from the earth. For embalming in other cultures and for different reasons, see 1.198 (Babylon, with honey) and 4.71.1 (Scythians, with wax); Egyptian mummification is the most elaborate form (2.86–8).   **κεχωρίδαται** 'are different', with gen.; Ion. pf. of χωρίζομαι. H. likes to single out ways in which a custom of a given people is distinctive (1.172.1n νόμοισι δὲ χρέωνται; 2.35.2; 3.20.2). Other Greek authors thought of the Magoi as more generally peculiar; Strabo 15.3.20 mentions that they have sex even with their mothers.

140.3 οἱ μὲν ... θύουσι: H. distinguishes the rituals of the Egyptian priests from the more indiscriminate violence of the Magoi; cf. 2.39–42, 65–76.   **οἱ δὲ δὴ μάγοι ... κτείνουσι:** the killing of noxious animals is a Zoroastrian and perhaps specifically Mithraic ritual. For the privileged position of the dog in Zoroastrian religion, see A. de Jong 1997: 182; cf. 1.110.1n Κυνώ.   **καὶ ἀμφὶ μὲν τῶι νόμωι τούτωι ... ἄνειμι δέ:** a transition from ethnography back to the historical narrative about Cyrus (τὸν πρότερον λόγον), from its interruption at 1.130. In dismissing the most recent topic of the Magoi, H. again implies that certain religious beliefs and practices are mysterious and archaic: there is no use in discussing their meaning (4.96.2). For the term *logos* in reference to H.'s own narrative or a part of it and the metaphor of the journey (ἄνειμι), see 1.5.3n προβήσομαι, 95.1n ἐπιδίζηται; F.&T. §§ 3.1, 3.3.2.

141–76 CAMPAIGN NARRATIVES: ANATOLIAN RESPONSES TO CYRUS' HOSTILITY (c. 546–539)

H. resumes the main narrative of Persian conquest from 1.92.1. Cyrus' defeat of Lydian Croesus in c. 546 has created problems for the Ionians, Aeolians, and Dorians living in western Anatolia who had earlier been subject to Croesus (1.26–8). After Cyrus' fish story explaining why he has decided to conquer rather than treat with them (1.141), the Ionians agree among themselves to send to Sparta for help (141.4).

In 142–51 H. interrupts with an excursus, using a mixture of present and past tenses (ethnography and history) to describe a series of East Greek cities, principally Ionian but also Dorian and Aeolian, which in the larger historical narrative are about to confront the reality of a Persian attack. Their descriptions resemble the ethnographies of foreign peoples in the *Histories*, suggesting that Asiatic Greeks are not here envisioned as H.'s principal target audience (1.145n Αἰγαί; Life § 6).

The larger historical narrative resumes in 152 with the Aeolians joining the Ionians in their request for Spartan help, the Spartan decision verbally to threaten Cyrus, and Cyrus' dismissive retort (153). There follows an abortive Lydian and Ionian effort at resistance (153.3–60), and the campaigns beginning in the later 540s that Cyrus' two Median generals, Mazares and Harpagus, mount against the Greek cities and their Anatolian neighbors (161–76). Throughout this section, H. emphasizes the disunity and mutual hostilities that weaken the East Greeks, and also the extent of the disruption caused by the Persian Anatolian campaign.

141–153.2 THE EAST GREEKS CONFRONT CYRUS (c. 546)

141.1 Ἴωνες δὲ καὶ Αἰολέες: the Dorians, the third major ethnic group mentioned by H. (1.6.2), do not enter the narrative as actors until Harpagus' attack (1.174), but they will share the fate of the other Asiatic Greeks (Ionians § 4.1). κατεστράφατο = Att. κατεστραμμένοι ἦσαν. ἐπὶ τοῖσι . . . κατήκοοι 'to be subjects on the same terms as those on which they had been subject to Croesus', i.e. paying tribute to him (1.6.2). ἐπί here takes a dat. of condition (S 1689.2.c; *CG* 31.8). λόγον 'a story', only meaning 'fable' in H. here and at 1.141.3. H. calls Aesop a λογοποιός (2.134); cf. Pl. *Phd.* 60d, τοὺς τοῦ Αἰσώπου λόγους (Kurke 2011: 400–4). An animal fable of this sort is sometimes called an αἶνος (e.g. Hes. *Op.* 202; Nagy 1990: 324–5) or, especially later, a μῦθος (Van Dijk 1993). This is the first recorded fable in Greek prose.

1.141.1–2 ἄνδρα . . . ὀρχεόμενοι: versions of this fable appear attested in the Augustana Collection of Aesop's fables (Perry 1952 I, no. 11, who prints H.'s version verbatim as no. 11a) and in the collections of Babrius (Perry 1965, no. 9) and Aphthonius (no. 33, in Sbordone 1932: 56 and Hausrath 1957: 148). All these sources are late (first to the fourth century CE), but the fable may have been current in H.'s time. Aelius Theon of Alexandria (first century CE), author of the first extant set of rhetorical exercises, includes the 'fable (μῦθος) of the flute-player by Herodotus' in a short list of good examples for students to study (*Progymnasmata* 3). H. does not attribute it here to Aesop, whose αἶνοι the Persian king (unlike H.) would not have known.

141.2 ὡς . . . ψευσθῆναι 'when he was disappointed of his hope', with the verb attracted into the inf. of indirect discourse (S 2631; CG 41.23).   **ἀμφίβληστρον** 'fishing net'. The attribution of this fable to Cyrus has resonances later in the *Histories*; the harsh technique of 'netting' will be used by the Persians violently to subdue various Greek islands (3.149; 6.31), as well as Eretria (Strabo 10.1.10). Fishing with the net is a widespread ancient metaphor for military conquest (Enuma Elish 4.95; Ezek. 32:3); cf. the prophecy to Pisistratus (1.62.4) and Pl. *Menex.* 240b, *Leg.* 698d.   **παλλομένους**: the leaping salted fish at 9.120.1–2 (ἐπάλλοντο), although interpreted by Artayctes as representing the ancient hero Protesilaus taking his revenge, would have suggested to H.'s contemporary audience an addendum to Cyrus' fable here: the Ionians became remarkably revived after their liberation from the Persians in 479 (Ceccarelli 1993: 46–54).   **παύεσθέ μοι . . . ὀρχεόμενοι:** the fable ends without an explicit moral (ἐπιμύθιον, Lucian *Bacch.* 8) because the message is obvious: the Greeks are allegorized as 'fish' (sea power) and the Persian a 'fisherman' (dominant land power).

141.3 ὅτι δὴ . . . οὐκ ἐπείθοντο 'because . . . they were not persuaded'. ὅτι δή expresses indignation (Denniston 231.III.2) and reminds the reader that Cyrus had earlier approached the Ionians (1.76.3n κήρυκας ἐς τοὺς Ἴωνας). The fish story signifies that he now intends to impose harsher terms than they had enjoyed under Croesus; H. does not state what the threatened change actually entailed (Ionians §§ 4–4.3). According to Diod. Sic. 9.35, it was Harpagus who rejected the overtures of the Ionians, stating that Cyrus would treat them as slaves and using a different story, about himself as a rejected suitor in place of the fisherman, with a young woman taking the place of the fish.

141.4 ὡς ἤκουσαν τούτων ἀνενειχθέντων 'when they heard these things brought back' (S 1361.b).   **τείχεά τε περιεβάλοντο:** cf. 1.163.3–4 on Phocaea's walls and Harpagus' method at 1.162.2 for investing fortified Ionian cities. H. elsewhere assumes the previous existence of walls at

Miletus (1.17–22) and mentions those of Ephesus (1.26.2) and Smyrna (1.150.1). Presumably throughout Ionia new walls were built where necessary and existing walls were additionally fortified in preparation against Persian attack. συνελέγοντο ἐς Πανιώνιον: a sanctuary at Melie on the promontory of Mycale, in the territory of Priene. The Panionium was dedicated to Poseidon Helikonios (1.148.1n Ἑλικωνίωι). Excavations at Mycale have yielded two possible sites, both near the modern village of Güzelçamlı on the north side of the peninsula, and both bearing remains of archaic religious buildings (Mac Sweeney 2013: 181–7). H. says that at the Panionium 12 Ionian cities used to celebrate a common festival (1.148.1n; Ionians § 1.1). The league formed here was not a political confederacy, but H. mentions emergency political meetings there after Cyrus' conquest (1.170.1) and during the Ionian Revolt (6.7). Its latest attestation occurs in the second or third century CE (Philostr. *VS* 2.25). ἐπ' οἷσί περ ὁ Λυδός 'on the same terms as the Lydian (king)'. H. is referring to the earlier treaty of alliance between Alyattes of Lydia and Miletus (1.22.4n ἐπ' ὧι τε ξείνους). The new treaty with Cyrus protected Miletus from Persian attack (1.143.1) and allowed the city to remain neutral (1.169.2n ἡσυχίην ἦγον). κοινῶι λόγωι 'by common accord'. This is one of the rare occasions on which Ionians agree with one another (1.166.1 κοινῶι λόγωι; cf. 1.169.1n περὶ τῆς ἑωυτοῦ ἕκαστος); the Aeolians participate in the embassy as well (1.141.1, 152.1). τιμωρέειν 'come to the aid of' with dat. At 1.65–8 H. sketches the growth of Spartan unity, devotion to the good of the state, and military might, implying that these qualities create Sparta's status as the dominant power in Greece. Croesus earlier (1.69) and Aristagoras the Milesian later (5.49) also turn to Sparta requesting military support.

142–51 SURVEY OF IONIANS, DORIANS, AND AEOLIANS

142.1 οἱ δὲ Ἴωνες οὗτοι, τῶν καὶ τὸ Πανιώνιόν ἐστι: i.e, the Ionians, in the narrowest sense of the term (1.146–8nn; Ionians § 1.1). τοῦ . . . καλλίστωι 'in the most beautiful of skies and seasons', partitive gen. with superlative (S 1315; *CG* 30.29). πάντων . . . τῶν ἡμεῖς ἴδμεν: H.'s habitual circumspection in his evaluative phrases (1.6.2n and F.&T. § 3.2).

142.2 οὔτε . . . τὠυτὸ ποιέει 'do not do the same thing' (i.e. have the same weather). The natural environment is one of the factors H. includes to explain why different ethnic groups have certain characteristics, in line with Greek medical theory of the time (Thomas 2000: 86–101); H.'s speakers occasionally express themselves in similar terms (7.102.1; 9.122.3). A good land/climate makes people soft, while harsh conditions account for hardiness, hence Asiatics are typically less spirited than Europeans (Hippoc. *Aer.* 12; Arist. *Pol.* 7.1327b; Grmek 1989: 94). But H. represents the Ionians as weak before as well as after their move to Asia (1.143.2–3nn). **τὰ ἄνω αὐτῆς χωρία** 'the region north of it', i.e. Aeolia (1.149nn). ἄνω also signifies the direction 'northward' at 1.72.2.

142.3 γλῶσσαν δὲ . . . παραγωγέων 'these (12 Ionian cities) have not adopted the same language, but four kinds of divergences', i.e. dialects, as a cultural practice (νενομίκασι; cf. 1.131.2n). In Greek both 'language' and what we call 'dialect' can be denoted with the word γλῶσσα. The Ionic dialect is already a subdivision of Greek (with Aeolic, Doric, etc.; Buck 1955), but H. argues here that Ionic was in turn internally diverse (1.142.4, ὁμολογέουσι . . . οὐδέν). His observation might be an exaggeration in practical terms (Ionians could certainly communicate with one another), but it effectively emphasizes their lack of unity (Silk 2009 for diversity among Greek dialects in the classical period). Descent ('blood'), language, and νόμοι (both religious and non-religious) are three conventional criteria of ethnicity (as the Athenians claim, 8.144.2). H. not only points out Ionian divergences in language; he also questions Ionian unity in religious practice (1.147.2) and descent (1.146–147.1, esp. 146.1n τῶν Ἄβαντες). Later, for τὸ Ἑλληνικόν as a whole, he tends to treat expressions of unity skeptically (7.157–62; 9.11.1–2; cf. 8.144.2). **πρώτη . . . πρὸς μεσαμβρίην** 'furthest to the south'; the Ionian cities are enumerated from south to north (Ionians § 1.1). For cities excluded from the Panionium, see 1.143.2n ἀπεσχίσθησαν. **Τέως . . . Φώκαια:** Phocaea is the most northern of the Ionian cities, lying in Aeolian territory; Teos occupies a central position on the Ionian coast (1.170.3n ἐν Τέωι). Both cities figure in the historical account of Cyrus' conquest of Ionia (1.152, 163–169.1nn). In 494, Dionysius the Phocaean will play a significant role in the Ionian Revolt, in the run-up to the disastrous Battle of Lade (Hornblower/Pelling on 6.11–12).

142.4 οἰκέαται = Att. ᾤκηνται 'inhabit', Ion. 3 pl. pf. mid. indicative of οἰκέω (S 1946; *CG* 33.34). **κατὰ τωὐτὸ διαλέγονται** 'speak in the same way'. Thus H. linguistically subdivides the 12 Ionian cities into four groups: 1) Miletus, Myous, and Priene (in Caria); 2) Ephesus, Colophon, Lebedus, Teos, Clazomenae, and Phocaea (in Lydia); 3) Chios and Erythrae (the linguistic affinity of these two is the only fact mentioned by H. that finds confirmation in the evidence from inscriptions: Asheri); 4) Samos, all by itself.

143.1 τούτων . . . οὐδέν: a momentary resumption of the main narrative from 1.141, emphasizing Miletus' privileged situation (1.141.4n ἐπ' οἷσί περ ὁ Λυδός). The Greek islands had also remained independent from Lydia (1.27.1–4). **Φοίνικες:** H. does not specify when the Phoenicians became subject to the Persians. By the time of Cambyses' conquest of Egypt (c. 525), they had given themselves, apparently voluntarily, to the Persians and were the mainstay of his navy (3.19.3; cf. Thuc. 1.16). Cambyses' reputation for harshness was possibly connected with the increased taxation that paid for financing the Phoenician fleet needed to conquer Egypt (Briant 2002: 70, 77). Under Darius, the Phoenicians were part of the fifth Persian satrapy (3.91; Bowie on 8.85.1).

143.2 ἀπεσχίσθησαν . . . οὗτοι 'these were split off', i.e. the Ionians accepted in the Panionium formed an exclusive dodecapolis separate from the Ionians of mainland Greece, the other islands (apart from Chios and Samos), and the rest of Asia. This Ionian league was a major manifestation of the Ionian collective identity, but in the *Histories* it becomes yet another sign of Ionian disunity and weakness. The tense (ἀπεσχίσθησαν) seems to imply that the separation had happened (or hardened) at a previous point in time. Using much of the same vocabulary, H. comments that the Greeks were weak when separated from the Pelasgians (1.58n ἀποσχισθὲν); cf. 5.3.1, on Thracian disunity. Among the cities in the region of Asia H. calls Ionia that were excluded from the Panionian federation, H. only mentions Smyrna (1.149.1, 150.1) and Magnesia (1.161.1); for other settlements and *poleis* in Ionia, see *IACP* pp. 1055, 1058–1103. Although Halicarnassus was expelled from the Dorian league, it still identified itself as Dorian (1.144.3n αἰτίην). **κατ' ἄλλο μὲν οὐδέν** 'for no other reason'. H. begins a long aside, arguing that whatever reason the Ionians of the dodecapolis might claim for their supposed exclusivity, superiority (or purity of blood, 1.146) cannot be it. Only after digressing on the various ways the Ionians have been weak, and alleging similar claims to exclusiveness on the part of the Dorians, does H. return to what he thinks is the real reason why the Ionians have a dodecapolis in Asia: namely, that they had traditionally been divided into 12 cities when they had earlier lived in the northern Peloponnese (1.145). The style is argumentative and discursive. **ἀσθενέος . . . γένεος:** referring back to the time when the Greeks were still weak because they were an imperfectly assimilated conglomerate of different ethnic groups (1.58). Here he adds that the Ionians were the weakest of these groups. **λόγου ἐλαχίστου** 'of the least account', gen. of quality as predicate (S 1320; *CG* 30.26).

143.3 οἱ μὲν νυν ἄλλοι . . . τὸ οὔνομα 'both the rest of the Ionians and the Athenians avoided the name'. Normally in H.'s time only the Ionians of Asia and the islands were called Ionians, but by H.'s broadest definition, all are Ionians who are originally descended from Athenians and who celebrate the Apaturia (1.147.2; Ionians § 1). ἀλλὰ καὶ νῦν '(not only then) but even now'; νῦν brings in as testimony some attitudes enduring to H.'s own day (1.50.3n νῦν; F.&T. § 3.4.2). By jumping from the remote past to the present, H. largely ignores the splendid economic and cultural flourishing of the Asiatic Ionian cities, especially Miletus, in the seventh and sixth centuries (Huxley 1966: 65–74; Ionians § 5). φαίνονταί μοι: here H. asserts the existence of Greek prejudice against the Ionians in his time; as a Dorian of Halicarnassus, perhaps he shares it (Ionians §§ 6.1–3). In H.'s day, the reputation for weakness of the Ionians of Asia and of the islands was mainly due to three factors: their long-standing tradition of luxurious living (1.142.2n οὔτε, 152.1n πορφύρεόν τε εἷμα); their present 'slavish' condition as tributary allies of Athens; most importantly, the history of their subjection to Lydia and Persia and their failed attempt at freedom in the Ionian Revolt of 499–494 (5.35–6, 97–126; 6.5–18). αἱ δὲ δυώδεκα ... ἠγάλλοντο: H.'s polemic here seems directed largely against Ionian snobbishness. Later he will make it clear that their own underlying disagreements and their repeated political and military misjudgements regarding Persia were responsible for directing Persian attention toward the rest of Greece (e.g. 5.35–6, 99–102, 105; 6.12–16, 48). οὐδ' ἐδεήθησαν ... ὅτι μὴ Σμυρναῖοι 'nor did any (of the other Ionians) ask to be part (of the sanctuary), with the exception of the people of Smyrna'. H. is implying that the Ionians rejected the request, perhaps on ethnic grounds, since the city had previously been Aeolian and had become Ionian after a perfidious Colophonian takeover that H. recounts below (1.150.1n; Ionians § 2.2). Smyrna was a relatively weak city in the 540s, since Alyattes had virtually destroyed it c. 600 (1.16.2). It did eventually join the federation under the sponsorship of the Ephesians, who claimed to have been the original Greek settlers (1.150.1n Σμύρνην δὲ ὧδε).

144.1 κατά περ οἱ ... Δωριέες ... φυλάσσονται 'just as the Dorians from the region of the current pentapolis ... take care'. The analogy provides a rather breathless transition from the exclusivity of the Ionians of the dodecapolis to the exclusivity of the Dorian pentapolis. This passage might have logically followed the Ionian or the Aeolian section (after 1.148 or 151), but its placement again highlights the disunities and pretensions of the East Greeks. **πρότερον ... καλεομένης** 'this same (region) previously called "hexapolis"', before the expulsion of Halicarnassus described just below; the five remaining cities of the pentapolis are listed at 1.144.3. H. likes to note customs, places, objects, and peoples whose names and identities have changed over time (F.&T. § 3.4.2). **ὧν:** resumptive 'then', after the intervening parenthesis explaining what the pentapolis used to be called (Denniston 429.III.4; *CG* 59.34). τῶν προσοίκων Δωριέων: minor Dorian islands and some Doricized sites were never admitted to the league. ἐς τὸ Τριοπικὸν ἱρόν: sanctuary of Apollo on the Triopian promontory within the territory of Cnidus (Thuc. 8.35.2); its inhabitants' efforts to turn it into an island are reported later (1.174.2–6). ἀλλὰ καὶ ... τῆς μετοχῆς 'but even expelled from membership those of their own who violated the rules of the sanctuary'. The tense changes from present to aorist as an analeptic gloss is introduced, conveying background information about how Halicarnassus lost its place in the Dorian Triopian league (Life § 1.3; F.&T. § 4.1).

144.2 ἐτίθεσαν 'set as prizes'.

144.3 ἀνὴρ ὢν Ἁλικαρνησσεύς: details about the Halicarnassian violation of the sanctuary's νόμος. It is striking that in the survey of the Greek cities of Asia this episode is the only piece of information explicitly about Halicarnassus, traditionally claimed as H.'s hometown (Life §§ 1.1n1, 1.3–2.3). αἰτίην: cf. 1.0n δι' ἣν αἰτίην and F.&T. § 1 and n2 for the importance of this term. H. identifies Halicarnassus as Dorian, founded by colonists from Troezen and Epidaurus (7.99.1); his account of the cause for its exclusion from the league of the Dorians of Asia may reflect a Halicarnassian tradition. Another reason might have been the admixture of various Greek and Carian elements in Halicarnassus. If this is even partially true, it might suggest a personal context for H.'s polemic against the pretensions of racial purity at 1.146 (Life §§ 1.3, 2.1). Λίνδος καὶ Ἰηλυσός τε καὶ Κάμειρος καὶ Κῶς τε καὶ Κνίδος: of these cities only Cnidus is on the Asiatic mainland, in Caria (1.174.2–175). H. retains the Homeric order of the cities on Rhodes: Λίνδον Ἰηλυσόν τε καὶ ἀργινόεντα Κάμειρον (*Il.* 2.656). τούτοισι μέν νυν ... ἐπέθηκαν: a formal conclusion to the brief excursus about the Dorians, signaling that H. is ready now to return to the main topic, the Ionians of the Panionian dodecapolis.

145 δυώδεκα ... τοῦδε εἵνεκα, ὅτι: H. finally states the real reason for the exclusiveness of the 12 Ionian cities, which he had anticipated with 1.143.2 κατ' ἄλλο μὲν οὐδέν. μοι δοκέουσι: H.'s own opinion is often found in connection with issues of motivation or causality; only rarely, however, does he couch it in such overtly argumentative terms as here (F.&T. § 3.2; cf. 6.30.1). According to H., the Anatolian Ionians' federation of 12 cities originated from their ancient Greek mainland experience and has nothing to do with the superiority they falsely allege over other Ionians (1.146.1). Twice here he pointedly emphasizes Ionian defeat (ἐξελασάντων, ἑσσωθέντες). ὅτε ἐν Πελοποννήσωι οἴκεον: according to the common Greek tradition of the so-called 'Ionian migration', Ionians originally inhabited various parts of mainland Greece, including the northern coast of the Peloponnese that was called Achaea in H.'s time (7.94). The Ionians from the Peloponnese migrated to Asia when they were expelled by the 'Achaeans' (meaning here the pre-Dorian population), who were in turn fleeing north from Argolis, Laconia, and Messenia in the face of the Dorian invasion, traditionally dated to 1104 (Eratosth. *FGrHist* 241 F41a; 1.56.2n τὸ μὲν οὐδαμῆι). The origin of the Ionians from Achaea is also reported at Strabo 8.1.2, 8.3.9, 8.5.5, 8.7.1 and Paus. 7.1; cf., in H., 5.1.1; 7.6.1, 18.5, 19.1. The historical value of these traditions is not corroborated by archaeology, and the existence of a single, discrete 'Dorian invasion' today is largely disbelieved (Vanschoonwinkel 2006: 115–20, 134–9). κατά περ νῦν Ἀχαιῶν . . . μέρεα 'just as there are now 12 subdivisions of the Achaeans who had expelled the Ionians'. For Achaea the term μέρεα ('territory') is often used as synonymous with χώρα, and need not imply the existence of urban centers or πόλεις (*IACP* p. 478). What follows is the enumeration east to west of the 12 communities of the region called Achaea in the Peloponnese. By way of analogy and historical tradition H. has transitioned from the Ionians of Asia (1.142–3) to the Dorians of Asia (1.144), then back to the pre-historical mainland origin of the Ionians of Asia, and now to the present-day Achaeans of Greece (1.145). Πελλήνη μέν γε πρώτη πρὸς Σικυῶνος 'Pellene, then, closest to Sicyon', just to the west of it. For μέν γε, see 1.129.3n σκαιότατον. Αἰγαί, ἐν τῆι Κρᾶθις . . . ἔσχε 'Aegae, in which there is the ever-flowing River Crathis, from which the river in Italy took its name'. ὅτεο = Att. ὅτου = οὗτινος. There is no explicit literary testimony for Aegae sponsoring colonial foundations, but the synonymity between the Achaean and the Italian Crathis has been taken to imply that the founders of Sybaris (later refounded as Thurii, H.'s adopted city) originated from this region of Achaea (*IACP* § 229), even though Strabo 6.1.12 reports that the oikist of Sybaris, Is, came from Helike. H.'s offhand mention of the Italian Crathis suddenly broadens his narrative horizon to include the Western colonies, suggesting an Italian audience for this part of the *Histories* (*Life* § 6). This would explain the qualification ἀείναος for the river in Achaea; the Italian Crathis was by contrast notoriously dry (5.45.1), because in 510 the Crotoniates diverted it from its old course in order to destroy Sybaris by flooding (Strabo 6.1.13; Munson 2006: 258). Ἰταλίηι: for H. 'Italy' is a region in the south of modern Italy, extending from the Sicilian strait to Metapontum on the gulf of Taras and to Posidonia (Paestum) on the Tyrrhenian Sea (Strabo 6.1.4).

146.1 τούτων δὴ ... ἐποιήσαντο: after the Achaean parenthesis, H. summarises the main point of this part of the argument: the only reason why the Ionian cities of the Panionian federation wanted to be precisely 12 was that they derived from 12 Achaean territories in mainland Greece. Now he turns to dismantling the alleged reason, the Ionians' claims to a superior Ionicity. **ὥς γέ τι μᾶλλον οὗτοι Ἴωνές εἰσι ... ἢ κάλλιόν τι γεγόνασι** 'that in any way these are more Ionian than the other Ionians or have been in any way more nobly born'. H. goes on to specify that those who describe themselves in this way, as γενναιότατοι and 'pure-bred Ionians' (1.146.2, 147.1), are in particular those Ionians who choose to emphasize their origin from Athens (146.2n οἱ δὲ αὐτῶν). The Ionians in question may have been a pro-Athenian group in H.'s day, but their claim cannot easily be validated from other sources. The foundation stories transmitted by Ionian poets and historians of all periods rather tend to foreground their mixed ethnicity, much as H. does here; some no doubt did this in order to proclaim their independence from Athens (Mac Sweeney 2013: 70–5; Thomas 2014: 10–17). **μωρίη πολλὴ λέγειν** 'it is a great piece of foolishness to say'. H. is not shy about calling Greek stories nonsensical (2.2.5, 45.1–3; 3.56), but this is the only time he indulges in the bluntness of the term μωρίη (cf. 1.131.1, where Persians use it to criticize anthropomorphic thinking about the gods). Plutarch accuses H. of defaming the Ionians at 1.146–7 and 160 (*De malig.* 19–20 = *Mor.* 859A–B). **τῶν Ἄβαντες ... μοῖρα** 'of these (the Ionians of the dodecapolis), Abantes from Euboea form not the smallest part' (i.e. a rather large part; litotes). The Abantes were originally Thracian (*Il.* 2.536, Strabo 10.1.3, Paus. 5.22.3). The point of the list that follows is that the Ionians of Asia were descended from many different Greek ethnic groups, who in turn (with the exception of the last mentioned, the Dorians of Epidaurus) were of non-Greek stock (cf. 1.56–8 on the Pelasgian origin of non-Dorian Greeks). H. habitually treats with skepticism ethnic claims based on blood connections and exclusivity (1.151.2n ἠνδραπόδισαν). He points out the foreign origin of Greek aristocratic families (1.147.1; cf. 5.57, 66; 6.53–4) and the Greek ancestry of some foreign peoples and dynasties (1.7.2; cf. 1.3.1n; 7.61.3); cf. 1.170.3n Θαλέω on the Phoenician ('Cadmean') origin of Thales of Miletus. See further Thomas 2013 [2001]; Munson 2014. **τοῖσι Ἰωνίης μέτα οὐδὲ τοῦ οὐνόματος οὐδέν** 'for whom there is not even a share of the name Ionia at all'. μέτα = μέτεστι. Earlier (1.143.3) H. has argued that, except for the Ionians of the dodecapolis, Greeks of Ionian descent avoid identifying themselves as Ionians. Here for good measure, he adds that a significant part of the Ionians of the dodecapolis are of non-Ionian stock. **Μινύαι δὲ Ὀρχομένιοί σφι ἀναμεμίχαται**

καὶ Καδμεῖοι καὶ Δρύοπες: ἀναμεμίχαται = Att. ἀναμεμιγμένοι εἰσί. The verb is repeated shortly below, emphasizing the ethnic mixture that belies the Ionians' claims to ethnic purity. The Minyans mentioned here are from Boeotian Orchomenus (Paus. 7.3.6), only distantly linked (through the myth of the Argonauts) to the Minyans from Lemnos who later try to settle in Lacedaemon (4.145–6). For the Cadmeans and Dryopes see 1.56.3nn. **Ἀρκάδες Πελασγοί:** H. believes the Arcadians to have been a pre-Greek people who were never displaced by the Dorian invasion. Arcado-Cyprian, however, is the dialect most closely connected with earlier Mycenaean Greek, so in terms of language Arcadians could certainly claim Hellenic ethnicity.

146.2 οἱ δὲ αὐτῶν . . . ὁρμηθέντες 'those of them who had set out from the prytaneum of the Athenians', i.e. at the time of the migration of the Greeks to Asia (1.145n ὅτε ἐν Πελοποννήσωι). Modern historians consider the Ionian migration as a gradual movement, not the official enterprise of any particular *polis*. According to H.'s version, however, the Ionians were colonists sponsored by Athens when they migrated to Asia. The official role of Athens is implied in the mention of the prytaneum or 'town hall' (Thuc. 2.15.2), where colonists drew fire from the common hearth of the mother country so as to move it to the new colony. In Pind. *Pae.* 2.28–9, Athens is referred to as the 'mother' of Teos, the first literary reference to Athens as the founder of Ionian cities (Malkin 1987: 118); in H. various speakers refer to the Ionians as colonists of the Athenians (5.97.2; 9.106.3). This scenario, modeled on the procedures of eighth-century colonization, seems to have originated at the end of the sixth century. After the Persian Wars it was propagated especially in the fifth century to justify the Athenian overlordship in the Delian League; it had to compete with or accommodate various other local traditions, like that of the Achaean origin of the Ionians (1.145n ὅτε ἐν Πελοποννήσωι; Vanschoonwinkel 2006: 124–5). **Κασίρας:** most ancient sources identify the Carians (more rarely the Leleges, although the two are sometimes confused) as a non-Greek population in possession of the southern coast of Anatolia before the establishment of Greek Ionian and Dorian colonies. In Homer (*Il.* 2.867–8), the Carians rule Miletus at the time of the Trojan War. H. surveys the Carians, with Caunians and Lycians, after he finishes with Ionians (1.171–3, esp. 171.4n). **τῶν ἐφόνευσαν τοὺς γονέας** 'whose fathers they killed'. H. depicts a society founded on violent and nefarious deeds, not very different in behavior from the non-Greek Pelasgians (6.138), from whom he thinks the Ionians descend (1.56–8). The final sentence focuses on Miletus rather than all the Asiatic Ionians. The story underlines the brutal nature of its colonization, as do other texts about Miletus (Pherec. *FGrHist* 3 F155; Sourvinou-Inwood 2005: 268–309; Mac Sweeney 2013: 44–8), but it does so emphasizing gender, with marriage becoming a metaphor for the asymmetrical relationship between colonizer and colonized. The female element is also prominent in the Milesian foundation myths alluded to by Lycoph. *Alex.* 1378–7. On the foundation of Miletus, see Prinz 1979: 107–10.

146.3 νόμον . . . θυγατράσι 'having established a custom, they imposed an oath upon themselves and handed it down to their daughters'; for women's preservation of νόμοι, see 1.11.3n ποιήσαντα οὐ νομιζόμενα. Gender segregation at meals was the norm in continental Greece in classical times, but here it is made to signify a continuing hostility between the (male) Greek heritage and a (female) Carian one in Miletus. The material evidence shows that Miletus was, and had been since the Bronze Age, a cosmopolitan and ethnically diverse city in which the large Carian population cohabited, intermingled, and intermarried with the Greeks and where the divisions created by frequent factional strife did not occur along ethnic lines (Sourvinou Inwood 2005: 274; Mac Sweeney 2013: 53–69).   **ταῦτα δὲ ἦν γινόμενα ἐν Μιλήτωι:** this tradition may have reflected a claim made by the Milesians themselves, or possibly only by those Milesians most committed to an Athenian version of their city's foundation and to an oppositional view of Greek/non-Greek relations. In either case, H. turns the tradition against them by pointing out how it contradicts the claim of ethnic purity. Similarly, at 1.56.2–58 he draws subversive consequences from the Athenian myth of autochthony (1.57.3 τὸ Ἀττικὸν ἔθνος).

147.1 βασιλέας δὲ ἐστήσαντο οἱ μὲν . . ., οἱ δὲ . . ., οἱ δὲ καὶ συναμφοτέρους 'some of them set up as kings for themselves Lycians . . ., others . . ., and some even (set up) both together'; the subjects are individual Ionian cities. Kings in archaic Greek cities presided over local cults or were descendants of ancient aristocratic dynasties which continued to enjoy positions of honor.   **Γλαύκου:** the Lycian Glaucus, ally of the Trojans at *Il.* 2.876, 6.152–211, etc., only appears here in this role (Prinz 1979: 108). Dynastic families in several East Greek cities claimed to be descended from foreign heroes of Greek mythology. Traditions of this sort bolster H.'s argument about the affinity of Ionians to non-Greeks.   **οἱ δὲ Καύκωνας . . . Μελάνθου** 'others (set up as kings) the Pylian Caucones, descendants of Codrus the son of Melanthus'. The Caucones were one of the pre-Greek populations, related to the Pelasgians, Leleges, and Dryopes (βάρβαροι at Strabo 7.7.1) inhabiting various areas of Greece (4.148.4; *Il.* 10.429, 20.329; *Od.* 3.357). According to the most Athenocentric tradition, the

Neleidae of Pylos, descended from the Homeric Nestor, fled from the Dorians to Athens, where the Neleid Melanthus and his son Codrus became king and were claimed as ancestors of several Athenian aristocratic families. H. and others say that at the time of the Ionian migration (1.146.2n οἱ δὲ αὐτῶν), the sons of Codrus led the Ionians to Ionia (9.97; cf. 5.65.3; Mac Sweeney 2013: 49; Gorman 2001: 31–4). According to the *Suda*, a relative of H. named Panyassis wrote a poem, *Ionica*, about 'Codrus and Neleus and the Ionian colonies' (Life § 2.1), but we do not know to what extent H.'s account agrees either ideologically or in its facts with that of Panyassis (Fowler 2013a: 572–6).   συναμφοτέρους: this may mean that certain dynastic Ionian families were related to both Glaucidae and Neleidae or that certain cities had double or alternating kingships.   ἀλλὰ γὰρ . . . ἔστωσαν δὴ καὶ οἱ καθαρῶς γεγονότες Ἴωνες 'but since they cling to the name (Ionian) more than the other Ionians, all right then (δή), let them be the pure-bred Ionians', concluding the argument begun at 1.143.2 (cf. 2.28.1). ἔστωσαν (3 pl. imperative of εἰμί: S 768.a) is ironic, explicitly creating a gap between what is said and what is meant (F.&T. § 4.2.4n53; Rutherford 2011: 86). H. considers the Ionians of the dodecapolis far from 'pure', both from an ethnic viewpoint and on account of the religious pollution from the φόνος described at 1.146.2–3 (McInerney 2001: 58).

147.2 ὅσοι . . . Ἀπατούρια 'as many as have originated from Athens and celebrate the Apaturia'. H. seems to mean that 'Ionians' (the 12 cities self-identified as such in Anatolia) are those who came from Athens and celebrate the Apaturia; in fact, all Ionians everywhere, except for the two cities named just below, celebrated the festival. The Apaturia lasted three days, in October/November; in it, new wives and children were enrolled in the phratries that guaranteed their citizenship.   ἄγουσι δὲ πάντες πλὴν Ἐφεσίων καὶ Κολοφωνίων 'they all celebrate it, except for the Ephesians and Colophonians'. H. here makes a general definition of 'Ionian' on the basis of νόμος, not blood, but even this criterion admits of exceptions. Both the cities mentioned here are also 'from Athens', since according to tradition they were colonized by Neleidae descended from Codrus – Androclus, and Damasichthon and Promethus (Paus. 7.2.1–7.3.3) – and are therefore included in H.'s definition of 'Ionian'.   καὶ οὗτοι . . . σκῆψιν 'and these (do not celebrate the Apaturia) on some pretext of a killing'. A σκῆψις is always a dishonest excuse (see esp. 3.72.3; 5.30.3; 7.168.4). H. has already mentioned an early Milesian φόνος (1.146.3); this killing adds more negative insinuation regarding Ionian ethnic cohesion (1.143.3 αἱ δὲ δυώδεκα . . . ἠγάλλοντο).

148.1 τὸ δὲ Πανιώνιόν ἐστι . . . χῶρος ἱρός: another informative gloss inserted by H., describing the famous sanctuary in which the 12 Ionian cities celebrated their kinship; there is some doubt about the exact location (1.141.4n συνελέγοντο ἐς Πανιώνιον). The present tense indicates that the site was still sacred in H.'s time, but see below, ἄγεσκον ὁρτήν.   **ἐξαραιρημένος** 'set aside' = Att. ἐξῃρημένος, Ion. redupl. pf. pass. part. from ἐξαιρέω.   **Ἑλικωνίωι:** a Homeric epithet of Poseidon (*Il.* 8.203–4), perhaps derived from Helike, one of the Achaean cities from which the Ionians had come (1.145) where Poseidon had a temple (Strabo 8.7.2; Paus. 7.24.5), or perhaps from the mountain in Boeotia (*Hymn. Hom.* 22.3; Paus. 7.25.6). On Mycenaean Linear B tablets Poseidon seems to have been the chief god of Pylos (*Od.* 3.4–8) and so important to the Neleidae both in Ionia and Athens, where his temple dominates the promontory at Sounion. Poseidon's mythic relations to Athena as a patron of Athens remain complex (Burkert 1985: 136).   **ἄγεσκον ὁρτήν, . . . Πανιώνια:** the imperfect indicates that they no longer celebrate the festival at Panionium at the time when H. is writing. Diodorus 15.49 reports that at some point the Panionian festival was moved to a safer place near Ephesus on account of wars in the region of Mycale. Hornblower 2011 argues convincingly that the new festival is the one which Thucydides 3.104.2 calls Ephesia, and that the move occurred c. 441. At that time, Milesians and Samians were fighting for the possession of Priene, in whose territory the earlier Panionium was located (1.141.4n συνελέγοντο ἐς Πανιώνιον; Thuc. 1.115.4).

148.2 πεπόνθασι δὲ οὔτι μοῦναι . . . τοῦτο, ἀλλὰ . . . ὁμοίως πᾶσαι 'not only the festivals of the Ionians have undergone this, but even all (the festivals) of all the Hellenes likewise'; τοῦτο is prospective. The use of πάσχω is unusual for H., and the thought seems jejune. It is quite possible that this whole sentence represents a marginal gloss that was copied into an early MS, as Stein thinks.   **ἐς τὠυτὸ . . . οὐνόματα:** the names of Greek festivals all end in α, just as Persian personal names end in ς (1.139). Language and its relation to culture is suddenly the subject at hand. If this comment was written by H. and not added as marginalia by a later reader, it shows his willingness to interrupt a train of thought to add a somewhat extraneous linguistic observation and a decision to end his extensive survey of the Ionians, which has repeatedly emphasized disunity, linguistic and otherwise (1.142.3n γλῶσσαν), by asserting an element of linguistic cohesion among the Greeks in general.

149.1 αὗται μὲν . . . αἵδε δέ: a transition from Ionians to a brief survey of Aeolian cities. The Aeolians had participated in the embassy to Cyrus

(1.141.1); like the Ionians, they heard Cyrus' parable of the fish (141.3), but we have only been told so far what the Ionians did in response (141.4). Only after the full survey of the Aeolian cities (151.3) do we learn that the Aeolians decide to follow Ionian leadership regarding Cyrus. The Dorians have not yet entered the historical narrative (1.174), but their cities have been briefly accounted for (1.144). **Αἰολίδες:** Aeolia in the broader sense includes the part of continental western Asia Minor colonized from Lesbos, from the River Hermus north to the Propontis. Within this region H. distinguishes the area around Mt. Ida, the Troad (1.151), from the area bounded by the Caicus on the north and the Hermus on the south (1.149–50). **Κύμη ἡ Φρικωνὶς καλεομένη:** Cyme (modern Nemrut) was founded by Locrian settlers and called Phriconis after Mt. Phricium in Locris (Strabo 13.1.3). Archaic walls have been discovered under the Hellenistic fortifications (*IACP* § 817). Hesiod says that his father came to Boeotia from Cyme (*Op.* 636). It will figure briefly in Mazares' campaign against the East Greeks (1.157–60; Ionians § 4.1). **Νότιον:** it is uncertain whether this Notium is the Ionic town that served as the port of Colophon (*IACP* § 858) or is a different community about which nothing further is known (*IACP* § 825). **μία γὰρ σφεων παρελύθη Σμύρνη ὑπὸ Ἰώνων** 'since one, Smyrna, was separated off from them by the Ionians'. The city lies near the mouth of the Hermus close to Aeolia and just north of Ionia. It was attacked by Gyges and destroyed by Alyattes (1.14.4, 16.2n; cf. 1.143.3n οὐδ᾽ ἐδεήθησαν and Ionians § 3.4).

149.2 χώρην ... ἀμείνω Ἰώνων, ὡρέων δὲ ἤκουσαν οὐκ ὁμοίως 'land better than that of the Ionians but not equally well-off in climate'. ἥκω takes an adv. of manner with gen. (S 1441; *CG* 30.49). Cf. 1.142.1–2 for the Ionian climate.

150.1 Σμύρνην δὲ ὧδε ... Αἰολέες: Smyrna was already Ionian in 688, at the time of Onomastus' victory in the twenty-third Olympiad (Paus. 5.8.7). Mimnermus fr. 9 West concedes that his ancestors settled Colophon with violence but claims that they captured Smyrna 'by the will of the gods'. Strabo 14.1.4 quotes this fragment in a passage where he reports that Smyrna had first been settled by Ionians from Ephesus who drove out the Leleges; the Ephesians were driven out in turn by Aeolians, before the Colophonians took the city back into the Ionian fold. H.'s version of the event below, however, does not acknowledge an original Ionian foundation of Smyrna and indicts the Colophonians for their treachery. **οἱ φυγάδες ... πόλιν:** cf. the equally underhanded Samian capture of Zancle (6.23). This interest in shifts of population, both violent and non-violent, is an ongoing theme, recalling H.'s own reflections, as well as those of Solon, on change as a basic feature of τὰ ἀνθρωπήια πρήγματα (1.5.4n, 32.4nn; F.&T. § 3.4.2). ἔξω τείχεος: this is the only written record of the city wall of Smyrna, for which there are archaeological remains dated to 750 and earlier (*IACP* § 867).

150.2 τὰ ἔπιπλα 'the movable property'. **ἐπιδιείλοντο . . . πόλιες** 'the 11 cities distributed them (the Aeolians of Smyrna) among themselves and made them their own citizens'. The treaty of the Aeolian cities with Colophon and the grant of citizenship to the Smyrnaeans may be anachronistic (*IACP* § 867). As H. continues to bring to our attention the aggressions and general misbehavior of the Ionians, here he draws an implicit contrast with the solidarity displayed by the Aeolian cities among themselves.

151.1 Ἴδηι: the region of Mt. Ida, i.e. the Troad (1.149.1n Αἰολίδες).

151.2 αἱ δὲ . . . πόλιες . . . νέμονται 'as for those occupying the islands, five cities inhabit Lesbos'. The five Lesbian cities were Mytilene, Methymna, Antissa, Eresus, and Pyrrha (Strabo 13.2.1–4). **Ἀρίσβαν:** perhaps to be identified with the remains on the acropolis of Paleokastro near Kalloni, destroyed before the middle of the fifth century *(IACP* § 795). **ἠνδραπόδισαν . . . ὁμαίμους:** the theme of East Greek disunity continues. H. emphasizes that blood ties and kinship do not prevent savage mutual aggression (1.74.4n ἄνευ γάρ, 147.2n καὶ οὗτοι; Baragwanath 2008: 175 and n29).

151.3 κατά περ Ἰώνων τοῖσι . . . ἔχουσι 'just as for those of the Ionians inhabiting the islands'. **ἦν δεινὸν οὐδέν** 'there was no danger', because the Persians did not yet have a fleet (1.143.1n Φοίνικες). **τῆισι δὲ λοιπῆισι πόλισι ἔαδε κοινῆι Ἴωσι . . . ἐξηγέωνται** 'it seemed good to the remaining (Aeolian) cities to follow the Ionians in a common cause, wherever these would lead'. ἔαδε is 3 s. aor. of ἁνδάνω. τῆι ἄν . . . ἐξηγέωνται is formulaic in alliances (9.11.2). Here H. resumes the historical narrative that had been interrupted at the point when the Ionians met at the Panionium and decided 'by common accord' (κοινῶι λόγωι, 1.141.4) to send an embassy to Sparta asking for help.

152–153.2 SPARTAN EMBASSY TO CYRUS AND CYRUS' RETORT (c. 546)

152.1 Φωκαιέα . . . Πύθερμος: the fact that the name of this man and that of Lacrines at 1.152.3 have been preserved suggests a genuine tradition, one of many representing Spartan society as simple, hardy, laconic, and commonsensical (e.g. 3.46, 148; 5.49–51; 7.226). At the end of the story, however, Cyrus assimilates the Spartans to a quite different, stereotypical version of Greek culture (1.153.1). πορφύρεόν τε εἷμα: Pythermus' cloak in this story suggests Ionian softness and luxury, even though elsewhere in H. Phocaea escapes that charge (1.163–7; 6.11–12). As neighbors and subjects of the Lydians, the Ionians had long shared in their reputation for luxury (1.55.2n ποδαβρέ; Lydians § 4.2–3, with quotation of a fragment by Xenophanes fr. 3 West mentioning the purple cloaks of the Colophonians). See also, more broadly, 1.71.2n σκυτίνας and Lydians § 6.5 for H.'s contrast between 'hard' and 'soft' peoples. The issue of the Asiatic Greeks' softness is implicitly connected with that of their weakness (1.142.2n οὔτε, 143.2–3nn), and therefore their dependence on the mainland Greeks for defense against their Eastern neighbors. ὡς ἄν . . . Σπαρτιητέων 'so that hearing (this) most of the Spartans would come'. Pythermus hopes to cause a sensation with his fancy attire; elsewhere in the *Histories* as well, strangers persuasively flaunt wealth at Sparta, but in an attempt at bribery (3.148; 5.49–51). καταστάς 'taking his position' in front of the Spartan assembly. ἔλεγε πολλά: the Spartans are suspicious of long speeches (3.46; 9.90–1); pithy utterances are their Laconic specialty (6.50.3; 7.226.2; cf. Thuc. 1.86.1 and 4.40.2).

152.2 οὔκως 'not in any way'. It is not clear whether the purple cloak put them off or whether a reluctance to undertake long adventures and responsibilities away from home dominated their thinking (1.83n; 5.50–1; cf. 9.8, 106.2–3; Flower/Marincola on 9.8.2, concerning the Lacedaemonian delay in the spring of 479). ἀπέδοξέ σφι μή 'it seemed good to them not to', construed with redundant μή (S 2741; CG 51.35). ὅμως . . . Ἰωνίης: at 9.11 too the Spartans pretend to ignore foreign appeals and then suddenly take action as they see fit without offering explanations. πεντηκοντέρωι: pentekonters were long ships with 50 rowers, 25 on each side, at this time probably on two levels, allowing for a sturdier construction and shorter length of c. 20 m (66 ft) than if single-banked (1.2.2n καταπλώσαντας). They were the multipurpose fast ships of antiquity, equipped with rams and used for war or urgent state missions as well as trade (1.163.2n οὐ στρογγύληισι νηυσί). They were the precursors of the even faster trireme, which had 180 rowers sitting on three different levels; these became the warship of choice in the last part of the sixth century (Casson 1971: 55–65, with illustrations from black-figure vases; Wallinga 1993: 45–53). ὡς μέν ἐμοὶ δοκέει: H. frequently emphasizes that he is speculating on someone's motives, here on the reason for the Spartans' completely ineffectual, even perhaps counterproductive, mission to Cyrus (F.&T. §§ 2.4, 3.2).

152.3 ἀπερέοντα... ῥῆσιν 'to declare the negative message'. ἀπερέοντα is a fut. part. of ἀπεῖπα, 'forbid'; ῥῆσιν is a cognate acc. (S 1564; CG 30.12). A ῥῆσις is a forceful and concise exhortation also at 4.127.4 (Scythian king) and 8.83.2 (Themistocles). **ὡς αὐτῶν οὐ περιοψομένων** 'because (they said) they would not look aside' (i.e. allow it), subjective ὡς with participle (S 2086.d; CG 52.39). The Spartans appear naïvely bumptious here, but more than 70 years later, Sparta will join with Athens in resisting Xerxes' plan to bring mainland Greece under Persian rule. At that point, however, they will be pessimistic about defending Ionia (cf. the deliberations after the Battle of Mycale, 9.106).

153.1 οἱ is a dat. with the compound παρεόντας (S 1545). This is a subtle reminder to H.'s audience that Greeks had formed a part of the political community of Sardis since the days of Alyattes and probably earlier (1.92.3n ἐκ Καείρης). Historically the Greeks are known in Persia from the time of Darius (Wiesehöfer 2009: 178–9). **τίνες ἐόντες ... προαγορεύουσι** 'being what people . . . do the Lacedaemonians make proclamations?' The participle within an indirect question often contains the main point (1.95.1n Κῦρον ὅστις ἐών . . . κατεῖλε, 158.1n εἰρώτων). To the Persian king, the Greek πόλεις of the sixth century were relatively unimportant (1.86.4n τίνα τοῦτον ἐπικαλέοιτο). In the 490s, a servant is instructed to remind Darius daily of the existence of the Athenians (5.105.2; 6.94.1), after they have burned his western capital of Sardis in the Ionian Revolt. **κόσοι πλῆθος:** in 480 Sparta had a citizen body of only about 8000 (7.234.2), of which 5000 took the field at Plataea (9.10.1). Their small numbers will induce Xerxes to underestimate them (7.103); H.'s Persians respect and trust in power, evaluated in terms of quantity (Konstan 1987: 64). **χῶρος ἐν μέσηι τῆι πόλι ἀποδεδεγμένος** 'a place designated in the middle of the city', i.e. an agora, as defined by a Persian. In accusing the Greeks of being a nation of small retailers and dishonest idlers, Cyrus speaks as an aristocratic Persian (Persians §§ 8.2–9.1) or even an anti-democratic Greek might do (Thgn. 53–60; Xen. *Cyr.* 1.2.3). He does not acknowledge that, unlike the Ionians, Spartiate males abstained from commercial activities. H. depicts Cyrus as a brilliant strategist but as relatively indifferent to or inexperienced about the importance of money, in his military objectives (1.88.3n οὗτος, 153.3n ἐπιτρέψας). The Achaemenidae become much more business-oriented with their third king, Darius, calling him 'the shopkeeper' (κάπηλος) for his systematic imposition of tribute and other taxes on all parts of the empire (3.89.3). **ἐξαπατῶσι:** the same identification of retail trade with deceit is attributed to the Scythian sage Anacharsis (Diog. Laert. 1.105; cf. 104), in sayings that express a Greek aristocratic ideology

(Kurke 1999: 75–6). H. reinforces his earlier portrayal of the noble and opinionated Persians (1.131.1n καί . . . ἐπιφέρουσι, 136.2, 138.1n αἴσχιστον). **οὐ τὰ Ἰώνων πάθεα ἔσται ἔλλεσχα ἀλλὰ τὰ οἰκήϊα** 'the sufferings of the Ionians will not be under discussion, but rather their own'; cf. ἐν κακῶι οἰκηίωι at 1.45.2 and οἰκήϊα κακά at 6.21.2, both times emphasizing a personal disaster and consequent grief taken to heart. The adjective ἔλλεσχα is a *hapax legomenon* in Greek and means 'talked about in the λέσχη'. A λέσχη can be an informal meeting place, hence also 'conversation'. H. uses the noun twice, both times with reference to discussions held by Dorians (2.32.1, 9.71.3).

153.2 ταῦτα . . . ἀγορή: H.'s gloss explains Cyrus' previous statement in terms of cultural differences; according to Xen. *Cyr.* 1.2.3, the Persians have an ἐλευθέρα ἀγορά, a place for meeting but free from trading and deal-making. Strabo 15.3.19 comments that the Persians 'neither buy nor sell'. See Briant 2002: 425–71 and Kuhrt 2007: 763–813 for the many questions that remain in interpreting the extant evidence for how the ancient Persian economy worked (describing the centralized economy of the reigns of Darius, Xerxes, and Artaxerxes I).

153.3–161 PACTYES' REVOLT (c. 545), CROESUS' ADVICE, MAZARES' CAMPAIGNS

In this next episode H. assigns the origin of the Lydians' reputation for luxury and softness to an attempted uprising soon after Cyrus' conquest. The anecdote about Croesus (1.155–6) builds on the ethnographic gloss at 1.79.3n, which had praised Lydian ἀνδρηίη (manly courage) at the time of the initial war with Cyrus. In other passages within the larger Croesus story, however, Lydia was already luxurious (1.55.2, 71). H.'s Lydian ethnography (1.93–4) presents a more complex model of cultural development, one that takes into account the effects of the Mermnad kingship and the early emergence of trade and other unwarlike activities (Lydians §§ 6.5–6.10).

153.3 ἐπιτρέψας . . . κομίζειν 'having entrusted Sardis to Tabalus, a Persian, and the gold of Croesus and the other Lydians to Pactyes, a Lydian man, to manage'. κομίζειν is an inf. of purpose (S 2009; *CG* 51.16). Tabalus seems to have been appointed satrap or governor of Sardis and placed in charge of military duties, but H. leaves Pactyes' official position hard to determine. The fact that Cyrus entrusted Croesus' gold to a Lydian indicates that he initially chose to make use of Lydian administrative cadres experienced in the collection of tribute and other financial

matters (Corsaro 1989: 63; Briant 2002: 79–82, 882–3, 893). ἐς
Ἀγβάτανα: Ecbatana, capital of Media (1.98.3n Ἀγβάτανα), becomes one of the main Persian administrative centers under the Achaemenidae (Tuplin 1994: 253–4). τοὺς Ἴωνας . . . τὴν πρώτην εἶναι 'considering the Ionians initially to be of no account'. H. emphasizes Cyrus' thought processes; the Ionians were at first a negligible issue for him, far off to the west of his main centers of power. Only after they become involved in Pactyes' rebellion does Cyrus actually order his generals to march against them (1.156.2, 161), in spite of his earlier express intention (1.153.4 ἐπὶ δὲ Ἴωνας).

153.4 ἡ τε γὰρ Βαβυλών οἱ ἦν ἐμπόδιος . . . καὶ Αἰγύπτιοι: all these places are 'underfoot'/'in the way', in the sense that Cyrus is planning to campaign against them. Babylon is conquered by him in 539 (1.178–91) and Egypt by his successor Cambyses in 525 (3.11–13). Both had been allies of Croesus (1.77.2–3). The Bactrians occupy the area between the Hindu Kush to the south and the Amu Darya (Oxus) to the north, a region roughly corresponding to Afghanistan and its northern neighbors. The Sacae are a mixed, partly Indo-Iranian population related to the Scythians, who lived in what is now Kazakhstan, Uzbekistan, Tajikistan, Afghanistan, and parts of Iran, Ukraine, and Russia (1.201–16n). Ctesias F8d* (46) – F9 (5) Lenfant also mentions Parthians, Sacae, Bactrians, etc. as submitting to Cyrus' power. For the chronology of Cyrus' conquests see Briant 2002: 38–40, 883; Kuhrt 2007: 70n5. ἐπ' οὓς ἐπεῖχε . . . στρατηγόν 'against whom he intended to make an expedition in person, but to send another general against the Ionians'. With τε . . . δέ (instead of τε . . . τε), 'the idea of contrast is added to the original idea of addition' (Denniston 513.1.6.ii).

154 τοὺς ἐπιθαλασσίους ἀνθρώπους: i.e. the Greeks and Carians of the coast, alarmed by Cyrus' threats and actions (1.141.3–4, 153.4).

155.1 πρήγματα . . . ἔχοντες 'both making trouble and having it themselves'. ἐξανδραποδίσασθαί σφεας: Cyrus has already in principle enslaved the Lydians, in a political sense (1.94.7n Λυδοὶ . . . ἐδεδούλωντο); now he is thinking of actually selling them off or even deporting them in servitude (1.156.1; cf. the fate of Priene, 1.161). The verb implies military violence (1.66.3n ὡς δὴ ἐξανδραποδιεύμενοι). ὡς εἴ τις πατέρα ἀποκτείνας . . . φείσαιτο 'as if someone, having killed a father, had spared his children'; cf. the gnomic saying νήπιος ὅς πατέρα κτείνας παῖδας καταλείπει, quoted by Arist. *Rh.* 1.1376a, 2.1395a; the thought was a brutal commonplace. Its implications are vividly articulated at Eur. *Tro.* 709–81, performed shortly after the Athenians conquered Melos, killing the

Melian men and selling the women and children into slavery (416–415; Thuc. 5.116.4).

155.2 ὡς δὲ καὶ ... λαβὼν ἄγω 'likewise, taking you ... I carry you off'. ὡς accented acts like demonstrative οὕτω (S 2988; *CG* 57.2n1).   **ὃ δ' ἀμείβετο τοῖσδε, δείσας:** for Croesus' questionable judgement as an adviser, cf. 1.89.3 δεκατευθῆναι. Even earlier he misjudged the nature of human relationships with the divine (Pelling 2006b: 161nn73–6); his son indignantly observed Croesus' disregard for the cultural importance of traditional warrior values (1.37.1n τὰ κάλλιστα). Here, in his fear for his people, he is willing to render them unwarlike and even unmanly, so as to pose no threat to Persian control.   **ἀναστάτους ποιήσηι:** cf. μηδὲ ... ἐξαναστήσηις (1.155.3). H. refers elsewhere to the Achaemenid strategy of depopulating a city by the killing or forcible deportation of its inhabitants (4.204; 5.14–15; 6.9, 32, 94, 101, 119; Briant 2002: 433–9). At 6.3 the strategy is falsely alleged but believed because of its plausibility.

155.3 μὴ πάντα θυμῶι χρέο μηδὲ ... ἐξαναστήσηις 'don't act completely in anger or destroy'. χρέο = Att. χρῶ, imperative of χράομαι; ἐξαναστήσηις is a prohibitive subjunctive (S 1800; *CG* 38.26).   **ἐγώ τε ... ἐγώ:** Croesus acknowledges his personal responsibility but fails to note the price his people have paid already (1.94.7n Λυδοὶ ... ἐδεδούλωντο).   **κεφαλῆι ἀναμάξας** 'having mopped up the deed with my head', i.e. 'having personally suffered the consequences' (ἀναμάσσω); cf. *Od.* 19. 92, ἔρδουσα μέγα ἔργον ὃ σῆι κεφαλῆι ἀναμάξεις 'having committed a monstrous deed which you will wipe up with your head'.   **τὰ δὲ νῦν παρεόντα** 'but as for the present situation', adverbial acc. of respect (S 1611; *CG* 30.14).   **Πακτύης γάρ ἐστι ὁ ἀδικέων** 'since Pactyes is the one doing wrong' (S 2811; *CG* 59.15).   **τῶι σὺ ἐπέτρεψας Σάρδις:** Croesus seems to speak misleadingly, or at least vaguely. H. has not reported that Pactyes has been put in charge of Sardis, but apparently only of the Lydian money, which he has now used to collect allies to resist Persia along the whole Ionian coast (1.153.3n ἐπιτρέψας ... κομίζειν).

155.4 ἄπειπε ... μὴ ἐκτῆσθαι 'forbid from owning', verb of hindering and redundant μή with infinitive (S 2739; *CG* 51.35).   **πέμψας:** *sc.* ἄγγελον.   **κιθῶνας:** in H. the κιθών (= Att. χιτών; Dial. § Cons. 4) is a flowing garment almost exclusively mentioned as worn by women and non-Greek men (Powell 195); exceptions are the Milesian Histiaeus at Susa (5.106) and the Athenian Alcmaeon at Croesus' court, who also wears κόθορνοι, platform boots (6.125.3).   **κιθαρίζειν ... καπηλεύειν παιδεύειν τοὺς παῖδας** 'to instruct their sons to play the cithara, play the harp, and be shopkeepers'. Cf. 1.79.3n, describing the Lydians' earlier courageous and warlike propensities. This new Lydian educational program stands in marked contrast to the Persian education described earlier, also expressed through three infinitives: ἱππεύειν καὶ τοξεύειν καὶ ἀληθίζεσθαι (1.136.2n; cf. Kurke 1999: 76). **καπηλεύειν:** cf. 1.94.1n κάπηλοι. Croesus is in effect advising Cyrus to demilitarize the Lydians, making them more like the Greeks whom he had earlier insulted (1.153.1n χῶρος). The Lydians' reputation for luxury, games, and commerce, however, predates Cyrus' conquest, as H. elsewhere recognizes (1.55.2n ποδαβρέ, 71, 94.1–2). **γυναῖκας ἀντ' ἀνδρῶν:** in H.'s text Persians are prone to speak or think in terms of a contrast between male and female (1.207.5; 2.102.5; 7.210.2; 8.88.3; 9.20, 107.1–2); H. says that for the Persians to be called inferior to a woman is the worst possible insult (9.107). Sentiments like these were also a part of the Greek cultural code (*Il.* 2.235, 2.289, 8.163, 22.124–5; Soph. *Trach.* 1071–2; Thuc. 4.27.5; Pl. *Ap.* 35b2–3; Xen. *Lac.* 11.3). In his own voice, however, H. omits such tropes (Dewald 2013b [1981]: 159–61, 163–4).

156.1 πρηθῆναι: aor. pass. inf. of πιπράσκομαι, 'be sold'. **ὅτι, ἢν . . . προτείνηι, οὐκ ἀναπείσει μιν** 'that unless he were to offer an adequate justification, he would not persuade him', fut. more vivid condition within indirect discourse, with the original tenses retained (S 2613, 2619.b; *CG* 41.19). In H. a πρόφασις is the reason one publicly puts forward for an action, sometimes (but not in this case) a pretext (Pearson 1952; Immerwahr 2013 [1956]: 261–3). Croesus' motives are carefully laid out, like those of Harpagus earlier (another underling who makes a dubious choice: 1.109, 123.1nn, 129.3). Here Croesus' sense of his own lack of power leads him to choose what he regards as the lesser evil for the Lydians (1.155.2n ὃ δ' ἀμείβετο). The theme of difficult and questionable choices will be repeated on the eve of Cyrus' Massagetan campaign, when Croesus' advice again has an ignoble tinge; there it will again please Cyrus but will lead to a disastrous outcome (1.207.4–7nn; cf. 3.36.3).

156.2 ἡσθεὶς τῆι ὑποθήκηι 'happy with the suggestion', a typical description in those of H.'s advice-giving scenes in which the advice is accepted (1.54.1n). **ὑπεὶς τῆς ὀργῆς** 'having let go from his anger'; aor. act. part. of ὑπίημι = Att. ὑφίημι. **Μαζάρεα . . . Μῆδον:** Cyrus, as usual, has reacted promptly (1.79.1, 127). After their conquest by Cyrus, prominent Medes become active participants in the expansion of the Persian Empire (1.162.1n τὸν . . . συγκατεργασάμενος, 163.3n τὸν Μῆδον). Medes seem also to have held high military posts at the time of Darius (Persians § 4.1; Briant 2002: 81–2). **πρός** 'in addition', adv. **ἐξανδραποδίσασθαι:** the Lydians escape this harsh fate (1.155.1n ἐξανδραποδίσασθαι), but not so 'the coastal people' who have actively sided with Pactyes (1.154, 161n).

157.1 ἤθεα 'homeland, habitat'. Cf. 1.15n ἐξ ἠθέων, 157.2n δίαιταν. **Κύμην:** the most important Aeolian *polis* of the mainland, Cyme was situated on the southern coast of Aeolis, just north of the mouth of the River Hermus (1.149.1n Κύμη; Ionians § 4.1).

157.2 ὅσην δή κοτε 'however large (it was) at the time'; δή emphasizes the importance of the generalizing relative (Denniston 221.I.9.vi; cf. θεῶν ὅτεωι δή, 1.86.2). **ἠνάγκασε:** on ἀναγκ- words, see 1.11.3n. With this comment from H., the Lydians largely exit from the *Histories* as independent political agents, although Sardis remains an important center of government for the western Persian Empire (Lombardo 1990: 202–3; Briant 2002: 84). **δίαιταν:** the term refers to material culture (1.202.2, 215.1), while νόμοι designate the laws, conventions, or customs, and ἤθεα (1.157.1, 165.3) manners, habits, but also home, habitat/haunt (Redfield 2013 [1985]: 269).

157.3 ἐς θεὸν ... λιμένος: this important Ionian sanctuary at Didyma in the territory of Miletus was no longer in operation in H.'s day (1.46.2n ἐς Βραγχίδας, 92.2n ἐν Βραγχίδηισι); it was plundered and burnt after the Ionian defeat in 494 (6.19.3). H. has waited to this point to gloss it in some detail; it plays a significant role in the narrative of Cyrus' pursuit of Pactyes (Ainian and Leventi 2009: 230).

158.1 εἰρώτων ... ὁκοῖον ... χαριεῖσθαι 'they asked by doing what sort of thing would they be likely to please'. As often, the participle contains the main point of the indirect question (cf. 1.95.1, 153.1). **ἐπειρωτῶσι δέ σφι ταῦτα χρηστήριον ἐγένετο ἐκδιδόναι** 'but to them asking these things, the oracular response was to surrender ...' Historically, by this time Cyrus might have established relations with the oracle of the Branchidae as part of his friendly connection with Miletus (1.141.4n ἐπ' οἷσί περ ὁ Λυδός), just as Croesus had done earlier (1.92.2n ἐν Βραγχίδηισι). In H.'s narrative, however, oracles (except in a few specified cases of human corruption) are presented as communicating the words of the god (F.&T. § 2.5 with n30).

158.1–2 ὁρμέατο ἐκδιδόναι. ὁρμημένου δέ ...τοῦ πλήθεος: 'they set out to extradite (him). But when the people had begun on this course'; ὁρμέατο is the 3 pl. of ὁρμάομαι (plpf. of immediate occurrence: S 1953; *CG* 33.53). Cf. 1.8.1n ἠράσθη ... ἐρασθεὶς δέ for repetition of the verb as a participle, as part of an oral storytelling technique adding suspense and/or emphasis.

158.2 Ἀριστόδικος ... δόκιμος: possibly from the same prominent family as Aristagoras son of Heraclides, the tyrant in Cyme who was captured and deposed about 40 years later, early in the Ionian Revolt (4.138.2; 5.37.1;

Brown 1978). ἔσχε μὴ ποιῆσαι ταῦτα Κυμαίους 'restrained the Cymaeans from doing this' with redundant μή (S 2740; CG 51.35). τὸ δεύτερον: another very famous double consultation of a pro-Persian oracle giving an unwelcome first response will occur at 7.141.1; cf. 1.91.4, where the Pythia in Delphi reproaches Croesus because he did not ask the oracle for clarification.

159.1 ἐχρηστηριάζετο ἐκ πάντων 'from them all asked the question'. ἱκέτης: Aristodicus' formulation emphasizes that Pactyes is a suppliant who deserves divine protection. The issue of the extradition (ἔκδοσις) of those who seek refuge at a sanctuary and the dilemma it causes for those caught between political expediency and religious imperatives also figures in Attic drama, e.g. Aeschylus' *Supplices* and Euripides' *Heraclidae*. προεῖναι 'to give him up', aor. act. inf. of προίημι.

159.2 δειμαίνοντες: concessive, 'although we fear'. πρὶν ἂν τὸ ἀπὸ σέο ἡμῖν δηλωθῆι 'until it be shown to us by you', πρίν ἄν and subjunctive of anticipated future action after a negative main clause (S 2444.a; CG 47.14.33). ὁκότερα ποιέωμεν 'which (of the two things) we should do'. The subjunctive is deliberative (S 1805; CG 34.8).

159.3 ὅσα ἦν νενεοσσευμένα ... γένεα 'as many kinds as had nested' (verb νοσσεύω, *hapax* in H.). λέγεται: H. reminds us that he is (only) repeating what he has heard, with the miraculous event reported in indirect discourse (1.75.3n ὡς δὲ ἀπίκετο; cf. 1.1n Περσέων ... οἱ λόγιοι; λέγουσι at 1.24.6 and 1.87.1; F.&T. §§ 3.2–3.2.1). φέρουσαν ... πρός 'directed to'.

159.4 ἵνα ... χρηστήριον 'in order that, having committed an impious act, you may more quickly come to ruin, so that in the future you do not come to the oracle about the extradition of suppliants'; for a close parallel, see the story of Glaucus (6.86, although there the moralizing story is narrated by a morally compromised speaker). The Aristodicus episode formulates explicitly what remains implicit in the earlier account concerning Croesus' oracles (1.53–4, 130.3n Κροῖσον): the divine does not provide moral guidance to men who are asking the god's permission to commit an unjust action – in fact, it may deliberately lead them further astray. This version of the story about Aristodicus and Pactyes might have been self-justification on the part of the sanctuary, needing to defend its own pro-Persian position after being a beneficiary of Croesus' generosity (1.92.2; Brown 1978: 74–8). H. may have learned about it from the writings of Hecataeus, a prominent citizen of Miletus (1.157.3n ἐς θεόν, 159.3n λέγεται).

160.2 ἐπὶ μισθῶι ὅσωι δή 'for a certain unspecified amount', ἐπί with dat. of price (S 1689.2.c; *CG* 31.8). δή emphasizes H.'s uncertainty or indifference about the specifics (1.157.2n ὅσην δή κοτε; Denniston 221.1.9.vi). As islanders the Aeolian Mytileneans have much less to fear from the Persians, but they are eager to make a profit, like the Ionian Chians (1.160.3).   **οὐ ... ἀτρεκέως:** for H.'s statements about the limits of his own knowledge as a researcher, see 1.57.1nn and F.&T. § 3.2. Plutarch criticizes this passage for what he considers H.'s systematic malice, especially toward the Greeks: 'a fine thing, this, to refuse to state what the price was, and yet to brand a Greek city with this mark of infamy, as though he were sure of his facts' (*De malig.* 20 = *Mor.* 859A, tr. Pearson).   **οὐ γὰρ ἐτελεώθη:** because the plan came to nothing, the price did not enter the tradition for H. to hear and record.

160.3 ἐξ ἱροῦ Ἀθηναίης πολιούχου ἀποσπασθείς 'having been wrenched away from the temple of Athena Guardian of the City'. Athena's cult title intensifies the heinousness of the act; she is the equivalent of Athena Polias in Athens and many other Greek cities. For similar violations of Greek sanctuaries, cf. 5.71 (in Athens, blamed on the Alcmaeonidae, cf. Thuc. 1.126–7) and 6.91 (in Aegina, done by οἱ παχέες, 'men of substance').

160.4 ἐπὶ τῶι Ἀταρνέι μισθῶι 'in exchange for Atarneus as payment'. Plutarch *De malig.* 20 = *Mor.* 859B contrasts H.'s version with that of Charon of Lampsacus *FGrHist* 262 F9, who simply mentions the flight of Pactyes to Mytilene and Chios and his final capture by Cyrus, not attributing guilt to any of these cities.   **τοῦ δὲ Ἀταρνέος ... τῆς Μυσίης** 'the territory of this Atarneus is in Mysia'. Atarneus on the mainland is hereafter controlled by Chios as its περαίη, a possession on the shore across from (περήν) the island.

160.5 ἦν ... γενόμενος 'there was a period of time, this being not a short one'. H. implies that by his time the curse has been lifted, but within the *Histories* Atarneus remains a sinister place. It will be the setting for two violent episodes of betrayal later in the work: the capture of Histiaeus (6.29–30) and the vengeance taken by the eunuch Hermotimus against Panionius of Chios (8.106; Hornblower 2003: 44–6). Other traumatic events shaping future ritual or custom occur at 1.146.2–3, 167.2; 5.87–8.   **οὐλὰς κριθέων πρόχυσιν ἐποιέετο** 'used barley seed as a poured offering'. In the preliminary phase of Greek sacrifice, the participants threw a handful of barley grains on the fire (1.132.1).   **πέμματα ἐπέσσετο** 'baked sacrificial cakes'; both ἐποιέετο and ἐπέσσετο are mid. impf. verbs.

161 Πριηνέας ἐξηνδραποδίσατο: the narrative of Mazares' operations resumes here; the verb entails violent enslavement as well as subjugation (1.155.1n, 156.2n). Priene is in southern Ionia, near Miletus and Myous, and is the city closest to the sanctuary of the Panionium (1.15, 142.3; Ionians § 3.8). It does not entirely disappear as a *polis*. A prominent citizen, Bias (1.27.2n Βίαντα), gives advice at the time of Harpagus' attack against the Ionians (1.170.1–2) and is said to have died of old age in Priene (Diog. Laert. 1.84; Huxley 1966: 192n12); the Prieneans also provide 12 ships for the Greeks at the Battle of Lade in 494 (6.8.1). **Μαγνησίην:** on the Meander, northeast of Priene and inland from Ephesus (*IACP* § 852). It has not been mentioned by H. in the earlier survey (1.143.2n ἀπεσχίσθησαν); it was apparently a Thessalian foundation and regarded as neither Ionian nor Aeolian (3.90.1). The city remained under Persian control even after the foundation of the Delian League; with Myous and Lampsacus, it is one of the three cities Artaxerxes I gives to Themistocles after his exile from Athens in the 460s (Thuc. 1.138.5). **αὐτίκα νούσωι τελευτᾶι:** in other cases H. states that sickness is sent by the gods because of excessive or impious military aggression (1.19, 105; 3.149; Harrison 2000: 102–21), but no explicit connection is made here between Mazares' harsh treatment of the communities in the Meander river valley and his death.

162–70 HARPAGUS ATTACKS IONIA AND IONIAN RESPONSES (LATE 540s)

162.1 τὸν . . . συγκατεργασάμενος: a back-reference glosses Harpagus, Cyrus' Median collaborator in achieving the Persian conquest of the Medes (1.119–27). 1.119.4–7 has told the story of the ἄνομος τράπεζα and Harpagus' involuntary cannibalism of his son.

162.2 χώμασι . . . ἐπόρθεε 'by means of mounds: for whenever he had made (the inhabitants) walled-in, at that point heaping up earthworks against the walls, he sacked and plundered'. H. does not mention the similarity between the Median name Harpagus and the Greek word ἁρπαγή, obvious to any Greek. On the Ionians' walls, see 1.141.4n τείχεα; at 1.168 Harpagus also takes Teos by earthworks, χώμασι. The procedure of circumvallation as part of the investment of a besieged city is described in detail at Thuc. 2.75.1–4, where the Spartans besiege Plataea.

163–8 PHOCAEANS AND TEANS LEAVE IONIA (LATE 540s)

This is a complex account of two attempts at colonization, in response to the Persian threat. The Phocaean story is one of the longest Herodotean narratives about the Greek West, along with the earlier episode about the ancient Lydian migration to Tyrrhenia (1.94.6–7nn). The Phocaeans are enterprising and heroic in their determination to avoid submitting to the Persians; they make painful errors and suffer the consequences, but they succeed in the end. Like so many Herodotean narratives, the Phocaean account begins with supplementary background information, here concerning their earlier overseas ventures (F.&T. 4.2.1). The main historical narrative resumes with Harpagus' attack on Phocaea (1.164), but then H. departs from it again with a proleptic account of the vicissitudes of the exiled Phocaeans until they finally arrive in Italy and found Hyele c. 535 (1.167.3n Ὑέλη). The Teans, too, leave their homeland and (re)found Abdera (1.168).

163.1 Φωκαίηι: one of the 12 cities in the Ionian league (1.141.4n συνελέγοντο; Ionians §§ 1.1, 4.2). To judge from Pythermus' mission to Sparta (1.152), the Phocaeans have played a prominent part in the initial Ionian decision not to submit to Cyrus (cf. another Phocaean's resistance much later, 6.11–12). **ναυτιλίηισι μακρῆισι:** H. uses the same expression in reference to the travels that the Phoenicians supposedly undertook in the Age of Heroes (1.1.1nn ναυτιλίηισι, ἀπαγινέοντας). Other seagoing voyagers in Homer besides the Phoenicians include Phaeacians to Euboea (*Od.* 7.319–26) and the merchant Mentes to Temesa, either in Southern Italy or Cyprus (*Od.* 1.182–4). The Phocaeans were long-haul traders (ἔμποροι). Thucydides singles them out (along with Polycrates' Samians) as a great naval power in the sixth century; he adds that when founding Massalia they defeated the Carthaginians by sea (Thuc. 1.13.6; cf. 1.166.2n Σαρδόνιον). The foundation of Massalia is dated to c. 600 on the basis of Timaeus *FGrHist* 566 F71 (Hornblower 1991: 47 discusses dating problems). H. includes Phocaeans among the Ionians at Naucratis in Egypt in the last quarter of the seventh century (2.178.2); for the Phocaean network in the Western Mediterranean, see Malkin 2011: 143–69; Morel 2006. Later historiography lists Phocaea as one of the early thalassocracies, for a period that lasted, according to Diod. Sic. 7.11, for 44 years (presumably ending with Cyrus' conquest), replaced then by the Samian thalassocracy. H., however, identifies Polycrates of Samos (c. 538–522) as the first historical figure who ruled the seas (3.122.2; Miller 1971: 47–52). Cf. 5.83.2, where the Aeginetans of c. 600 are also mentioned as θαλασσοκράτορες; for the earlier, mythic Minos, cf. 1.171.2n ἐόντες Μίνω κατήκοοι, 173.1n βάρβαροι. **πρῶτοι Ἑλλήνων:** for H.'s ongoing interest in 'firsts', see 1.5.3n πρῶτον. Archaeological evidence suggests that the Rhodians and Etruscans preceded the Phocaeans in central Europe (Vallet and Villard 1966: 173–4). **τὸν τε Ἀδρίην:** here H. probably means the southern part of the Adriatic Sea, between the

Peloponnese and Sicily (similarly, Hecataeus *FGrHist* 1 FF93, 101, 102b). Phocaean settlements on the Adriatic have not been confirmed archaeologically (Cabanes 2008: 173). **τὴν Τυρσηνίην καὶ τὴν Ἰβηρίην:** i.e. Etruria and northeastern Spain. The best known of the Greek settlements far to the west is the trading post of Emporion (modern Ampurias) on the Catalan coast of Spain, founded by Phocaeans from Massalia in the very early sixth century (Malkin 2011: 164–9). **τὸν Ταρτησσόν:** a substantial area near Cadiz. In Stesichorus' *Geryoneis*, the River Tartessus (mod. Guadalquivir), emblematic of the extreme West and the setting for Heracles' slaying of Geryon, has 'silver roots' (fr. 184 *PMG*, fr. 9 DF; Strabo 3.2.11). Silver might have been what the Phocaeans were loading on their pentekonters, in exchange for oil and wine (as the Phoenicians did, according to [Arist.] *Mir. ausc.* 135), as well as perhaps providing mercenary service (1.163.3n ἐκλιπόντας Ἰωνίην). According to H. (4.152.2), the merchant Colaeus of Samos had been drawn off course by an easterly wind through the Pillars of Heracles to Tartessus, still unexploited as a trading post at the time of the colonization of Cyrene (c. 638; Vallet and Villard 1966; Krings 1998: 114–15; Antonelli 1997: 89–105).

163.2 οὐ στρογγύληισι νηυσί: 'round ships' were cargo-carriers mostly powered by sail (Casson 1971: 66–8, 169, figs. 93–7); for pentekonters cf. 1.152.2n πεντηκοντέρωι. Phocaean expeditions were probably state-sponsored and included aggressive confrontations with commercial rivals or natives; H. implies as much by noting that they did not use round ships. **Ἀργανθώνιος:** a legendary character famous for his longevity. If he had recently died at the time of Cyrus' conquest of Lydia (1.165.2n), he might have reigned c. 630–550. Cf. Anac. fr. 361 *PMG* (Strabo 3.2.14); Cic. *Sen.* 19. **τῶι βασιλέι . . . ἐτυράννευσε:** here τυραννεύω appears indistinguishable from βασιλεύω; it seems to carry no connotation other than foreign autocratic rule (1.6.1n Κροῖσος). H. represents Arganthonius as a western βασιλεύς, protective of his friends the Phocaeans and supportive of their resistance to the Persian βασιλεύς from the East (1.163.3n τὸν Μῆδον; Krings 1998: 117).

163.3 ἐκλιπόντας Ἰωνίην: whole communities are caught up and dislocated in the Persian drive for domination; Ionians moving away from their homes to avoid Persian domination will be a recurring motif from now on (1.164.3, 168, 170.1–2; 9.106.2–3; Ionians § 6.3; Demand 1990: 34–44; Friedman 2006: 173–5). Arganthonius offers the Phocaeans their first possibility of migration, a project that does not come to pass. There will be several other false starts (Oenussae, 1.165.1; Corsica 1.165.3–166.2; Rhegium 1.166.3, 167.3) before the Phocaeans finally settle at Hyele

(1.167.3n; Krings 1998: 111). Arganthonius may have aimed at obtaining mercenary service, such as Ionian Greeks performed in Egypt (2.154); historians conjecture that Tartessus was under threat by the Carthaginians and was destroyed between 530 and 480 (Wallinga 1993: 71–2). ὡς τοῦτό γε οὐκ ἔπειθε τοὺς Φωκαιέας, ὁ δέ 'since he did not persuade the Phocaeans of this at any rate, he then...'; τοῦτό γε refers to the move from Ionia. δέ is apodotic, i.e. it is not a coordinating conjunction here, but rather gives emphasis to the main clause (Denniston 179.II.1.ii; S 2837; CG 59.17). τὸν Μῆδον ... ὡς αὔξοιτο: prolepsis (S 2182; CG 60.37). 'The Mede' probably means 'the Persians', here and elsewhere in H. (cf. 1.206.1n ὦ βασιλεῦ Μήδων and Powell 224). It also applies to Harpagus, identified pointedly by H. as a Mede (1.80.2, 129.3n σκαιότατον, 162.1). For the Greek tendency to use 'Medes' to mean 'Medes and Persians' or even 'Persians' in threatening contexts, see Xenoph. fr. 22 West; Graf 1984: 20–4; Tuplin 1994: 236–8. τεῖχος: the policy of the Ionian cities was to erect walls, after Croesus' defeat (1.141.4n τείχεα). In 1990 part of the burned Phocaean archaic wall was found in the modern town of Foça, Turkey (Mellink 1993; Özyiğit 1994; Morel 2006: 360). It seems to have enclosed an area of c. 50 ha (120 acres).

163.4 εὖ συναρμοσμένων 'well fitted together', a detail suggesting autopsy on the part of H. or his sources (F.&T. § 3.4.2).

164.1 τὸ μὲν δή ... ἐξεποιήθη ... ἐπολιόρκεε: the conclusion to the analepsis, the construction of a defensive wall against the threat of Persia, emphasizes its relevance to the larger narrative. H. now resumes his account of the Persian subjection of Ionia, narrating the capture of Phocaea. προϊσχόμενος ἔπεα ὡς οἱ καταχρᾶι 'giving his word that it was satisfactory to him'. οἴκημα ἓν κατιρῶσαι 'to dedicate a single building', i.e. to the king as token of submission.

164.2 περιημεκτέοντες τῆι δουλοσύνηι 'distraught at the (idea of) slavery', in spite of Harpagus' moderate demands; for the expression, cf. 1.44.2n περιημεκτέων. For the theme in Book 1 of enslavement and resistance, cf. 1.27.4n τοὺς σὺ δουλώσας, 94.7n Λυδοί ... ἐδεδούλωντο, 95.2n ἐλευθερίης, 155.1n ἐξανδραποδίσασθαι, 169.1n τὴν δουλοσύνην.

164.3 τέκνα καὶ γυναῖκας: H.'s standard phrase when a community's entire population is threatened (Powell 71.4), also e.g. applied to the Athenians evacuating the city before Salamis (8.40.1, a parallel made explicit by Isoc. *Archid*. 84). Here the Phocaeans are choosing permanently to move their entire city, including the votive offerings and statues, which they will transfer to the sanctuaries of their new land (1.166.1).

For the sake of preserving their freedom, the Phocaeans are now willing to try to do what they had refused when Arganthonius made his generous earlier offer (1.163.3n ἐκλιπόντας). γραφή 'painting', as at 2.73, 182. ἐρημωθεῖσαν ἀνδρῶν: Phocaea continues as a *polis* because, as we soon learn, more than half of its inhabitants will return (1.165.3). The city will be ruled by a pro-Persian tyrant at the time of Darius' Scythian expedition (4.138) and will later play a vital role in the Ionian Revolt of 499, although providing only three ships at Lade (6.8, 11–12). Here H. focuses on those Phocaeans who go into voluntary exile, briefly again suspending the narrative of Harpagus' operations in Ionia in order to follow their vicissitudes, as part of his interest in the disruption of established populations in war (1.5.4n, 164.2n περιημεκτέοντες).

165.1: ἐπείτε σφι . . . ὠνεομένοισι πωλέειν 'when the Chians were not willing to sell . . . to them (the Phocaeans) trying to buy (them)'. The Phocaeans first want to resettle close to home; the Oenussae are a group of islands between Chios and the mainland facing Erythrae. ἡ δὲ αὐτῶν νῆσος ἀποκληισθῆι τούτου εἴνεκα 'and their own island would be cut off (from trade) on account of this'; ἀποκληισθῆι is coordinated with γένωνται in the double fear clause (S 2224.a; CG 43.2). This testifies both to the established mercantile reputation of the Phocaeans and to H.'s emphasis on Ionian disunity and rivalries. Perhaps relevant for this picture are the ties of friendship the Chians have with the Milesians (1.18), who have a special treaty with Cyrus (1.141.4); the Chians have also recently given Pactyes the Lydian over to the Persians, in exchange for Atarneus (1.160). ἐς Κύρνον: i.e. Corsica, named after a son of Heracles (Serv. *ad Verg. Ecl.* 9.30; cf. Diod. Sic. 5.13). Some Phocaeans migrated to Massalia (Strabo 6.1.1, citing Antiochus *FGrHist* 555 F8; Paus. 10.8.6); cf. 1.163.1n ναυτιλίηισι μακρῆισι. H. mentions Massalia once (5.9.3) but surprisingly does not connect it to the Phocaeans or to the foundation of Alalia (Anello 1999: 17). ἐκ θεοπροπίου ἀνεστήσαντο πόλιν 'following the directions of an oracle, they had established a city'. This meaning for ἀνίσταμαι is unique in H. (cf. 1.155.2 ἀναστάτους), causing some editors to make the correction ἐνεκτίσαντο (Stein, citing 5.23.2) or ἐνεκτήσαντο (Legrand). The mention of the Pythia at 1.167.4 indicates that it was a Delphic oracle. Delphi plays a fundamental role in Greek colonization (4.155–9; 5.42; 6.34–6; Malkin 1987: 17–91, esp. 72–3; Parker 2000 [1985]: 85–6). Ἀλαλίη: the modern Aléria, on the eastern coastal plain of Corsica. It was founded in the 560s, 20 years before Harpagus' attack, perhaps when the Phocaeans felt under the threat of Lydian aggression. It faced Etruria and possessed an excellent agricultural hinterland, able to support a population equivalent to that of Phocaea itself (Malkin 2011: 149; *IACP* § 1).

165.2 τετελευτήκεε: unaugmented plpf. (Dial. § Verbs 2.a) This brief authorial analepsis answers a question that might arise in the audience's mind: 'why not Tartessus?' (S 1953; *CG* 33.40, 33.53). The death of Arganthonius appears to coincide with the rise of Phoenician–Carthaginian power in the far west (Antonelli 1997: 107–33). **κατάρας ... τοῦ στόλου** 'curses against anyone of their own (people) staying behind from the expedition'.

165.3 μύδρον σιδήρεον κατεπόντωσαν 'sank a lump of iron in the sea'; the Aristotelian *Ath. pol.* 23.5 describes a similar oath at the time of the foundation of the Delian League. Cf. Horace's use of H.'s passage at *Epod.* 16.17–26. **ἠθέων:** both 'home/habitat' and 'habitual ways' (1.157.2n δίαιταν). **ψευδόρκιοι** 'forsworn'. H. is evidently drawing from a tradition belonging to the transplanted Phocaeans in Corsica, who blame those who sailed back to Phocaea. But 'the ones who kept their oath' will themselves begin to appear less a heroic and suffering people than aggressors, in consequence bringing trouble on themselves. 'Herodotus constantly tells us something that wins our sympathy and balances it with something that causes our sympathy to depart' (Arieti 1995: 161). **ἀερθέντες:** aor. pass. part. of ἀείρω = Att. αἴρω.

166.1 οἴκεον κοινῆι: this means that the new colonists (ἔποικοι) became fellow colonists (σύνοικοι) of the Phocaeans who had preceded them 20 years earlier (1.165.1n ἐς Κύρνον). **ἱρά ἐνιδρύσαντο:** the building of temples implies the transformation of the existing settlement in Corsica into a more established ἀποικίη, and indicates the Phocaeans' intention to settle permanently, although that did not work out (Malkin 2011: 150). **ἦγον γὰρ δὴ καὶ ἔφερον ... στρατεύονται ὧν** 'since they were taking and driving off (goods, enslaved workers, and livestock – i.e. plundering) all their neighbors, the Etruscans and Carthaginians then marched upon them'. ὧν emphasizes the consequence, after the anticipatory γάρ clause (Powell 388.vii.1). The same idiomatic expression, 'take and carry', is used of the Persians pillaging Sardis (1.88.3). H. represents the Phocaean ἔποικοι as responsible for the conflict that follows, since after their arrival Alalia became a base for piracy; the Etruscans too were pirates (Strabo 5.2.2), but this does not enter his narrative. The mutual enmity will endure: after the failed Ionian Revolt half a century later, H. mentions that Dionysius, the Phocaean general now turned pirate, goes west and only attacks Etruscan and Carthaginian vessels (6.17). **κοινῶι λόγωι:** cf. just above, οἴκεον κοινῆι (two groups of Phocaeans in Corsica); κοινῆι (148.1, Ionians sharing Panionium; 151.3, Aeolians joining Ionians); κοινῶι λόγωι (141.4, Ionian and Lesbian embassy); κοινῶι στόλωι (170.2, suggestion not taken by Ionians). The frequency of these expressions in the Ionian narrative underlines the significance of unity or divisiveness, not only in the face of external hostility, but also in the context of colonization, where a settlement's survival often depends on mutual cooperation between different groups. **Τυρσηνοὶ καὶ Καρχηδόνιοι:** earlier Etruscan colonization efforts have already been treated sympathetically by H. (1.94.5–6). The Etruscans would feel particularly threatened by the Greeks, because of the proximity of Alalia. With the Carthaginians, the Etruscans were the leading naval powers in the West and united with them in a commercial league in the sixth century (Arist. *Pol.* 3.1280a). Carthage was a Phoenician colony commanding the passage through the Straits of Tunis from the Levant to Gibraltar. It was founded in the eighth century, along with many Phoenician settlements on the Mediterranean coast of North Africa, in Sicily, Sardinia, and along the Southern coast of the Iberian Peninsula as far west as Gibraltar (1.163.1n τὸν Ταρτησσόν); H. describes their remarkable method of trading at 4.196 (Niemeyer 2006).

166.2 πλοῖα... ἑξήκοντα: the impressive number suggests a settlement with c. 20,000 inhabitants for Alalia (*IACP* § 1). **Σαρδόνιον... πέλαγος:** the sea dividing Corsica from Sardinia to the south and Sardinia from the Etruscan coast of Italy to the east, hence the modern term 'Battle of Alalia' is imprecise. The battle (c. 535) belongs to the same historical context as the naval battle in which the Phocaeans of Massalia defeated the Carthaginians (Thuc. 1.13.6; Krings 1998: 126–32; cf. Morel 2006: 369). The Battle of Alalia is the first dated confrontation between Greeks and non-Greeks in the West. H. does not present it in these terms, as he will the Battle of Himera in 480 (7.165–7), but rather as an event meaningful principally for the fate of the Phocaean would-be colonizers. **Καδμείη... νίκη:** H. means that the Phocaeans won, but only after incurring losses that made it impossible to continue defending themselves by sea. Modern historians doubt that it was a victory at all (Morel 2006: 369). The proverbial expression (cf. 'Pyrrhic victory') denotes a victory achieved at enormous, even ruinous cost, like the damage done to the warriors Cadmus sowed from the dragon's teeth who fought each other almost to extinction, or the death of Cadmus' descendants, the Thebans Eteocles and Polynices, killing each other in armed combat. The *Suda* s.v. Καδμεία νίκη defines it as a victory when one receives more harm than advantage. Diodorus 11.12.1 uses the term to describe Xerxes' victory at Thermopylae; cf. also Pl. *Leg.* 1.641c. **ἀπεστράφατο γὰρ τοὺς ἐμβόλους** 'they had been bent back with respect to their rams'; 3 pl. plpf. pass. of ἀποστρέφω, i.e. their rams were disabled. The Phocaeans seem to have been among the first to apply ramming tactics like those used by the fifth-century Athenian navy, which explains how they were able to hold their own against a force twice the size of their fleet (Wallinga 1993: 73–4). A Phocaean battle formation will come up again as an urgent issue later, when the other Ionians refuse to learn it, just before the disastrous Battle of Lade (494, 6.11–12).

166.3 τὰ τέκνα καὶ τὰς γυναῖκας: cf. 1.164.3n τέκνα καὶ γυναῖκας. Within his larger narrative concerning Harpagus' conquest of Ionia, H. is emphasizing the continuing distress and dislocation of the Phocaeans (1.163.3 ἐκλιπόντας Ἰωνίην). It is unclear whether those who left included those Phocaeans who had settled Alalia 20 years before the arrival of the mass of the Phocaeans fleeing from Harpagus (165.1). Alalia at any rate ceased to be a *polis* and was subsequently occupied by Etruscans (*IACP* § 1). **Ῥήγιον:** Rhegium (modern Reggio) is a Greek colony situated on the southernmost tip of Italy's toe, across the strait from Sicilian Zancle (Messana). The Phocaeans flee south of the area of influence of Etruscans and Carthaginians, perhaps because the route to the north (toward Massalia) was blocked. Rhegium, a Chalcidian foundation, was probably already linked with them through long-standing western trading connections (Jeffery 1976: 227; Morel 2006: 370).

167.1 τῶν δὲ διαφθαρεισέων νεῶν τοὺς ἄνδρας 'as for the men of the ruined ships' (i.e. those Phocaeans who survived the naval battle but did not escape): proleptic direct object of ἔλαχον anticipating αὐτῶν... πλέους.   **οἵ τε Καρχηδόνιοι καὶ οἱ Τυρσηνοὶ < ... > ἔλαχόν τε αὐτῶν πολλῶι πλέους καὶ τούτους ἐξαγαγόντες κατέλευσαν** 'Carthaginians and Etruscans ... both got possession of the greater number of them by far, and leading these away they stoned them to death'. Editors posit a lacuna after Τυρσηνοί; restoration yields the following sense: 'Carthaginians and Tyrrhenians (drew lots) for them; (the Tyrrhenians, and in particular the Agylleans) received the greater number of these'. For the history of the textual scholarship of this passage, see Spallino Ferrulli 1991, who accepts the text as it is.   **μετὰ δὲ Ἀγυλλαίοισι** 'afterwards, for the Agylleans'; Etruscan Agylla lay on the west coast of Italy in southern Etruria, called Caere by the Romans (modern Cerveteri). Strabo 5.2.3 says that it was founded by Pelasgians from Thessaly and that it changed its name to Caere when the Lydians–Tyrrhenians arrived, and when one of them asked what city this was, the response was χαῖρε!   **πάντα ... ἀπόπληκτα** 'all (living) things passing by the place where the Phocaeans lay became crippled, lamed, or palsied'. The gods mete out similarly corporeal punishments elsewhere: 1.19, 174.4; 4.205; cf. 5.114; 9.93.3 (F.&T. § 2.5; Harrison 2000: 102–21). For a parallel Italian narrative, cf. Vergil's legend of Palinurus (*Aen.* 6.337–83); the Oenotrian pirates expiate his murder by instituting a heroic cult in Velia (*Aen.* 6.366), precisely where H. says the Phocaeans eventually settle.

167.2 ἐς Δελφοὺς ἔπεμπον: Strabo 5.2.3 speaks in glowing terms about the Agylleans' reputation for courage and justice among the Greeks, and he mentions the existence of an Agyllean treasury at Delphi. H.'s story of respect for Delphi and ritual reparations made to the Phocaeans communicates a similar message. **ἐναγίζουσί σφι** 'make offerings to them', i.e. to the dead Phocaeans as heroes (Hornblower on 5.114.1; Parker 2011: 117–18).

167.3 ἐκτήσαντο πόλιν: this implies the previous existence of a (perhaps Oenotrian) settlement, which then became a regular foundation after the arrival of the Phocaeans (ἔκτισαν, 1.167.4; Morel 2006: 370). But many editors prefer to read ἔκτισαν here as well as in 167.4, seeing a corruption of the verb ending from διεχρήσαντο in the preceding sentence. Archaeological finds are not sufficient to prove a pre-colonial occupation of the site (*IACP* § 54). **Οἰνωτρίης:** modern Bruzio-Lucania. The region is also called Ἰταλία (1.145n Ἰταλίηι). **νῦν:** see F.&T. § 3.4.2. Both the new cult in Agylla and the Phocaean foundation of the new colony in Italy have been sanctioned by the Delphic oracle, and endure into H.'s own time. **Ὑέλη:** this is the earliest toponym, replaced by Elea (Ἐλέα, Lat. Velia) in the classical period (Strabo 6.1.1, citing Antiochus *FGrHist* 555 F8). H.'s is the only extant account of the origins of this important western colony, the final destination of the dislocated Phocaeans after their unfortunate piratical ventures. The story has a happy ending; the new city soon became famous for its εὐνομία (Strabo 6.1.1) and for the Eleatic school of philosophy led by Parmenides (who was allegedly its legislator: Plut. *Adv. Col.* = *Mor.* 1126A–B; Diog. Laert. 9.23) and Zeno. Shortly after its foundation, the Phocaeans were joined by other Ionians fleeing from Harpagus' attack; according to Diog. Laert. 9.18–20, Xenophanes also fled Colophon (Ionians § 4.2) and after wandering for 67 years (DK 21 B8) found refuge in the Greek West and composed a poem on the founding of Elea. For Greek relocation to Italy in H., see Munson 2006.

167.4 πρὸς ἀνδρὸς Ποσειδωνιήτεω: Posidonia (Roman Paestum) was an Achaean colony of Sybaris on the Tyrrhenian coast about 40 km (25 miles) north of Hyele. **ὡς τὸν Κύρνον . . . οὐ τὴν νῆσον** 'the Pythia had told them to establish "Cyrnus", who was a hero, not to colonize the island'. The Posidonian's interpretation of the oracle (1.165) is told in a brief analepsis that both justifies Delphi and guarantees Delphic approval for the Phocaean foundation of Hyele. This is one of several instances in which H. shows the importance of attending to the precise words of the Pythia (e.g. 1.53.3). Historically, however, the prescription to 'found Cyrnus', which appears to be authentic, also seemed to give a geographical location for the foundation of the colony. The new, more correct interpretation, with κτίζω governing 'the hero' as a direct object, is an awkward locution, representing the oracle as able to be fulfilled in a different way. The Phocaeans must have decided that the oracle did not direct them to a particular place but rather imposed a religious prescription to be followed wherever they would found their new city (Crahay 1956: 81; Malkin 1987: 23, 72–3 and 2011: 151).

168 παραπλήσια δὲ τούτοισι καὶ Τήιοι ἐποίησαν: for Teos, see 1.142.3, 170.3; some of the Teans, like the Phocaeans, return to their city after the Persian conquest (Strabo 14.1.30). Teos participates later in the Ionian Revolt, bringing 17 ships to the Battle of Lade in 494 (6.8.1). **χώματι:** Harpagus' regular practice, conquering the walled cities of western Asia Minor through circumvallation by means of earthworks (1.162.2). **Ἄβδηρα:** on the Thracian coast on the River Nestus, northeast of Thasos. The lyric poet Anacreon of Teos participated in its sixth-century foundation (*IACP* § 640); he later moved to Samos to join the court of Polycrates. His line 'but now the crown from the city is destroyed' (fr. 391 *PMG*) may refer to the capture of Teos by Harpagus. Abdera provided food and hospitality to Xerxes' massive army in his campaign against Greece in 480 (7.109, 119–20; 8.120). **Κλαζομένιος:** Clazomenae lies south of Phocaea (1.142.3). The Clazomenian foundation of Abdera dates to c. 650; the Teans arrive c. 544 (Ionians § 3.1). **οὐκ ἀπόνητο** 'did not have use of it'; 3 s. aor. of ἀπονίναμαι. According to Strabo 12.3.20, the area was inhabited by Thracian Saii; the seventh-century poet Archilochus says he threw away his shield fighting against them (fr. 5 West). In classical times Abdera grew to become the largest city on the northern Aegean coast (*IACP* § 872), the birthplace of Democritus and Protagoras.

169.1 οὗτοι μέν νυν ... οἱ δ' ἄλλοι: the summary conclusion to H.'s narrative about Phocaeans and Teans at the end of 1.168 is followed here by two other concluding moves: a survey of how the rest of the Ionians responded to Harpagus' campaign (1.169), and a wrap-up anecdote about advice the Ionians might have taken at the coming of the Persians (1.170). H. then turns to the non-Greeks of southwestern Anatolia: Carians, Caunians, and Lycians (171–6). All the peoples in Harpagus' path in this part of Book 1 are faced with three hard choices: departure, futile resistance, or submission to Persia (Ionians § 6). **τὴν δουλοσύνην οὐκ ἀνεχόμενοι:** for H.'s interest in Book 1 in the enslavement and suffering of conquered populations, cf. 1.164.2n περιημεκτέοντες. **διὰ**

μάχης... ἐκλιπόντες 'engaged in a struggle with Harpagus, just like those who left'; an implicit back-reference to 1.164.1 and 168; technically the Phocaeans and Teans did not engage him in pitched battle. ἄνδρες ἐγένοντο ἀγαθοί: cf. 1.95.2nn ἐλευθερίης and ἄνδρες ἀγαθοί, 'men of valor'. περὶ τῆς ἑωυτοῦ ἕκαστος 'each fighting for his own (city)'; in H.'s evaluation, the valor of the Ionians is once more made ineffective by their disunity. To H.'s contemporaries in the mid-fifth century, the narrative of Cyrus' initial conquest of East Greece ominously foreshadowed the failure of the Ionian Revolt of 499–494, dogged by problems of disorganization and disunity comparable to those described here (5.28–38, 97–125; 6.1–33; Hornblower/Pelling: 15–16). ἔμενον κατὰ χώρην: unlike the Phocaeans and Teans; staying in Asia means subjection to Persian rule (cf. 1.94.7 Λυδοί).

169.2 ὡς... μοι ἔρηται: H. intrudes as first-person narrator, referring to his earlier account of Cyrus' initial treatment of the Ionians (1.141.4n ἐπ' οἷσι; cf. 1.143.1). ἡσυχίην ἦγον: one of the various vague expressions signifying neutrality (cf. 7.150.2–3); Tomyris the Massagete makes a sarcastic comment regarding Cyrus' refusal of ἡσυχίη at 1.206.2. On the ancient Greek diplomatic terminology for abstention from conflict, see Bauslaugh 1991: 3–20. οὕτω δὴ τὸ δεύτερον Ἰωνίη ἐδεδούλωτο: this explicitly and formally concludes H.'s narrative of the Persian conquest of Ionia in the late 540s. Cf. 1.92.1 for the first subjection; the third will occur when the Persians suppress the Ionian Revolt of 499–494 (6.32). Many of H.'s contemporary audiences would have thought of a fourth subjection of Ionia, by Athens after the Persian Wars. For the importance of the theme of political enslavement, see 1.27.4n τοὺς σὺ δουλώσας ἔχεις, 164.2n. οἱ τὰς νήσους ἔχοντες... Κύρωι: this is surprising in the light of 1.143.1. H. is probably thinking of the bigger islands, Chios (4.138.2) and Samos (3.44.1). The Chians held territory on the mainland (1.160.4), which may have inclined them to docility. Samos' offer of submission may have been nominal, since the island was taken by Persia in the time of Darius (3.120.3, 139.1). In the narrative of 1.174, efforts of the Cnidians to turn their peninsula into an island imply that at this time an insular position was still thought to guarantee some safety.

170.1–171.1 κεκακωμένων... ἀπεδέξαντο: according to what H. has heard, Bias' advice (emphasizing both unity and migration) was given to the Ionians just after their defeat, while the advice from Thales (emphasizing only unity) had happened earlier (1.170.3). Their appearance within two wrap-up anecdotes here implies that H. thinks that prosperity and safety might have been possible for the Ionian cities if the proposal of one of these 'wise advisers' had been followed. H. highlights the fact that the Ionians did not follow either suggestion, whether from the difficulty of the enterprise, a collective refusal to recognize their vulnerability to aggression from the East, their indifference to the consequences of defeat, or because they never were able to think or act as one people (1.142.3n γλῶσσαν, 166.1n κοινῶι λόγωι, 169.1n περὶ τῆς ἑωυτοῦ). The possibility of a mass migration of Greeks from Ionia is raised again at 9.106.2.

170.1 κεκακωμένων ... συλλεγομένων: the end of the Ionians' story focuses on their defeat, but also on the fact that they keep using their traditional gathering place, despite Cyrus' earlier threats, 1.141.3–4.   **πυνθάνομαι ... Βίαντα ... ἀποδέξασθαι:** H. uses the convention of oral transmission, as he often does when mentioning information he has received (F.&T. § 3.1). He frequently uses the mid. ἀποδείκνυμαι when someone declares/reveals something in speech (1.171.1; Powell 38.B.I). For the relevance of ἀπόδεξις to H.'s display of his own judgement as researcher and narrator, cf. 1.on ἱστορίης ἀπόδεξις; F.&T. § 3.   **Βίαντα:** as in the account of Croesus' earlier designs against the islanders, here too Bias of Priene plays the role of a pragmatic 'wise adviser' (1.27.2nn Βίαντα and καταπαῦσαι; Lattimore 1939). Like Thales (1.170.3), he is often counted one of the 'Seven Sages of Greece' (1.2on Περίανδρον).

170.2 κοινῶι στόλωι ... πόλιν μίαν: Bias is trying to promote a pan-Ionian enterprise and a pan-Ionian state. For the frequency with which the adjective κοινός has appeared in the Ionian narrative, cf. 1.166.1n κοινῶι λόγωι. By ancient report, H. himself later in life lived in Thurii, a Panhellenic colony in southern Italy, whose foundation was comparable in some respects to the plan for which Bias is being praised here (Life §§ 1.1n1, 1.3, 6).   **ἀερθέντας πλέειν ἐς Σαρδώ:** although H. does not intimate as much, Sardinia was under Carthaginian hegemony at the time, and plans for Greek colonization were probably unrealistic; cf. the Phocaeans' failed efforts in nearby Corsica (1.165.3n ἀερθέντες, 166.2n Καδμείη ... νίκη), but also their eventual success in Elea (1.167.3). Sardo will again be envisioned as a place for conquest or refuge by Histiaeus (5.106.6; 6.2.1) and Aristagoras of Miletus (5.124). It is not the largest Mediterranean island (Sicily is), but many other Greek historians thought it was (e.g. Timae. *FGrHist* 566 F65).   **ἀπαλλαχθέντας ... δουλοσύνης ... ἄρχοντας ἄλλων:** Bias explicitly connects the theme of freedom (1.164.2, 169.1) to the idea of ruling others; cf. Cyrus' articulation of the connection between freedom and rule as a necessary one, both later in Book 1 and at the very end of Book 9 (1.210.2n ὃς ἀντὶ μὲν δούλων; 9.122.4). In the Constitutional Debate of Book 3, however, H. pointedly allows

Otanes to repudiate as necessary alternatives the choice of ruling or being ruled (3.83.2 οὔτε γὰρ ἄρχειν οὔτε ἄρχεσθαι ἐθέλω; F.&T. § 2.1 and nn11, 12). **εὐδαιμονήσειν:** a loaded term in Book 1: the instability of human εὐδαιμονίη forms the last thought of the proem (1.5.4), and a consideration of its elusive nature forms the centerpiece of the Solon/Croesus discussion (1.30–3). Implicitly it continues to be a major question throughout the *Histories* (F.&T. §§ 2.5, 4.2.4, concl.). **μένουσι δέ σφι... οὐκ ἔφη... ἐσομένην** 'but for them remaining in Ionia he said that he did not see that there would still be freedom'; οὐκ ἔφη negates not the verb of saying but its dependent infinitive (S 2692.a; *CG* 51.34n2).

170.3 ἐπὶ διεφθαρμένοισι Ἴωσι 'to the Ionians after they had been defeated'. **Θαλέω... Φοίνικος:** Thales is called 'Phoenician' here because he belonged to the family of the Thelidae, who descended from Cadmus and Agenor (Diog. Laert. 1.22); his father's name, Examyes, is Carian, like that of H.'s father (Hornblower 1982: 17n93; *Life* §§ 2–2.1). He appears twice simply as 'Thales of Miletus' in the Croesus narrative, where he embodies superior Greek science (1.74.2n Θαλῆς, 75.3). He is traditionally counted as one of the 'Seven Sages of Greece', five of whom appear in Book 1 (1.20n Περίανδρον). H.'s mention here of Thales' foreign origins elicited protests from Plutarch *De malig.* 15 = *Mor.* 857F and recalls the *Histories*' earlier emphasis on the mixed blood of the Ionians (1.146.1). 'The best Panionian "national" plan is... proposed... by a barbarian' (Asheri). **ἐν Τέωι:** as a Milesian sage and scientist, Thales gives disinterested advice. His own city is not at risk (1.169.2), but he seems willing to propose a confederacy based in a central geographical location. **τὰς δὲ ἄλλας πόλιας... εἰ δῆμοι εἶεν** 'and that the other cities should in no way be considered less established (than before), just as if they were demes'. Thales proposes a synoecism of the cities of Ionia: each community would have its local administration but share central political institutions and infrastructure (the βουλευτήριον is a council building). The model best known to us is that of the synoecized demes of Attica. Thematically and structurally, 1.170 resembles the conclusion to the *Histories* as a whole. The story here of the Ionians confronting Persia ends with an analeptic anecdote about good advice not taken; 9.122 ends the *Histories* with another analeptic anecdote, Cyrus' good advice to Artembares about how to rule and be free rather than be ruled and enslaved.

171–6 PERSIAN CONQUEST OF CARIANS, CAUNIANS, LYCIANS (LATE 540s)

171.1 οὗτοι μὲν... ἀπεδέξαντο: a formular sentence whose deictic pronoun signals that the narrative of Ionia's defeat is completed (F.&T.

§ 3.3.2). **Κᾶρας καὶ Καυνίους καὶ Λυκίους:** at the time of the Persian invasion, three non-Greek peoples of southwest Anatolia. The Carians, thought by the Greeks to be the most important of these, were already present in much of western Anatolia before the arrival of the Ionian Greeks; in the sixth century, the Ionian cities of Priene, Myous, and Miletus (1.142.3), as well as Dorian Halicarnassus and Cnidus, continued to contain a substantial Carian element in their populations (1.146.2–3nn). For Greek settlements in Asia Minor, see Thonemann 2009: 225; cf. Malkin 2011: 173. At the time of Harpagus' arrival, the Meander formed the northern boundary of Caria proper, whose mostly small centers of population were ruled by Carian 'hilltop dynasts'; the Indus valley defined its southern boundary, with mountainous, rugged Lycia lying southeast of Caria. Caunus was a southern coastal Carian *polis* (Hornblower 1982: 114n66), although H. (1.172.1) and Thucydides (1.116.3) explicitly distinguish Caunus from Caria. For all three peoples, H.'s narrative mentions the possibility of long-ago ties with Crete (1.171.2, 172.1, 173.1); we now know, however, that the language of all three was a west Anatolian Indo-European language connected to Hittite and Luvian (1.172.1n προσκεχωρήκασι). **ἅμα ἀγόμενος καὶ Ἴωνας καὶ Αἰολέας:** H. has not previously reported Ionian and Aeolian enrollment among Harpagus' troops. Cf. below; 2.1.1; 3.1.1; 67.3 for the standing obligation of subject populations to supply soldiers for the Persian king's campaigns. Croesus earlier seems to have used mercenaries (1.77.4n ξεινικός).

171.2–173 CARIAN, CAUNIAN, AND LYCIAN PREHISTORY

171.2 ἐκ τῶν νήσων: as he moves to a new topic, H. often starts with analeptic background information, here some ethnographic prehistory of Carians, Caunians, and Lycians, as part of his general interest in people's origins (F.&T. § 4.2). He begins with the Carians. Thucydides 1.8.1 (cf. 1.4.1) also maintains that in ancient times the Carians inhabited the Cyclades, but his evidence from the exhumation of graves on Delos does not convince modern archaeologists (Hornblower 1982: 12n54). **ἐόντες Μίνω κατήκοοι** 'being subjects of Minos'. Μίνω is an 'Attic declension' gen. (S 237–8; CG 4.27), Μίνωος at 3.122.2. Minos, the legendary pre-Greek king of Crete, supposedly ruled the Aegean with his navy two generations before the Trojan War (3.122.2; 7.171.1; Arist. *Pol.* 2.1271b). Thucydides 1.8.2 says the Carians were pirates who moved to Asia Minor when Minos expelled them from the islands. H. here follows a different tradition, according to which the Carians were Minos' friendly subjects who remained in the eastern Aegean until the end of the Age of Heroes, when they arrived in mainland Anatolia, dislodged from the islands by migrating Dorians and Ionians (1.171.5). For H., Thucydides, and other fifth-century authors, Minos' thalassocracy was particularly relevant because it was seen as a precursor of contemporary Athenian naval power (Bacchyl. 17; Irwin 2007; Munson 2012: 201–12). **καλεόμενοι Λέλεγες:** at 7.93 H. refers back to this information; for his interest in name changes, see 1.1.2n ἐν τῆι νῦν Ἑλλάδι. The Leleges, although a distinct non-Greek population already in Homer (*Il.* 10.428–9, 21.86–8), were often confused or associated with the Carians as the non-Greek 'other' (Strabo 7.7.2, 13.1.58–9; Sourvinou-Inwood 2005: 271–2). An ethnic group of that name survived on the Halicarnassus peninsula into the fourth century; the local historian Philip of Theangela called them οἰκέται, 'serfs', of the Carians (Ath. 6.101; Hornblower 1982: 12–14). **φόρον μὲν οὐδένα ὑποτελέοντες ... νέας** 'they did not pay any tribute ... but whenever Minos would ask them, they manned his ships'. In the context of Minos' naval empire, H. sees the status of the Carians as similar to that of the few privileged members of the Delian League in his own day who provided ships rather than tribute in money to Athens (Thuc. 1.99.3; cf. H. 1.6.2n ἐς φόρου). **ὅσον καὶ ἐγὼ ... ἀκοῆι** 'as far as I also can come through hearsay'; this is the first occurrence in H. of ἀκοή to denote spoken information about the past that he has received from others (elsewhere often marked by λόγος, λέγουσι, λέγεται, etc.; F.&T. § 3.1). H. is very cautious when dealing with ancient mythic/heroic traditions; cf. 1.1–5n and F.&T. § 4n46. At 3.122.2 he puts Minos aside as not belonging to the 'human generation'. Here, however, he reports Minos' role in the prehistory of the ancient Carians as the best information he could obtain.

171.3 λογιμώτατον ... μάλιστα: according to H., the Carians benefit from their subjection to Minos, whose success makes them 'together with him (ἅμα) by far especially the most important'. The superlative is emphatically reinforced; it does not have the qualifying comment often accompanying such adjectives (1.6.2n τῶν ἡμεῖς ἴδμεν). H.'s readers are meant to be impressed with the cultural achievements of the Carians, as again immediately below, although they do not heroically resist Harpagus (1.174.1n). In the *Iliad* one of the most important Κᾶρες βαρβαρόφωνοι is depicted as a wealthy and somewhat effeminate ally of the Trojans (*Il.* 2.867–75), but H. generally depicts Carians as brave and efficient, and important as early mercenaries and traders in Egypt (2.152, 154, 163; 3.11), later in the Ionian Revolt (5.103, 111–12, 119–21), and finally as participants in Xerxes' army (7.98–9, 7.195, and possibly 9.107: Hornblower 1982: 21 and 23n135). H. states that King Croesus of Lydia had a Carian mother (1.92.3n ἐκ Καείρης) and singles out two famous Carians for attention: the explorer Scylax of Caryanda (4.44) and Hermotimus of Pedasa, the man who obtained the most perfect revenge 'of all those we know about'

(8.105; Hornblower 2003: 54). Carians were closely involved with Ionian affairs: the beginning of the Ionian Revolt, according to H., occurred when a Carian naval captain, Scylax of Myndus, was maltreated by a Persian admiral (5.33).

171.4 ἐξευρήματα: a parenthesis about Carian cultural achievement intrudes, part of H.'s persistent interest in human inventions he thinks particularly clever or important (1.5.3n πρῶτον; cf. his description in the Lydian ethnography of clever Lydian inventions that the Greeks have adopted, 1.94.1–2nn; Lydians § 6.9). Modern scholars speculate about whether H.'s claim here and his positive depictions of Carians generally stem from a sense of pride in a partially Carian heritage of his own (Snodgrass 1964: 109; Life §§ 1.3, 2.1).   **ἐπὶ τὰ κράνεα . . . οἱ ποιησάμενοι πρῶτοι** 'the Carians are the ones showing how to tie plumes to their helmets and put devices on their shields and are the first to have made arm-bars for shields'. This is almost certainly not correct. Helmet-crests are depicted in Assyrian art from the ninth century, and although blazons and arm-bars for shields were part of both Greek and Carian late archaic hoplite equipment, no archaeological evidence has made it seem likely that their invention was Carian (Snodgrass 1964: 114–17). More likely, Carian soldiers were well-known mercenary fighters whose equipment included such features (1.171.3n λογιμώτατον); Strabo 14.2.27 reports that Alcaeus mentioned a λόφος Καρικός (fr. 388 LP and Voigt) and that Anacreon sang of an ὄχανον Καρικοεργές (fr. 401 *PMG*). The ὄχανον (from ἔχω) was an essential feature of the hoplite shield: a bar across the middle through which the soldier would slide his left arm, grasping a hand-grip (called a πόρπαξ) near the rim with his hand.   **τελαμῶσι . . . περικείμενοι** 'managing them with leather thongs, having them wrapped around their necks and left shoulders'. Homer frequently mentions this type of τελαμών (described at *Il.* 2.388), but he sometimes also mentions the cross-stays of a shield (κανόνες, 8.193, 13.407), perhaps similar to the later ὄχανα.

171.5 μετὰ δὲ . . . ἀπίκοντο: the end of the Cretan version of Carian pre-history; there is some plausibility to it, since archaeology has identified the presence of Minoan remains in very early Caria (Hornblower 1982: 12n53).   **Κρῆτες λέγουσι:** H. apparently prefers the Cretan version but also records the native tradition of the Carians, who claim they are autochthonous in Asia Minor. The Cretan sources are perhaps the same Praesians whom H. uses as informants at 7.170–171.1; they claim they have lived continuously in eastern Crete from the time of Minos (Macan *ad loc.*; Vannicelli 2017: 514 on 7.171.1).

171.6 ἀποδεικνῦσι 'they show as evidence', i.e. of being autochthonous; cf. 5.45.1 (μαρτύρια . . . ἀποδεικνῦσι), where again H. arbitrates between sources with different reports and evidence. ἀποδείκνυμι ('display, demonstrate') and related terms are very important to H. (1.on ἱστορίης ἀπόδεξις, 170.1n πυνθάνομαι). **Μυλάσοισι:** Mylasa was the most important non-Greek city of Caria, about 32 km (20 miles) from the sea and 48 km (30 miles) northeast of Halicarnassus. It lay on the main route that joined Halicarnassus to the Persian world to the east and the Greek world to the north and controlled three important temples: to Zeus Osogus, to Zeus Carius, and to Zeus Stratius at nearby Labraunda (5.119.2). Later, Mylasa was the original capital of the powerful Carian dynasty of the Hecatomnidae (Hornblower 1982: 68; *IACP* § 913). **Διὸς Καρίου:** H. generally calls a particular dominant local non-Greek god 'Zeus'. Cf. 1.131.2n Διί for a Persian Zeus and Greek contact syncretism; for other explicitly localized non-Greek versions of Zeus, see the Zeus of Babylon (1.181.2), Egyptian Thebes and Lycian Patara (1.182.2), Phoenicia (2.44), and Scythia (4.5). H. suggests that sacrifices to Carian Zeus made by the family of the Athenian politician Isagoras might have some relevance to the otherwise unknown origins of Isagoras' family (Hornblower on 5.66.1). **Λυδόν:** Lydus is the founder of the first Lydian dynasty and eponym of the Lydians (1.7.3n Λυδοῦ τοῦ Ἄτυος, 94.3n; Lydians § 6.1–2). Once again, H. implies that political ideologies and cultural needs have shaped stories of ancient times (1.1–5n); the myth of long-ago brotherhood expresses present Carian alignments and preferences (Veyne 1988; Georges 1994: 1–18; Baragwanath and De Bakker 2012: 42–7). **τούτοισι μὲν . . . ὅσοι δὲ . . . τούτοισι δὲ οὐ μέτα** 'these (Mysians and Lydians) have a share (of the sanctuary), but all those who, being of another ethnic group, (merely) speak the same language as the Carians, do not'. The particle δέ (correlative to a preceding μέν) is duplicated after a demonstrative pronoun responding to a preceding relative (Denniston 184.II.4.i). At 8.144.2, the Athenians, speaking to the Lacedaemonians, proclaim descent, shared speech, and religion as the markers of a shared ethnicity, but the Carians here think shared language relatively insignificant.

172.1 Καύνιοι . . . ἐκ Κρήτης: in Greek myth, Caunus is the offspring of a Carian princess and Miletus, a Cretan who fled amatory complications in Crete and founded the city of Miletus. Caunus in turn flees the incestuous passion of his sister Byblis (Ovid *Met.* 9.446–665); he marries a Lycian Naiad, and either he or his son founds the city Caunus, in southern Caria (Sourvinou-Inwood 2005: 269–73). **δοκέειν ἐμοί** 'it seems to me', absolute inf. (S 2012.d; *CG* 51.49). Once again, H.'s opinion (somewhat tentatively expressed) differs from the local tradition of the people in question. The Carians regard themselves as autochthonous, but H. has preferred the tradition that makes them come from the islands; on the other hand, the Caunians consider themselves from Crete, but H. thinks they are indigenous Anatolians. Historically, Caunus was considered a Carian city (Hornblower 1982: 114n66; *IACP* § 1121). προσκεχωρήκασι... ἔθνος 'are close to the Carian people in language', even though H. thinks the Caunians ethnically distinct. Here he is describing a linguistic situation that is the reverse of the Ionian one, where there is ethnic identity but four dialects (1.142.3n γλῶσσαν). A Carian–Greek bilingual inscription, recovered in Caunus in 1996–7, shows that the alphabet in Caunus was a local variation of Carian, and that Carian was part of the western Anatolian group of Indo-European languages, related to Lycian, Luwian, Lydian, and Hittite (Melchert 2004: 609–13; Adiego 2006). οὐκ ἔχω ἀτρεκέως διακρῖναι: cf. 1.57.1n οὐκ ἔχω ἀτρεκέως εἰπεῖν; F.&T. § 3.2. νόμοισι δὲ χρέωνται ... Καρῶν 'they use customs that are quite separate both from everyone else's and from (those) of the Carians'. Cf. 140.2n κεχωρίδαται on H.'s interest in uniqueness, there of the Magoi. Here, however, H. wants to underline the unexpected differences of nearby and relatively non-exotic populations. Comparative statements of this kind are typical in the ethnographic discourse of H.'s time: speaking of the Scythians, Strabo 11.6.2–4 complains that distinctions of this sort made by writers like H., Ctesias, and Hellanicus are just fictions designed to entertain (Dorati 2000: 122–3). τοῖσι γὰρ ... παισί 'for them the most excellent thing is to get together for drinking in companies according to age and friendships, men, women, and children alike'. This is quite different from the custom of the male-only symposium more familiar to Greeks. The description of Caunian drinking habits reflects H.'s habitual interest in women in an ethnographic context (Dewald 2013b [1981]: 153–7, 161–5), but children presented as full-fledged and active participants in communal ritual occur only here.

172.2 ἱδρυθέντων δέ σφι ... ἀπέδοξε 'although foreign (gods') temple precincts had been established by them, later on, when they decided against it ...' Ethnic tensions, sometimes among people virtually indistinguishable by outsiders, have played a role throughout the narrative of the peoples of western Anatolia whom Harpagus is attacking (e.g. 1.143.2n ἀπεσχίσθησαν). The Caunians here are marching out toward a neighboring town whose gods they consider foreign (Harrison 2000: 215n27); later H. identifies the ruler of Calynda as a Carian (7.98; 8.87). Greeks in the *Histories* also explicitly use religious cult as a marker of ethnic identification (8.144.2), for purposes that we would not always define as religious (5.67). ἅπαντες Καύνιοι ἡβηδόν 'all Caunians from youth on upwards', in solidarity. Cf. 6.21.1, where all the Milesians ἡβηδόν, from youth on up, shave their heads in mourning for Sybaris, captured by the Crotonians c. 510. τῶν Καλυνδικῶν: Calynda lay southeast of Caunus, just east of the River Indus, whose valley marks the border between Caria and Lycia. The only other mention H. makes of Calynda concerns the betrayal of a Calyndian admiral during the Battle of Salamis by his fellow admiral Artemisia, the Halicarnassian queen (8.87.2).

173.1 καὶ οὗτοι μὲν... οἱ δὲ Λύκιοι: the Lycians are the third and southernmost people Harpagus will attack. They are an Indo-European people of western Anatolia, already present in the second-millennium Hittite cuneiform texts that refer to the 'Lukka-Lands' (Bryce 1986: 8–10; Melchert 2004: 591). They play a prominent role in the *Iliad* as stout Trojan allies (1.173.2n Σαρπηδόνος; *Il*. 5.471–92). In the period H. describes, the western border of Lycia was Telmessus and its eastern border near Phaselis (*IACP* § 1138). βάρβαροι: here H. categorizes Minos and the earliest Cretans as non-Greek; at 3.122.2 Minos is regarded as antedating human history altogether.

173.2 Σαρπηδόνος τε καὶ Μίνω: introduced here as sons of Europa, with no mention of their father Zeus, according to the custom of matrilinearity that H. will go on to claim as distinctively Lycian (1.173.4; Arieti 1995: 169). This Sarpedon who came to Asia Minor from Crete seems in the Greek mythic tradition to have been confused with the later Lycian, Sarpedon of the *Iliad*, the son of Zeus and Laodamia who with his cousin Glaucus is a renowned Trojan ally (*Il*. 2.876–7; 5.471–92, 628–98; 6.119–236; 12.310–28; 16.462–507). According to Diod. Sic. 5.79 the Cretan Sarpedon was the grandfather of the Homeric hero, but the conflation of the two is clear in Apollod. 3.1.2, for whom the Iliadic Sarpedon is the son of Zeus and Europa. One reason in H.'s day for making Lycia, like Caria, part of the Minos tradition was the inclusion of the Lycians among Athens' tributaries after the Persian Wars (1.171.2n ἐόντες Μίνω κατήκοοι). Μιλυάδα: the historical region called Milyas was in the northern uplands of Lycia, near Pisidia (Strabo 13.4.17, 14.5.7); earlier it formed a part of greater Phrygia (Arr. *Anab*. 1.24.5). An archaic dialect of the Lycian language (Lycian B) is sometimes called Milyan (Melchert 2004: 592). For the Milyae as subject to taxation and army enrollment in the Persian Empire, cf. 3.90.1; 7.77. There is no evidence that the whole region H. knows as Lycia was earlier called Milyas (1.173.1n καὶ οὗτοι) or that its people were called Solymoi. Σόλυμοι ἐκαλέοντο: Mount Solymus is a hill above the Pisidian city of Termessus, where Strabo 13.4.16 says that Bellerophon, grandfather of Sarpedon and Glaucus, fell fighting the Solymoi (cf. *Il.* 6.184, 204). Cf. 1.171.2n καλεόμενοι Λέλεγες and F.&T. § 3.4.2 for H.'s interest in the changes of people's names and locations over time. In the Flavian period, the Jews were identified with the Solymoi, and Hierosolyma (Jerusalem) was called 'Solyma' in consequence (Tac. *Hist.* 5.2; Stat. *Silv.* 5.2; Mart. *Ep.* 11.94; Juv. 7.55.7; Brenk 1999: 226–35).

173.3 Τερμίλαι: also at 7.92. This was an authentic name, since the Lycians refer to themselves as Tr~mmili (Termilae) in inscriptions (Bryce 1986: 27–35; Keen 1998: 30); Hecataeus, Panyassis, and perhaps Menecrates of Xanthus use the form Τρεμίλαι. The Greek aetiology from a mythical eponym Lycus (see below) reflects the Greek tendency to coopt foreign people into their mythical past, an operation embraced by some non-Greeks themselves in the course of their contacts with the Greeks.   **ἐξ Ἀθηνέων Λύκος:** in Greek myth, Lycus' brother Aegeus (Apollod. 3.15.5–8) is the father of Theseus, so this part of the story brings Lycia down to a generation or two before the Trojan War (9.73). For much earlier evidence for the name 'Lycia' see 1.173.1n.   **καὶ οὗτος** 'this one too'; like Sarpedon (1.173.2), Lycus had been expelled by his brother from his homeland.

173.4 ἓν δὲ τόδε ἴδιον . . . ἀνθρώπων 'but they have maintained this single custom peculiar to them, and in this respect they resemble no other people'. In his ethnographic observations H. often carefully marks similarities and differences, distinctness and connectedness (F.&T. § 4.2.3). The pattern 'Such and such a people has unique customs' (1.172.1n νόμοισι) is here replaced by emphasis on one custom that is different from that of others (cf. 1.93.1, concerning the only θῶμα of Lydia singled out by H., the gold-bearing sand of the River Pactolus).   **καλέουσι . . . πατέρων:** extant Lycian inscriptions do not confirm the general use of metronymics. From the classical era they do attest to a broader social role for women than that generally found in Greece. Although, like men, women are often identified by a patronym, they can act independently, e.g. often playing an active role in erecting monuments and inscriptions (Colvin 2004: 55–6). In the nineteenth century the ancient Greek conception of the Lycians as a matriarchy was incorrectly taken as evidence for a historical matriarchal phase in the history of civilization (Pembroke 1965, 1967); Lycia figured in this theory as the region where in Greek myth Bellerophon (grandfather of the Sarpedon and Glaucus who fought at Troy) fought the Amazons (*Il.* 6.184–90).

173.5 εἰρομένου δὲ ἑτέρου . . . τὰς μητέρας 'when one (of them) asks someone nearby who he is, he will account for himself (i.e. give his genealogy) from his mother's side and will list off the female ancestors of his mother', with futures expressing a prediction or a general truth (S 1914; *CG* 33.45). ἀνανεμέεται (Ion. mid. fut. of ἀνανέμω) is a *hapax* in H. In the *Histories*, the lineage of both women and men is patrifamilial (e.g. 3.50–3; 5.67). ἢν μέν γε γυνὴ ἀστὴ ... νενόμισται 'if a citizen woman gets together with an enslaved man, the children are considered legitimate', present general condition (S 2567; *CG* 49.13). For μέν γε, see 1.129.3n σκαιότατον μέν γε. νομίζω can signify either belief or cultural practice (1.131.2n οἱ δὲ νομίζουσι). Different ways in which cultures construct the family provide one of H.'s ethnographic interests; the Greek norm is always an implicit point of reference from which foreign customs are distinguished. H.'s description of Lycian custom has a particular point in his own day, since it differs sharply from the marriage law of Athens put in place by Pericles in 451/0. In Athenian law, citizen status could be claimed only if one's parents were both Athenians of citizen status. ἢν δὲ ἀνὴρ ... γυναῖκα ξείνην ἢ παλλακήν: H.'s formulation here is similar to the one cited by Pollux 3.21 for the Athenian law: καὶ γνήσιος μὲν ὁ ἐκ γυναικὸς ἀστῆς καὶ γαμετῆς – ὁ δ' αὐτὸς καὶ ἰθαγενής – νόθος δ' ὁ ἐκ ξένης ἢ παλλακίδος. In both Athens and Lycia, the son of a legitimate citizen and a foreign woman or concubine is illegitimate; in Lycia, the son of a Lycian woman is legitimate, even if his male parent is enslaved. **καὶ ὁ πρῶτος αὐτῶν:** notoriously, in 429 Pericles required immunity from the citizenship law of 450 that he had fashioned, asking the Athenian assembly to grant citizen status to his son from Aspasia, his non-Athenian concubine (Plut. *Per.* 37). The main narrative topic now resumes, resistance of Anatolian peoples to Harpagus' military onslaught.

174.1 οὔτε ... ἀποδεξάμενοι οὐδέν: H. begins with a compounded negative (S 2761; *CG* 56.4), the opposite of a celebratory gloss: because of the absence of displayed ἔργα μεγάλα, he thinks there is no narrative to be told (1.on, 14.4n ἀλλ' οὐδέν) – a surprising conclusion, given the extensive background information just supplied at 1.171–3. He is dismissive also of the Greeks who live nearby and goes on to single out for notice only the Dorian Cnidians and Pedasians. Up to this point we have heard nothing about the Dorians of Asia except for their part in the earlier survey of the Greeks there (1.144).

174.2 οἰκέουσι ... Λακεδαιμονίων ἄποικοι Κνίδιοι 'both others and Cnidians, colonists of the Lacedaemonians, live there'. Cnidus was the only city of the Doric pentapolis located on the Carian mainland (1.144.3); the location of the archaic site on the Cnidian peninsula is still uncertain (*IACP* § 1123). The Cnidians were not technically colonists of the Lacedaemonians; they were Dorians from continental Greece and the Peloponnese who moved to the southern coast of Asia Minor beginning as early as 900 (Ionians §§ 1.2, 4.1). H. is here applying the model of eighth-century colonization to migrations that took place gradually over the course of several centuries. τῆς χώρης ... τὸ δὴ Τριόπιον καλέεται 'with their land, which is called Triopium, facing toward the sea'; the rel. pronoun becomes neuter by attraction into the gender of its predicate noun (S 2502.e; CG 27.11). The Triopian sanctuary of Apollo, belonging to the Dorian pentapolis in common, was probably situated on Cnidian territory (1.144.1; IACP § 1124). ἀργμένης δὲ ... τῆς Βυβασσίης ... περιρρόου 'and beginning from the peninsula of Bybassia, and with the whole Cnidian land, except a little bit, being surrounded by water'. ἀργμένης is an Ionic pf. mid.-pass. part. of ἄρχω. The Cnidian peninsula H. calls Triopium is thus linked by a narrow isthmus to the larger Bybassian peninsula.

174.3 τὸ ὦν δὴ ὀλίγον τοῦτο, ἐὸν ὅσον τε ἐπὶ πέντε στάδια, ὤρυσσον οἱ Κνίδιοι 'this little bit then, being as wide as five stades, the Cnidians dug out'. Five stades, the width of the Cnidian isthmus, is a little more than half a mile (0.9 km). HW comment that 'the whole section is a model of confusion'; some editors emend the long gen. absolute of 174.2 by making a single grammatical unit of 174.2–3 down to ποιῆσαι, supplying <οἵ> before τῆς χώρης as anticipating οἱ Κνίδιοι as the subject of ὤρυσσον at 1.174.3. **βουλόμενοι νῆσον τὴν χώρην ποιῆσαι:** the Cnidians hoped that as an island their land would be safe from Harpagus and the Persians (1.127.3, 162, 171.1, 174.1), although H. has already mentioned that the islands soon gave themselves over to Cyrus (1.169.2n οἱ τὰς νήσους ἔχοντες). The notion of thinking of a city as an island for the purpose of defense would have been familiar to H.'s audience: contemporary Athens achieved this by building fortifications and holding the command of the sea (Thuc. 1.143.5; [Xen.] Ath. pol. 2.14–15).

174.4 πολλῇ χειρί 'in a great band'. Cf. 2.137.1; 3.54.1; 5.100. **μᾶλλον γάρ τι καὶ θειότερον ... τοῦ οἰκότος** 'since to a rather greater extent and more mysteriously than normal those who were doing this work appeared to get injured'. Cf. Harrison 2000: 64–9 for 'miracles-with-messages' in H.; F.&T. § 2.5.

174.5 ἐν τριμέτρωι τόνωι: at 1.47.2 and 1.62.4 H. uses the phrase ἐν ἑξαμέτρωι τόνωι of other Delphic oracles, although at 1.12.2 he has referred to a poem by Archilochus in the meter of the oracle at 1.174.5 as being ἐν ἰάμβωι τριμέτρωι. He quotes 20 Delphic verse oracles in the Histories, all but this one in dactylic hexameters. He also reports 35 Delphic oracles in prose, all but three in indirect discourse (Parke and Wormell 1956 II: 5–69, 262). Parker 2000 [1985]: 96 calls the Cnidian oracle, if legitimate, 'striking evidence of Delphic defeatism'. H. emphasizes that it is reported by the Cnidians, suggesting skepticism on his own part, and indeed it is not clear why the Cnidians would have gone to Delphi rather than the much nearer oracle of the Branchidae at Didyma, which was still operative at the time of Harpagus' approach in the later 540s (1.46.2, 92.2, 157.3–159; Fontenrose 1978: 306). One or possibly two of the early oracles Fontenrose lists from Didyma are in iambic trimeter (Fontenrose 1978: 419; Parker 2000 [1985]: 96n63). **Ἰσθμὸν . . . εἴ κ' ἐβούλετο:** the Pythia interprets the cutting of the Isthmus as inappropriate human overreaching and interference with nature. This is part of H.'s attention to water as a significant boundary marker and crossings of water as fateful, although here the Cnidians try to use water and the boundary it creates for a defensive, not an offensive, purpose (1.75.6n).

174.6 Κνίδιοι . . . παρέδοσαν: H. makes it clear that the story of the oracle told here, whether true or not, serves as justification for the Cnidian submission to Harpagus.

175 Πηδασέες . . . ὑπὲρ Ἁλικαρνησσοῦ: Pedasa is one of eight 'Lelegan' cities in the area around Halicarnassus (1.171.2n καλεόμενοι Λέλεγες; Strabo 13.1.58), near the Lide mountains (modern Kaplan Daği). One would like to know more about why H. does not tell us anything specific here about the surrender of his hometown, Halicarnassus (Life § 1.3; F.&T. § 3.4.2), but rather chooses to focus on an odd portent, the beard grown three times by a priestess in nearby Pedasa. **πώγωνα μέγαν ἴσχει:** the story is found repeated, with some interesting variation in details, in MSS of H. at 8.104 (cf. Strabo 13.1.59; Aristotle *Hist. an.* 518a). Bowie on 8.104 notes that the phenomenon is a real medical condition, the Achard-Thiers syndrome, but he believes the version in Book 8 is a later interpolation. Hornblower 2003: 43 observes its thematic appropriateness to the context of Book 8, the story of Hermotimus the eunuch from Pedasa (8.105–6). Such repetition is very rare in H.; more common is deliberate cross-referencing (e.g. 7.93, referring to 1.171.2, or 6.43.3, referring to 3.80.1).

176.1 τὸ Ξάνθιον πεδίον: Xanthus was the most important city of Lycia, famous for a sanctuary of Leto and for archaic and classical works of art and architecture that combine Greek and Persian idioms (Bean 1978: 53–64; *IACP* § 1341–2). It had the same name as its river and was the home of the Homeric Lycian heroes Glaucus and Sarpedon (*Il.* 2.877). The Xanthian plain is to the south of the city. **ἀρετὰς**

ἀπεδείκνυντο: this echoes H.'s final assessment of the Ionians earlier, ἄνδρες ἐγένοντο ἀγαθοί, each fighting valiantly but unsuccessfully for his own city (1.169.1). He uses the same language in the proem, stating that he will record great and wonderful deeds displayed (ἀποδεχθέντα) by both Greeks and non-Greeks (1.0); cf. 1.95.2n ἄνδρες ἀγαθοί, 'men of valor'.   τάς τε ... καὶ τοὺς οἰκέτας: the wording recalls the narrative about the Phocaeans whose reaction to Harpagus' attack was to leave their city for life elsewhere (1.164.3n τέκνα καὶ γυναῖκας; 166.3n). For a similar self-immolation, cf. the Persian Boges at 7.107.   καίεσθαι: inf. of purpose (S 2008; *CG* 51.16).

176.3 τῶν δὲ νῦν Λυκίων ... ἰστιέων ... περιεγένοντο: ἰστιέων = Att. ἑστιῶν. These families could have been with their herds in the cooler pastures much higher in the Xanthus valley, during the summer months (Bean 1978: 50); they could also have been a pro-Persian faction previously exiled but restored to power by Harpagus (Asheri).   ὁ Ἅρπαγος: the recurrence of the name Harpagus (Arppakuh in Lycian) in the reigning Lycian dynasties of the fifth century has suggested to some scholars that Harpagus' descendants settled in this city and became founders of a Harpagid dynasty, and even that these Lycian Harpagidae may have been among H.'s sources on the Persian conquest of Asia Minor (HW). More probably, however, Lycian dynasts, under Persian control in the satrapy of Caria in the sixth through much of the fourth century, adopted the name of Harpagus, famous locally from his conquest of the area (Keen 1998: 76–9).   παραπλησίως δὲ καὶ τὴν Καῦνον ἔσχε· ... ἐμιμήσαντο τὰ πλέω: since Caunus was a city in southern Caria (1.172.1n Καύνιοι), it seems surprising that its defeat follows that of Xanthus. Harpagus' invasion of Xanthus before Caunus may have been a surprise blitzkrieg, descending the Xanthus valley and ignoring the more inaccessible and smaller upland communities on his way (Keen 1998: 71–4).

177–200 CYRUS CONQUERS BABYLON (539)

H. now turns from the exploits of Harpagus in the west back to Cyrus himself, focusing on Cyrus' conquest of the famous and ancient Mesopotamian city of Babylon on the Euphrates. The city in all its magnificence is first surveyed, in an extended ecphrasis that mixes description of its monumental characteristics with some information on how it was constructed (1.178–83). H. follows this up with a brief history of the city's defensive use of the Euphrates, made by two famous earlier queens (184–7); this becomes a transition to the description of Cyrus' actual conquest by means of that same river (188–91). The section concludes with a more general ethnographic survey (192–200), emphasizing the importance of Mesopotamian wealth for the Persian Empire and noting features of the land and people, especially practices and customs different from Greek ones; earlier, the Persian ethnography performs the same concluding narrative function (131–40n). Babylon and Babylonia receive such emphasis at this point in the *Histories* because they represent the acme of Cyrus' career of military conquest and will constitute the wealthiest part of the Achaemenid Empire to come (1.192.2).

177 τὰ μὲν νυν κάτω . . . τὰ δὲ ἄνω: west and east respectively of the River Halys that had earlier formed the boundary between Croesus' Lydia ('lower Asia') and the Median Empire ('upper Asia'), according to H. (1.72.2n, 130.2n ἦρχον). This marks an explicit change of topic, from the account of the subjection of Ionia by Harpagus to that of Cyrus' most important conquests in upper Asia. **πᾶν ἔθνος:** serial conquest is a recurring feature of the Cyrus narrative (1.190.2, 204.2). H. thinks it was already the policy of the earlier Median kings (1.102.2n ἀπ' ἄλλου; Persians §§ 1–1.1, 4n11). **παρήσομεν . . . ἐπιμνήσομαι:** as at 1.174.1, only the nations that resist submission to Cyrus deserve to be the objects of H.'s attention, but here he enunciates the idea as an explicit methodological principle; cf. an earlier similar statement of selectivity at 1.16.2n ἔργα. The passed-over nations include Bactrians and Sacae, and probably Hyrcanians and Parthians (1.153.4n). H.'s decision to omit Cyrus' other conquests in Central Asia in the later 540s leaves us guessing about most of their details and chronology, dependent instead on scraps of information found in Photius' summary of Ctesias and the court historians of Alexander (Briant 2002: 38–40). The shift from first-person plural to first-person singular shows H.'s willingness to use both forms, perhaps including his audience as an interpretive community when he uses the plural first person.

178–87 DESCRIPTION OF BABYLON: ARCHITECTURE AND TWO PREVIOUS QUEENS

178.1 Ἀσσυρίοισι ἐπετίθετο: this sentence introduces Cyrus' campaign. What immediately follows, however, is the first of two extended descriptive passages that bracket the campaign narrative. Here H. describes the city of Babylon and its relation to the river (1.178–87); after reporting the campaign he will more generally describe Mesopotamian land and culture (192–200). **τῆς δὲ Ἀσσυρίης . . . Βαβυλών:** H. considers Babylonia (roughly the area of southern Iraq from just north of Baghdad to the Persian Gulf) as part of Assyria (Mesop. §§ 1, 3.2); here he names Babylon as the capital of Assyria after the destruction of Nineveh in 612 by its former vassal states. Babylonia in fact had been an ethnically and politically distinct entity, with Babylon as its major city, since the eighteenth century (Mesop. § 2.1). σφι Νίνου ἀναστάτου γενομένης 'after their city of Nineveh had been devastated' (1.106.2n τήν ... Νίνον εἷλον; Mesop. § 2.3). Nineveh, the seventh-century capital city of Assyria (1.102.2n Νίνον), was approximately 500 km (310 miles) north-northwest of Babylon, on the River Tigris. ἐοῦσα τοιαύτη δή τις πόλις: the deictic participial phrase introduces the lengthy description of Babylon itself. It precedes the narrative of Cyrus' conquest because the details of Babylon's wealth, monumental construction, and elaborate fortifications both make clear the magnitude of Cyrus' accomplishment and provide the background explaining how it was able to occur. Early twentieth-century excavations by Robert Koldewey revealed that H. gives a credible general impression of the Babylon of his time (Ravn 1942; MacGinnis 1986; Dalley 2003; Van De Mieroop 2003). Rollinger 1993 systematically confronts the difficulties in H.'s description; cf. Dalley 1996. For the issue of whether H. himself visited Babylon, see 1.178.2n.

178.2 κεῖται ἐν πεδίωι μεγάλωι: Babylon lies c. 85 km (53 miles) south of Baghdad, on the Euphrates. Rebuilt by its Neo-Babylonian rulers (626–539), its extant remains date for the most part to the reign of Nebuchadnezzar II (605–562; Mesop. § 2.4). H. never explicitly states that he was at Babylon, and his vivid account does not precisely match the archaeological findings and the cuneiform records that describe the city and details of its construction. What he describes (using earlier written sources or somewhat unreliable informants or guides?) relates partly to the time of Cyrus' conquest and partly to his own present about a century later. For H.'s use of precise, often quantified descriptions here and elsewhere, see Rubincam 2012; Sergueenkova 2016. **μέγαθος ... μέτωπον** 'being in size 120 stades on each side'; μέγαθος and μέτωπον are acc. of respect. One hundred and twenty stades times 4 sides = 480 stades, an impossibly large perimeter of c. 85 km (53 miles) that bears no obvious relation to the extant archaeological remains (Reade 2008). The length of the actual perimeter was c. 8.3 km (5 miles) for the rectangular set of walls H. might have seen. Impressionistically, however, greater Babylon was indeed larger than any Greek city and at H.'s time the largest city in the world, covering an area of c. 900 ha (3.5 sq. miles); the inner city covered c. 400 ha (1.5 sq. miles). The Greeks generally thought of Babylon as a θῶμα, a huge and bizarrely impressive phenomenon; Aristotle *Pol.* 3.1276a2 says it had the extent of a nation rather than of a city (ἔχει περιγραφήν μᾶλλον ἔθνους ἢ πόλεως). For the disdain of the sixth-century

Milesian 'Phocylides' for large, impressive Eastern cities, see fr. 8 West 1978a; Mesop. § 3n2. **ἐούσης τετραγώνου** 'with it being rectangular'; the gen. absolute is a 'bold anacoluthon' (HW). Archaeological exploration has made clear that the perimeter formed by Babylon's outermost, longer fortification walls was rather triangular in shape, and only existed on the east bank of the Euphrates. An inner, more rectangular set of walls did surround the city center and also those parts of Babylon on the river's west bank; these are the walls that throughout his description H. seems to have in mind, although some details of his descriptions better fit the larger, triangular fortification walls. **τῶν ἡμεῖς ἴδμεν:** H. uses this qualifying phrase often to mark things that he thinks are exceptional; it also emphasizes that such superlatives are provisional, capable of being overturned if further information becomes available (1.6.2n τῶν ἡμεῖς ἴδμεν; F.&T. § 3.2).

178.3 τάφρος . . . βαθέα τε καὶ εὐρέα: H. does not explicitly recognize what archaeological findings have recorded: each of the two sets of walls around Babylon was surrounded by a large ditch or moat, at points perhaps 70–100 m (230–8 ft) wide. One ditch went around the outer, roughly triangular set of three parallel defensive fortification walls on the eastern bank of the Euphrates; another ditch enclosed the roughly rectangular inner set of two parallel city walls that extended to both sides of the Euphrates. **μετὰ δὲ τεῖχος** 'next, a wall'. By Hellenistic times, Babylon's massive walls appear as one of Antipater's original seven wonders of the ancient world (cf. Jeremiah 51:58). Archaeological excavations have measured the perimeter of Babylon's external, triangular fortification walls to be c. 12 km (7.5 miles) long, extending far north of the city center. The inner rectangular set of city walls, with a perimeter of c. 8.3 km (5 miles), enclosed the administrative and religious centers on the Euphrates' eastern bank, but also a more residential and agricultural area on the western bank. At least some parts of Babylon's walls were no longer standing in H.'s time, since he reports that Darius destroyed (περιεῖλε) the city walls and gates at the time of its second conquest (3.159.1). **πεντήκοντα . . . τὸ εὖρος** '50 royal cubits thick and 200 cubits high', i.e. c. 25–7 m (82–9 ft) thick and c. 100–10 m high (328–61 ft, assuming that these too are royal cubits). The thickness measurement of 50 royal cubits roughly corresponds to the archaeological description of Babylon's outermost, triangular defensive fortifications: three walls running parallel to each other, with a thickness (width) of c. 30 m (98 ft) when measured together. The innermost wall of the three was 7 m wide, with towers attached to it 44 m apart; the middle one was 7.8 m wide, the one at the edge of the ditch 3.3 m wide (Van De Mieroop 2003: 265). The inner two walls lay 12 m (39 ft) apart.

COMMENTARY: 179.1–179.3 427

The measurement H. gives for the height, 200 royal cubits, on the other hand, is a preposterous exaggeration; a normal rule of thumb for the height of a baked-mud wall seems to have been three times its width, but H. renders the height here as considerably more than that of a modern 20-storey building. Cf. Aristophanes' description of the building of the walls of 'Cloudcuckooland' (*Av.* 1124–64), which some scholars regard as a parody of H.'s description (Life § 5.1; cf. Fornara 1971b: 28–9). H.'s exaggerations are perhaps an attempt to render concretely by him or his informants what was a common metaphor found in cuneiform descriptions of the city. 'The term "mountain-high" was applied to the walls of Babylon not only by Nebuchadnezzar II but also by Esarhaddon and by Nabonidus. Sennacherib described his walls of Nineveh in precisely the same way, *uzaqqir hursanis*' (East India House Inscription, col. 6.30–4; Dalley 1994: 54 and nn54–5). ὁ δὲ βασιλήιος . . . δακτύλοισι: H. helpfully translates the royal cubit (c. 19.66 in.) in terms of the ordinary cubit (c. 17.5 in.).

179.1 δεῖ . . . φράσαι: H. occasionally expresses his sense that the *logos* itself directs where the narrative must next go (1.95.1n ἐπιδίζηται; F.&T. § 3.3.2). ἀναισιμώθη 'was used up', by making baked bricks of it. H. cannot resist describing the pleasing cleverness and tidiness of this procedure, just as he will spend time on the remarkable boats of skin that float down the Euphrates (1.194), or the famous 'self-cooking ox' of the Scythians (4.61; Hartog 1988: 185; F.&T. § 3.4.1).

179.2 τέλματι . . . διαστοιβάζοντες 'using hot bitumen pitch as mortar and stuffing in mats of reed through every 30 layers of brick'. The Babylonian technique of building with baked bricks is mentioned in Ar. *Av.* 552; cf. Genesis 11:3. The reed reinforcements were designed to prevent collapse in case of floods; they were inserted more frequently than H. indicates, probably every eight or ten layers of brick (Ravn 1942: 34). ἔδειμαν . . . τὰ χείλεα 'they first built up the edges of the ditch', using these bricks.

179.3 παρὰ τὰ ἔσχατα 'along the edges'. οἰκήματα μουνόκωλα . . . ἐς ἄλληλα 'one-room buildings . . . turned toward each other', i.e. turrets on each outer edge of the wide surface formed by the top of two walls that run parallel to each other and the rubble that filled up the intervening space. The turrets' entrances, opposite each other, opened on the passageway between them (Ravn 1942: 20, 28, 34–5, plates 6B and 7B). τὸ μέσον δὲ . . . περιέλασιν 'in the middle they left a driving-space for a four-horse chariot'. Given that the top surface of the inner two triangular fortification walls and the space filled with earth between them measured c. 27 m (89 ft; 1.178.3n πεντήκοντα), this is a reasonable description (Ravn 1942: 28). Even the pair of inner, rectangular city walls, running parallel 7 m (23 ft) apart, would have left a central space of use as a 'covered' military road (1.181.1n στεινότερον; Ravn 1942: 20). It is not clear which set of walls H. has in mind here. πύλαι . . . ἑκατόν: this might be H. echoing the Homeric 'hundred-gated Thebes' (*Il.* 9.383); excavations have not established the number of gates in the external walls of Babylon, but there certainly were not 100. Cuneiform inscriptions mention eight gates in the inner set of walls, each bearing the name of a divinity (George 1992; 2008a). One of these is the famous Ishtar Gate, set in the northern inner fortification walls, with reliefs of animals in colored enamel, identified on the basis of an inscription by Nebuchadnezzar II found on one of the slabs of the passageway (1.187.1n τῶν μάλιστα λεωφόρων πυλέων). The five gates named in Zopyrus' speech to Darius on how to recapture the rebellious city (3.155.5–6) probably belong to these internal rectangular walls (Ravn 1942: 25–6, 36; Dalley 1996: 532). σταθμοί τε καὶ ὑπέρθυρα ὡσαύτως 'posts and lintels likewise', i.e. made of bronze like the doors.

179.4 ἔστι . . . ἐκομίσθη: short sentences following one another in this passage allow for maximum clarity by rolling out the items of the description one at a time, in the paratactic style characteristic of early prose (1.on ἥδε; Fränkel 1924: 62–3; Denniston 1960: 60). **Ἴς οὔνομα:** 'Is is the city Hit, on the Euphrates, 150 kilometres as the crow flies from Bagdad (*sic*). . . . Asphalt streams forth unceasingly there' (Ravn 1942: 33). **θρόμβους ἀσφάλτου** 'clots of bitumen pitch'; 6.119.2–3 describes a process of extraction.

180.1 φάρσεα 'divisions' or sections of the city, used by H. only of Babylon (1.181.2, 186.1). **τὸ γὰρ μέσον αὐτῆς ποταμός:** in a Greek city the communal space of the agora occupied τὸ μέσον, not a river (1.153.1n χῶρος; Kurke 1999: 234–5). The river divided the most important royal and religious centers of Babylon proper, lying east of the Euphrates, from the west bank that contained gardens, suburbs, and some of Babylon's many temples (1.181.2n ἐν μέσωι). **μέγας καὶ βαθὺς καὶ ταχύς:** like the Nile or the large rivers of Scythia, this very large river was a wonder to the Greeks (2.10; 4.50, 82). The source of the Euphrates was in what is now southeastern Turkey (1.194.2n).

180.2 τὸ ὦν δὴ τεῖχος ἑκάτερον . . . ἐλήλαται 'each wall, then, has been extended angled to the river' (lit. 'with respect to its angles'); i.e. Babylon's city fortification walls did not bridge the river but rather met each bank perpendicularly and bent there to follow the river's course. ὦν δή in H. is frequently a mild resumptive, here returning the discussion to the details of Babylon's walls after the brief parenthesis on the course of the Euphrates. **τὸ δὲ ἀπὸ τούτου ... παρατείνει** 'and from this point the perpendicular right angles (αἱ ἐπικαμπαί) stretch along each bank of the river as a dry wall (αἱμασιή) of baked bricks'. αἱμασιή stands in apposition to the plural subject and attracts the verb into the singular.

180.3 τριορόφων καὶ τετρορόφων 'with three and four roofs'; each room or group of rooms would have its own roof, built to varying heights (Ravn 1942: 79–80). **κατατέτμηται τὰς ὁδοὺς ἰθέας** 'has been cut through with straight roads'. **τάς τε ἄλλας:** i.e. the roads running parallel to the river. **τὰς ἐπικαρσίας ... ἐχούσας** 'those at right angles, the ones going toward the river'; i.e. cutting across the roads parallel to the Euphrates and creating an approximate grid plan, at least for some parts of the city on the east bank (Ravn 1942: 75).

180.4 κατὰ δὴ ὦν ἑκάστην ὁδόν 'now, at the end of each (roughly east–west-running) street'. In the same sentence they are called λαῦραι or alleys, presumably for their small size. They end in πυλίδες, small postern gates in the dry walls along the river. δὴ ὦν is resumptive, as at 1.180.2 (Denniston 469). **ἐπῆσαν:** the verb has shifted from the present to the past tense, perhaps because some of the features H. mentions were no longer there in his time (3.159.1). **καὶ αὗται χάλκεαι** 'these too of bronze', like the gates in the walls enclosing the city earlier described (1.179.3).

181.1 θώρηξ: for the metaphor of armoring or clothing the city like a body, cf. 7.139.3 τειχέων κιθῶνες; Aesch. *Sept.* 32 θωρακεῖον. What H. calls the 'breastplate' of the city ought to be the outermost, triangular set of walls (1.178.2–3nn), but the information added here applies rather to the rectangular walls that enclosed the city center and the residential area on the west bank of the river. H.'s picture throughout seems to be a conflation, some details of which better describe the outer triangular set of walls, some the inner rectangular ones (MacGinnis 1986: 69). **στεινότερον** 'thinner' or less wide than the external fortification walls. Archaeological exploration has confirmed that the rectangular inner city walls consisted of a pair of walls 7 m (23 ft) apart, made of sun-dried bricks (3.7 and 6.5 m wide, or 12 ft and 21 ft wide; Van De Mieroop 2003: 265). This set of walls was indeed thinner than the outer set, which was c. 30 m wide (1.178.3n πεντήκοντα, 179.3n τὸ μέσον).

181.2 ἐν δὲ φάρσεϊ ἑκατέρωι 'in each section of the city', separated from one another by the river (1.180.1n τὸ γὰρ μέσον). **ἐν μέσωι ἐν τῶι μὲν ... ἐν δὲ τῶι ἑτέρωι ... χαλκόπυλον** 'in the middle in one (section), the palace, with a great and strong perimeter wall, in the other (section), the bronze-gated temple of Zeus Belus'. H. might have mistaken some structure on the west bank of the river for the palace complex; in fact, the palace complex lay just north of the temple, both on the east bank. One part of it, the Northern Palace, lay beyond the north-facing inner, rectangular city walls, west of the ceremonial Ishtar Gate, while the large Southern Palace lay just south of it, inside the city walls (Van De Mieroop 2003: 266–9). H. does not mention the 'Hanging Gardens of Babylon', famous from later authors' descriptions and, like the walls, included as one of the 'seven wonders of the world', but many speculate that the area of the Southern Palace would have been a likely location (Finkel and Seymour 2008: 104–23). Dalley 1994 and 2013a argues that Nineveh, in some Mesopotamian literature named 'Old Babylon', was the more likely location of the 'Hanging Gardens'. Διὸς Βήλου ἱρόν: Bêlu (Bel in the Bible, e.g. Isaiah 46:1) is an ancient Semitic word for 'lord'. Since at least the early second millennium, Marduk, son of Ea, had been recognized as the overlord of Babylon and guardian of its kings. As Babylon had grown in power, so did the power and majesty of its tutelary deity; for H. he was the Babylonian equivalent to Zeus (1.171.6n Διὸς Καρίου). The name 'Babylon' meant 'gate of the god' or 'gate of the gods' in Akkadian. ἐς ἐμὲ ἔτι τοῦτο ἐόν: not quite an indication of autopsy; H. uses the phrase in reference to various material remains of the past still extant in the fifth century. Cf. 1.52n ἐς ἐμέ; F.&T. § 3.4.2; Life § 4. δύο σταδίων . . . τετράγωνον: a square measuring two stades on each side, i.e. c. 355 m (1165 ft). This corresponds fairly closely to the actual measurements of the ziggurat precinct, inside which rose the famous Tower of Babylon. This precinct was a large square, each side measuring c. 400 m (1312 ft), surrounded by high walls, with an imposing ceremonial entrance on its eastern side (Ravn 1942: 56).

181.3 ἐν μέσωι . . . ὀκτὼ πύργων: the ziggurat (meaning 'peak, pre-eminence', but subsequently 'temple mountain') of Marduk was called Etemenanki ('the house of the foundation platform of heaven and earth': George 2008a: 55–7; 2008b). It was a tower made up of seven storeys of decreasing size, built one on top of another; H. perhaps counted eight because the first storey was almost twice as high as the second. The extant square base of the lowest storey measures c. 91 m per side (299 ft), which corresponds to c. half a stade – i.e. half the length given by H.; the walled square precinct might have been measured by someone walking around its walled and closed-off periphery and then guessing that a side of the base of the tower measured about half of the side of the square that surrounded it.

The building already existed before the reign of Hammurabi (1792–1750); both Nabopolassar (626–605) and his son Nebuchadnezzar II

(605–562) worked on completing its restoration after its Neo-Assyrian destruction in 689 (Mesop. §§ 2.2, 2.4). This ziggurat almost certainly served as an inspiration for the biblical 'Tower of Babel' (Genesis 11:4). How much of it was still standing in H.'s day is uncertain; much later, Arrian *Anab.* 3.16.4–5, 7.17.1–3 and Strabo 16.1.5 speak of it as destroyed by Xerxes, but there is considerable controversy about what that meant, and how much destruction would have been merely the result of the inevitable crumbling of a mud-brick structure (Henkelman et al. 2011: 453–65; Kuhrt 2002: 488–90).

181.4 ἀνάβασις . . . πεποίηται 'the way up to them (the upper storeys) is made from the outside extending in a circle around all the storeys'. This was not a winding stairway, but more likely a series of straight staircases ascending the ziggurat's four perpendicular surfaces (Ravn 1942: 57). A great staircase in the middle of the south side of the ziggurat's foundation platform projected from the center of the tower's south facade at right angles, and traces of two further staircases were found at the south corners of the foundation platform, but the question of how the ziggurat's stairs worked together is still much disputed (MacGinnis 1986: 71–2). μεσοῦντι δέ κου . . . ἀμπαυστήριοι 'for one who comes more or less to the middle of the ascent, there is a stopping-place and benches for resting'.

181.5 νηὸς . . . μέγας: many Babylonian cities had such a ziggurat; at least 25 have either been discovered or are known from literary sources. The whole edifice was seen as a house of the god and his family, with different divine family members inhabiting different rooms in the vertical temple. In Babylon, however, the most important sacred residence of Marduk, the presiding divinity of Babylon, was the large but lower Esagila temple lying c. 250 m (820 ft) south of the Etemenanki ziggurat. κλίνη: the Louvre Esagila tablet (George 2008b: 128–30) describes Etemenanki as having seven rooms dedicated to different divinities in the shrine on its highest floor. One room contained a bed and a throne; a second bed lay on the shrine's inner court. εὖ ἐστρωμένη 'covered beautifully', from στόρνυμι, 'spread'. γυνὴ . . . πασέων: this is probably H.'s interpretation of reports about a Babylonian ritual celebrating the sacred marriage of Marduk and his divine consort Zarpanitu. There are no cuneiform records of a mortal woman lying with the god from Neo-Babylonian times (MacGinnis 1986: 72–3); many scholars, however, believe that in a much earlier Sumerian ritual, when the ἱερός γάμος or sacred marriage was celebrated, probably near the beginning of the new year, 'it was actually consummated by the king in person, playing the role of (the divinized king) Dumuzi, and by a lukur priestess playing that of (the goddess) Inanna' (Bottéro 2001: 155). The evidence for ritualized sexuality throughout Babylon's long history is complicated and subject to much scholarly controversy (1.199.1nn; Leick 1994: 130–56; Assante 2003; Stol 2016: 419–35, 645–57).   ὡς λέγουσι οἱ Χαλδαῖοι: H. also mentions the Chaldeans as his sources at 1.183.1, 3. They were regarded by later Greeks as a class of priests/natural philosophers/magicians who maintained the cult of Marduk as well as astronomy and other sciences; Diod. Sic. 2.29, drawing from Ctesias, compares them to the priests of Egypt. No Mesopotamian surviving documents mention them as scholars or temple personnel (Kuhrt 2002: 479). The term is an ethnic one, denoting the (originally west Semitic) inhabitants of Kaldu in southeastern Babylonia and used almost as a synonym for 'Babylonian' in the Neo-Babylonian period, when the royal dynasty belonged to this group (Mesop. §§ 2.2, 2.3). In H. similar ambiguities are found in the meaning of 'Magoi' (1.101n γένεα, 132.3n μάγος, 140.2n μάγους).

182.1 ἐμοὶ μὲν οὐ πιστὰ λέγοντες: for emphatic μέν *solitarium* with a personal pronoun, cf. 1.131.1 ὡς μὲν ἐμοὶ δοκέειν, where H. is again giving his personal opinion (Denniston 360.I.A.2, 381.III.5.ii). H. dislikes the notion of human sexual intercourse taking place in temples (2.64.2), and he is generally skeptical of the presence of gods in human form (2.142.3). For other expressions of religious opinion, doubts, or disbelief on H.'s part, see e.g. 2.3.2, 123.1; 5.86.3; F.&T. § 2.5 with nn30, 32. More generally, H. sometimes signals his disbelief in something reported to him that he recounts, whether exotic or Greek in origin (e.g. 4.25.1; 7.214; F.&T. § 3.2).   **κατά περ . . . Αἰγυπτίηισι:** H. establishes special connections between Babylon and Egypt, both wealthy, highly developed river cultures with a long history, huge monuments, and many other wonders (1.93.2, 193.1, 198; 2.109; 6.53–4). But unexpected particular similarities between different societies of any type are always of interest to him as signs both of a broad human communality and of the degree to which an investigatory readiness to find differences and distinctions can mislead (2.79; Munson 2001a: 96–100; F.&T. § 4.2.3).

182.2 ἐν τῶι τοῦ Διὸς τοῦ Θηβαιέος 'in the temple of Theban Zeus'. Karnak at Thebes was one of the largest temple complexes in the ancient world; H.'s most vivid description connects it with Hecataeus' earlier visit there, 2.143. Later H. tells the story about two Egyptian female temple servants abducted from this sanctuary, who were said to have founded the oracles of Zeus at Dodona and of Ammon in Libya (2.54–7; cf. 2.35.4 and Lloyd 1976: 151).   **κατά περ ἐν Πατάροισι . . . ἐπεὰν γένηται** 'just as at Patara in Lycia the prophetess of the god (is), when she is present' (S 2463–4; *CG* 50.37). Both the priestess and the god have to be there, for the oracle to happen. Analogy as used here is an important tool for H. in explaining foreign customs. οὐ γὰρ ὧν αἰεί ἐστι χρηστήριον αὐτόθι 'since the oracle is not always there'; ὧν after γάρ emphasizes that the point is essential (Denniston 446). Later Patara became known as a famous sanctuary of Apollo; cf. Verg. *Aen.* 4.143 and Serv. *ad loc.* and Horace *Carm.* 3.4.64. In H.'s narrative it is not one of the sanctuaries consulted by Croesus (1.46), despite its location in nearby Lycia.

183.1 ἔστι . . . καὶ ἄλλος κάτω νηός 'there is in the sacred city center in Babylon also another temple below'; this is the Esagila temple (from the Sumerian, 'the house whose top is high'), south (downriver) of the Etemenanki (1.181.3) and separated from it by a street 80 m (262.5 ft) wide. There were altogether at least 14 temples in the central part of Babylon, called Eridu. As the main Marduk temple of Babylonia's capital city, Esagila was the 'palace of the gods' and the center of the elaborate New Year's festival around the spring equinox in which the Babylonian king as the high priest of Marduk guaranteed the success of the spring harvest of barley and the health and safety of the kingdom. Esagila was very large, 86 × 79 m (282 × 259 ft), with an interior courtyard and two large courtyards attached to its eastern side. It housed upward of 100 shrines to various deities connected to Marduk; like Etemenanki it was guarded by tall walls around its complex (Van De Mieroop 2003: 269–73; George 2008a: 55). ὡς ἔλεγον οἱ Χαλδαῖοι: the imperfect suggests but does not make definite the nature of H.'s communication with these Chaldeans; he never specifies who they were or how he encountered them (1.181.5 ὡς λέγουσι Χαλδαῖοι). They may have acted as guides either for H. himself or for his informants. For the general problem of autopsy on H.'s part, see 1.183.3n; F.&T. § 3.4.2). ταλάντων ὀκτακοσίων: c. 20,800 kg (45,600 lbs, 20.5 long tons = Brit. or imperial tons, c. 23 US tons), using the common measurement of the Euboic/Attic talent (1 talent = 26 kg, 57 lbs). At 3.89.2 H. refers to a tax requiring a 'Babylonian talent', which was worth 70 minae rather than the 60 in the Euboic/Attic talent, but at 1.183 he does not specify a talent different in weight from the Greek one.

183.2 τέλεα 'full-grown', as opposed to γαλαθηνά, 'sucklings'. λιβανωτοῦ χίλια τάλαντα: c. 26,000 kg (57,320 lbs, 25.6 long tons, c. 30 US tons) of frankincense, an aromatic resin hardened from the sap of the *Boswellia sacra* tree, found in southern Arabia in H.'s time (3.107 gives a highly improbable tale of its harvesting). τὸν χρόνον ἐκεῖνον: at the time of Cyrus' expedition, 539. ἀνδριάς 'statue', usually of a human being; here possibly another ἄγαλμα of the god (cf. 6.118.3) but different from the one H. mentions at 1.183.1 (Kuhrt 2002: 489; Henkelman et al. 2011: 451–2). **δυώδεκα πήχεων:** c. 5.33 m (17.5 ft) tall.

183.3 ἐγὼ μέν μιν οὐκ εἶδον . . . λέγω: the emphasis in this sentence lies both on H.'s denial of autopsy in this particular instance and his assertion that he therefore must depend on the report of the Chaldeans to explain why the large gold statue was no longer there to be seen (cf. Henkelman et al. 2011: 452, who point out the improbability of the Chaldean account, from what we know of Persian treatment of their subject peoples' religion). As already noted (1.178.1n ἐοῦσα τοιαύτη; 183.1n ὡς ἔλεγον), H. never explicitly states that he has been to the city (contrast e.g. 2.29.1 αὐτόπτης ἐλθών), although 1.193.4 implies that he has been to Babylonia. **Δαρεῖος:** Xerxes' father, Darius, had a reputation for greed (1.187.5n εἰ μὴ ἄπληστος); for Darius as Persian king after Cyrus' son Cambyses, see 1.209.1n τῶν Ὑστάσπεος. Perhaps the Chaldeans, like H.'s Egyptian temple informants (3.29–30, 37), from local loyalty chose to recount how the Persian kings after Cyrus threatened or pillaged the Babylonian temple, when Babylon was already part of the Persian Empire. **ἐπιβουλεύσας** 'although he had designs' on this statue, i.e. after suppressing the Babylonian revolts that broke out on his accession, 522–521 (3.150–9). Darius himself mentions two revolts in his Behistun/Bisitun relief (DB §§ 18–20; Kuhrt 2007: 144; Briant 2002: 115–21); H. only describes one (3.150–9). **Ξέρξης δὲ ὁ Δαρείου ἔλαβε:** although there were at least two revolts in Babylon early in Xerxes' reign, and Xerxes may have taken away a statue, there is no good evidence that he sacked the city or desecrated temples (Briant 2002: 525, 543–5; Sancisi-Weerdenburg 2002: 581; Henkelman et al. 2011: 452). Later Greek authors attribute to Xerxes the destruction of Babylonian sanctuaries in order to glorify by contrast the pious behavior of Alexander a century and a half later (Strabo 16.1.5; Diod. Sic. 17.112.3; Curt. 7.17.1–3). **τὸν ἱρέα ἀπέκτεινε:** H.'s representation of Darius and Xerxes here suggests a Greek belief in the escalation of violence and disrespect for foreign cultures in the imperial policy of the Persian kings, something that extant Eastern records do not generally support. H. ascribes no such abuses to Cyrus, who enjoyed a broad reputation for respecting the local divinities of subject peoples, and he notes other instances of Persian respect for local religious sensibilities (e.g. 6.97, 118; Briant 2002: 43, 46–8, 544–5, 549).

184 πολλοὶ μέν κου καὶ ἄλλοι . . . τῶν . . . οἵ: for anticipatory ἄλλος, see 1.on τά τε ἄλλα and 1.1n τῆι τε ἄλληι. The two rel. clauses allow the sentence to express two competing thoughts: 1) 'there were certainly (κου) on the one hand many other kings . . . who contributed to adorning the city – and on the other hand, the following two women', and 2) 'there were many rulers of Babylon, which I will talk about in my Assyrian *logoi*, but among them there were even two women'. H.'s emphasis is consistent with his overarching interest in the historical role of women and is also thematically functional for the transition to the following Cyrus narrative proper. τῶν ἐν τοῖσι Ἀσσυρίοισι λόγοισι μνήμην ποιήσομαι: one of H.'s two unfulfilled claims that he will discuss Assyrian history at further length (1.106.2n ὡς . . . δηλώσω; Drews 1970: 181–5). These 'Assyrian *logoi*'might have included the Neo-Assyrian and Neo-Babylonian kings who ruled over Babylonia and Assyria in the eighth and seventh centuries, and perhaps also an account of what happened after the fall of Nineveh in 612 (Mesop. §§ 2.2–2.4). A third unfulfilled claim occurs at 7.213.3, where H. states that he will elaborate on the death of Ephialtes, the Malian traitor at Thermopylae. οἳ τὰ τείχεα . . . τὰ ἱρά: from the third millennium onward, the Sumerian, Akkadian, Assyrian, and Babylonian kings of Mesopotamia traditionally represented themselves as builders and beautifiers of cities, which they tended as servants of the cities' gods. 'The custom was for the builders of monumental structures to leave inscriptions embedded in the brickwork, recording the name of the god for whom the work was done, and the identity of the builder' (George 2008a: 63). ἡ μὲν πρότερον ἄρξασα . . . γενομένη 'the one ruling earlier, living five generations before the later one'. If H. is here calculating three generations per century (2.142) and the later queen Nitocris is, according to H., the mother of Labynetus, who became king of Babylon in 556 (1.188.1n τοῦ πατρός), he seems to date the earlier queen, Semiramis, to the eighth century. Σεμίραμις: H. is the first Greek author to name this queen; he also mentions a gate at Babylon named after her (3.155); much later Strabo 16.1.2 describes her by folk tradition as a builder famous throughout western Asia. A Neo-Assyrian queen, Shammuramat, wife of Shamshi-Adad V (823–811) and an important figure in the early years of the reign of her son Adad-nirari III (810–783), seems to be a historical figure lurking behind H.'s Semiramis (Kuhrt 1995: 491, 528; Dalley 2005, 2013b; Mesop. § 3.4). Semiramis plays a starring role in Ctesias' Assyrian history as a semi-mythic figure and the founder of Babylon itself (F1b (4–5) Lenfant). Thereafter she has a long and illustrious career in the European imagination; Voltaire's play *Sémiramis* was adapted for an opera by Rossini in 1822. ἀπεδέξατο . . . ἀξιοθέητα: the celebratory language recalls H.'s proem (1.0) and his pledge there to report ἔργα μεγάλα τε καὶ θωμαστά, including massive constructions like those described for Babylon here (Immerwahr 1960). H.'s first use of ἀξιοθέητος is at 1.14.3, where Midas' golden throne dedicated at Delphi is deemed 'worth viewing'. χώματα: the building of canals, dykes, and various other ways to manage the waters of Mesopotamia (the land 'between the rivers', i.e. the Euphrates and the Tigris) for irrigation and flood control had been a dominant concern for its human communities since the middle of the third millennium (Postgate 1992: 173–83); rulers regularly boasted of accomplishing massive building projects throughout the region's long history, but no specific engagement of Shammuramat in Babylonian waterworks is known.

185.1 Νίτωκρις: no queen or wife of any Assyrian or Babylonian king with a similar name appears in Eastern texts. Nitocris is a common Egyptian woman's name and is also the name of an Egyptian queen at 2.100.2, where H. makes an explicit cross-reference back to this passage. Many of the various projects H. describes at 1.185–7 were actually the works of the great Neo-Babylonian king, Nebuchadnezzar II (605–562; Kuhrt 1995: 590–3; Mesop. § 3.4). He should have been one of the kings mentioned in the missing 'Assyrian *logoi*' announced as 'forthcoming' but not included in the *Histories* (1.184n τῶν ἐν τοῖσι Ἀσσυρίοισι λόγοισι). Three prominent historical women whose activities might have helped invent H.'s Babylonian builder-queen: a) Adad-guppi, the actual mother of the last Neo-Babylonian king, Nabonidus (556–539; 1.188.1). She and her son (whom H. calls Labynetus at 1.74.3, 77.2, 188.1) had been prominent in the court of Nebuchadnezzar. Adad-guppi lived to be 102 and was involved in various religious building projects of her son, especially in Harran in the far northwest; b) Naqi'a Zakutu, the west Semitic wife of the earlier Neo-Assyrian king Sennacherib (705–681, Mesop. §§ 2.2, 3), mother of Esarhaddon (681–669; Kuhrt 1995: 528). Esarhaddon had undertaken the elaborate monumental rebuilding of Babylon that the Neo-Assyrian conquest had made necessary, and his mother was a prominent part of his early reign and sponsored building projects in Babylon of her own; c) a Median princess named Amytis whom Berossus *FGrHist* 680 FF7d, 8a says Nebuchadnezzar married and for whom he built the famous 'Hanging Gardens of Babylon', never mentioned by H. (1.181.2n ἐν μέσωι; Seymour 2008a: 104–13). Ctesias, however, identifies Amytis as another Median princess, a daughter of Astyages (F9 (1–2) Lenfant), married not to Nebuchadnezzar but first to another Mede and then to Cyrus the Persian (Dalley 2005; Haubold 2013: 113–15; Dalley 2013b: 118). συνετωτέρη 'more sagacious' (from συνίημι). The theme of practical cleverness occurs throughout the Babylonian narrative (1.179.1n ἀναισιμώθη, 187.1, 194, 196, 197). H. uses the term συνετός of a person only once more, as part of Darius' flattery of Histiaeus (5.24.3), but it is an important part of Thucydides' positive political vocabulary in its Attic form ξυνετός (e.g. 1.79.2, 84.3, 138.2; 3.82.4; 4.10.1; 6.39.1; 8.27.5, 68.4).   τοῦτο ... προεφυλάξατο '(she) on the one hand left memorials . . . on the other, seeing that the empire of the Medes was great and not standing still, but that other cities too had been captured by them, including even Nineveh, she took preventive measures'. So Nitocris' works have a double goal, both monumental and military. H.'s three chapters on various Babylonian defenses prepare the reader for the main narrative to come, the Persian conquest of Babylon in the reign of the last Neo-Babylonian ruler, whom H. calls Labynetus (1.188.1) and identifies as this queen's son. A variety of defenses constructed against threats from the East like those described here were made in the Neo-Babylonian period; historically, the most extensive H. does not explicitly mention: 'Two great fortified structures extending from east of the Tigris to the Euphrates (one to the region of Sippar, the other to Babylon) have been partially traced . . . identified as the "defences" later known as Nebuchadnezzar's "Median Wall" (Xen. *An.* 1.7); but whom they were intended to keep out (if indeed anyone) is unknown' (Kuhrt 1995: 592; cf. 1.185.4n, 189.1n ὁ δὲ παρὰ Ὦπιν; Da Riva 2010).   **μνημόσυνα ἐλίπετο:** on royal monumental architecture, see 1.93.2n, 184n οἳ τὰ τείχεα; Immerwahr 1960: 265–70; George 1992 and 2008a; Da Riva 2008.   **τὰ ἐγὼ ἀπηγήσομαι:** H.'s authorial interjection formally introduces the description of Nitocris' impressive projects; it reminds us that he is here in charge of the course of the narrative (1.on ἔργα μεγάλα).   **οὐκ ἀτρεμίζουσαν** 'not keeping still', i.e. proactively energetic. In the *Histories*, the Persian Cyrus is described in these terms by the Babylonians themselves (1.190.2n οὐκ ἀτρεμίζοντα). ἀτρεμίζω is otherwise used in this political sense only in the important discussions at the beginning of Xerxes' reign, as he tries to decide how aggressive he needs to be as a Persian king (7.8.α.1, 18.3).   **ἐν δὲ δὴ καὶ τὴν Νίνον** 'and among them even Nineveh'. H. uses ἐν δὲ δὴ καί for strong emphasis 13 times in the *Histories*, three in this section (1.184, 185.1, 192.1). Nineveh was the famous earlier capital of Assyria taken and sacked jointly by the Medes and Neo-Babylonians in 612 (1.106.2n τήν . . . Νίνον εἷλον; Mesop. § 2.3).

185.2 ἄνωθεν: farther upstream; Nitocris wants to make invasion of the city from the north difficult.   **οὕτω δή τι . . . ῥέων** 'she made (the river) somehow so crooked that three times in its flow it arrives at (the same) one of the villages in Assyria'. Nitocris' manipulation of the river is a sign of monarchical power, exercised here in the interest of defense. Thematically it resembles similar projects focused on water, undertaken by other monarchs for the purpose of aggression; cf. 1.75.6n οἱ δέ (Croesus and the Halys) and 189.2–190.1, in the forthcoming narrative of Cyrus' conquest of Babylon. H. is incorrect in assigning these massive and impressive waterworks to 'Nitocris', but is correct about how the course of the Euphrates could be reshaped by a strong ruler. The Tigris–Euphrates delta, one of the largest in the world, is a low-lying flood plain, and from the rivers' mouths at the shore of the Persian Gulf to the region of Babylon the ground rises only c. 20 m (66 ft). From the mid-third millennium rulers in the region had used corvée labor to construct elaborate networks of canals and massive embankments controlling the course of both rivers. Without that attention, in early summer they easily changed course and either flooded the towns and the agricultural fields that depended on their waters or left them parched (cf. 1.193.1– 2). **Ἀρδέρικκα:** an unknown Mesopotamian village (different from the Ardericca in Cissia, near Susa: 6.119.2). **καὶ νῦν:** although this supplies the validation of H.'s own day, it is still not quite explicit autopsy (1.50.3n νῦν, 143.3n ἀλλὰ καὶ νῦν, 167.3, etc.; F.&T. 3.4.2). **ἀπὸ τῆσδε τῆς θαλάσσης:** from the Mediterranean to the Euphrates overland, and then sailing down the river to Babylon from the northwest.

185.3 ἄξιον θώματος: these massive earthworks or dykes running along the river are, like the reshaping of the river itself, among the remarkable ἔργα H. considers it his responsibility to report (1.0n ἔργα μεγάλα, 93.1n, 185.1n τὰ ἐγὼ ἀπηγήσομαι). **μέγαθος καὶ ὕψος ὅσον τι ἐστί** 'so great it is in size and height!' (exclamatory ὅσον τι, Powell 357.III.1).

185.4 ἔλυτρον λίμνηι 'a basin for a lake'. In the East India House Inscription now in the British Museum, Nebuchadnezzar II celebrates his many building projects, including the defensive waterworks he built in the countryside north and east of Babylon where the distance between the Tigris and the Euphrates is the shortest (col. 6, ll. 41–52; Ravn 1942: 40). He describes a reservoir c. 200 km (124 miles) in circumference, with dykes and walls of baked brick, in the irregular tetragon delimited by Babylon, Kish, Opis, and Sippar, used for irrigation and flood control in peacetime and inundation of the area in case of an enemy invasion from the north or northeast. **ὀλίγον τι παρατείνουσα . . . ὀρύσσουσα** 'extending it a little from the river, and in depth always digging to reach the water level'. **εὖρος δὲ τὸ περίμετρον:** a peculiar phrase, where εὖρος δέ probably means 'in extent' (acc. of respect, corresponding to βάθος μέν, 'in depth'). The figure given by H., 420 stades, c. 75 km (47 miles), is much smaller than that given in the East India House Inscription, which rather corresponds to the circumference of

1200 stades, 213 km (132 miles) given by Ctesias F1b (9.2) Lenfant, perhaps initially a royal exaggeration. ἀναισίμου ... παραχέουσα 'she used up by heaping it along the banks of the river', i.e. like the dykes described at 1.185.3 (cf. 1.179.1n ἀναισιμώθη).

185.5 κρηπῖδα ... ἤλασε 'she extended a rim around it'.

185.6 ἐποίεε ... πᾶν ἕλος 'she was making ... the river (to be) winding and the basin all a marsh'; both σκολιόν and ἕλος are predicates. ὡς ... μακρή 'both in order that the river would be slower, broken around its many bends, and so that sailings to Babylon would be winding and also, after the voyage, the long circuit of the lake would follow'. These waterworks had a specific defensive military value that H. does not mention, against an enemy who, like Cyrus, might follow the River Gyndes (mod. Diyala) down to the Tigris and attempt to convey an army on foot and horse over to Babylon; the large marshy swamp or lake would slow their approach.

185.7 κατὰ τοῦτο ... τῆς χώρης τῆι 'she was working in that part of the country where ...' τὰ σύντομα τῆς ἐκ Μήδων ὁδοῦ 'the shortcuts of the road from the Medes'. The mention of the Medes as a threat returns the narrative to the theme raised at the beginning of the section on Nitocris' defensive waterworks (1.185.1). In Nebuchadnezzar's day the Medes were militarily powerful, but it is unclear how much territory they actually controlled or threatened with conquest in Mesopotamia (Briant 2002: 22; Persians § 1.3; Mesop. § 2.3; cf.1.163.3n τὸν Μῆδον).

186.1 ταῦτα ... ἐποιήσατο 'these (defenses) she threw around (the city) by (the lake's) depth, and (starting) from them she made the following addition'. H. then tells how the new lake made possible the construction of the additional bridge and embankment of the river in the city. Elsewhere in H. a παρενθήκη refers to an additional comment made after previous speech (6.19; 7.5.3); once it identifies H.'s own insertion of background material into his narrative (7.171.1; cf. 4.30.1, where he calls such insertions προσθῆκαι). δύο φαρσέων: the two halves or sections of Babylon separated by the river (1.180.1, 181.2). ὅκως 'whenever', with opt. in a past general temporal clause, as at 1.11.1, 186.3, etc. (S 2409.b). ὡς ἐγὼ δοκέω: H. can use δοκεῖν to mark that he is speculating on people's motives or emotions, as here (Baragwanath 2008: 50–1 and *passim*; F.&T. 3.2). More often, however, he uses it of things he thinks are factoids of natural or ethnographic history or some plausible detail in the narrative of events (1.97.2n ὡς δ' ἐγὼ δοκέω, 119.7n). προεῖδε 'provided for', i.e. 'took thought for', as the prudent, defense-minded ruler

H. thought she was (cf. 1.185.1n). **μνημόσυνον:** memorializing the ruler's greatness (1.185.1n μνημόσυνα ἐλίπετο, 185.3n).

186.2 τὸ χωρίον: i.e. the reservoir basin earlier described (1.185.4 ἔλυτρον λίμνηι). **ἐν ὧι . . . ἐν τούτωι** 'in the time in which . . . during this time'. **ἀπεξηρασμένου τοῦ ἀρχαίου ῥεέθρου** 'the old river bed having been dried up', pf. part. of ἀποξηραίνω. The phrase ἀρχαίου ῥεέθρου reminds the reader of the river manipulations of Croesus (1.75.4–6) and anticipates those of Cyrus below (1.191.3); cf. 1.185.2n οὕτω δή. **τοῦτο μὲν τὰ χείλεα . . . καὶ τὰς καταβάσιας . . . ἀνοικοδόμησε** 'on the one hand . . . constructed . . . the banks of the river . . . and the stairs'. **κατὰ τὸν αὐτὸν λόγον τῶι τείχεϊ:** i.e. by the techniques earlier described (1.179.1n ἀναισιμώθη). **τοῦτο δὲ . . . οἰκοδόμεε γέφυραν** 'on the other hand . . . built . . . a bridge'. It extended from the west bank of the river to the wide street that on the east bank separated the two main temples, Esagila and Etemenanki (1.183.1n). Archaeological excavations confirm its existence, 115 m long (377 ft) and c. 6 m (c. 20 ft) wide, supported on eight piers of baked brick, faced with stone (MacGinnis 1986: 75), but with no signs of the iron and lead H. mentions just below (Ravn 1942: 74; Rollinger 1993: 74, 85–6). Ctesias F1b (8) Lenfant describes this bridge in detail, attributing it to Semiramis.

186.3 ἐπ' ὧν . . . οἱ Βαβυλώνιοι 'on which the Babylonians would make the crossing'. If the flooring was removable, this was probably to allow the passage of ships (Ravn 1942: 76).

186.4 οὕτω . . . τοῖσι πολιήτηισι γέφυρα ἦν κατεσκευασμένη: H. represents Nitocris' cleverness as helpful for her people (1.185.1n συνετωτέρη, 186.1n προεῖδε). **τὸ ὀρυχθὲν . . . ἐς δέον ἐδόκεε γεγονέναι** 'the area dug out, turned into a marsh, seemed to have become what was needed'.

187.1 ἡ δ' αὐτὴ . . . ἐμηχανήσατο 'This same queen contrived . . .' Nitocris becomes a 'wise adviser' of sorts here, reinforcing a note struck early and repeatedly in Book 1 (1.5.3n ἀδίκων ἔργων; F.&T. §§ 2.4n21, 2.5), that the royal transgression of basic values is dangerous. It resembles other stories in the *Histories* of strong-minded queens rendering judgement (1.11: the wife of Candaules; 1.212: Tomyris; 2.100.2: Nitocris the Egyptian; 8.68, 101: Artemisia), but it also features the widespread folktale motif in which an earlier (virtuous) ruler warns later rulers from the grave (1.187.2n οὐ γὰρ ἄμεινον). **τῶν μάλιστα λεωφόρων πυλέων** 'the most frequented city gates' (1.179.3n πύλαι). The monumental Ishtar Gate at the north end of the city was the most prominent of the eight great gates of Babylon. It has been reconstructed along with its great processional way in the Pergamon Museum in Berlin. It stands 14 m (46 ft) high and 30 m (98 ft) wide (Seymour 2008b; Marzahn 2008; George 2008a: 56–9). **τάφον:** there are no tombs near the gates of Babylon. Adad-guppi, the actual mother of Nabonidus (H.'s Labynetus, 1.185.1n Νίτωκρις), was buried by Nabonidus 'in a secret place', probably in northern Babylonia, according to her funerary inscription at Harran (Beaulieu 1989: 68–9, 198). **ἐπιπολῆς** 'on top of', prep. with following gen. (from ἐπιπολή, 'surface'). **ἐνεκόλαψε** 'she inscribed'; cf. 1.51.3, 93.3 for the other inscriptions mentioned by H. in Book 1 (West 1985).

187.2 μὴ μέντοι γε μὴ σπανίσας γε . . . ἀνοίξηι 'let him not, unless indeed he lacks money, for other reasons open it'. The duplicated γε puts a limit on the strongly adversative μέντοι (Denniston 144.ii.6, 404–5). **οὐ γὰρ ἄμεινον** 'for it will not be the better course'; for the same idiom spoken by Darius, cf. 3.71.2, 82.5. A very similar story in Aelian *VH* 13.3 about Xerxes entering the tomb of Belus at Babylon includes the warning οὐ . . . ἄμεινον; both the inscription and the litotes have a Greek oracular flavor (cf. *Il.* 1.216, 24.52 and esp. Hes. *Op.* 750; Dillery 1992: 32–3). However, early Levantine funerary inscriptions and curse formulae suggest that the motif of warning potential grave robbers away from a ruler's tomb was a part of West Asiatic popular storytelling traditions and thus could have played a role in fashioning the Nitocris anecdote H. was told (Henkelman 2011: 24n63). Cf. the story type known to folklorists as 'Der Grabhügel', 'The Grave Mound' (Aly 1921: 56–7; Dillery 1992: 31n3; Henkelman 2011).

187.3 καὶ δεινόν 'even monstrous', i.e. 'really intolerable'. **τῆισι πύληισι . . . μηδὲν χρᾶσθαι:** although 3.159.1 states that after the second revolt of Babylon Darius destroyed its walls and gates as fortifications against an external force, much was left standing or repaired, including its most famous gate. **μὴ οὐ:** redundant negative with inf. when the main clause does not contain a negative itself but denotes strongly negative feeling (S 2748; Goodwin 817).

187.4 τῆισι δὲ πύληισι . . . διεξελαύνοντι: this is alien to Greek thought, but it may reflect a Zoroastrian interdiction against contact with a corpse (Boyce 1982: 112; Dillery 1992: 34–6).

187.5 ἀνοίξας δὲ τὸν τάφον: given Darius' concerns about being defiled by a dead body, presumably H. does not mean that King Darius manually opened the grave himself. In the logic of the anecdote, both the lure of the money and the inconvenience of not being able to use the gate would have encouraged Darius to have Nitocris' overhead grave dismantled.

More broadly, in the *Histories* violation of custom (particularly the desecration of foreign graves) is typical of autocrats: cf. Cambyses (3.16) and Artayctes (7.33; 9.116.1), or the Greek tyrant, Cleisthenes of Sicyon (5.67–8). Relevant here are the general observations of Otanes (3.80.3) and the Scythian king's specific warning to Darius about disturbing ancestral graves (4.127.2).   εἰ μὴ ἄπληστός τε ἔας . . . ἀνέῳιγες: ἔας = Att. ἦσθα. The strong adjective ἄπληστος, 'insatiate, greedy', recurs in the *Histories* only in the final episode of Book 1, where Queen Tomyris angrily addresses Cyrus as ἄπληστε αἵματος Κῦρε (1.212.2n; cf. 212.3). Nitocris' rebuke of a future Persian king is connected to the story to come, Cyrus' invasion of Babylon; in H. it is Nitocris' son Labynetus whom Cyrus will conquer next (1.188.1).

Many narrative sections of the *Histories*, large and small, end with a telling anecdote that either as prolepsis or analepsis goes beyond the temporal bounds of the narrative present. This final anecdote about Queen Nitocris looks forward beyond the forthcoming Persian conquest by Cyrus, to the reign of Darius (522–486), which will occupy much of Books 3–6; at 3.88–9 H. will again allude to Darius' acquisitiveness, reporting at 3.89.3 that through the imposition of tribute and other comparable taxes he ἐκαπήλευε πάντα τὰ πρήγματα and so is called by the Persians a κάπελος, 'shopkeeper'.   αὕτη μέν νυν . . . γενέσθαι: a deictic marks the formal conclusion to H.'s account of Nitocris. Her monumental works as well as her ἀπάτη reveal her character as H. thinks it was, in contrast to that of Darius.

188–91 CYRUS' CAMPAIGN TO CONQUER BABYLON

Cyrus' own activities as conqueror have so far only sporadically provided the main focus of H.'s narrative (1.75–81, 84–91, 125–30, 141, 152–157.1). The brief account of his conquest of Babylon, narrated after the lengthy description of the city and its waterworks, in fact stands for a period of about 15 years (546–530), in which Cyrus brought under Persian control the lands east of Anatolia. The most important of these was wealthy and powerful Mesopotamia. H.'s careful selection from what was undoubtedly a much larger fund of material (1.177n παρήσομεν; Briant 2002: 38–49) reminds us that his audience was a Greek one, and that the focus for the work as a whole, as announced in the proem, remains the war between Greeks and non-Greeks (1.0).

Greek sources for Cyrus' Babylonian campaign include the historically unreliable Xen. *Cyr.* 7.5.1–36 and Berossus *FGrHist* 680 F9a; for the cuneiform documents, see Mesop. § 2.5; Persians § 7.2. Kuhrt 2007: 70–84 collects the most important documents, both Eastern and Greek.

188.1 ὁ δὲ δὴ Κῦρος: H. resumes the main narrative from 1.178.1. **τοῦ πατρὸς... Λαβυνήτου:** the name 'Labynetus' is commonly identified with Nabonidus (the last Neo-Babylonian ruler of Babylon, 556–539; Mesop. §§ 2.5, 3.4). The Labynetus/Nabonidus mentioned here and at 1.74.3 and 77.2 was not the son of a Queen Nitocris but of a powerful woman in the court of Nebuchadnezzar II named Adad-guppi (1.185.1n). There is no information on Labynetus/Nabonidus' father, except that he was a commoner named Nabu-balatsu-iqbi (Beaulieu 1989: 67–86). Beaulieu (1989: 79–81, 199–202) thinks the Labynetus named at 1.188 is actually Nabonidus' son Belshazzar; according to the Babylonian Chronicle, he was actively engaged in his father's fight against Persia. **τὴν Ἀσσυρίων ἀρχήν:** for H.'s conflation of 'Assyrian' and 'Babylonian', see 1.178.1n τῆς δὲ Ἀσσυρίης; Mesop. §§ 1, 3.2. **στρατεύεται δὲ δή:** H. uses the ethnographic present here and at 1.188.2, describing the customary traveling practices of Achaemenid kings. **βασιλεὺς ὁ μέγας:** the Achaemenid kings of Persia inherited the title 'great king', claimed from the second millennium on by kings of Egypt, Mesopotamia, and Persia who did not themselves owe allegiance to an overlord (e.g. Kuhrt 1995: 214, 334). On the Cyrus Cylinder § 21, Cyrus calls his father 'great king of Anshan' (Kuhrt 2007: 71), and at the beginning of the Behistun/Bisitun Inscription, Darius proclaims this title for himself (DB § 1; Kuhrt 2007: 141; cf. Briant 2002: 90, 523). H. only uses this title for the Achaemenid king one other time (1.192.1), again in the context of feeding the Persian king from the resources of his empire. In two other passages, Aristagoras the Milesian and Alexander the Macedonian use it for the Persian king, addressing other Greeks they want to persuade of his wealth (5.49.7) or power (8.140.β.4). (Cf. Persians § 4.1 and n14 for the title 'king of the Medes'.) **σιτίοισι... ἐξ οἴκου:** the Persian king always used separate provisions both as a mark of his superior status and for the sake of security. According to Dinon *FGrHist* 472 F3, Xerxes established the rule that the Persian king neither eats nor drinks foreign food. **ὕδωρ ἀπὸ τοῦ Χοάσπεω ποταμοῦ:** the especially pure water of the Choaspes was well known (Curt. 5.2.9). Probably it is the modern Karkheh, that flows by the site of ancient Susa and toward the Iraq–Iran border, often identified with the Gihon River of Genesis 2:13 as one of the four rivers originally flowing out of Eden. Milton in *Paradise Regained* (3.288) gives the river a more Herodotean flavor, mentioning (among other sights the Tempter shows Jesus) 'Susa by Choaspes' amber stream | The drink of none but kings'. The Persian king's concern for the purity of his drinking water is consistent with the Persian interdiction against contaminating rivers (1.138.2; cf. 131.2n θύουσι).

188.2 ἀπεψημένου: this water was boiled, presumably to sterilize it.

189.1 Γύνδηι: the Gyndes is the modern Diyala, which flows from the Zagros Mountains in Media into the Tigris c. 17 km (11 miles) from modern Baghdad, c. 76 km (47 miles) north-northeast of ancient Babylon; cf. 5.52.5–6. These Matieni live west and north of Media, near Lake Urmia; H. seems to identify a very large region for them, claiming that the Araxes too flowed through their territory (1.202.3). They are not the same Matieni as those mentioned at 1.72.2 (Asheri on 3.94.1). Nothing is known of a people called Dardanae in this region. H.'s detailed description of the course of the Gyndes reflects his interest in the natural geographical boundaries that separate one people from another (1.6.1n ἐθνέων). **ὁ δὲ παρὰ Ὦπιν πόλιν ῥέων:** Opis was a thriving market town on the east side of the Tigris, across the river from the eastern end of the 'Median wall' which Nebuchadnezzar II was said to have constructed (Xen. *An.* 1.7); it marked the northeastern corner of the large area of flood control described earlier (1.185.1n τοῦτο, 185.4n; Ravn 1942: 40). The precise location of Opis remains unknown, but H. seems to place it close to where the Diyala joined the Tigris and where various canals linked the Tigris to the Euphrates. Rood 2009: 205nn44–5 observes that Xenophon *An.* 2.4.25 probably incorrectly places Opis considerably farther to the north. **Ἐρυθρὴν θάλασσαν:** the Persian Gulf (1.1.1n ἀπὸ τῆς Ἐρυθρῆς). **νηυσιπέρητον** = Att. ναυσιπέρατον 'navigable'. At 5.52.4 H. explains that one must cross such rivers by means of ferries (διαπορθμεῦσαι). **ἱρῶν ἵππων τῶν λευκῶν:** Tishtrya, an important ancient Persian deity closely linked to Mithra, 'liberator of the waters' (Briant 2002: 239, 914–15), was associated with the star Sirius, rain, and fertility and took the shape of a white horse with golden ears (*Avesta Yasht* 8.6.18). In Xerxes' army, the sacred chariot of the Persian 'Zeus' was drawn by eight white horses (7.40.4; cf. Xen. *Cyr.* 8.3.12); the Magoi sacrificed white horses to the River Strymon during Xerxes' march (7.113). The Cilicians, representing the fourth satrapy, contributed 300 white horses to the Persian king (3.90.3; cf. Strabo 11.13.7). Cf. 1.55.2n ἡμίονος. **ὑπὸ ὕβριος ἐσβάς:** when applied to humans, ὕβρις signifies both disrespect and violence (1.106.1n ὑπό τε ὕβριος; Fisher 1992: 343–85; 2002: 217–24), but when applied to animals, it signifies restless, out-of-control behavior (cf. 4.129.2). Cyrus proceeds aggressively to challenge natural boundaries here. **ὁ δέ μιν συμψήσας . . . φέρων** 'but the river having swept it up, went on, carrying it submerged in its course'. συμψάω is a *hapax* in H. and literally means 'rake together'.

189.2 ἐπηπείλησε οὕτω ... ὥστε ... καὶ γυναῖκας ... διαβήσεσθαι 'threatened that he would make it so very weak that in the future even women would easily cross it without getting their knees wet'. The actual result clause has an inf. verb διαβήσεσθαι (neg. οὐ) because it occurs within indirect discourse (S 2269; Goodwin 594). καὶ γυναῖκας: H. has just represented two Babylonian queens as formidable (1.184–7), but Cyrus' threat against the river is couched here in conventional Persian terms, in which women represent weakness. For a Persian man, being compared to a woman is an extreme insult (9.107.1; cf. 1.207.5; 7.11.1; 8.88.3; 9.20). Cf. the phrasing of the Greek insult at 7.210.2.

189.3 μετείς: 'setting aside'. διαίρεε ... διελὼν δέ: for narrative emphasis achieved by having the participle repeat the verb, cf. 1.8.1n ἠράσθη ... ἐρασθεὶς δέ. Half of the army would dig on one bank of the river, half on the other. κατέτεινε σχοινοτενέας ὑποδέξας διώρυχας 'he extended channels in straight lines, having traced them out'. ὀγδώκοντα καὶ ἑκατὸν παρ' ἑκάτερον τὸ χεῖλος: 360 was apparently a pervasively important symbolic number in Persian tradition and had particular significance 'in a context of sun worship, especially the horses sacrificed annually during the *Mithrakana*' (Briant 2002: 280–1). τετραμμένας πάντα τρόπον 'radiating in every direction'.

189.4 οἷα ... ἐργαζομένου 'since a great multitude was doing the work' (S 2085; *CG* 52.39). ἤνετο 'was finished'; ἄνω, impf. pass.

190.1 ἐτείσατο: for royal manipulation of the course of rivers, see 1.185.2n οὕτω δή; Cyrus will also drain the Euphrates (1.191.3). His punishment of the Gyndes as if it were a living being anticipates Xerxes' flogging and branding the Hellespont, also preceded by an angry address (7.35). Retributive vengeance and violation of boundaries are thematic in the *Histories* (1.10.2n τείσασθαι). ἔαρ ὑπέλαμπε 'spring began to appear'. According to Babylonian documentary evidence (ἐσσωθέντες, just below), Cyrus fought the Babylonians at Opis in the autumn of 539 and then fairly quickly took possession of the city with the help of Ugbaru, the Babylonian governor of Gutium. H.'s version does not reflect the precise details and chronology of the Persian conquest; see Mesop. § 2.5 (Kuhrt 2007: 51). ἐσσωθέντες τῆι μάχηι: the Nabonidus Chronicle mentions a battle at Opis in the month of Tishri (September/October), when Cyrus defeated the Babylonian army, 'carried off plunder (and) slaughtered the people'. κατειλήθησαν ἐς τὸ ἄστυ 'were forced back into the city'.

190.2 οἷα δὲ ἐξεπιστάμενοι 'since they knew full well' (1.189.4n). **οὐκ ἀτρεμίζοντα:** cf. 1.206.2, where Tomyris the Massagetan queen accuses Cyrus of 'wanting anything other than to be at peace'. Earlier Nitocris too had perceived that the Median Empire 'was not standing still' (1.185.1n οὐκ ἀτρεμίζουσαν). **παντὶ ἔθνεϊ . . . ἐπιχειρέοντα:** the motif of repeated serial conquest (1.177n πᾶν ἔθνος). **προεσάξαντο** 'they had packed in' provisions, aor. of προσάσσω. **λόγον εἶχον τῆς πολιορκίης οὐδένα** 'they paid no attention to the siege'; such indifference is a sign that things will not go well (1.19.2n λόγος οὐδεὶς ἐγένετο). **ἀνωτέρω . . . προκοπτομένων** 'and things were not being moved forward at all'. The metaphor describes difficult progress as cutting one's way through something resistant, like dense woodland undergrowth.

191.1 εἴτε δὴ ὦν . . . εἴτε καί: intervention by H. as a non-omniscient narrator, emphasizing that he is speculating about the mental processes of one of his characters. H. also proposes different possible motives for Cyrus at 1.86.2n εἴτε δή; cf. 1.19.2n εἴτε . . . ἔδοξε. **ἄλλος:** like τεο at 1.19.2, ἄλλος refers to an anonymous advice-giver; other bystanders who volunteer practical advice in Book 1 include: 1.27.4 (Bias/Pittacus), 1.80.2 (Harpagus), 1.85.4 (Croesus' son). For the more formal Herodotean trope of the 'wise adviser', see F.&T. § 2.4n21. **τὸ ποιητέον οἱ ἦν** 'what was to be done by him' (rel. pronoun introducing an indirect question, S 2668; dat. of agent: S 1488; *CG* 3050).

191.2 τὴν στρατιὴν ἅπασαν: Legrand supplies <ἑτέρους μέν> directly after τὴν στρατιὴν ἅπασαν, in order to make explicable the ἑτέρους that follows. The sense is clear enough; the two fighting-ready parts of the army are distinguished as parts of the whole, different from the ἀχρήϊος contingent described just below. **ἐξ ἐμβολῆς** 'starting from the entrance', i.e. where the Euphrates flows into Babylon from the north. Cyrus approaches the city from the north, where the man-made lake is located (1.185.4n ἔλυτρον λίμνηι). **ὄπισθε αὖτις τῆς πόλιος** 'next, at the farther end of the city', i.e. where the river exits downstream. **σὺν τῶι ἀχρηΐωι τοῦ στρατοῦ** 'with the useless part of the army'. The two parts of Cyrus' active fighting force have now been stationed at the north and south ends of Babylon respectively, ready to enter the city when the water level falls enough; the unfit parts of Cyrus' army are led off to dig out a new channel into Nitocris' lake. At 1.207.7 and 211.2 the unfit parts of Cyrus' army are again separated out, ruthlessly sacrificed for an immediate military advantage (cf. 3.156–7; 4.135.1 under Darius).

191.3 τά περ ἡ . . . βασίλεια ἐποίησε . . . ἐποίεε καὶ ὁ Κῦρος . . . τοιαῦτα 'just what the queen . . . did, Cyrus was doing these other things of the same sort'; Cyrus uses procedures similar to hers to turn Nitocris' defensive basin to his own advantage for the purpose of attack (1.186.2n ἀπεξηρασμένου). **διώρυχι:** words of the ὀρύσσω family occur 20 times in this Babylonian section, where waterworks have been made displays of royal power for defensive or offensive purposes. The Babylonian ethnography to come will describe the widespread use of man-made canals (διώρυχες) for the essential purpose of agricultural irrigation (1.193.2; cf. 1.185.2n οὕτω δή).

191.4 ἐτετάχατο = Att. τεταγμένοι ἦσαν.   **ἀνδρὶ ὡς ἐς μέσον μηρὸν μάλιστά κηι** 'to approximately the middle of a man's thigh'.

191.5 εἰ μέν νυν προεπύθοντο . . . οἱ δ' ἂν περιιδόντες . . . διέφθειραν 'now if the Babylonians had already learned . . ., then, allowing . . . they would have destroyed'. The early ἂν of the counterfactual apodosis emphasizes the part. περιιδόντες (S 1764). Unexpected decisions and rapid movement are familiar elements in the story of Cyrus' military successes (1.79.1, 127.1–2), but they seem oddly out of place here, given the emphasis on the Babylonians' foreknowledge and extensive preparations at 1.190.2 (ἐξεπιστάμενοι, προεσάξαντο). H. appreciatively describes Cyrus' cleverness, but neither the strategy nor tactics as described here fit the description of the Persian campaign as found in contemporary Eastern accounts (Mesop. § 2.5 for the Nabonidus Chronicle; cf. Persians § 7.2; 1.190.1nn, 191.6n ὁρτήν).   **καὶ αὐτοὶ . . . ἐληλαμένας** 'and they themselves having climbed onto the walls extending along the river banks'. ἐληλαμένας is the pf. acc. of ἐλαύνομαι; the dry walls of baked bricks lining each side of the river have already been described (1.180.2, 186.2).   **ὡς ἐν κύρτηι** 'as in a fish trap'; for the image of the military enemy as helpless trapped fish, cf. 1.62.4n οἰμήσουσι, 141.2n ἀμφίβληστρον.

191.6 ὑπὸ δὲ μεγάθεος τῆς πόλιος: the extended description of Babylon's enormous size and grandeur has already prepared for this moment (1.178–83, 178.2n μέγαθος).   **ὡς λέγεται ὑπὸ τῶν ταύτηι οἰκημένων:** once more, H. does not directly state that he has been to Babylon but only that he has talked to local informants, to gain information (1.183.3n ἐγὼ μέν μιν οὐκ εἶδον). λέγεται, although it is in a circumstantial clause, governs the indirect discourse that follows; cf. 1.65.4n ὡς δ' αὐτοὶ Λακεδαιμόνιοι (S 3008.a,g).   **ὁρτήν:** H. describes a 'soft' culture caught unprepared by Cyrus' attack while in the midst of civic celebrations, possibly the Harran *akitu* festival of the god Sîn (Beaulieu 1989: 226). The idea became a literary *topos*: Aristotle *Pol.* 3.1276a2 says that the inhabitants of Babylon did not know they had been captured for three days; the biblical Book of Daniel 5:5–30 also includes a dramatic picture of Belshazzar, Nabonidus' son, at his sumptuous feast, viewing a mysterious handwriting appearing on the wall that ominously foretold capture that very night by 'the Medes and Persians'. The Nabonidus Chronicle, by contrast, speaks of Cyrus' peaceful entrance into Babylon, where the people received him joyfully. The Cyrus Cylinder describes the celebration and proclaims that Cyrus was chosen by Marduk to be king of Babylon so that he might restore Marduk's cult, which Nabonidus had disrupted (Kuhrt 2007: 50–1, 71); cf. Xen. *Cyr.* 7.5.15. On the historical and cultural background of this major change of leadership in Babylon, see Beaulieu 1989: 219–33; Kuhrt 1995: 598–603, 659–61; Briant 2002: 40–4. **καὶ Βαβυλὼν μὲν οὕτω τότε πρῶτον ἀραίρητο** (= plpf. 3 s. of αἱρέομαι): in this formal conclusion to the capture of Babylon by Cyrus, πρῶτον looks forward to a second conquest, after Darius has crushed a revolt at the beginning of his reign, in 522 (3.159.1; cf. Briant 2002: 115–23).

192–200 BABYLONIAN GEOGRAPHY AND ETHNOGRAPHY

H. has carefully placed his description of Babylonia where it provides a brief break in the action, separating Cyrus' military conquest of Babylon from the final campaign against the Massagetae that will cost him his life (1.201–14). Like the Lydian appendix (1.92–4) and the Persian ethnography (1.131–40), this section is self-contained and includes several subsections: 1) the extent of Babylonia's wealth and importance for the Persian Empire, including a description of the land's irrigation system, local produce, and fertility; 2) the 'wonder' of the cargo boats on the Euphrates; 3) national dress; 4) customs. See F.&T. § 4.2.3.

192.1 τὴν δὲ δύναμιν . . . δηλώσω: H. frequently uses his first-person voice to announce a new topic. δύναμις in this section is equivalent to 'resources'. **πολλοῖσι μὲν καὶ . . . ἐν δὲ δὴ καὶ τῶιδε** 'both in many other ways . . . and including also in this one'. For emphatic ἐν δὲ δὴ καί, see 1.185.1n ἐν δὲ δὴ καὶ τὴν Νίνον. **βασιλέϊ τῶι μεγάλωι . . . φόρου** 'all the land which he rules has been subdivided by (or for) the Great King, for his support and that of the army, aside from the tribute' (cf. 1.188.1n βασιλεὺς ὁ μέγας). The Persian Empire by the time of Darius was divided into 20 provinces or satrapies (1.192.2n ἡ ἀρχή), each of which paid a set tribute (φόρος); the tribute from 'Babylon and the rest of Assyria' in the time of Darius was 1000 silver talents (1.14.2n τριήκοντα τάλαντα) and 500 boy eunuchs (3.92.1). **τροφήν:** contribution in kind, here 'food'. Briant 1989 reviews the numerous Greek references to 'the King's table' and to the obligation of subject peoples to contribute their best produce for the Persian court and army. This evidence is thematically related to the insistence by H. and other Greek sources on the importance of banquets as a defining trait of Persian society (1.133.1n πλέω δαῖτα; Briant

2002: 286–92). In H., Cyrus himself draws the connection between Persian freedom, the exploitation of others, and abundant, delicious food (1.126.3–6). Cf. H.'s description of the burdens imposed on northern Greek cities by Xerxes' army at 7.118–20 and the ambivalence of 9.82. πάρεξ τοῦ φόρου: before Darius' time, gifts or levies from the land owed to the king were brought by the various ethnic delegations to the royal capital (3.89.3). A wide variety of 'gifts in kind' beyond the tribute continued to be imposed on Persia's subject peoples in the Achaemenid period and beyond (Briant 2002: ch. 10, esp. 403–5 and 419–21). τοὺς τέσσερας μῆνας τρέφει: in H.'s time, Babylonia no longer provided a third of the Persian king's food; perhaps there is a confusion with an earlier organization of the empire, when a single satrap in Babylon ruled over considerably more territory (Asheri). ἡ Βαβυλωνίη χώρη 'Babylonia', a term used here and at 4.198.2 to emphasize the fertility of 'the Babylonian part' of what H. considers ἡ Ἀσσυρίη χώρη (1.106.2n πλὴν τῆς Βαβυλωνίης μοίρης, 178.1n τῆς δὲ Ἀσσυρίης . . . Βαβυλών; cf. Mesop. §§ 1, 2.3–3.2).

192.2 οὕτω τριτημορίη . . . Ἀσίης 'thus with respect to resources, the Assyrian land is equal to a third of the rest of Asia'. ἡ ἀρχὴ . . . τὴν . . . σατραπηίην καλέουσι: H. here translates the Persian word that denotes a province of the empire (Briant 2002: 63–7). The Persian word also occurs at 3.89.1 in the official tribute list, but otherwise H. is content with the more ambiguous Greek words ἀρχή or νομός. H. calls the governor of a Persian province an ἄρχων (1.192.4) or ὕπαρχος (3.128.3). The term σατράπης ('satrap') does not occur until Xen. (e.g. Cyr. 7.4.2, 8.6.3). ὅκου: causal conjunction here, 'since', 'considering that', 'inasmuch as' (S 2240.a). Τριτανταίχμηι τῶι Ἀρταβάζου: presumably the satrap of Babylon in H.'s time. His father, Artabazus, may be one of the Persian commanders in Xerxes' Greek campaign (7.66; 8.126–9; 9.66–8, etc.). Noble Persian names, however, recur with some frequency; at 7.82 and 8.26.9 H. mentions an earlier Tritantaechmes, son of Artabanus, a nephew of Darius and cousin of Xerxes. ἐκ βασιλέος: without the article, referring to the Persian king (1.119.7n βασιλεύς).

192.3 ἡ δὲ ἀρτάβη . . . Ἀττικῆισι: one of six translations H. gives of foreign measurements (cf. 2.6.4, 168.1; 3.89.2; 5.52.6–53; 6.42.2). In volume a μέδιμνος = 48 χοίνικες, c. 11.4 imperial gallons, 52 litres, 13.7 US gallons. The Achaemenid royal year had 360 days, modified every six years with an extra month so as to keep track with the sun, hence Tritantaechmes received 382 μέδιμνοι of silver a year, and every sixth year even more. ἵπποι: for the importance of the horse in Persian culture, cf. 1.189.1n ἱρῶν ἵππων. Large numbers of horses and dogs were kept for hunting as well as for war by the Persian nobility (Briant 2002: 297–9).

192.4 κυνῶν δὲ Ἰνδικῶν: Indian dogs are later found in Xerxes' army (7.187.1). According to Ctesias F45 (10) Lenfant, Indian dogs were a match for lions (cf. H. at 3.32.1; Arist. *Hist. an.* 607a). Dalley 2003: 187 argues that the Greeks referred to Elamites as Indians (e.g. Diod. Sic. 2.8.6 on Semiramis fighting the Indians) and that Elamite dogs are meant here.   **τῶν ἄλλων ἐοῦσαι ἀτελέες** 'being exempt from other taxes'.   **προσετετάχατο** = Att. προστεταγμένοι ἦσαν.

193.1 ὀλίγωι: dat. of means with verbs of raining or snowing (S 1507.c; *CG* 30.44); cf. 4.31. Rain was seasonally more abundant in the highlands of Assyria but much scantier in the south and west, falling in Babylonia from November to May, and often providing little more than the 200 mm (8 in.) annual minimum required for farming that depends on rainfall (Oppenheim 1977: 40–2; Van De Mieroop 2004: 7–9).   **τὸ ἐκτρέφον τὴν ῥίζαν τοῦ σίτου ἐστὶ τοῦτο** 'this is the thing nourishing the root of the grain', i.e. the limited rain begins the plant's growth. The article with participle is generic, designating a class of things (S 1124; *CG* 52.48).   **ἀρδόμενον μέντοι ... ὁ σῖτος** 'by being watered from the river, however, the crop ripens and the grain comes to maturity'.   **οὐ κατά περ ἐν Αἰγύπτωι:** in Egypt too rain is scarce, but the seasonal river flooding nourishes the crops αὐτόματος (2.13.1, 14.1–2), while the annual flooding in Babylonia occurs very late in the growing season. In the dry months the Babylonians draw water from the Euphrates by means of manually controlled shadoufs or swing-beams to which baskets are attached (κηλωνηίοισι). The explicit parallel drawn between Babylonian and Egyptian agriculture continues just below (1.193.2); H. elsewhere explicitly compares other aspects of the two cultures (1.182.1n κατά περ ... Αἰγυπτίηισι).

193.2 κατατέτμηται ἐς διώρυχας: H. has already described canals as royal Babylonian instruments of defense or offense (1.185.2n οὕτω δή, 191.3n διώρυχι), but here he addresses their basic agricultural function. Cf. the Egyptian irrigation canals described at 2.108.2–4.   **πρὸς ἥλιον ... τὸν χειμερινόν** 'toward (the rise of) the winter sun', i.e. flowing toward the southeast. This is the navigable *nahar-malka* ('king's river') canal, joining the Euphrates to the Tigris at the point of their shortest distance, between Sippar (modern Felugia) and Opis, near where the Gyndes/Diyala empties into the Tigris (1.189.1n ὁ δὲ παρὰ Ὦπιν).   **παρ' ὃν Νίνος πόλις οἴκητο** 'on which the city of Nineveh was situated' (1.102.2n Νίνον; Mesop. §§ 2.1–3, 3–3.3).   **ἀρίστη τῶν ἡμεῖς ἴδμεν:** once more,

H. simultaneously highlights and denies absolute certainty for one of his superlatives (1.6.2n τῶν ἡμεῖς ἴδμεν). At 4.198.2 he comments that the crop yields of Libya are as abundant as those in Babylonia. **Δήμητρος καρπόν**: grain as staple crops, especially barley and emmer wheat. H. also calls Libyan cereal crops the 'fruit of Demeter' at 4.198.2, expressly comparing Libyan crop yields to those of Babylonia described here. The salinity of the soil made barley a favored grain; both bread and beer (Mesopotamia's prevailing alcoholic drink) were made from barley. Sesame seed was another important crop in ancient Babylonia (McIntosh 2005: 118–28).

193.3 τὰ γὰρ δὴ ἄλλα δένδρεα ... φέρειν 'in fact, it does not even try to produce other plants'. τὸ δένδρον here and at 1.193.4 is not necessarily a tree but any tall fruit-bearing plant (as opposed to ὕλη, timber). H. is thinking here of plants familiar to his Greek audience (figs, vines, and olive trees are mentioned below). His overall generalization is incorrect; ancient Mesopotamia produced grapes, figs, and olives, but also apples, pears, pomegranates, cherries, plums, apricots, and nuts as well as dates (cf. Bottéro 2004: 100–3). Citrus fruits had not yet reached Mesopotamia from Southeast Asia. **οὐδὲ ... οὔτε ... οὔτε ... οὔτε**: the chain of negatives emphasizes the difference from normal Greek crops; H. often uses presentation through negation in ethnographies (1.131.1n ἀγάλματα). **ὧδε ἀγαθὴ ... ὥστε ἐπὶ διηκόσια μὲν ... ἀποδιδοῖ** 'so good ... that it regularly yields up to 200 (times the seed)'; actual result clause, with ὧδε substituting for οὕτω (Powell 386.1). **ἐπεὰν δὲ ἄριστα ... ἑωυτῆς ἐνείκηι** 'but when it produces at its best'; ἄριστα is adverbial and in opposition to τὸ παράπαν. ἑωυτῆς is partitive gen. with the superlative adverb (S 1434, 1437; CG 30.29). **τεσσέρων ... δακτύλων**: 'four finger-widths', c. 7.5 cm (3 in.).

193.4 ἐξεπιστάμενος μνήμην οὐ ποιήσομαι: Lateiner 1989: 67–8 discusses 20 passages in the *Histories* where H. explicitly omits something he knows, commenting on 'the rhetorical flourish' of this passage; cf. 1.51.4n τοῦ ἐπιστάμενος. **εὖ εἰδὼς ὅτι ... τὰ εἰρημένα καρπῶν ἐχόμενα ... ἀπῖκται** 'knowing very well that ... the things said connected to crops have met with considerable incredulity'. A reasonable inference is that H. had discussed this topic before (Life § 4). Cf. 3.80.1 and 6.43.3, where H. says that the speeches attributed by him to the three noble Persian conspirators before Darius' accession are ἄπιστοι to some of the Greeks; such passages suggest that some live audience feedback has already happened at the time of the *Histories*' appearance in writing. **τοῖσι μὴ ἀπιγμένοισι ἐς τὴν Βαβυλωνίην**: implying that H. himself has traveled to Babylonia; cf. 183.3n ἐγὼ μέν μιν οὐκ εἶδον. **χρέωνται δὲ οὐδὲν ἐλαίωι:** again information through negation, as at 1.193.3; ἔλαιον is here specifically olive oil.

193.5 τοὺς συκέων τρόπον θεραπεύουσι 'in the manner of figs they cultivate these (i.e. palms)', another comparison with Greek agricultural practices. **τά τε ἄλλα καὶ ... τῶν φοινίκων** 'both in other respects and concerning those of the palms the Greeks call "male", of these they tie the fruit (i.e. the branches that have pollen) to the date-bearing palms'. To this point in his description, H. is correct; the palm tree comes in two forms, one with pollen ('male') and one that is pollinated and produces dates ('female'). Even today in Mesopotamia a process is used to pollinate 'female' or fruit-bearing palms by tying branches of the 'male' trees with their pollen to the branches of the 'female' trees. **ἵνα ... τοῦ φοίνικος** 'so that the gall wasp, penetrating the date, may ripen it for them and the fruit of the palm not fall unripe'. Here βάλανον and ὁ καρπὸς τοῦ φοίνικος both refer to the dates. H. has been misled here by the visual similarity of the palm's fertilization process to that of the fig, with which Greeks are more familiar. The pollination of palms does not involve a wasp. **ψῆνας ... κατά περ δὴ οἱ ὄλονθοι:** the gall wasp does cause the fruit of the fig to ripen by depositing the pollen of the original 'male' host fig tree (ὁ ὄλονθος) on the flower of the fruit-bearing 'female' one. Aristotle *Hist. an.* 557b25–31 describes what the Greeks knew of the process.

194.1 τὸ δὲ ἁπάντων θῶμα μέγιστόν μοί ἐστι ... ἔρχομαι φράσων 'and what is the greatest wonder of all to me ... I am going to declare'. Again H. uses his first-person authorial voice to announce the next topic. 'Wonder' is one of H.'s earliest announced concerns (1.on ἔργα μεγάλα τε καὶ θωμαστά, 23n θῶμα μέγιστον), and its expression has suffused his narrative of the city of Babylon (αὐτὴν τὴν πόλιν, 1.178–86) and his description of the region's abundant resources. Here his admiration is reserved for what he sees as particularly exotic and efficient cleverness, as he begins the description of a special type of riverboat (cf. the 'self-cooking ox' of 4.61.2; F.&T. §§ 3.4.1, 4.2.4n52). **κατὰ τὸν ποταμόν:** carried by the current, they can only sail downstream (1.194.5n). **κυκλοτερέα, πάντα σκύτινα:** round boats, coracles of all sizes called gufahs or kuphars, transporting people and goods, continued to be in use into the 1970s CE on the Tigris and the Euphrates, although in recent times they were generally made of woven reeds covered with pitch. H. explains the rationale of the leather hulls below (1.194.5).

194.2 ἐν τοῖσι Ἀρμενίοισι ... οἰκημένοισι 'among the Armenians, who live upstream from the Assyrians'. The Euphrates rises in southeastern Turkey (ancient Armenia) and flows through Syria before entering northern Mesopotamia. In H.'s day Armenia was, or was part of, the thirteenth Persian satrapy (1.180.1; 3.93; Briant 2002: 390–4, 633). **νομέας ἰτέης** 'frames of willow'; the νομέες are also the ribs of a boat, in the description of the Egyptian *baris* at 2.96.2. **περιτείνουσι ... ἔξωθεν** 'they stretch around these (willow frames) watertight hides on the outside'. **ἐδάφεος τρόπον** 'in the form of a ship's bottom'. **οὔτε πρύμνην ἀποκρίνοντες οὔτε πρώιρην συνάγοντες** 'neither separating out the stern, nor gathering the prow together (to a point)'. Greek merchantmen too had a rounded shape (1.163.2n οὐ στρογγύλῃσι νηυσί). **ἀσπίδος τρόπον** 'in the form of a shield'; the simile allows a Greek audience to visualize the shape of these exotic boats. A relatively shallow draft would be necessary in many seasons, in many parts of the river. **ἀπιεῖσι ... φέρεσθαι** 'they send it off to be borne down the river', infinitive expressing purpose or result (*CG* 51.16; S 2009). **βίκους φοινικηίους ... οἴνου πλέους** 'containers made of palm-wood ... filled with wine'. Beer was the much more frequent alcoholic drink of choice in Mesopotamia, often made at home from barley and other local grains (Bottéro 2004: 89–93), but 'wine from the Mountain' was known from the mid-third millennium as coming from the 'Syro-Armenian region to the north whose ancient tradition ... in the biblical legend of Noah (Genesis 9:20 ff), had been the theater of the discovery of that noble beverage' (Bottéro 2004: 94).

194.3 ἔσω ... ἔξω 'one man pulls his paddle inwards (toward himself), the other pushes it outwards' (away from himself). **πεντακισχιλίων ταλάντων:** about 130,000 kg (286,001 lbs, 128 long tons, 143 US tons), assuming that H. is still using the Euboic/Attic talent rather than the heavier Babylonian one (1.183.1n ταλάντων ὀκτακοσίων). This load is impossibly large, but there are photographs of substantial kuphars from early in the twentieth century carrying about 20 passengers. Rawlinson 1861: 260 contains a drawing of one transporting a camel, perhaps serving the same function as that of the mules H. describes below.

194.4 ἀπ' ὧν ἐκήρυξαν 'they then offer for sale'; tmesis of ἀποκηρύσσω (Denniston 429.III.5). The aorist here expresses habitual action/description of manners and customs (S 1932; *CG* 33.31).

194.5 ἀνὰ τὸν ποταμὸν γὰρ δὴ οὐκ οἷά τέ ἐστι πλέειν: H.'s celebration of the subject with the word θῶμα (1.194.1) invites the reader's interpretation. Here the merchants' common sense and their legitimate and efficient exploitation of the river for transporting merchandise are entertaining for their own sake, but they also create a suggestive contrast with the elaborate and ultimately unsuccessful defensive royal waterworks described at 1.185–90 and, more broadly, with the aggressive and expansionist monarchical crossing of river boundaries by Croesus (1.75), Cyrus (1.209), and Xerxes (7.33–56). H.'s lengthy celebration of Mesopotamian round boats, like the earlier stories of Solon's description of Tellus (1.30), or Arion's rescue from a watery grave (1.24), permits us as readers to entertain a larger meaning than the immediate context makes explicit (F.&T. § 4.2.4).

195–200 BABYLONIAN ETHNOGRAPHY: CULTURAL HABITS

H. transitions from boats to various Babylonian habits: details of dress, a supposed erstwhile Babylonian marriage mart that has degenerated into prostitution, the giving of medical advice, burial procedures, and one sexual custom he finds especially offensive, an obligatory one-time-only act of prostitution by every Babylonian woman. The whole Babylonian section of the *Histories* ends with a particular fishcake as the only food eaten by three Babylonian clans.

195.1 κιθῶνι ... περιβαλλόμενος 'a linen tunic reaching to the feet, and over it he wears another tunic made of wool and a short cloak, wrapping it around himself'; for the change from plural to singular, cf. 1.132.1n τῶν δὲ ὡς ἑκάστωι. Representations on stelae and cylinder seals show Babylonian male gods and important functionaries wearing the long tunic, often flounced or fringed, and more usually a long fringed cloak, which perhaps hides the second tunic underneath; men are also depicted wearing a short skirt or kilt, with belt or cummerbund. From the third millennium on, Babylonia and Assyria to the north were important production centers for woven wool cloth, from local sheep. By the seventh century linen and cotton were available (Leick 2002: 135–41; McIntosh 2005: 260–4; Good 2007). Women's clothing was roughly similar to the long version of male attire, although they were often more elaborately adorned with jewelry (Stol 2016: 17–55); H. does not consider the details of female Babylonian appearance.   ὑποδήματα ... τῆισι Βοιωτίηισι ἐμβάσι 'sandals ... similar to Boeotian slippers'; in brief ethnographic glosses H. often uses terms of comparison that make exotic local details (ἐπιχώρια) more familiar to a Greek audience (1.74.5n ὅρκια δέ, 193.5n; F.&T. § 4.1). In a Greek context, the ἐμβάς is mentioned in a number of Aristophanes' comedies as a 'cheap and austere kind of shoe, made of leather, normally worn only by men and only by poor people' (MacDowell

1971: 145 on *Vesp.* 103). κομῶντες... μίτρηισι ἀναδέονται: the long hair worn by men is bound away from the face, but it is not clear whether the μίτρη is a turban or a headband. There were many different types of Babylonian headgear: bands, caps, skullcaps, fez-like hats, as well as turbans. μεμυρισμένοι πᾶν τὸ σῶμα 'anointed on the whole body' (acc. of respect, S 1601.a,c; *CG* 30.14). The importance of personal cleanliness, bathing in water (often in the Euphrates itself), and the use of fragrant oils are attested throughout Babylonian literary and omen texts (Leick 2002: 138–41). H. refers to the harvesting of Arabian spices and aromatic resins used in the production of incense and perfumes at 3.107–13.

195.2 σφρηγῖδα... σκῆπτρον: by H.'s time, the earlier Babylonian cylinder seal had largely been replaced by the stamp seal familiar to Greeks; reliefs picture men of rank holding staffs ending in a shaped form, like those H. describes below (MacGinnis 1986: 76; Collon 2007: 110–23). νόμοι δὲ... κατεστᾶσι 'on the other hand, these are established as customs for them'. H. here marks a transition from 'dress' to 'customs', making clear in context the fluidity of the latter term. Dress is presented as part of the larger category of a people's νόμοι, but νόμος also has a more restricted meaning, as here, referring to conventionally accepted norms, institutions, or prohibitions (1.4.2n, 8.4n ἀνόμων, 29.1n τῶν νόμων).

196.1 ὁ μὲν σοφώτατος 'the most intelligent'. The μέν (repeated in the conclusion at 196.5, where the custom is called κάλλιστος, 'most excellent') anticipates δεύτερος δὲ σοφίηι at 1.197, in turn followed by ὁ δὲ δὴ αἴσχιστος at 1.199.1. The classification of customs on the basis of best, second best, and worst is unique to this passage in H. Spontaneous authorial judgements are only infrequently part of H.'s ethnographic descriptions, which tend to take a more detached, simply descriptive stance (1.137.1n αἰνέω μέν νυν; F.&T. § 3.4.1). κατὰ γνώμην τὴν ἡμετέρην: a rare emphatic endorsement, marked by the use of the pl. possessive adjective, as at 4.53.1 and 9.71.2. It seems to be almost equivalent to H.'s more frequent use of the singular, here and at 2.26.1, 43.3, 99.1, 147.1; 4.59.2; 5.3.1. This is the first time the word γνώμη occurs with reference to H.'s asserted opinion (as opposed to the weaker δοκεῖ ἐμοί and similar expressions); cf. 1.171.2n ὅσον καὶ ἐγώ... ἀκοῆι and F.&T. § 3.2. Ἐνετοὺς... χρᾶσθαι: the Eneti or Veneti were a Western people living at the head of the Adriatic (5.9.2). H.'s brief glosses often draw attention to similarities among mutually distant peoples neither of whom is Greek (1.182.1n κατὰ περ... Αἰγυπτίηισι, 199.5n ἐνιαχῆι). ἐποιέετο τάδε 'the following used to happen'. The impf. anticipates the statement at 1.196.5

that this custom, described as taking place throughout Babylonian villages, no longer exists in H.'s time. ὅσαι αἰεὶ παρθένοι γινοίατο γάμων ὡραῖαι 'as many young women at any given time as were ready for marriage'. The reading of the MSS, ὡς ἄν . . . γινοίατο, presents a very unusual use of ἄν with the opt. in secondary sequence; cf. 1.196.2 ὡς . . . διεξέλθοι. ταύτας ὅκως συναγάγοιεν πάσας 'when they collected all these together'; temporal clause of customary action (S 2383.A.n3; *CG* 47.10), as at 1.196.2. ἐς ἓν χωρίον: an unspecified public space (1.153.1 χῶρος ἐν μέσηι τῆι πόλι; cf. 197n ἐς τὴν ἀγορήν). For the custom described here there is no evidence found in the thousands of extant Assyro-Babylonian cuneiform records, many of them concerning marriage; Babylonian marriage contracts were written as an agreement between two families (McNeal 1988; Stol 1995: 125–7, 132–5; McIntosh 2005: 161–3; Stol 2016: 60–92).

196.2 ἀνιστάς . . . πωλέεσκε 'making them stand up one by one, the herald would sell each one'. πωλέεσκε = Ion. 3 s. impf. **ὅκως αὕτη . . . πρηθείη, ἄλλην ἀνεκήρυσσε** 'when this one was sold, bringing in a great deal of money, he put another woman up for auction'. **ἔσκε:** iterative 3 s. impf. of εἰμί. **ἐπὶ συνοικήσι** 'for (legitimate) marriage', as emphasized at 1.196.3 (συνοικέειν, συνοικήσειν), i.e. not sold into slavery. **εὐδαίμονες . . . τοῦ δήμου** 'wealthy men . . . men of the people'; the class distinction among the men parallels and functionally corresponds to the difference in appearance among the women. **ὅσοι δὲ . . . οὗτοι δὲ . . . οἵ δ' ἂν χρήματά τε . . . ἐλάμβανον:** δέ is duplicated (both clauses responding to the preceding μέν) when a demonstrative pronoun is correlated with a preceding relative (Denniston 184.II.4.i). ἄν intensifies the iterative aspect of the impf. (S 1790; *CG* 33.24), as at 1.196.3 ἀνίστη ἄν. The money coming with the less desirable women, constituting a dowry, is available because of the sale of the more desirable.

196.3 διεξέλθοι . . . πωλέων τὰς εὐειδεστάτας 'had gone through, selling off the most attractive'. **ἐς ὃ τῶι τὸ ἐλάχιστον ὑπισταμένωι προσέκειτο** 'until she was allotted to the man accepting the least money'. Strabo 16.1.20, reporting the same custom, eliminates this feature, although it is the very reason H. finds the custom clever. **καὶ οὕτως . . . ἐξεδίδοσαν** 'and in this way the good-looking women endowed the unattractive and disabled ones'. H.'s narrative seems to reflect Greek utopian discussions about possible marriage arrangements, based on a money economy. Aristotle *Pol.* 2.1266a31–b5 reports that Phaleas of Chalcedon, the author of a fifth- or fourth-century utopia, proposed having the wealthy give dowries but not receive them and the poor receive but not give them, as a remedy for economic inequality. In Ar. *Eccl.* 631 a similarly utopian arrangement is called δημοτική γνώμη, 'a democratic policy' (Mora 1985: 240–5; McNeal 1988: 65; Kurke 1999: 240–2; Mesop. § 4). A dowry, usually provided by the woman's father or guardian, was an essential component of legitimate marriage (Eur. *Med.* 231–4); in fifth-century Greek cities, public provision was sometimes made for dowries for the poor. Earlier, however, women were part of a gift-giving exchange, viewed as assets obtained after gifts were made from the bridegroom to the family of the bride (McNeal 1988: 63–70). **οὐκ ἐξῆν:** H.'s ethnographies frequently describe by negation (1.131.1n, 132.2n). The prohibition against families reaching a private arrangement (the system that actually prevailed in Babylonia) would have been essential for such a public auction to work. **ἄνευ ἐγγυητέω** 'without a surety/guarantor'. The word (repeated below) evokes and is perhaps here a substitute for the more normal term ἐγγυή, which denoted the contract of legal marriage in classical Athens (McNeal 1988: 58–62). **ἐγγυητὰς χρῆν ... οὕτω ἀπάγεσθαι** 'it was the rule that he (the purchaser) thus could take her away, when he had provided guarantors/sureties that, indeed, he would live with her as a wife'. ἦ μέν is asseverative, used in oaths and earnest pledges (Denniston 389).

196.4 εἰ δὲ μὴ συμφεροίατο ... νόμος 'but if they should not get along, the law was to return the gold'. Both in Babylonian and Athenian law the husband was generally obliged to return the dowry to the woman's family in case of divorce; it is not clear in H.'s marriage mart to whom the money should be returned. **ἐξῆν δὲ καὶ ἐξ ἄλλης ... ὠνέεσθαι** 'it was allowed for anyone who wanted to make a purchase even if he came from another village'; this description provides a hypothetical alternative to Greek and particularly Athenian endogamic laws.

196.5 ὁ μὲν νυν κάλλιστος νόμος οὗτός σφι ἦν: this concluding sentence rephrases the judgement made in the introduction of the topic (1.196.1n ὁ μὲν σοφώτατος), that the custom was not just clever but excellent. **ἄλλο δέ τι ... γενέσθαι** 'but recently they have devised something else to take place' (*CG* 52.23). **[ἵνα ... ἄγωνται]:** most editors bracket these words, following Stein, who considers them a marginal note to ἀλλ' ἐγγυητὰς ... ἀγαγέσθαι at 1.196.3. There, however, they would contradict H.'s statement at 1.196.4 that anyone could purchase a bride, even if he came from elsewhere. If we delete these purpose clauses, ἄλλο ... τι refers to the practice of prostitution, as explained below. **ἐπείτε ... οἰκοφθορήθησαν** 'when, having been captured, they were destroyed and economically ruined'. νεωστί implies that the prostitution of daughters described here was a consequence of one of the Persian military subjugations of Babylonia, either by Cyrus or, more recently, by Darius or Xerxes (1.183.3nn). H. does not overtly integrate this information either with the custom described at 1.199 below or with the killing of most Babylonian females by their menfolk in Darius' reign reported at 3.150.2, 159.2. καταπορνεύει τὰ θήλεα τέκνα: cooperation between different social classes has given way to the wholesale prostitution of the women of the δῆμος; there is no Babylonian evidence for this practice, and no indication how H. thinks it fits with the once-only 'ritual' prostitution described at 1.199nn. Although prostitution was an acknowledged part of Babylonian life and literature, considerable controversy surrounds the images and vocabulary used to describe it or other female occupations in the ancient documentary evidence (Leick 1994: 147–69; Stol 2016: 399–435).

197 δεύτερος δὲ σοφίηι ὅδε: one other comparable comment occurs in Book 2, where H. calls the island of Chemmis the most remarkable thing 'of those of the second rank', τῶν δευτέρων, at the Buto shrine (2.156.1). He also portrays actors within the narrative as actively engaged in establishing who among them is in 'second place' (1.31.1, 134.2; 2.2.1; 8.123.2). ἐς τὴν ἀγορήν: the free exchange of information in a central public space is suggestively analogous to the bride auction earlier described, in that both emphasize the health of the community as a whole (1.196.1n ἐς ἕν χωρίον; Mesop. § 4). οὐ γὰρ . . . ἰητροῖσι: again, presentation by negation (1.196.3n οὐκ ἐξῆν). As a generalization this is incorrect, but H. is focusing on practices in small Assyro-Babylonian communities. Historically both Assyrian and Babylonian cities had medical schools and a long-standing and widely famous medical tradition; cuneiform texts from temple libraries list body parts, organs, diseases, and recipes for curative ingredients, but also prayers and incantations to be delivered by religious specialists expert at discerning the demonic origins of diseases (Leick 2002: 50, 148–51; McIntosh 2005: 273–6; Geller 2007). For H.'s interest in medicine and his references to medical practices in different parts of the world, see Lateiner 1986; Grmek 1989: 46n193, 351; Thomas 2000: 29–42; he later singles out Egypt as having the greatest number of specialized doctors (2.84, 3.129.2). προσιόντες ὦν . . . παθόντα 'approaching, then, the sick person they consult about the disease, if someone also himself experienced such a thing as the sick person has, or saw someone else experiencing it'. ὦν is resumptive after the preceding explanation with γάρ (Denniston 429.III.4). H.'s characteristically vivid description of this 'Babylonian clinic' suggests an implicit comparison with the Persian practice he reports without expressing criticism at

1.138.1–2: unlike the Babylonians, the Persians exclude from the community as wrongdoers both Persians and foreigners affected by certain skin diseases.   ἄσσα ... ποιήσας ἐξέφυγε 'by doing what sorts of things, he himself escaped'. For the participial construction, see 1.95.1n Κῦρον ὅστις ἐών (S 2147.d).   οὔ σφι ἔξεστι: as in the marriage mart described above, prohibitions are put in place to prevent individual interest from undermining the communal benefit of the custom (1.196.3n οὐκ ἐξῆν).

198 ταφαὶ δέ: the transition to this short chapter is unmarked and seems to occur by association: from disease to death and from funerals to marital sex. Funeral customs occupy an important place in H.'s ethnographic thought (1.140.1–2nn).   ἐν μέλιτι: implicit contrast with the Persian custom of covering the body with wax (1.140.2n κατακηρώσαντες). Strabo 16.1.20 attributes to Babylonian burials both the honey and wax procedures.   παραπλήσιοι τοῖσι ἐν Αἰγύπτωι: H. presents numerous connections and comparisons between Egypt and Babylonia (1.182.1n κατά περ ... Αἰγυπτίηισι). Egyptian lamentations for the dead are described at 2.79.3, 85.1; 2.64 addresses Egyptian scrupulosity regarding sexual practice and religious observance.   μιχθῆι: 3 s. aor. pass. of μίσγομαι (= Att. μείγνυμι).   ἄγγεος ... ἄψονται 'they will touch no vessel', metonymy for the process of taking food or drink, probably also to preserve the purity of their housewares.   ταὐτὰ δὲ ταῦτα καὶ Ἀράβιοι ποιεῦσι: another brief gloss indicating similarities between different cultures (1.182.1n κατά περ ... Αἰγυπτίηισι, 199.5n ἐνιαχῆι).

199.1 ὁ δὲ δὴ αἴσχιστος ... ὅδε: H. returns to the classification of best and second best begun at 1.196–7 by introducing here what he calls the 'most disgraceful' Babylonian practice. The dislike he declares for the practice of allowing sexual intercourse in temples (a practice he thinks is shared by most peoples except for Egyptians and Greeks, 2.64.2) reflects a customary Greek division made between sexual activity and the sacred (Parker 1983: 74–103), although H. specifies that the Babylonian sexual intercourse described here takes place outside the sanctuary (1.199.3). Negative judgements, here as at 4.46.1, are rare in H.'s ethnographies; cf. his neutral description of the Lydian prostitution of citizen women (1.93.4nn).   πᾶσαν γυναῖκα ... ἀνδρὶ ξείνωι: the word ξείνωι bears a stronger charge than 'a man coming from a different village' (ἐξ ἄλλης ἐλθόντα κώμης, 1.196.4) and denotes someone who is both a stranger to the women and an outsider to the community. H. does not specify how this custom relates either to ordinary, secular Babylonian prostitution (1.196.5) or to a ritualized sexuality that may have been part of the cult of Zeus Belus in Babylon (1.181.5). Near Eastern documents provide no unambiguous evidence for the existence of a ritual prostitution in Mesopotamia involving either temple personnel or ordinary women, and no evidence at all for the custom H. describes here (1.181.5n γυνή; Assante 2003: 27–47). Indirect evidence suggests that such a custom would have run counter to the Babylonian concern for the chastity of priestesses, the fidelity of wives, and the legitimacy of offspring. Greek sources for ritual prostitution in the East seem to draw from H.; see esp. Strabo 16.1.20; 11.14.16; Lucian *Syr. D.* 6. Alleged evidence for ritual prostitution in Greece may be due to the misinterpretation by later authors of Pind. fr. 122 SM and Simon. *Ep.* 14 Page 1981; cf. Strabo 12.3.36; Ath. 13.573e; Steele 2007: 300–7; Budin 2008: 58–92. **μιχθῆναι . . . οὐκ ἀξιούμεναι ἀναμίσγεσθαι . . . οἷα πλούτωι ὑπερφρονέουσαι:** οἷα emphasizes the narrator's assertion of the participle's causal force (S 2085; *CG* 52.39). Women who do not deign because of their wealth to 'mix' with ordinary women of the people will nevertheless similarly have to 'mix' sexually with some stranger, for whatever money he wants to give (1.199.4). **ἐπὶ ζευγέων ἐν καμάρηισι ἐλάσασαι** 'driving (there) in a covered carriage and pair'.

199.2 αἱ δὲ πλέονες . . . ἐν τεμένεϊ Ἀφροδίτης: all except the wealthy women must sit exposed in the sacred precinct of the goddess (1.199.3n Μύλιττα) in order to be viewed by prospective male buyers, as in the marriage mart of 1.196.1, except that the space here is a religiously defined one. Both practices would have offended a Greek sensibility, in which the privacy of citizen women was strongly protected by their families and important female religious rituals like the Thesmophoria excluded men (Parker 1983: 81–3; Budin 2008: 71–4). **κατέαται** = Att. κάθηνται 'they sit'. **σχοινοτενέες . . . τῶν γυναικῶν** 'paths in a straight line extend in all directions like roads through the women'. The idiom τρόπον ὁδῶν 'in the manner of roads' (cf. 1.194.2 ἐδάφεος τρόπον, ἀσπίδος τρόπον) is here combined with another expression of the type τετραμμένας πάντα τρόπον 'turned in every direction' as at 1.189.3, where canals into which Cyrus subdivides the Gyndes are referred to as σχοινοτενέας . . . διώρυχας.

199.3 ἀργύριον: also mentioned twice at 1.199.4. The money used earlier in the marriage mart, however, was called χρυσίον, presumably indicating H.'s view of its substantial value (1.196.2, 3 bis, 4). The normal medium of exchange for wage labor in the Babylonian economy in the first millennium was silver (Jursa 2007: 230–5). **μιχθῆι ἔξω τοῦ ἱροῦ:** this detail suggests that H. was either misinterpreting the excesses of a particular festival as customary behavior or misunderstanding the commercial prostitution that might ordinarily take place in a town's public gathering places (1.199.1n πᾶσαν γυναῖκα; Stol 2016: 426–7, 435).

Many other possible modern scholarly explanations for what H. might have seen, heard, or read are discussed in Chavalas 2015: 32–7. Legrand and Wilson prefer to read ἔσω, presumably because it would reinforce the religious aspects of the custom as reported.   ἐπικαλέω τοι τὴν θεὸν Μύλιττα 'I invoke the goddess Mylitta for you'.   Μύλιττα δὲ . . . Ἀσσύριοι: H. not infrequently glosses foreign divine names and cult practices with more familiar Greek terms (1.131.3n Οὐρανίηι, 132.3n ἐπαείδει). H.'s Mylitta is indeed a Greek transcription of the Assyrian Mullissu, the name by which the Babylonians of the Achaemenid Empire, who might have been H.'s informants, called the goddess Ninlil (Dalley 1979).

199.4 τὸ δὲ ἀργύριον μέγαθός ἐστι ὅσον ὦν 'the (amount of) silver is whatever (it is) in size'. ὦν reinforces the indefiniteness of ὅσον (S 339.e; Denniston 422.II.4.iii; Powell 387.VII).   οὐ γὰρ μὴ ἀπώσηται 'for it will absolutely not be refused/repulsed', fut. of ἀπωθέομαι. οὐ μή and the aor. subjunctive denote emphatic denial (S 1804; *CG* 34.9).   οὐ γὰρ οἱ θέμις ἐστί: some of the regulations surrounding this custom are comparable to those that sustain the νόμος of the marriage mart (1.196.3n οὐκ ἐξῆν), but now in a more overtly shocking and oppressive religious context.   οὐδὲ ἀποδοκιμᾶι οὐδένα 'she does not reject any man'. The verb, in its more usual form ἀποδοκιμάζω, is the Athenian legal term for rejecting a candidate as unfit for office (Kurke 1999: 237). H. uses this verb once more, again describing a process of selecting among potential sexual partners, when Cleisthenes of Sicyon speaks of the need to reject many of his daughter's suitors (6.130.1).   ἀποσιωσαμένη . . . ἀπαλλάσσεται 'having fulfilled her sacred obligation . . . she departs'. Evaluating the Babylonian evidence for sacred prostitution is very difficult in general, given the wide variety of local temple practices, the impossibility of completely disentangling mythic descriptions from actual cult, and the many uncertainties connected with the translation of a variety of relevant terms, whose meanings very likely changed over time (1.196.5n καταπορνεύει, 199.1n πᾶσαν γυναῖκα; Stol 2016: 419–35).   οὐκ οὕτω μέγα τί οἱ δώσεις ὥς μιν λάμψεαι = Att. λήψηι, 2 s. fut. of λαμβάνω 'you will not give to her any amount so great that you will get her'; rel. clause of actual result. H. rarely uses the second-person singular (1.139n ἐς τοῦτο διζήμενος εὑρήσεις); here it emphasizes his own refusal to define this custom as ordinary prostitution or promiscuity on the part of the woman.

199.5 ὅσαι . . . ἐπαμμέναι εἰσί 'as many, then, as have attained', pf. part. of ἐπάπτομαι = Att. ἐφάπτομαι. As in the marriage mart described at 1.196, the choice the men make depends on the attractiveness of the women.   καὶ γὰρ . . . μένουσι: emphasizing the shameful oppressiveness of the νόμος and supporting H.'s judgement of it as αἴσχιστος (1.199.1). 'H.'s depiction of temple prostitution attempts to envision a long-term transactional order utterly antithetical to the Greek civic ideal. ... [T]he circulation of goods in what looks like a common space negates community' (Kurke 1999: 238; 1.199.2n αἱ δὲ πλέονες). **ἐνιαχῆι δὲ ... νόμος:** a final gloss of similarity (1.74.5n, 182.1n κατά περ, 193.2, 196.1, 198 bis).

200 νόμοι μὲν δὴ ... κατεστᾶσι: H. concludes the section on Babylonian customs by echoing its introduction at 1.195.2 νόμοι δὲ αὐτοῖσι οἵδε κατεστᾶσι (F.&T. § 3.3.2). **πατριαί:** the tribes described in this addition probably inhabited the marshy lower reaches of the Euphrates and Tigris or the coast of the Persian Gulf (Diod. Sic. 3.22; Strabo 16.1.20). The focus on an apparently simpler part of the population of Babylonia serves as a thematic transition to the next part of the world that Cyrus will conquer, that of the hardy Massagetae, east of the Caspian Sea. **οὐδὲν ἄλλο:** other 'fish-eaters' are described at 1.202.3 and 3.19–25. Cambyses' spies to Ethiopia in Book 3, Africans from Elephantine, are identified as Ἰχθυοφάγοι. Generally fish-eaters were thought by the Greeks to be peoples found on the margins of the civilized world (Asheri on 3.19.1). **αὐήνωσι πρὸς ἥλιον** 'dry in the sun', a relatively elementary form of cooking (2.77.4, 92.5; 4.172.1). **ἐσβάλλουσι ... διὰ σινδόνος** 'they throw them into a mortar and after softening them (λεήναντες, aor. part. of λεαίνω) with pestles, they sift them through fine cloth'. The Babylonians carefully process their fish, unlike the fish-eaters from the far northeast (1.202.3n σιτεομένους).

201–16 CYRUS' MASSAGETAN CAMPAIGN

The expedition against the Massagetae (for which there is no other independent evidence) is the only campaign in Central Asia by Cyrus that H. describes. There must have been in addition operations against the Sacae and Bactrians; Achaemenid historians generally support H.'s earlier indication that Cyrus was focused on campaigns against them (1.153.4n), but details and chronology remain obscure. The strongly moralizing strain in H.'s story and the variety of later accounts of Cyrus' death lead many to doubt the specifics about the Massagetan campaign that H. recounts (Kuhrt 1995: 660–1; Briant 2002: 38–40; Kuhrt 2007: 49).

To the initial brief identification of the Massagetae, H. attaches a geographic and ethnographic description of their surroundings in the farthest northeastern corner of the known world. Here he discusses the populations living on the islands in the Araxes (202.1–2), the course of that river, the fish-eating people that dwell at one of its mouths (202.3), and the nature of the Caspian Sea (203). He then moves to the region west of the Caspian and to the people living in the Caucasus (202.4–203), before returning his attention to the plain inhabited by Massagetae, east of the Caspian (204.1).

The account of Cyrus' campaign (204.2–214) falls between this description and a final ethnographic passage that describes the customs of the Massagetae (215–16). The narrative structure of 1.201–16 is thus roughly analogous to 1.178–200, where Cyrus' campaign against Babylon (188–91) is sandwiched between a lengthy description of Babylon itself (178–87) and a more generally descriptive Babylonian ethnography (192–200).

201 CYRUS' PLAN TO CAMPAIGN AGAINST THE MASSAGETAE

201 τοῦτο τὸ ἔθνος (the 'Assyrians' of Babylon) **... τὸ δὲ ἔθνος τοῦτο** (the Massagetae): H. here uses the term ἔθνος to denote a particular people distinguished by a common ancestry and by shared customs, language, and religion. Elsewhere ἔθνος can refer more generally to a larger ethnic group or even to a people's ancestry (1.56.2n τὸ μὲν Πελασγικόν; Jones 1996; Hall 1997: 34–40). For the narrative theme of Cyrus' apparently endless conquests, proceeding from one ἔθνος to the next, see 1.177, 190.2. **ἐπεθύμησε:** the historical motives for Cyrus' last campaign are unknown, but H. represents it purely as an enterprise of imperial aggression. ἐπιθυμίη and related words frequently occur with reference to the desires of absolute rulers. Of 22 such passages in the *Histories*, one contains Artabanus' gnomic saying that it is wrong to desire many things (7.18.2); 14 describe a desire entertained by a ruler with absolute power; nine of these depict Persian monarchs, and five of these in turn involve the exercise of a personal, arbitrary desire (1.201; 3.21.2, 134.5; 5.12.1; 7.100.1; cf. 1.32.6n ὁ μὲν ἐπιθυμίην). At 3.80.3 Otanes underscores the monarch's power to do whatever he wants. **Μασσαγέτας:** an Iranian people of Central Asia, living east of the Caspian Sea (1.204.1), approximately in what are now Turkmenistan, Uzbekistan, and Kazakhstan, probably including ancient Sogdiana, between the river boundaries created by the Oxus (Amu Darya) to the south and the Jaxartes (Syr Darya) to the north. But H.'s confused geography in this section, especially with regard to the course of the Araxes (1.202.3n), makes their location uncertain. **μέγα ... καὶ ἄλκιμον:** an explicit ethnographic evaluation of worth (cf. 1.137.1n; F.&T. § 3.4.1), anticipating the difficulties Cyrus will encounter in dealing with the Massagetae (Northeasterners § 4). **λέγεται:** cautionary hearsay markers implicitly signaling H.'s reliance on the report of others abound in this section: 1.202.1 λέγεται, φασὶ εἶναι (with indirect discourse through 202.2); 202.3 λέγουσι; 203.2 λέγεται. H.'s description has become more tentative as he deals with lands and peoples at the edges of the inhabited world; this will happen again when he acknowledges ignorance about the northernmost parts of Europe (4.45.1, 53.4). Cf. 1.216.1 φασί, where H. corrects the imprecision of a Greek report. **οἰκημένον . . . Ἀράξεω ποταμοῦ:** in H.'s conception, upper Asia (east of the Halys) contains a series of peoples stacked in a roughly vertical axis from south (the Persian Gulf or 'Red Sea') to north (Black or 'Euxine' Sea). On this axis he places (beginning in the south) Persians, Medes, Saspeires, and Colchians, as if they were contiguous, going from south to north (4.37; cf. 1.110.2). East of this central axis, he locates the Caspian and the 'eastward-flowing Araxes' (1.202.3n; 4.40.1), beyond which the Massagetae live (Prontera 2011: 182). **ἀντίον δὲ Ἰσσηδόνων ἀνδρῶν** 'and opposite to the Issedones', whom H. apparently locates north of the Jaxartes (Syr Darya). H. considers them as the farthest real inhabitants to the northeast (4.13.1, 25.2–27.1); still farther away are the mythical Arimaspians or 'One-eyed Men', in whose existence H. does not believe. Part of the point is how far Cyrus has come from those lands that it would make sense for him to rule. H.'s expression 'Issedonian men' may well be an echo of Aristeas of Proconnesus, the epic poet who discussed the Arimaspians and claimed to have traveled as far as the country of their neighbors, the Issedones (4.13, 16). **εἰσὶ δὲ οἵτινες καὶ Σκυθικὸν λέγουσι:** for the claim, cf. Diod. Sic. 2.43.5. H. generally opposes the tendency of other authors to confuse northern people under the generalized rubric 'Scythians' (Corcella 2007: 553–4). At the same time, several references invite us to compare Massagetae and Scythians, either explicitly (as here, 1.215.1, 216.1) or implicitly (1.202.1–2, 216.4). At 4.11 H. accepts a tradition according to which the Scythians once lived in Asia and were neighbors of the Massagetae (Northeasterners § 1, and see §§ 4–5 for the Massagetan–Scythian analogy).

202–204.1 THE ARAXES, THE CASPIAN, AND THE CAUCASUS

202.1 μέζων καὶ ἐλάσσων: H. begins by saying his informants contradict one other. **Ἴστρου:** the Ister (Danube), which flows through Scythian territory, is described by H. as second in size only to the Nile (2.33–4; 4.48–50). The comparison Araxes–Ister sets up a suggestive analogy between Cyrus' current undertaking (1.205.2) and Darius' later crossing of the Ister, on his unsuccessful Scythian expedition (4.97, 141–2). **μεγάθεα** 'in size', a distributive plural (cf. 2.10.3;

S 1004). This exaggerated comparison may derive from the Σκυθικά of Hellanicus of Lesbos (Asheri). A second comparison between the region of the Caspian and the Greek world occurs below (1.202.2n κατά περ Ἕλληνας). **σιτέονται μὲν ῥίζας . . . καρπούς δέ:** the contrast is between the roots of the trees which these tribes of the islands of the Araxes eat in the summer, and the fruit, which they store for the winter. They do not know agriculture, do not cook, and are entirely vegetarian, unlike the inhabitants of the marshes (1.202.3). Cf. 1.66.2n βαλανηφάγοι, 203.1 ἀπ' ὕλης ἀγρίης ζώοντα; Northeasterners § 5. **ἐξευρημένους . . . κατατίθεσθαι:** the construction reverts to indirect discourse with the acc., dependent on the φασί of the main clause even though we might expect a continuation of the rel. clause. These 'uncivilized' plant-eating tribes manage their food supply with clever organization: ἐξευρημένους suggests resourcefulness, as also ἐξευρῆσθαι at 1.202.2; cf. 1.94.2n ἐξεύρημα.

202.2 τούς . . . ἐπιβάλλειν . . . ὀσφραινομένους δὲ . . . μεθύσκεσθαι τῆι ὀδμῆι 'which (it is said) they throw on the fire, and inhaling . . . become inebriated by the smell', infinitive for a rel. clause within indirect discourse, assimilated by attraction (S 2631; *CG* 41.23), here emphasizing that H. continues to convey hearsay information. The plant is *Cannabis sativa* or *Cannabis indica*, versions of hemp native to the region of the Caspian. Its use represents yet another connection between the Northeastern peoples of this region and the Scythians (1.201n εἰσὶ δὲ οἵτινες); the Scythians throw cannabis seed on red-hot stones, howl with pleasure, and smear an aromatic paste on their bodies; there H. interprets the practice as a ritual of purification (4.73.2–75). **κατὰ ἴλας** 'in bands', used elsewhere in H. only of Scythians (1.73.3), another hint of an extensive comparison (1.201n εἰσὶ δὲ οἵτινες, 215.1n ἄρδις). **καταγιζομένου τοῦ καρποῦ τοῦ ἐπιβαλλομένου** 'as the fruit being thrown on (the fire) burns'. The first part. is circumstantial, the second attributive (S 2049, 2054; *CG* 52.2). **κατὰ περ Ἕλληνας:** fruit thrown spontaneously into the fire replaces the processed fruit of 'civilized' wine-drinking cultures (1.71.3n οὐκ οἴνωι διαχρέωνται, 207.6, 216.4). The parallel between cannabis and wine underlines the equivalence of the two practices as much as the difference between them. For H.'s comparison of foreign customs to Greek practices, see also 1.74.5n ὅρκια; F.&T. § 4.2.3. **τούτων μὲν αὕτη λέγεται δίαιτα εἶναι:** H. formally concludes the description of customs, once more emphasizing that this is a hearsay report. δίαιτα is H.'s term for material culture (1.157.2n).

202.3 ὁ δὲ Ἀράξης ποταμός . . . Ματιηνῶν: H. says the Araxes originates from the territory of the Matieni (in Media), flows east (4.40.1), and empties into the western shore of the Caspian (1.202.4). It is identified with the modern Aras, whose sources are in the mountains near Erzurum in Turkey and which forms a border of Armenia, Iran, and Azerbaijan before flowing into the Caspian. The Massagetae, however, live east of the Caspian, and so it would be more logical to regard the Oxus (modern Amu Darya) as marking the border between their territory and the empire of Cyrus (1.201n Μασσαγέτας). Because of modern irrigation practices the Oxus no longer reaches the Aral Sea, but in much earlier times it emptied from the southeast into both the Aral and the Caspian. At 4.11.1 the river H. calls Araxes seems to correspond with the Volga, which empties into the Caspian from the north. **ὅθεν περ ... ὁ Κῦρος:** this back-reference to 1.189.1–3 reminds us of Cyrus' previous punishment of the River Gyndes, as he is now about to cross the Araxes. For rivers as significant boundary markers, see 1.6.1n ἐθνέων, 75.6n οἱ δὲ καὶ ... λέγουσι. The parallel hints at Cyrus' insatiable need to keep conquering; with the Araxes he is crossing one river too many. **στόμασι δὲ ... ἐκδιδοῖ** 'mouths ... all of which, except one, issue into marshes and shoals'. Strabo 11.8.6 roughly follows H. in describing the river and its inhabitants; he too calls it the Araxes, although the details better fit the Oxus (Roller 2018: 659). **σιτεομένους ... ἐσθῆτι δὲ νομίζοντας χρᾶσθαι** 'who eat raw fish and customarily use skins of seals as clothing'. Clothing made of skins and the consumption of uncooked food are for H. markers of a less developed society, although he generally avoids the simple dichotomy 'raw' versus 'cooked' in describing culture (1.202.1n σιτέονται μὲν ῥίζας, 203.1n τὰ πολλά; Northeasterners § 5).

202.4 διὰ καθαροῦ 'in the clear', i.e. not hindered by the marshes and swamps mentioned above. **ἐπ' ἑωυτῆς** 'self-contained', insistently repeated below, 1.203.1. This is one of H.'s 'geographical triumphs' (HW); Aristotle is a rare witness in agreement with him (*Mete.* 2.354a3–4). Rawlinson 1861: 267 observes that Eratosthenes, Strabo, Pomponius Mela, and Pliny all believed that the Caspian Sea was connected with a 'Northern Sea' by a long and narrow gulf; Ptolemy (second century CE) restored the Caspian to its true position of an *inland* sea (*Geog.* 7.5.4). In H.'s time many envisioned the world as a disk encircled by Ocean; H.'s belief that the Caspian is a landlocked body of water fits with his skepticism about the existence of Ocean itself (2.23; 4.8.2, 36.2; Romm 2013 [1992]: 34–41). **τὴν μὲν γὰρ ... τυγχάνει** 'for all that (sea) that the Greeks sail (the Mediterranean and Black Seas), and the one beyond the Pillars of Heracles that is called the Atlantic, and the Red Sea happens to be a single sea'. τήν is a proleptic rel. pronoun (S 2492); τυγχάνει (s.) is attracted into the number of the predicate adjective. This passage in H.

is the first extant mention of the Atlantic as called by the name we still use today; for H. the unity of the Atlantic, the Mediterranean, the Black Sea, and the Indian Ocean was proved by the circumnavigation of Africa by the Phoenicians dispatched by King Necho of Egypt (4.42). ἔξω <Ἡρακλέων> στηλέων 'outside (west of the) Pillars' ('of Heracles', added by many editors), without the article, as a well-known entity. What is now called the Strait of Gibraltar represented a gateway between the relatively familiar Mediterranean and the unexplored Atlantic. ἡ Ἐρυθρή: the Indian Ocean is called by H. the 'Red Sea' (1.1.1n τῆς Ἐρυθρῆς).

203.1 ἑτέρη 'separate'; cf. 1.202.4n ἐπ' ἑωυτῆς. μῆκος ... ἡμερέων 'in length of voyage 15 days, for someone engaged in rowing'; cf. 2.11.1. In antiquity the Caspian was considerably larger than it is today and had a different shape. We do not know what distance H. intended by a day's voyage under oars (at 4.86 he estimates the rate of sailing vessels), and so it is impossible to calculate H.'s measurement of distance here. The Caspian today has an average width of c. 320 km (200 miles) and a length of c. 1030 km (640 miles). τῆι εὐρυτάτη ... ἑωυτῆς 'where it is itself at its widest'. τὰ μὲν ... παρατείνει 'the Caucasus extends along the parts of this sea lying to the west', repeated below (1.204.1). The Caucasus marks the northern limit of Persian influence (3.97.4). ὀρέων ... ὑψηλότατον: H.'s superlatives are part of his interest in θώματα (1.25.2n θέης ἄξιον) and of his habit of noting 'firsts and bests' (1.5.3n πρῶτον). τὰ πολλὰ πάντα ... ζώοντα 'all for the most part living off uncultivated plants'; τὰ πολλά limits πάντα (2.35.2). The food of the peoples of the Caucasus identifies their culture as another hardy, simpler one (1.202.1n σιτέονται). Extremes emphasize the marginality of this region, since they also live on the highest mountain.

203.2 φύλλα ... τά ... ἐγγράφειν 'leaves ... which, after crushing them and admixing water, they paint as figures on their clothes'. For the inf. in the rel. clause, see 1.202.2 τούς ... ἐπιβάλλειν. We are not told here what the clothes are made of (cf. 1.202.3; 3.98, 106.3). κατά περ ἐνυφανθέντα ἀρχήν 'just as if woven in from the start'. H. observes that these crafts produce a result comparable to that achieved by the technologies of more developed cultures. μῖξιν δὲ ... κατά περ τοῖσι προβάτοισι 'the sexual intercourse of these people occurs in the open, just as for cattle', i.e. they have no institution of marriage, no privacy, and no regulation of sexual activity, but the comparison with domestic herd animals implies that their behavior is different from that of beasts in the wild; H. uses an almost identical expression for the eastern Indian tribes (3.101.1) and the Ausées of Libya (4.180.5; cf. οἱ ἄγριοι ἄνδρες καὶ γυναῖκες ἄγριαι of 4.191.4). The sexual mores of marginal peoples from different corners of the world tend to diverge from Greek marriage for H. in the same ways that their foods do from Greek dietary norms (Rosellini and Saïd 2013 [1978]: 216–18; Northeasterners § 5).

204.1 τὰ μὲν δὴ . . . ἀπέργει: this sentence corresponds to 1.203.1 καὶ τὰ μὲν πρὸς τὴν ἑσπέρην . . . ὁ Καύκασις παρατείνει (ring composition). The following δέ is correlative to both instances of μέν. **πεδίον . . . ἐς ἄποψιν** 'a plain extends, in size boundless, as far as one can see'. **τοῦ ὦν δὴ πεδίου <τούτου> . . . μετέχουσι οἱ Μασσαγέται:** H.'s ethnography now returns to the Massagetae, who live on a plain east of the Caspian. ὦν marks the resumption of the main narrative describing Cyrus' campaign, first announced at 1.201. **προθυμίην:** again H. emphasizes Cyrus' desire for conquest (1.201n ἐπεθύμησε, 206.2 προθυμέαι).

204.2 CYRUS' MOTIVES FOR ATTACKING THE MASSAGETAE

204.2 πολλά τε γάρ . . . γινομένη: H.'s summary of the sources of Cyrus' desire. 'Aggressive expansion normally requires no special explanation, and it is only the most momentous campaigns – Croesus' attack on Cyrus and now this one – that are treated this way' (Pelling 2006b: 164–5; cf. Immerwahr 2013 [1956]: 169–74). **ἡ γένεσις:** i.e. the circumstances already narrated of his birth and miraculous survival, esp. 1.107–13, 122. **τὸ δοκέειν . . . ἀνθρώπου** 'the idea that he was something more than human'; articular infinitive explaining ἡ γένεσις (1.122.3n θειοτέρως). Cf. Croesus' words at 1.207.2 εἰ μὲν ἀθάνατος δοκέεις εἶναι. Cyrus himself has said that he thinks he was born by divine fortune to lead the Persians (θείηι τύχηι γεγονώς, 126.6) and that he enjoys special protection (209.4 ἐμέο θεοὶ κήδονται; cf. 124.2). The earlier enlightenment that Croesus provided from Solon about human limitations (ἐννώσαντα ὅτι καὶ αὐτὸς ἄνθρωπος ἐών . . ., 86.6) seems to have been temporary. **ἡ εὐτυχίη:** another echo of Solon's advice, with its implicit reminder that good fortune is unstable (1.32.5–7nn). **ὅκηι** 'wherever', introducing a local rel. clause with a generalizing opt. in the past (S 2498, 2545.d). Cf. 1.201n, Cyrus continuing to conquer one ἔθνος after another.

205–6 CYRUS ENGAGES WITH TOMYRIS

205.1 γυνὴ . . . βασίλεια: at Babylon, Cyrus confronted the defensive preparations made (in H.'s eyes) by two previous Babylonian queens (1.184–7). The defender/protector of the Massagetae is again a woman, this time confronted in person. The fourth Persian king, Xerxes, will later be measured against a female ally, Artemisia of Halicarnassus, also a regent in power after the death of her husband (7.99). **Τόμυρις:** the names of the queen and of her son Spargapises (1.211.3) suggest that the Massagetae, again like the Scythians, spoke a form of Indo-Iranian (Altheim and Stiehl 1970: 127–8). Tomyris is only mentioned again by those who take the story from H. (e.g. Polyaen. 8.28); most other Greek versions of the later part of Cyrus' career do not include a confrontation with a queen at the northeastern border of his empire (1.214.5n πολλῶν λόγων; Kuhrt 2007: 99–103). **ταύτην ... ἐμνᾶτο** 'sending embassies, Cyrus paid courtship to her'. **τῶι λόγωι** 'professedly', reinforced by the more explicit δόλωι below (1.205.2). Cf. 1.59.3n τῶι λόγωι, another situation where attaining more power is the real motivation. **γυναῖκα ἣν ἔχειν** 'to have as his wife'. ἥν here is H.'s only use of ὅς, ἥ, ὅ as a possessive adj., *suus*, in H. (S 330). Some editors, following Cobet, replace it with μιν. **συνιεῖσα** 'understanding', pres. act. part. of συνίημι. It governs the supplementary part. μνώμενον in indirect discourse (S 2112.b). **οὐκ αὐτήν μιν ... ἀλλὰ ... βασιληίην:** an initial attempt to extend his empire through marriage ('claim by dowry') seems also to be behind the traditions reported by H. at the beginning of Cambyses' Egyptian campaign (3.1–3). Starting with Darius, Persian kings will choose their wives from the Persian nobility (Atkinson 1956: 171–5).

205.2 ὡς οἱ δόλωι οὐ προεχώρεε 'since by guile it was not going well for him'. For the Araxes, see 1.202.3n. **γεφύρας τε ζευγνύων ... διάβασιν** 'and linking together a bridge as a way across'; the bridge is made of stationary boats (πλοῖα). H. uses both ζευγνύων (here) and ζευγνύς (1.206.2) as the pres. part. of ζευγνύω (S 746.D). For monarchical crossings of rivers for the purpose of conquest, cf. 1.75.6n οἱ δὲ καὶ ... λέγουσι. The notion of violation of boundaries as both hubristic and risky is a theme that H. repeats, as when Darius crosses the Bosphorus in his campaign against the Scythians (4.83–9), or Xerxes bridges the Hellespont at the time of his invasion of Greece (7.10.β.2, 33–6, 54–5), both failed enterprises. Suggestive analogies are drawn between Cyrus' Massagetan campaign and Darius' later failed expedition to Scythia (1.202.1n Ἴστρου). **πύργους ... οἰκοδομεόμενος** 'building towers on the boats conveying (the army) across the river'.

206.1 ὦ βασιλεῦ Μήδων: this address to the Persian king occurs twice more, both times by foreign envoys in some respect opposing Xerxes: 7.136.2 (the Spartans Sperthias and Bulis) and 8.114.2 (Spartan ambassadors). Nowhere else does H. have Cyrus called 'king of the Medes' (Tuplin 1994: 255). Dickey 1996: 95 remarks that ὦ βασιλεῦ Μήδων is less courteous than the simple βασιλεῦ; βασιλεῦ Περσῶν never occurs in H. He uses 'the Mede' or 'Medes' 43 times to refer to Persian imperial power (e.g. 1.163.3n τὸν Μῆδον; 4.197.1; 5.104.1, 104.3; 8.143.1; Persians §§ 4–4.1). οὐ . . . ἂν εἰδείης 'you cannot know'; neg. potential opt. (S 1826.a; *CG* 34.13.21). εἴ τοι ἐς καιρὸν ἔσται ταῦτα τελεόμενα 'whether these things being accomplished will be to your advantage'. The Massagetan queen briefly plays the role of 'wise adviser'; her words echo Solon's advice: look to the τέλος (cf. 1.30.3n Τέλλον Ἀθηναῖον). ἡμέας ἀνέχεο ὀρέων ἄρχοντας 'endure seeing us rule'. ἀνέχεο is a mid. imperative.

206.2 οὐκ ὦν ἐθελήσεις . . . ἡσυχίης εἶναι 'to be sure, you won't be willing to use these suggestions, but to be absolutely any way rather than at peace'. ἡσυχίη in fifth-century Greek political discourse often signifies military inactivity, and is used in the negative to describe the activities of expansionist states (1.66.1, 107.2n τρόπου . . . ἡσυχίου; 7.11.2; Persians §§ 4.1–5). Cf. Thuc. 1.70.8, where the Corinthians accuse the Athenians of 'neither being at peace themselves nor allowing peace for anyone else'. **προθυμέαι:** cf. 1.204.1n προθυμίην. **ἡμέων ἀναχωρησάντων . . . τριῶν ἡμερέων ὁδόν** 'while we withdraw a three days' journey from the river'.

206.3 ὁκότερα ποιῆι: Cyrus apparently entertains only two choices, both entailing military engagement. Left out of consideration is Tomyris' observation that it would be best that Cyrus not engage but be content with what he already has. **κατὰ τὠυτὸ αἱ γνῶμαι συνεξέπιπτον** 'the opinions fell out together in the same way', i.e. everyone expressed the same opinion.

207 CROESUS' ADVICE TO CYRUS

Croesus reappears as Cyrus' adviser again, as at 1.87–8 and 155. His speech superficially bears some resemblance to those of the 'wise advisers'/tragic warners who try unsuccessfully to avert disaster (1.27.2n καταπαῦσαι). But Croesus lays out a failing strategy (1.207.3–7), one that relies on deception and results in Cyrus' death, as Cyrus' son Cambyses later angrily points out (3.36.3).

207.1 ἀπεδείκνυτο: used here of expressing an opinion (as in e.g. 1.170.1), but the verb also appears with reference to the display of great deeds (1.0nn ἀποδεχθέντα and μήτε . . . ἀκλεᾶ γένηται). For its peculiar resonance in the current context, cf. 207.7n ἀπόδεξις ἔργων μεγάλων.   ἐναντίην τῆι προκειμένηι γνώμηι: other prudent royal advisers emphasize that they are presenting an opinion contrary to that of everyone else (Artabanus, 7.10.1; Artemisia, 8.68.1). Croesus here, however, is not counseling prudence but promoting an aggressive campaign (cf. 7.5, 9); he had, himself, earlier chosen to wage a pre-emptive war on Cyrus (1.46.1).   ἐπεί με Ζεὺς ἔδωκέ τοι: cf. Croesus' earlier words to Cyrus (1.89.1). For another Lydian reference to Zeus as a universal divinity, see 1.44.2n καθάρσιον (cf. the 'Persian Zeus', 131.2n τὸν κύκλον).   παθήματα ... μαθήματα: an echo of Aesch. *Ag.* 177 πάθει μάθος; cf. *Ag.* 182 χάρις βίαιος. Croesus emphasizes difficult lessons personally learned that he now wants to pass on to Cyrus, underscored by μάθε at 1.207.2.

207.2 εἰ μὲν ἀθάνατος δοκέεις εἶναι: H. has already indicated that Cyrus might have come to believe something of the sort (1.204.2n τὸ δοκέειν). The awkward mixed condition expresses Croesus' courtly caution.   **τοιαύτης:** likewise immortal.   **ἄνθρωπος καὶ σὺ εἶς:** echoing H.'s description of Cyrus' recollection that 'he too was a human being' at 1.86.6.   **κύκλος ... εὐτυχέειν:** this is superficially the same principle, articulated by both H. (1.5.4) and Solon (1.32), about the instability of human fortune. Croesus' 'wheel of fortune' here, however, appears to be a purely external mechanism. What Croesus has learned is that as long as people are alive, their prosperity can be lost (1.86.3), and so he is trying to help Cyrus stay successful. He has not internalized the idea, obliquely raised by Solon, pointed out by the Pythia (1.91.4), and illustrated by H.'s narrative, that people entertaining unexamined assumptions bear some responsibility for their own downfall. The commitment of both Croesus and Cyrus to the necessity of the Persian Empire's continuous expansion seems to be one such assumption.

207.3 ἤδη ὦν 'now, therefore'. Inferential ὦν here signifies that the gnomic generalization about the wheel of fortune is a prelude to concrete advice about 'the business at hand' (τοῦ προκειμένου πρήγματος, Powell 386.1.5). If he had followed Solon's earlier observations more closely, Croesus might have advised Cyrus to remain content with his current possessions (Pelling 2006b: 167n92).

207.3–4 ἑσσωθεὶς μὲν ... νικῶν δέ: these alternatives recall the speech of Sandanis to Croesus, about the futility of making an expedition against the Persians (1.71.3n εἰ νικήσεις). εὐτυχέειν echoes H.'s own assessment of Cyrus' motives (1.204.2n ἡ εὐτυχίη).   **ἀρχήν ... ἀρχάς** 'empire ... provinces'; for the latter meaning, cf. 1.192.2n ἡ ἀρχή.

207.4 νικῶν δὲ οὐ νικᾶις ... φεύγουσι 'if you win, you do not win as much as if, defeating the Massagetae, you were to pursue them in their flight'.   **διαβάς:** picked up in the same speech by διαβάντας (1.207.5; cf. 205.2n γεφύρας). The right course of action, both morally and strategically, has been formulated by Tomyris at 1.206.1 (βασίλευε τῶν σεωυτοῦ καὶ ἡμέας ἀνέχεο ὁρέων ἄρχοντας τῶν περ ἄρχομεν). Cf. Bias/Pittacus at 1.27 as well as Sandanis at 1.71.   **τοῦτο γὰρ ἀντιθήσω ἐκείνωι** 'I will set this (choice) against the former one'; Croesus thinks that by fighting the battle in Tomyris' own territory, Cyrus will more swiftly gain total victory, as he had done against Croesus himself (1.79–80; Stahl 1975: 28).

207.5 χωρίς τε τοῦ ἀπηγημένου 'aside from what has been said'.   **γυναικὶ εἴξαντα:** Croesus has already advised Cyrus to turn his own Lydian people into 'women' so that they will pose no problems to him by revolting (1.155.4n γυναῖκας; cf. 1.189.2n καὶ γυναῖκας for a comparable Persian expression). Here, however, H. has just depicted Tomyris' noble, almost Achillean contempt for Cyrus' ambitions (1.206.1–3).

207.6 ὡς γὰρ ἐγὼ πυνθάνομαι: like H. (who uses this phrase himself: 1.22.2, 92.2; 2.8.1; 8.35.2, etc.), kings and leaders tend to be inquirers, though with different motives (Christ 2013 [1994]). As king, Croesus earlier engaged in collecting information about foreign peoples for his own aggressive purposes (1.56.1–2, 59.1, 65.1, 69.1).   **Μασσαγέται ... ἀπαθέες:** Croesus describes the Massagetae in much the same terms as Sandanis used earlier, describing the Persians (1.71.2–4nn). After the conquest of Lydia, the Persians, a 'hard' culture, have apparently become softer, fond of all kinds of pleasures (1.71.2 σκυτίνας, 135n εὐπαθείας; Persians § 8.2).   **τῶν προβάτων ἀφειδέως πολλά** 'many of our cattle unsparingly'; ἀφειδέως is used twice in this sentence. The Massagetae would not have been accustomed to many aspects of Persian abundance, including rich banquets, with σιτία παντοῖα and wine (cf. ἐπιφορήμασι ... πολλοῖσι, 1.133.2).   **προθεῖναι:** inf. as 3 pl. imperative with acc. subject (S 2013.c), although it can also, more politely, be construed as still dependent on μοι δοκέει (1.207.5), like the infinitives that follow at 1.207.7.   **δαῖτα:** in the Persian ethnography H. has commented on banquets and their significance in Persian culture (1.133.1n πλέω). Cyrus' earlier banquet at 1.126 was meant to encourage the Persians to stand up for their freedom; this one is to be a trap for enslaving the Massagetae.   **οἴνου ἀκρήτου** 'unmixed wine'; the Massagetae are milk-drinkers, γαλακτοπόται (1.216.4n). Croesus' advice reproduces a trick already played on the Scythians (1.106.2n ξεινίσαντες), one that goes as far back as Odysseus' ruse at the expense of Polyphemus, the equally pastoral Cyclops (*Od.* 9.347–74). Before their conquest of Lydia, Persians at least by report did not drink wine (1.71.3n οὐκ οἴνωι διαχρέωνται); later they did (1.133.3).

207.7 ἰδόμενοι ἀγαθὰ πολλά: another echo of Sandanis' speech (1.71.3). **ἀπόδεξις ἔργων μεγάλων:** irony on H.'s part (F.&T. § 4.2.4 and n53); Croesus here echoes the first sentence of the *Histories* (1.0), but he misunderstands both the nature of 'great deeds' and the nature of the good life/good death that Solon earlier tried to convey (1.32.2–9). His treatment of his son and his own people has exhibited the same lack of understanding (1.37.1n τὰ κάλλιστα, 156.1).

208–14 CYRUS CROSSES THE ARAXES AND MEETS HIS END

208 συνέστασαν 'stood' in opposition to each other. The aorist marks a firm point in the narrative. The imperfect verbs that follow provide the frame for the next important event, again expressed in the aorist (εἶδε, 209.1; S 1899; *CG* 33.49, 51). **ἑλόμενος:** aggressive war is always a matter of choice in H., contradicting Croesus' much earlier observations that 'no one is so foolish as to choose war rather than peace' and that the god of the Greeks and 'divinity' must have wanted his war on Cyrus (1.87.3–4). **ὡς αὐτοῦ διαβησομένου** 'in the expectation that he would cross'. ὡς makes the fut. part. reflect the thought of Tomyris, the implied subject of ἐξαναχωρέειν (S 2086.d). **κατά** = Att. καθ' ἅ 'just as', equivalent to the more frequent κατά περ (= Att. καθάπερ). **Καμβύσηι:** Cambyses is the son of Cyrus and Cassandane (2.1, 3.2.2), bearing the name of his paternal grandfather (1.107.2). Cyrus had another son, to whom he apparently gave large tax-exempt territories in Central Asia (Xen. *Cyr.* 8.7.11; Ctesias F9 (8) Lenfant; Kuhrt 2007: 101). In H. his name is Smerdis (3.30.1, etc.), but he appears in the Behistun/Bisitun Inscription (DB § 10; Kuhrt 2007: 143) and the Babylonian documents as Bardiya; Ctesias calls him Tanyoxarces, Xenophon Tanaoxares (Briant 2002: 49–50). Cyrus was also survived by two daughters who played significant political roles: Artystone, who became Darius' favorite wife (7.69, 72), and Atossa. The latter married first her own brother Cambyses, then the 'false Smerdis', and finally Darius, to whom she bore Xerxes (3.88; 7.69; 7.2–4). A third daughter is mentioned by H. as also married to Cambyses and killed by him in Egypt (3.31). **ἐδίδου:** the Nabonidus Chronicle indicates that after the conquest of Babylon (539) Cambyses was recognized as king of Babylon for one year (Kuhrt 2007: 51 §§ 24–5, 53n16), but whether he also became co-regent with his father is disputed (Oppenheim 1985: 558; Kuhrt 1995: 660; Briant 2002: 71). **οἵ τιμᾶν τε αὐτὸν καὶ**

εὖ ποιέειν: implicitly looking forward to Cambyses' reign. In Croesus' last appearance as an actor in the *Histories*, he attempts to counsel Cambyses but receives rough treatment; he is blamed by Cambyses for Cyrus' death (3.14.11, 34.4–5, 36).

209.1 ἐπεραιώθη 'crossed', from περαιοῦμαι, equivalent to διαβαίνω. ὄψιν: all three previous dreams giving dire warnings to a monarch have come true (1.34, 107.1, 108). This one, significantly occurring as soon as Cyrus has crossed the Araxes (1.202.3n), only implicitly predicts the end of his rule. Explicitly it signals the long-range continuation of Achaemenid imperial rule under Darius. τῶν Ὑστάσπεος . . . πρεσβύτατον: Hystaspes is the governor of Parthia. His son Darius will become king of Persia in 521 (3.86.2), after the reign of Cyrus' son Cambyses and the brief reign of the false Smerdis (= Gaumata in the Behistun/Bisitun Inscription). The fact that the dream refers to the reign of Hystaspes' son Darius as Cyrus' successor (521–486), skipping Cambyses (530–522), makes this account part of a tradition dating to Darius' times, when the reign of Cambyses was the object of a *damnatio memoriae*. Darius' Behistun/Bisitun Inscription mentions Hystaspes (Vishtashpa), son of Arsames (1.209.2n Ἀρσάμεος), as Darius' father and gives his ancestry going back to Achaemenes (Kuhrt 2007: 141). For Darius' genealogy and Hystaspes' claim to Achaemenid lineage, see *Persians* § 3n10. πτέρυγας . . . ἐπισκιάζειν: Achaemenid monarchic iconography includes a winged genie that perhaps represents Auramazda (*Persians* §§ 7.3–4; 1.131.2n τὸν κύκλον; Kuhrt 2007: 142, 500, 536, 547, 556). In reliefs of Darius' times, it is often depicted as hovering over the king in the form of a winged disk (Kuhrt 2007: 485). τῆι μὲν τὴν Ἀσίην, τῆι δὲ τὴν Εὐρώπην: in terms of plot structure, this 'empire dream' is analogous to the two dreams of Astyages (1.107–8), with the difference that Europe is added to Asia as the king's dominion. Darius will expand into Europe when he bridges the Bosphorus in his campaign against the Scythians (4.83–9, 118.1). Although according to H. Darius fails to subdue Scythia, he successfully extends his demands for tribute into Europe as far as Thessaly (3.96.1; 7.108.1). Another dream of this same type occurs to Darius' son Xerxes (7.19). In Aesch. *Pers.* 181–99, Atossa dreams of two women, representing Asia and Europe respectively, yoked to Xerxes' chariot.

209.2 Ἀρσάμεος: at the beginning of the Behistun/Bisitun Inscription, Arsames (Arshama) and his father Ariaramnes (Ariyaramna, c. 640–615) are mentioned as Darius' grandfather and great-grandfather (DB I §§ 1–2; Kuhrt 2007: 141). In an inscription of the royal palace of Susa, Darius says that his father Hystaspes and his grandfather Arsames were still living when Auramazda made him king (Kuhrt 2007: 492).

209.3 ἐδίδου λόγον ἑωυτῶι: the same expression as at 1.34.3. *Logoi* when spoken or thought by people in the *Histories* often do not succeed in clarifying situations or controlling their outcomes (F.&T. § 3.1n33). ὡς... ἀτρεκέως οἶδα, ἐγὼ σημανέω: Cyrus uses some of the vocabulary that H. uses of himself as investigator (1.5.3, 57.1, 75.1, 140.1 bis, 160.2, 172.1; F.&T. § 3).

209.4 ἐμέο θεοὶ κήδονται: cf. 1.204.2n τὸ δοκέειν... ἀνθρώπου for various articulations of Cyrus' special status. παίδων τὸν πρεσβύτατον... ἐπισκιάζειν: H. adds dramatic emphasis by having Cyrus repeat precisely the previous third-person description of the dream (209.2), a technique found in traditional oral narratives and Homeric epic (F.&T. § 1n4). The drama here consists not just of the intimation of Cyrus' death but also of the introduction of Darius, the next king, to the narrative; 'for listeners, repetitiveness is a crucial condition for understanding a story about a brand-new Discourse Topic' (Slings 2002: 76).

209.5 οὐκ ὦν ἔστι μηχανή... τὸ μὴ ἐκεῖνον ἐπιβουλεύειν ἐμοί 'there is no way, then, from this dream that he is not plotting against me'; neg. articular inf. after a negatived verb (unusual formation, Goodwin 814; S 2749.b). τοίνυν 'well then', livelier than ὦν, and therefore especially used in speeches and dialogue (Denniston 568–9). ὅκως... ὥς μοι καταστήσεις: object clause after verb of effort (S 2211; *CG* 44.1). The second conjunction repeats the idea of the first one after the intervening temporal clause.

210.1 ὁ δαίμων: this is the only time a δαίμων is directly mentioned in a dream context in the *Histories*; the term lacks specificity in H. but often seems equivalent to θεός (Harrison 2000: 164–9). Precognitive dreams in H. appear to eight non-Greeks, seven of them reigning monarchs (1.34, 107, 209; 2.141; 3.30; 4.172; 7.12–19; Harrison 2000: 132–7). They appear to four Greeks (3.124; 5.56; 6.107, 131; two are Athenian sons of Pisistratus and two are Greek women with powerful male relatives). Three non-Greeks, Sabacos (2.139), Otanes (3.149), and Datis (6.118), have dreams that are directive rather than precognitive; H. speculates that Xerxes may have had one as well (8.54). αὐτοῦ ταύτηι 'right there, in that situation'; cf. 1.214.3.

210.2 μὴ εἴη... ἀπόλοιτο: optatives of wish/protestation (S 1814.b; *CG* 34.14). ὃς ἀντὶ μὲν δούλων... ἐλευθέρους... ἀντὶ δὲ ἄρχεσθαι... ἄρχειν: for Cyrus' role as liberator of the Persians, cf. 1.125–6, 129.4.

This perception of Cyrus will also be advanced by Darius in his argument for monarchy (3.82.5). Many of H.'s characters (but not necessarily H. himself) assume that two possibilities exist for a given people: being free (ruling rather than being ruled), or being ruled by others (1.170.2n ἀπαλλαχθέντας); the argument is made by Cyrus in an analepsis at the very end of the *Histories*, 9.121.3. A notable exception to this way of thinking is advanced by Otanes (3.83.2): οὔτε . . . ἄρχειν οὔτε ἄρχεσθαι ἐθέλω (F.&T. § 2.1nn11, 12).

210.3 νεώτερα βουλεύειν 'to plan a coup'. **χρᾶσθαι αὐτῶι τοῦτο ὅ τι σὺ βούλεαι** 'to use him in whatever way you want' (S 1509).

211.1 τὰς Κροίσου ὑποθήκας: H. is not letting his readers forget Croesus' responsibility for the trick (1.207.1–7).

211.2 τοῦ καθαροῦ στρατοῦ 'the sound part of the army', as opposed to τοῦ ἀχρηίου, 'the unfit portion', which in Cyrus' strategy becomes expendable; cf. 1.191.2n σὺν τῶι ἀχρηίωι τοῦ στρατοῦ. **ἀλεξομένους** 'although they resisted'. Participles convey much of the action of this extraordinarily compressed narrative. Cyrus' treatment of the 'useless' part of the army shows the kind of thinking found also in Darius' sacrifice of the weakest of his soldiers in Babylon and Scythia (3.155.5–157.3; 4.134.3–136.1). H. does not represent Greek citizen armies using this strategy. **πληρωθέντες δὲ φορβῆς καὶ οἴνου:** cf. 1.207.6n Μασσαγέται . . . ἀπαθέες and the much earlier Scythian defeat at the hands of Cyaxares and the Medes (1.106.2).

211.3 Σπαργαπίσης: the name of Tomyris' son recalls the connections drawn earlier between Massagetae and Scythians (1.201n εἰσὶ δὲ οἵτινες, 205.1n Τόμυρις). At 4.76 Σπαργαπείθης is the name of a Scythian belonging to the royal family and at 4.78.2 a king of the Agathyrsoi.

212.2 ἄπληστε αἵματος Κῦρε: this savagely angry description of Cyrus, repeated in 212.3, contrasts with the earlier hostile but formal ὦ βασιλεῦ Μήδων (1.206.1). Cf. 1.187.5 for the only other time H. uses ἄπληστος, in a similarly contemptuous expression by a foreign queen about a Persian monarch, there greedy not for blood but for money. **ἄπληστε . . . ἐμπιπλάμενοι . . . ἐπαναπλέειν:** Tomyris' speech is characterized by repetition, sputtering alliterations and assonance (see also ἐκράτησας . . . καρτερόν), and poetic diction (ἀμπελίνωι καρπῶι; ἔπεα κακά). **μηδὲν ἐπαρθῇς** 'do not be exalted', aor. pass. of ἐπαίρω (hortatory subjunctive). **ἀμπελίνωι καρπῶι . . . μαίνεσθε:** Tomyris' generalization about the effects of wine among the Persians in general does not agree with that of H. as ethnographer (1.133.3n οἴνωι δὲ κάρτα προσκέαται). But Cyrus' son, the despot Cambyses, will be both an immoderate drinker and apparently insane (3.33–38.1).

212.3 κατυβρίσας . . . κορέσω: Tomyris is a barbarian queen, but her coupling of κόρος (satiety) with ὕβρις reflects traditional Greek thought (Solon fr. 6.3–4 West; Thgn. 153–4; Balot 2001: 91–3). It also provides another reminder of Solon's covert warning to Croesus (1.32.6n ὁ μὲν ἐπιθυμίην, 201n ἐπεθύμησε). **ἥλιον . . . δεσπότην:** the sun is the only divinity of the Massagetae (1.216.4). Cf. 4.127.4, where the king of the Scythians, Idanthyrsus, in a similarly proud and angry speech to a Persian king, says that he recognizes Zeus and Hestia as his only δέσποται (1.201n εἰσὶ δὲ οἵτινες).

213 οὐδένα . . . ἐποιέετο λόγον: communities or rulers often disregard legitimate objects of their attention. For this important expression, cf. 1.4.3n λόγον οὐδένα (where the Persians argue that 'taking no note' can be useful, argued defensively); 1.13.2 (Lydians taking no note of the oracle concerning the Mermnadae); 1.19.2 (Lydians ignoring the anger of Athena of Assesus); 1.33 (Croesus ignoring Solon's advice); 1.117.1 (Astyages taking less note of the cowherd than of Harpagus); 1.190.2 (Babylonians ignoring Cyrus). **ὁ δὲ . . . διεργάζεται ἑωυτόν:** the periodic movement of this sentence emphasizes its tragic content and resembles in the formality of its structure the final sentence of the Atys–Adrastus episode (1.45.3n Ἄδρηστος). **ἵνα ἦν κακοῦ** 'where he was in misfortune', gen. with rel. adverb of (metaphorical) place (S 1439.a, 2498; CG 30.33). **τῶν χειρῶν ἐκράτησε** 'gained control of his hands', i.e. 'had his hands free'.

214.1 καὶ δὴ οὗτος μὲν . . . τελευτᾶι: an emphatic retrospective summary, setting the stage for the climax of the account, Tomyris' subsequent actions. **κρίνω . . . πυνθάνομαι:** H. emphasizes his own considered judgement on the battle on the basis of available reports (1.214.2); he later also records what he thinks to be the greatest slaughter in a battle among Greeks (7.170.3). For his interest in noting many kinds of record-setting extremes, see 1.5.3n πρῶτον. H.'s own voice is becoming pronounced, in anticipation of his role narrating the bloody conclusion (1.214.5n ὅδε μοι . . . εἴρηται).

214.2 διαστάντας . . . συνέχεσθαι: the Massagetae are trained to fight with a variety of weapons, both on horseback and on foot (1.215.1).

214.3 αὐτοῦ ταύτηι: using the same emphatic wording as in the prediction of Cyrus' death at 1.210.1. **Κῦρος τελευτᾶι . . . ἔτεα:** Babylonian documents indicate that Cyrus died in August 530 (Kuhrt 2007: 100n5).

Since we know from the Babylonian Chronicle that Cyrus conquered Astyages the Mede in 550, the 29 years 'in total' (τὰ πάντα) listed here by H. (559–530) include nine extra years (559–551). Historically this must correspond to a period when Cyrus was king of Anshan, even though in H.'s narrative Cyrus first becomes king when he succeeds Astyages (Persians §§ 2.2, 3). For the formal reckoning of the length of a king's reign at the moment of his death or deposition from power, see above 1.14.4, 16.1, 25.1, 86.1, 102.1–2, 106.3, 130.1.

214.5 αἵματος κορέσω: as threatened earlier (212.3). A relation is here established between the alimentary codes of Persians and Massagetae: the Persians have given the milk-drinking Massagetae wine to drink; conversely, Tomyris forces Cyrus, a wine-drinker, to drink blood (Rosellini and Saïd 2013 [1978]: 224). A wine–blood exchange also emerges in Book 4 among the Scythians (4.62.3, 64, 66). **πολλῶν λόγων λεγομένων:** the various Greek accounts of the death of Cyrus seem to combine Greek elements with diverse but interchangeable Iranian traditions (Kuhrt 2007: 99–103). In Ctesias F9 (7–8) Lenfant, Cyrus marches against the Derbicae, led by their king Amoraeus and his Indian allies with elephants; the expedition is successful but Cyrus dies in battle after suffering a wound in the thigh (like Cambyses, at H. 3.66 and Ctesias F13 § 14). In Xenophon Cyrus dies of natural causes after giving a farewell speech (*Cyr.* 8.7.1–8). According to Diod. Sic. 2.44.2, Cyrus was taken prisoner and crucified by a Scythian queen (Sancisi-Weerdenburg 1985). Cyrus' tomb in Pasargadae, the capital he built, is generally identified with the tomb of the 'mother of Solomon'. It consists of a massive stone chamber on a raised six-step platform. Arrian (*Anab.* 6.29.4–7) and Strabo (15.3.7) provide a description and the story of Alexander's visit to the site (Kuhrt 2007: 87–92 with maps and illustrations). **ὅδε μοι ... εἴρηται:** as often, an introduction–conclusion system frames the account of Cyrus' final campaign (F.&T. § 3.3.2). The formal conclusion to the account of Cyrus' death corresponds to the introduction to the Cyrus narrative at 1.95.1, with which it has several elements in common: H.'s authorial first-person presence, the reference to the existence of several traditions, and H.'s announcement that he is choosing the most reliable among them (F.&T. §§ 3.2–3.2.1).

215–16 MASSAGETAN ETHNOGRAPHY

215.1 ὁμοίην τῆι Σκυθικῆι: cf. 1.201n εἰσὶ δὲ οἵτινες. As frequently at the close of a long narrative account, H. takes advantage of a pause to insert an ethnography, here of the Massagetan lifestyle, beginning with clothing and weaponry. He compares the clothing of the Massagetae to that of the Scythians, but never describes Scythian clothing. It was presumably familiar to some of his audiences because of the presence in fifth-century Athens of 'Scythian' archers, although the ethnicity of this police force and the authenticity of their representation on vase paintings are much debated (Ivantchik 2005; Bäbler 2005; Ivantchik 2006). The Scythian costume described on the basis of Ukrainian artifacts by Lebedynsky 2010: 115–20 includes an archer stringing his bow, wearing a pointed cap that covers the ears, a belted caftan, and trousers tucked into short boots. δίαιταν 'material culture', as opposed to νόμοι, which H. distinguishes from Scythian νόμοι (1.157.2n δίαιταν, 216.1). ἱππόται ... ἔχειν 'they are mounted and unmounted ... both as archers and as spear-bearers, being accustomed to carry battle axes' (1.214.2n). From the Greek point of view the bow and the spear are mutually incompatible and the axe is a weapon of last resort (7.135.3, πελέκεσι). The σάγαρις of the Sacae, an Asian people H. thinks Scythian, is glossed as the Greek ἀξίνη, 'battle-axe', at 7.64.2, also used by the Scythians Darius sets out to conquer (4.5.3, 70). On Massagetan weapons, see Strabo 11.8.6. χρυσῶι: the margins of the earth often contain rare and precious things (3.106), although H. has not mentioned these resources as a plausible reason for Cyrus' campaign. H. mentions gold sparingly in connection with the Scythians (4.5, 7.1, 71.4) and the Issedones (4.26), but attributes it prominently to the Agathyrsoi, who live west of the Scythians, in Romanian Transylvania (4.48.4, 100.2, 104). The Altai region is rich in gold, the source of much of the famous Scythian gold found in the Hermitage Museum. ἄρδις 'arrowheads', acc. plural; in H. the word appears only here and in the Scythian narrative (4.81.4–6; cf. 1.202.2n). μασχαλιστῆρας: chest straps or bands that apparently reached up to the armpit (μασχάλη).

215.2 ὡς δ' αὔτως 'and so similarly', tmesis. **τῶν ἵππων ... χρυσῶι ... οὐδέν** 'they place bronze breastplates around the chests of horses, and around the reins, bits, and bridle bosses they use gold, but not at all iron or silver'. **οὐδὲ γὰρ οὐδέ σφι ἔστι** 'for not at all do they have (any)' (Denniston 196–7; S 2938; cf. 4.16.1). **ὁ δὲ χρυσὸς ... ἄπλετος:** bronze is an alloy, and H. states that the metals that compose it are found in abundance in Massagetan territory, but the observation also raises the motif of Golden Age abundance (1.216.3n ἄφθονοι ... παραγίνονται).

216.1 γυναῖκα ... χρέωνται 'on the one hand each man marries a wife, but on the other hand they use these (wives) in common'. The Massagetae allow for a degree of promiscuity but, unlike the less developed peoples of the Caucasus (1.203.2), they have an institution of marriage. They are monogamous, and thus different from various non-Greek societies at various levels of development, such as the Persians (1.135), the Thracians north of Crestonia (5.5.1), and the Nasamones (4.172.2). These last are polygamous but hold their wives in common 'in a way similar to that of the Massagetae'. H. also attributes the sharing of women to the Agathyrsoi, there to promote greater social cohesion (4.104). οὐ Σκύθαι εἰσὶ . . . ἀλλὰ Μασσαγέται: the negation is designed to establish proper distinctions and to counter his Greek audience's assumptions (1.201n εἰσὶ δὲ οἵτινες). τῆς γὰρ ἐπιθυμήσηι . . . μίσγεται 'whichever woman a Massagetan man desires, having hung his quiver in front of her wagon, he has intercourse with her without fear'; pres. general rel. clause without ἄν (S 2567.b; CG 50.21n1). Similarly, the Nasamones (4.172.2) 'after planting a staff, have intercourse'; for concrete objects used to communicate messages, cf. 1.216.4n τῶν θεῶν. πρὸ τῆς ἁμάξης: the Massagetae have wagons rather than houses because they are pastoralists, following their herds (1.216.3n σπείρουσι δὲ οὐδέν), again like most of the Scythians (4.19, 46.3). ἀδέως: i.e. with impunity; the virtual 'presentation by negation' (cf. 1.131.1n ἀγάλματα) here refers to the Greek marriage norm, which forbids a man on penalty of death from having sexual relations with another citizen's wife, sister, or mother (Rosellini and Saïd 2013 [1978]: 223).

216.2 οὖρος δὲ ἡλικίης . . . οὐδείς 'no other outer limit of age is set for them' – except the one mentioned just below. In this proleptic negative statement H. is deliberately non-judgemental, distinguishing this custom from the more radical and inhumane practices of other peoples reported in the *Histories*. Contrast the explicitly derogatory accounts by Strabo (11.11.3) and Aelian (*VH* 4.1) about the people of the Caspian region and the Indian Derbicae, peoples who fix the limit of human life at 70 or 60 years of age or kill the elderly or the sick in different ways (starving them, throwing them to the dogs, etc.). θύουσι . . . κατευωχέονται: the combination of the code of human sacrifice with that of feasting, however offensive to Greek νόμοι, signals a regulated form of anthropophagy, corresponding to their regulated form of sexual promiscuity (1.216.1). For the Padaean Indians (3.99.1), H. uses κατευωχέονται in combination with κτείνειν as well as θύειν, describing their more brutal way of killing and eating the elderly. The Issedones, who live to the north of the Massagetae (1.201), eat their dead but do not kill them (4.26.1). The same thing seems to be true for the Callatiae, who represent H.'s textbook case in support of his moderate relativism ('custom, king of all', 3.38.4). Utterly unregulated cannibalism occurs only among the Androphagoi (4.106), who alone in the *Histories* are said to have neither νόμοι nor justice. ἑψήσαντες δὲ τὰ κρέα 'after stewing the flesh'; the more savage Padaean cannibals are 'eaters of raw flesh' (3.99.1).

216.3 ταῦτα μὲν τὰ ὀλβιώτατά σφι νενόμισται: cf. H.'s relativism here with his disapproval of νόμοι by which one portion of a society victimizes another (1.199.1n ὁ δὲ δὴ αἴσχιστος; 3.99.1–2). The term ὄλβιος recalls Solon's discussion early in Book 1 (1.32.9) and signals a different way of measuring 'blessedness' by 'looking to the end'. **σπείρουσι δὲ οὐδέν:** another lack that signifies pastoralism, also defining certain Indians (3.100) and Scythians (4.19); cf. 1.216.1n πρὸ τῆς ἁμάξης. **ἰχθύων:** presumably cooked, as in the case of κτήνεα. This would attribute to the Massagetae a level of civilization intermediate between the Araxes tribes, who eat their fish raw (1.202.3), and the southern Babylonians, who consume highly processed fish (1.200). **ἄφθονοί σφι ... παραγίνονται:** cf. Hes. *Op.* 117–18 καρπὸν ... πολλόν τε καὶ ἄφθονον. In ancient Greek authors, marginal peoples often partake of humankind's brutish beginnings and/or Golden Age abundance.

216.4 γαλακτοπόται 'milk-drinkers' (cf. 1.207), like the Libyan nomads (4.186.1), the Scythians (4.2), the Argippaei (4.23.3), the Nasamones (4.172.1), and the long-lived Ethiopians (3.23.1). Milk for the Greeks is a nourishment typical of pre-agricultural, pastoral societies; cf. the milk-drinking Cyclops of *Od.* 9.246–9. The Scythians too are γλακτοφάγοι in Homer (*Il.* 13.6) and Hesiod (fr. 151 MW); in H. they drink milk from their mares (4.2), mixed wine (4.66), undiluted wine (6.84), and on the occasion of an oath, wine mixed with blood (4.70). **μοῦνον ἥλιον:** cf. 1.212.3n ἥλιον. The simplicity of the Massagetae is reflected in their streamlined 'embryonic' religion (Rosellini and Saïd 2013 [1978]: 225). Cf. the Libyan nomads (4.188), who mostly sacrifice only to the sun and moon. The Scythians have several divinities (4.59), but the religions of complex cultures like those of the Egyptians or Greeks honor many more. Persian religion represents a special case (1.131–2nn; Briant 2002: 240–54; Kuhrt 2007: 473–6). **νόος δὲ οὗτος τῆς θυσίης** 'this is the meaning of the sacrifice'. At the conclusion of this narrative about Cyrus and the Massagetae, H. makes explicit for his readers that he is translating the cultural codes of a foreign people. He uses ethnography itself as a technique of closure, here as in the earlier Lydian, Persian, and Babylonian sections (1.93–4, 131–40, 192–200). **τῶν θεῶν ... δατέονται:** H. portrays the Scythians too as using the concrete objects of their life in a metaphorical way: the emblem of their Ares is an iron sword (4.62.2), they represent the number of their people by pointing to a huge bowl made of arrowheads, each brought by an individual Scythian (4.81.3), they call snow 'feathers' (4.31.2), and they send to Darius a bird, a mouse, a frog, and five arrows as a coded message (4.131–2). The gnomic force of the sentence about the swift horses of the Massagetae provides an elegant end to the story of Cyrus and to what we know as Book 1 of the *Histories*.

WORKS CITED

Accame, S. 1982: 'La leggenda di Ciro in Erodoto e Carone di Lampsaco', *Miscellanea greca e romana: studi pubblicati dall'Istituto italiano per la storia antica* 8: 2–43.

Achilli, A., Olivieri, A., Pala, M., Metspalu, E., et al. 2007: 'Mitochondrial DNA variation of modern Tuscans supports the Near Eastern origin of Etruscans', *American Journal of Human Genetics* 80: 759–67.

Adiego, I. 2006: *The Carian language*, Cambridge and Leiden.

Ainian, A. and Leventi, I. 2009: 'The Aegean', in K. Raaflaub and H. van Wees (eds.), *A companion to Archaic Greece*, Malden, MA, Oxford, and Chichester: 212–38.

Alexander, L. 1913: 'The kings of Lydia and a rearrangement of some fragments from Nicolaus of Damascus', diss. Princeton.

Allen, A. 1993: *The fragments of Mimnermus: text and commentary*, Stuttgart.

Allen, L. 2005a: *The Persian empire: a history*, Chicago.

Allen, L. 2005b: 'Le roi imaginaire: an audience with the Achaemenid king', in Hekster and Fowler 2005: 39–62.

Allen, L. et al. (eds.) 2007: *Persian responses: political and cultural interaction with(in) the Achaemenid empire*, Swansea and Oxford.

Altheim, F. and Stiehl, R. 1970: *Geschichte Mittelasiens im Altertum*, Berlin.

Álvarez-Mon, J. and Garrison, M. B. (eds.) 2011: *Elam and Persia*, Winona Lake.

Aly, W. 1921: *Volksmärchen, Sage und Novelle bei Herodot und seinen Zeitgenossen*, Göttingen.

Amandry, P. 1950: *La mantique apollinienne à Delphes: essai sur le fonctionnement de l'oracle*, Paris.

Anello, P. 1999: 'Erodoto e i focei in Occidente', in *Erodoto e l'Occidente: atti del convegno tenutosi a Palermo nei giorni 27 e 28 aprile 1998. Kokalos* Suppl. 15, Rome: 7–28.

Antonelli, L. 1997: *I Greci oltre Gibilterra: rappresentazioni mitiche dell'estremo occidente e navigazioni commerciali nello spazio Atlantico fra VIII e IV secolo a.C.*, Rome.

Appleby, J., Hunt, L., and Jacob, M. 1994: *Telling the truth about history*, New York.

Arieti, J. A. 1995: *Discourses on the first book of Herodotus*, Lanham, MD and London.

Armayor, O. K. 1978: 'Did Herodotus ever go to the Black Sea?', *HSPh* 82: 45–62.

Armayor, O. K. 1980: 'Did Herodotus ever go to Egypt?', *JARCE* 15: 59–71.

Ash, R., Mossman, J., and Titchener, F. (eds.) 2015: *Fame and infamy: Essays for Christopher Pelling on characterization in Greek and Roman biography and historiography*, Oxford.
Asheri, D. 1988: *Erodoto, le Storie. Libro I: la Lidia e la Persia*, Milan.
Asheri, D. 1990: *Erodoto, le Storie. Libro III: la Persia*, Milan.
Asheri, D. 1999: 'Erodoto e Bisitun', in E. Gabba (ed.), *Presentazione e scrittura della storia: storiografia, epigrafi, monumenti. Atti del convegno di Pontignano, aprile 1996*, Como: 101–16.
Asheri, D. 2007: 'Book I'; tr. B. Graziosi, in Murray and Moreno 2007: 1–218; tr. and rev. from Asheri 1988.
Assante, J. 2003: 'From whores to hierodules: the historiographic invention of Mesopotamian female sex professionals', in A. Donohue and M. Fullerton (eds.), *Ancient art and its historiography*, Cambridge: 13–47.
Atkinson, K. M. T. 1956: 'The legitimacy of Cambyses and Darius as kings of Egypt', *JAOS* 76: 167–77.
Austin, M. M. and Vidal-Naquet, P. 1980: *Economic and social history of ancient Greece: an introduction*; tr. and rev. M. M. Austin, Berkeley.
Bäbler, B. 2005: 'Bobbies or boobies? The Scythian police force in classical Athens', in Braund 2005: 114–22.
Badian, E. 1994: 'Herodotus on Alexander I of Macedon: a study in some subtle silences', in Hornblower 1994: 107–30.
Bakker, E. J. 2002: 'The making of history: Herodotus' *historiēs apodexis*', in Bakker et al. 2002: 3–32.
Bakker, E. J. 2006: 'The syntax of *historiē*: how Herodotus writes', in Dewald and Marincola 2006: 92–101.
Bakker, E. J., Jong, I. J. F. de, and Wees, H. van (eds.) 2002: *Brill's companion to Herodotus*, Leiden.
Bakker, M. de 2015: 'Herodotus on being "good": characterization and explanation', in Ash et al. 2015: 53–66.
Balot, R. K. 2001: *Greed and injustice in classical Athens*, Princeton.
Baragwanath, E. 2008: *Motivation and narrative in Herodotus*, Oxford.
Baragwanath, E. 2013: 'Herodotos and the avoidance of hindsight', in A. Powell (ed.), *Hindsight in Greek and Roman history*, Swansea: 25–48.
Baragwanath, E. 2015: 'Characterization in Herodotus', in Ash et al. 2015: 17–35.
Baragwanath, E. and Bakker, M. de (eds.) 2012: *Myth, truth, and narrative in Herodotus*, Oxford.
Barth, H. 1968: 'Zur Bewertung und Auswahl des Stoffes durch Herodot (die Begriffe θῶμα, θωμάζω, θωμάσιος und θωμαστός)', *Klio* 50: 93–110.
Bauslaugh, R. A. 1991: *The concept of neutrality in classical Greece*, Berkeley.

Bean, G. 1978: *Lycian Turkey: an archaeological guide*, New York.
Beaulieu, P.-A. 1989: *The reign of Nabonidus king of Babylon (556–539 B.C.)*, New Haven and London.
Beazley, J. D. 1955: 'Hydria-fragments in Corinth', *Hesperia* 24: 305–19.
Beazley, J. D. 1963: *Attic red-figure vase-painters*, 2nd ed., Oxford.
Benardete, S. 1969: *Herodotean inquiries*, The Hague; 2nd ed. 1999, South Bend.
Bischoff, H. 1932: 'Der Warner bei Herodot', diss. Marburg; abbr. and repr. in W. Marg (ed.) 1982: *Herodot: eine Auswahl aus der Neueren Forschung*, Darmstadt: 681–7.
Bissa, E. 2009: *Governmental intervention in foreign trade in archaic and classical Greece*, Leiden.
Blok, J. H. and Lardinois, A. P. M. H. (eds.) 2006: *Solon of Athens: new historical and philological approaches*, Leiden.
Bloomer, M. 1993: 'The superlative *nomoi* of Herodotus's *Histories*', *ClAnt* 12: 30–50.
Boardman, J. 1972: 'Herakles, Peisistratos and sons', *RA* 62: 57–72.
Boedeker, D. 1987 (ed.): *Herodotus and the invention of history*. *Arethusa* 20.
Boedeker, D. 1993: 'Hero cult and politics in Herodotus: the bones of Orestes', in Dougherty and Kurke 1993: 164–77.
Boedeker, D. 2001: 'Paths to heroization at Plataea', in Boedeker and Sider 2001: 148–63.
Boedeker, D. 2002: 'Epic heritage and mythical patterns in Herodotus', in Bakker et al. 2002: 97–116.
Boedeker, D. 2011a: 'Early Greek poetry and/as history', in A. Feldherr and G. Hardy (eds.), *Oxford history of historical writing* vol. I: *Beginnings to AD 600*, Oxford: 122–47.
Boedeker, D. 2011b: 'Persian gender relations as historical motives in Herodotus', in Rollinger et al. 2011: 211–35.
Boedeker, D. and Sider, D. (eds.) 2001: *The new Simonides: contexts of praise and desire*, Oxford.
Bottéro, J. 2001: *Religion in ancient Mesopotamia*, tr. T. L. Fagan, Chicago.
Bottéro, J. 2004: *The oldest cuisine in the world: cooking in Mesopotamia*, tr. T. L. Fagan, Chicago and London.
Bowie, A. M. 2007: *Herodotus: Histories Book VIII*, Cambridge.
Bowra, C. M. 1963: 'Arion and the dolphin', *MH* 20: 121–34.
Boyce, M. 1982: *A history of Zoroastrianism* vol. II: *Under the Achaemenians*, Leiden.
Branscome, D. 2013: *Textual rivals: self-presentation in Herodotus' Histories*, Ann Arbor.
Branscome, D. (forthcoming): *Ancient Greek views of the Persian tiara*, Edinburgh.

Braund, D. 1998: 'Herodotus on the problematics of reciprocity', in C. Gill, N. Postlethwaite, and R. Seaford (eds.), *Reciprocity in ancient Greece*, Oxford: 159–80.

Braund, D. (ed.) 2005: *Scythians and Greeks: cultural interactions in Scythia, Athens and the early Roman empire (sixth century BC–first century AD)*, Exeter.

Brenk, F. 1999: 'Tragic Hierosolyma. The Flavian period: Solyma in ashes', in *Clothed in purple light: studies in Vergil and in Latin literature, including aspects of philosophy, religion, Magi, Judaism, and the New Testament background*, Stuttgart: 226–35.

Briant, P. 1984: 'La Perse avant l'empire (un état de la question)', *IA* 19: 71–118.

Briant, P. 1989: 'Table du roi: tribut et redistribution chez les Achéménides', in P. Briant and C. Herrenschmidt (eds.), *Le tribut dans l'empire perse: actes de la table ronde de Paris, 12–13 décembre 1986*, Paris-Louvain: 35–44.

Briant, P. 1990: 'Hérodote et la société perse', in Nenci and Reverdin 1990: 69–104.

Briant, P. 1996: *Histoire de l'empire Perse: de Cyrus à Alexandre*, Leiden.

Briant, P. 2002: *From Cyrus to Alexander: a history of the Persian empire*, tr. P. T. Daniels, Winona Lake; tr. from Briant 1996.

Brosius, M. (ed.) 2000: *The Persian empire from Cyrus to Artaxerxes I*, London.

Brosius, M. 2006: *The Persians: an introduction*, London and New York.

Brown, S. C. 1988: 'The *Mēdikos logos* of Herodotus and the evolution of the Median state', in Sancisi-Weerdenburg and Kuhrt 1988: 71–86.

Brown, T. S. 1978: 'Aristodicus of Cyme and the Branchidae', *AJPh* 99: 64–78.

Bryce, T. 1986: *The Lycians in literary and epigraphic sources*, Copenhagen.

Buck, C. D. 1955: *Introduction to the study of Greek dialects: grammar, selected inscriptions, glossary*, Chicago.

Budin, S. 2008: *The myth of sacred prostitution in antiquity*, Cambridge.

Bundrick, S. D. 2005: *Music and image in classical Athens*, Cambridge.

Bunnens, G. 1969: 'Les présages orientaux et la prise de Sardes: à propos d'Hérodote, I, 84', in J. Bibauw (ed.), *Hommages à Marcel Renard* vol. II. Collection Latomus 102, Bruxelles: 130–4.

Burkert, W. 1979: *Structure and history in Greek mythology and ritual*, Berkeley.

Burkert, W. 1983: *Homo necans: the anthropology of ancient Greek sacrificial ritual and myth*, tr. P. Bing, Berkeley.

Burkert, W. 1985: *Greek religion*, tr. J. Raffan, Cambridge, MA.

Burkert, W. 1995: 'Lydia between east and west or how to date the Trojan War: a study in Herodotus', in Carter and Morris 1995: 139–48.

Cabanes, P. 2008: 'Greek colonisation in the Adriatic', in Tsetskhladze 2006-8 II: 155-85.
Cahill, N. and Kroll, J. H. 2005: 'New archaic coin finds at Sardis', *AJA* 109: 589-617.
Cairns, D. L. 1996: '"Off with her ΑΙΔΩΣ": Herodotus 1.8.3-4', *CQ* 46: 78-83.
Cairns, F. 2016: *Hellenistic epigram: contexts of exploration*, Cambridge.
Cargill, J. 1977: 'The Nabonidus chronicle and the fall of Lydia', *AJAH* 2: 97-116.
Carter, J. B. and Morris, S. P. (eds.) 1995: *The ages of Homer: a tribute to Emily Townsend Vermeule*, Austin, TX.
Cartledge, P. 2002: *Sparta and Lakonia: a regional history 1300-362 BC*, 2nd ed., London.
Cartledge, P. 2003: *Spartan reflections*, Berkeley.
Casson, L. 1971: *Ships and seamanship in the ancient world*, Princeton.
Cawkwell, G. 2005: *The Greek wars: the failure of Persia*, Oxford.
Ceccarelli, P. 1993: 'La fable des poissons de Cyrus (Hérodote, I, 141): son origine et sa fonction dans l'économie des *Histoires* d'Hérodote', *Mètis* 8.1/2: 29-57.
Ceccarelli, P. 2005: 'Messaggio scritto e messaggio orale: strategie narrative erodotee', in Giangiulio 2005: 13-60.
Chambers, M. et al. (eds.) 1981: *The Oxyrhynchus papyri* vol. XLVIII, London.
Chavalas, M. W. 2015: 'Herodotus and Babylonian women', *Conversations with the biblical world* 35: 22-52.
Chiasson, C. C. 1983: 'An ominous word in Herodotus', *Hermes* 111: 115-17.
Chiasson, C. C. 1986: 'The Herodotean Solon', *GRBS* 27: 249-62.
Chiasson, C. C. 2003: 'Herodotus' use of Attic tragedy in the Lydian *logos*', *ClAnt* 22: 6-35.
Chiasson, C. C. 2005: 'Myth, ritual, and authorial control in Herodotus' story of Cleobis and Biton (Hist. 1.31)', *AJPh* 126: 41-64.
Chiasson, C. C. 2012: 'Myth and truth in Herodotus' Cyrus *logos*', in Baragwanath and De Bakker 2012: 213-32.
Christ, M. R. 2013: 'Herodotean kings and historical inquiry', in Munson 2013a vol. I: 212-50; repr. from Christ 1994, *ClAnt* 13: 167-202.
Cobet, J. 1971: *Herodots Exkurse und die Frage der Einheit seines Werkes. Historia Einzelschriften* 17, Wiesbaden.
Cobet, J. 1977: 'Wann wurde Herodots Darstellung der Perserkriege publiziert?', *Hermes* 105: 2-27.
Cobet, J. 2002: 'The organization of time in the *Histories*', in Bakker et al. 2002: 387-412.

Coggins, R. J. 1976: *The books of Ezra and Nehemiah*, Cambridge.
Collon, D. 2007: 'Babylonian seals', in Leick 2007: 95–123.
Colvin, S. 2004: 'Names in Hellenistic and Roman Lycia', in S. Colvin (ed.), *The Greco-Roman east: politics, culture, society. YCIS* 31: 44–84.
Connor, W. R. 1987: 'Tribes, festivals and processions: civic ceremonial and political manipulation in archaic Greece', *JHS* 107: 40–50.
Cook, J. M. 1985: 'The rise of the Achaemenids and establishment of their empire', in Gershevitch 1985: 200–91.
Cooper, G. L. III 1974: 'Intrusive oblique infinitives in Herodotus', *TAPhA* 104: 23–76.
Cooper, G. L. III 1975: 'The ironic force of the pure optative in ὅτι (ὡς) constructions of the primary sequence', *TAPhA* 105: 29–34.
Cooper, G. L. III 1998: *Attic Greek prose syntax*, 2 vols., Ann Arbor.
Corcella, A. 2007: 'Book IV'; tr. B. Graziosi and C. Dus, in Murray and Moreno 2007: 545–721; tr. and rev. from Corcella 1993: *Erodoto, le Storie. Libro IV: la Scizia e la Libia*, Milan.
Corcella, A. 2013: 'Herodotus and analogy'; tr. J. Kardan, in Munson 2013a II: 44–77; rev. A. Corcella from Corcella 1984: *Erodoto e l'analogia*, Palermo, ch. 2.
Corsaro, M. 1989: 'Autonomia cittadina e fiscalità regia: le città greche d'Asia nel sistema tributario achemenide', in P. Briant and C. Herrenschmidt (eds.), *Le tribut dans l'empire Perse: actes de la table ronde de Paris, 12–13 décembre 1986*, Paris: 61–75.
Crahay, R. 1956: *La littérature oraculaire chez Hérodote*, Paris.
Curtis, J. and Tallis, N. 2005: *Forgotten empire: the world of ancient Persia*, London.
Dalley, S. 1979: '^dNIN.LÍL = mul(l)is(s)u, the treaty of Barga'yah, and Herodotus' Mylitta', *Revue d'Assyriologie et d'archéologie orientale* 73: 177–8.
Dalley, S. 1994: 'Nineveh, Babylon and the Hanging Gardens: cuneiform and classical sources reconciled', *Iraq* 56: 45–58.
Dalley, S. 1996: 'Herodotus and Babylon', *Orientalistische Literaturzeitung* 91: 525–32.
Dalley, S. 2003: 'Why did Herodotus not mention the Hanging Gardens of Babylon?', in Derow and Parker 2003: 171–89.
Dalley, S. 2005: 'Semiramis in history and legend: a case study in interpretation of an Assyrian historical tradition, with observations on archetypes in ancient historiography, on euhemerism before Euhemerus, and on the so-called Greek ethnographic style', in E. Gruen (ed.), *Cultural borrowings and ethnic appropriations in antiquity. Oriens et Occidens* 8, Stuttgart: 12–22.

Dalley, S. 2013a: *The mystery of the Hanging Garden of Babylon: an elusive world wonder traced*, Oxford.
Dalley, S. 2013b 'The Greek novel *Ninus and Semiramis*: its background in Assyrian and Seleucid history and monuments', in Whitmarsh and Thomson 2013: 117–26.
Dandamaev, M. and Lukonin, V. 1989: *The culture and social institutions of ancient Iran*, Cambridge.
Darbo-Peschanski, C. 1987: *Le discours du particulier: essai sur l'enquête hérodotéenne*, Paris.
Darbo-Peschanski, C. 2013: 'Herodotus and *historia*'; tr. J. Kardan, in Munson 2013a II: 78–105; tr. and rev. R. Munson from Darbo-Peschanski 2007: *L'historia: commencements grecs*, ch. 4, Paris.
Da Riva, R. 2008: *The Neo-Babylonian royal inscriptions: an introduction*, Münster.
Da Riva, R. 2010: 'Another brick in the Median wall', in A. Kosyan, A. Petrosyan, and Y. Grekyan (eds.), *Urartu and its neighbors: Festschrift in honor of Nicolay Harutyunyan on the occasion of his 90th birthday (22–24 Sept. 2009, Yerevan). Armenian Journal of Near Eastern Studies* 5.1: 55–65.
Davies, M. and Finglass, P. J. (eds.) 2014: *Stesichorus: the poems*, Cambridge.
Demand, N. 1990: *Urban relocation in archaic and classical Greece: flight and consolidation*, Norman, OK.
Denniston, J. 1959: *The Greek particles*, 2nd ed., Oxford.
Denniston, J. 1960: *Greek prose style*, Oxford.
Derow, P. and Parker, R. (eds.) 2003: *Herodotus and his world: essays from a conference in memory of George Forrest*, Oxford.
Dewald, C. 1985: 'Practical knowledge and the historian's role in Herodotus and Thucydides', in Jameson 1985: 47–63.
Dewald, C. 1987: 'Narrative surface and authorial voice in Herodotus' *Histories*', in Boedeker 1987: 147–70.
Dewald, C. 1993: 'Reading the world: the interpretation of objects in Herodotus' *Histories*', in R. Rosen and J. Farrell (eds.), *Nomodeiktes: Greek studies in honor of Martin Ostwald*, Ann Arbor: 55–70.
Dewald, C. 2002: '"I didn't give my own genealogy": Herodotus and the authorial persona', in Bakker et al. 2002: 267–89.
Dewald, C. 2003: 'Form and content: the question of tyranny in Herodotus', in Morgan 2003: 25–58.
Dewald, C. 2006a: 'Humour and danger in Herodotus', in Dewald and Marincola 2006: 145–64.
Dewald, C. 2006b: 'Paying attention: history as the development of a secular narrative', in S. Goldhill and R. Osborne (eds.), *Rethinking revolutions through ancient Greece*, Cambridge: 164–82.

Dewald, C. 2007: 'The construction of meaning in the first three historians', in J. Marincola (ed.), *A companion to Greek and Roman historiography* vol. I, Malden, MA and Oxford: 73–84.

Dewald, C. 2009: 'The figured stage: focalizing the initial narratives of Herodotus and Thucydides', in J. Rusten (ed.), *Oxford readings in classical studies: Thucydides*, Oxford: 114–47; repr. from Dewald in N. Felson, D. Konstan, and T. Faulkner (eds.) 1999: *Contextualizing classics: ideology, performance, dialogue*, Lanham, MD: 221–52.

Dewald, C. 2011: 'Happiness in Herodotus', *SO* 85: 52–73.

Dewald, C. 2012: 'Myth and legend in Herodotus' first book', in Baragwanath and De Bakker 2012: 59–85.

Dewald, C. 2013a: 'Wanton kings, pickled heroes, and gnomic founding fathers: strategies of meaning at the end of Herodotus' *Histories*', in Munson 2013a I: 379–401; repr. from Dewald in D. Roberts, F. Dunn, and D. Fowler (eds.) 1997: *Classical closure: reading the end in Greek and Latin literature*, Princeton: 62–82.

Dewald, C. 2013b: 'Women and culture in Herodotus' *Histories*', in Munson 2013a II: 151–79; repr. from Dewald 1981, *Women's Studies* 8.1/2: 93–126.

Dewald, C. 2015: '"The medium is the message": Herodotus and his *logoi*', in Ash et al. 2015: 67–81.

Dewald, C. 2022: 'Interpretive uncertainty in Herodotus' *Histories*', in K. S. Kingsley, M. Monti, and T. Rood (eds.), *The authoritative historian: tradition and innovation in ancient historiography. Essays in honour of John Marincola*, Cambridge.

Dewald, C. and Kitzinger, R. 2006: 'Herodotus, Sophocles and the woman who wanted her brother saved', in Dewald and Marincola 2006: 122–9.

Dewald, C. and Marincola, J. (eds.) 2006: *The Cambridge companion to Herodotus*, Cambridge.

Diakonoff, I. M. 1985: 'Media', in Gershevitch 1985: 36–148.

Dickey, E. 1996: *Greek forms of address: from Herodotus to Lucian*, Oxford.

Dickie, M. W. 2001: *Magic and magicians in the Greco-Roman world*, London.

Diels, H. and Kranz, W. (eds.) 1952: *Die Fragmente der Vorsokratiker*, 3 vols., 6th ed., Berlin.

Dijk, G.-J. van 1993: 'Theory and terminology of the Greek fable', *Reinardus* 6: 171–83.

Dillery, J. 1992: 'Darius and the tomb of Nitocris (Hdt. 1.187)', *CPh* 87: 30–8.

Dillery, J. 1996: 'Reconfiguring the past: Thyrea, Thermopylae and narrative patterns in Herodotus', *AJPh* 117: 217–54.

Dillery, J. 2019: 'Croesus' great nemesis', *Cambridge Classical Journal* 65: 29–62.

Dobson, M. 1979: 'Herodotus 1.47.1 and the *Hymn to Hermes*: a solution to the test oracle', *AJPh* 100: 349–59.
Dorati, M. 2000: *Le Storie di Erodoto: etnografia e racconto*, Pisa and Rome.
Dougherty, C. and Kurke, L. (eds.) 1993: *Cultural poetics in archaic Greece: cult, performance, politics*, Cambridge.
Dover, K. J. 1978: *Greek homosexuality*, Cambridge, MA.
Drews, R. 1970: 'Herodotus' other *logoi*', *AJPh* 91: 181–91.
Drews, R. 1973: *The Greek accounts of eastern history*, Cambridge, MA.
Dusinberre, E. 2003: *Aspects of empire in Achaemenid Sardis*, Cambridge.
Easterling, P. 2007: 'Looking for Omphale', in V. Jennings and A. Katsaros (eds.), *The world of Ion of Chios*, Leiden: 282–92.
Ehrenberg, V. 1948: 'The foundation of Thurii', *AJPh* 59: 149–70.
Eidinow, E. 2016: 'Popular theologies: the gift of divine envy', in E. Eidinow, J. Kindt, and R. Osborne (eds.), *Theologies of ancient Greek religion*, Cambridge: 205–32.
Emde Boas, E. van, Rijksbaron, A., Huitink, L., and Bakker, M. de 2019: *Cambridge grammar of classical Greek*, Cambridge.
Emlyn-Jones, C. J. 1980: *The Ionians and Hellenism: a study of the cultural achievement of the early Greek inhabitants of Asia Minor*, Boston.
Erbse, H. 1956: 'Der erste Satz im Werke Herodots', in H. Erbse (ed.), *Festschrift Bruno Snell: zum 60. Geburtstag am 18. Juni 1956*, Munich: 209–22.
Erbse, H. 1992: *Studien zum Verständnis Herodots*, Berlin.
Evans, J. A. S. 1968: 'Father of history or father of lies: the reputation of Herodotus', *CJ* 64: 11–17.
Evans, J. A. S. 1978–9: 'What happened to Croesus?', *CJ* 74: 34–40.
Evans, J. A. S. 1982: *Herodotus*, Boston.
Evans, J. A. S. 1985: '"Candaules, whom the Greeks name Myrsilos..."', *GRBS* 26: 229–33.
Evans, J. A. S. 1991: *Herodotus, explorer of the past: three essays*, Princeton.
Fehling, D. 1985: *Die sieben Weisen und die frühgriechische Chronologie: eine traditionsgeschichtliche Studie*, Bern.
Fehling, D. 1989: *Herodotus and his 'sources': citation, invention and narrative art*; tr. J. G. Howie, Leeds, from Fehling 1971: *Die Quellenangaben bei Herodot*, Berlin and New York.
Ferrill, A. 1978: 'Herodotus on tyranny', *Historia* 27: 385–98.
Figueira, T. J. 1990: 'Autonomoi kata tas spondas (Thucydides 1.67.2)', *BICS* 37: 63–88.
Figueira, T. J. 2002: 'Iron money and the ideology of consumption in Laconia', in A. Powell and S. Hodkinson (eds.), *Sparta: beyond the mirage*, London and Swansea: 137–70.
Figueira, T. J. 2003: '*Xenelasia* and social control in classical Sparta', *CQ* 53.1: 44–74.

Finkel, I. and Seymour, M. (eds.) 2008: *Babylon*, Oxford.
Fischer-Bossert, W. 1999: *Chronologie der Didrachmenprägung von Tarent 510–280 v. Chr.*, Berlin.
Fisher, N. R. E. 1992: *Hybris: a study in the values of honour and shame in ancient Greece*, Warminster.
Fisher, N. R. E. 2002: 'Popular morality in Herodotus', in Bakker et al. 2002: 199–224.
Fleming, T. J. 1977: 'The musical nomos in Aeschylus' *Oresteia*', *CJ* 72: 222–33.
Flory, S. 1978a: 'Laughter, tears, and wisdom in Herodotus', *AJPh* 99: 145–53.
Flory, S. 1978b: 'Arion's leap: brave gestures in Herodotus', *AJPh* 99: 411–21.
Flower, H. 2013: 'Herodotus and Delphic traditions about Croesus', in Munson 2013a I: 124–53; repr. from H. Flower in M. Flower and M. Toher (eds.) 1991: *Georgica: Greek studies in honour of George Cawkwell. BICS* 58: 57–77.
Flower, M. 2006: 'Herodotus and Persia', in Dewald and Marincola 2006: 274–89.
Flower, M. 2008: *The seer in ancient Greece*, Berkeley.
Flower, M. and Marincola, J. (eds.) 2002: *Herodotus: Histories Book IX*, Cambridge.
Fontenrose, J. 1959: *Python: a study of Delphic myth and its origins*, Berkeley.
Fontenrose, J. 1978: *The Delphic oracle: its responses and operations with a catalogue of responses*, Berkeley.
Fornara, C. W. 1971a: *Herodotus: an interpretive essay*, Oxford.
Fornara, C. W. 1971b: 'Evidence for the date of Herodotus' publication', *JHS* 91: 25–34.
Fornara, C. W. 1981: 'Herodotus' knowledge of the Archidamian War', *Hermes* 109: 149–56.
Fornara, C. W. 1983: *Translated documents of Greece and Rome* vol. 1: *Archaic times to the end of the Peloponnesian War*, 2nd ed., Cambridge.
Foster, E. and Lateiner, D. (eds.) 2012: *Thucydides and Herodotus: connections, divergences and reception*, Oxford.
Fowler, R. L. 2000: *Early Greek mythography* vol. 1: *Text and introduction*, Oxford.
Fowler, R. L. 2006: 'Herodotus and his prose predecessors', in Dewald and Marincola 2006: 29–45.
Fowler, R. L. 2013a: *Early Greek mythography* vol. II: *Commentary*, Oxford.
Fowler, R. L. 2013b: 'Herodotus and his contemporaries', in Munson 2013a I: 46–83; repr. from Fowler 1996: *JHS* 116: 62–87.

Fränkel, H. 1924: 'Eine Stileigenheit der frühgriechischen Literatur', *Gött. Nachr.* 63–103.
Fraser, P. M. 2009: *Greek ethnic terminology*, Oxford.
Friedman, R. 2006: 'Location and dislocation in Herodotus', in Dewald and Marincola 2006: 165–77.
Froehlich, S. 2013: *Handlungsmotive bei Herodot. Collegium Beatus Rhenanus* 4, Stuttgart.
Gaca, K. L. 2010: 'The andrapodizing of war captives in Greek historical memory', *TAPhA* 140: 117–61.
Gantz, T. 1993: *Early Greek myth: a guide to literary and artistic sources*, Baltimore.
Geller, M. 2007: 'Incantations within Akkadian medical texts', in Leick 2007: 389–99.
George, A. 1992: *Babylonian topographical texts*, Leuven.
George, A. 2008a: 'A tour of Nebuchadnezzar's Babylon' and 'Ancient descriptions: the Babylonian topographical texts', in Finkel and Seymour 2008: 54–65.
George, A. 2008b: 'The truth about Etemenanki, the ziggurat of Babylon', in Finkel and Seymour 2008: 126–30.
Georges, P. 1994: *Barbarian Asia and the Greek experience: from the archaic period to the age of Xenophon*, Baltimore and London.
Gera, D. L. 1993: *Xenophon's Cyropaedia: style, genre, and literary technique*, Oxford.
Gerber, D. (ed.) 1997: *A companion to Greek lyric poets*, Leiden.
Gershevitch, I. (ed.) 1985: *The Cambridge history of Iran* vol. II: *The Median and Achaemenian periods*, Cambridge.
Giangiulio, M. (ed.) 2005: *Erodoto e il 'modello erodoteo': formazione e trasmissione delle tradizioni storiche in Grecia*, Trento.
Good, I. 2007: 'Cloth in the Babylonian world', in Leick 2007: 141–54.
Goodwin, W. W. 1889: *Syntax of the moods and tenses of the Greek verb*, London.
Gorman, V. 2001: *Miletos, the ornament of Ionia: a history of the city to 400 B.C.E.*, Ann Arbor.
Gould, J. 1989: *Herodotus*, London and New York.
Gould, J. 1991: *Give and take in Herodotus: the Fifteenth J. L. Myres Memorial Lecture*, Oxford.
Gould, J. 2013: 'Herodotus and religion', in Munson 2013a II: 183–97; repr. from Hornblower 1994: 91–106.
Graf, D. F. 1984: 'Medism: the origin and significance of the term', *JHS* 104: 15–30.
Gray, V. 2001: 'Herodotus' literary and historical method: Arion's story (1.23–24)', *AJPh* 122: 11–28.

Gray, V. 2002: 'Short stories in Herodotus' *Histories*', in Bakker et al. 2002: 291–317.
Grayson, A. K. 1975: *Assyrian and Babylonian chronicles*, New York.
Greenewalt, C. H., Jr. 1992: *When a mighty empire was destroyed: the common man at the fall of Sardis, ca. 546 B.C.*, Berkeley.
Griffin, J. 2006: 'Herodotus and tragedy', in Dewald and Marincola 2006: 46–59.
Griffiths, A. 2006: 'Stories and storytelling in the *Histories*', in Dewald and Marincola 2006: 130–44.
Grmek, M. 1989: *Diseases in the ancient world*; tr. M. Muellner and L. Muellner, Baltimore and London.
Guralnik, E. (ed.) 1987: *Sardis: twenty-seven years of discovery. Papers presented at a symposium sponsored by the Archaeological Institute of America, Chicago Society, and the Oriental Institute of the University of Chicago, held at the Oriental Institute, March 21, 1987*, Chicago.
Hall, E. 1989: *Inventing the barbarian: Greek self-definition through tragedy*, Oxford.
Hall, E. 1996: *Aeschylus: Persians*, Warminster.
Hall, J. M. 1997: *Ethnic identity in Greek antiquity*, Cambridge.
Hall, J. M. 2002: *Hellenicity: between ethnicity and culture*, Chicago and London.
Hanfmann, G. M. A. 1958: 'Lydiaka', *HSPh* 63: 65–88.
Hanfmann, G. M. A. 1972: *Letters from Sardis*, Cambridge, MA.
Hanfmann, G. M. A. 1975: *From Croesus to Constantine: the cities of western Asia Minor and their arts in Greek and Roman times*, Ann Arbor.
Hanfmann, G. M. A. (ed.) 1983: *Sardis: from prehistoric to Roman times. Results of the archaeological exploration of Sardis 1958–1975*, Cambridge, MA and London.
Hansen, M. H., Nielsen, T. H., et al. 2004: *An inventory of archaic and classical poleis*, Oxford.
Hansen, W. 2002: *Ariadne's thread: a guide to international tales found in classical literature*, Ithaca, NY and London.
Harrison, T. 1998: 'Herodotus' conception of foreign languages', *Histos* 2: 1–45.
Harrison, T. 2000: *Divinity and history: the religion of Herodotus*, Oxford.
Harrison, T. 2004: 'Truth and lies in Herodotus' *Histories*', in Karageorghis and Taifacos 2004: 255–63.
Harrison, T. 2011: *Writing ancient Persia*, London.
Hartog, F. 1988: *The mirror of Herodotus: the representation of the other in the writing of history*; tr. J. Lloyd, Berkeley; tr. from Hartog 1980: *Le miroir d'Hérodote: essai sur la représentation de l'autre*, Paris.

Hartog, F. 2013: 'Imaginary Scythians: space and nomadism'; tr. J. Kardan, in Munson 2013a II: 245–66 from Hartog 1979: *Annales ESC* 34: 1137–54.
Harvey, D. 2004: 'Herodotus mythistoricus: Arion and the liar? (1.23–4)', in Karageorghis and Taifacos 2004: 287–305.
Haubold, J. 2013: 'Berossus', in Whitmarsh and Thomson 2013: 105–16.
Hausrath, A. 1957: *Corpus fabularum Aesopicarum* vol. I.2, Leipzig.
Hekster, O. and Fowler, R. (eds.) 2005: *Imaginary kings: royal images in the ancient Near East, Greece and Rome. Oriens et Occidens* 11, Munich.
Helm, P. R. 1981: 'Herodotus' *mēdikos logos* and Median history', *Iran* 19: 85–90.
Hemmerdinger, B. 1981: *Les manuscrits d'Hérodote et la critique verbale*, Genoa.
Henkelman, W. F. M. 2008: *Achaemenid History* vol. XIV: *The other gods who are: studies in Elamite–Iranian acculturation based on the Persepolis Fortification texts*, Leiden.
Henkelman, W. F. M. 2011: 'Der Grabhügel', in J. Wiesehöfer, R. Rollinger, and G. Lanfranchi (eds.), *Ktesias' Welt. Classica et Orientalia* 1, Wiesbaden: 111–39.
Henkelman, W., Kuhrt, A., Rollinger, R., and Wiesehöfer, J. 2011: 'Herodotus and Babylon reconsidered', in Rollinger et al. 2011: 449–70.
Herrenschmidt, C. 1980: 'L'empire perse achéménide', in M. Duverger (ed.), *Le concept d'empire*, Paris: 69–101.
Hodkinson, S. 2000: *Property and wealth in classical Sparta*, London and Swansea.
Hohti, P. 1974: 'Freedom of speech in speech sections in the *Histories* of Herodotus', *Arctos* 8: 19–27.
Hohti, P. 1975: 'Über die Notwendigkeit bei Herodot', *Arctos* 9: 31–7.
Hommel, H. 1981: 'Herodots Einleitungssatz: ein Schlüssel zur Analyse des Gesamtwerks?', in G. Kurz, D. Müller, and W. Nicolai (eds.), *Gnomosyne: menschliches Denken und Handeln in der frühgriechischen Literatur. Festschrift für Walter Marg zum 70. Geburtstag*, Munich: 271–87.
Hornblower, S. 1982: *Mausolus*, Oxford.
Hornblower, S. 1991: *A commentary on Thucydides* vol. I: *Books I–III*, Oxford.
Hornblower, S. (ed.) 1994: *Greek historiography*, Oxford.
Hornblower, S. 2002: 'Herodotus and his sources of information', in Bakker et al. 2002: 373–86.
Hornblower, S. 2003: 'Panionios of Chios and Hermotimos of Pedasa (Hdt. 8.104–6)', in Derow and Parker 2003: 37–58.

Hornblower, S. 2006: 'Herodotus' influence in antiquity', in Dewald and Marincola 2006: 306–18.
Hornblower, S. 2008: *A commentary on Thucydides* vol. III: *Books 5.25–8.109*, Oxford.
Hornblower, S. 2011: 'Thucydides, the Panionian festival, and the Ephesia (3.104)', in Hornblower, *Thucydidean themes*, Oxford: 170–81.
Hornblower, S. 2013: *Herodotus: Histories Book V*, Cambridge.
Hornblower, S. and Pelling, C. (eds.) 2017: *Herodotus: Histories Book VI*, Cambridge.
How, W. W. and Wells, J. 1936: *A commentary on Herodotus*, 2 vols., 3rd ed., Oxford.
Hude, C. 1927: *Herodoti Historiae*, 2 vols., 3rd ed., Oxford.
Hurwit, J. M. 1985: *The art and culture of early Greece, 1100–480 B.C.*, Ithaca, NY.
Huxley, G. L. 1966: *The early Ionians*, New York.
Immerwahr, H. R. 1960: '*Ergon*: history as a monument in Herodotus and Thucydides', *AJPh* 81: 261–90.
Immerwahr, H. R. 1966: *Form and thought in Herodotus*, Cleveland.
Immerwahr, H. R. 2013: 'Aspects of historical causation in Herodotus', in Munson 2013a 1: 157–93; repr. from Immerwahr 1956: *TAPhA* 87: 241–80.
Irwin, E. 2005: *Solon and early Greek poetry: the politics of exhortation*, Cambridge.
Irwin, E. 2007: 'The politics of precedence: first "historians" on first "thalassocrats"', in R. Osborne (ed.), *Debating the Athenian cultural revolution: art, literature, philosophy, and politics 430–380 BC*, Cambridge: 188–223.
Irwin, E. 2009: 'Herodotus and Samos: personal or political?', *CW* 102.4: 395–416.
Irwin, E. 2018: 'The end of the *Histories* and the end of the Atheno-Peloponnesian wars', in T. Harrison and E. Irwin, *Interpreting Herodotus*, Oxford: 279–334.
Isager, S. 1998: 'The pride of Halikarnassos: editio princeps of an inscription from Salmakis', *ZPE* 123: 1–23.
Ivantchik, A. I. 1993: *Les Cimmériens au Proche-Orient. Orbis Biblicus et Orientalis* 127, Göttingen.
Ivantchik, A. I. 1999: 'The Scythian "rule over Asia": the classical tradition and the historical reality', in G. R. Tsetskhladze (ed.), *Ancient Greeks west and east*, Leiden, Boston, and Cologne: 497–520.
Ivantchik, A. I. 2005: 'Who were the "Scythian" archers on archaic Attic vases?', in Braund 2005: 100–13.

Ivantchik, A. I. 2006: '"Scythian" archers on archaic Attic vases: problems of interpretation', *Ancient Civilizations from Scythia to Siberia* 12: 197–271.
Ivantchik, A. 2008: Review of Murray and Moreno 2007, *Ancient Civilizations from Scythia to Siberia* 14: 193–207.
Jacoby, F. 1913: 'Herodotus', in *RE* 2nd ser. Suppl. II: 205–520.
Jacoby, F. 1923–58: *Die Fragmente der griechischen Historiker*, 15 vols., Leiden.
Jacoby, F. 1956: *Griechische Historiker*, Stuttgart.
Jameson, M. H. (ed.) 1985: *The Greek historians: literature and history. Papers presented to A. E. Raubitschek*, Saratoga.
Jeffery, L. H. 1976: *Archaic Greece: the city-states c. 700–500 B.C.*, New York.
Jones, A. 2017: *A portable cosmos: revealing the Antikythera mechanism, scientific wonder of the ancient world*, Oxford.
Jones, C. P. 1996: 'ἔθνος and γένος in Herodotus', *CQ* 46: 315–20.
Jong, A. de 1997: *Traditions of the Magi: Zoroastrianism in Greek and Latin literature*, Leiden.
Jong, I. J. F. de 1987: 'Paris/Alexandros in the *Iliad*', *Mnemosyne* 40.1/2: 124–8.
Jong, I. J. F. de 1997: 'Γάρ introducing embedded narratives', in Rijksbaron 1997: 175–85.
Jong, I. J. F. de 2002: 'Narrative unity and units', in Bakker et al. 2002: 245–66.
Jong, I. J. F. de 2013: 'Narratological aspects of the *Histories* of Herodotus', in Munson 2013a I: 253–91; tr. and rev. from De Jong 1999: 'Aspects narratologiques des "Histoires" d'Hérodote', *Lalies* 19: 217–74.
Jursa, M. 2007: 'The Babylonian economy in the first millennium BC', in Leick 2007: 224–35.
Kannicht, R. and Snell, B. 2007: *Tragicorum Graecorum fragmenta* vol. II: *Fragmenta adespota*, Göttingen.
Karageorghis, V. and Taifacos, I. (eds.) 2004: *The world of Herodotus: proceedings of an international conference held at the Foundation Anastasios G. Leventis, Nicosia, September 18–21, 2003 and organized by the Foundation Anastasios G. Leventis and the Faculty of Letters, University of Cyprus*, Nicosia.
Kassel, R. and Austin, C. (eds.) 1983–2001: *Poetae comici Graeci*, 9 vols., Berlin.
Keen, A. 1998: *Dynastic Lycia: a political history of the Lycians and their relations with foreign powers, c. 545–362 B.C.*, Leiden, Boston, and Cologne.
Kent, R. G. 1953: *Old Persian: grammar, texts, lexicon*, 2nd ed., New Haven.
Kerferd, G. B. 1950: 'The first Greek sophists', *CR* 64.1: 8–10.
Kirk, G. S., Raven, J. E., and Schofield, M. 1983: *The presocratic philosophers: a critical history with a selection of texts*, 2nd ed., Cambridge.

Kleingünther, A. 1933: 'Πρῶτος εὑρετής: Untersuchungen zur Geschichte einer Fragestellung', diss. Leipzig; repr. 1975.
Konstan, D. 1983: 'The stories in Herodotus' *Histories*: Book I', *Helios* 10: 1–22.
Konstan, D. 1987: 'Persians, Greeks, and empire', in Boedeker 1987: 59–73.
Konuk, K. 2012: 'Asia Minor to the Ionian revolt', in W. E. Metcalf (ed.), *The Oxford handbook of Greek and Roman coinage*, Oxford: 43–61.
Kowalzig, B. 2013: 'Dancing dolphins on the wine-dark sea: dithyramb and social change in the archaic Mediterranean', in B. Kowalzig and P. Wilson (eds.), *Dithyramb in context*, Oxford: 32–58.
Kraay, C. M. 1976: *Archaic and classical Greek coins*, Berkeley.
Krings, V. 1998: *Carthage et les Grecs, c. 580–480 av. J.-C.: textes et histoire*, Leiden.
Krischer, T. 1965: 'Herodots Prooimion', *Hermes* 93: 159–67.
Kroll, J. H. 2000: Review of Kurke 1999, *CJ* 96.1: 85–90.
Kuhrt, A. 1983: 'The Cyrus Cylinder and Achaemenid imperial policy', *Journal for the Study of the Old Testament* 25: 83–97.
Kuhrt, A. 1988: 'The Achaemenid empire: a Babylonian perspective', *PCPhS* 34: 60–76.
Kuhrt, A. 1995: *The ancient Near East c. 3000–330 BC*, 2 vols., London and New York.
Kuhrt, A. 2002: 'Babylon', in Bakker et al. 2002: 475–96.
Kuhrt, A. 2007: *The Persian Empire: a corpus of sources from the Achaemenid period*, 2 vols., London.
Kurke, L. 1992: 'The politics of ἁβροσύνη in archaic Greece', *ClAnt* 11.1: 91–120.
Kurke, L. 1999: *Coins, bodies, games, and gold: the politics of meaning in archaic Greece*, Princeton.
Kurke, L. 2009: '"Counterfeit oracles" and "legal tender": the politics of oracular consultation in Herodotus', *CW* 102.4: 417–38.
Kurke, L. 2011: *Aesopic conversations: popular tradition, cultural dialogue, and the invention of Greek prose*, Princeton.
La Bua, V. 1976: 'Sulla fine di Creso', in *Studi di storia antica offerti dagli allievi a Eugenio Manni*, Rome: 177–92.
Lanfranchi, G. B. 2000: 'The ideological and political impact of the Assyrian imperial expansion on the Greek world in the 8th and 7th centuries BC', in S. Aro and R. M. Whiting (eds.), *The heirs of Assyria: proceedings of the opening symposium of the Assyrian and Babylonian intellectual heritage project. Melammu Symposia* 1, Helsinki: 7–34.

Lanfranchi, G. B., Roaf, M., and Rollinger, R. (eds.) 2003: *Continuity of empire(?): Assyria, Media, Persia. Proceedings of the International Meeting in Padua, 26th–28th April 2001*, Padua.

Larson, S. 2006: 'Kandaules' wife, Masistes' wife: Herodotus' narrative strategy in suppressing names of women (Hdt. 1.8–12 and 9.108–13)', *CJ* 101.3: 225–44.

Lateiner, D. 1977: 'No laughing matter: a literary tactic in Herodotus', *TAPhA* 107: 173–82.

Lateiner, D. 1980: 'A note on ΔΙΚΑΣ ΔΙΔΟΝΑΙ in Herodotus', *CQ* 30: 30–2.

Lateiner, D. 1982: 'A note on the perils of prosperity in Herodotus', *RhM* 125: 97–101.

Lateiner, D. 1986: 'The empirical element in the methods of early Greek medical writers and Herodotus: a shared epistemological response', *Antichthon* 20: 1–26.

Lateiner, D. 1989: *The historical method of Herodotus*, Toronto.

Lateiner, D. 2012: 'Oaths: theory and practice in the *Histories* of Herodotus and Thucydides', in Foster and Lateiner 2012: 154–84.

Lateiner, D. 2013: 'Herodotean historiographical patterning: "the Constitutional Debate"', in Munson 2013a I: 194–211; repr. from Lateiner 1984: *QS* 20: 257–84.

Lattimore, R. 1939: 'The wise advisor in Herodotus', *CPh* 34: 24–39.

Lavelle, B. M. 1993: *The sorrow and the pity: a prolegomenon to a history of Athens under the Peisistratids, c. 560–510 B.C. Historia Einzelschriften* 80, Stuttgart.

Lavelle, B. M. 2005: *Fame, money, and power: the rise of Peisistratos and 'democratic' tyranny at Athens*, Ann Arbor.

Le Rider, G. 2001: *La naissance de la monnaie: pratiques monétaires de l'Orient ancien*, Paris.

Lebedynsky, I. 2010: *Les Scythes: les Scythes d'Europe et la période scythe dans les steppes d'Eurasie, VIIe–IIIe siècles av. J.-C.*, 2nd ed., Paris.

Legrand, P.-E. 1932a: *Hérodote: introduction*, Paris.

Legrand, P.-E. 1932b: *Hérodote: Histoires Livre I: Clio*, Paris.

Legrand, P.-E. 1932–54: *Hérodote: Histoires*, 11 vols., Paris.

Leick, G. 1994: *Sex and eroticism in Mesopotamian literature*, London and New York.

Leick, G. 2002: *The Babylonians: an introduction*, London.

Leick, G. (ed.) 2007: *The Babylonian world*, New York and London.

Lenfant, D. (ed.) 2004: *Ctésias de Cnide: la Perse, l'Inde, autres fragments*, Paris.

Lenfant, D. 2009: *Les Histoires perses de Dinon et d'Héraclide: fragments édités, traduits et commentés*, Paris.

Lenfant, D. 2011: *Les Perses vus par les Grecs: lire les sources classiques sur l'empire achéménide*, Paris.
Lenfant, D. 2019: 'Polygamy in Greek views of Persians', *GRBS* 59: 15–37.
Lévy, E. 1997: 'Devins et oracles chez Hérodote', in J.-G. Heintz (ed.), *Oracles et prophéties dans l'antiquité: actes du colloque de Strasbourg 15–17 juin 1995*, Paris: 345–65.
Lewis, B. 1980: *The Sargon legend: a study of the Akkadian text and the tale of the hero who was exposed at birth*. American Schools of Oriental Research Dissertation Series 4, Cambridge, MA.
Lewis, D. M. 1985: 'Persians in Herodotus', in Jameson 1985: 101–17.
Linforth, I. M. 1926: 'Greek gods and foreign gods in Herodotus', *University of California Publications in Classical Philology* 9: 1–25.
Linforth, I. M. 1928: 'Named and unnamed gods in Herodotus', *University of California Publications in Classical Philology* 9: 201–43.
Liverani, M. 2003: 'The rise and fall of Media', in Lanfranchi et al. 2003: 1–12.
Lloyd, A. B. 1975: *Herodotus Book II* vol. I: *Introduction*, Leiden.
Lloyd, A. B. 1976: *Herodotus Book II* vol. II: *Commentary 1–98*, Leiden.
Lobel, E. 1950: 'A Greek historical drama', *PBA* 35: 207–16.
Lobel, E. and Page, D. (eds.) 1955: *Poetarum lesbiorum fragmenta*, Oxford.
Lombardo, M. 1980: 'Osservazioni cronologiche e storiche sul regno di Sadiatte', *ASNP* 10: 307–62.
Lombardo, M. 1990: 'Erodoto storico dei Lidî', in Nenci and Reverdin 1990: 171–214.
Long, T. 1987: *Repetition and variation in the short stories of Herodotus*, Frankfurt am Main.
Loraux, N. 1986: *The invention of Athens: the funeral oration in the classical city*; tr. A. Sheridan, Cambridge.
Loraux, N. 1993: *The children of Athena: Athenian ideas about citizenship and the division between the sexes*; tr. C. Levine, Princeton; from Loraux 1984, *Les enfants d'Athéna: idées athéniennes sur la citoyenneté et la division des sexes*, Paris.
Luraghi, N. (ed.) 2001a: *The historian's craft in the age of Herodotus*, Oxford.
Luraghi, N. 2001b: 'Local knowledge in Herodotus' *Histories*', in Luraghi 2001a: 138–60.
Luraghi, N. 2006: 'Meta-*historiē*: method and genre in the *Histories*', in Dewald and Marincola 2006: 76–91.
Luraghi, N. 2013: 'The stories before the *Histories*: folktale and traditional narrative in Herodotus', in Munson 2013a I: 87–112; tr. from Luraghi in Giangiulio 2005: 61–90.

Macan, R. W. 1908: *Herodotus: the seventh, eighth, and ninth books*, 2 vols., London.
MacDowell, D. M. 1971: *Aristophanes: Wasps*, with introduction and commentary, Oxford.
MacGinnis, J. 1986: 'Herodotus' description of Babylon', *BICS* 33.1: 67–86.
Mac Sweeney, N. 2013: *Foundation myths and politics in ancient Ionia*, Cambridge.
Malkin, I. 1987: *Religion and colonization in ancient Greece*, Leiden.
Malkin, I. 1994: *Myth and territory in the Spartan Mediterranean*, Cambridge.
Malkin, I. (ed.) 2001: *Ancient perceptions of Greek ethnicity*, Cambridge, MA and London.
Malkin, I. 2011: *A small Greek world: networks in the ancient Mediterranean*, Oxford.
Mancini, M. 1991: 'Erodoto e il nominativo dei nomi propri persiani (*Storie* 1,139)', *Rendiconti della Accademia Nazionale dei Lincei* (Ser. 9) 2: 179–90.
Marincola, J. 1987: 'Herodotean narrative and the narrator's presence', in Boedeker 1987: 121–37.
Marincola, J. 1994: 'Plutarch's refutation of Herodotus', *AncW* 25: 191–203.
Marincola, J. 1997: *Authority and tradition in ancient historiography*, Cambridge.
Marincola, J. 2001: *Greek historians. Greece & Rome: New Surveys in the Classics* 31, Oxford.
Marincola, J. 2006: 'Herodotus and the poetry of the past', in Dewald and Marincola 2006: 13–28.
Marincola, J. (ed.) 2011: *Oxford readings in classical studies: Greek and Roman historiography*, Oxford and New York.
Marincola, J. 2013: 'Herodotus and Odysseus', in Munson 2013a II: 109–32; rev. from Marincola 2007: 'Odysseus and the historians', *SyllClass* 18: 1–79.
Marincola, J. 2015: 'Defending the divine: Plutarch on the gods of Herodotus', in A. Ellis (ed.), *God in history: reading and rewriting Herodotean theology from Plutarch to the Renaissance. Histos* Suppl. 4: 41–83.
Markoe, G. E. 2000: *The Phoenicians*, Berkeley.
Martin, R. 1993: 'The seven sages as performers of wisdom', in Dougherty and Kurke 1993: 108–28.
Marzahn, J. 2008: 'Koldewey's Babylon', in Finkel and Seymour 2008: 46–53.
Matthews, V. J. 1974: *Panyassis of Halikarnassos: text and commentary*, Leiden.

Maurizio, L. 1995: 'Anthropology and spirit possession: a reconsideration of the Pythia's role at Delphi', *JHS* 115: 69–86.

Maurizio, L. 1997: 'Delphic oracles as oral performances: authenticity and historical evidence', *ClAnt* 16: 308–34.

Mazzarino, S. 1947: *Fra Oriente e Occidente: ricerche di storia greca arcaica*, Milan.

McGlew, J. F. 1993: *Tyranny and political culture in ancient Greece*, Ithaca, NY.

McInerney, J. 2001: '*Ethnos* and ethnicity in early Greece', in Malkin 2001: 51–73.

McInerney, J. 2014: 'Pelasgians and Leleges: using the past to understand the present', in J. Ker and C. Pieper (eds.), *Valuing the past in the Greco-Roman world*, Leiden and Boston: 25–55.

McIntosh, J. R. 2005: *Ancient Mesopotamia: new perspectives*, Santa Barbara, Denver, and Oxford.

McNeal, R. A. 1985: 'How did the Pelasgians become Hellenes? Herodotus 1.56–58', *ICS* 10.1: 11–21.

McNeal, R. A. 1988: 'The brides of Babylon: Herodotus 1.196', *Historia* 37: 54–71.

Meiggs, R. and Lewis, D. (eds.) 1969: *A selection of Greek historical inscriptions to the end of the fifth century BC*, Oxford.

Meier, M., Patzek, B., Walter, U., and Wieshöfer, J. 2004: *Deiokes, König der Meder: eine Herodot-Episode in ihren Kontexten*, Wiesbaden.

Melchert, H. 2004: 'Carian', in R. Woodard (ed.), *Cambridge encyclopedia of the world's ancient languages*, Cambridge: 609–13.

Mellink, M. 1991: 'The native kingdoms of Anatolia', in J. Boardman, I. E. S. Edwards, E. Sollberger, and N. G. L. Hammond (eds.), *CAH* vol. III.2: *The Assyrian and Babylonian empires and other states of the Near East, from the eighth to the sixth centuries B.C.*, Cambridge: 619–76.

Mellink, M. 1993: 'Archaeology in Anatolia', *AJA* 97: 105–33.

Merkelbach, R. and West, M. L. 1967: *Fragmenta Hesiodea*, Oxford.

Mikalson, J. D. 2002: 'Religion in Herodotus', in Bakker et al. 2002: 187–98.

Mikalson, J. D. 2003: *Herodotus and religion in the Persian Wars*, Chapel Hill and London.

Miller, M. 1971: *The thalassocracies. Studies in chronography* 2, Albany.

Miller, M. C. 2011: 'Imaging Persians in the age of Herodotus', in Rollinger et al. 2011: 123–57.

Minns, E. H. 1965: *Scythians and Greeks: a survey of ancient history and archaeology on the north coast of the Euxine from the Danube to the Caucasus*, repr. from 1913, New York.

Mitchell, B. 1975: 'Herodotus and Samos', *JHS* 95: 75–91.

Moles, J. L. 1996: 'Herodotus warns the Athenians', *Papers of the Leeds International Latin Seminar* 9: 259–84.
Moles, J. 2002: 'Herodotus and Athens', in Bakker et al. 2002: 33–52.
Momigliano, A. 1979: 'Persian empire and Greek freedom', in A. Ryan (ed.), *The idea of freedom: essays in honour of Isaiah Berlin*, Oxford: 139–51; repr. in Momigliano 1984: *Settimo contributo alla storia degli studi classici e del mondo antico*, Rome: 61–75.
Momigliano, A. 2013: 'The place of Herodotus in the history of historiography', in Munson 2013a I: 31–45; repr. from Momigliano 1966: *Studies in historiography*, New York: 127–42.
Montiglio, S. 2013: *Love and providence: recognition in the ancient novel*, Oxford.
Mora, F. 1985: *Religione e religioni nelle storie di Erodoto*, Milan.
Morel, J.-P. 2006: 'Phocaean colonisation', in Tsetskhladze 2006–8 1: 359–428.
Morgan, K. A. (ed.) 2003: *Popular tyranny: sovereignty and its discontents in ancient Greece*, Austin, TX.
Morley, N. 2004: *Theories, models and concepts in ancient history*, Abingdon and New York.
Morris, I. 1996: 'The strong principle of equality and the archaic origins of Greek democracy', in J. Ober and C. Hedrik (eds.), *Dêmokratia: a conversation on democracies, ancient and modern*, Princeton: 19–48.
Mosshammer, A. A. 1981: 'Thales' eclipse', *TAPhA* 111: 145–55.
Munson, R. V. 1986: 'The celebratory purpose of Herodotus: the story of Arion in the *Histories* 1.23–24', *Ramus* 15.2: 93–104.
Munson, R. V. 2001a: *Telling wonders: ethnographic and political discourse in the work of Herodotus*, Ann Arbor.
Munson, R. V. 2001b: '*Ananke* in Herodotus', *JHS* 121: 30–50.
Munson, R. V. 2005: *Black doves speak: Herodotus and the language of barbarians. Hellenic Studies* 9, Washington, DC.
Munson, R. V. 2006: 'An alternate world: Herodotus and Italy', in Dewald and Marincola 2006: 157–72.
Munson, R. V. 2007: 'The trouble with the Ionians: Herodotus and the beginning of the Ionian Revolt (5.28–38.1)', in E. Irwin and E. Greenwood (eds.), *Reading Herodotus: a study of the logoi in Book 5 of Herodotus' Histories*, Cambridge: 146–67.
Munson, R. V. 2012: 'Herodotus and the Heroic Age: the case of Minos', in Baragwanath and De Bakker 2012: 195–212.
Munson, R. V. (ed.) 2013a: *Oxford readings in classical studies: Herodotus*, 2 vols., Oxford.
Munson, R. V. 2013b: 'Who are Herodotus' Persians?', in Munson 2013a ii: 321–35; repr. from Munson 2009: *CW* 102: 457–70.

Munson, R. V. 2014: 'Herodotus and ethnicity', in J. McInerney (ed.), *A companion to ethnicity in the ancient Mediterranean*, Oxford: 341–55.

Munson, R. 2018: 'Liberalizing Persia: the shadow of a Greek dream in Herodotus', in S. Fink and R. Rollinger (eds.), *Conceptualizing past, present and future: proceedings of the Ninth Symposium of the Melammu Project. Melammu Symposia* 9, Münster: 495–507.

Murnaghan, S. 1986: '*Antigone* 904–920 and the institution of marriage', *AJPh* 107: 192–207.

Murnaghan, S. 1992: 'Maternity and mortality in Homeric poetry', *ClAnt* 11.2: 242–64.

Murray, O. 1980: *Early Greece*, Brighton.

Murray, O. 1987: 'Herodotus and oral history', in H. Sancisi-Weerdenburg and A. Kuhrt (eds.), *Achaemenid history* vol. II: *The Greek sources. Proceedings of the Groningen 1984 Achaemenid history workshop*, Leiden: 93–115; repr. in Luraghi 2001a: 16–44.

Murray, O. 1988: 'The Ionian Revolt', *CAH* vol. IV.2: 461–90.

Murray, O. and Moreno, A. (eds.) 2007: D. Asheri, A. Lloyd, and A. Corcella, *A commentary on Herodotus: Books I–IV*, with a contribution by M. Brosius; tr. B. Graziosi, M. Rossetti, C. Dus, V. Cazzato, Oxford.

Nagy, G. 1990: *Pindar's Homer: the lyric possession of an epic past*, Baltimore.

Naiden, F. S. 2013: *Smoke signals for the gods: ancient Greek sacrifice from the Archaic through Roman periods*, Oxford.

Nenci, G. and Reverdin, O. (eds.) 1990: *Hérodote et les peuples non-grecs: neuf exposés suivis de discussions, Vandœuvres-Genève, du 22 au 26 août 1988.* Fondation Hardt, *Entretiens sur l'Antiquité classique* 35, Vandœuvres and Geneva.

Niemeyer, H.-G. 2006: 'The Phoenicians in the Mediterranean. Between expansion and colonisation: a non-Greek model of overseas settlement and presence', in Tsetskhladze 2006–8 I: 143–68.

Obbink, D. 2016: 'The newest Sappho: text, apparatus criticus, and translation', in A. Bierl and A. Lardinois (eds.), *The newest Sappho: P. Sapph. Obbink and P. GC inv. 105, frs. 1–4*, Leiden: 13–33.

Obbink, D. and Rutherford, R. (eds.) 2011: *Culture in pieces: essays on ancient texts in honour of Peter Parsons*, Oxford.

Oppenheim, A. L. 1977: *Ancient Mesopotamia: portrait of a dead civilization*, Chicago and London.

Oppenheim, A. L. 1985: 'The Babylonian evidence of Achaemenian rule in Mesopotamia', in Gershevitch 1985: 529–87.

Osborne, R. 1996: *Greece in the making*, Cambridge.

Ostwald, M. 1969: *Nomos and the beginning of the Athenian democracy*, Oxford.

Ostwald, M. 1982: *Autonomia: its genesis and early history*. American Classical Studies 11, Chico, CA.
Özyiğit, O. 1994: 'The city walls of Phokaia', *REA* 96: 77–109.
Packman, Z. M. 1991: 'The incredible and the incredulous: the vocabulary of disbelief in Herodotus, Thucydides and Xenophon', *Hermes* 119: 399–414.
Page, D. L. 1951: *A new chapter in the history of Greek tragedy*, Cambridge.
Page, D. L. (ed.) 1962: *Poetae melici Graeci*, Oxford.
Page, D. L. 1962: 'An early tragedy on the fall of Croesus?', *PCPhS* 8: 47–9.
Page, D. L. (ed.) 1981: *Further Greek epigrams*, Cambridge.
Panaino, A. 2003: 'Herodotus I, 96–101: Deioces' conquest of power and the foundation of sacred royalty', in Lanfranchi et al. 2003: 327–38.
Panaino, A. 2011: 'Erodoto, i Magi, e la storia religiosa Iranica', in Rollinger et al. 2011: 343–70.
Paradiso, A. 2015: 'A new fragment for Nicolaus of Damascus? A note on Suda α1272', *Histos* 9: 67–75.
Parke, H. W. 1984: 'Croesus and Delphi', *GRBS* 25: 209–32.
Parke, H. W. and Wormell, D. E. W. 1956: *The Delphic oracle*, 2 vols., Oxford.
Parker, R. 1983: *Miasma: pollution and purification in early Greek religion*, Oxford.
Parker, R. 1996: *Athenian religion: a history*, Oxford.
Parker, R. 2000: 'Greek states and Greek oracles', in R. Buxton (ed.), *Oxford readings in Greek religion*, Oxford: 76–108; repr. from Parker in P. A. Cartledge and F. D. Harvey (eds.) 1985: *Crux: essays in Greek history presented to G. E. M. de Ste. Croix on his 75th birthday*, London: 298–326.
Parker, R. 2004: 'Sacrificing twice seven children: Queen Amestris' exchange with the god under the earth (7.114)', in Karageorghis and Taifacos 2004: 151–8.
Parker, R. 2010: 'Eating unsacrificed meat', in P. Carlier and C. Lerouge-Cohen (eds.), *Paysage et religion en Grèce antique: mélanges offerts à Madeleine Jost*, Paris: 139–47.
Parker, R. 2011: *On Greek religion*, Ithaca, NY and London.
Payen, P. 1997: *Les îles nomades: conquérir et résister dans l'Enquête d'Hérodote*, Paris.
Payne, A. and Wintjes, J. 2016: *Lords of Asia Minor: an introduction to the Lydians*, Wiesbaden.
Pearson, L. 1952: '*Prophasis* and *aitia*', *TAPhA* 83: 205–23.
Pedley, J. G. 1968: *Sardis in the age of Croesus*, Norman, OK.
Pedley, J. G. 1972: *Ancient literary sources on Sardis*, Cambridge, MA.
Pelliccia, H. 1992: 'Sappho 16, Gorgias' *Helen*, and the preface of Herodotus' *Histories*', *YCIS* 29: 63–84.

Pelling, C. 1996: 'The urine and the vine: Astyages' dreams at Herodotus 1.107–8', *CQ* 46: 68–77.
Pelling, C. 2002: 'Speech and action: Herodotus' debate on the constitutions', *PCPhS* 48: 123–58.
Pelling, C. 2006a: 'Speech and narrative in the *Histories*', in Dewald and Marincola 2006: 103–21.
Pelling, C. 2006b: 'Educating Croesus: talking and learning in Herodotus' Lydian *logos*', *ClAnt* 25.1: 141–77.
Pelling, C. 2007: '*De malignitate Plutarchi*: Plutarch, Herodotus, and the Persian Wars', in E. Bridges, E. Hall, and P. J. Rhodes (eds.), *Cultural responses to the Persian Wars*, Oxford: 145–64.
Pelling, C. 2009: 'Bringing autochthony up to date: Herodotus and Thucydides', *CW* 102.4: 471–83.
Pelling, C. 2013: 'East is east and west is west – or are they? National stereotypes in Herodotus', in Munson 2013a II: 360–79; repr. from Pelling 1997: *Histos* 1: 51–66.
Pelling, C. 2019: *Herodotus and the question why*, Austin, TX.
Pembroke, S. 1965: 'Last of the matriarchs: a study in the inscriptions of Lycia', *JESHO* 8: 219–47.
Pembroke, S. 1967: 'Women in charge: the function of alternatives in early Greek tradition and the ancient idea of matriarchy', *JWI* 30: 1–35.
Perry, B. E. 1952: *Aesopica: a series of texts relating to Aesop or ascribed to him or closely connected to the literary tradition that bears his name* vol. I, Urbana.
Perry, B. E. (ed. and tr.) 1965: *Babrius and Phaedrus*, London and Cambridge, MA.
Pohlenz, M. 1937: *Herodot: der erste Geschichtsschreiber des Abendlandes*, Leipzig.
Postgate, J. N. 1992: *Early Mesopotamia: society and economy at the dawn of history*, London.
Potts, D. T. 2004: 'Camel hybridization and the role of *Camelus bactrianus* in the ancient Near East', *JESHO* 47: 143–65.
Powell, J. E. 1938: *A lexicon to Herodotus*, Cambridge; repr. 1950, Hildesheim.
Power, T. 2010: *The culture of kitharôidia*, Washington, DC and Cambridge, MA.
Price, S. 1985: 'Delphi and divination', in P. Easterling and J. V. Muir (eds.), *Greek religion and society*, Cambridge: 128–54.
Prinz, F. 1979: *Gründungsmythen und Sagenchronologie. Zetemata: Monographien zur klassischen Altertumswissenschaft* 72, Munich.
Pritchett, W. K. 1971: *The Greek state at war* vol. I, Berkeley.
Pritchett, W. K. 1993: *The liar school of Herodotos*, Amsterdam.

Prontera, F. 1981: 'Gli Alcmeonidi a Delfi, un'ipotesi su Erodoto I, 51, 3–4', *RA* 2: 253–8.
Prontera, F. 2011: 'L'Asia nella geografia di Erodoto: uno spazio in costruzione', in Rollinger et al. 2011: 179–95.
Provencal, V. L. 2015: *Sophist kings: Persians as other in Herodotus*, London.
Quinn, J. 2017: *In search of the Phoenicians*, Princeton.
Raaflaub, K. 1987: 'Herodotus, political thought, and the meaning of history', in Boedeker 1987: 221–48.
Raaflaub, K. 2002: 'Philosophy, science, politics: Herodotus and the intellectual trends of his time', in Bakker et al. 2002: 149–86.
Raaflaub, K. 2003: 'Stick and glue: the function of tyranny in fifth-century Athenian democracy', in Morgan 2003: 59–93.
Raaflaub, K. 2004: *The discovery of freedom in ancient Greece*, Chicago.
Raaflaub, K. 2009: 'Learning from the enemy: Athenians and Persian "instruments of empire"', in J. Ma, N. Papazarkadas, and R. Parker, *Interpreting the Athenian Empire*, London: 68–89.
Raaflaub, K. 2011: 'Persian army and warfare in the mirror of Herodotus' interpretation', in Rollinger et al. 2011: 5–37.
Radet, G. 1893: *La Lydie et le monde grec au temps des Mermnades (687–546)*, Paris; repr. 1967, Rome.
Radner, K. 2003: 'An Assyrian view of the Medes', in Lanfranchi et al. 2003: 37–64.
Ramage, A., Goldstein, S. M., and Mierse, W. 1983: 'Lydian excavation sectors', in Hanfmann 1983: 26–52.
Ramage, A. 1987: 'Lydian Sardis', in Guralnik 1987: 6–15.
Ramage, A. and Craddock, C. 2000: *King Croesus' gold: excavations at Sardis and the history of gold refining*, London.
Raviola, F. 1986: 'Temistocle e la Magna Grecia', in L. Braccesi (ed.), *Tre studi su Temistocle*, Padua: 13–112.
Ravn, O. E. 1942: *Herodotus' description of Babylon*; tr. M. Tovborg-Jensen, Copenhagen.
Rawlinson, G. R. (ed. and tr.) 1861: *The history of Herodotus*, English version with notes and appendices vol. 1, New York.
Reade, J. 2008: 'Early travellers on the wonders: suggested sites', in Finkel and Seymour 2008: 112–17.
Redfield, J. 2013: 'Herodotus the tourist', in Munson 2013a II: 267–91; repr. from Redfield 1985: *CPh* 80: 97–118.
Reed, J. D. 1995: 'The sexuality of Adonis', *ClAnt* 14.2: 317–47.
Rhodes, P. 2003: 'Herodotean chronology revisited', in Derow and Parker 2003: 58–72.

Rijksbaron, A. (ed.) 1997: *New approaches to Greek particles: proceedings of the colloquium held in Amsterdam, January 4–6, 1996 to honour C. J. Ruijgh*, Amsterdam.
Rijksbaron, A. 2002: *The syntax and semantics of the verb in classical Greek*, 3rd ed., Chicago.
Rolle, R. 1989: *The world of the Scythians*; tr. F. G. Wells, Berkeley.
Roller, D. 2018: *A historical and topographical guide to the Geography of Strabo*, Cambridge and New York.
Rollinger, R. 1993: *Herodots babylonischer Logos*, Innsbruck.
Rollinger, R. 1999: 'Zur Lokalisation von *parsu(m)a(s)* in der Fars und zu einigen Fragen der frühen persischen Geschichte', *Zeitschrift für Assyriologie und vorderasiatische Archäologie* 89: 115–39.
Rollinger, R. 2003: 'The western expansion of the Median empire: a re-examination', in Lanfranchi et al. 2003: 289–319.
Rollinger, R. 2004: 'Herodotus, human violence and the ancient Near East', in Karageorghis and Taifacos 2004: 121–50.
Rollinger, R., Truschnegg, B., and Bichler, R. (eds.) 2011: *Herodot und das persische Weltreich/ Herodotus and the Persian Empire: Akten des 3. Internationalen Kolloquiums zum Thema 'Vorderasien im Spannungsfeld klassischer und altorientalischer Überlieferungen'*, Innsbruck, 24–28 November 2008, Wiesbaden.
Romm, J. 1992: *The edges of the earth in ancient thought*, Princeton.
Romm, J. 1998: *Herodotus*, New Haven and London.
Romm, J. 2006: 'Herodotus and the natural world', in Dewald and Marincola 2006: 178–91.
Romm, J. 2013: 'The boundaries of Earth', in Munson 2013a II: 21–43; abbr. from Romm 1992: *The edges of the earth in ancient thought*, Princeton.
Rood, T. 1998: *Thucydides: narrative and explanation*, Oxford.
Rood, T. 2006: 'Herodotus and foreign lands', in Dewald and Marincola 2006: 290–305.
Rood, T. 2009: Introduction and notes in R. Waterfield and T. Rood, *Xenophon: the expedition of Cyrus*; tr. R. Waterfield, Oxford.
Rood, T. 2010: 'Herodotus' proem: space, time, and the origins of international relations', Αριάδνη 16: 43–74.
Roosevelt, C. H. 2009: *The archaeology of Lydia, from Gyges to Alexander*, Cambridge.
Root, M. 1979: *The king and kingship in Achaemenid art: essays on the creation of an iconography of empire*, Leiden.
Rosellini, M. and Saïd, S. 2013: 'Women's customs among the "savages" in Herodotus', in Munson 2013a II: 213–44; tr. from Rosellini and Saïd 1978: *ASNP* 3.8: 949–1005.

Rosén, H. B. 1987–97: *Herodoti Historiae*, 2 vols., Stuttgart and Leipzig.
Rosivach, V. J. 1987: 'Autochthony and the Athenians', *CQ* 37.2: 294–306.
Rösler, W. 1991: 'Die "Selbsthistorisierung" des Autors: zur Stellung Herodots zwischen Mündlichkeit und Schriftlichkeit', *Philologus* 135: 215–20.
Rösler, W. 2002: 'The *Histories* and writing,' in Bakker et al. 2002: 79–94.
Rubincam, C. 2012: 'The "rationality" of Herodotus and Thucydides as evidenced by their respective use of numbers', in Foster and Lateiner 2012: 97–122.
Russin, R. U. and Hanfmann, G. M. A. 1983: 'Lydian graves and cemeteries', in Hanfmann 1983: 53–66.
Rusten, J. 1989: *Thucydides, the Peloponnesian War, Book II*, Cambridge.
Rutherford, I. 2013: *State pilgrims and sacred observers in ancient Greece: a study of theôriâ and theôroi*, Cambridge.
Rutherford, R. 2011: 'The use and abuse of irony', in Obbink and Rutherford 2011: 84–103.
Rutherford, R., 2012: 'Structure and meaning in epic and historiography', in Foster and Lateiner 2012: 13–38.
Rutherford, R., 2018: 'Herodotean ironies', *Histos* 12: 1–48.
Saïd, S. 2002: 'Herodotus and tragedy', in Bakker et al. 2002: 117–47.
Salmon, J. B. 1984: *Wealthy Corinth: a history of the city to 338 BC*, Oxford.
Sancisi-Weerdenburg, H. 1985: 'The death of Cyrus: Xenophon's *Cyropaedia* as a source for Iranian history', *AI* 25: 459–72.
Sancisi-Weerdenburg, H. (ed.) 1987a: *Achaemenid history* vol. I: *Sources, structures and synthesis. Proceedings of the Groningen 1983 Achaemenid history workshop*, Leiden.
Sancisi-Weerdenburg, H. 1987b: 'Decadence in the empire or decadence in the sources: Ctesias, from source to synthesis', in Sancisi-Weerdenburg 1987a: 33–45.
Sancisi-Weerdenburg, H. 1988: 'Was there ever a Median empire?', in Sancisi-Weerdenburg and Kuhrt 1988: 197–212.
Sancisi-Weerdenburg, H. 1994: 'The orality of Herodotus' *medikos logos*', in Sancisi-Weerdenburg et al. 1994: 39–55.
Sancisi-Weerdenburg, H. 1995: 'Persian food: stereotypes and political identity', in Wilkins et al. 1995: 286–302.
Sancisi-Weerdenburg, H. 2002: 'The personality of Xerxes, king of kings', in Bakker et al. 2002: 579–90.
Sancisi-Weerdenburg, H. 2013: 'Exit Atossa: images of women in Greek historiography on Persia', in Munson 2013a II: 135–50; repr. from Sancisi-Weerdenburg in A. Cameron and A. Kuhrt (eds.) 1983: *Images of women in antiquity*, Detroit: 20–33.

Sancisi-Weerdenburg, H. and Kuhrt, A. (eds.) 1988: *Achaemenid history* vol. III: *Method and theory: proceedings of the London 1985 Achaemenid history workshop*, Istanbul.

Sancisi-Weerdenburg, H., Kuhrt, A., and Root, M. C. 1994: *Achaemenid history* vol. VIII: *Continuity and change. Proceedings of the last Achaemenid history workshop, April 6–8 1990, Ann Arbor*, Leiden.

Sbordone, F. 1932: 'Recensioni retoriche delle favole esopiane', *Rivista Indo-Greco-Italica di Filologia, Lingua, Antichità*, 16: 35–68.

Schmitt, R. 1991: *The Bisitun Inscription of Darius the Great: Old Persian text. Corpus inscriptionum Iranicarum* I/1, London.

Schmitt, R. 2011: 'Herodot und iranische Sprache', in Rollinger et al. 2011: 313–41.

Scurlock, J. A. 1990: 'Herodotos' Median chronology again?! (συν "including" or "excluding")', *IA* 25: 149–63.

Sebeok, T. and Brady, E. 1978: 'The two sons of Croesus: a myth about communication in Herodotus', *Journal of the Folklore Institute* 15: 5–22.

Seel, O. 1956: '*Lydiaka*', *WS* 69: 212–36.

Segal, C. 1971: 'Croesus on the pyre: Herodotus and Bacchylides', *WS* 5: 39–51.

Sergueenkova, V. 2016: 'Counting the past in Herodotus' *Histories*', *JHS* 136: 121–31.

Seymour, M. 2008a: 'Babylon's wonders of the world', in Finkel and Seymour 2008: 104–23.

Seymour, M. 2008b: 'Robert Koldewey and the Babylon excavations', in Finkel and Seymour 2008: 41–5.

Shapiro, S. O. 1996: 'Herodotus and Solon', *ClAnt* 15.2: 348–64.

Sheets, G. A. (ed.) 1981: *Herodotus Book I*, Bryn Mawr.

Shrimpton, G. and Gillis, K. 1997: 'Appendix 1: Herodotus' source citations', in G. Shrimpton, *History and memory in ancient Greece*, Montreal and Kingston, ON: 229–65.

Silk, M. 2009: 'The invention of Greek: Macedonians, poets and others', in A. Georgakopoulou and M. Silk (eds.), *Standard languages and language standards: Greek, past and present*, Farnham: 3–31.

Sinos, R. H. 1993: 'Divine selection: epiphany and politics in archaic Greece', in Dougherty and Kurke 1993: 73–91.

Sleeman, J. H. (ed.) 1909: *Herodotus I: Clio*, Cambridge; repr. 2002, London.

Slings, S. R. 2002: 'Oral strategies in the language of Herodotus', in Bakker et al. 2002: 53–77.

Smyth, H. W. 1956: *Greek grammar*, rev. G. M. Messing, Cambridge, MA.

Snell, B. 1971: *Leben und Meinungen der Sieben Weisen: griechische und lateinische Quellen erläutert und übertragen*, Munich.

Snell, B. and Maehler, H. (eds.) 1970: *Bacchylidis carmina cum fragmentis*, 10th ed., Leipzig.
Snell, B. and Maehler, H. (eds.) 1987–9: *Pindari carmina cum fragmentis*, 8th ed., Leipzig.
Snodgrass, A. M. 1964: *Early Greek armour and weapons: from the end of the Bronze Age to 600 B.C.*, Edinburgh and Hawthorne, NY.
Sourvinou-Inwood, C. 2003: 'Herodotos (and others) on Pelasgians: some perceptions of ethnicity', in Derow and Parker 2003: 103–44.
Sourvinou-Inwood, C. 2005: *Hylas, the nymphs, Dionysos, and others: myth, ritual, ethnicity, Martin P. Nilsson lecture in Greek religion 1997*, Stockholm.
Spallino Ferrulli, S. 1991: 'In margine ad Erodoto I.167.1', *Annali della facoltà di lettere e filosofia della Università di Bari* 34: 119–31.
Stadter, P. A. 2006: 'Herodotus and the cities of mainland Greece', in Dewald and Marincola 2006: 242–56.
Stadter, P. A. 2013: 'Herodotus and the Athenian *archē*', in Munson 2013a I: 334–56; repr. from Stadter 1992: *ASNP* 22: 781–809.
Stahl, H. P. 1968: 'Herodots Gyges-Tragödie', *Hermes* 96: 385–400.
Stahl, H. P. 1975: 'Learning through suffering? Croesus' conversations in the history of Herodotus', in D. Kagan (ed.), *Studies in the Greek historians. YCIS* 24, Cambridge: 1–36.
Steele, L. 2007: 'Women and gender in Babylonia', in Leick 2007: 299–316.
Stein, H. (ed.) 1881–1901: *Herodotos*, 5 vols., Berlin.
Steiner, D. T. 1994: *The tyrant's writ: myths and images of writing in ancient Greece*, Princeton.
Stevenson, R. B. 1997: *Persica: Greek writing about Persia in the fourth century B.C.*, Edinburgh.
Stol, M. 1995: 'Women in Mesopotamia', *JESHO* 38: 123–44.
Stol, M. 2016: *Women in the ancient Near East*; tr. H. Richardson and M. Richardson, Boston and Berlin.
Strasburger, H. 2013: 'Herodotus and Periclean Athens'; tr. J. Kardan and E. Foster in Munson 2013a I: 295–320; repr. from Strasburger 1955: *Historia* 4: 1–25.
Stronach, D. 2011: 'Court dress and riding dress at Persepolis', in Álvarez-Mon and Garrison 2011: 475–87.
Sulimirski, T. and Taylor, B. 1991: 'The Scythians', in J. Boardman, I. E. S. Edwards, E. Sollberger, and N. G. L. Hammond (eds.), *CAH* vol. III.2: *The Assyrian and Babylonian empires and other states of the Near East, from the eighth to the sixth centuries B.C.*, Cambridge: 547–90.
Talamo, C. 1979: *La Lidia arcaica: tradizioni genealogiche ed evoluzione istituzionale*, Bologna.

Talamo, C. 1985: 'Erodoto e le tradizioni sul regno di Lidia', *SStor* 7: 150–63.
Tatum, J. 1989: *Xenophon's imperial fiction: on the education of Cyrus*, Princeton.
Thomas, R. 1989: *Oral tradition and written record in classical Athens*, Cambridge.
Thomas, R. 1997: 'Ethnography, proof and argument in Herodotus' Histories', *PCPhS* 43: 128–48.
Thomas, R. 2000: *Herodotus in context: ethnography, science and the art of persuasion*, Cambridge.
Thomas, R. 2006: 'The intellectual milieu of Herodotus', in Dewald and Marincola 2006: 60–75.
Thomas, R. 2011: 'Herodotus' Persian ethnography', in Rollinger et al. 2011: 237–54.
Thomas, R. 2012: 'Herodotus and eastern myths and *logoi*: Deioces the Mede and Pythius the Lydian', in Baragwanath and De Bakker 2012: 233–53.
Thomas, R. 2013: 'Ethnicity, genealogy, and Hellenism in Herodotus', in Munson 2013a II: 339–59; rev. from Thomas in Malkin 2001: 213–33.
Thomas, R. 2014: 'The Greek polis and the tradition of polis history: local history, chronicles and the patterning of the past', in A. Moreno and R. Thomas (eds.), *Patterns of the past: epitedeumata in the Greek tradition*, Oxford: 145–72.
Thompson, N. 1996: *Herodotus and the origins of the political community: Arion's leap*, New Haven.
Thonemann, P. 2009: 'Asia Minor', in A. Erskine (ed.), *A companion to ancient history*, Oxford: 222–35.
Thonemann, P. 2016: 'Croesus and the oracles', *JHS* 136: 152–67.
Tod, M. N. (ed.) 1946: *A selection of Greek historical inscriptions* vol. I, Oxford.
Tozzi, P. 1978: *La rivolta ionica*, Pisa.
Tsetskhladze, G. R. (ed.) 2006–8: *Greek colonisation: an account of Greek colonies and other settlements overseas*, 2 vols., Leiden.
Tuplin, C. 1994: 'The Persians as Medes', in Sancisi-Weerdenburg et al. 1994: 235–56.
Tuplin, C. 1996: *Achaemenid studies. Historia Einzelschriften* 99, Wiesbaden.
Tuplin, C. 2004: 'Medes in Media, Mesopotamia and Anatolia', *Ancient West & East* 3.2: 223–51.
Tuplin, C. 2007: 'Treacherous hearts and upright tiaras: the Achaemenid king's head-dress', in Allen et al. 2007: 67–98.
Tuplin, C. 2011: 'Managing the world: Herodotus on Achaemenid imperial organization', in Rollinger et al. 2011: 39–63.

Vallet, G. and Villard, F. 1966: 'Les Phocéens en Mediterranée occidentale à l'époque archaïque et la fondation de Hyele', *PP* 21: 166–90.
Van De Mieroop, M. 2003: 'Reading Babylon', *AJA* 107.2: 257–75.
Van De Mieroop, M. 2004: *A history of the ancient Near East ca. 3000–323 BC*, Malden, MA and Oxford.
Vannicelli, P. 2001a: 'Erodoto e gli Eraclidi d'Asia (nota di commento a Hdt. I.7)', in S. Ribichini, M. Rocchi, and P. Xella (eds.), *La questione delle influenze vicino-orientali sulla religione greca*, Rome: 189–94.
Vannicelli, P. 2001b: 'Herodotus' Egypt and the foundations of universal history', in Luraghi 2001a: 211–40.
Vannicelli, P. (ed.) 2017: *Erodoto, le Storie. Libro VII: Serse e Leonida*, Milan.
Vanschoonwinkel, J. 2006: 'Greek migrations to Aegean Anatolia in the early Dark Age', in Tsetskhladze 2006–8 1: 115–41.
Vermeule, E. 1979: *Aspects of death in early Greek art and poetry*, Berkeley.
Veyne, P. 1984: *Writing history: essay in epistemology*; tr. M. Moore-Rinvolucri, Middletown, CT; tr. from Veyne 1971: *Comment on écrit l'histoire: essai d'épistémologie*, Paris.
Veyne, P. 1988: *Did the Greeks believe in their myths? An essay on the constitutive imagination*; tr. P. Wissing, Chicago; tr. from Veyne 1983: *Les Grecs ont-ils cru à leurs mythes? Essai sur l'imagination constituante*, Paris.
Voigt, E.-M. (ed.) 1971: *Sappho et Alcaeus: fragmenta*, Amsterdam.
Wallace, R. W. 2016: 'Redating Croesus: Herodotean chronologies, and dates of the earliest coinages', *JHS* 136: 168–81.
Wallinga, H. T. 1993: *Ships and sea-power before the great Persian war: the ancestry of the ancient trireme*, Leiden.
Walter, U. 2004: '"Da sah er das Volk ganz in seiner Hand." – Deiokes und die Entstehung monarchischer Herrschaft im Geschichtswerk Herodots', in Meier et al. 2004: 75–95.
Waterfield, R. and Dewald, C. 1998: *Herodotus: The Histories*, Oxford.
Węcowski, M. 2004: 'The hedgehog and the fox: form and meaning in the prologue of Herodotus', *JHS* 124: 143–64.
Wees, H. van 2002: 'Herodotus and the past', in Bakker et al. 2002: 321–49.
Wells, J. 1907: 'The Persian friends of Herodotus', *JHS* 27: 37–47.
Wendelken, R. W. 2000: 'Horses and gold: the Scythians of the Eurasian steppes', in A. Bell-Fialkoff (ed.), *The role of migration in the history of the Eurasian steppe: sedentary civilization vs. 'barbarian' and 'nomad'*, New York: 189–206.
West, M. L. (ed.) 1978a: *Theognidis et Phocylidis fragmenta et adespota quaedam gnomica*, Berlin and New York.
West, M. L. 1978b: 'Phocylides', *JHS* 98: 164–7.

West, M. L. (ed.) 1989–92: *Iambi et elegi Graeci ante Alexandrum cantati*, 2 vols., 2nd ed., Oxford.
West, M. L. 1992: *Ancient Greek music*, Oxford.
West, M. L. 2007: *Indo-European poetry and myth*, Oxford.
West, S. R. 1985: 'Herodotus' epigraphical interests', *CQ* 35: 278–85.
West, S. R. 2002: 'Scythians', in Bakker et al. 2002: 437–56.
West, S. R. 2007: 'Transmission and ancient reception', in Bowie 2007: 30–4.
West, S. R. 2011a: 'Herodotus' sources of information on Persian matters', in Rollinger et al. 2011: 255–72.
West, S. R. 2011b: 'The papyri of Herodotus', in Obbink and Rutherford 2011: 69–83.
Whitmarsh, T. and Thomson, S. 2013: *The romance between Greece and the East*, Cambridge.
Wiesehöfer, J. 2001: *Ancient Persia from 550 BC to 650 AD*, London.
Wiesehöfer, J. 2003: 'The Medes and the idea of the succession of empires in antiquity', in Lanfranchi et al. 2003: 391–96.
Wiesehöfer, J. 2009: 'Greeks and Persians', in K. Raaflaub and H. van Wees (eds.), *A companion to archaic Greece*, Malden, MA, Oxford, and Chichester: 162–85.
Wilkins, J., Harvey, D., and Dobson, M. (eds.) 1995: *Food in antiquity*, with foreword by A. Davidson, Exeter.
Wilson, N. G. 2015: *Herodoti Historiae*, 2 vols., Oxford.
Winter, I. J. 1995: 'Homer's Phoenicians: history, ethnography, or literary trope? [A perspective on early Orientalism]', in Carter and Morris 1995: 247–71.
Wohl, V. 2002: *Love among the ruins: the erotics of democracy in classical Athens*, Princeton.
Wolff, E. 1934: 'Das geschichtliche Verstehen in Tacitus *Germania*', *Hermes* 69: 121–66.
Yates, D. 2019: *States of memory: the polis, panhellenism, and the Persian War*, Oxford.
Zali, V. 2014: *The shape of Herodotean rhetoric: a study of the speeches in Herodotus' Histories, with special attention to Books 5–9*, Leiden and Boston.
Zawadski, S. 1984: 'Herodotus' Assyrian history', *Eos* 72: 253–67.
Zimmermann, B. 1992: *Dithyrambos: Geschichte einer Gattung*, Göttingen.

INDEXES

GENERAL INDEX

Numbers in italics refer to pages of the Introduction; non-italic numbers refer to notes in the Commentary by chapter and section number of H.'s text. Initial brief essays to sections of the Commentary are identified by 'in.' Asterisks identify citations of other ancient authors; of the later Hellenistic or Greco-Roman authors cited, only some of the more important are listed here.

Abantes 146.1
Abdera *64*, 168
abduction *9, 23, 44*, 1–5in., 1.1–5.2, 6.1, 8–14in., 182.2
Achaea/Achaeans 145
Achaemenes/Achaemenidae *49–53*, 55–6, *60*, 90.1, 98.3, 108.1, 125.3, 131–2, 153.1–2, 155.2, 188.1, 192.1, 192.3, 209.1
Achilles 30.5, 31.4, 45.2, 56.3, 66.1, 88.1
Adad-guppi *77*, 74.3, 184, 185.1, 187.1, 188.1
Adrastus 14.2, 32.4, 33, 34–45, 53.1, 73.3, 82.8, 85.1, 86.1, 110.2
Aeëtes 2.2, 2.3
Aeginetans *47n45*, 65, 51.2, 67.2, 160.3, 163.1
Aeolians 62–4, 67, 6.2, 26.3, 46.2, 56.2–3, 76.3, 141–76in., 143.3, 149.1–151.3, 157.1, 160.2, 166.1
and Cyrus 149.1–151.3
*Aeschylus 53, 159.1
 Ag. 4.3, 32.6, 62.4, 119.6, 207.1
 Cho. 62.4
 Pers. 37, 52, 3.1, 55.2, 62.4, 114.3, 125.3, 136.2, 209.1
 PV 1.3, 35.3
 Sept. 108.5
 Supp. 1.3
Aesop 27.2, 30.1, 141.1–2
Agariste 61.2
Agbatana *see* Ecbatana
Age of Heroes *76*, 1.2, 60.5, 67.2, 67.4, 94.3, 147.1, 163.1, 171.2, 173.2, 176.1
Agiadae 65.1, 65.4, 67.1

agriculture *78, 81n8*, 17.2, 66.2, 67.4, 125.3–4, 165.1, 184, 185.2, 185.4, 191.3, 193.1–5, 216.3–4
Agylla/Agylleans 167.1–3
Akkadian Empire *73*
Akkadian writing *55*, 101, 107–22in., 108.3, 181.2, 184
Alalia 166.1–3
Alcaeus (Heraclid line) *43*
*Alcaeus 37n10, 7.2, 23, 27.2, 30.1, 171.4
Alcmaeon/Alcmaeonidae 30.1, 50.3, 51.4, 52, 59.3, 60.2, 61.1–2, 64.3, 155.4, 160.3
*Alcman *37n10*
Alexander I of Macedon 188.1
Alexander III ('the Great') of Macedon *53*, 92.2, 119.1, 177, 183.3, 214.5
Alexander (Paris) 3.1
alliance/guest friendship *see* guest friendship/alliance
Alyattes *35, 40, 45–6, 65, 66–7, 80*, 13.2, 16.1–2, 17–22in., 25.1–2, 28, 74.2, 74.4, 92.3, 94.1, 141.4
 tomb *35, 47*, 25.1, 93.2–3, 93.5
 war against Milesians 14.4, 17.1–22.4
Amasis 8.1, 30.1, 32.1, 46.2, 46.3, 50.3, 77.2, 124.1
Amphiaraus/Amphiareum 46.2, 49, 51.5, 52, 53.2, 53.3, 92.2
Amphilytus 62.4, 68.3
Amytis 185.1
Anacharsis 20, 29.1, 153.1
anacoluthon 14.1, 27.4, 51.3, 65.4, 70.1, 114.3, 136.1, 178.2
*Anacreon 55.2, 168, 171.4

515

analepsis 26, 29–31, 6–25in., 7.1,
  25.1, 43.2, 59.1, 65–8, 73–75.1,
  77.2, 82–3, 95–106in., 95–130.1,
  130in., 135, 144.1–3, 162.1,
  163in., 163–164.1, 165.2, 167.4,
  170.3, 171.2, 187.5, 210.2, see also
  prolepsis
anaphora see repetition
Anatolia 14.1, 19.1, 26.2, 50.2, 71.1,
  72.2–3, 94.3, 103.2, 141–76in.,
  146.2, 147.2, 169.1, 171.1–173.5
Anaxandridas 67.1
Anaximander 69
*Andocides 63.1
Anshan 50, 102.1, 107.2, 125.2, 188.1,
  214.4
Apaturia 60, 143.3, 147.2
Aphrodite 105.2–4
  cult and temples 81, 105.2–3, 131.3
Apis 11.5
Apollo 26.2, 45.2, 86–91in., 86.5,
  131.3
  and Croesus at Delphi 16, 20–1,
  13.2, 44.2, 45.2, 46.2–51.5, 53.3,
  86.2–3, 87.1–3, 89.1, 90.2–91.6
  and Delphi 23–4in., 23, 46.2,
  50.2–3, 51.2, 53.3, 65.2–4,
  66.2–3, 92.1
  other sanctuaries and oracles 3,
  64, 46.2, 52, 64.2, 92.1, 144.1,
  157.3–159.4, 174.2, 174.5, 182.2
Araxes (river) 79, 82, 83, 71.3, 189.1,
  201–16in., 201–202.3, 209.1
Arcadia 57.2, 65.1, 66.2, 67.4, 68.6,
  146.1
Arcesilaus 91.1–2
*Archilochus 37, 6.1, 12.2, 23, 168,
  174.5
Ardys 34, 40, 66, 80, 14.4–16.1,
  26–33in., 103.3
Arganthonius 163.2–165.2
Argos/Argives 47n45, 3.1, 31.2–5,
  41.2, 56.3, 61.4, 68.6, 82.1–83
Arimaspians 201
Arimnestus 82.3
Arion 26, 32, 23–24.9
Aristagoras 59.3, 59.5, 83, 141.4,
  170.2, 188.1
Aristeas 201
Aristodemus 82.5
Aristodicus 158.2–159.4
Ariston 67.1
*Aristophanes 195.1
  Ach. 9, 2.3, 4.1, 114.2, 133.1

Av. 9, 178.3
Eccl. 196.3
Eq. 133.4
Lys. 133.4
Vesp. 195.1
*Aristotle
  Eth. Nic. 19.2, 105.4
  Hist. an. 76n4, 175, 192.4, 193.5
  Mete. 202.4
  Poet. 0, 116.1
  Pol. 10n28, 46n44, 2, 20, 61.4, 65.4,
  65.5, 127.3, 142.2, 166.1, 171.2,
  178.2, 191.6, 196.3
  Rh. 90, 0, 53.3, 59.5, 155.1
*[Aristotle]
  Ath. pol. 29.1, 59.1, 59.3, 59.5, 59.6,
  60.4, 61.1, 61.2, 61.4, 63.1, 64.3,
  165.3
  Mir. ausc. 163.1
armor see weaponry/war gear
Arsames 56, 209.1–2
Artabanus 31.3, 32.1, 32.4, 140.1,
  192.2, 201, 207.1
Artaxerxes I 53, 139, 153.2, 161
Artaxerxes II 53, 131.1
Artayctes 141.2, 187.5
Artembares (Mede) 109.3, 114.3–
  115.2, 129.3
Artembares (Persian) 52n11, 114.3,
  170.3
Artemis 26.2, 51.5, 92.1
  cult and temples 36, 66, 80n3, 26.2,
  51.3, 65.1, 70.3, 92.1–2
Artemisia 2, 3, 4, 8n24, 172.2, 187.1,
  205.1, 207.1
Ascalon (Ashkelon) 81, 105.2
Ashurbanipal 34, 74, 76, 77, 14.4,
  15
Asia 4.1, 4.4, 6.2, 72.2–3, 95.2, 142.2,
  169.1, 177, 192.2, 201–16in.,
  201, 209.1
Asia Minor see Anatolia
Asiatic Greeks see East Greeks
Asies 42
Assesus 19.1
Assyria/Assyrians 33, 34, 72–9, 1.1,
  7.2, 95–106in., 95.2, 96.1, 99.1,
  178.1, 181.3, 184, 192.1–2, 193.1,
  195.1, 197, 199.3
  and Herodotus' unfulfilled inten-
  tions 76, 106.2, 184, 185.1
Assyrian records 33–4, 48, 49, 79n1, 80,
  6.3, 7.1, 14.4, 15, 102.1, 103.3,
  104.2, 197

INDEXES

Astyages (Ishtumegu) *16*, *20*, *48–9*,
  34.1, 46.1, 91.1, 107–22in.,
  128.1–3, 129.1–4, 130.1, 132.3,
  185.1, 209.1
  as relative of Croesus 73.2
  and attempted murder of Cyrus
    107.1–122.3
  and cannibalism, cruelty 119.3–7,
    120.3, 123.2, 127.2, 128.2
  conquered by Cyrus and Harpagus
    123.1–130.3
asyndeton 11.4, 32.6, 37.1, 96.2, 98.2,
  108.4
Atarneus 160.4, 165.1
Athena 19.1–2, 60.5, 68.6, 91.1, 131.1,
  148.1, 160.3, 213
  cult and temples 19.1, 59.3, 60.4–5,
    62.3, 66.4, 92.1, 160.3
Athens/Athenians 3, 5, *10*, *62*, 71–2,
  2.3, 6–94in., 6.2, 26.3, 29.1, 32.8,
  56–68in., 59–64, 92.1, 98.5,
  143.3, 146.1–2, 147.1, 169.2,
  171.2, 173.2, 173.5, 196.4, 215.1
  ethnicity 56.2, 57.2–3
  and Ionians *60*, *62*, *70*, 146.1
Atlantic 202.4
Atlantis 30.2
Attis *42*, *44*, 34.2
Atyadae *36*, *41*, 7.3, 94.5
Atys 7.3, 32.4, 32.6, 34–45in., 34.1–
  45.3, 73.3, 94.3
Auramazda/Ahura Mazda *56*,
  131–2in., 131.2, 209.1–2, *see also*
  Mazda
autochthony 56.2, 57.3, 66.2, 78.3,
  146.3, 171.5–6, 172.1
autocracy *16*, 12.2, 29–33in., 54.1,
  61.1, 62.1, 89.1–2, 95–106in.,
  95.2, 96.1, 97.2–3, 109.4, 126.6,
  163.2, 187.5
autopsy *6–8*, *28–9*, *57*, 14.1, 24.8,
  50–2in., 51.3, 52, 65.2, 70.1, 92.1,
  105.3, 140.2, 163.4, 178.1–2,
  183.1, 183.3, 185.2, 191.6, 193.4
Avesta *56*, 131.2, 140.2, 189.1

Babylon/Babylonians *6*, *9*, *28*, *45–6*,
  55, *72*, *73*, 74–5, *76*, *77*, 7.2,
  74.3, 77.2, 103.2, 106.2, 153.4,
  177–200
  brick-glazing 98.6, 179.3
  campaign by Cyrus against 55, 74–5,
    153.4, 188–91

  conquest (with Medes) of Nineveh
    48–9, 103.2, 106.1–2
  cultural habits *78–9*, 195–200
  description of Babylon and environs
    9, 178–87
  geography/ethnography *78–9*,
    192–200in., 192.1–194.5
  queens and other women *77*, *78*, *79*,
    93.4, 184–7, 196, 199
  religion *55*, *76*, *79*, 98.6, 105.2,
    132.3, 181.2–183.3, 191.6, 198,
    199.1–5
Babylonian Chronicle *48–9*, *55*, *75*,
  46.1, 103.1, 103.2, 106.2, 107.1,
  208
Bacchiadae 20
*Bacchylides 1.3, 31.3, 51.5, 79.3,
  87.1, 91.1, 91.3
Bactrians 153.4, 177, 201–16in.
banquets *9*, 58*n*35, 21.2, 51.2, 73.6,
  119.3–7, 126.2–3, 132.3, 133.1–4,
  162.1, 192.1, 207.6, 211.2, 216.2
Bartatua 103.3
bathing, baths 137.1, 195.1
Battiad dynasty 85.2, 91.1, 91.2
Battle of Alalia 166.2
Battle of the Champions 82.1–8
battle of Croesus and Cyrus at Pteria
  75.2–76.4
battle of Croesus and Cyrus at Sardis
  51.5, 77–81, 84–5, 86–91in.,
  86.1–6, 89.3–90.1
battle of Cyrus against Astyages
  125.1–129.3
battle of Cyrus at Opis and at Babylon
  75, 190.1–191.6
Battle of the Eclipse 25.1, 74.1–4,
  103.2
Battle of the Eurymedon 4.4
Battle of the Fetters 66.4, 67.1
Battle of Himera 166.2
Battle of Lade 18.3, 142.3, 161, 164.3,
  166.2, 168
Battle of Marathon *11*, 30.5, 60.2, *83*,
  136.2
Battle of Pallene 63.1–64.3
Battle of Salamis 20*n*30, *53*, 51.2,
  164.3, 172.2
Battle of Thermopylae 30.5, 62.4,
  82.3, 82.5, *83*, 120.4, 166.2
Battle of Xanthus 176.1
beard of priestess 175, *see also*
  portents/prodigies

Behistun/Bisitun Inscription *48*, *51n10*, *56*, *58*, 103.1, 128.2, 130.2, 131.1–2, 132.3, 136.2, 138.1, 183.3, 188.1, 208, 209.1–2
Belus 76–7, 7.2, 181.2, 187.2, 199.1
*Berossus 131.1, 185.1, 188–91in.
Bias *66*, *20*, 27.1–5, 30.1, 71.2, 71.4, 161, 170.1–2, 191.1, 207.4
Bible *see* Hebrew Bible
big and small *76n2*, 5.4, 14.1, 32.9, 86.6, 91.6, 153.1
Black Sea and region *see* Euxine (Black) Sea and region
boars, boar-hunting 34.2, 35.3, 36.1–43.3
boats (πλοῖα) 2.2, 152.2, 163.2, 166.2, 205.2
  on the Euphrates *78*, 179.1, 194.1–5
bones, translation of 67.2, 67.4, 68.5
boundaries *15n15*, *61*, 6.1, 72.2, 75.3, 75.6, 171.1, 172.2, 174.5, 177, 185.1–2, 189.1, 190.1, 194.5, 201, 202.3, 205.2, 209.1
Branchidae *see* Didyma
Brauron 59.3, 62.1
bribery *20n30*, *21n31*, 50.3, 51.3, 60.2, 66.3, 75.2, 152.1, 160.4
bricks, Babylonian 98.6, 179.1–3, 180.2, 181.1, 186.1–3, 191.5
bridges *8*, 6.1, 75.4, 75.6, 186.1–2, 205.2
bronze 47.3, 51.2, 66.3, 70.1, 179.3, 180.4, 181.2, 215.2
burials *35*, 24.3, 30.5, 34–45in., 45.1–3, 86.2, 111.3, 113.3, 140.1–2, 187.5, 195–200in., 198

Cadmus 1.1, 56.3, 166.2, 170.3
calendar, yearly 32.3
Calynda 172.2
Cambyses I *50–1*, 107.2, 109.3
Cambyses II *50–1*, *53*, *59–60*, 8.3, 11.5, 46.2, 86–91in., 86.2, 91.1, 107.2, 119.6, 129.1, 143.1, 153.4, 187.5, 200, 205.1, 207in., 208, 209.1, 212.2, 214.5
camels, Persian use of 80.2
canals, Babylonian 184, 185.2, 189.1, 191.3, 193.2
Candaules *17*, *20*, *34*, *39*, 7.1–13.2, 34.2–3, 61.1, 91.1, 96.2, 107–22in., 108.4, 119.6, 187.1
  anonymous wife of *44*, 8.1–12.2, 34.3, 126.5, 187.1

cannabis 137.1, 202.2
cannibalism *83*, 73.6, 119.1–7, 162.1, 216.2
Cappadocia 71.1, 72.1–3, 73.2, 76.1, 105.1
Caria/Carians 2–3, *25n40*, *39*, *66*, 18.1, 78.2, 92.3, 144.3, 146.2–3, 154, 169.1, 170.3, 171.1–172.2, 174.2, 176.3
Carthage/Carthaginians 1.1, 163.1, 163.3, 165.2, 166.1–2, 167.1, 170.2
Caspian Sea 104.2, 200, 201, 202.3–4, 203.1
Caucasus *83–4*, 203.1, 216.1
Caunians/Caunus 169.1, 171.1, 171.2, 172.1, 172.2, 176.3
causation *11*, *17–8*, *19*, *24*, *30–1*, *40*, *0*, 1–5in., 2.3, 5.3–4, 10.2, 11.4, 13.2, 14.1, 18.3, 19.2, 22.2, 26–33in., 26.3, 30.3, 32.5, 46–68in., 70.2, 71.1, 73.1–2, 75.1, 91.1, 107–22in., 118.2, 120.1, 124.1, 130.3, 144.3, 145, 156.1, 204.2
cavalry *36*, *45*, 27.3–4, 79.3, 80.2, 93.2, 136.2
Cayster (river) 14.4, 26.1
Chaldeans *74*, 98.6, 181.5, 183.1, 183.3
change over time *15n16*, *28–9*, *39–40*, *44–5*, *69–71*, *79*, 1.1, 1.2, 5.4, 7.3, 11.4, 32.4, 32.9, 34–45in., 50–2in., 57.2–3, 65.2, 74.2, 86.1, 88.3, 94.7, 97.2, 144.1, 150.1, 171.2, 173.2, 191.6
children *30n48*, *51–2*, 7.3, 30.4, 31.3, 34.2, 37.2, 44.1, 59.1, 61.2, 64.1–2, 84.3, 85.2, 86.2, 107–22in., 126.6, 136.1, 137.2, 147.2, 155.1, 173.5
  daughters *43–4*, *46*, *51n9*, *66*, 2.3, 5.2, 7.4, 51.5, 61.1–2, 74.4, 86.2, 105.2, 107–22in., 107.1, 108.1–2, 117.3, 118.2, 146.3, 196.5, 199.4, 208
  sons *16–17*, *20–1*, *58*, *66*, 7.4, 31.4, 32.6, 34.1–45.3, 47.3, 59.1–2, 61.1, 61.3–62.1, 67.1, 73.3, 73.6, 85.2, 85.4, 86.6, 107–22in., 107.2, 109.3, 114.1, 118.2, 127.2, 137.2, 155.2, 162.1, 173.2, 173.5, 185.1, 188.1, 207.7, 209.1, 211.3–214.1

INDEXES 519

Chilon 20, 59.2, 65.3, 65.5
Chios/Chians 61, 63, 18.3, 142.4, 160.2–3, 165.1, 169.2
Choaspes (river) 188.1
chronicles/evidence, Eastern 34, 48–9, 50n8, 55, 56, 74, 75, 6.3, 7.1, 14.4, 46.1, 74.3, 76.2, 86.1, 98.3, 103.1–2, 103.3, 106.2, 107–22in., 107.1, 125.3, 127.3, 128.3, 130.1, 178.3, 185.4, 188.1, 190.1, 191.5–6, 208
chronology *see* dates/dating
Cimmerians 33, 34, 65, 79–80, 6.3, 14.4, 15, 16.2, 103.3
Cimon/Cimonidae 59–64in., 67.2
Clazomenae 61, 65, 14.4, 26.1, 51.2, 142.4, 168
Cleisthenes (Athens) 60.5, 61.1, 64.3
Cleisthenes (Sicyon) 61.2, 67.2, 187.5, 199.4
Cleobis and Biton 19, 29–33in., 31.2–5, 32.5, 37.2, 41.2
Cleomenes 8.3, 51.4
cleverness 46–7, 9.1, 21.1, 48.2, 59.3, 60.3, 63.2, 65.1, 68.1, 68.5, 75.4, 80.2–4, 89.3, 94.2–3, 96.1–2, 98.4, 103.1, 106.2, 123.3–4, 125.1, 171.4, 179.1–2, 185.1, 186.4–187.1, 191.5, 194.1, 196.1, 197, 202.1
climate 94.3, 142.1–2, 149.2, 193.1
clothing 24.4–7, 51.5, 71.2, 111.3, 132.1, 135, 152.1–2, 155.4, 195.1, 202.3, 203.2, 215.1
Cnidians/Cnidus 67, 169.2, 174.2, 174.3, 174.6
coins/coinage 7, 35–6, 46–7, 14.2, 24.2, 24.8, 37.2–3, 50.2, 51.5, 54.1, 66.3, 94.1, 136.2, 183.1, 192.1, 194.3
Colchians/Colchis 2.2–3, 104.1, 201
colonization 2–3, 5, 39, 41–2, 1.1, 24.1, 94.5–6, 144.3, 145, 146.2, 147.1, 149.1, 163–8in., 163.3, 165.1, 166.1, 166.3, 167.3–4, 170.2, 174.2
 and the Delphic oracle 165.1, 167.3–4
 Ionian 64–5, 145–147.2, 163–8
 Lydian 41, 94.2, 94.5–6
 Phocaean 163–7
Colophon 61, 65, 6.1, 16.2, 26.1, 147.2, 150.1, 150.2, 152.1, 167.3

colors 37, 1.1, 86.1, 98.5–6, 105.3, 179.3, 203.2
commerce/trade 7n21, 45, 46–7, 63–5, 68, 1.1, 2.2, 14.4, 24.1, 30.1, 59.3, 69.4, 71.2, 94.1, 153.1–2, 163.1–2, 165.1, 166.1, 171.3, 194.5, 199.3–4
comparisons/connections/resemblances/analogies 19n28, 31–3, 23–4in., 24.6, 68.3–4, 74.5, 93.1, 94.1, 98.5, 108.1, 134.3, 144.1, 145, 173.4, 182.1–2, 194.2, 195.1, 197, 198, 201, 202.1, 202.2, 203.2, 205.2, 209.1, 211.2, 215.1–2, 216.1
compensation *see* reciprocity/compensation; *in* Index of Greek Words and Phrases, δίκη; τίσις
compulsion *see in* Index of Greek Words and Phrases, ἀναγκαίη
Constitutional Debate 60, 59.5, 61.1, 95–106in., 97.3, 170.1
constitutions/governmental arrangements 4, 6–94in., 29–33in., 29.1, 59–64in., 59, 65–8in., 65, 95–106in., 96.1, 97.2–3, 99.1, 134.3, 136.1, 147.1, 150.2, 153.3, 166.1, 170.3, 192.1–4, 209.1
Corinth 14.2, 20, 23, 24.1–2, 59.1, 68.6
Corsica 165.1, 170.2
counting, Greek 1.3, 13.2, 30.1, 47.1, 77.4
courage/manly excellence 19, 30.5, 31.5, 50.3, 52, 79.3, 80.6, 95.2, 136.1, 155.4, 167.2, 169.1, 171.3, 176.1
court etiquette 17, 51–2, 88.2–3, 89.2, 99.1, 114–15, 119.1, 119.6, 120.6, 123.1, 134.1, 188.1, 192.1, 206.1, 207.1–2
Crathis (river) 145
Crete 65.4, 65.5, 171.5
Croesus 14–21, 34–5, 37–8, 39–40, 1–5in., 5.3, 5.4, 6–94in., 6.1–3, 7.1, 11.4, 13.2, 14.4, 16.1, 22.3–4, 25.1, 26–33in., 26.1, 27.4, 28, 29.1, 50–2in., 51.5, 71.1, 73.1, 74.4, 75.3, 77.3, 78.2, 86–91in., 92–4in., 92.3–4, 130.3, 208
 and Apollo at Delphi 19, 20–1, 46–56.1, 69.2, 71.1, 73.1, 75.2, 85.1–4, 87.1–3, 90.2–92.1

Croesus (*cont.*)
  connections with mainland Greeks 29–33, 56.1–2, 59.1, 65–8in., 65.1, 69.1–70.3, 77.2–3, 83
  and death of his son 34–45
  generosity *37–8*, 14.1, 35.1, 50–2in., 53.1, 69.3–4, 86–91in., 159.4
  and Greek literary sources *37–8*, 86–91in.
  and Greek sages (Bias/Pittacus; Solon; Thales) 27–33, 75.3
  Ionian half-brother 51.5, 92.2
  and the Medes 73.1, 73.2, 73.6, 74.4–5, 75–85in.,
  and other oracles, shrines, offerings 26.2, 46.2, 49, 52, 78.2, 92.1–2
  personal engagement with Cyrus 54.1, 86–91, 155–6, 207in., 207.1–7, 211.1
  piety *37–8*, *40*, 34.3, 46–68in., 50–2in., 87.1, 91.3
  treatment of enemies 44.2, 92.2, 92.4
  war against Cyrus the Persian 46–68in., 46.1, 71.1–4, 73.1–2, 75–85, 130.3
  war against the East Greeks 65–7, 5.3, 6.2, 26.1–28, 92.1, 126.6
cross-references *see* Herodotus, *Histories*, cross-references
Croton *see* Sybaris
cruelty/harshness *20*, *81*, 11.3, 66.3, 73.3–4, 76.2, 86.2, 92.4, 95–106in., 100.1, 106.1, 114.3, 116.2–5, 117.5, 119.3–7, 120.3, 123.2, 127.2, 128.2, 129.3, 130.1, 137.1–2, 141.2–3, 143.1, 151.2, 156.2, 161, 167.1, 211.2, 216.2
*Ctesias *53–4*
  F1b *59n40*, 77, 7.2, 98.3, 105.2, 184, 185.4, 186.2
  F8d* *51*, 84.2, 114.3, 125.4, 153.4
  F9 84.5, 85.4, 185.1, 208, 214.5
  F9c 51.5
  F13 214.5
  F45 192.4
cults *see* religion
culture *see* ethnic groups; ethnographies; 'hard'/'soft' cultures
curses/pollution 35.1, 43.2, 61.1, 82.7, 140.1–2, 146.2–3, 147.1, 160.5, 165.2, 187.2, 198

customs *10–11*, *19–20*, *20n29*, *30n48*, *31–2*, *82–4*, 4.2, 8.4, 11.3, 29.1, 35.1, 61.1, 71.3, 74.5, 82.3, 82.7, 86.2, 86.6, 90.4, 93.1, 93.4, 94.1, 96.1, 131–40, 142.3, 144.1, 144.3, 146.3, 147.2, 157.2, 160.5, 162.1, 172.1–2, 173.2, 173.4–5, 182.2, 187.5, 195.1–2, 196.1, 196.4–5, 199.4–200, 215–16
Cyaxares *48–9*, *74*, *80–1*, 73.3, 102.2–103.3, 106.1–2, 114.3, 130.1
Cybele/Cybebe *35*, 34.2, 44.2, 51.5, 80.1
Cylon 61.1
Cyme/Cymaeans 67, 149.1, 157.1, 158.2–160.3
Cyno *see* Spaco
Cypselus/Cypselidae 14.2, 20, 59.1, 107–22in.
Cyrus I *50*
Cyrus II ('the Great') *16–17*, *17n18*, *18*, *50–2*, *59–60*, 7.3, 13.2, 26.3, 34.1, 55.2, 71.2, 120.2, 122.3, 125.1, 126.6, 141.1–4, 153.3–4, 177, 190.1, 204.1–2
  alliance with Miletus 67, 22.4, 141.4
  birth/infancy/childhood 91.5, 107–22in., 107.1–2, 110.1, 141–76in.
  campaigns 67–8, 141–76in., 177
  conquest of Babylon 177–200in., 188–91in., 188.1–191.6
  conquest of Carians/Caunians/Lycians by Harpagus 171.1, 174.1, 175–176.3
  conquest of East Greeks by Mazares/Harpagus 67–8, 156.2–165, 168–70, 174.2–6
  conquest of Lydia 76–86.1
  failed Lydian revolt and demilitarization 153.3–156.2
  Massagetan campaign and death 201–16in., 204.2–214
  connections with the Medes 51–2, 91.5, 107–30, 141–76in., 153.3, 156.2, 162.1, 163.3
  conquers the Medes/his Median grandfather 123–30
  engagement with the Greeks 86.3–6, 141–76in., 141.1–4, 151.3–153.4
Cyrus Cylinder *50*, *50n8*, *55*, 188.1, 191.6
Cythera 82.2, 105.3

INDEXES

Darius I 5*in10*, 53, 55, 56, 58–9, 60, 68, 1–5in., 6.2, 12.2, 28, 46.2, 51.3, 59.3, 60.1–2, 80.4, 86.4, 96.2, 108.1, 125.3, 132.3, 138.1, 139, 153.1, 178.3, 183.3, 187.1–5, 191.2, 191.6, 192.1, 208, 209.1, 209.4
dates/dating *12*, *28–9*, *32–3*, *34–5*, *40*, *42–3*, *48–9*, 55, 3.1, 6.1, 7.1–2, 14.4, 15, 16.1, 22.2, 25.1, 29.1, 47.1, 50.3, 59.1, 64.3, 65.1–2, 73.3, 74.2, 74.3, 76.2, 86.1, 95.2, 102.1, 103.3, 106.1–3, 130.1, *145*, 155.4, 163.1, 166.2, 177, 178.2, 184, 190.1, 214.3
daughters *see* children, daughters
death *19*, *20–1*, 14.4, 16.1, 30.5, 31.1, 31.5, 34.1–2, 36.2, 43.2–45.3, 46–68in., 86–91in., 86.1, 86.6, 91.1, 113.1, 137.1–2, 140.1–3, 161, 167.1, 198, 201–16in., 207.7, 208, 209.4, 214.3–5
deception *58–9*, 53.3, 66.4, 73.5, 138.1, 153.1, 207in., *see also* tricks/trickery
dedications 14.1–4, 24.8, 25.2, 50–2, 66.4, 70.3, 105.2, 141.4, 181.5
of Croesus 46.2, 50–2, 90.4, 91.3, 92.1–4
deeds *see in* Index of Greek Words and Phrases, ἔργα
defensive strategies *70–1*, *81–2*, 2.2, 20–22.4, 46.3, 84.2–3, 141.4, 151.3–152.1, 164.1, 174.3–5, 177–200in., 178.3, 185–6, 189.1, 191.2–3, 193.2, 205.1
deictic prospective introduction/conclusion 26, 0, 5.1, 17.1, 21.1, 22.4, 59.3, 75.4, 96.2, 101
Deioces *16*, *47–8*, *51–2*, 8.1, 59.3, 95–106in., 95.2–102.1, 114.1–2, 120.1, 125.2, 130.1
establishing Median monarchy 99–100
Delian League *8*, *62*, 64.1–2, 146.2, 161, 165.3, 171.2
deliberation, Persian 133.4
Delphi *31*, *38*, 7.4, 13.1–14.3, 20, 23–4in., 23, 24.8, 25.2, 31.3, 31.5, 65–8in., 65.2–4, 66.2–4, 67.2, 67.4, 91.4, 165.1, 167.2–4, 174.5
and colonization 165.1, 167.3–4

and Croesus *19*, *20–1*, 30.1, 44.2, 46–68in., 46–56.1, 69.2, 71.1, 73.1, 75.2, 78.2, 85.1–4, 86–91in., 86.4, 87.1–3, 90.2
fire 50.3–51.4
prose and verse oracles 174.5
Demaratus 29.1, 82.5, 129.1, 136.1
demes 60.4–5, 65.2, 170.3
democracy 60.1–2, 97.2–3, 153.1, 196.3
Athenian 29–33in., 59–64in., 59.1, 59.5, 60.2
desire/motivation *14*, *16–19*, *21n32*, *70–1*, *82*, 1–5in., 4.4, 9.1, 10.2, 27.3–4, 29.1, 30.2, 32.6, 46.1, 62.1, 70.3, 73.1, 74.4, 75.2, 77.3, 86.2, 96.2, 98.1, 103.2, 107.2, 109.1–4, 120.1, 123.1, 129.3, 145, 152.2, 156.1, 186.1, 191.1, 201, 204.1–2, 205.1, 207.3–6, 216.1
destiny 21, 6–94in., 50.1, 73.1, 91.1, 107–22in., 121, 126.2, 204.2
Deucalion 56.3
dialect, Herodotean Greek *84–8*, *see also* languages/dialects, Herodotus' interest in
Didyma *64*, 46.2, 92.2, 157.3–159.4, 174.5
digression *see* analepsis/prolepsis; Herodotus, *Histories*, background information
Dionysius the Phocaean 126.5, 142.3, 166.1
Dionysus 23, 24.2
direct speech 1.2, 8.1, 34.1, 35.3, 47.2, 69.2, 86.5, 124.1
disability/disease 8.3, 19.2, 32.8, 34.2, 36.2, 38.2, 85.1–2, 105.4, 109.2, 127.2, 138.1, 161, 167.1, 174.4, 191.2, 196.3, 197, 211.2, 216.2
discoveries/inventions *46–7*, 1.1, 5.3, 14.2, 23, 25.2, 67.5–68.4, 94.1–3, 103.1, 163.1, 171.3–4, 197, 202.1
dislocation/migration *62*, *63n8*, *79*, 1.1, 56.2, 57.2, 58, 73.3, 94.5–7, 145, 146.2, 147.1, 150.1, 163–8in., 163.1, 163.3, 164–8, 171.2, 173.2, 174.2
Ionians *63–8*, 145–7.2, 163.3, 170.1–171.1
Lacedaemonians/Dorians 56.2–3, 174.2

dislocation/migration (*cont.*)
  Lydians 94.2, 94.5, 94.6
  Pelasgians 57.2
  Phocaeans 163.1, 163.3, 165–7
  Scythians *80*–*2*, 73.3
displeasure/anger *33*, 61.2, 73.4–5, 114.5, 118.1, 123.1, 128.1–2, 129.1, 141.3–4, 155.1, 187.3–5, 189.2, 212.2–3
dithyramb 23, 24.1
divinity/divinities *see* religion
Dodona 46.2, 105.3, 138.2, 182.2
dogs 43.1, 110.1, 122.3, 140.3, 192.4
dolphins *32*, 23–4in., 23, 24.2, 24.6, 24.8
Dorians *2*–*3*, *8n24*, *61*, *67*, *68*, o, 6.2, 26.3, 56.2–3, 57.3–58, 65.4, 67.4, 139, 141.1, 143.2–3, 144.1–3, 145, 147.1, 153.1, 171.1, 174.1–2
doves/pigeons 138.2
dowries *46*, *78*, 93.4, 196.2–4, 205.1
drama, Greek *9*, *39*, *53*, 8–14in., 23, 34–45in., 34.3, 35.3, 39.1, 86–91in., 159.1
dreams *20*, 34.1–3, 43.3, 59.1, 62.4, 71.1, 84.3, 107.1–108.2, 120.1–6, 128.2, 132.3, 209.1–210.1
dynastic succession 11.4, 34.3, 59.2, 61.1–2, 96.2, 107–22in., 107.2, 118.2, 209–10

East Greeks *67*–*71*, 6.2, 26.3, 73.1, 94.7, 126.6, 141–76in., 142–51, 170.1–171.1
  conquest of by Mazares/Harpagus *67*–*8*, 156.2–165, 168–70, 174.2–6
  Croesus' war against 65–7, 5.3, 6.2, 26–33in., 26–8, 92.1, 126.6
  early Lydian wars against 65–7, 15–22
  and the Persians *67*–*8*, *69*–*71*, 141.1–4, 152–4, 157–64, 168–9
East–West conflict/division *9*, *39*, *1*–*5*, 27.2
Ecbatana (Hamadan) *6*, *49*, 97.2, 98.3–6, 153.3
eclipses, solar *69*, 25.1, 74.2, 103.2, 130.1
economies/economic thinking *34*, 45–7, *53*, 1.1, 31.2, 32.8, 37.2–3, 59.3, 88.3, 93.2, 143.3, 153.2, 196.3, 165.1, 196.5, 199.3, *see also* commerce/trade

Egypt *4*, *6*, *64*–*5*, 3.1, 4.3, 7.2, 30.1–2, 46.3, 62.1, 71.2–4, 77.2, 93.1, 131–2in., 137.1, 140.2, 171.3, 183.3, 185.1, 193.1–2, 197–9
Elam/Elamites *50*, *73*, 99.1, 108.3, 192.4
Elea (Hyele) 167.3, 167.4, 170.2
electrum *35*–*6*, 50.2, 94.1
empathy 45.2, 86–90, 111.1
empire *see* imperial/monarchical dynamics; *in* Index of Greek Words and Phrases, ἀρχή
Enarees 105.4
enslavement/slavery (incl. political subjugation) *19n26*, *45*, *60*, *66*–*71*, 6.3, 7.4, 27.4, 64.1, 66.3, 86.2, 88.2, 90.2, 90.4, 94.7, 95.2, 96.1, 114.3, 116.1–2, 117.5, 126.5, 129.1–3, 155.1, 161, 164.2, 169.1–2, 170.2, 173.5, 210.2
Ephesus *61*, 65–6, 26.1–2, 29.1, 142.4, 150.1
ephors 59.2, 65.5
epinician poetry *37*–*8*, 1.1, 29.1, 30.1, 30.3, 32.6, 91.3
epiphanies, divine *21n32*, 60.5, 182.1, 182.2
Eretria *63*, 61.2, 66.3, 141.2
errors/misjudgements/assumptions by actors in events *16*, *19*, 8.3–4, 13.2, 19.2, 22.3, 27.3–4, 34.1, 45.2, 46.2, 46.3, 56.1, 66.4, 71.1, 73.1, 75.2, 77.3, 84.3, 85.2, 85.3, 87.1, 91.1, 91.6, 108.3, 122.1, 123.1, 127.2, 143.3, 155.2–3, 156.1, 163–8in., 167.1, 170.1, 190.2, 204.2, 207in., 207.1, 213, 214.3
Esarhaddon *48*, *74*, 178.3, 185.1
  and oracle requests 102.1, 103.3
Ethiopia/Ethiopians *20n30*, 71.3, 71.4, 86.2, 93.1, 216.4
ethnic groups/identities *2*–*3*, *11*–*3*, *19*–*20*, *41*–*2*, *60*–*2*, *78*–*80*, 1.1, 3.1, 4.4, 6.2, 7.2, 8.4, 10.3, *28*, 56–68in., 56.2–58, 67.5, 82.7, 86.6, 93.1–2, 120.5, 132.3, 134.2, 141–76in., 142.1–153.2, 171.1, 178.1, 181.5, 201, 215–6
ethnocentrism 134.2
  Herodotus' ambivalence about ethnic identities 4.4, 7.2, 91.6, 146.1
ethnographies/historical surveys *31*–*2*
  Ionian/Aeolian/Dorian *60*–*72*, 142.1–153.2

Lydian and Phrygian 2, *33–47*, 35.1, 37.2–3, 79.3, 80.1, 92–4
Mesopotamian *72–9*, *192–200*
Northeastern peoples *79–84*, *201–4*, 215.1–216.4
Persian and Median *47–60*, *95–106*in., *131–40*
Etruscans *41*, *42n23*, 94.2, 163.1, 166.1, 166.3, 167.1
eunuchs 52*n11*, 11.5, 51.4, 117.5, 160.5, 175
Euphrates (river) *78*, *177–200*in., 178.2–3, 180.1–2, 184, 185.2–186.4, 190.1, 191.2, 193.1–2, 194.2, 200
*Euripides 67.4, 107.2, 113.1, 155.1, 159.1, 196.3
Europa 1–5in., 2.1, 2.3, 3.1, 56.3, 173.2
Eurypontidae 65.1, 67.1
Euxine (Black) Sea and region *6*, *64*, *79*, 3.1, 72.3, 103.3, 104.2, 110.2, 201, 202.4
eyewitness visit *see* autopsy

facts *11*, *22–8*, 5.3, 11.2, 14.2, 23–4in., 27.2, 31.1, 34.1, 53–5in., 57.1, 59.3, 61.1, 74.2, 95–106in., 95.1, 97.1, 122.1, 137.2, 142.4, 160.2, 186.1, *see also* Herodotus' *Histories*, arguments about facts/veracity/causation/evidence; data and sources
festivals 31.2, 51.2, 54.2, 59.1, 82.7, 132.3, 147.2–148.2, 167.2, 183.1, 191.6, 199.3
fetters 66.4, 86.2, 90.4
fire, Delphi 14.2, 50–2in., 50.3, 51.2, 51.4
'firsts and bests' *23*, *27*, *46–7*, 2.1, 6.2, 14.2, 23, 94.1, 99.1, 103.1, 142.1, 163.1, 171.3, 178.2, 193.2, 203.1
fish/fishing/fish-eaters (actual and metaphorical) *83–4*, 62.4, 71.3, 105.2, 141–76in., 141.1–3, 149.1, 191.5, 195–200in., 200, 202.3, 216.3
focalization *13*, *57*, 1.1, 5.4, 56–68in., 59.1, 69.2, 74.4, 77.3, 79.1, 81, 86.2, 88.1, 92.1, 97.1, 109.1, 119.1, 123.1, 124.1, 133.1
food/drink *9*, *58*, *68*, *78*, *82–4*, 63.1, 71.3, 106.2, 126.2–6, 132.1, 132.3, 133.1–4, 168, 172.1, 188.1, 192.1, 193.2–5, 195–200in., 198, 200, 202.1, 202.3, 203.1–2, 207.6, 211.2, 214.5, 216.2–3
beer 71.3, 193.2, 193.3, 194.2
milk *84*, 71.3, 207.6, 214.5, 216.4
water 14.1, 71.3, 188.1–2
wine *58*, *68*, 14.1, 71.3, 106.2, 126.2, 132.1, 133.3–4, 163.1, 172.1, 194.2, 202.2, 207.6, 211.2, 212.2, 214.5, 216.4, *see also* cannabis
freedom/independence *8*, *14*, *19*, *32–3*, *57*, *81n9*, *82*, 6–94in., 6.3, 27.4, 32.8, 59.1, 62.1, 66.4, 95–106in., 95.2, 97.2, 98.1, 116.1, 126.6, 129.3–4, 143.1, 164.3, 169.1–2, 170.2–3, 210.2
and the Ionians *70–2*, 143.3, 164.3, 170.2
and the Medes *47–8*, 95–106in., 95.2, 96.1, 97.2, 97.3, 98.1, 107–22in., 126.6, 129.3–4
and the Persians *58*, *60*, 88.2, 95.2, 96.1, 126.5–6, 192.1, 207.6

games *47*, 54.2, 94.2–4, 98.2, 114.1–2, 120.2
gender/sexuality *43–4*, *46*, *58n33*, *78*, *79*, *83*, 8–14in., 8.1–12.3, 34.3, 37.2–3, 61.1–2, 91.5–6, 93.3–4, 105.2–4, 107.1–108.2, 135, 137.1, 146.2–3, 155.4, 172.1, 173.4–5, 181.5, 182.1, 195–200in.,196.5, 198, 199.1–5, 203.2, 207.5, 216.1–2, *see also* sex, sexual behavior
genealogies *4*, *41–4*, *51*, 1.1, 6–25in., 7.1–4, 8–14in., 14.4, 26–33in., 56.2–3, 59.3, 67.4, 75.3, 93.5, 94.3, 95.2, 125.3, 137.2, 146.1, 147.1–2, 151.2, 170.3, 172.1, 173.5, 208, 209.1–2
and Heracles *21*, *42–4*, 7.1–4, 56.2, 165.1
and H.'s skepticism 146.1
geography/climate *6–8*, *12–3*, *29*, *31–2*, *60–2*, *72*, *79–80*, 1.1, 14.4, 16.2, 24.1, 56.3, 72.1–3, 93.1, 98.3, 104.1, 142.1–2, 149.2, 153.4, 177, 185.2, 185.4, 189.1, 190.1, 191.2, 193.1–2, 201, 202.3, 202.4, 203.1
gift-exchange *33*, 53.1, 73.3, 75.2, 87.1, 196.3

Glaucus 25.2
glosses *13*, 27, 29–30, 1.1, 1.2, 2.1, 10.3, 23, 43.2, 72.1, 74.5, 98.5, 153.2, 199.5
gnomic observations/maxims *17n18*, 4.2, 4.3, 5.4, 8.3, 8.4, 32.1, 32.7, 87.4, 96.2, 141.2, 155.1, 207.3, 216.4
gods *20–1*, *see also* religion, *and individual deities*
gold *35–6*, *37*, *46–7*, 14.1, 30.1, 50.2–3, 51.1–3, 54.1, 69.4, 84.3, 92.1, 93.1, 108.1, 153.3, 183.3, 215.1–2
Golden Age *84*, 59.6, 67.4, 68.4, 215.2, 216.3
good fortune 30.4, 31.1, 32.5, 91.6, 118.2, 204.2
*Gorgias 94.3
gratitude 25.2, 33, 35.4, 38.1, 71.4, 87.1, 90.4
greed *20n29*, 30.1, 30.4, 32.6, 54.1, 183.3, 187.5, 212.2
guest friendship/alliance *20n29*, *67*, 6.2, 14.2, 18.3, 20, 22.4, 26.3, 35.1, 35.4, 41.2, 43.2, 44.2, 69.3–4, 73.6, 103.2, 106.2, 165.1, 172.1
guilt *see in* Index of Greek Words and Phrases, αἰτίη; ἁμαρτάς
Gyges *17*, *34–40*, 6–25in., 8–14in., 8–15, 25.2, 34.3, 46.3, 51.1, 88.1, 91.6, 93.5, 108.4
Gyndes (Diyala, river) 185.6, 189.1, 193.2, 202.3

Halicarnassus *1–5*, *61*, 143.2, 144.1–3, 171.2, 175, 205.1
and Herodotus *1–5*, *90*, 92.3, 143.3
Halys (river) 6.1, 7.2, *28*, 71.1, 72.1–2, 75.3–6, 103.2, 130.3, 177
Hamadan *see* Ecbatana
Hammurabi *73*, 181.3
'Hanging Gardens of Babylon' 181.2, 185.1
happiness/pleasure *19*, *40*, *84*, 5.4, 27.5, 29–33in., 30.1, 30.3, 31.1, 31.4, 32.1, 32.5, 54.1, 56.1, 69.3, 86.4–5, 90.1, 119.1–2, 121, 128.1, 133.3–4, 135, 156.2, 170.2, 202.2, 207.6
'hard'/'soft' cultures *15*, *44–5*, *82*, 55.2, 66.2, 71.2–4, 73.3, 89.2, 94.5, 126.2, 131–40in., 133.2,
135, 136.2, 142.2, 152.1, 155.4, 191.6, 202.1, 203.1, 207.6
Harpagus *16–7*, *20*, 26.3, 80.2, 191.1, 213
and Astyages 108.3, 117.2–4, 118.2–119.6, 123–30in., 123–4, 126.3, 126.6, 127.2, 129
as Cyrus' Median general *52*, *67–8*, 26.3, 141–76in., 162–70in., 162.1–2, 163.3, 164.2, 164.3, 166.3, 171.1, 174.1–6, 176.3
hearsay *22–4*, 1.1, 31.2, 47.2, 65.4, 75.4, 87.1, 91.1, 140.2, 159.3, 171.2, 191.6, 201, 202.2
*Hebrew Bible *55*, *73*, *74*, *75*, 1.1, 6.3, 98.3, 98.5, 105.1, 105.2, 107–22in., 178.3, 181.2, 181.3, 188.1, 191.6, 194.2
Hecataeus *4*, *69*, 1–5in., 5.3, 30.1, 56.2, 92.2, 122.3, 131.1, 159.4, 163.1, 173.3, 182.2
Hegesicles 65.1
Hegesistratus (or Thessalus) 61.1, 61.4, 63.1
Helen 1–5in., 3.1–4.1
*Hellanicus *44n34*, *76n3*, *76*, 7.4, 56.2, 172.1
Hellen 56.3
Hera 1.3, 31.2, 51.3, 70.1, 70.3, 91.1
Heracles *21*, *41–4*, 7.1, 7.2, 7.4, 56.2, 60.4, 163.1
Heracles-Sandon 50.3, 84.3
Heraclidae
  Lydian *26*, *34*, *36*, *38*, *41–4*, 7.1, 7.2, 7.4, 8.1, 13.2, 14.1, 84.3, 95.2, 107–22in., 165.1
  Spartan 56.2, 67.4
Hermotimus 11.5, 160.5, 171.3, 175
Hermus (river) *35*, 14.4, 16.2, 26.1, 55.2, 80.1, 93.1, 157.2
hero cult 30.5, 65.3, 67.2–4, 167.1–3
Herodotus
  biography *1–10*
  dating the *Histories* *8–9*
  family and early years in Halicarnassus *1–5*
  possible political attitudes *4–5*, *32–3*
  and Thurii *1–5*, *10*, *0*, 145, 170.2
  travels *6–8*, *31*, 191.6
Herodotus' *Histories*
  arguments about facts/veracity/causation/evidence *11*, *17–8*, *22–8*, 1.1, 5.3–4, 14.2,

20, 47.2, 57.1–2, 65.4, 68.3,
70.2, 75.3, 75.6, 86.2, 87.1, 91.1,
95–106in., 95.1, 105.3, 113.3,
117.2, 122.1, 131.1, 139, 143.2,
145–146.1, 147.1, 171.2, 172.1,
182.1, 191.1, 191.6, 193.4, 201,
202.1, *see also* facts
background information 29–32
digressions 30–2
glosses *13*, 27, *29–30*, 1.1, 1.2, 2.1,
10.3, 23, 43.2, 72.1, 74.5, 98.5,
153.2, 199.5
cross-references *30n48*, 18.2, 23,
46.2, 75.1, 85.1, 92–4in., 92.1,
92.2, 103.2, 130.3, 148.2, 162.1,
169.2, 171.2, 185.1, 191.6, 202.3,
208
missing 106.2, 184
data and sources 22–4, 28–9, *31*, 57,
0, 1–5in., 1.1, 2.1, 4.2, 5.2, 8.2,
14.2, 20, 22.2, 57.1, 65.2, 68.3,
85.1, 86.3, 87.1, 88.1, 95–106in.,
95.1, 105.3, 130.1, 131.1, 160.2,
170.1, 171.2, 178.2, 179.3, 181.1,
183.3, 188.1, 191.6, 201, 202.1,
202.2, 202.4, 205.1
errors *48–9*, 72, 76–7, 46.2, 47.1,
56.3, 65.2, 86.2, 95–106in.,
103.1, 104.2, 105.2, 106.1–3,
130.1, 131.3, 178.1, 179.3, 181.1,
181.2, 184, 185.1, 188.1, 191.5,
201, 202.3
introductions and conclusions 25–7
metanarrative comments *13*, *21–9*,
85.1, 95.1, 192.1, 193.4, 214.5
on content (selectivity/choices)
23–4, 25, 0, 5.3, 20, 23–4in.,
45.3, 52, 75.6, 119.7, 131.1,
139, 143.2–3, 147.1, 160.2,
172.1, *177*, 185.1, 186.1,
193.4
on editorial/authorial procedures
22–3, *24–5*, *26*, 5.3, *15*, 51.4
personal opinions 27, 45.3, 60.3,
97.2, 119.7, 137.1, 139, 182.1,
194.1, 196.1, 196.5, 197, 199.1
narrative organization *13*, *14–21*,
24–5, 0, 5.3–4, 14.4, *15*, 26–33in.,
51.4, 75.1–2, 95–106in., 95.1,
102–6in., 116.5, 122.1, 140.1,
171.2, *177*, 187.5, 188–91in.,
191.1, 191.6, 193.4, 194.1, 200,
202.3, 207in., 216.4

narrative tropes (verbal and thematic)
15n15, 0, 1.3, 1–5in., 2.1, 2.3, 4.3,
4.4, 6–94in., 6.1, 6.2, 6.3, 8–14in.,
8.1, 9.1, 10.2, 13.2, 18.3, 19.2,
21.1, 27.4, 29–33in., 29.1, 30.1,
30.3, 31.2, 31.4, 37.2–3, 46.2, 50.1,
59.3, 63.1, 68.3, 71.2, 73.6, 74.5,
75.6, 82.1, 82.7, 85.1, 88.1, 91.6,
95.2, 106.2, 108.3, 115.1, 117.2,
118.2, 119.6, 122.1, 123.1, 129.1,
129.3, 133.1, 150.1, 151.2, 155.4,
163.3, 164.2, 169.2, 174.5, 185.1,
187.1, 190.1, 190.2, 191.1, 191.6,
197, 201, 205.2, 206.1, 209.3, 213
*Hesiod
Cat. 1.3, 2.1, 56.3, 216.4
Op. 19.2, 30.1, 32.1, 60.4, 68.4,
85.2, 149.1, 187.2, 216.3
Theog. 2.1, 3.1, 105.2–3
hexameters (meter) *4*, 13.1, 47.2,
53.3, 56.1, 174.5
Hipparchus 61.1, 64.3, 65.1
Hippias 59.1, 61.1, 61.3, 62.1, 64.3
*Hippocrates 0, 105.4, 142.2
*Hipponax *35*, *37*, *66*, 93.2, 94.1
Histiaeus 155.4, 160.5, 170.2, 185.1
Homer/Homeric epic *15n13*, *36*, *43*, *79*,
84, 0, 2.2, 3.1, 5.2, 7.3, 8.1, 55.2,
59.1, 65.3, 67.2, 67.4, 79.1, 91.2,
144.3, 146.2, 147.1, 148.1, 163.1,
171.2, 171.4, 173.2, 179.3, 209.4
Iliad
Book **1** 2.2, 31.2, 140.1, 187.2
Book **2** *36*, 2.2, 56.3, 93.5, 140.1,
144.3, 146.1, 146.2, 147.1, 155.4,
171.3, 171.4, 173.2, 176.1
Books **3–5** *36*, 62.4, 67.4, 82.3,
105.2, 140.1, 173.2
Books **6–8** 1.1, 82.3, 147.1, 148.1,
155.4, 171.4, 173.2, 173.4
Books **9–10** *36*, 0, 30.5, 36.1, 147.1,
171.2, 179.3
Books **11–14** 1.1, 2.1, 119.4, 171.4,
173.2, 216.4
Books **16–18** *36*, 0, 66.1, 85.2, 91.1,
173.2
Books **19–21** *36*, *43n27*, 86.3, 147.1,
171.2
Books **22–4** 0, 1.1, 45.2, 62.4, 88.1,
91.1, 155.4, 187.2
Odyssey
Books **1–3** 2.2, 5.3, 147.1, 148.1,
163.1

Homer/Homeric epic (*cont.*)
  Books **4–8** 1.1, 2.2, 32.1, 116.1, 163.1
  Books **9–11** 79, *84n14*, 62.4, 67.4, 207.6
  Books **12–15** 1.1, 2.2, 35.1
  Books **16–19** 34.3, 36.1, 116.1, 129.1, 155.3
  Books **22–3** 62.4, 129.1
horses/horsemanship 55.2, 78.3, 79.3, 80.2, 80.4, 133.1, 136.2, 189.1, 192.3, 215.2, 216.4
hospitality *20n29*, *40*, 22.4, 30.1, 33, 35.4, 38, 41.2, 73.3–6, 106.2, 118.2–119.5, 133.1–4, 172.1
Hyele *see* Elea
Hyllus (river) *43n27*
hyperbaton 30.1, 45.3, 87.1, 95.1, 98.6
Hystaspes *51n10*, 209.1–2

immoral/unjust action *14*, *20n29*, *26*, *39*, 1–5in., 2.1, 4.2–3, 5.3, 6.1–2, 8.3–4, 9.1, 11.4, 13.2, 26.3, 32.6, 32.9, 76.2, 91.6, 96.2, 100.2, 105.4–106.1, 119.3–6, 129.3, 130.3, 137.1, 155.3, 160.3, 162.1, 187.1, 187.5, 201, 206.1–2, 212.2–3
imperial/monarchical dynamics *15n15*, *20*, *39–40*, 5.3, 6.1–2, 8.3–4, 28, 29–33in., 46.1, 46.2, 54.1, 73.1, 75.3, 77.3, 88.2, 92.1, 95–106in., 95.2, 96.2, 98.2–3, 100.2, 107.2, 114.2, 118.2–120.1, 130.3, 134.3, 135, 137.1, 153.1, 155.1, 156.2, 171.1, 177–200in., 177, 185.1, 188–91in., 188.1, 190.2, 192.1, 194.5, 201, 204.2, 205.1–2, 206.2, 207.2, 209.1
India/Indians *83*, 72.3, 93.1, 192.4, 203.2, 216.2, 216.3
Indian Ocean 1.1, 202.4
indirect discourse 23–4, 1.1, 1.2, 1.3, 3.2, 24.1, 24.5, 27.2, 44.2, 59.3, 70. 2–3, 75.3–4, 86.3, 159.3, 174.5, *201*
inscriptions *1n1*, *48*, *50*, *51n10*, 55, 56, *58*, 31.5, 47.2, 51.3, 52, 92.1, 93.3, 103.1, 128.2, 130.2, 132.3, 136.2, 138.1, 139, 142.4, 179.3, 184, 185.4, 188.1, 209.1–2
inventions *see* discoveries/inventions
investigators/inquirers/researchers *15n15*, *17–18n20*, 8.2, 19.2, 24.7, 30.2, 32.5, 46–68in., 46.2, 52,
56.1–2, 59.1, 61.2, 66.3, 68.3–5, 69.1, 78.2, 86.2, 86.6, 97.1, 100.2, 116.2–5, 122.1, 153.1, 159.1, 207.6, 209.3
Io 1–5in., 1.3, 2.1, 2.3, 5.2
Ionia/Ionians 2–4, *60*–72, 6.2, 17–22, 26.3, 27.2, 56.2, 64.2, 74.2, 76.3, 92.1, 108.3, 141–76in., 141–53, 157–70
  disunity 18.3, 141–76in., 142.3, 143.2, 148.2, 151.2, 165.1, 166.1, 169.1, 170.3
  Enlightenment *68–9*
  migration/conquest of 65–7, 15–22, 26–8, 92.1, 169.2
Ionian Greek *see* dialect
Ionian Revolt *68*, *70–1*, *0*, 7.2, 18.3, 29.1, 64.1–2, 66.3, 92.1, 92.2, 92.4, 141.4, 142.3, 143.3, 164.3, 166.1, 168, 169.1, 171.3
iron 25.2, 68.1–2, 68.4, 165.3, 186.2, 216.4
irony *33*, 8–14in., 39.1, 59.4, 61.3, 66.3, 70.3, 106.2, 147.1, 207.7
irrigation, Babylonian 184, 185.4, 191.3, 193.1–2
Isagoras 171.6
Ishtar *43–4*, 105.2, 131.3
Ishtar Gate (Babylon) 179.3, 181.2, 187.1
Isis 3.1
*Isocrates *7n20*, 31.1, 82.3, 106.1, 164.3
Issedones 201, 215.1, 216.2
Ister (Danube, river) *83*, 202.1
Italy *10*, *0*, 24.1–2, 145, 166.3, 170.2

Jaxartes (Syr Darya, river) 201
Jews 55, 75, 173.2, *see also* Hebrew Bible
judgement, good *see in* Index of Greek Words and Phrases, σοφίη
justice/injustice *19*, *20n29*, *81*, *84*, 1–5in., 2.1, 2.3, 5.3, 6.1, 8.4, 26.3, 32.9, 66.3, 90.2, 95–106in., 96.2, 100.1, 106.1, 115.3, 129.3, 130.3, 137.1, 159.4

Karnak (Egypt) 182.2
kings *see* imperial/monarchical dynamics; investigators/inquirers/researchers; Persia/Persians,

INDEXES

administrative structures/royal etiquette
kinship/family 2–4, 17n19, 26, 28, 1.1, 3.1, 8–14in., 29.1, 31.1, 56.3, 59.1, 59.3, 61.1, 73–4, 85.4, 92.3, 108.3, 109, 116.1, 123.2, 136.1, 142.3, 146.1, 151.2, 170.3, 171.6, 173.5, 181.5, 196.3–4, 216.1–3, *see also* children; marriage; women
knowledge *see in* Index of Greek Words and Phrases ἐπίσταμαι; οἶδα
Kotys 42, 94.3
kraters 14.1–2, 25.2, 51.1, 51.2, 70.1–3

Labynetus (Nabonidus) 74–5, 77, 74.3, 77.2, 184, 185.1, 187.1, 187.5, 188.1, 191.6
Lacedaemonians *see* Sparta/Spartans/Lacedaemonians
lakes 93.5, 104.1, 185.4–6, 186.1, 191.2–3
languages/dialects, Herodotus' interest in 2–3, 57, 7.2, 48.1, 57–8, 67.5, 71.2, 73.3, 78.3, 86.4, 93.3, 110.1, 122.3, 131.3, *139*, 142.3–4, 148.2, 153.1, 171.6, 172.1, 173.2, 192.2–3, 199.3, 215.1
laughter/delight before disaster *40*, 24.5, 30.1, 31.4, 34.1, 54.1, 56.1, 69.3, 90.3, 119.2, 121
law/convention *19n24, 20n29, 31–2, 79, 84*, 2.3, 4.2, 8.4, 11.3, 24.5, 29.1, 35.1, 59.6, 61.1, 65.2, 65.5, 82.7, 90.2–4, 96.1–98.3, 106.1, 115.3, 131.1, 136.1, 137.1, 138.1, 142.3, 146.3, 157.2, 172.1, 173.5, 195.2, 196.4–5, *see also* customs
learning by inquiry *see in* Index of Greek Words and Phrases πυνθάνομαι
Leleges 146.2, 150.1, 171.2
Leobotes 65.4
Leon 65.1
Leonidas 62.4, 120.4, 128.2
Leotychides 63.1, 129.1
Lesbos 23, 24.1, 24.5, 149.1, 151.2
Libya, agriculture 193.2
Lichas 67.4–68.6
lions *21n32, 35–6*, 50.3, 51.5, 54.1, 84.3
logoi 22–4, 32, see also in Index of Greek Words and Phrases, λόγος

luxury *20n29, 37, 44–5*, 29.1, 55.2, 71.2, 79.3, 135, 152.1, 153.3–161in., 155.4
Lycia/Lycians *28, 67*, 123.2, 147.1, 169.1, 171.1–2, 173.1–5, 176.1–3, 182.2
Lycurgus 30.1, 65.2–5
Lycus 173.3
Lydia/Lydians 2, *26, 34–47, 64–8*, 5.4, 7.2–4, 55.2, 153.3–161in.
  Ardys, reign of 14.4–16.1
  attempted revolt of Pactyes and aftermath 153.3–156
  Candaules, reign of 7.1–13.2
  Croesus, reign of 6–94in., 26–33in., 26.1, 34–45in., 46–68in., 46.2–49in., 50–2in., 53–5in., 56–68in., 65–8in., 69–85in., 71–4in., 73–4in., 75–85in., 86–91in.
  enslavement of 94.7, 155.1
  ethnographic appendix 92–4
  Greek sources 36–9
  Gyges, usurpation and reign *34, 8–14.4*
  Sadyattes and Alyattes, reigns of 16.1–22.4, 25.1–2
  war against Cyrus the Persian 71.1–91.6
  wars against East Greek cities 65–7, 5.3, 6.2, 15–22, 26–33in., 26–8, 92.1, 126.6
Lydus *41–3*, 94.3, 171.6
Lygdamis (Naxos), 61.4, 64.2
lying/dishonesty/'the Lie' *58–9*, 24.5, 51.3–4, 59.4–5, 70.3, 73.5, 116.5, 117.2, 136.2, 138.1, 147.2, 153.1, 165.3

Macedon/Macedonia 53, 56.3, 63.1, 92.2, 119.1, 188.1
Maeonians *36, 39*, 7.3, 94.3
Magnesia *66, 67*, 143.2
Magoi 101, 107.1, 120.1–3, 120.5, 132.1, 132.3, 140.1, 140.2, 140.3, 172.1, 181.5, 189.1
Mandane 91.6, 107.1–109.4
Manes *41–42n21*, 94.3
Marathon *11*, 30.5, 60.2, 83, 136.2
Mardoi 84.2, 125.4
Mardonius 46.2, 82.3, 96.1, 138.2, 140.1–3
Marduk 55, 73, 75, 76, 181.2, 181.3, 181.5, 183.1, 191.6

marriage *46*, *66*, *78*, *83*, 8.1, 12.2, 34.3, 61.1, 61.4, 73.2, 74.4, 92.3, 93.4, 96.2, 107.2, 108.2, 135, 146.2, 173.5, 181.5, 196.1–5, 198, 203.2, 205.1, 216.1, *see also* women, wives
Massagetae *18*, *79*, *82–4*, 71.3–4, 86.4, 93.1, 156.1, 169.2, 200, 201–16in., 201, 202.3, 207.6, 215–6
   Cyrus' campaign and death 204–214.5
   ethnography *82–4*, 93.1, 201, 215–6
Massalia 165.1, 166.2
matrilinearity 173.2, 173.4–5
Mazares *67*, 149.1, 156.2, 161
Mazda/Mazdaism 131–2in., 131.2, *see also* Auramazda
Meander (river) 14.4, 15, 18.1, 26.1, 161, 171.1
Medea 1–5in., 2–3.1
Medes/Media *6*, *16–7*, *20*, *47–9*, *51–2*, *56*, *74*, *77*, *80*, *72–75*.1, 95–106, 107–22, 123–30, 132.3, 134.3, 156.2, 162.1, 163.3, 177, 185.1, 185.7, 189.1
   Astyages and cannibalism 119.3–7, 162.1
   and Babylon *48–9*, 103.2, 106.1–2, 185.7
   chronological problems 103.2, 104.2, 106.1, 106.3, 130.1
   conquering Assyrian Nineveh *47–9*, 77, 103.3, 106.1–2, 185.1
   and Croesus/Lydians 46.1, 73–4, 75–85in.
   and Cyrus *51–2*, 91.5, 107–30, 141–76in., 153.3, 156.2, 162.1
   gaining and losing freedom 95.2, 96–98.3, 99–100, 103–4, 107–22n., 126.6, 127.2–129.4
   imperialism/ethnocentrism 134.3
   and Magoi 132.3
   relevance to Persian Empire *51–2*, 95–106in., 130.3, 132.3, 153.3, 156.2, 163.3, 206.1
   and Scythian invasion *48–9*, 15, 103.3, 106.1–3
medicine, Babylonian 197
Mediterranean 1.1, 14.4, 185.2, 202.4
Megacles 59.3, 61.1–2, 74.4, 96.2, 107.2
Megara/Megarians 30.5, 59.4, 68.6

Melampus 29.1
Meles 84.3, 94.3
Menelaus 4.3, 67.2
mental illness 8.3, 109.2, 127.2, 212.2
mercenaries 61.4, 64.1, 77.4, 163.3, 171.1, 171.3–4
Mermnadae *26*, *34*, *38*, *40*, *41*, 65–7, 6.1, 7.1, 8–14in., 8.1, 13.2, 14.1–2, 14.4, 15–25in.,15, 16.1, 16.2, 20, 25.1, 25.2, 26–8, 34.3, 79.3, 93.5, 107–22in.
   campaign of Alyattes against Miletus 66–7, 17–22
   Gyges *34–40*, 8–14
   and Cypselidae 14.2
   successors and regnal dates 14.4, 15–25in., 15, 16.1
   war against Ionian cities *65*, 14.4–22, 26–8
Mesopotamians 72–9
metaphors/similes 22, 25–6, 5.3, 27.4, 55.2, 62.4, 66.1, 66.3, 67.4, 68.3–4, 75.2, 78.3, 84.3, 90.4, 95.1, 96.2, 98.6, 107.1, 117.2, 141.2–3, 146.2, 181.1, 190.2, 191.5, 194.2, 207.5
metronymics 173.4
Midas *33*, 14.1–2, 35.3, 92.1, 184
migration *see* dislocation/migration
Miletus/Milesians *61*, *62*, *63*, *66–7*, *68–9*, 14.4, 17–22, 29.1, 49, 141.4, 142.4, 143.1, 143.3, 146.2–3, 158.1, 172.1
   and Alyattes' war 14.4, 17–22
   and colonization *64*, 66–7, 146.2, 146.3
   dining customs 82.7, 146.2–3
   and treaty with Lydians and Cyrus 66–7, 22.2, 22.4, 141.4, 143.1
milk *84*, 71.3, 207.6, 214.5, 216.4
Milton, John, *Paradise Regained* 188.1
Milyas 173.2
*Mimnermus of Smyrna *37*, *63*, *65*, 32.2, 79.3, 150.1
Minos 163.1, 171.2–3, 173.1–2
Mithra/Mithraism 105.2, 110.1, 131.3, 140.3, 189.1, 189.3
Mitradates 109.3, 110–117.1
money *78*, *79*, 54.1, 64.1, 69.4, 75.2, 86.4, 153.1, 155.3, 160.2, 187.2, 187.5, 196.2–5, 199.1–5, 212.2, *see also* coins/coinage; economies/economic thinking

Montesquieu, Charles-Louis de Secondat, baron de, *Lettres persanes* 131.1
monuments/monumental building 0, 5.4, 14.1, 51.3, 182.1
  Babylon 177–200in., 178.1–179.3, 181–7
  Delphi 14.1, 50–2
  Lydian 35–6, 46, 25.1, 93.2–5
  Mount Tmolus 35, 43–4, 14.1, 84.3, 93.1
mules 30, 55.2, 59.4, 108.2, 194.3–4
music/musical instruments 15–25in., 17.1, 23–4, 132.3, 155.4
muteness 34.2, 36.2, 38.2, 85.2
Mylasa 171.6
Mysia 35.3, 36.1, 160.4
myth/legend 4, 7, 23, 29n46, 41–4, 59n40, 76–7, 84, 1–5, 7.1–2, 14.2, 23–4in., 24.1, 34.2, 36.1, 37.2–3, 43.2, 56.2–3, 57.3, 60.5, 65.2, 67.4, 84.2–3, 94.3, 95–106in., 95.1, 107–22in. 107.1, 110.1, 113.2, 119.6, 122.3, 132.3, 137.2, 147.1, 148.1, 163.1, 171.2–173.3, 184, 194.2, 199.4, 201

Nabonidus (Labynetus) 74–5, 77, 74.3, 77.2, 178.3, 184, 185.1, 187.1, 187.5, 188.1, 191.6
Nabonidus Chronicle 34, 48–9, 50n8, 55, 46.1, 76.2, 86.1, 98.3, 107.1, 127.3, 128.3, 130.1, 191.5–6
  Cyrus conquering Babylon 55, 75, 190.1, 191.5–6
Nabopolassar 74, 77, 103.2, 106.2, 181.3
names, changing over time 28–9, 36, 64, 1.2, 5.4, 7.3, 44.3, 57.2, 94.7, 113.3, 144.1, 167.1, 171.2, 173.2
Naqi'a Zakutu 185.1
narrative, general description of 13, 14–17
narrative organization *see* Herodotus' *Histories*, narrative organization
Nasamones 83, 74.5, 216.1
navies 2.2, 143.1, 163.1, 166.1, 166.2, 167.1, 171.2
Naxos 29.1, 61.4, 64.1–2, 132.1–2
Nebuchadnezzar II 74, 77, 74.3, 178.2–3, 179.3, 181.3, 185.1, 185.4, 185.7, 188.1, 189.1
Neleidae 59.1, 147.1, 147.2, 148.1

*Nicolaus of Damascus 38, 66n18, 8.1, 12.2, 13.1, 16.2, 79.3, 84.3, 86–91in., 86.2, 92.2, 94.3, 114.3
Nineveh 73, 74, 7.2, 95.2, 102.2, 103.3, 178.1, 178.3, 181.2, 185.1, 193.2
  conquest of 47–9, 74, 103.2, 106.1, 106.2, 178.1
Ninus 43, 73, 76, 7.2, 95.2, 102.2
Nitocris 25, 77, 184, 185.1–186.4, 187.1–5, 188.1, 190.2, 191.2–3
numbers (significant)/numerical calculations 1.3, 7.1, 7.4, 14.4, 16.1, 32.3, 50.3, 82.3, 84.1, 86.1, 86.2, 98.5–6, 104.1, 179.3, 184, 189.3, 203.1

oaths 20n29, 22.4, 69.3, 74.4, 74.5, 131.3, 143.1, 146.3, 165.3, 196.3, 212.3
Ocean 202.4
omens *see* portents/prodigies
Omphale 43–4, 7.4
Opis 75, 185.4, 189.1, 190.1, 193.2
oracles 19, 20–1, 38, 48, 7.4, 13.1–2, 19.2–3, 46–68in., 46.2–3, 47.1–3, 48.2–49, 50.3, 52, 53–5, 59.1, 62.4, 63.1, 64.2, 65.3, 66.3–4, 67.4, 68.3–4, 69.1, 71.1, 75.2, 78.2, 85.1–2, 86–91in., 86.1, 86.4, 87.1, 90.2, 90.4, 91, 92.2, 102.1, 103.3, 158–9, 165.1, 167.3–4, 174.5–6, 182.2
oral/traditional narrative 12, 22–3, 29n46, 1.3, 5.3, 8–14in., 8.1, 19.2, 23, 24.4–5, 30.1, 34.1–2, 47.3, 51.3, 68.5, 107–22in., 141.1–2, 158.1–2, 170.1, 187.2, 209.4
  possible public performances by Herodotus 7–8
Orestes 67.2, 67.4, 68.5–6
Otanes 61.1, 98.3, 170.2, 187.5, 201, 210.1, 210.2
Othryades 82.5, 82.8
Oxus (Amu Darya, river) 153.4, 201, 202.3

Pactolus (river) 35, 46, 14.1, 37.2–3, 55.2, 93.1, 173.4
Pactyes 40–41n19, 67, 153.3–160.5
Pallene 62.3, 63.1, 64.3
palm trees 193.5
Panionium, sanctuary/Panionian federation 61, 63, 66, 141.4, 143.2, 146.1, 148.1, 151.3

Panionius 160.5
Pantaleon 51.5, 92.2
Panyassis 1n1, 4, 5, 147.1
papyri, Herodotean 90
parataxis/paratactic style 0, 14.4, 15, 34.2, 179.4
Paris (Alexander) 3.1
Parmenides 167.3
parricide 137.2
Pasargadae 51n10, 56, 125.3, 214.5
pastoralism 81n8, 81–2, 83, 71.3, 84.2, 125.3–4, 207.6, 216.1, 216.3–4
Patara 46.2, 171.6, 182.2
Pausanias 59.3, 96.2, 106.2, 133.2
Pedasa 171.3, 175
pederasty 59, 135
Pelasgia/Pelasgians 1.2, 56.2–58, 143.2, 146.1, 147.1, 167.1
pentapolis, Dorian 144.1–3, 174.2
pentekonters 2.2, 70.2, 152.2, 163.1–2
Perdiccas 63.1
Periander 14.2, 20, 23–4in., 23, 24.7, 27.2
Pericles 9, 30.4, 32.8, 59.1, 59.3, 61.1, 84.3, 173.5
Persepolis, reliefs 56, 80.2, 125.3, 134.1
Persepolis Fortification tablets 56, 125.3
Persia/Persians 14–7, 20n29, 47–60, 67–8, 1–5, 19.2, 26.3, 27.4, 32.9, 92.1, 98.2–4, 98.5, 99.1–101, 141–76in., 143.1, 153.1, 177–200in., 201–16in.
  administrative structures/royal etiquette 51–2, 88.2, 99.1, 114.2, 117.5, 119.1, 129.3, 130.3, 134.1–3, 137.1, 143.1, 153.3, 188.1, 192.1–4
  archaeology 56
  aristocracy 59–60
  customs/ethnography 57, 58–60, 110.1, 122.3, 125.3, 131–40, 188.1, 207.6
  deliberation and drink 133.3–4
  and the East Greeks 67–71, 92.1, 141.1–4, 152–4, 158–64, 168–9
  education 136.2
  history 49–53, 57–60, 102.1, 143.1
  and the Lydians 34, 75–81, 84–86.1, 153.3–157.2
  religion/religious customs 75, 55.2, 60.5, 86.2, 105.2, 110.1, 131–2, 138.1, 138.2, 189.1, 189.3
  sources
    Greek 53–4
    Near Eastern 54–6

Persian Wars 5, 8, 11, 14, 53, 54–6, 57, 70–1, 0, 2.1–5.1, 26.3, 32.9, 92.1, 169.2
Pheretime 11.5, 32.1
Phocaeans 61, 68, 71, 1.1, 82.7, 94.6, 142.3–4, 152.1, 163–169.1, 176.2
Persian attack and migration 163–7
*Phocylides 69n23, 76n2, 178.2
Phoenicians 23, 1–5in., 1.1, 1.4, 2.3, 5.2–3, 24.2, 75.3, 105.3, 143.1, 163.1, 166.1, 170.3, 202.4
Phraortes (Fravartish) 47–8, 102.1–2, 103.1, 130.1
Phrygians 33–4, 36, 39, 42, 64, 73–4, 14.2, 35.1–3
Phye 60.3–5
piety, of Croesus 34.3, 46–68in., 50–2in., 86–91in., 87.1, 91.3
pigeons *see* doves/pigeons
pillaging/plundering 75, 81, 50–2in., 84.2, 89.3–90.1, 105.2–106.1, 108.3, 162.2, 166.1, 183.3, 185.1, 190.1
*Pindar 37n10, 1.1, 23, 29.1, 31.5, 32.6, 56.3, 67.2, 146.2, 199.1
  Pyth. 38n12, 1.1, 2.2, 47.3, 50–2in., 50.3, 67.2, 86.5
Pindarus 66, 26.1
piracy 70.2, 166.1
Pisistratus/Pisistratidae 27, 8.1, 50.3, 51.4, 59–64, 65.1, 67.2, 68.1, 68.5–6, 74.4, 98.1, 141.2, 210.1
Pittacus 66, 20, 27.1–5, 30.1, 71.2, 71.4, 88.3, 191.1, 207.4
Plataea 30.5, 51.3, 79.3, 83, 106.2, 136.2, 153.1
*Plato 38, 8.1, 9.1, 20, 30.2, 59.5, 94.3, 95–106in., 116.1, 122.3, 133.3, 137.1, 137.2, 141.1, 141.2, 155.4, 166.2
*Plato comicus 37
*Plutarch 1n1, 7, 39, 52n11, 54, 12.2, 23–4in., 31.2, 31.5, 47.2, 51.5, 67.2, 92.2, 94.2, 134.1, 167.3, 173.5
  De malig. 1n1, 5n9, 7–8, 27, 4.2, 8–14in., 32.1, 61.2, 70.2, 70.3, 82.5, 82.8, 92.4, 135, 146.1, 160.2, 170.3
  Lyc. 65.2, 65.4, 69.4
  Sol. 26.2, 29.1, 31.2, 32.3, 59.3, 61.1, 64.3
Polycrates 32.5, 51.3, 91.1, 124.1, 163.1, 168
polygamy 135, 216.1

INDEXES

portents/prodigies *20*, 59.1, 59.3, 71.1, 74.2–3, 78.1–2, 84.3, 107.1, 122.3, 167.1, 174.4–6, 175
Poseidon Helikonios *61*, 141.4, 148.1
power, abuse of *see* cruelty/harshness; imperial/monarchical dynamics; tyrants/tyranny
practical advisers *18n21*, 27.2–4, 30.2, 71.2, 80.2, 88.3, 170.2, 185.1, 191.1, 207, *see also* 'wise adviser'/warner figure
Priene *61*, *66*, *67*, 14.4, 15, 141.4, 142.4, 148.1, 161, 171.1
*Prodicus 131.2
prolepsis *29–31*, 13.2, 34–45in., 78.2, 130.2, 130.3, 163–8in., 187.5, 216.2, *see also* analepsis
grammatical 5.3, 46.3, 68.2, 95.1, 133.4, 163.3, 167.1, 202.4
prophecy *see* dreams; portents/prodigies; religion, seers/prophets/dream interpreters
prosperity *19*, *37–8*, *58*, *60*, *63–4*, *66–7*, *68*, *78*, 12.2, 14.1, 29–33in., 29.1, 30.1–4, 31.1–2, 32.1, 32.5–6, 32.9, 50–2, 59.6, 66.1, 85.2, 86.4–6, 88.3, 89.2, 93.1, 126.2–3, 131–40in., 133.1, 135, 136.1, 152.1, 170.2, 177–200in., 178.1, 191.6, 192–196.4, 199.1, 207.2, 215.2, 216.3
prostitution *44*, *46*, *79*, 93.2–4, 195–200in., 196.5, 199
prostration 119.1, 134.1
*Protagoras *10*, 95–106in., 168
Protesilaus 141.2
Protothyes 103.3
Psammetichus *34*, *64*, *81*
Pteria 76.1, 76.4
purification 35.1–2, 43.2, 44.2, 51.3, 64.2, 131.2, 202.2
Pythagoras 29.1, 30.1
Pythermus 152.1
Pythia *21*, 13.2, 19.3, 47.1–2, 53.3, 55.2, 65.2–4, 66.3, 67.2, 75.2, 85.2, *91*, 158.2, 165.1, 167.4, 174.5, 207.2
engagement with Croesus *16*, *19*, *21*, 46.2–48, 53–56.1, 67.3, 69.2, 71.1, 73.1, 75.2, 85.1–4, 87.1–3, 90.2–91.6

reciprocity/compensation *20n29*, 0, 1–5in., 2.3, 3.1, 4.1, 10.2, 18.3, 33, 35.4, 38.1, 41.2, 53.1, 69.3, 73.1,
74.1, 75.2, 87.1, 90.1, 90.4, *see also* Index of Greek Words and Phrases δίκη; τίσις
recognition 116.1
Red Sea 1.1, 201, 202.4
religion *18–21*
cults/ritual practices *20n30*, *83*, 7.4, 19.2–3, 24.3, 26.2, 30.5, 31.2, 35, 44.2, 46.2, 48.2, 50.1, 51.3, 54.2, 59.1, 60.5, 62.4, 64.2, 65.3, 67.2–4, 68.1, 78.2, 86.2, 89.3, 105.2–4, 118.2, 131–2, 138.1–2, 140, 144, 158.1–2, 160.3–5, 165.1, 167.2, 172.2, 181.2, 181.5, 182.1–2, 183.1–2, 187.2–4, 189.1, 191.6, 198, 199, 216.2–3
divinity/gods as possible or presumed agents *21*, *33*, 1–5in., 1.3, 2.1, 3.1, 5.3, 7.2, 13.2, 19–22, 23–4in., 31.2–3, 32.1, 34.1, 44.2, 45.2, 46.3, 47.3, 53.3, 60.3–5, 61.1, 62.4, 65.3, 66.3, 67.2, 71.4, 86.3–4, 87, 90.2–91.6, 105.2–4, 110.1, 111.1, 118.2, 124.1, 126.6, 127.2, 131.2–3, 158.1, 159, 160.1, 161, 167.1, 174.4–5, 182.1, 210.1, 212.3, 216.4
festivals 31.2, 51.2, 54.2, 59.1, 132.3, 141.4, 147.2, 148.1–2, 167.2, 183.1, 191.6, 199.3
non-Greek gods/religious beliefs *42–3*, *55*, *56*, *76*, 7.2, 34.1–2, 44.2, 50.3, 51.5, 80.1, 84.3, 86.2, 105, 107.1, 110.1, 126.6, 131–2, 138, 171.6, 181.2, 182.1–2, 183.3, 187.4, 189.1, 189.3, 191.6, 199.1–3, 204.2, 209.1–2, 212.3, 216.4, *see also* Attis; Auramazda; Belus; Cybele/Cybebe; Ishtar; Isis; Marduk; Mithra
seers/prophets/dream interpreters *20n30*, *20–1*, 29.1, 52, 59.2, 62.4–63.1, 71.1, 78.2–3, 84.3, 107.1, 108.2, 120.1–6, 122.3, 182.2, 209–210.1, *see also* oracles; portents; Pythia
temples, sanctuaries, religious settings and objects *35*, *61*, *66*, 14.1–4, 19.1, 26.2, 31.2, 31.5, 50–53.2, 64.2, 66.1, 70.1, 70.3, 86.2, 89.3, 92.1–2, 98.6, 105.2–3, 131.1–132.3, 141.4, 144, 148.1, 160.3, 166.1, 174.2, 181.2–5, 182.1–2, 183.1–3, 216.4

repetition *0*, 1.1, 3.1–2, 8.1–2, 11.4,
19.1, 24.2, 24.4–5, 31.3, 34.2,
36.2, 43.2–3, 44.1, 46.1–2, 48.2,
57.1, 60.1–2, 64.1, 65.1, 68.5,
71.4, 73.1, 75.1, 82.4, 86.2, 93.2,
94.2, 102.2, 106.1, 112.1, 114.4,
115.3, 117.4, 122.1, 124.1, 125.1,
136.1, 158.1–2, 175, 200, 207.2,
207.7, 209.4, 212.2
retaliation/vengeance (human) *20*, *71*,
1–5in., 2.3, 4.1, 10.2, 11.5, 12.1, 73,
74.1, 74.4, 75.2, 103.2, 107–22in.,
115.1, 119.6, 120.1, 123–4, 129.3,
141.2, 160.5, 171.3, 190.1
retribution *20*, *81*, 1–5in., 4.3,
8–14in., 10.2, 11.4, 13.2, 32.1,
32.6, 34.1, 73.1, 73.6, 74.1, 86.6,
91.1, 105.4, 130.3, 159.4
Rhegium 166.3
rivers *see* Araxes; Cayster; Choaspes;
Crathis; Euphrates; Gyndes; Halys;
Hermus; Ister; Jaxartes; Meander;
Oxus; Pactolus; Tigris

Sabacos (Ethiopian) *20n30*, 210.1
Sacae *81n8*, 153.4, 177, 201–16in,
215.1.
sacrifice 50.1, 59.1, 62.4, 86.4, 118.2,
131.2–132.3, 160.5, 216.4
human *81*, *83*, 86.2, 216.2
Sadyattes *40*, 14.4, 16.1–2, 18.2, 92.2
Sagartians 125.4
Salamis *20n30*, *53*, 30.5, 59.4, 164.3
Samos *3*, *4*, *6*, *61*, *64*, 20, 31.2, 51.3,
70.2–3, 82.7, 142.4, 163.1, 168,
169.2
Sandanis *40–41n19*, 71.2–4, 89.2,
133.2, 207.3–7
Sappho *37n10*, 23, 30.1
Sardis *6*, *35*, *36*, *80*, 7.2, 19.1, 29.1,
37.2, 50.2, 90.1, 153.1
and Cyrus, Battle of 51.5, 77–81,
84–5, 88.3–90.1
Sardo/Sardinia 166.1–2, 170.2
Sargon II of Assyria *33*, *48*, *73–4*, 6.3,
107–22in.
Sarpedon 91.1, 173.2, 176.1
Saspeires 104.1, 110.2, 201
Scythians *48–9*, *64*, *74*, *79*, *80–3*, 6.3,
7.2, *15*, 71.3–4, 73.3–74.1, 93.1,
103.3–106.3, 114.3, 125.4, 130.1,
131.1, 132.2, 134.2, 136.1, 137.1,
140.2, 153.1, 153.4, 171.6, 172.1,
179.1, 180.1, 187.5, 201, 202.1–2,
205.1, 207.6, 209.1, 211.2–3,
212.3, 214.5, 215.1, 216.1,
216.3–4
religion 74.5, 93.1, 105.4, 131.1,
132.2, 140.2, 187.5, 202.2, 212.3,
216.3, 216.4
Semiramis *77*, 98.3, 105.2, *184*, 186.2
Sennacherib *74*, 178.3, 185.1
Seven Sages of Greece *66*, 20, 27.2,
59.1, 74.2, 170.1, 170.3, *see also*
Anacharsis; Bias; Chilon; Periander; Pittacus; Pythagoras; Solon;
Thales; 'wise adviser'/warner
figure
sex/sexual behavior *43n30*, *44*, *46*,
79, *83*, 8–14in., 8.1, 61.1, 93.2–4,
135, 137.1, 140.2, 181.5, 182.1,
195–200in., 196.5, 198, 199,
203.2, 216.1, *see also* gender/
sexuality
ritualized *79*, 181.5, 182.1–2, 196.5,
199
ships 2.2, 27.2, 70.2, 152.2, 161,
163.1–2, 164.3, 167.1, 168, 171.2,
186.3
silver *35–6*, 14.1, 50.2, 66.3, 163.1,
192.1, 192.3, 199.3, 199.4, 215.2
*Simonides 65.2, 67.2, 199.1
Smyrna *37*, *62*, *63*, *65*, 16.2, 141.4,
143.2–3, 149.1, 150.1, 150.2
social class/status *46*, *58–60*, *78*, 1.1,
11.4, 12.2, 26.3, 29.1, 30.3, 31.2,
59.1, 59.3–4, 84.5, 86.6, 90.2,
91.6, 93.2, 93.4, 107.2, 115.2,
123.1, 131–40in., 131–2in.,
132.3, 133–9in., 133.1, 134.1–3,
136.1, 171.2, 173.5, 181.5, 188.1,
196.2, 196.5, 199.1–2, 209.4,
211.2, 216.2
Solon *18–9*, 19.2, 20, 27.2, 59.5–6,
65.5, 118.2, 150.1, 170.2, 204.2,
206.1, 207.2–3, 207.7, 212.3, 216.3
and Croesus 27.2, 29–33, 34–45in.,
35.1, 35.4, 41.2, 44.1, 46–68in.,
54.1, 85.2, 86.3–6
*Solon *60*, 30.4, 31.3, 32.2, 32.6, 59.3,
65.2
Solymoi 173.2
sophists/sophistic rhetoric *7–8*, *10*, *64*,
1–5in., 2.3, 29.1, 95–106in., 96.1,
97.3, 131.2, 137.2
*Sophocles 2.1, 7.4, 31.3, 32.7, 67.2,
94.3, 113.2, 116.1, 140.1, 155.4
and Herodotus *7*

sources (*logoi*) 22–4, 32
Spaco (Cyno) *18n21*, 110–13, 115.3
Sparta/Spartans/Lacedaemonians 53, 7.2, 17.1, 29.1, 30.5, 32.1, 50.3, 51.3, 56–68in., 56.2, 57.3, 59–64in., 59.2, 65–8, 69–70, 82.1–83, 90.4, 91.4, 97.3, 119.1, 135, 141–76in., 151.3–153.2, 174.2, 206.1
 and Croesus 32.1, 69.1–70.3
 embassy to Cyrus 152.1–153.2
 ethnicity 56.3–58
 war with Argos 82–3
 war with Tegea 65–8
Sperthias and Bulis 119.1, 205.2
*Stesichorus 163.1
Suda 4–5, *69n23*, 147.1, 166.2
Sumerians 72–3, 181.5, 183.1, 184
Sybaris 2, *10*, *64*, 29.1, 145, 167.4, 172.2

Tabalus 153.3
Taenarum 23, 24.1
'taking no note' 4.3, 13.2, 19.2, 33, 117.1, 139, 190.2, 213
Taras (Tarentum) 24.1–2, *145*
Tartessus 163.1–3, 165.2
taxes/taxation 73, 143.1, 153.1, 173.2, 183.1, 187.5, 192.4, 208
Tegea/Tegeans 65.1–68.6, 86.2, 91.4
Tellus *19*, 29–33in., 30.3–31.5, 32.7, 34.2, 37.2, 194.5
Telmessians 78.2–79.1
Teos/Teans *61*, 94.6, 142.3–4, 146.2, 162.2, 168
Terpander 23, 24.5
thalassocracies 163.1, 171.2
Thales *69*, 20, 30.1, 74.2, 75.3, 146.1, 170.1, 170.3
Thasos 6, 1.1, 105.3
Thebes 6, *7–8*, *31*, 1.1, 52, 56.3, 67.2
Thebes (Egypt) 105.3, 171.6, 179.3, 182.2
Themistocles *21n32*, 32.1, 59.5, 82.3, 98.5, 152.3, 161
Theodorus 51.3, 108.1
Thermopylae 30.5, 62.4, 82.3, 82.5, *83*, 120.4, 184
Thrasybulus 67, 20–2, 23–4in.
Thucydides 7, *21*, *33n53*, 53, *68*, 0, 1–5in., 2.2, 6–94in., 9.1, 17.1, 32.8, 46.1, 64.2, 67.5, 93.1, 133.2, 148.1, 163.1, 171.1, 171.2, 185.1

*Thucydides
 Book 1 *63n9*, *68n21*, 0, 1–5in., 2.2, 6–94in., 17.3, 38.5, 46.1, 56.2, 61.1, 64.1, 65.2, 93.1, 95.5, 98.5, 133.2, 143.1, 152.1, 160.3, 161, 163.1, 166.2, 171.1, 171.2, 174.3, 185.1, 206.2
 Books 2–4 *9n25*, 17.2, 26.2, 30.4, 32.8, 53.3, 56.2, 57.1, 64.2, 98.5, 135, 137.1, 146.2, 148.1, 151.1, 155.4, 162.2, 185.1
 Books 5–8 17.1, 59.6, 61.1, 64.3, 82.1, 82.3, 144.1, 155.1, 185.1
Thurii *1*, 2–3, 5, *10*, 0, 145, 170.2
Thyrea 82.1–8
Tigris (river) *34*, *73*, *75*, *76*, 102.2, 178.1, 185.1–2, 185.4, 185.6, 189.1, 193.2, 200
time *see* dates/dating
tombs 35, 37, *46*, *47*, *56*, *80*, 25.1, 51.3, 93.2–5, 125.3, 136.2, 171.2, 187.1–5
Tomyris *17*, *82*, 169.2, 187.1, 187.5, 190.2, 205.1, 206.1–3, 207.5, 208, 211.3, 212.2–3, 214.1–5
trade *see* commerce/trade; economies/economic thinking
tragic warners *15n15*, *18n2*, *19n24*, 27.2, 207in., *see also* 'wise adviser'/warner figure
translation of foreign languages *see* languages/dialects, Herodotus' interest in
travel/tourism 6, *31*, 29.1, 30.1–2, 104.1–2, 163.1, 188.1, 193.4, 201
treaties/alliances/agreements 47–8, 67, 68, 74, 6.2, 20, 22.2, 22.4, 25.1, 26–33in., 69.3, 73.2, 74.4, 77.2–3, 141.3–4, 143.1, 146.3, 150.2, 165.1, 165.3, 166.1, 169.2
tribes
 Median 96.1, 101, 132.3
 Persian *51n9*, 84.2, 125.3–4
tribute *4*, *14*, *33*, *81*, 6.2–3, 14.4, 26.3, 27.1, 106.1, 125.4, 141.1, 143.3, 153.1, 153.3, 171.2, 173.2, 187.5, 189.1, 192.1–2, 209.1
tricks/trickery *20n30*, 30.1, 59.3–5, 60.3–5, 62.1, 63.2, 73.5, 80.2–4, 84.5, 89.2–4, 106.2, 118–19, 123.4, 150.1, 187, 201, 207.6–7, 211.1
trimeters (meter) 12.2, 13.1, 47.2, 174.5

Triopian temple/sanctuary 3, 144.1, 174.2
Tritantaechmes 78, 192.2, 192.3
Trojan War 36, 1–5in., 3.1–2, 4.3, 26.2, 56.3, 146.2, 147.1, 171.3, 173.1–4
truth/truths 7, 20n29, 23, 25, 58–9, 3.1, 5.2–3, 5.4, 14.2, 19.2, 30.1, 30.3, 32.1, 34.1, 46.3, 51.3, 55.1, 57.1, 59.4, 95.1, 96.2, 97.1, 116.5, 120.2, 136.2, 138.1
Tukulti-Ninurta 73, 76
Tylon 41–2
tyrants/tyranny 36–7, 68, 70, 6–94in., 6.1, 7.2, 8.1, 12.2, 14.1–2, 15–25in., 20, 22.4, 23, 24.7, 26.1, 29.1, 50.3, 59–64, 65.1, 65.3, 65.5, 86.4, 95–106in., 96.1–2, 97.3, 98.2, 100.1, 109.4, 124.1, 158.2, 163.2, 164.3, 187.5, 210.1, see also Cleisthenes (Sicyon); Croesus; Cypselus; Gyges; Hippias; Lygdamis; Periander; Pisistratus; Polycrates; Thrasybulus
Tyre 1.1, 105.3
Tyrrhenia (Thrace) 57.1
Tyrrhenia/Tyrrhenus (Italy) 39, 41–2, 24.2, 94.2–6
*Tyrtaeus 65.4

vengeance see retaliation

walls 84.2–5, 95.5, 98.3–6, 141.4, 149.1, 150.1, 162.2, 163.3–164.1, 168, 185.1
of Babylon 9, 73, 178.2–181.3, 183.1, 185.3–4, 187.3, 189.1, 191.5
war, as evil 30.5, 87.3–4
warner figure see 'wise adviser'
wasps, gall 193.5
water 69, 14.1, 35.1, 51.3, 59.1, 71.3, 75.6, 87.2, 131.2, 132.1, 138.2, 174.5, 184, 188.1–2, 193.1, 194.5, 195.1, 202.4, 203.2
waterworks, Babylonian defensive 31, 77, 185–6, 189.1, 191.2–3
wealth see prosperity
weaponry/war gear 45, 7.3, 40, 43.3, 52, 59.5, 60.4, 73.3, 79.3, 84.2–4, 92.1, 103.1, 168, 171.4, 181.1, 194.2, 215.1, 216.4
wheel of fortune 207.2–3
'wise adviser'/warner figure 15n15, 18–19, 5.4, 8.3, 19.2, 27.2, 29–33, 59.2, 71.2, 80.2, 156.2, 170.1–171, 187.1, 191.1, 206.1, 207in., see also practical advisers
Croesus as ambiguous adviser 86.6, 88.3, 155.2, 207
wishing see desire/motivation
wolves/dogs 43.1, 110.1, 122.3, 140.3, 192.3
women 9, 17, 27, 37, 43–4, 45–6, 78, 79, 83, 1–5, 6.1, 7.4, 8–12, 31.2–4, 37.2–3, 51.5, 60.2–5, 61, 82.7, 86.2, 91.6, 93.3–4, 105.4, 107–8, 109.1, 109.4, 110–13, 119.2, 119.6, 122.3, 135, 146.2–3, 155.4, 172.1, 173.4–5, 181.5, 182.2, 184, 185.1, 187.1–5, 188.1, 189.2, 195.1, 196, 199, 203.2, 205–6, 207.5, 208, 209.1, 210.1, 211.3–214.5, 216.1
abductions 1–5
articulating cultural norms 11.3, 112.2, 146.3, 182, 187.5, 196, 199, 206.1–2, 212.2
Babylonian 78, 79, 181.5, 182.1–2, 196.1–5, 199.1–5
daughters see children, daughters
metaphor for weakness 155.4, 189.2, 207.5, 209.1
mothers 50–51n9, 3.1, 31.2–4, 61.2, 74.3, 80.1, 84.3, 92.2–3, 107.1, 137.2, 146.3, 173.4–5, 184, 185.1, 187.1, 205.1, 212–14
priestesses 20n30, 31.2–4, 47.1–2, 59.2, 87.1, 91, 175, 181.5, 182.2, 199.1, see also Pythia
prostitution 44, 46, 79, 93.2–4, 195–200in., 196.5, 199.1–5
queens 2, 4, 17, 25, 30, 31, 43–4, 52, 77, 82, 7.4, 8–12, 86.2, 105.2, 126.5, 172.2, 177–200in., 184–7, 188.1, 189.2, 205–6, 212–14
wives 3.1, 8–12, 34.3, 51.5, 61.1, 61.4, 86.2, 91.6, 92.3, 109.1–4, 110–13, 119.2, 146.2, 164.3, 176.1, 196.1–5, 198, 205.1, 208, 216.1
wonders 2, 19, 25, 32–3, 41, 45–6, 78, 0, 5.3, 14.1, 23–4, 68, 88.1, 93, 173.4, 176.2, 177–200in., 178.1–3, 180.1, 181.2, 182.1, 184, 185.3, 193.2, 194, 203.1
seven wonders of the Hellenistic age 26.2, 178.3, 181.2
writing 11–12, 22–3, 38, 54, 55–6, 62, 72, 1.1, 5.3, 7.4, 29.1, 47.1,

INDEXES

48.1, 51.3, 93.3, 94.3, 95.1, 100.1,
123.4–124.1, 125.2, 129.2, 139,
148.2, 150.1, 196.1

Xanthus (Lycia) 176.1–3
*Xanthus of Lydia *38*, 13.1, 86–91in.,
   92.2, 93.1, 94.2, 94.5, 131–2in.
*Xenophanes *37, 47n45 65, 68, 69*, 6.1,
   55.2, 94.1, 131.1, 131.2, 152.1, 167.3
*Xenophon *39, 54*, 5.2, 86–91in.,
   86.4, 114.2, 137.1, 163.3, 185.1,
   189.1, 208, 214.5
An. 45n39, 185.1, 189.1, 214.5
Cyr.
Books 1–6 *39, 51n9*, 80.1, 99.1,
   107.1, 125.3, 135, 153.1–2
Books 7–8 *52n11*, 46.2, 51.5, 80.1,
   84.5, 86–91in., 99.1, 100.2, 114.2,
   131.2, 133.2, 140.2, 189.1, 191.6,
   192.2, 208, 214.5
Lac. 46n44, 155.4
Oec. 46n44, 137.1

*[Xenophon]
Ath. pol. 135, 137.1, 174.3
Xerxes 2, *8, 11, 16*, 53, 56, *71*, 1.1,
   3.1, 4.4, 6.1, 8.1, 14.1, 32.9,
   46.2, 50–2in., 75.6, 80.2, 82.5,
   86.2, 86.6, 96.1, 108.1, 119.1,
   125.4, 131.2, 132.3, 136.1,
   137.2, 138.2, 139, 152.3, 153.1,
   166.2, 168, 171.3, 181.3, 183.3,
   185.1, 187.2, 188.1, 189.1,
   190.1, 192.1, 192.2, 192.4,
   194.5, 196.5, 205.1–2, 206.1,
   208, 209.1, 210.1

Zeus *76*, 1.3, 2.1, 35.1, 38.1, 44.2,
   46.2, 86–91in., 87.1, 87.3, 89.3,
   90.2, 91.1, 105.2, 131.2, 171.6,
   173.2, 181.2, 182.2, 189.1, 199.1,
   207.1, 212.3
ziggurats 98.6, 181.2, 181.3–5
Zoroaster (Zarathustra) 86–91in.,
   86.2, 131–2in., 131.2, 140.3

2 GREEK WORDS AND PHRASES

ἁβρός *37, 45, 58n33*, 55.2, 71.4
ἄδικα ἔργα 2.1, 5.3, 8.4, 96.2, 130.3
αἰτίη, αἴτιος *11–13*, 0, 1.1, 4.1, 70.2, 75.1
ἀκοή, ἀκούω 20, 171.2
ἀληθείη, ἀληθής 14.2, 34.1, 55.1, 95.1,
   116.5, 120.2
ἄλλος τε . . . καί 0, 1.1, 14.1, 29.1, 80.1,
   85.1
ἁμαρτάς 91.6
ἀναγκαίη, ἀνάγκη 11.3, 67.4, 86.4, 89.3,
   116.4
ἀνδραγαθίη 99.2, 136.1
ἄνδρες ἀγαθοί/ἄριστοι 31.5, 95.2, 169.1
ἀρετή *19*, 52, 134.2, 176.1
ἀρχή 53.3, 91.4, 192.2, 207.3–4
ἀτρεκείᾳ 57.1, 140.1–2, 160.2

γένος 56.2, 101, 125.3, 143.2
γνώμη 109.2, 120.4, 196.1, 207.1

δίκαιος, δίκη 2.3, 3.1, 10.2, 96.2, 115.3,
   120.1, 129.3
δοῦλος, δουλοσύνη, δουλόω 95.2, 164.2,
   170.2

ἔθνος 56.2, 201
ἐλευθερίη, ἐλεύθερος *14, 18–19*, 6.3, 27.4,
   95.2
ἐλπίζω, ἐλπίς 22.3, 27.3–4, 50.1, 75.2

ἐπιθυμίη 32.6, 123.1, 201
ἐπίσταμαι 3.1, 5.4, 32.1, 95.1, 96.2, 122.1
ἔργα *14, 19*, 0, 5.3, 14.1, 14.4, 16.2,
   51.3, 59.4, 93.2
εὐδαιμονίη 5.4, 29–33in., 32.1, 86.6,
   133.1, 170.2

ἡγεμονίη 7.1, 46.1
ἡσυχίη 11.1, 66.1, 107.2, 169.2, 206.2

θεωρίη 29.1, 30.1
θῶμα, θωμάζω, θωμαστός *19, 25, 32*, 0,
   5.3, 23, 68.1–2, 88.1, 93.1, 185.3,
   194.1

ἱστορέω, ἱστορίη *21, 29, 31*, 0, 1.1, 5.3,
   24.7, 56.1–2, 61.2, 122.1

καὶ δὴ καί 1.1, 29.1, 31.2, 82.1
κόσμος *76*, 59.6, 65.2, 99.1

λόγος *16–17, 21–7, 32*, 4.2–3, 5.3,
   14.2, 31.2, 34.3, 68.5, 75.1, 75.3,
   95.1, 116.5, 134.2, 141.1

ὁ Μῆδος 163.3
μηχανάομαι 9.1, 21.1, 59.3
μοῖρα *21*, 73.1, 75.2, 91.1, 91.2, 106.2,
   121, 146.1

νέμεσις *20–1*, 34.1, 35.3, 86.6, 91.6
νομίζειν, νόμος *10, 19n28, 20n29, 31–2*,
    4.2, 11.3, 24.5, 29.1, 61.1, 74.5,
    90.2, 90.4, 131.1, 138.1, 195.2,
    200

ξεινίη, ξείνος 20, 22.4, 43.2, 69.3

οἶδα 5.3, 20, 47.3, 131.1, 140.2, 209
ὄλβιος, ὄλβος 29–33in., 30.1–4, 31.1,
    32.5, 32.9, 85.2, 86.3, 216.3
ὄψις *28n44, 31*, 24.8, 140.2, 209.3

προσκυνέω 119.1, 134.1
πρόφασις 29.1
πρῶτος *23, 25n40*, 2.1, 5.3, 6.2,
    14.2, 23, 92.1, 94.1, 95.2, 99.1,
    103.1, 105.3, 142.3, 145, 163.1,
    191.6
πυνθάνομαι 22.2, 32.5, 52, 69.1, 92.2,
    105.3, 170.1, 207.6, 214.1

σημαίνειν *24*, 25, 5.3, 21.2, 34.2, 75.1,
    78.2, 89.1, 108.2, 209.3
σοφιστής 29.1
σοφίη, σοφός *21n32*, 30.2, 63.2, 68.1,
    94.2, 96.1, 125.1, 196.1, 197
συμφορή 32.4, 35.1

τείσασθαι, τίσις *20n29*, 10.2, 11.4, 13.2,
    34.1, 73.1, 86.6, 103.2, 123.1,
    124.1, 190.1
τυραννεύω, τυραννίς, τύραννος *36–7*, 6.1,
    11.4, 14.1, 29.1, 59.1, 59.3, 86.4,
    96.1, 96.2, 109.4, 133.2, 163.2
τύχη 32.5, 118.2, 119.1, 124.1, 126.6
τῶν ἡμεῖς ἴδμεν *23*, 6.2, 14.2, 23,
    94.1, 142.1, 178.2, 193.2

φιλία, φίλος 6.2, 22.4, 35.4, 44.2, 69.3

χαρίζομαι, χάρις 33, 71.4, 87.1, 91.3,
    158.1

Printed in the United States
by Baker & Taylor Publisher Services